本书系国家社会科学基金重大项目
"德国古典哲学与德意志文化深度研究"
（批准号12&ZD126）成果之一

邓晓芒作品 · 句读系列

第三卷 黑格尔
《精神现象学》句读

邓晓芒 著

人民出版社

目　　录

与现实性 / 426 　（3）自我意识达到了理性 / 464]

第二篇　自我意识^①

　　这是我们的第三个学期,上个学期我们已经讲完了力和知性。《精神现象学》讲意识的经验科学,前面几个阶段都属于意识,一个是感性确定性,一个是知觉,然后第三个阶段是知性。通过这三个阶段,意识作为一种单纯的意识,也就是对象意识,就基本上讲完了,意识本身就是这三个阶段。然后进入到自我意识,这就是更高的层次,自我意识在意识的层次上面提升了一级。但是大家不要以为,首先有意识,然后再有自我意识。通常的观点是这样看的,以为我们先有意识,然后对这个意识加以意识,于是就有了自我意识。这是通常的看法。但是按照黑格尔看来,这样一种看法实际上是颠倒的。也就是说,随着《精神现象学》的步步深入,事情越来越深入到它的本质,深入到它的前提,最后面的东西往往意味着前面东西的前提或者基础。也就是说,没有自我意识就没有意识,每当我们意识到时候,我们已经有了自我意识了,但这个时候,我们还不知道,还不自觉。只有当意识走完了它自己的历程,上升到更高的层次,我们回过头来反思的时候,才发现原来我们在最开始的时候就已经有了自我意识了。所以所有的意识其实都是自我意识,只是看你是否自觉到、是否意识到这一点。我们这学期就是要进入到这一阶段。我们先从宏观上看,"自我意识"部分它所处的位置。自我意识阶段后一个阶段是理性。

---

① 本书边码,大括号 {} 中是德文考证版页码 (丛书版中缝页码),方括号 [] 中是贺麟、王玖兴译,商务印书馆 1979 年版 (1987 年重印) 的页码。

那么就有了这样几个阶段：首先是感性确定性，接下来是知觉、知性，这三个阶段构成意识；然后是自我意识，自我意识接下来是理性。这样一个等级跟我们在康德那里所见到的等级有一点区别，大的结构是一样，就是感性、知性、理性，但是在中间插入了两个环节，在感性和知性之间插入了知觉。而在知性和理性之间插入了自我意识。所以自我意识是处于知性和理性之间的一个阶段。

我们上学期讲知性的时候，在最后部分，自我意识已经出现了。当知性和力这样一种关系发展到无限性的关系，这个时候自我意识就出现了。前面 112 页 [指贺、王中译本页码] 中间讲，"意识成为了自我意识"，意识就是自我意识了，自我意识的概念已经出来了。上学期最后一句话也已经提到："意识通过知道它自身而知道些什么，还需要多费周折，这就是下面所要分说的。"也就是自我意识它知道了些什么，它认识到了些什么内容，恰好是自我意识这部分要展开的。那么我们今天来看看，自我意识这部分。它是划在"第二篇：自我意识"这个标题下面，其中一开始是"第四章"，"自我意识自身确定性的真理性"。一个确定性，一个真理性，我们前面已经多次接触到这一对范畴。确定性不等于真理性，你确定了，但是在真理的过程中，它可能又动摇了，又变得不确定了，你又要去确定，在真理性中要力求确定性；而在确定性里面又要落实真理性。自我意识自身的确定性和真理性，就是第四章要探讨的问题，也就是我们整个自我意识部分首先要探讨的。当然后面这部分，到了第五章已经进入到了理性。所以自我意识是插在知性和理性的中间阶段。我们知道在康德那里，知性和理性虽然不同，但是在知性的最高原理那里已经是自我意识了。这个知性的最高原理，他称为"统觉的本源的综合统一"。什么叫统觉？统觉就是自我意识。统觉的本源的综合统一是一切知性的最高原理，这在《纯粹理性批判》里面已经谈到了，自我意识是作为知性的最高原理出现的。我们上学期为什么在讲知性的时候自我意识就出现了呢？也就是自我意识在知性里面就已经是最高原理了，它已经在向理性过渡了。我们讲到颠倒的世界,讲到第二规律,就已经不完全是知性了,已经进入到了理性。但是在知性中它还只是消极的理性,黑格尔说它是知性理解下的理性,只会导致二律背反之类的幻相。所以康德的自我意识还没有完全进入到理性,他的理性是更高的阶段,是理念,而且作为积极的理性只存在于实践的领域。实践的领域是自由意志,自由意志不等于自我意识。康德严格地把自我意识和自由意志划分开来。后来费希特他们才把这两方面结合起来了,认为自我意识你真正把它展开来,它就是自由意志。但是康德舍不得把它展开,他要把它封闭起来,要把它看作是物自体,自我意识它的本体是不可知的,它也是一个自在之物。在黑格尔这里,自我意识本身展开为自由意志,这就接触到自由的问题。

那么第四章它分成两个大的部分:"自我意识的独立与依赖""自我意识的自由"。自我意识这部分很怪,一般说,黑格尔都是三段论即正反合,唯独在自我意识这一部分只有两节。两节之后就没有了,就进入到第五章:理性。这个划分很有些怪。可能在黑格尔的《精神现象学》中,三段论的模式还不是很成熟,有点随意。当然《精神现象学》本身不像《逻辑学》和后来的体系那样严格。所以也引起后来的研究者很多的讨论,特别是对于第四章的大标题下面这个长长的引子,全部没有标题划分(三个小标题都是编者加的),也不知怎么处理。他为什么要讲这么一大段,才进入到自我意识的独立和依赖,这一大段起什么作用呢?有的研究者认为前面一大段是主体部分,后面都是说明。因为前面这个主体部分更重要。当然也有不同意见,认为前面是一个预先的过渡。我通过阅读认为,这还是一个预先的过渡。按照黑格尔一般的论述方法,他通常是这样的,就是在进入一个新的章节,他总是要做一个说明,或者先做一点概念上的澄清。所以前面这一部分,我想他还是一个概念上的澄清。既然我们进入到自我意识阶段了,那么怎么理解、从哪几个方面来理解自我意识概念?下面这个正文,他标为第一和第二的这两节,其实你要把它们和前面的算成三节也是可以的,前面导言也可以算一节。如在他

3

的《精神哲学》中就是这样划分的,"自我意识"下面包含的三个环节是"欲望""承认的自我意识"和"普遍的自我意识",相当于这里所讲的导言部分、主奴关系部分和自我意识的自由部分。但这里则是要把自我意识的抽象概念先进行说明,然后再来谈这个抽象概念的经验。所以前面这一阶段和后面正文的关系相当于逻辑和历史的关系。抽象的概念在知性的最后阶段已经出现了,但是还没有来得及展开,它是自然推出来的,知性通过力和力的表现的颠倒和循环,进入到一种真无限性,进入到自我循环的关系,差别和无差别的等同关系。那么我们实际上进入到了自我意识的层次,已经对自我自身有了意识了,但是这个时候,自我意识还是非常抽象的。仅仅说自我意识和意识之间有这么一种区别,意识是还没有反思的,那么自我意识是反过来对意识的意识,仅此而已。但是它具体有什么样的内容,这个概念究竟如何理解,还有待于展开。

第四章　自我意识自身确定性的真理性

第四章的标题是"自我意识自身确定性的真理性",那么它的"确定性"何在? 也就是它的概念如何定,它跟其他的概念有什么区别,又有什么样的交互关系或者同一关系。把这一点确定下来之后,我们就来考察它这样的确定性是如何展开为真理性的。当然在自我意识阶段,确定性和真理性已经合一了,没有明确的区别,这个在第四章一开始就摆出来了。但是我们毕竟还是可以分别进行考察。

　　①　在确定性前此的各种方式中,对意识来说真实的东西都是某种不同于它自身的东西。

这里一开始就点出了自我意识的确定性跟前面所有的确定性有所不同。有什么不同呢? 前面一开始就讲感性确定性,然后讲知觉,然后讲知性,它们分别有自己的确定性。这些都是意识的确定性,即对象意识的确定性。那么所有这些方式有一个共同的特点,就是"对意识来说真实的东西都是某种不同于它自身的东西"。真实的东西(Wahre)也就是真理性(Wahrheit)。在前面所有的确定性中,真理性都不同于它自身。"它自身"也就是确定性自身。确定性跟真理性是不同的,确定性不等于真理性。你把确定性确定下来了,那它的真理性还要看,而且所有这些确定性,它的真实的东西都是某种不同的东西,都要在它自身之外去寻找,就是说,都是在自身对面的对象,要等到这个确定性动摇了,变得不确定了,才能够体现出来。所以真理性在以前跟确定性是不能等同的。有确

────────────────

①　凡是原文中分段另起一行的,在本书中均空一行。

定性的时候,没有真理性,而有真理性的时候,确定性已经动摇了。这是前面各个阶段一个共同的特点,就是主客二分,主客对立。

　　但这个真实东西的概念在我们经验到它时便消失了;当对象是直接地**自在**存在时,它曾是感性确定性的存在者、是知觉的具体事物、是知性的力,那么它毋宁表明了自己并不存在于真理之中,相反,这种**自在**体现为一种仅仅为他者而存在的方式;

　　他继续在说明第一句话的意思,确定性和真理性在以前是不同一的。他说:"但这个真实东西的概念在我们经验到它时便消失了",这个真实东西,我们一旦把它确定为概念,一旦使它具有了确定性,那么它在我们经验到它时,它便消失了,它在自己的具体经验中,便消失了。你单独提出一个真实东西的抽象概念,你可以提出来;但是你去经验一下它,体验一下它,它究竟是怎么样的? 这个时候,它的确定性就消失了,你要真切地把握它的时候,它就没有确定性了,它就动摇了。"当对象是直接地**自在**存在时,它曾是感性确定性的存在者、是知觉的具体事物、是知性的力",这是历数了前面三种确定性了。一个是感性确定性的存在者,一个是知觉的具体事物,一个是知性的力,这都是确定性了。这些确定性,是"当对象是直接地**自在**存在时","自在"打了着重号,就是说,在那些情况下,它所要确定的对象都是一些自在存在,都是没有反思的,没有自为的,它们自在地、客观地摆在那里。这些确定性可以确定,但是它是直接的自在存在;一旦它进入到间接性,进入到运动中,进入到经验中,当你去体会它的真实含义,那么它的确定性就消失了。所以"它毋宁表明了自己并不存在于真理之中"。所有这些确定性,感性确定性也好,知觉的具体事物也好,知性的力也好,它们没有把握真理,它们的确定性,一旦进入到真理就消解了,所以它们不是真理。真理是什么? 真理就是它们的那种运动,那种自我否定。这些概念的自在存在,它们的确定性怎么能把握运动呢? 它们只能把握那些静止的东西,在这里、在那里,或者是知觉,这个事物那个事物,或者是力和力的表现,知性,这些东西都是适合于把握静止的事物，但是不适合经验，不适合经验的运动。所以确定性和真理性在这种情况下是分裂的。他说，"相反，这种**自在**体现为一种仅仅为他者而存在的方式"，它们不存在于真理之中，那么它们存在于什么之中呢？它们的自在体现为一种仅仅为他者而存在的方式，就是说这种自在本身是为他者而存在，当他者的垫脚石，它本身是不能坚持的。当它一贯下来，它自己便动摇了，表明自己仅仅是为他者而存在的方式。本来它自己是确定的，但是当它运动的时候，它就不确定了，它仅仅是依赖于下一个阶段下一个环节的一个方式。本来它是不依赖于任何事物的，是确定的，从它的概念来说，它是一个自在的概念。但是在经验中，在运动中，我们发现它的每一个阶段都依赖于下一个阶段，都是为他者，为别的东西或者被别的东西所规定的。它的确定性有赖于他者。它的确定性是从别的东西那里拿来的，或者是被给予、被确定的，那么它的确定性也会转给别的东西，仅仅是为他者而存在的一种方式。

　　<u>有关它的概念借现实对象而扬弃了自身，或者说那最初的直接的表象在经验中扬弃了自身，而确定性便遗失在真理性中了。</u>

　　"有关它的概念"，也就是有关对象的自在的概念，这种自在体现为仅仅是为他者而存在，那么这种概念就"借现实对象而扬弃了自身"。当这种概念实现出来的时候，借助这种实现出来的对象或者现实的对象，它就扬弃了自身。"或者说那最初的直接的表象在经验中扬弃了自身"，最初那些概念其实是一些直接性的表象。如感性确定性，直接一看、望文生义，就得出一个直接的表象，那是最确定的。那么这直接的表象一旦投入经验，它就扬弃了自身。你说它是最丰富的，那么你试试看，你去经验一下，这一个、那一个，你就会发现，原来以为是最丰富的东西其实是最贫乏的。于是感性的确定性就变得不确定了，所有这些确定性都不确定了。"而确定性便遗失在真理性中了"，感性确定性最初是那么的确定，但是我们一旦真正地要探讨一下什么是感性确定性，它就遗失了，就丢失了，丢失在真理性中了，真理性把它解构了。你除了要获得确定性，

最终你还要获得真理性。科学嘛，最初要获得确定性，最后还是要获得真理性。你获得确定性，却把真理性丢失了，那只是主观的，还是达不到科学，科学应该是确定性和真理性的统一。当然，光有真理性没有确定性那也还不是科学，那还是可意会不可言传的东西。没有确定性怎么言传？你要懂得它的真理性，同时还要说出来，那就必须既要有真理性又要有确定性。但是在前面阶段都不行，都做不到这一点。前面是讲自我意识之前的确定性是这样的，下面就有一个转折了。

　　但从此，在前面这些关系中所没有实现出来的事，现在却发生了，即从中产生出了一种与自己的真理性相同的确定性，因为这确定性本身就是它自己的对象，而这意识自己本身就是真实的东西。

　　这就是一个转折，就是转到了自我意识阶段了。前面是回顾，三个阶段，感性确定性、知觉和知性。那么现在的阶段是自我意识。"但从此在前面这些关系中所没有实现出来的事，现在却发生了，即从中产生出了一种与自己的真理性相同的确定性"，这是前面所没有的。以前没有实现出来的事，现在发生了；没有实现出来也意味着以前总是想要实现出来，但总是没有做到。以前的阶段想要把确定性和真理性统一起来，但是没有做到，只有到了自我意识阶段才做到了这一点。"因为这确定性本身就是它自己的对象，而这意识自己本身就是真实的东西"，为什么这种确定性和真理性是相同的呢？因为这确定性本身就是它自己的对象，确定性不再像以前那样是自己确定，而对象却在它之外，它还要去把握对象，反映对象。感性确定性所面对的对象究竟是不是这样的，它还不知道，它只知道自己是这样确定的；但是它还没有去符合对象，还有待于去揭示对象，所以主客对立。主观以为是很确定的，但是一进入到客观，就发现它不确定，而主观如果不符合客观，那它就不具有真理性了。这是以前的情况。而现在确定性本身就是它自己的对象，不再是要去符合在它之外的对象。自我意识就是对于意识本身的意识，它的这个对象就是意识本身，它不是意识之外的某个东西。在此之前的感性和知性都是在意识之外要去符合某种东西,因此它的确定性和真理性总是不能符合。而到了自我意识阶段,它已经没有那个在意识之外的对象了,那当然它的确定性和真理性就等同了。而意识本身就是真实的东西。你要把意识当作对象,你要符合对象,你就是要符合意识本身,你符合了意识本身,那么自我意识就具有了真理性了。所以自我意识这种符合对象,它是一种自我符合,它是符合自己。自我意识的真理性就在于它是不是符合它自己,它符合它自己它就有了真理性,同时也就具有了确定性。

虽然在这里面也有一个他在;因为意识区别出这样一种东西,但这东西对于它同时又是一个无区别的东西。

"虽然在这里面也有一个他在",在自我意识中,也有一个他在,一个对象,一个另外的存在。"因为意识区别出这样一种东西,但这东西对于它同时又是一个无区别的东西",在自我意识里面,意识区别出来了这样一个东西,也就是说,在意识面前有一个作为他者的意识,有一个另外的意识,即对意识的意识,意识对自己的意识就是自我意识了。那么这个他者是什么呢? 就是把意识本身当作他者,把自己当作他者,把自己当作他人。一个人有没有自我意识,就看他能不能把自己当作他人看待。你能够把自己当作他人看待,看作是另一个人,看作是别人来命令你、支配你,那么你这个人就是有自我意识的。因为这样一个他者就是你自己呀,又不是一个你不认识的人,而是一个你从来就是的那个人。所以意识区别出这样一个东西,但这个东西对于它同时又是一个无区别的东西,你把自己当作他人,但是你与这个他人又是没有区别的。你可以命令它、规范它、考察它、研究它,也可以由它来命令你、考察你;但是这个考察的你自己和这个被你考察的你自己,其实是同一个人,没有区别。

如果我们称认知的运动为概念,但把那作为静止统一或作为"我"的认知称为对象,那么我们就会看见,不仅对我们来说,而且对认知本身来说,对象都是符合于概念的。

"如果我们称认知的运动为**概念**,但把那作为静止统一或作为"我"

9

的认知称为**对象**",在认知里面,有这样两个环节,一个是概念的环节,一个是对象的环节,这跟前面是一样的,所谓的认知,都是概念符合对象,或者你的意识要符合对象。那么在自我意识中,我们来分析一下,它们是一种什么样的关系。"如果我们称认知的运动为**概念**",认知的运动就是主体的运动这样一个概念,我们把它称为一种概念,因为它是主观的嘛。在自我意识中也有认知,我要认识自己呀,我们这种认知的运动就相当于概念,就是"我思故我在"中的"我思"概念。那么这个概念就要符合对象,而对象是什么呢?"但把那作为静止统一或作为'我'的认知称为**对象**",那个对象是这么一个东西,就是作为静止统一的认知或作为自我的认知,就是对"我"(Ich)的认知。那这个作为我的认知,它是一个静止的统一,相当于"我思故我在"中的"我在"。那么把这样一个东西称为对象,我们要考察的就是一个我嘛,我把它当作一个静止不变的放在那里的东西,一个统一的东西,我要通过我们认知的运动去考察它。那么我们的运动是否符合它呢? 一个是认知的运动,我思;一个是认知者,我在。认知的运动我们把它称为概念,而这个认知者作为我,我们把它看作是一个对象,因为自我无非就是一个认知者。这个运动的东西是否符合那个静止的东西呢? "那么我们就会看见,不仅对我们来说,而且对认知本身来说,对象都是符合于概念的",就是说,这个对象肯定是符合概念的,因为它就是认知,这个概念则是认知的运动。认知的运动把这个认知本身当作对象,那它当然是符合概念的,所以笛卡儿说,"我思,故我在",因为两者本来就是一个东西。认知的运动要把握认知,而这个被把握的认知它本身就是一种运动。当然两者其实是一码事,但是又把它区分出来了,把它区分为作为静止的认知和运动的认知,作为认知活动和作为被认知的自我,这两者天然地是符合的。所以他讲,"不仅对我们来说,而且对认知本身来说,对象都是符合于概念的"。"对我们来说",就是对于我们这些旁观者、对于我们这些考察精神现象学的人来说。我们作为旁观者,我们来看认知运动,我们置身事外来客观地看这个认知是如何运动的。"而且对认知本身来说",也就是对投身于认知本身的人来说。作为旁观者,你可以指手画脚,但投身于其中的人是不是有旁观者的意识,那还未必。而在自我意识的这种情况之下,这两者是一样的,都是对象符合于概念的。

　　——或者换一种方式说,如果我们把对象**自在地**所是的东西称作**概念**,而把那作为**对象**或**对于一个**他者所是的东西称为对象,那么很明显,自在的存在和为他者而存在就是一回事;

　　"或者换一种方式说",前一种方式是什么呢?就是我们把认知的运动称之为概念,而把静止统一或作为自我的认知称为对象,那么对象是符合概念的。现在反过来,"或者换一种方式说,如果我们把对象**自在**地所是的东西称作**概念**,而把那作为**对象**或**对于一个他**者所是的东西称为对象",这个区别非常细,大家注意。"对象**自在**地所是的东西",也就是说,对象不是向我们展现出来,而是它自己、对象本身自己是什么。如果我们把这样一个东西称为概念,当然这是黑格尔的观点。就是说,实际上黑格尔认为对象自在地所是的东西就是概念,在《逻辑学》中他就是这样讲的。当然在这里,他还没有这样说。他是说,如果我们把对象自在地所是的东西"称作"概念,而把那"作为**对象**或**对于一个他**者所是的东西"称为对象。注意:一个是对象自在地所是的东西,一个是"作为对象"或"对于一个他者所是的东西"。作为对象,就是它不是自在的东西,而是对于一个他者才成为对象的东西。这两个是不一样的。前者是对象不依赖他者而自在地所是的东西,或者说是对象的本质,我们把对象的本质称为概念;而后者是把作为对象或对于一个他者所是的东西称为对象,那就是作为对象对他者、对我们显现出来的东西,它依赖于别的东西。对象自在地我们可以把它看作一个概念,而对象依赖于别的东西所呈现出来的东西,我们把它称之为对象。也就是说用对象的自在的本质这样一个概念来认识对象所呈现出来的那种现象。我们把对象当作现象来认识,用什么来认识呢?用对象自在地所是的那样一个东西来认识。那么这又是一个角度。前面那个角度就是说,我们把认识的运动称之为概念,而把作为静止的统一这个认知者"我"称作对象:这是从认识的一方来设想的。那么现在这一句是从认识的对象这一方来考虑的。认识的一方要与认识的对象相符合,这就是真理了;那么这个问题就有两个方面,一方面我们从认识的主体这一方面,我们就可以像上面所讲的,"如果我们称认知的运动为概念,但把那作为静止统一或作为'我'的认知称为对象,那么我们就会看见,对象都是符合于概念的。"这是从认知主体方面看,那么概念与对象相符合。而下面是从对象的一方来分,"如果我们把对象**自在**地所是的东西称作概念,而把那作为对象或对于一个他者所是的东西称为对象",这是从对象方面来讲的。这方面也有两个层次,一个是从对象自在地、它本来所是的东西,另外一个,它对于他者所是的东西,比如对于主体来说、对于意识来说所是的东西。比如现象即在意识中显现出来的东西,跟对象自在地所是的东西,这两者是不一样的。自在之物是一个对象,现象也是一个对象。现象这个对象是对于一个他者(自我)所是的东西,而不是自在地所是的东西。那么在对象方面,从自在之物和现象两者看,也有一个概念与对象之间的关系。他说"那么很明显,自在的存在和为他者而存在就是一回事",就是自在之物和现象其实是一回事,这就突破了康德的界限。康德认为现象和自在之物是两回事,你不能把它们混淆,这样一来,你就永远认识不到自我意识为何物了。但是在黑格尔这里他突破了这样一个界限,它们不是互不相容的。为什么,他下面讲:

因为那**自在**就是意识;但意识同样又是这样的东西,**对于它**,一个他者(即**自在**)存在着;并且对于意识来说,对象的自在和对象为他者而存在是一回事;

为什么?"因为那**自在**就是意识",在康德那里,自在之物是我们意识不到的东西;在黑格尔看来,那自在之物也是意识。对象自在地所是的东西是什么呢?其实还是意识。在康德那里其实已经走到这一步了,就是说,你怎么知道自在之物存在呢?这个自在之物还是你的意识所设定的,用康德的话说,它是不可认知的,但它是可以思维的。既然可以思维,那它就是你的意识所创造出来的嘛,就是你的意识所想出来的。所以自在之物本身是一种意识。所以对象作为自在之物其实就是意识。所以他讲,因为那自在就是意识。"但意识同样又是这样的东西,**对于它**一个他者(即**自在**)存在着",但意识同样是对于他者的意识。胡塞尔后来把意识的这种本性称之为"意向性"。什么是意向性?就是凡意识都指向一个对象、指向一个他者。所以他这里讲,意识是这样一个东西,"**对于它**",这个"对于它"打了着重号,"一个他者(即**自在**)存在着","**自在**"也打了着重号。所谓意识就是有一个自在之物对于它存在着的意识,意识就是对象意识。所以自在之物不是不可认识的,而恰好是意识本身的一个必要的环节。意识就是这样一个东西,对于它,一个他者存在着。你可以设想:一个意识如果没有他者,它还是一个意识吗?那它就不是意识了,它就是无意识了。你有意识,但是你什么也没有意识到,那还叫意识吗?那叫丧失了意识。凡是有意识,就有一个他者,而且这个他者对于它来说,是自在的。这个他者对于意识来说,是跟它不同的,所以它是自在的,它不是完全为了你而存在的,所以你才能够有意识。"并且对于意识来说,对象的自在和对象为他者而存在是一回事",这就是我们刚才讲的,他跨越了康德的鸿沟。自在之物和它在我的意识中呈现出来的样子其实是一回事。没有什么不可认识的自在之物,你所认识到的就是自在之物本来的样子。所以自在之物和现象的严格划分在这里就失效了,一个是从认知主体来看的,我们可以看出,它有对象和概念之间的符合关系。另外一个方面,我们从对象本身来看,它也有对象和概念之间的符合关系,都否定了自在之物不可知。

　　<u>"我"就是这种联系的内容及这种联系本身;"我"是自己本身与一个他者相对立,并同时统摄这他者,这他者对我来说同样只是我自身。</u>　[116]

　　"'我'就是这种联系的内容及这种联系本身",前面讲了,认知主体它有一种联系,作为对象和概念之间的互相符合的这样一种联系。同时,作为认知的对象本身,它也有一种联系,自在的对象和为他的对象或为

我的对象（在对象方面的为他就是为我了），也有这样一种联系，两者是一回事。那么我就是这联系的内容。这样一种对象和概念符合的内容就是我，我不是空的。自我意识当然就有一个我在，那么我是什么呢？在康德那里就是一个自我意识、先验的自我，它是空的，凡是有内容的，比如经验的自我，那都不是先验的自我。但是在黑格尔这里，他说自我的内容就是这种联系的内容，并且就是"这种联系本身"。自我就是这种联系本身，作为动词的联系，前面是作为名词的联系。也就是说，正是在这种联系中构成了"我"的内容，而且我本身就是这种联系活动，就是要把对象和概念联系起来的活动，这才是我。所以我不是一个抽象的概念，它是一种活动。你想要把我看作是一个抽象的概念，一个先验自我的表象，然后在这个表象底下去挖掘它的另外一种内容，那当然是不可知的，就像康德所讲的那种自在之物，那种本体。但是如果你不把它看作是一个固定不变地在表象底下隐藏着的实体，而是看作就是一种活动，那有什么不可知的呢？"'我'是自己本身与一个他者相对立，并同时统摄这他者，这他者对我来说同样只是我自身"，我就是这种联系本身，体现在什么地方呢？体现在我是我本身与一个他者相对立，首先是相对立，你要联系，必须是把两个对立的东西相联系；然而，同时又要统摄这他者，这他者对我来说同样只是我自身。把这个他者统摄起来，我就是这样一个联系本身，那么我就是统摄这个与我不同的他者。这他者对于我来说，同样也只是我自身，因为我就是把自己当作一个他者来加以对立、加以区分然后又加以统摄的，我就是这么一个东西。所以，我并不是一个什么自在之物，一个什么实体，它就是这样一种活动，把自己划分为一个他者，然后又统摄这个他者，使得自己跟他者融为一体。而这个他者，同样只是它自身。为什么融为一体，因为它本来就是自己。这个含义，康德其实已经说到这个边上来了。康德已经讲到，自我意识就是本源的统觉的统一，就是一种能动性，就是一种自发性的活动。但是在康德那里，这个统觉的统一的活动，它还是出自不同的来源，它来自于物自体刺激人的感官。我们从别处获得了许多感性的材料，那么这个自我意识的统觉所统摄的这个他者，并非它自身。所以自我意识跟它所要统摄的这个对象，相互之间是由两个不同的来源所产生的，而不是同一个东西。费希特和黑格尔则克服了这两个来源，把它们统一起来了。特别是费希特已经想到了，这个经验其实就是自我设立起来的，这个非我就是自我建立起来的，并不是来自于别处，就是来自于自我。所以这个非我同样也只是它自身、自我自身，只不过是采取了他者的方式，采取了非我的方式，好像是一个跟我不同的东西，站在我的对立面跟我对立。自我把它统摄起来，但是最后发现它就是我自己设立的。自我意识就是这样一个过程，首先是能够把自我区分出来；区分出来之后，最后又能够把它拉回来，把它统摄起来；统摄起来以后，于是它就意识到，这个自我其实就是它自身。这是开始这一段，这一段相当于一个导言，就是讲自我意识从知性那里，从我们上学期已经讲到自我意识的那些地方做了一个总结。特别是跟感性确定性、知觉、知性它们之间的区别，把它点出来，自我意识的概念首先要从它的区别来加以确定。什么是自我意识，那么我首先就要说什么不是自我意识。自我意识跟不是自我意识的东西有什么不同？前面这整个一段讲的都是自我意识跟前面那些意识的阶段有什么不同，超越了哪些方面。

[I. 自我意识自身和欲望]

下面就是对自我意识的结构进行分析了。所以拉松版的编者加了一个小标题就是"自我意识自身"，就是我们现在进入到自我意识本身的内部来对它的这样一种结构进行分析。但是分析出来，和康德的所谓"统觉"不同，黑格尔认为自我意识的本质就是欲望。所以我这里在这个小标题后面加了一个"欲望"。其实这样一种欲望的结构在刚才最后一句已经说出来了："'我'就是这种联系的内容及这种联系本身；我是自己本身与一个他者相对立，并同时统摄这他者，这他者对我来说同样只是我自身。"这就是自我意识的欲望结构。自我意识在意识上面加了一层：意识是把对象看作他者，自我意识则把他者再看作自己，所以才能同时统摄这个他者，并且意识到与他者的区别就是自我区别。后面也讲到，自我意识把自己区别开来，同时又意识到这种区别是没有区别的。这就是自我意识的结构。但是这个结构分析出来就是欲望。这一段直到最后部分才得出了这个结论。

所以，伴随着自我意识我们现在就跨进真理自家的王国了。

这是第一句话，这第一句话就非常振奋人心了。前面一直讲哲学作为科学要追求真理，追问什么是真理，什么是科学。感性确定性、知觉、知性都是在朝这个目标进发、在接近。但是始终没有把握到真理本身，始终没有把握到概念与对象的同一，或者确定性与真理性的等同。那么现在我们进入到这样一个王国："伴随着自我意识我们现在就跨进真理自家的王国了"。这是真理自己的王国，前面都是前奏，都是进入到真理自家王国之前的漫长的路途。你要经过这么长的路途，你才能进入到真理的王国。当然方向是求真理，但是还没有进入到真理自家的王国。真理自家的王国并不是跟前面的环节脱钩的，而是在前面所有的环节底下暗中起作用的。所以真理自家的王国不能理解为空间，比如说真理自家的王国在美国，我们现在在中国，我们现在要到美国去。不是的。它就是在中国的国土底下隐藏着的一个王国，它是更深层次的王国。在中国所发生的种种事情都是由它在背后、在底下躁动所形成、所造成的。所以我们进入到真理自家的王国，就是更深入到前面这些王国的本质。它是一种回溯的思维方式，像康德所讲的："何以可能"，即追溯其可能性的条件。自我意识是意识何以可能的条件，而不是相反，应该这样来看。当然表面上看，也可以说，有意识才有自我意识，但是哲学的观点应该倒过来，有自我意识才有意识。没有自我意识，那个意识还不是意识，还仅仅是表象，只有有了自我意识，意识才成为意识。

需要考虑的是，自我意识这一形态最初如何出场。

如何出场的呢？它是慢慢培养出来的。前面那些阶段都是通往自我意识的王国。但是前面的阶段本身就是在培养自我意识的形态，只是还没有以这一形态出场。

如果我们把认知的这种新形态，即对自己本身的认知，与前面的那种认知，即对于一个他者的认知置于关系中来考察，那么诚然可以说对于他者的认知是消失了；不过同时这种认知的诸环节同样也保存下来了，而损失在于它们不再如它们自在的那样在这里现成在手了。

这就是我们讲过的，你不能把前面的都切掉，看它这一瞬间是如何形成自我意识的，真理自家的王国在这一瞬间是如何蹦出来的。这个是不现实的。"如果我们把认知的这种新形态，即对自己本身的认知，与前面的那种认知，即对于一个他者的认知置于关系中来考察"，自我意识这种新形态好像是突然蹦出来的，如果你把它与前面的种种形态置于关系中，联系起来考察，那么"诚然可以说对于他者的认知是消失了"。前面那些阶段都是对于他者的认知，唯独自我意识是对于自我的认知，是对于意识本身的认知，它把意识本身当作对象。前面都是把他者当作一个对象。感性确定性把一个感性的他物当作对象，知觉把事物当作对象，知性把力当作对象，这些对象都是他者。那么对于他者的认知，在自我意识阶段消失了，因为自我意识不以他者为对象，自我意识仅仅以意识本身为对象。自我意识对于外界的事情不闻不问，它考察的是内在的它自己。我们讲内在的反思，自我意识就是内在反思。意识对自己的反思就是自我意识。"不过同时这种认知的诸环节同样也保存下来了，而损失在于它们不再如它们自在的那样在这里现成在手了"，虽然对他者的认知消失了，我们当然可以这样说，因为这是一个崭新的阶段，是一个完全不同的阶段了，主客观不再对立了；但是同时，这种认知的诸环节也保存下来了。如果没有对他者认知的种种环节，就不能进入到这一个新的阶段，而这样一个新的阶段又把前面那些环节都保存下来了，都会在新阶段的理解中起作用。就像一个小孩子，他的儿童阶段、少年阶段，在他成人阶段都会反映出来。所以这些诸环节同样保存下来了，它们失去的只是这些环节存在的方式。在当时，它们是自在的现成在手的，也就是直接存在的。而现在它们不是自在的现成在手，它们成为了历史，它们成为了素质，以这种方式发生影响，就像我们今天讲的素质教育。就是说，它不再是现成的，而是潜在地保存在自我意识里面，作为它的诸环节。

{104}　　意谓的那种**存在**，知觉的那种**个别性**和与个别性相对立的**普遍性**，以及知性的**那种空洞的内在东西**，都不再作为本质，而是作为自我意识的诸环节，这就是说，作为一些抽象的东西或有区别的东西而存在了，这些东西**对**意识本身同时又是虚无的或没有区别的，是纯粹消失着的本质。

　　这一句话就是对上一句的解释。前面这些东西保存着，但是同时它们已经不再是现成的了。比如说，"意谓的那种**存在**"，感性确定性最后被归结为意谓，感性确定性的那个确定性变成了共相；但共相当然不是感性确定性，那么感性确定性保存在哪里呢？仅仅保存在"意谓"中。意谓就是可意会不可言传的了，感性确定性真正能保存下来的就是可意会不可言传的意谓。所以他讲意谓的那种存在，就是说感性确定性相当于"存在"的阶段，可意会相当于存在，不可言传相当于无或非存在。存在在《逻辑学》里面是最起码的范畴，它就相当于无。那么首先是感性确定性的意谓的那种存在，然后是"知觉的那种**个别性**和与个别性相对立的**普遍性**"。知觉当然是有个别性的，但是它同时又是有普遍性的，因为它知觉到的是事物。事物 (Ding) 就是自在之物 (Ding an sich) 的那个"物"，它具有普遍性，当然每个事物都是个别的，但是事物本身是有普遍性的。知觉呈现的是个别性和与个别性相对立的普遍性。最后是"知性的那种**空洞的内在东西**"，我们前面讲到，知性要探讨的是"内在的东西"，它不满足于表面现象，要深入到自在之物，但是又是空洞的。所有这些东西，感性确定性也好、知觉也好、知性也好，在它们身上所展现出来的"都不再作为本质，而是作为自我意识的诸环节"。当它们刚刚出现的时候，是作为本质来探讨的。意谓的存在，知觉的个别性与普遍性，还有知性的内在的东西，在当时都是被看作本质的东西。但是现在在自我意识里面，它们的本质都消失了，它们不再作为本质的东西，而是作为自我意识的诸环节。它们在自我意识的诸环节里面仍然保存着它们的存在、个别性与普遍性以及内在的东西，但是不再采取以往那种自在的形式，不再采取那种本身就是一种本质的形式，而只是作为自我意识的诸环节。自我意识有它自己的本质，但是这些本质需要通过这些环节构成，所以每个环节都不可少，但都不是作为本质性的东西，都是为他者而存在的，为自我意识而存在的。它们不是自为的，而是为他的，是"作为一些抽象的东西或有区别的东西而存在了"。抽象的东西就是片面的东西，或是有区别的东西，它们各自抓住一个片面，当然它们之间就有区别了。你抓住这个面，他抓住那个面，你们之间就有了区别了。它们还存在，但是作为抽象的和有区别的东西而存在，不再是现成在这里，它们失去了现成性，失去了它们独立存在的那种特征。原先感性确定性就是感性确定性，知觉就是知觉，知性就是知性，好像是谁都不依赖的；但是到了自我意识这个阶段，它们都是被扬弃了的环节。当然它们也被保存下来了，但并不是作为独立存在的东西保存下来的，而是作为有区别的片面的环节而存在的。"这些东西**对**意识本身同时又是虚无的或没有区别的，是纯粹消失着的本质"，这些东西对意识本身，"对"打了着重号，说明它们是相对的。这些东西在当时是有存在的，但是所有这些东西现在都是相对于意识本身而言的，因为自我意识是把意识本身当作对象来考察的，所以这些环节都不能孤立存在了，它们**对**意识本身而言，同时又是虚无的或没有区别的，是纯粹消失着的本质。就是说，这些东西孤立的来看，好像是存在的，但是对意识本身来说，也就是对纯粹意识来说，它们是没有存在的，它们不能独立存在，它们依赖于纯粹意识才存在。所以就它们本身来说是虚无的或没有区别的。它们那些区别在自我意识中是没有区别的，自我意识把所有这些东西都当作它自身的环节，所以对于自我意识本身来说，它们都是自我意识的环节。它们中间的那些区别都是没有区别的，或者说，即算是有区别也不是它们的区别，是自我意识所建立起来的，是自我意识的自身区别，它们本身则是没有区别的。我的一切意识都是我的意识，这是康德早就提出来的原则，他说所谓自我意识，就是"我的一切表象都是我的表象"。作为我的表象来说，它们都没有区别，它们都是我的表象。它们的区别都是意识给它的。所以它们是"纯粹消失着的本质"。它们也是本质，你也可以把它们看作本质，这些东西现在都不再作为本质了，曾经被看作是本质，而现在消失了，所以是纯粹消失着的本质。在自我意识里面它们不再被当作本质了，但只是因为它们是作为纯粹消失着的本质，消失到自我意识里面去了。它们本身已经没有本质了。

所以看起来所丢失的只是那主要环节本身，亦即对意识而言的**单纯的独立持存性**。

也就是表面看起来，所丢失的就是那个主要环节本身，就是对意识而言的独立性，也就是失去客观性了，好像变成主观的了。对意识而言的他者，作为意识的对象，作为与意识不同的、不以意识为转移的客观对象，它们已经丢失了。原来它们好像是有的，感性确定性，意识面对一个感性的东西，知觉，意识面对一个事物，知性，意识面对一个力，所有这些东西好像最初显得有单纯的独立持存性，可以作唯物主义的理解。意识站在一边，它是不是符合这些独立的东西，那还要看，如果符合，意识就有真理性，如果不符合，意识就不是真理。意识犯了一连串的错误，追求真理的过程就是一个不断犯错误的过程。这说明这些对象是有独立的持存性的，它们是先定的，意识要去反映它，还不是那么好反映的。这是前面那些阶段的主要环节，也就是我们现在看出，前面阶段的主要环节其实就是相对于意识的客观独立性，这是很单纯很朴素的观点。而现在在自我意识阶段，那些环节都被保持下来了，就是作为没有独立性的环节被保持下来了。它们在自我意识中仍然保持着，但是失去了它们的独立性，是以一种依附性的形态作为一个环节而从属于自我意识之中。所以那主要的环节被去掉了，就是以前被当作客观持存的独立环节的那样一种性质，在现在已经失掉了，成为自我意识内部一种主观的东西了，作为自我意识的一个环节、一个部分被吸收了。

但是实际上，自我意识是从感性世界和知觉世界的存在而来的反思，并且本质上是从**他在**中的回归。

"但是"，话题一转，"自我意识是从感性世界和知觉世界的存在而来的反思"，就是说，自我意识表面上看好像是主观主义的，但其实是从对感性世界和知觉世界的存在反思中得出来的，不是随意可以建立起来的。自我意识是一种反思，所以前面的阶段对于自我意识来说是必不可少的，自我意识本身就是对前面阶段的反思，它看起来是主观的，其实有其客观性和必然性。"并且本质上是从**他在**中的回归"，自我意识就是从那种跟它不同的东西里面回到它自己，是从客观中回到主观的。前面的感性世界和知觉世界都可以看作是"他在"，它们仅仅是意识（对象意识）的一种形态，但是还不是自我意识。自我意识就是从他在中的回归，这个回归可以理解为就是他在本身的回归，回到它自己的本质。看起来是他在，好像是一种对象的意识，但是你要回到对象意识的本质，你就会发现它里面有自我意识。我们前面讲到过，意识本质上就是自我意识。并不是在意识的基础上建立起自我意识，而是在意识的背后，在意识的骨子里深入到它的本质，就是自我意识。康德讲对象意识其实是自我意识建立起来的，最不起眼的意识里面都有自我意识。萨特也举了一个例子：刚才我在抽烟，我用打火机点燃，然后抽了两口，这时我回过头来一想，我刚才做了什么？我刚才在抽烟，我刚才意识到我在抽烟吗？好像没有，我是下意识的。我抽出一根烟点着了，吸了一口，虽然这一串动作都是无意识的，但是我是由意识所支配着的，因为我是清醒的，只不过是完全没有注意到我这个动作而已。虽然我没有注意这个动作,但是我仍然是在意识的支配之下在做这个动作。我知道我在点烟,否则我怎么会回忆得起来呢?可见我当时是知道的,只不过我当时在看书,现在回想起来,我当时是清醒的。一切意识的清醒活动,只要不是发神经,都是由自我意识在后面起作用。这就是回归,这就是我对他在的反思,一切对象意识本质上都是自我意识。我的意识都是对我的意识。你看,今天下雨了,天空大地一片潮湿。当你这样说的时候,你正在看你自己,人的眼睛在看事物的时候,他有另外一双眼睛在看着自己在看。这就是自我意识,这跟动物是不一样的。动物看就是看,但是人除了看之外,还看自己的看,还有自我意识在支配自己,在伴随着自己,在把所有的看归纳在同一个我之下,是"我"在看。事情当然在发生,好像跟我没有关系,但是我看到的这件事情是跟我有关系的,是我在看,不是别人,也不是没有任何人,而是我看见了。而这种对于看的看是更本质的,是从他在中的回归到自身,即回归到他在的本质。

作为自我意识它是运动;然而由于它**只是把自己本身作为**自己本身同自己区别开,所以对于自我意识来说,那**直接**作为一个他在的区别就**被扬弃了**;这区别是**不存在**的,自我意识只是"我就是我"的不动的同语反复;① 由于在自我意识看来,这区别甚至并不具有**存在**的形态,所以存在并非自我意识。

"作为自我意识它是运动",反思嘛,它从他在中反思、回归,这个康德已经指出过了,从对象中反思到这对象之所以可能的前提,那就是自我意识的自发的运动。"然而由于它**只是把自己本身作为自己本身**同自己区别开",也就是说这个区别完全是自我意识自己跟自己的主观区别,而不是跟别的东西的区别,也就是费希特所说的"自我建立非我",这个

---

① "我就是我",参看费希特:《全部知识学基础》第 8 页,§1. 第一原理。下面凡是以"我就是我"或者"我=我"的形式出现的地方往往都是暗指费希特的第一原理。——丛书版编者

非我还是自我。"所以对于自我意识来说，那**直接**作为一个他在的区别**就被扬弃了**"，既然是如此，它把自己作为他物跟自己区别开，那这个他物跟自己有没有区别呢？那当然就没有区别了，或者这种直接的区别就被扬弃了。它强行作出的这种区别，这种区别在运动中就被扬弃了。自我意识既然是一种运动，那么这种运动就是它的区别的自我扬弃。"这区别是不**存在**的，自我意识只是'我就是我'的不动的同语反复"，"存在"打了着重号。我当然作出了区别，但是这种区别并不"存在"，这只是我的一种意识，虽然我把自己看作跟自己不同的自我，但实际上这种区别并不存在，并没有这样一种区别。"自我意识只是'我就是我'的不动的同语反复"，费希特的出发点"自我建立自我"是根据同一律建立起来的，所以这种自我建立自我等于是同语反复。当然康德已经有这个思想了，就是自我意识可以说成是"我的一切表象都是我的表象"。所以这样一种区别是不存在的，那么在费希特这里就是"我就是我"这样一个同语反复的命题。"由于在自我意识看来，这区别甚至并不具有**存在**的形态，所以存在并非自我意识"，这是刚才讲的，这个区别不存在，也就是说不具有存在的形态，所以"存在"也并非自我意识。自我意识所对应的范畴不再是存在，而是本质了。你不再能够为它找一个存在的对象，它只是一个自我保持同一性的运动。你要把它看作存在，那么这个存在并非自我意识，自我意识并不具有存在的形态。自我意识把自己看作他者，但是这个他者并不存在，哪怕它把自己看作他者，把自己区分为一个他者，来跟自己相区别。这实际上还是从费希特的角度来看待自我意识，把自己作为一个不同的东西来建立。自我建立自我，但是这两个自我实际上是同一个东西，是同语反复。

因此对自我意识来说，他在是**作为一个存在**或作为一个**被区别开来的环节**而存在的，但是自我意识本身和这个区别的统一对它来说也是作为**第二个被区别开来**的环节而存在的。

这句话比较难弄。"因此对自我意识来说，他在是**作为一个存在**或作

23

为一个**被区别开来的环节**而存在的",前面讲了"他在"与自我的区别并不存在,而只是自我意识所设定的一个环节,但自我意识设定这个环节,是把"他在"设定为作为"一个存在"或"一个被区别开来的环节而存在的"。就是说"他在"作为一个存在或者作为一个被区别开来的环节是对自我意识来说而存在的,它自己并不存在,它自己并没有自己的存在,而只是被自我意识设定为存在,即"作为一个被区别开来的环节而存在"。这就是费希特所谓"自我设定非我",所以它对于自我意识的眼睛来说具有它的客观存在,当然实际上并不具有真正的客观存在。前面已经讲了,这样一个区别是不存在的,"他在"本身不具有独立存在的形态。但是为什么我们把它看作是"他在""非我"?这只是对于自我意识而言的。因此他在作为一个存在或作为一个被区别开来的环节是对自我意识而言才存在的,而不是客体自在地是这样。"但是自我意识本身和这个区别的统一对它来说也是作为**第二个被区别开来的**环节而存在的",就是说,前面是讲的第一个环节,它是作为一个被区别开来的环节而存在的,这个被区别开来的环节把他在作为一个存在,看作是跟自我不同的另外一个东西。当然其实还是自我意识,但是作为对象,是把它看作是一个跟自己有区别的对象。这是一个被区别开来的环节,即自我把自己看作一个跟自己不同的对象。但是还有第二个被区别开来的环节。这就是自我意识本身跟这个区别的统一,这种统一对它来说是作为第二个被区别开来的环节而存在的。前一个环节是区别,第二个环节是统一,即它与这个区别的统一;而统一与区别之间则是第二种区别。"自我意识本身和这个区别的统一",它意识到它跟这个区别实际上是统一的,它意识到它和这个"他在"并没有什么区别,这个他在实际上就是它自己。所以它当然是统一的。而对这个统一的意识也是跟自我意识有区别的。一般认为这个统一的意识跟自我意识就是一回事了,自我意识是统觉的统一,自我意识本来就是统一的环节。但是这个统一的环节也是跟自我意识不同的,它只是第二个被区别开来的环节。就是康德的那种自我意识的本源的综合统一，也是跟自我意识有区别的。它不完全等同于自我意识。在康德那里这就是自我意识了，自我意识就是知性的最高原理，这就是统觉的本源的综合统一。但是对于黑格尔来说，自我意识本身和这个区别的统一，也只是作为第二个被区别开来的环节，就是说它还不等同于自我意识，而本身只是自我意识的一个环节，因为自我意识不单纯是统一，而且也是分裂和区分。虽然它是"把自我意识当作对象"和"自我意识本身"这两个环节的统一，但是这个统一仍然跟自我意识有区别。这是两个环节，前一个环节，是他物跟自我意识不同的，当然这个他物也是自我区分出去的，但是被看作是跟自我不同的。第二环节就是把这个不同的东西看作是跟自我统一的，这是第二个有区别的环节。这里有两个有区别的环节，第一个环节当然是跟自我意识不同的，自我意识把它看作是跟自己不同的；第二个环节是把它看作是跟自己相统一的，但是它仍然是有区别的环节。下面就来解释了，这两个有区别的环节，第一个有区别的环节是比较直观的，自我意识把自己当作一个对象来看待，第二有区别的环节是间接的。就是把对象看作跟自己统一的那种自我意识，仍然跟自我意识有区别，仍然不是真正的自我意识。

凭借前一环节，自我意识就是**意识**，感性世界的整个范围都为它保存下来了，但同时它只是作为与第二环节、即意识与自身的统一相联系时才是如此；

"凭借前一环节"，凭借自我意识把自我当作对象，"自我意识就是**意识**，感性世界的整个范围都为它保存下来了"。康德就是这样干的，由于有了先验自我意识，把整个对象世界建立为它的意识，我的一切表象都是我的表象，根据这一条原理，把整个经验世界都统摄起来，建立起自我的丰富的内容，建立起现象界，建立起科学。所以整个感性世界范围，整个科学的范围，整个经验的范围都为这种自我意识保存下来了，都是因为自我意识把自己当作对象而得以保存下来的。这个时候自我意识就是意识，也就是对象意识，因为所谓意识就是对对象的意识。这在康德那里是这样的，在费希特那里更是这样：自我建立自我之后就是建立非我，就是自我把整个非我的世界、整个经验世界保存在自我的范围之内，整个世界都是由自我意识建立起来的。"但同时它只是作为与第二环节、即意识与自身的统一相联系时才是如此"，整个感性世界的范围都被保存下来了，但之所以如此，是因为有自我意识的综合统一作为这个世界的可能性条件。康德讲我从自我意识出发，我并没有摧毁经验世界、感性世界，我并没有像贝克莱那样陷于主观主义，我的自我意识所建立起来的世界完全是一个经验的客观世界。休谟和贝克莱他们都是主观的，但是我是客观的，我是"先验"唯心主义。这就是第二环节、"意识与自身的统一"的作用，也就是对象意识和自我意识的统一的作用。只有和第二个环节、和这种统一作用相联系，感性世界才被保存下来了。所以第一个有区别的环节的前提还是第二个有区别的环节，第二个有区别的环节显然更高，就是自我意识自身和它所意识到的这个东西、和对象意识是统一的。自我意识就是意识跟它自身的统一，把所有的非我的东西都纳入到自我之内来，统摄为自我。我的一切意识都是我的意识。我的一切经验表象都是我的表象，都在我之下统一起来了。

因此感性世界对自我意识来说是一种持存，但这只是**现象**或只是**自在地**不具有任何存在的区别。

这里涉及第二个有区别的环节。第二个有区别的环节当然是更高的，在康德那里自我意识所起的根本作用，是决定我能够把一切经验的东西都纳入自我之下的一个前提。"因此感性世界对自我意识来说是一种持存"，或者说感性世界对自我意识来说是一种客观存在。但按照康德的说法，这只是在现象的意义上的客观存在。自我意识所建立起来的感性世界在康德那里绝不是主观的，像贝克莱所以为的那样，"存在就是被感知"，我的眼睛一闭，世界就消失了。康德不是这样的。感性世界对自我意识来说是一种持存，是一种客观存在。"但这只是**现象**"，这种客观存在只是现象，只是现象的客观存在。而现象是什么，现象就是自我意识所统摄的、所建立起来的认识对象，它其实还是属于主观领域，虽然不同于贝克莱的那种主观，但是我们说康德还是主观主义者。他的认识论还是主观的，由主观建立客观，这个客观归根结底还是主观的。它们只是主观的现象，跟自在之物没有关系。"或只是**自在地**不具有任何存在的区别"，感性世界对自我意识来说是一种持存，是客观的，但是它只是在现象的意义上是客观的、存在的，而不是在自在之物的意义上存在的。在自在的意义上，它并不具有任何存在的区别，它的所有的区别都不是自在之物的区别，而只是现象的区别。主观的认识和客观的事物之间好像是有区别的，但只是现象中的区别，而不是自在之物的区别，这是康德的局限性。下面就要引出对康德的超越了，在哪一点上黑格尔超越了康德。当然最先是费希特超越了康德，黑格尔也是走的这个方向。

然而自我意识的现象与它的真理性的这种对立只是以真理性、亦即以自我意识和它自身的统一为其本质的；

"然而自我意识的现象与它的真理性的这种对立"，作为意识的现象不是真理，真正的真理必须认识自在之物，这在康德那里还没有达到。康德所认识的真理还是虚假的，只是在现象界，当然它也可以说是真理，真的有这种现象。现象界也有对象，也要认识，那么概念与这种对象相符合就是真理了；但实际上这只是对象与概念本身相符合，它跟终极的真理、真正的真理是对立的。"然而自我意识的现象与它的真理性的这种对立只是以真理性、亦即以自我意识和它自身的统一为其本质的"，就是说，现象和真理性的这种对立，为什么现象达不到真理，为什么现象只是一种现象的真理，就因为它是以真理性、亦即以自我意识和它自身的统一为其本质的。自我意识跟它自身的统一，跟它自身的符合，这才是真理。自我意识跟它自身的符合，是这种现象跟真理性对立的本质。现象并不能够达到真理性，它的本质是自我意识跟它自身的统一。自我意识在现象中不能达到绝对的真理性，那么自我意识只有跟它自身相统一来达到绝对的真理性。就是说，这个现象底下并没有自在之物。真正的

27

自在之物就是在现象之中的自我意识和它自身的统一,它本质上是这样的。所以现象跟自在之物的划分,在黑格尔看来应该把自在之物撇开、去掉。应该就在现象里面去挖掘它的本质。这个本质在什么地方?就在自我意识与它自身的统一之中。现象的真理就在自我意识跟它自身的统一之中,是这样一种本质。所以,真理不在于现象和自在之物是否能够符合,而在于自我意识自身与它自身是如何符合的。这根本不需要自在之物。我们完全可以自己控制,可以自己从自己里面挖掘出来,从自我意识中挖掘出真理来。

[117]　　　　这种统一必须成为自我意识的本质;这就是说,自我意识就是**欲望一般**。

　　"欲望"从这里引出来了。自我意识和自身的统一作为其本质,作为什么的本质呢?作为这种对立的本质,它就是自我意识跟它自身的统一所激发起来的。现象和真理性的对立,它的本质就是因为自我意识把和它自己的统一看作真理,现象本身不能达到真理性,但是如果你把现象纳入到自我意识和它自身的统一之中,它就会达到真理性。所以"这种统一必须成为自我意识的本质",这种统一,就是自我意识跟它自身的统一,必须对自我意识来说成为本质。自我意识的本质就是自我意识跟它自身相统一。这个相统一,是通过现象,借助于现象,借助于现象和真理性的对立。现象在真理性的对立面,总是达不到统一;但是自我意识通过把这个现象看作是它自己的环节,而把它统一起来,这就达到了真理性,这就成为自我意识的本质。"这就是说,自我意识就是**欲望一般**",为什么说自我意识跟自我的统一就是"欲望一般"?这是通过前面一路讲过来的。现象跟真理的这种对立以自我意识与自身统一为本质,就是说,它本质是自我意识跟自身的统一,但是它显现为现象跟真理的不统一。这个本质正是在不断地追求现象与真理的统一而不得的过程中显现出来的。现象跟真理不统一,但是自我意识又把它从本质上统一起来了,那就是欲望一般。不是这个那个欲望,而是一般的欲望,这种一般欲望把现象看作本质上应该是跟真理统一的，或者努力使现象跟自己达到统一。只有欲望能够做到这一点，就是把现象变成它本身的环节。前面在72页[贺、王译本]讲到经验论，批评经验论把经验看作是一种客观的摆在那里的东西，他说："即使动物也并未被排除在这种智慧之外，反倒是表明它在最深处窥探到了这种智慧；因为动物并不在作为自在存在着的感官事物面前止步不前，而是对它们的实在性根本不抱指望，并以对它们的虚无性的完全确信而毫不犹豫地扑过去，把它们吃掉；整个自然界也像动物一样，都在弘扬这些启示出来的神秘，这些神秘教导人们什么是感官事物的真理性。"这是在"感性确定性"里面讲的。感性确定性容易把感性的东西看作是神圣不可侵犯的，我们的感官只是一种意谓，只是神秘的可意会不可言传的东西。但实际上连动物都知道什么是感性的确定性，就是把感性的东西吃掉，就是把感性的东西变成自己身上的营养，就是把自然界看作是自身的一种营养。你把它吃掉了，把它消化了，把它变成自己的了，你就把它统一了，就这么简单。"自我意识就是欲望一般"，突然冒出这样一句话，好像很难理解，其实就是这个道理。"感性确定性"中的那段话，本来是应该用在这里的，在那里提前说了。就是说，自我意识的现象和真理好像是对立的，现象是现象，是感性世界，摆在那里，而真理性在自在之物底下，好像是摸不着的。其实真理性并不在自在之物底下，真理性就在你自己身上，就看你是不是有这种欲望，能够把它统一起来。你必须扑过去，把现象界抓住，使它成为你的统一体的一个环节，这种统一必须成为自我意识的本质，——这就是说，自我意识是欲望一般。这是有一种必然性的，就是自我意识必然会把这种现象看作是与自己统一的。既然看作是与自身统一的，它就不会仅仅停留于旁观，把这个现象永远摆在那里，不去触动它，而是会采取一种实践的态度，就是把它拿过来为己所用，这就是欲望。所以在康德的自我意识那里是完全认识论的，没有实践的含义，而在费希特和黑格尔这里把实践的含义加进来了。怎么加进来的？就是通过对自我意识概念的分析。实际上现象和自在之物的对立是假象，人的自我意识作为一种能动的意识，它可以把这种对立统一起来。所谓统觉的统摄，不光是认识论上的一种静止的统摄，而是实践论上的一种欲望。你对经验的世界有一种统摄的作用，怎么统摄？就是一种实践行动：你把它变成你的一部分。所以从这里引出了欲望。所以这段的小标题应该是：自我意识自身和欲望。从自我意识里面引出了欲望。最早费希特就是这样做的：自我意识跟自由意志是一回事。但是康德把自我意识与自由意志严格区别开来。一个是《纯粹理论批判》里面讲的，一个是《实践理论批判》里面讲的，这两个是井水不犯河水。在黑格尔这里是把它们合为一体，但是不是简单的合为一体。是从自我意识的分析里面引出自由意志。欲望已经涉及自由意志了，但不是动物性的欲望，前面讲的那种动物扑过去把它吃掉，那是动物性的本能。这里讲的是在自我意识的基础之上的欲望，那就是自由意志了。所以这里已经涉及自由意志了，但是它还是仅仅通过欲望这个环节把它展示出来。就是从自我意识里面引出欲望，当然欲望的本质是自由意志，那在后面再说，首先我们引出欲望，然后再从欲望里面再分析，从欲望里面看能不能分析出别的东西来。

意识，作为自我意识，从此就拥有了一个双重的对象：一个是直接的、感性确定性和知觉的对象，这对象**从自我意识看来**带有**否定的特性**的标志，另一个就是**自我意识自身**，它是真实的**本质**，并且首先只是在与第一个对象的对立中才是现成在手的。

"意识，作为自我意识，从此就拥有了一个双重的对象：一个是直接的、感性确定性和知觉的对象，这对象**从自我意识看来**带有**否定的特性**的标志"，一个东西在面前，它是感性的。它诱惑着我。从自我意识看来这个对象它有否定的特性，就是说，它是可以被我消灭的。这样一个对象在我面前，我扑过去把它吃掉，我可以把它抓过来为我所用。所以这样一个对象不是摆在那里，对我拒斥的，而是能够被我利用、被我否定的，在自我意识看来是这样的。自我意识在看待整个世界的时候，是以

"我"为中心来看待世界的。我们现在讲人类中心论,其实这是摆脱不了的,我们只能以自我为中心来看待万事万物。"另一个就是**自我意识自身**,它是真实的**本质**,并且首先只是在与第一个对象的对立中才是现成在手的",另一个是一个主体,是自我意识自身。它是一个真实的本质,我最了解的就是我自己需要什么。但它首先只是在与第一个对象的对立中才是现成在手的。自我意识自身如何才是现成在手的,必须要有它的对象,与这对象对立,追求这对象而不得。如果马上得到了,自我意识就还不明确,必须要通过努力,艰难地追求,在这过程中才能现成在手地把握到自我意识。

自我意识在这里被陈述为一种运动,其中这一对立被扬弃了,而它自己和自己的同一性则对它形成起来了。

"自我意识在这里被陈述为一种运动",自我意识在这里有一个对象,另外有一个自我意识自身;但是它不是两方面对峙,互相静止地对立在那里,而是不断地,自我意识要把这个对象世界统摄进来,要征服自然,知识就是力量,要把它变成一种力量。所以它是一种运动,"其中这一对立被扬弃了",在这里主客二分被扬弃了。"而它自己和自己的同一性则对它形成起来了",自我意识和自身的同一性就这样形成了,自我意识通过征服世界而建立起了它自己跟自己的同一性。如果它不征服世界,它就不知道它自己是谁了。如果没有任何东西能够被你征服,那人家就要问,那你是谁? 只有你征服世界,你才知道自己是谁了。你征服了世界,你就知道自己是这个世界的主宰。只有通过征服客观世界,才能证明自己跟自己的同一性,否则的话,那种抽象的自我意识是空虚的,是痛苦的,是没有根基的。

下面一个标题是生命。

[Ⅱ. 生命]

生命这部分的内容非常重要,也非常复杂。这是这篇引言的一个核

31

心的环节,它上面与欲望、自我意识承接起来,下面把类引申出来。生命这个标题我觉得没有问题,是概括得可以的。但是再后面第三个环节的标题:自我与欲望,这就不合适了,它不足以概括所讲的内容。第三个环节应该是"类"。从逻辑上说,欲望、生命和类是三个环节。欲望表现为生命,而生命表现为类。生命不是单个的生命,生命是种类的生命,是人与人之间关系的生命,是两个自我意识之间的生命。这里就可以引出正文:自我意识的独立与依赖:主人与奴隶。主人与奴隶的关系就是类的关系,就是人与人的关系。所以我们把握这样一个线索,从欲望到生命再到类,这是自我意识的结构。自我意识的结构抽象地说,是自我与他者,把自我设定为一个他者。自从引出欲望之后,这个概念就具体了。在此之前自我意识的概念是抽象的,这个在《纯粹理性批判》里面已经建立起来了,而在《精神现象学》知性部分也已经提到了。所以抽象自我意识的概念是从知性里面引出来的,但它是一个过渡,知性只能达到抽象自我意识的概念。而到具体的自我意识部分,就要把理性引出来,就要上升到理性了。但这个中间就是生命。生命在黑格尔早期神学著作里面是提得很多的概念,生命和爱,是提得最多的。但是在《精神现象学》里面生命有它特定的作用。而到后来的《精神哲学》中,里面也包含"精神现象学",它是这样几个环节:首先是意识,意识里面分成感性意识、知觉和知性;然后是自我意识,这里面分成欲望、承认的自我意识和普遍的自我意识。这就是把生命和类全部包含在欲望之中了。生命的含义在《哲学百科全书》里面大大的削弱了,黑格尔在晚年越来越倾向于逻辑主义,早期的这样一些存在主义的东西慢慢地淡化了。当然他的逻辑更加严谨了,我们刚才讲的三段论,在《精神哲学》里面是非常严格的遵守的。欲望、承认的自我意识、普遍的自我意识是一个三段论,承认的自我意识就是把主人和奴隶、主奴关系、自由这些东西放进去。普遍的自我意识就是斯多葛主义,自我意识和自由都放进去了。那么《精神现象学》中的生命和类在那里都被放到欲望里面去了,而且主要讲欲望,从欲望直接推出来一个自我意识与另一个自我意识的关系。这就是两个版本,一个是《精神哲学》里面的"精神现象学"部分,一个是《精神现象学》里面的部分,我们对照着看,可以看出微妙的区别。但在《精神现象学》里面生命是非常重要的,因为它跟《精神哲学》的使命不一样。《精神哲学》是在《逻辑学》的基础上来展示精神的结构,而《精神现象学》则是"意识的经验科学",它更贴近人的意识,贴近人的经验和生活。所以这里面它强调生命、强调经验。那么在经验的东西中,显然生命是很重要的东西,人、人的生命、人的类,这是很重要的。前面已经推出了欲望,"自我意识就是欲望一般"。"欲望一般"是说,自我意识里面包含了生命和类。生命和类都是从欲望一般推演出来的。有欲望就有生命,有生命就有种类,个体的生命是要死的,种类是不死的生命。所以从这个里面有一种内在的逻辑关系。

但是对自我意识是否定的东西的那个对象,就它那一方面来说,**对于我们**或者**自在地**同样返回到了它自身,正如就另一方面来说,意识也返回到了它自身一样。

这句话是解释欲望的。"但是对自我意识是否定的东西的那个对象",自我意识要否定的那个对象,那就是欲望对象。自我意识要扑过去,要把它吃掉,那个对象是自我意识要否定的。"就它那一方面来说",就是说,意识要否定的那个对象,意识当作欲望对象的那个对象,就这个对象而言,也返回到了它自身。也就是说,这个对象就它自身而言也返回了它自身。"正如就另一方面来说,意识也返回到了它自身一样",另一方面意识也返回到它自身,前面整个都是讲的这个。意识返回到它自身,那就是自我意识。但自我意识要面对它的对象,它扑过去是要吃掉那个对象,而那个对象也要返回到自身。生命这一节主要是讲这个:对象要返回到它自身。对象如何返回到它自身?对象对于自我意识而言好像就是要被完全否定掉的,它没有什么自身,它就是要被我所征服的一个对象,就它本身来说是否定的。但是就它那一方面说,"**对于我们**或者**自**

在地同样返回到了它自身"，"对于我们"和"自在地"打了着重号。就是说，我们旁观者从客观上看，它被我吃掉就是它的正当归宿，它存在就是为了给我吃的。我们讲过，黑格尔《精神现象学》里面讲到"我们"，都是指的旁观者。我们作为旁观者没有介入这个过程，我们只是跟随这个过程随时加以评点。所以对于"我们"这个旁观者来说，也就意味着对象这个东西自在地是怎样的，而不在于它在自我意识眼睛里是什么样的。我们旁观者清，我们可以看出这个东西自在地、客观地是什么样的。客观上是怎么样的呢？作为欲望的对象，这个对象也同样返回到了它自身，它被我吃掉恰好就是完成了它的使命，正如意识也返回到了它自身一样。这个欲望的主体，意识是欲望的主体，这个主体返回到它自身变成了自我意识；而欲望的这个客体，这个对象也返回了它自身，它成了我的营养，进入到我体内，那就是生命。所以，欲望的对象就成了生命。

通过这种自身反思，对象就成为了**生命**。

主体即意识通过自身反思就成了自我意识；而主体的欲望对象，它的自身反思就成了生命。对象也返回到了它自身，对象也要展现出它的本质来，对象也要通过它自身的反思，深入到它的自身本质，那么它的自身本质就是生命。"对象成为生命"如何理解？通常认为黑格尔有泛神论的倾向。大自然都有生命，甚至都有灵魂，万物有灵论、泛神论，把对象看作是有生命的。山川、大地、阳光、空气，这些东西都成为了生命。我们通常也讲生命就是水，水就是生命。但是这是从人的欲望的眼光来看的。在黑格尔看来，正是在人的欲望活动中，大自然才显露出它的本质就是生命。或者说，它的本质是潜在的生命，而人的欲望使它成为了现实的生命。人的生命不就是从大自然中长出来的吗？生命不就是吸收了大自然各种各样的养分、空气和水而维持着的吗？包括人，人不是上帝创造出来的，人是从自然界生长出来的。对象的本质就是生命，尽管它还没有显现为生命，我们也可以把它看作客观上潜在的生命。水就是生命、空气就是生命、绿色就是生命、土壤就是生命，我们都可以这样说。

所以谈到有机体的时候，黑格尔把地质、土壤的形成也纳入进来。土壤就是生命，生命就是在地球上产生出来的。所以对象就成为了生命。

那被自我意识**作为存在着的**而与自己区别开来的东西，即使它被建立为存在着的，也不单是在自身具有感性确定性和知觉的方式，而且也是反思到自身的存在，而那直接欲望的对象就是一个**有生命的东西**。

"那被自我意识**作为存在着的**而与自己区别开来的东西"，也就是欲望的对象了。作为存在着的东西，有一个东西在那里，它是我欲望的对象。但这个自我意识肯定跟对象是不一样的。自我意识只是欲望，对象是欲望想要的，但还没有得到它。所以存在着的对象跟自我意识是区别开来的。"即使它被建立为存在着的"，自我意识把它建立为存在着的，把它当作一个存在着的对象了。但是，"也不单是在自身具有感性确定性和知觉的方式"，这个存在着的东西、欲望的对象是什么东西呢？直接地看，是红的白的香的等等，是香蕉或苹果等等，它具有感性确定性和知觉的方式；然而不仅仅是这样，"而且也是反思到自身的存在"。这个苹果不仅仅是红色的、具有香味的这样一种存在方式，而且也是反思到自身的存在。也就是说，这个苹果本质是什么，是生命，因为我吃了苹果，就吸收了营养，就维持了生命。也可以说，苹果本质上就是生命，阳光土壤空气水分，它们的本质就是生命。它们不仅仅具有像经验派认为的那些感性的性质，而且具有成为生命的本质，当然需要反思，这个生命就是反思到自身的。是什么满足了我的欲望、维持了我的生命？反思一下，不就是那些我吃进去、喝进去的东西吗？这些东西，大自然你反思到它自身的本质，你从它的感性确定性反思进去，就会发现它们本质上就是生命。"而那直接欲望的对象就是一个**有生命的东西**"，因为你的生命就在它身上，你的食物就是你的生命，所以那个食物就是饱含生命的东西。生命就在它身上，营养就在它身上。所以对象的本质，我们发现它是有生命的东西。或者说自我意识和欲望的关系从对象方面看，我们发现它的本质就是生命，从主体方面看，你可以说是欲望。我的这个欲望，它的对象的本质就是生命。

{105}　　因为知性与事物的内在东西的关系的**自在**或**普遍**结果，就是对不能区别的东西加以区别，或者说，就是有区别的东西的统一。

　　为什么对象就是生命，"因为知性与事物的内在东西的关系的**自在或普遍**结果，就是对不能区别的东西加以区别"。我们前面讲到，知性跟事物的内在东西有关，知性不仅仅跟现象打交道。知性要在现象里面找到内在的东西，找到规律，而其中的那个规律是隐藏在内部的东西。那么知性与事物的内在东西的关系的自在或普遍结果，就是对不能区别的东西加以区别。"对不能区别的东西加以区别"，就是说对象它的表面现象，它的感性确定性跟它的这个内在的生命应该说也是不能区别的，但是知性还是要把它区别开来。知性在面对感性确定性和知觉的时候，要寻求它底下内在的东西，要把这个内在的东西区别开来。当然在知性阶段它自认为没能做到，但是客观上它已经做到了，它的普遍结果就是已经把现象和内在的东西区别开来了。"或者说，就是有区别的东西的统一"，把这个对象看作内在的东西与感性知觉的东西是有区别的，但是又是统一的，这个内在东西就是那个感性知觉的东西。知性最后的结果就是这样的，而这正是自我意识本身的结构，就是在感性确定性和知觉和力的底下，发现它们内在的本质就是自我意识本身，是自我意识自己把自己装扮成感性的对象或事物，来与自己发生关系。所以这些与自己有区别的东西又是与自己统一的。

　　但这个统一正如同我们所看见的那样，也是它自己对自己的排斥，而这个概念就**分裂**为自我意识与生命的对立：

　　就是说，知性达到了这一步，能够把有区别的东西看作是有区别的，同时又是统一的；"但这个统一正如同我们所看见的那样"，我们在自我意识阶段看到的统一已经比知性的阶段提高了一步。我们看到了什么呢？看到了这个统一"也是它自己对自己的排斥"。知性只是把不能区别的东西加以区别，并且把区别出来的东西统一起来，但是它不知道这

36

里面的原因。为什么没有区别的东西可以作出区别？在知性那里完全只是外在的区别，但是在自我意识这里是内在的。"但"不能省掉，也就是说，在自我意识这里，这种统一"也是它自己对自己的排斥"，这是在知性里面没有发现的。而到了自我意识里面就可以发现，它就是自己对自己的排斥，就是自己把自己区别开来，不是外在的区别。知性把自在之物和现象区别开来，然后又对那个自在之物加以探讨，对那个内在的东西加以规定，那是非常外在的机械的方式。但是自我意识已经走到这一步，就是把这个统一看作是自己对自己的一种排斥。"而这个概念就**分裂**为自我意识与生命的对立"，这个统一首先是要区别，这个区别从哪里来的，不是你站在旁边区别。而是它自己区别自己，自己排斥自己，自我分裂。自我意识就是本来是同一个自我意识，它把自己当作对象，同一个自我意识分裂自己，把自己排斥成另一个意识，这就是自我意识了。而这个统一的概念就分裂为自我意识与生命的对立。为什么是与生命对立？因为前面讲，对象成为了生命。自我意识自己与自己相排斥，形成了一个主体的自我和一个客体的生命，但是它们同时又是统一的，这个客体的生命就是它自己的生命。这样一个统一的概念分裂为自我意识与生命的对立，"分裂"打了着重号，就是说自我意识的统一是自行分裂的，分裂为两部分，一个是自我意识，一个是生命。下面就来解释。

前者是这样的统一，即**为了这种统一**而有各种区别的无限统一；而后者则仅仅**是**这个统一本身，以至于这个统一并不同时是**为了自己本身的。**

"前者是这样的统一"，前者是什么？前者就是自我意识。自我意识的统一是这样的，即"**为了这种统一**而有各种区别的无限统一"，为了这种统一，为了自我意识的统一，而有诸多区别的无限统一。这就是康德所说的统觉，统觉为维持自身的统一性，而把诸多的区别无限地统一起来，把我所经验的那些材料无限地统一起来。这就是自我意识为了统一所做的工作，在康德那里就是统觉，就是把无数的区别把它统摄起来，而

37

这个过程是无限的。科学的发展是无限的，不断地有东西让你去统摄，而这种统摄最终是为了这种统一而统摄的。"为了这种统一"打了着重号，就是为了这种统一而有诸多区别的统一。或者说，它这种统一是本源的综合统一，各种不同的范畴的统一都要归到这个统一之下来，最后是为了达到自我意识之下的一个统一体。人为自然界立法，一切法律都是人订立的，来规范所有的无限的区别。那么康德已经做了这个工作。"而后者则仅仅**是**这个统一本身，以至于这个统一并不同时是**为了自己本身**的"，"后者"也就是生命，生命仅仅是这个统一本身，"是"字打了着重号，也就是说生命仅仅是作为这个统一而**存在**的。前者是统一，但是它是自为的，而后者也是这个统一，但它是自在的。前面自我意识是自为的统一，也就是"为了自己本身的"统一；而生命则是自在的统一，它只是这个统一本身，以至这个统一并不同时是自为的。在自我意识的欲望这个阶段，自然界的万事万物的本质虽然是生命，但是它们不是主动的，它们有待于自我意识去吞并它，去利用它，使它们成为生命。它们是自我意识离不开的生命之源，但是它们本身不能意识到这一点。它们并不是自为的、为自身而统一的，而是为自我意识所吸收而与自我意识统一的，它有待于自我意识使它成为自身统一的。但反过来说，它自在地就是这个统一本身，就连自我意识的这种统觉，这种欲望，这种利用，本身也正是自我意识的生命的体现，自我意识这种统一的活动本身就是生命活动，只是它还不自觉。

　　因此意识有多么独立，它的对象也就**自在地**有多么独立。

　　这里讲的是意识的独立，而不是自我意识的独立。意识和它的对象双方的互相独立在前面感性确定性、知觉和知性中已经出现过了，意识为了获得真理性，总想和它的对象达到统一，但总是达不到，意识越是独立，想当然地去规定对象，对象越是不买账，不受意识的规定。正是对象的这种独立性使意识成为对象意识，即追求对象的意识。但是这种双方的独立性只有在自我意识阶段才得以揭示出来，在此之前意识并不知道对象的独立性是和它自己的独立性成正比的，它老想着消灭这种独立性以成全自己的独立性。自我意识看出，每个意识都是有自己的独立性的，它想干什么就干什么，它想利用谁就利用谁；但是另一方面，它的对象就自在地也具有同样的独立性。你想利用它，你想要它怎么样，这并不是你能为所欲为的。自然界本身是个独立的生命体，并不能真正对它为所欲为。整个自然界是独立的，这种独立性也许不是表面的，是潜在的，但在自我意识的欲望活动中，它就显示出来了。

所以一个绝对**为自己**而存在的自我意识，一个直接把自己的对象与否定的特征联系起来、或者首先是**欲望**的自我意识，毋宁说就将造成它的对象的独立性的经验。

"所以一个绝对**为自己**而存在的自我意识"，绝对为自己存在的自我意识，每个自我意识都认为自己是绝对自为的、为所欲为的。这样一个自我意识，也就是"一个直接把自己的对象与否定的特征联系起来、或者首先是**欲望**的自我意识"，把对象看作是否定的，认为它是不能抵抗我的，它的本性就是要被我否定的，所以对象的本性被看作具有否定性的特征。这种自我意识首先体现为欲望，它相信对象不能抵抗我，于是我可以"扑过去"把它吃掉。但是正是这样一种为所欲为的自我意识，"毋宁说就将造成它的对象的独立性的经验"。虽然对象初看起来不是独立的，但是你试试看。你作用一下大自然，你就会发现它们是独立的，它们有自己的生命。这是一种经验，最开始没有经验的时候，你只有欲望，你以为自己是绝对自为的，是可以为所欲为的。这种作为欲望的自我意识，它把对象看作仅仅具有否定的特性。但是在欲望的实现过程中，它会造成对象的独立性经验，即对象跟它同样的是一个独立性的存在。当然这样理解，我们可以解释现在的生态保护、环境保护、善待大自然等等。但是黑格尔的意思不在这里。对象独立存在这样一种经验除了泛神论的意义之外，更重要的是黑格尔在这里是要引出他人，要引出另外一个自我意识。就是生命在经验的过程中，会发现有另外一个自我意识跟它相对立。那个自我意识是独立的。你为所欲为，但是你在社会领域中，你做不到。当然在自然领域中也不行，黑格尔的泛神论也提出了这一点，就是自然界其实也是一个有机的生命体，你不能为所欲为。但是黑格尔在这里，更重要的是要进入到社会。就是说你欲望的对象可能是他人，另一个有生命的存在。比如异性。欲望里面本来就包含性欲，食色,性也。那么欲望里面本身就包含另一个生命体，你把它看作单纯是否定性的，你就是把人家当作工具，你把你的配偶当作工具。但是在经验中你会发现他（她）是独立的。当然在这里，黑格尔没有谈到异性，但是他在别的地方谈到了性关系。这里没有谈到，应该说是一个缺陷。性关系至少是个人的欲望从生物性向社会性的一个过渡，包括爱的关系，应该加入进来。但是他这里直接跳到了人与人之间的社会关系，一种互相承认的关系，忽略了这样一个具体的细节。不过我们暂时不去管它，这是粗线条的，讲到生命的关系。总而言之，在与生命打交道的时候，我们会形成一种经验，就是这个对象它有独立性。由此就进入到社会性，就进入到一个生命与另一个生命、一个自我意识与另一个自我意识的关系。本来是自我意识和一个对象的关系。这个对象后来被发现它也具有生命和自我意识，那么就进入到社会关系。当然这里还没有，要在后面才谈到。所以这里用的是将来时，他说:"就将造成它的对象的独立性的经验"。自我意识的对象作为经验来说，它有自己的独立性，你就进入到了与另一个自我意识打交道的经验阶段。看下一段。

　　生命的这一规定，就像从我们借以进入这一领域的概念或普遍结论中所得出来的那样，充分地表明了生命的特征，而用不着从中进一步阐发其本性了；这一规定的范围包含如下诸环节。

　　这是总结性的，就是说前面讲了生命的规定了，它是有独立性的，自我意识的对象其实就是生命。你的欲望在追求一个对象的时候，这个对象对你来说就成为了生命，这个对象本身也就成为了生命。欲望与生命是分不开的,你要扑过去把它吃掉,你为了什么呢? 为了维持生命,那么这个对象对你来说,就是你的命,面包、水就是你的命,没有它你活不了。对生命只有一种规定,当然它自身还可以显示出它的独立性来,但它的规定已经规定完了。"生命的这一规定,就像从我们借以进入这一领域的概念或普遍结论中所得出来的那样,充分地表明了生命的特征,而用不着从中进一步阐发其本性了",前面的阐发已经非常完备了。"这一规定的范围包含如下诸环节",现在我们可以对生命进行一种诸环节的规定了。生命这样一个规定是很抽象的了,从概念上说当然没有什么说的了;但是具体来说,这个概念的范围中有它本身所包含的诸环节。这里"范围"德文用的是 Kreis,本是"圆圈""圈子"的意思,而下面就列举了三个环节,以构成一个"圆圈"。

它的**本质**是作为一切区别的**扬弃**的无限性,是纯粹的绕轴旋转的运动,是作为绝对不安息的无限性之自身静止;是运动的区别在其中都消融了的**独立性**本身;是时间的单纯本质,这本质在这种自身等同性中拥有空间的坚实形态。 [118]

第一个环节就是生命的本质,它本身又有三个特点。这句话由两个分号划分为三段,是讲它的本质中的三个特点,其中第一个本质特点是:"它的**本质**是作为一切区别的**扬弃**的无限性,是纯粹的绕轴旋转的运动,是作为绝对不安息的无限性之自身静止"。扬弃的无限性就是无限扬弃了,把一切区别都扬弃了,当然它有区别,生命的本质是对它生命中的所有区别加以扬弃。就是说,区别当然是有的,并且是不断产生的,但是不是作为区别,而是立马扬弃了的区别。我们讲机械论是把生命切割开来考察,手就是手、脚就是脚。但是在生命体里面,所有的区别都不是区别。亚里士多德早就讲过,砍下来的手已经不是手了。有机体、生命的特点就在这一点,就是它的所有的有区别的各个部分都不是什么区别,它的区别是被扬弃了的。人的手和脚当然是不能完全互相取代的,但是低级动物是可以取代的。而人的大脑受了伤,大脑的另一个部分也可以来补偿、取代。所以这种区别是被扬弃了的区别。它的本质是作为一切区别的扬弃的无限性,扬弃了的区别它没有边界限定,不能够像机械的事物那样清晰地划分。医生经常把大脑划分为很多区域,但是这种划分是相对的。大脑某部分区域的功能受损伤了,另一区域往往会补上。所以不是那么机械的,它具有无限性、无边界性。所以生命的本质又是"纯粹的绕轴旋转的运动",绕轴旋转当然是一种比喻了,这也是无限性的一种方式。一切生命都是绕轴旋转的,这个轴就是它的生命了,生命就是核心,其他的都可以牺牲,但是它的命是不能丢的。它要延续自己的生命,一切都围绕着它的生命而旋转。或者如我们通常说的,生命是内在合目的的,生命为了其内在的目的而运用各种外在的手段。"是作为绝对不安息的无限性之自身静止",我们通常讲生命在于运动,它是绝对不安息的;但是又自身静止。你的各种运动最后还是为了维持你的生命平衡。你缺乏运动你的生命就会失衡。生命在于运动,但是生命又是平衡的。这个平衡就是静止,就是说你还是你。前面三句讲,生命有区别,但被无限扬弃了;有运动,但是绕轴旋转;不安息,但又自身静止,都是在讲生命的平衡性,这就是生命本质的第一个特点。下面讲,"是运动的区别在其中都消融了的**独立性**本身",这是第二个特点,即独立性本身。生命是一个独立性的存在,它不受外界影响,它的运动是自己运动。第三个特点:"是时间的单纯本质,这本质在这种自身等同性中拥有空间的坚实形态",这个时候提出了时间。但黑格尔不像海德格尔等后来的存在主义者那样看重时间。时间空间在康德那里是先天直观形式,也是很重要的。但是在黑格尔这里他只把时间归之于人类社会,只有人类社会、历史才有时间。而自然界只有空间,太阳底下没有新事物,一切都是在重复,在循环。但生命是时间的单纯本质。所谓时间的单纯本质,就是说,在生命中,时间是不可重复不可回头的,时间一去不复返。时间的特点就在这里,人类历史的特点也在这里,人类历史是不能倒退的,就像儿童长大后不能倒退回儿童。时间的单纯本质,把它那些经验性的感性的材料剔除之后，你把时间单独提出来，你会发现生命是时间的单纯本质，或者说生命的第三个本质特点就是时间性。时间的本质是什么？就是生命。唯独生命、有生命的东西是一去不复返的，不能回头的。"这本质在这种自身等同性中拥有空间的坚实形态"，这跟单纯的时间又不同，它在空间中有它坚实的形态。生命要表现为一个个体。它不是抽象的时间，而是要占据空间的，这使它变得坚实，而不是虚无缥缈的。但这是由时间所带起来的空间性，由于围绕时间而建立空间，所以空间才是坚实的，而不是松散杂乱的。所以在各种空间关系中生命的时间又具有自身等同性，这些空间围绕它自身的时间轴在旋转。生命的平衡性、独立性、时间性，这就把生命本质的概念说得很充实了。前面已经出现了生命本质的概念，但是前面的这个概念更多的带有比喻性："这个单纯的无限性或绝对概念可以叫作生命的单纯本质，世界的灵魂，普遍的血脉，它在一切场合下都不被任何区别所模糊，也不会中断，它本身毋宁就是一切区别，正如它是一切区别之扬弃。因此，它以自身的脉搏跳动而又岿然不动，它自身震颤而并无不安，它是自身等同的，因为那些区别都是同义反复，这是一些不是区别的区别。"[参看贺、王译本第110—111页] 这是在力和知性的最后阶段，讲无限性的时候讲的，跟这里讲的三个特点相当一致。而这里是正式谈到生命的。在那个阶段，知性已经体现了生命的本质特点了，但在知性那里还没有提升到意识上面来，还是一种自在的不自觉的体现。而在这里提到这些特点是已经自觉到了的，这就是生命本身的本质规定。

但是这些区别在这个**单纯的普遍**媒介中同样作为区别而存在，因为这个普遍的流动性具有它否定的本性，只因它是**这些区别的扬弃**；但是如果它没有某种持存性，它就不能扬弃那些区别。

"但是这些区别在这个**单纯的普遍**媒介中同样作为区别而存在"，这个可以说是第二个环节。第一个环节是生命的本质，上面所讲的"包含如下环节"，其中第一个环节就是本质环节。生命的本质是一种平衡性，一种独立性，一种时间的单纯本质。但是第二个环节呢，就是承载着那些区别的"**单纯的普遍**媒介"。这个"单纯的普遍"打了着重号,这是第二个环节。生命的第一个环节是它的本质,在时间中独立的、静止的存在;第二个环节是单纯普遍的媒介,不仅仅是说它永远不安息,而是说这种永远不安息体现为一种普遍的媒介,它承载着那些区别,使它们作为区别而存在。那么这个媒介是什么呢?就是"普遍的**流动性**"。他说,"因为这个普遍的**流动性**具有它否定的本性,只因它是这些**区别的扬弃**",普遍的媒介就是普遍的流动性,这是它第二个环节,它体现为一个赫拉克利特之流。这条河流是普遍的媒介,在这个河流中,这些区别是作为区别而存在的,所以这个流动是有型的,不是漫无边际的,但又具有它否定的本性。赫拉克利特讲,人不能两次踏入同一条河流。那么这个流动性具有否定的本性。"只因它是这些**区别的扬弃**",这些区别存在,但是它们在流动性中被否定、被扬弃了。"但是如果它没有某种持存性,它就不能扬弃那些区别",这是第二个环节必须设定的。赫拉克利特的弟子克拉底鲁说,人一次也不能踏入同一条河流,这就过头了,把流动性说成没有任何持存性了。如果这样,那它就不能扬弃那些区别,因为你连进都不能进去,哪里谈得上扬弃什么呢?就是说,生命作为一个单纯普遍的媒介,在它的流动性中仍然是有它的持存性的,如果没有这种持存性,它就不能扬弃那些区别。这些区别正是在这种赫拉克利特之流中被扬弃的,但是它毕竟是一个流,所以它有某种持存性。这就引出了第三个环节。

正是这个流动性,作为自身等同的独立性,本身就是诸多区别的**持存或实体**,因而它们在其中就是作为有区别的肢节和**自为存在的**各部分而存在的。

这是进一步的解释。"正是这个流动性,作为自身等同的独立性",生命之流,生生不息。生生不息它就有持续性,有普遍性,也有自身独立性。"本身就是诸多区别的**持存或实体**",它是一种流动的实体,这个实体不是静止的,不是摆在那里东西,但它是动态的实体。这就是生命的第三个环节,流动的持存性或实体性。这个实体是流动性的实体。生命是流动性的实体，它是持存的，它日夜不停地流，所以它又是实体。一个生命，比如一个人，他就是他，虽然他长大了，老了，他仍然是他，他有自身的等同性，有他的独立性。而他自身的那些区别因而"在其中就是作为有区别的肢节和**自为存在**的各部分而存在的"，有区别的肢节，德文 Glieder。Glieder 本来是划分出来的关节，或者划分出来的环节。但是我们已经把 Moment 译作环节了，所以这里我们把它翻译成"肢节"，它是各个肢体的意思。也就是说，这些区别在其中就是作为有区别的肢节和自为存在的部分而存在的。在生命中当然有许多肢节，但是这些有区别的肢节是作为自为存在的各部分而存在的。它们每个肢节都是自为存在的各部分，虽然是为全体的，但是也有为自己的部分。手的功能是为全体，但是它也还有为自己的功能。当然归根结底还是为全体，纳入到全体的生命之流之中。所以生命的实体就是一个流动的实体。

　　存在已不再具有**存在的抽象**的含义了，还有各环节纯粹的本质性也不再具有**普遍性的抽象**的含义了；反之它们的存在正是在那自身内部的纯粹运动之单纯的流动实体。

　　"存在已不再具有**存在的抽象**的含义了"，存在在感性确定性里面是抽象的，这我们在一开始就讲了。感性确定性的存在是最抽象的。后来一步步地具体，但是还是抽象的。只有在生命里面，生命的存在已不再具有存在的抽象含义了。生命里面包含了有机的各个环节、肢节，已经有丰富的内容。它还是存在，但是它已经不再是抽象的了。"还有各环节纯粹的本质性也不再具有**普遍性的抽象**的含义了"，不单是存在，而且各个环节它们的本质性，也不是抽象的了。以往也讲到了那些概念的各个环节，它们的本质性具有普遍性，但它们是抽象的，也就是它们只是某个侧面。在知觉的阶段也有概念的各个环节，但是那些环节具有普遍的抽象含义。它们是很抽象的，感性确定性的"这一个"，这是共相，是抽象的共相。在知性里面，力和力的表现都有普遍性，但也只有普遍性的抽象含义。但生命的存在和本质都不再具有抽象含义了，本质当然有普遍性，但是它同时又是具体的，各个环节都被它自己统摄起来了。"反之它们的存在正是在那自身内部的纯粹运动之单纯的流动实体"，这些区别的存在，这样一些环节的存在，正是在自身内部的流动的实体，它们已经汇入到生命之流里面去了。每个环节都是具体的，它有它具体的功能，但它都跟整体联系在一起，你不能单独抽象的看它。人身上每个器官，你都不能单独割裂下来去抽象地研究它，而必须把它放在整个肢体中，在流动中考察它。所以它不再具有抽象的含义了。

　　<u>然而这些肢节**相互间的区别作为**区别，完全不在于任何别的**规定性**，而只在于无限性的诸环节或纯粹运动本身的诸环节的规定性。</u>

　　就是说，撇开这些肢节与整体的关系，只看这些肢节"**相互间的区别**"，如手和脚的区别，眼和口的区别等等，这些感官之间的区别，"完全不在于任何别的**规定性**，而只在于无限性的诸环节或纯粹运动本身的诸环节的规定性"，第一个"规定性"打了着重号，但这个规定性并不是别的规定性。诸环节相互之间的区别并不在于别的规定性，不在于外在的规定性，像机械论那样，用一个外在的规定性来把它们规定下来。而只在于无限性的诸环节或纯粹运动本身的诸环节的规定性。也就是说，它们是作为无限性的诸环节的规定性。外在的规定性都是有限的规定性，这个器官跟那个器官可以割裂来加以规定，眼睛是用来听的，口就是用来吃的，手是干什么，脚是干什么，这都是一些外在的规定性，但是它们是相互联系的，处于无限的互相规定中。它们只在于这样的规定性，这种规定性是在一个无限性的诸环节和纯粹运动本身的诸环节中得到规定的。就是你必须把这些诸环节放到一个无限联系中，或者放到一个纯粹运动本身中来规定。这就是生命本身的规定性。这就是把生命的本质性和流动性综合起来的规定性，也就是作为"流动的实体"的规定性。这是一种有机的规定性，一种内在的规定性，不是从别处拿来的，而是在这个纯粹运动本身之中，在这个流动的实体中来规定的。我们把这个流动性规定为一个实体，这是生命本身的一个重要的特点。

*   *   *①

　　好，我们继续上一次所讲到的，关于自我意识自身的确定性和真理性。上一次我们最后这一段讲得比较匆忙，我们今天要讲的，要从上次最后一段，117 页的下面这一段，这个地方再重复一下，就是关于生命。前面已经讲到了自我意识从欲望，从抽象的自我意识概念进到它具体的欲望，从欲望又进到了生命的概念，生命的规定。那么 117 页下面这一段是讲，既然生命的这一规定用不着进一步地阐发了，它的抽象概念就在这里了，那么这一规定的范围，包括如下诸环节。也就是说，上次讲的最后这一段，就是展开生命概念本身包含的诸环节。有几个什么样的环节，我们上次已经点了一下。一个是本质，作为本质的环节。生命的本质是什么？有三个特点，动态平衡、独立性、时间的单纯本质。其中最重要的就是那种独立性，是"运动的区别在其中都消融了的**独立性**本身"，"独立性"打了着重号。也就是说，生命的本质就是独立性。我们可以看到，在世上万事万物中，生物的一个很重要的特点就是独立的。所谓独立的就是说它不被自然界，机械的、化学的、物理的那些现象所带走、所拆散，而是在所有这些现象之中，它有它的独立性。这就是生命最本质的一个特点。当然还有一系列的形容词了，诸如"纯粹绕轴旋转的运动"，"作为绝对不安息的无限性之自身静止"，还有"时间的单纯本质，这本质在自身等同性中拥有空间的坚实形态"，等等。这些都可以看作是描述独立性的，这些描述中只有"独立性"打了着重号，这是它的本质。所以讲生命的诸环节，第一个环节应该就是它的这种独立性的本质。第二个环节，就是下面讲的："但是这些区别在这个单纯的普遍媒介中同样作为区别而存在，因为这个普遍的**流动性**具有它否定的本性，只因它是这些**区别**的**扬弃**。"也就是说生命的第二个环节就是流动性。首先，作为一

---

① 以上是一次课的内容。为了区分课程顺序，用"*"隔开。

47

个生命体，它独立出来了，但是，它又是流动的，是生命之流，我们通常讲，生命之流，生老病死，是一个连绵不息的流程。这样一个流动性具有它否定的本性，仅仅因为它是这些区别的扬弃。也就是说，一个一个的生命体，在这个生命之流中被否定，同一个生命体在它的早年和晚年，都是一个否定的本性，它成长起来就否定了它的童年，它老了就否定了它的青年，还有后代否定前一代，等等。所以这些区别，单个个体的这些区别，在这个生命之流中，一个一个地被扬弃了。所以这种独立性呢，是把一切区别扬弃于自身的一种无限性。那么这些区别如何扬弃于自身呢？只有展示为一个生命之流，它才能把这些区别扬弃于自身，也就是说一个生命体，它的幼年时代跟它的老年时代，它是同一个生命体，我们不说它老年时代就是另外一个生命体了，它还是这个生命体，但是，它是流到了它的老年了，是这样一种扬弃，把它的区别扬弃了。第三个环节就是持存性或者实体性。持存性也就是实体性了，这是接下来讲的。但是如果它没有持存性，它就不能扬弃那些区别。"这个流动性，作为自身等同的独立性，本身就是诸多区别的**持存**或**实体**"，也就是这种流动性不是说流得没有了，流散了，而是自身等同的独立性，这就是实体，生命的实体。这三个环节形成一个正、反、合的关系，实体性是前两个环节即独立性和流动性的统一。那么生命的实体跟其他事物的持存性不同的地方就在于，它是流动的实体，是动态的实体。同一个生命，不管它是幼年还是青年还是老年，我们都说它还是它。但是这个实体是一直流过来的，它是流动的，同时这种流动又是独立、"自为的"，而不是受到外来影响才发生的。那么这样一种生命的概念，它的存在就"不再具有存在的**抽象含义**了"，而它的本质也"不再具有**普遍性的抽象**含义了；反之，它们的存在正是那在自身内的纯粹运动之单纯的流动实体"，这个说得很明确了。所以第三个环节实体性把流动性和独立性都统一起来了，就是说它是独立的，但是，这个独立性又在流动中把它的区别都扬弃了，回归到一个实体性的独立。这是我们上次讲的最后这一段。最后这一段是讲的生命概念的诸环节，在这个里头一层一层的，虽然他没有列出来一二三，但是我们可以从里面分析出来这样几个环节。那么接下来我们可以看今天要讲的这一段，从［贺、王译本］118页中间这里开始。这一段实际上是接着上面的三个环节来进一步地加以阐明，它也是有三个环节的区分，但是把它们放在一个统一体中，考察它们的具体关系。我们仔细分辨的话，我们可以分辨出来，就是对上面讲的这三个环节，这里加以更加具体的系统规定。所以前面讲的比较抽象，这一段就比前面讲的要具体一些了。

这些独立的肢节都是**自为的**；不过这种**自为存在**不如说同样**直接地**是它们向统一性的反思，正如这统一性是向诸独立形态分裂一样。

"这些独立的肢节都是**自为的**"，自为的也就是独立的了，它自己为自己的，这就是第一个环节了。这些独立的肢节都有各自的功能，眼睛是为了看的，耳朵是为了听的，每一个肢节都要使自己的特殊功能更加完善，作为整个身体中的一个肢体，每一部分都是自为的。有机体的特点就是在这里，它的每一部分都是自为的。当然同时也是为他的，所以他讲："不过这种**自为存在**不如说同样**直接地**是它们向统一性的反思"，每一部分都是自为的，但是同样直接地是向统一性的反思。就是说，一个人的手也好脚也好，眼睛也好鼻子也好，它们都是向统一性的反思，向统一的生命的反思，即它们的功能最终都是着眼于整个生命体的生存的。而这种统一性又不是外加于各个肢体上的，而是这些肢体本身"直接地"服务于整体，是这些肢体自身自我"反思"的结果。它们既是自为的，又是为整体的，或者说，它们的自为同时就是为整体，自行服务于整体。所以我们要从每个肢体对于整个生命的统一性的关系来反思它们，要从它们在整体中的功能来考虑它们，我们才能把握它们的本质。所以我们又可以把这些肢体看作整体的一种功能的分化或分工，"正如这统一性是向诸独立形态分裂一样"。的确反过来也可以这样看，统一性，一个生命体，它分裂为它的各个独立形态，比如一个人的肢体也是这样发展出来的，从胎儿里

49

面就逐渐地从一个细胞分裂出他的各个肢体形态,手、脚、心脏、大脑。"向诸独立形态分裂",就是分化为各个专门的功能。这是第一句话。第一句话里面包含两个环节,一个环节就是各个肢体的独立性,自为的,第二个形态就是每一部分肢体反思到它的统一性,它们本来就是这个统一性自身分裂而来的,因此是在流动中的动态的统一,分中有合,合中有分。

这个统一体被分裂了,因为它是绝对否定的或无限的统一;又因为**它是持存**,所以区别也只有**在它上面**才有独立性。

"这个统一体被分裂了,因为它是绝对否定的或无限的统一",这个还是讲的第二个环节,第二个环节就是它的流动性,因为前面讲了,普遍的流动性具有否定的本性。但也是放到与整体的关系中来谈的,所以强调它是在"无限的统一"中的分裂,统一而又没有限度、没有边界,所以它随时可以把自己分出去。这个统一体在流动中被分裂了,为什么被分裂了呢?"因为它是绝对否定的或无限的统一",因为这个统一体,它本身就是绝对否定的和无限的,无限的也就是不受限制的,是这样一个统一体。这个统一体不是限定在一个框框里面的统一体,而是不断地要自我否定,绝对的否定,或者说是打破、超出限制,也就是流动的。它是一个流动的实体,流动的统一,所以,它分裂了,也就是它把自己分裂了,它自己分裂为它的各个肢节。这是着眼于这个统一的特点来讲它是一种流动性。"又因为它是**持存**","持存"打了着重号,"所以区别也只有**在它上面**才有独立性"。它是持存的,这样一个流动的实体,也就是一个持存的东西,这是第三个环节了,即它是持存,它是实体。但这里和第一环节相联系,即它和独立性相关,它的各种区别"只有**在它上面**才有独立性"。作为一个流动的实体它有很多区别,这些区别是依靠它的持存性才有独立性的,这里强调是"在它上面"才有独立性。它的各个环节为什么会有独立性呢?因为它的流动的实体本身有它的持存性,所以在每一个持存的阶段上,各个环节都是独立的,或者说它们寄生于流动的实体身上,它们的分工最终是为了合作。这就是上面讲的第三个环节,就是持存性或者实体性,对于各环节的独立性的一种承载功能。真正的实体是这样一个流动的实体,它的各个独立的环节是长在它身上的,长在它身上,所以才有独立性,否则的话就没有独立性了,如亚里士多德讲的,砍下来的手就已经不是手了。砍下来的手之所以不是手,就是因为它已经脱离了它的流动的实体,于是它就没有独立性了,它马上就分解了,就腐烂了。手之所以有独立性,就是因为它依靠它的流动的实体,它才有独立性。各种区别只有在它上面,只有在这个持存的实体上面,才有独立性。这是有机体的概念里面非常关键、非常本质的一个环节。

形态的这种独立性显现为一个规定了的、为他的东西,因为它是某种分裂物;而这种分裂的扬弃只有通过一个他者才发生。

形态的这种独立性,就是生命形态,生命的各肢节的形态,每一种形态它都是独立的,这种独立性在第一个环节里面所展示出来的这种独立性,显现为什么呢,显现为一个规定了的为他的东西。每一种形态的独立性都是为他的,都是被他者所规定了的,比如说手,它是为整个身体所规定了的,为其他的身体肢节所规定了的,它只是这整个身体中的一个肢节。所以它"显现为一个**规定了的、为他的**东西",它是为整体所规定了的,它是独立的,但又是不独立的,这种独立性显现为一个为他的东西,它是建立在为他之上、被规定之上的。"因为它是某种分裂物",这种独立性是某种分裂物,形态的独立性是从整体上面分裂出来的,所以它被这个整体所规定,为它之外的那些东西所规定。"而这种分裂的**扬弃**只有通过一个他者才发生",它是某种分裂物,它被分裂出来,它仅仅是一个肢体;但是这种分裂,只有通过一个他者才被扬弃。所谓"他者",在这里就是那种不是这个独立肢体的东西,这个肢体寄生于其上的其他肢体的全体,对于这个肢体而言都是他者。分裂出这样一个肢体来,同时他者又把这样一种分裂扬弃掉了。就是说,你作为一个整体,那么这种分裂,只是表面的,你好像分裂了,从胎儿里面就分裂出来了手和脚等等,但是手和脚的这种分裂,实际上并不是分裂,它是一刻也不能脱离它的整体的。所以从其他各部分整体来看,又把它的这种分裂扬弃了。就是说,它又不是独立的,虽然它是被分裂出来了,但是通过他者,这种分裂又被扬弃了。它又是一个整体,它是不可分的。我们说人的手跟他的身体是不可分的,这种分裂看起来好像是分裂,但是实际上是不可分的,为什么不可分?只有用并非这个肢体的他者来解释。分裂被看作是表面的,实际上是统一的,是和他者浑然一体的。

{106}　　但是这种扬弃同样存在于这统一体上;因为正是那种流动性是各个独立形态的实体;但这个实体是无限的;因此这形态在其持存中本身就是分裂,或对其自为存在之扬弃。

　　各个形态的这种分裂只有通过他者才能够被扬弃,但是这种扬弃,"同样存在于这统一体上",就是说,前面讲的是要通过他者才发生,这个他者就是跟这个独立形态不同的另外一个东西,比如说一个手臂跟整个身体来说,整个身体对它来说就是他者,那么这个手臂的独立性的扬弃要通过整个身体这样一个他者才能够实现。不过这里有个"但是",有个转折,"但是这种扬弃同样存在于这统一体上",就是说这个扬弃不单是这个他者作为统一体对独立性的扬弃,而且也是对这个统一体本身的扬弃。一方面,独立形态的他者其实不是什么他者,他者其实还是自己。这个手臂,如果把整个身体看作他者,那就还是分裂的了,其实并没有分裂,这个身体就是这个手臂自己的身体,不是什么他者。另一方面,如果这样来看的话,那么这个他者、这个统一体就是各个肢体共享的了,这只有作为一个流动的实体才能做到。"因为正是那种流动性是各个独立形态的实体;但这个实体是无限的"。各个肢节的独立形态底下是一个流动的实体,而这流动性的实体是无限的实体,这就把统一体的界限打破了,也把各个肢体和他者的界限打破了。整体自己扬弃掉自己的分裂,要和各个肢节认同,结果把自己的整体性和统一性反倒扬弃掉了。整体把自己分裂出来,它作为一个统一体,它又把这种分裂扬弃了;然而这种扬弃同样存在于这统一体上,因为正是那种流动性是各个独立形态后面的实体。各个独立形态,好像是各个部分,但是它们的实体,就是这个流动的实体。所有这些部分,各个形态,它们都是以这个流动的实体作为自己的实体的。所以这种流动性一方面扬弃了它们的独立性,扬弃了它们的分裂,但另一方面又扬弃了整体的统一性,因为这个实体是无限的。"因此这形态在其持存中本身就是分裂,或对其自为存在之扬弃",既然统一被扬弃了,那就只有再次分裂了。这又是另外一个意思。前面讲的是,通过这个流动性的实体,把那些独立形态的分裂性扬弃了,使它维持为一个统一体。生命就是这样的,不断地把自己的分裂的倾向扬弃掉,使它维持为一个独立体,一个统一体,否则的话,如果这种分裂不被扬弃掉的话,它就面临解体的危险。比如说癌症,癌症就是一种分裂的倾向,它不受你管了,它自己长自己了。癌症就是这么个东西嘛,其实癌症本身并不是什么病毒,也不是细菌,它就是疯长,它不受控制地长大,它的生命力强得很,但是它不受统一体的控制,那统一体就要解体了。所以非得把它克服掉,把它扬弃掉,统一体才能够维持它自身。这是前面这个意思。后面这个意思是说,这个实体,这个统一体,它是无限的,它是流动的,它是不能够限定在一个框框里面。比如说它要成长,你不要它长大,那是不行的,是不可能的。它一定要发展自己,一定要流动起来,所以它要打破任何限制。小孩子刚刚买的衣服,就穿不下了,他总是要打破它的限制,你不能够用东西限制他。"因此这形态在其持存中本身就是分裂,或对其自为存在之扬弃"。因此每个肢体的形态在其持存中本身就是一种分裂,它一定要分裂,它就是把自己从整体分裂出去,并且从自身中分裂出一个新的他者来。因此它不再是"自为存在",不再是我行我素,而是在促使整体的流动和更新,成为了"为他存在"。这里不再强调统一,而是强调流动和分裂。在正常的机体里面,每天都在分裂,每天的细胞都在不断地分裂,都在新陈代谢,都在改换它的成分,都在分裂出新的机体出来,这就是生命了。生命的本质,你不能用静止的一个部分一个部分的眼光去看它,也不能用静止的一个统一体来看它,它的本质就是分裂的，就是要不断分裂，就是不断地对它的自为存在加以扬弃。当然它最终看起来是有一种独立性，有一种统一性，但是它是在不断扬弃它的独立性中维持它的独立性的。这一段实际上是对于前面的进一步的解释，是对前一段的三个环节进一步解释，特别是第三个环节，第三个环节是一个综合，就是讲这种流动的实体究竟是如何体现出来的。其中讲到了分裂和分裂的扬弃，独立性和独立性的扬弃，自为存在的扬弃，它在这个过程中都是这样来运作的。所以这一小段，跟上面一段实际上有一种不同层次的重合，都是按照这三个环节一路讲下来的。

那么下面一大段实际上还是这样一个过程，讲得更加细致一些了。还是三个环节，我们把握这三个环节，我们在这里就可以分出来它的层次。他论述了一大块，如果我们不去分清层次的话，我们肯定就不知道他到底要说什么。下面这一段是更加具体、更加细致地来讨论这三个环节之间的运作过程，所以他第一句话就是这么讲的，他说，

如果我们把这里所包含的诸环节加以更细致地区别，那么我们就会看到，我们当作**第一个**环节的是各个**独立**形态的**持存**，或者是对区别自在地所是的东西的镇压，也就是使之不是自在的和不具有持存。

这是第一句话。第一句话相当于前面讲的第一个环节，就是那种独立性。他说，"如果我们把这里所包含的诸环节加以更细致地区别，那么我们就会看到"，这个说得很明确，就是下面要讲的是对诸环节，上述三个环节，我们要加以更细致地区别。那么我们就会看到什么呢？"我们当作第一个环节的是各个**独立**形态的**持存**"，"独立"和"持存"都打了着重号，这是第一个环节的关键词。我们当作第一个环节的，就是各个独立形态的持存。比如说一只章鱼，它的八个爪子每一个都是有生命的，都能在周围环境中自主活动而不与周围环境相混，而且总是如此。"或者是对区别自在地所是的东西的镇压，也就是使之不是自在的和不具有持存"，这个"或者"，就是换句话说了，它是独立形态的持存，或者说，

是对区别自在地所是的东西的镇压。也就是说它有区别，它本身有区别，这个区别自在地所是的东西，在这样一种独立形态的持存中受到了镇压。什么是自在地所是的东西？就是每个肢体都有区别，这些区别都有自己自在的存在，按照这种存在，它们有可能自行其是，把这种区别固定起来、持存下来；而这就有可能与独立形态发生冲突，如果不把这种倾向镇压下去，它就会成为一种病变或导致独立形态的解体。所以必须把它们的自在地所是的东西镇压下去，使之服从独立形态的支配。有区别我就把你压下去，不让你自行其是。这句话，我们可以结合上面讲的 117 页最后一句话，即生命的本质"是运动的区别在其中都消融了的**独立性**本身"来理解，就是说，有独立性，那么相应地，区别就在其中被消融了，或者就被压制了。独立性的形态，每一个生命形态，包括每个肢体的生命形态，作为与环境相独立的形态，都是把它自身的区别消融了或者压制下去了，把这个区别自在地所是的东西压制下去了，使它不再是自在的区别了，才能活得起来。自在地所是的，就是说这种区别自行其是，它跟这个独立性格格不入。有机体它就有这种特点，它虽然有区别，但是这种区别都要为独立的形态服务，你不能自行其是，你那些区别实际上在这个独立形态本身看来都是没有区别的，都是为了这个独立形态服务的，都是为了一个共同的目的，所以那些区别不能自行其是，不能让它们干扰这个独立形态本身的生命的目的。"也就是使之不是自在的和不具有持存"，区别当然还在，但是这个区别已经不是自在的了，它已经消融在生命的运动中，成为这个独立形态本身的一种手段、一个环节。有机体都是这样的。有机体所显示出来的那些区别，你不能就那些区别来看它本身，比如说你去分析它的化学构成，你去分析它的物理结构，或者你把一只手砍下来，分析它的血管肌肉的分布，这些东西都是那些区别自在地所是的东西。但是在生命体里面，这些东西都被镇压下去了，如果没有什么来镇压它们、统治它们，让它们自行其事，它们就会和周围环境起化学反应，就会腐烂。就是说，它们只是为有机体服务的一种手段，有机体使它们成为不是自在的，并且不具有自己的持存。它们不能够完全按照物理学和化学的规律来运作,而必须服从生命的目的。当然生命的目的也必须要有物理和化学的规律来起作用,但是它不是服从物理化学的那种机械规律的,而是利用物理化学的那些机械规律,把它们纳入到有机的规律之中,纳入到有机的目的性之中。所以在独立形态的生命体中,那些区别不是自在的,并且不具有持存。如果那些区别自己要持存地来起作用的话,那么生命体就要把它压制下去,以免它产生祸害。这是第一个环节,独立形态。更细致地来说,它有这两个方面,从正面说就是生命是独立形态的持存,从反面来说,就是它的区别不具有自在的持存。这是第一个环节。

但第二个环节则是使那种持存服从区别的无限性。

第二个环节,我们刚才讲过,第二个环节就是流动性了。那么第二个环节使得第一个环节的那种独立形态的持存,服从区别的无限性。这又是倒过来讲了,前面讲区别的自在存在要服从独立形态的持存,而这里讲独立形态的持存要服从区别的无限性,也就是要不断地作出区别,这样一个生命体就流动起来了。前面讲的是独立性,独立形态,但是这个独立形态不是静止不动的,它是在一个生命之流中不断地建立起区别,所以第二个环节则是使那种持存服从区别的无限性。没有什么界限可以放在那里说到此为止,以后再不要有区别了,以后就永远是这样了,那是不可能的。生命是不可能那样的,它总是要与自己原先有所区别的,变化不居的。所以生命虽然是独立的持存,但是这种持存要服从区别的无限性,要不断地流动起来,不断地制造区别,自己跟自己不同。这是第一个环节和第二个环节,都摆在这里了,那么下面再回过头来讲第一个环节。

在第一环节中的是持存着的形态;它作为**自为存在着的**或在其规定性中无限的实体,站出来反对那**普遍的**实体,它否认这实体的流动性和它同这实体的连续性,并且坚持它自己不被消融在这一共相中,而是反倒通过从这种对它来说是无机的自然中离析出来,通过消耗这种无机自

[119]

然而维持自身。

"在第一环节中",我们现在又回到第一环节,前面摆出来两个环节了,前面先把这两个环节摆出来,这两个环节,独立形态的持存性,以及流动性,应该说是一正一反,黑格尔的通常讲正反合,那么这是一正一反。先看正题。"在第一环节中的是持存着的形态",这里是一个分号,也就是说独立形态的持存,它是持存着的,它是摆在那里的,坚持在那里的,它要保持自己的独立性,不被外界的事物所分解、所瓦解。一个生命体在那里,它都是有自己的独立持存的,不是说外面发生一个事情,就把它瓦解了,就把它扯过去了,就把它分裂了,它不是,它是一个持存的统一体。那么这是第一个环节,在其中是持存着的形态。"它作为**自为存在着的**或在其规定性中无限的实体,站出来反对那**普遍的**实体",就是说这样一个生命的有机体,"作为**自为存在着的**",自为存在着的也就是说它是为自己的,生命体都是为自己的,它有一种自我维持的本性,——"或在其规定性中无限的实体",它在它自己的规定性中是无限扩展的,是不受外界限制的,所以它"站出来反对那**普遍的**实体"。这个普遍的实体,我们可以理解为就是它的环境,就是它外界的环境,外界的普遍性,包括力和力的表现,包括物理学的规律,包括化学的规律等等。那么对生物体来说,这是它站出来要反对的,反对那个普遍的实体。这里有两个实体,生命实体和普遍实体,通常理解的实体是后者,就是物理化学的事物。但前者是对后者的反叛,"它否认这实体的流动性和它同这实体的连续性",实体的流动性,万物皆流,宇宙的实体都是在流动的,那么生物体作为自为存在着的一个无限的实体,它反对那普遍的实体,也就是它作为一个个别的实体,一个生物体,而反对普遍实体。它截断众流,异军突起,中断了和其他实体的连续性,而不是随波逐流地将自己等同于无机的自然物。"并且坚持它自己不被消融在这一共相中",它拒绝融入到周围的环境之中,而要坚持自己的个性。万物皆流,一条河流也在流,空气、大气也在流动,但是有机体岿然不动,它不被带走,它跟万物不一样。动植物跟它周围的环境不一样，它不是容身于万物的流动之中，而是独立出来了，它抗拒万物的流动性。它要维持自身，要维持自身它就必须抗拒它的环境，它要控制它的环境，它要生长，它要在这个环境中自己生长。压在石头底下的一株小草，都要拼命钻出来，如果是一粒砂就不会这样。如果没有生命体的话，这个环境按照自己的普遍规律自己不会长出一个有机体来，有机体在这个环境中，它是不能归结为这个环境本身的物理学化学规律的，它是一种生物学的规律，它站起来反对这个普遍实体以及它的规律，它的流动性，它的连续性，它的无差别性。动物跟它周围的世界是有差别的，是不同的。植物也是这样。凡是有机体，凡是生物体，它都在坚持自己不被消融在这个普遍的共相之中。普遍的实体是共相，但是生物体是个别的实体，是自为的实体。普遍的实体都是被动的、机械的，而自为的实体是独立的。有机体的特点就在于它是独立的，它独立于整个机械的宇宙关系，它不被消融在这样一个普遍的共相之中。"而是反倒通过从这种对它来说是无机的自然中离析出来，通过消耗这种无机自然而维持自身"，这个应该比较好理解，就是我们通常所讲的有机体的新陈代谢。周围的世界都是无机的，有机体要从中离析出来，独立出来，就要消耗这种无机自然而维持自身。它把无机物作为自身的养料，消耗它而维持自身，从植物开始就是这样，利用阳光、水分、土壤，消耗这些东西而维持它自身的运作，这就是生命的新陈代谢。首先是光合作用，植物利用阳光水分和土壤所造成的。然后有了动物，有了食草动物，然后有了食肉动物，最后有了人，都是从这里来的，有机体从无机的自然中吸取它的养料，消耗它的养料而维持自身。

　　在这种普遍的流动媒介中的生命作为各形态的**平静的**分化，恰好就由此而形成了这些形态的运动，或形成了作为**过程**的生命。

　　"在这种普遍的流动媒介中的生命"，也就是生命是处在这样一种普遍的流动媒介中的，川流不息地消耗着这种无机自然。无机自然也处在普遍的流动中，但是它那种流动是一种机械的流动。而在这种普遍的流

58

动媒介中的生命，是把这样一些普遍流动的无机物当作自己的媒介和手段来吸收，凡是从它身边流过的，如阳光、水分等等，它都用来维持自身的形态，并使这些形态产生"**平静的**分化"。就是说生命的各种形态是一种平静的分化，一颗种子无形中就长出来了一片叶子，要快镜头才能看出它是怎么长出来的。这个"平静的"分化，我们也可以在第117页的最下面这两行看到："是作为绝对不安息的无限性之自身静止"。它内部是不安息的，绝对不安息，它有一种无限性，不断地突破自己的界限，要破壳而出、破土而出，动物就是要蜕皮，不断地打破自己的限制。但是，它又是静止的。内部的不安息，但是看起来又是静止的。这种平静当然是相对的，是针对着外部的这种普遍流动而言的，外部都在流动，水也在流动，太阳光、风都在流动，但是，有机体是平静的，它不随之而流动。它在它内部流动，但是从外部来说，它是各个形态的平静的分化。虽然静止，但仍然有自己的分化，它依次地来生长，一个阶段一个阶段地成长，分化出多样的形态。他说，"恰好就由此而形成了这些形态的运动"。我们刚才讲了，这个平静是对于外部的流动、普遍的流动而言的，但是这个独立的生命体本身也不是一成不变的，它在平静中也有分化。从内部来说，它是新陈代谢，是不平静的，而从外部形态来看它也在分化，并且恰好就由此而形成了这些形态的运动。这些形态，一个接一个的形态，平静地分化，但是，恰好就形成了这些形态的运动。一棵树或一头动物的生长就是一种运动。"或形成了作为**过程**的生命"，生命是一个过程，这个过程打了着重号。这样一个生命的过程，跟这种普遍的流动的媒介又是两码事了。普遍流动的媒介是作为外部的机械的流动，而这个作为过程的生命是一种内部的生命之流，一种独立形态的、作为时间的单纯本质的流动。这个时候，我们就向第二个环节过渡了，或者说这两个环节就融合为一了，就是独立性和流动性汇合成了生命的运动过程。但是在此之前还要搞清楚这种关系。

　　这种单纯的普遍的流动性就是**自在**，而这些形态的区别则是**他者**。

这种单纯的普遍的流动性还是指的前面讲的那种环境的机械物理的流动，而生物体的形态则从中独立出来。那么相对而言，这种单纯的普遍的流动性就是自在，就是客观地本来就在那里流动，事物本身就具有一种流动性，宇宙本身就是一种单纯的普遍的流动性。而这些形态的区别，也就是与机械物理的流动性不同的生物有机体则是他者，也就是另类，就是异类了。本来这个宇宙是按照普遍的流动性，按照力和力的表现、力的规律在那里运作，在那里自在地运转，但是在这个自在的流动之中出现了他者，出现了一个另外的东西，das Andere 我们翻译成他者，就是另外的东西，跟它不同的东西。生物在我们这个宇宙中跟这个普遍的物理学规律、化学规律都不一样，你不能用这些普遍的规律来解释它，你必须用它特殊的规律来解释它，比如它的目的性。这是它的另类。

但是这个流动性本身通过这种区别成为了他者，因为它现在是**为那区别**而存在着的，而这区别本身却是自在自为的，因而是无限的运动，那个静止的媒介是被这无限的运动所消耗的，这流动性就是作为**活生生的东西**的生命。

这就转移到了第二个环节，从第一个环节到第二个环节的过渡在这里展示了。他讲，"但是这个流动性本身通过这种区别成为了**他者**"，就是说，生命体是他者，是跟这个流动的万物不同的一个另类。但是，它又是这个流动性本身所形成起来的。所以他讲，这个流动性，也就是这种单纯普遍的流动性，本身通过这种区别成为了他者，通过这种区别，什么区别呢？就是生物形态的这种区别，普遍的流动性、机械化学性借助于生物形态的区别成为了他者，无机物成为了有机物的他者，这是站在有机体的角度来看的。即换个角度看，无机自然才是有机物的他者。流动性本来是普遍的，但是，在这个时候成为了特殊的，成为了另类。怎么成为的呢？就是通过这种区别。这个有机体一旦形成，反过来整个无机自然界都成为了有机体的他者，"因为它现在是**为那区别**而存在着的"，也就是说，物理化学过程现在是为生物学的需要而存在的，成为了有机体的那种区别的一种手段。它自身没有目的，但是它被纳入到了生物学的目的性之下，生物学利用物理化学过程，比如说进行光合作用，实现了它自身的目的。所以这样一个流动性，万物皆流的这种流动性，现在是为那区别而存在着了。整个世界的流动性现在都是为了生物有机体的那种区别而存在着的，它们有了目的。原来是没有目的的，有了有机体以后，有机体就可以把它们所有这些东西当作手段，于是它们就有了一个目的，它们就为了这个目的而存在着，那就是有机体。"而这区别本身却是自在自为的，因而是无限的运动"，这区别也就是这种生物形态所造成的区别，这个跟万物不同的区别，它本身就是自在自为的，它既是自在的也是自为的。前面的那个普遍流动性是自在，而这个区别本身却是自在自为的。它从自在的而来，它还要依赖于物理化学过程，但是物理化学过程作为一种自在的存在，它现在服从这样一个区别的自为的目的，它是为自己。每个生命体为了自己而利用物理化学过程来维持自身，所以它是自在自为的。因而是无限的运动，它自在自为，它必须在运动之中，因为那些普遍的流动性也在流，你要利用它，利用它来干什么呢？利用它来形成另外一种流动性。这样一种区别是无限的运动，它不断地去吸收外界的养料而实现自身的生生不息的运动。"那个静止的媒介是被这无限的运动所消耗的"，那个静止的媒介，这个时候那个媒介从流动性变成了静止性，这个关系颠倒过来了。原来是万物皆流，那么生物体它要维持自己的静止不变；现在关系颠倒过来了，生物体不断地无限地运动，而外界的那些物理化学规律都变成了静止的媒介，变成了它的静止的环境，可以拿来为自己所用。我把它当作静止的，当作一个固定的条件，太阳每天总是要升起的，雨总是会下来的，春夏秋冬总是在循环，按照这种静止的规律，生物体利用它们为我所用。所以那个静止的媒介是为这无限运动所消耗的。我们消耗它，我们吸收它的营养，然后我们生长。有机体的那样一种运动过程由此就展开了，无限的运动过程由此就展开了，但是那个静止的媒介被消耗掉了，阳光、雨露被吸收了，被纳入到有机体的运动过程中去了。自然界的各种能源，本来在有机体之外，好像是静止的一个环境、一个媒介，但是现在被纳入到有机体的运动之中，构成了有机体的这样一种流动，并且把它们消耗掉了，通过新陈代谢消耗掉了。"这流动性就是作为**活生生的**东西的生命"，这就是第二个环节了，这个生命就是另外一种流动性，就是作为活生生的生命的流动性。这个跟那个单纯普遍的媒介就不一样了，相对于这样一种生命的流动性来说，那么外界的媒介，虽然我们仍然说万物皆流，水也在流，阳光也在照射着，日夜不断流转，四季不断转换，但是对生命来说，它们都是一个静止的媒介，它们都被纳入到生命体本身的流动之中了。所以这个流动性跟前面讲的普遍的流动的媒介是两码事。相对于这种生命的流动性而言，那个普遍流动的媒介反而是静止的。那么前面讲，反过来说，相对于单纯普遍的媒介来说，生命体又是静止的，生命体是维持自身不变的。万物都在变，但生命体在万物的流变中坚持下来了，所以这个生命体，它的形态在最初看起来是静止的。但是在生命的流动实体这个眼光下，从生命的第二环节这个立场来看，外界反而成了静止的，而真正流动的就是作为活生生的流动的生命。一种是自在的流动性，这就是无机自然；另一种是自在自为的流动性，这就是生命。

　　——但是这种**颠倒过程**因此又是**自在的颠倒性本身**，那被消耗了的东西是本质，那以共相为代价维持自身并给自己提供出与自身统一的感觉的个体性，恰好因此而扬弃了**它借以自为存在的同他者的对立**；

　　我们来看这半句。"但是这种**颠倒过程**因此又是**自在的颠倒性本身**"，这种颠倒过程，我们前面讲了，怎么颠倒？流动性变成了静止的，而静止的变成了流动的。静止的生命形态把流动的外界环境当作自己的手段，使自己流动起来；而流动的外界环境反而成为生命的流动实体的静止的养料。静止的生命体通过新陈代谢，把那个流动的外部环境当作自己的手段，使自己流动起来；而自己一旦流动起来，外部环境就成了它的一个静止的、拿来就用的手段了，这里有一种颠倒的关系。但是这种颠倒过程因此就是自在的颠倒性本身,什么叫"颠倒性本身"? 生命体就是这种颠倒性本身,它表现出来是一个颠倒的过程,但实际上这个颠倒的过程根源于生命体本身的颠倒性,就是要把静止的东西变成流动性,而把流动性的东西变成静止的对象,——就是颠倒生命体跟周围环境的关系。如果没有这种颠倒,那就没有生命体,生命体本质上就是这种颠倒,就是把自己和环境、和万物之流那种媒介之间的关系颠倒过来。就是说,万物的流动对于生命体来说成为了静止的环境,而生命体作为万物流动之中维持下来的、不变的一个静止的实体,在这样一种颠倒过程中变成流动的了,变成了绵延不断的、生生不息的这样一个过程。这就是生命体的颠倒性。"那被消耗了的东西是本质",被消耗了的东西,万物皆流,万物——阳光、水分、土壤等等——是本质,那些东西是本质,因为生命体就是从那些东西里面长出来的,并不是从天上掉下来的,生命体就是从那些被消耗了的东西里面生长出来的,所以那些东西还是本质,只不过要在被消耗中才是本质。"那以共相为代价维持自身并给自己提供出与自身统一的感觉的个体性,恰好因此而扬弃了**它借以自为存在的同他者的对立**",这句话简化一下就是,那种个体性扬弃了同他者的对立。前面讲那被消耗了的东西是本质,那么,个体性呢? 个体性就是生命体了,生命体是独立的,它拒不融入普遍性中,那么它就是个体性了。这个体性一方面拒绝融入普遍性,但另一方面又利用普遍的共相或规律,以此为代价维持自身,并由此给自己提供一种自身统一的感觉。被消耗的东西在被消耗时成了本质,因为那种个体性"恰好因此而扬弃了**它借以自为存在的同他者的对立**"。个体性本来是同他者对立的,同普遍共相对立的,但由于它消耗掉这共相,使之成为自己的本质,这就恰好因此扬弃了同这个他者的对立,而这个对立是它本来借以自为存在的。个体性就是要跟别的东西不同,它才会成为自为存在的个体性,但现在,个体性借以自为存在的这种同他者的对立就被扬弃了。通过一种什么方式扬弃的呢? 以共相为代价,就是说,个体性它牺牲了普遍共相,使之成为个体性自身的一个环节,使之从共相里面离析出来而成为个体性的一个手段,它就和这个手段有相同的本质了。它不再像刚才所说的:"坚持它自己不被消融在这一共相中,而是反倒通过从这种对它来说是无机的自然中离析出来,通过消耗这种无机自然而维持自身。"而这样一种个体性牺牲了共相来维持自身,它就有了与自身统一的感觉,它已经把他者统一了,它觉得自己就是自己,自己就是靠自己来维持的。"这种个体性恰好因此扬弃了它借以自为存在的同他者的对立","因此而扬弃了",这个"此"是什么呢?就是前面讲的颠倒性,通过这种颠倒性本身,个体性恰好就扬弃了它跟他者的对立,也就是生物体跟环境的对立。本来是跟他者对立的,但是在这样一种颠倒性中,它消耗了、吸收了他者,扬弃了自己与他者的对立,个体性与他者、与环境已经一起融合在这个生命之流中了。这流动性就是作为活生生的东西的生命啊!借此,每一个个体性都扬弃了它和它的对方的对立。这个他者既然是环境,是万物,当然也可以是另一个个体,它们都作为自己的生命而与自己的个体融为一体了。所以下面讲,这个个体跟另外一个个体之间的对立也就被扬弃了,它们共同组成了活生生的生命之流。于是通过这种颠倒性本身,生命的这种独立性、这种孤立的存在、这种个体性,也颠倒为了一个生命之流,走向了它的对立面:它本来是孤立的个体性,现在成为了一个流动的东西,成为了一个无限的东西。这就为后面要讲的"类"预先作了铺垫。

个体性给予自身的那个与它自身的**统一性**恰好是各个区别的**流动性**,或者**普遍消融**。

这句话点到了第三个环节的本题了,就是说,个体性给予自身的那个与它自身的**统一性**,"统一性"打了着重号,也就是个体的持存性和实体性。个体性跟自己统一,这个好理解,个体性既然是独立的,所以它跟自己是相统一的。"恰好是各个区别的**流动性**,或者**普遍消融**",各个区别的流动性,流动性也打了着重号,它这种个体的独立的统一性恰好是各个区别的流动性,各个区别之间的关系再不是孤立的了,而是流动的了。或者普遍消融,就是这些区别都消融了,个体性和他者的区别也消融了,这个个体跟另外一个个体的区别也都消融了,个体性的那种独立性也已经被扬弃了,它们都消融在这样一个流动性之中了。也就是说在第三环节中,第一环节恰好也就是第二环节。

但是,反过来说,那个体持存的扬弃同样也是个体持存的产生。

个体持存已经扬弃在流动性之中了,个体已经不再是孤立的单个的个体了,而是与其他的个体发生关系了,或者个体跟个体已经融为一体了,所以它的独立的持存被扬弃了。但这同样也是个体持存的产生。一个个体融化在另外一个个体之中,它的个体性已经被扬弃了,已经不再是一个孤立的个体了,已经融合在生命之流中了,已经是各个区别的流动性或者普遍性的消融,已经消融掉了;但是在这个过程中,恰好,同样是个体持存的产生,恰好从这个消融里面产生出个体来,产生出个体性来。这里"产生"德文是 Eerzeugen,有产生、生育的意思。比如说生物体的繁殖,当生物的个体与另一个个体融为一体了,它的个体性消融了,但是从这种消融里面就产生了、孕育了新的个体。生命之流就是这样一个过程,就是不断地繁衍,每个个体都消融在整体之中,消融在其他的个体之中,通过两性关系互相消融,结合为一体,然后产生出新的个体,一代一代的新的个体产生出来。所以反过来说,那个体持存的扬弃同样也是个体持存的产生,又产生出新的个体。

因为个体形态的**本质**、那普遍的生命、和自为存在着的东西,既然自在地就是单纯的实体,那么通过它在自身中建立起**他者**,它就扬弃了自己的这种**单纯性**或自己的本质,这就是说,它分裂了那单纯的实体性,而这种对无区别的流动性的分裂恰好就是个体性的建立。

为什么说个体持存的扬弃就是个体持存的产生呢?这里就解释了:"因为个体形态的**本质**、那普遍的生命、和自为存在着的东西",个体形态的本质,这个本质打了着重号。我们上次课讲到独立性本身是生命的单纯的本质,它的第一个环节就是它的本质。所以这个个体形态的本质就是生命的第一个环节，也就是独立性了，独立性也就是个体性。生命首先在本质上就是个体的、独立的。至于那普遍的生命和自为存在着的东西，这里是第二个环节，即作为普遍的流动性和自为存在的生命。既然这两个环节"自在地就是单纯的实体，那么通过它在自身中建立起**他者**，它就扬弃了自己的这种**单纯性**或自己的本质"，也就是第三个环节即自在自为的实体，它本身虽然还是单纯的，但是却已经开始通过繁殖而建立起一个他者，从而扬弃了自己的单纯性和独立本质。生物有机体自己的这种单纯性就是单独一个孤立的个体，一个独立的个体；那么通过生孩子，它就扬弃了自己的这种单纯性，或者扬弃了自己的本质。自己的本质是什么？自己的本质就是独立性。一个个体跟其他的个体已经不单纯是与他者的关系，而且是与自己的关系。你与你的孩子的关系不是与他者的关系，是与你自己的关系，这孩子是你生的，所以在这孩子身上看到的是你自己的本质，但这本质已经不是单纯的独立性了，而是与他者相融合，所以是扬弃了自己的本质，扬弃了最初的那种孤立性、那种独立性的本质。人已经不独立了，有了家了，有了孩子了，怎么能还是一个独立的个体呢？所以它通过个体形态在自身中建立起他者，就扬弃了自己的这种单纯性或者扬弃了自己的本质，它就不单纯了。生命体的本质最初是单纯的，一个独立的个体，但是通过建立起他者而不再单纯了。"这就是说，它分裂了那单纯的实体性，而这种对无区别的流动性的分裂恰好就是个体性的建立"，这就是前面说的意思，个体这时分裂了那单纯的实体性。最开始的那种单纯的实体性是孤立的，是独立不倚的，跟其他的他者不连续，它自身就是跟大自然、跟各种现象不同的一个他者，是跟普遍的宇宙之流、流动的媒介不同的一个他者。那么当它在自身中建立起了他者，这种单纯的实体性在这个时候就遭到了分裂，分裂了那单纯的实体性。"而这种对无区别的流动性的分裂恰好就是个体性的建立"，也就是说，只有当这种单纯的实体性、这种无区别的流动性或者说动态的实体性遭到分裂时，才真正是个体性的建立。怎么讲？无区别的流动性,生命之流,它的所有的区别都被融合在这个流动之中了,这个生命之流把区别的自在和自行其事都镇压了,逼迫它们汇入无区别的单纯流动性之中,这当然可以说是一个自在的个体性。但这种个体性还不是它自己建立起来的,而是自在的。但是这个时候,通过生孩子,它被分裂了,这种对无区别的流动性的分裂恰好就是个体性的建立。一个新的他者,一个孩子生出来了,他是一个个体,而人通过生孩子,他的个体性就完成了。如果一个人一辈子没有结婚没有成家,他的个体性就还没有建立,还没有真正地建立,至少说还没有完成。这个过程,分裂自身的过程,就是它建立个体性的过程。我们讲三十而立,成家立业生孩子,有了家,这个时候个体性就建立起来了。在成家以前当然也有个体性,但那个个体性是还没有完成的。只有当你建立起另外一个个体性,你的个体性才建立起来了,你才完整。我们说一个人一辈子打单身也可以,没什么不可以,现在都讲究多元化,多元选择,也没什么不可以,但是总觉得一辈子没完成。按照自然的生命原则,还是应该成家立业,有一个后代。这个时候你的个体性就完成了。所以对这种无区别的流动性的分裂恰好就是个体性的建立。看起来好像是对个体性的破坏,对个体性的扬弃,就是,你已经不是单独一个人了,你已经是有家有口的了,好像你已经不是一个个体了;但是恰好,这个时候你才真正是一个个体。这就是通过繁殖,把这样一种生命变成了一个实体,把最初的那样一种孤立的实体变成了一个生命之流的实体,或者说流动的实体。这就是第三个环节,在这里得到了解释。

所以生命的这种单纯的实体性就是把它自身分裂成诸形态,并且同时就是对这些持存着的区别的消融;而对分裂的这种消融也同样是分裂活动或一种肢节划分。

"所以生命的这种单纯的实体性",单纯的实体性是第三环节,即合题,它包含着前面两个环节。所以我们回过头来看,可以看到第一个环节"独立性"进入第二环节"流动性"其实是单纯实体(第三环节)的自

67

我分裂，"就是把它自身分裂成诸形态，并且同时就是对这些持存着的区别的消融"。这种单纯的实体性并不是那么单纯的，即算是生命的单纯的实体性，也是把它自身分裂成诸多形态。一个生命体要把自己分裂成诸多形态，我们刚才讲了，两性关系、繁殖，都属于这样一种分裂。把自己分裂成诸多形态，产生出、分裂出另外一个个体性来，一个他者，在另外一个个体性上，它才完成了它自己，它才看到了它的自身的个体性。把它自身分裂成诸形态，"并且同时就是对这些持存着的区别的消融"，分裂成很多形态了，成家立业了，又是对这些持存着的区别的消融。就是说你的妻子，你的孩子，跟你当然有区别了，但是在一个家庭里面，他们就是你，他们就是你的实体，他们就是你的个体性。所以同时又是对这些区别的消融。在你的区别中，你把它区别出来，你把它分裂为各种形态，同时又消融了这些区别。下面，"而对分裂的这种消融也同样是分裂活动或一种肢节划分"，对分裂的这种消融，你把你分裂出来的东西重新纳入自身，同样也是一种分裂活动或一种肢节划分，因为当你把这些消融的形态纳入自身的时候，你就独立了。你独立了，跟什么相独立呢？比如说跟社会相独立。你就是一个家庭，你就是一种分裂活动，你把自己组建为一个家庭，这就是一种分裂活动，否则的话你还必须融合在社会中。我们通常看到，一个人结婚以后，他就没有什么社交活动了。在结婚之前，他是有社交活动的，他跟所有的人打交道，他有朋友，而且他还谈恋爱，找各种对象，而当他建立了一个家庭以后，他就闭门不出了，他就分裂了。对分裂的消融同样也是一种分裂或一种肢节划分，"肢节划分"德文是 Gliedern，前面讲的肢体、肢节都源于这个词。家庭当然也可以看作是社会的肢体划分，这种划分同样也是融合，家庭是社会的肢体，即诸多家庭有机地组织成了一个社会群体，即"类"。这里虽然还未提到类，但却在为下面要讲的类作准备。

　　这样一来，整个运动的曾被区别开来的两个方面就相互交融起来了，也就是说那在独立性的普遍媒介中静止地分化出来的构形与生命过程就相互交融起来了；

　　我们来看这半句。"这样一来，整个运动的曾被区别开来的两个方面就相互交融起来了"，哪两个方面呢？也就是一方面，"那在独立性的普遍媒介中静止地分化出来的构形"，也就是说独立性，它有它的普遍媒介，但也有自己的构形（Gestaltung，形态构造）。那么独立性在它的普遍媒介中静止地分化出来的构形，也就是说我们前面讲的第一个生命环节，第一个生命环节是独立性，它在普遍的媒介中静止地分化出来的构形，就是它要从自然界的普遍媒介中分化出来，构成一个自身维持自身的静止的形态，一个构形。这个我们前面已经读到了，就是虽然普遍的媒介、万物皆流，在不断地冲刷，但是生命体在万物之流中岿然屹立，它利用所有的普遍媒介来维持它自身的静止不变的构形，维持它的这样一个有机体不被自然界所解体和消融，所以它是独立性的普遍媒介中静止地分化出来的构形，它从万物中分化出来，不被万物的物理化学过程所带走，而是在其中坚持它自己。这是一个方面。另一方面则是"生命的过程"，这里的"过程"（Prozeß），也就是前面所讲的第二种流动性。生命的独立形态从万物的流动性中分化出来，但又与生命过程的流动性相互交融起来了。前面讲的也是生命，有机体，有自己独立的构形；但是生命的整个过程体现为一个生命之流，体现为一个生生不息的无限的流动性，所以静止的生命体与整个生命的流动性就交融起来了。整个生命是一个生命之流，这个生命之流是通过一系列的各种各样的静止的生命体交融在一起才得以形成的。因为生命之流是由一个个生命组成的，每一个生命，它要形成自己的形态，它都必须从大自然的万物的流变中孤立出来，分离出来，坚持自身；但是坚持自身又是为了投身于生命之流。所以这两个过程是交融在一起的。这两个方面，第一个是属于第一环节，孤立的生命体，生命的形态；而生命之流是属于第二个环节，流动性属于第二个环节，这第一个环节和第二个环节两者交融起来了。那么它们交融起来，当然最后要形成第三个环节了，我们后面还要看到的。

{107} 　　后一过程如同它是对那形态的扬弃一样,同样也是构形;而前者,即构形,正如它是肢节划分一样,同样也是一种扬弃。

　　"后一过程"即生命之流的过程,它是对独立的生命形态的扬弃,那些形态本身是孤立的,是独立的,但在生命之流中,在类的运动中,它们被扬弃了,一个一个的生命组成了生命之流,每一个都只是生命之流中的一个环节,一个阶段,它们即将被后来的阶段所取代。所以在生命之流的代际交替中,它的那些环节、它的那些个别形态都被扬弃了。但这后一过程"如同它是对那形态的扬弃一样,同样也是构形",生命之流也是一种构形,它扬弃了一些形态,又构成了一些形态,旧的不去新的不来,长江后浪推前浪,一切生命形态都是在生命之流中构成的,流动性本身是一个构形的过程,对形态的扬弃同时就是构形的过程,所以生命之流也是更高形态的持存性。"而前者,即构形,正如它是肢节划分一样,同样也是一种扬弃","前者"就是那个构形,这是第一个环节,第一个环节就是那种独立性,自己构形,从万物中把自己划分出来;但正如它是划分出来的过程一样,它同样也是一种扬弃,也是对那种划分的扬弃,对它划分出来的构形的扬弃。它把自己划分出来了,但是,又把这样一种独立的形态扬弃掉了,融入到了生命之流中。它不把自己融入到万物的普遍的媒介之流中,但是把自己融入到生命之流中。生命之流比那个万物普遍的媒介要高一个层次,是更高层次的流动性。所以它也同样是一种扬弃,独立出来以后、孤立出来以后又把这种独立性、孤立性扬弃掉了,使自己化为了一个生命之流。

[120] 　　那流动的元素本身只是本质的**抽象**,或者说它只有作为形态才是**现实的**;而它对自身作肢节划分则是对那被划分的东西的再次分裂或消融。

　　"那流动的元素",即生命之流的流动性,作为一个元素,"本身只是本质的**抽象**"。生命之流是抽象的本质,它如何才能够是现实的呢?只有作为具体的形态才是现实的。前面说它是两者的互相交融,个体的生

70

命形态跟整体的生命之流相互交融,如果没有个体的生命形态,那么生命之流是抽象的,它只有作为形态才是现实的。生命之流表现在什么地方? 表现在一个一个的形态身上啊,它脱离不了一个个具体的生命形态。所以只有作为形态才是现实的。抽象打了着重号,现实的也打了着重号,说明这两方面是对应的,说明生命的个体性和整体性相互之间是不可分的。生命没有它的个体形态,那么它的整体的流动性是空的;但是每一个个体形态都必须融入到生命的流动性之中去,它的现实性必须要形成一个整体的生命之流,并且是按照整体的生命之流的划分而形成起来的。所以生命的整体性和个体性相互之间是一个辩证的关系。"而它对自身作肢节划分则是对那被划分的东西的再次分裂或消融","它",就是那个流动性元素,那流动元素是一种抽象,或者它只是作为一个个形态才是现实,这种生命之流对它自身的肢节划分又是对那被划分的东西的分裂或消融。这个生命之流对自身的肢节划分是什么意思呢? 就是生命之流把自己划分成一个一个的具体的生命形态,只有这样它才是现实的。所以它必须要对它自身进行肢节划分,也就是有机的划分(而不是机械的划分)。但是这种划分,"则是对那被划分的东西的再次分裂或消融",被划分出来的东西,一个一个的形态,又要再次走向分裂,走向消融。消融到什么地方中去? 消融到生命之流中去。它不是永远孤立在那里的,划分出来只是一个暂时的阶段,这个暂时的阶段马上又要自身分裂,再次融入下一个阶段之中,即被划分的东西的分裂或消融。它又分裂了,又形成了别的东西,它自身又解体了,又消融在整个生命之流中去了。这就是一个循环的整体:个别部分和整体,整体和个别部分,相互之间的交融,有点像我们今天讲的"解释学的循环":个别依赖于全体,而全体又依赖于每个个别的东西,这就是有机体的特性。

这整个圆圈式的途程构成了生命,——生命既不是像最初所表述的,它的本质之直接的连续性和坚实性,也不是那持存着的形态和自为存在着的分散的东西,也不是这些形态之纯粹的过程,甚至也不是这些环节之单纯的总括，而是自身发展着的、消融其发展过程的、并且在这种运动中单纯维持着自身的整体。

"这整个圆圈式的途程构成了生命"，圆圈式的就是刚才所讲的，整体和个体之间的互相交融。前面用的是交融(ineinander fallen)，在整体中，必须依赖于每一个个体，而每一个个体自身又分化又分裂，融入到整体之中。那么这是一个圆圈式的途程，我们刚才讲，类似于一个解释学的循环，解释学循环也是这样一个关系。这样一个途程构成了生命，而"生命既不是像最初所表述的，它的本质之直接的连续性和坚实性"，生命不是像最初表述的它的那样，是本质的直接的连续性和坚实性，这就是前面讲的第一个环节。第一个环节讲的是生命的本质，就是那种独立性，表现为直接的连续性和坚实性。他曾经把它比作"时间的单纯本质，这本质在这种自身等同中拥有空间的坚实形态"[见118页第1行]。时间的单纯本质是连续性，它拥有空间的坚实形态。生命在我们现在看起来，它既不是像最初所表述的那种本质之直接的连续性和坚实性，就是说，第一个环节不足以完全表达生命，生命不是像它最初被表述的那样，那种表述是片面的。生命既不是像最初所表述的那种本质之直接的连续性和坚实性，"也不是那持存着的形态和自为存在着的分散的东西"，这是属于第一个环节向第二环节的过渡，第一个环节把这种独立持存的形态通过自为存在的方式把自己分散开来，从而进入到第二环节即流动性。单个独立的生命体，每一个都自为存在，都自己为自己，都维持自己，这样一种形态使自己成为各自分散地流动着的东西。"也不是这些形态之纯粹的过程"，这就是第二个环节，这形态之纯粹的过程就是流动性。生命就是一个过程，没有什么持存的东西，但这种生命观也被扬弃了。"甚至也不是这些环节之单纯的总括"，甚至于不是这些环节即第一个环节和第二个环节单纯的总括，也就是把它们全都纳入进来加以概括，把它们加起来，那也不行。要么生命是一个单纯独立的、持存的、自为存在着的东西，但是它们是分散的，要么是这些形态的纯粹的流动的过程，要么把这两者总括起来，既是一个个分散的，又是流动的，把它们都聚拢到一起，但是还是外在的，它们都在一种分散的流动过程中作为一个纯粹的过程，这三种观点都是片面的。第一个环节和第二个环节，以及它们的相加，这些观点都是片面的，都不足以概括生命。那么生命是什么呢？就是下面他所表达的："而是自身发展着的、消融其发展过程的、并且在这种运动中单纯维持着自身的整体"。这个表述就比较到位了，前面都是外在的表述，有一个一个的生命体，然后有很多很多的生命体，每一个生命体相互之间互不相干，然后呢，它们是分散的形态的一种纯粹的过程，从这一个过渡到另外一个又过渡到另外一个。虽然把流动性和独立性都概括在内了，但是没有点出它们统一的实质。流动性和独立性是如何统一的呢？应该这样来表述：而是自身发展着的，它是自身发展着的，流动性是由独立性自身通过一种辩证的发展，通过自我否定而发展出来的。"消融其发展过程"，它自身发展，而这个发展的过程本身也被消融了。消融其发展过程，就是说这个发展过程最后要成为一个实体，流动性本身它是一个实体，它不是流着流着不见了，不是流着流着就分散了，就消失了，不是的。它这个发展过程是要消融在一个实体之中，或者说这种发展过程本身就在实体中被消融了，被扬弃了。"并且在这种运动中单纯维持着自身的整体"，在这种运动中，在生命的运动过程中或发展过程中，单纯维持着自身。它是一个整体，要维持它自身，生命最后还是一个整体，不是说通过一种流动性，通过一种发展就不知所终了，它最后还要回归到自己作为一个整体，作为一个实体。这个是黑格尔自己的比较到位的一种表述。前面的那些表述，第一个环节和第二个环节的表述都是不到位的，第三环节也只有作为合题，而不仅仅是前两者的相加，才能把前面两个环节真正地统一起来，构成一个流动的实体，也就是在这种运动中单纯维持着自身的整体。

好，我们再看下面这一段。前面讲的是生命，最后归结到生命之流，生命之流又是实体,那么实际上,它已经涉及类的问题了。

[**III. 类**]

这个第三小节的小标题,原来德文编者是标为"自我与欲望",我觉得不太妥当。自我与欲望前面都讲过了,不是这里所要讲的重点,这里重点是要从前面所讲的自我、欲望和生命中引出类来,所以我把这个小标题改成了"类"。这个小标题之下整个来说,它就是谈类的问题,或者首先是引出类的问题,最后谈到类本身,即各个自我意识之间的关系,由此引出的是"精神"。类就是人类,在自我意识的层面上谈类,那就是谈的人类,因为只有人才有自我意识。

通过从最初的直接的统一走出来,经过构形和过程这两个环节而达到这两个环节的统一,并借此重又返回到那最初的单纯实体,于是这个**经过反思的统**一就是不同于那最初统一的统一了。

这句话是对整个前面一大段的一种总的概括,前面一段我们经过了这么长的过程,走了这么远,但是归结起来就是这句话,所以我们可以从这句话里清晰地找到前面那一整段话里面的脉络。就是"通过从最初的直接的统一走出来",这就是从第一个环节走出来了。第一个环节是最初的直接的统一,就是那种独立性,那种统一性,Einheit 也可以翻译成单一性,我们前面讲过这个德文词有双重含义,统一性和单一性。"最初直接的统一"就是那种直接的单一性,也就是独立性。从中走出来,"经过构形和过程这两个环节",一个是构形的环节,构形的环节就是独立出来,通过吸收外界的营养,新陈代谢而构成自己的形态,维持自己的生命形态。一个是过程的环节,就是前面讲的生命的过程,形态已经扬弃了,只剩下流动性的过程,这是第二环节。构形的环节可以说是第一个环节,它所达到的结果,就是独立的形态;过程的环节就是把这个构形的形态投入到生命之流的过程中。而这两个环节的统一,就形成一个正反合的三段式。正题就是个别形态的构形；反题就是个别形态被投入到、被融化在一种无区别的流动性之中，这是生命的过程；而达到这两个环节的统一，并借此又返回到那最初的单纯实体，这就是否定之否定的合题了。两个环节的统一就是合题，在更高的层次上面回到了原点，这是黑格尔辩证法一般的法则。最初的出发点本来就是一个单纯实体，一个独立的生命体，里面的一切区别都被压制了，都被融化了，都被融合了，都为这样一个单纯的生命体的目的服务了。那么经过一个消融的过程后，这个时候又返回到最初的单纯实体，回到这个单纯的生命体，"于是这个**经过反思的统**一就是不同于那最初统一的统一了"。经过反思的统一，经过对于反题的一种反驳，一种否定，一种扬弃，那么回到了正题的统一，那就是经过一种反思了，就是在生命的流动性上反思到生命的本质。原来只是作为单一性的统一，那么现在就理解为一种真正的、作为统一的统一性了，就是作为整个过程的总体性的统一性。Einheit 在这个时候展示出它双重的含义，最开始的统一是一种单一性，后面的这种统一是一种大一统，是一种大统一。统一有小一和大一，小一就是单一性，大一就是统一性。"经过反思的统一"就是那不同于最初统一的统一，不同于小一的大一。生命体从一个单独的个体上升为一个流动的实体，通过它的流动性，但是流动性，也是有它的实体性的，不是说一流动起来就不知所了终，就漫无边际了，它还是有它的实体的，它的整个生命的过程构成一个实体。

这第二个统一与那**直接的**统一相反，或者说作为一个已经表述出来的**存在**，它就是一个**普遍的**统一，这个普遍的统一把所有这些环节作为被扬弃了的环节拥有于自身。

"这第二个统一"，在这里讲得非常明确，"与那**直接的**统一相反"，与那种小一、那种单一性相反。直接的统一仅仅是指生命的一种独立性的本质。生命的本质当然是独立性了，但是除了独立性以外它还会发挥出很多方面。第二个统一与那直接的统一相反，"或者说作为一个已经

75

表述出来的**存在**",它已经表述出存在了,存在打了着重号,也就是说,它已经是一个真正的实体了。个别实体无法表述,"这一个"一说出来就不"是"了,生命的独立性、生命的直接统一就是这样;而第二个统一可以说出来它"是"什么了,"它就是一个**普遍的统一**",它的存在、它的"是"已经得到了表述。这个时候它不再是单个的统一了,而是一个普遍的统一,统一性从它的第一层含义,单一性,经过特殊性的流动,而上升到了普遍性。"这个普遍的统一把所有这些环节作为被扬弃了的环节拥有于自身",它并没有否定第一个环节和第二个环节,而是把第一个环节和第二个环节都作为被扬弃了的环节而拥有于自身,构成一个"大一"。扬弃了前两个环节而达到的第三环节,就是普遍的统一性。

它是单纯的类,这个类在生命自身的运动中不是作为这种**单纯的东西而独立生存**;相反在这一**结果**中,生命指向着一个不同于它所是的他者,亦即指向着那把生命看作是这种统一或看作类的意识。

这里就正式提出类(Gattung)了,这种普遍的统一,这种已经表述为存在的统一是什么呢? "它是**单纯的类**"。类也是单纯的,第一个环节也是单纯的,单纯的直接性,单纯的独立性,但是现在回到了最初的单纯性,经过一个复杂的过程,最后回到了那个单纯性,那种普遍的生命。这不是小一的单纯性,而是大一的单纯性,它就是单纯的类,就是作为类的生命。作为类的生命也有它的单纯性,但是这种单纯性不是个别的单纯性,而是普遍的单纯性。下面解释:"这个类在生命自身的运动中不是作为这种**单纯的东西而独立生存**",亦即它与那第一个环节的单纯性有所不同,它是单纯的类,这个类在生命自身的运动中,它是单纯的,但是它不是作为单纯的东西而独立生存。"单纯的东西"和"独立生存"都打了着重号,"独立生存"也可以译作"自为生存",总之这个单纯的类不是一个一个单独的东西在那里生存,它是在生命自身的运动中展示出来的,是一种运动的单纯性。不像第一个环节,它是独立生存,是独立性和形态的单纯性,独立于整个宇宙的大化流行、整个机械的物理世界。这只是生命第一个环节的概念，但是这是不够的，独立于物理世界它还要持续下去，它如何能够持续下去呢？它必须投入到自己的类之中才能持续。所以这个类在生命自身的运动中不是作为这种单纯的东西而独立生存，"相反在这一**结果**中，生命指向着一个不同于它所是的他者"，这个结果也打了着重号，就是说，它不是单纯的起点，而是一个终点。第一个环节是起点，那么第三个环节是作为结果才能看出来的。而在这一结果中，生命指向着一个不同于它所是的他者，也就是说，生命为了要达到这种普遍的统一，它必须跳出自身的这种单一性，独立性，跳出自身的这样一种流动性，从旁边来把握自身。类，当你意识到它是类的时候，那么你是从旁边来把握它的整个生命的。"所以生命指向着一个不同于它所是的他者，亦即指向着那把生命看作是这种统一或看作类的意识"。生命指向着一个意识，生命本身是自我意识，它本身是从意识中一步步发展出来，发展到自我意识；但是在这个时候，在生命的类的概念中，它已经指向着一个类意识，也就是一种类的对象意识。我们通常讲类意识，生命达到类的阶段的时候，它是指向着一种意识的，指向着一种类意识的，也就是指向着一种对于生命的自觉的意识。它是对生命的一种自觉的把握，把生命当作一个类、一个对象来把握，这就是一种类意识。也就是说，到了类的阶段，人对生命就有一个整体的把握，把生命看作是这种统一或类的意识，不再只是执着于个体的生命，而是意识到对这个整体的类的使命了。这种类意识就是对于自己生命的一种自觉把握。在前面的阶段，生命都是自为的，作为独立的实体，作为一个有机的形态，或者作为生命之流，在繁殖中，在传宗接代中延续着生命之流，这都是对自己的类还没有一种自觉的意识。那么到了类的这个阶段，我们把生命看作一个类，这个时候生命指向一个不同于它所是的他者，一个对象，这就是一种更高的意识。生命指向一种更高的意识，就是从类的角度来把握整个生命之流，这才把握得住。否则的话，它就会流于一种漫无目的的流动性，就是生老病死，顶多是单个家庭的传宗接代，也可能就灭绝了，消亡了。但是有了类意识，能够把生命当作一个统一体来看待的时候，那就不同了。当然这个类意识只有人才有，真正的类也只有人才有，动物虽然也有各种种类的动物，但是各种种类的动物在严格的意义上还不是真正的类，它只是生命之流而已。是我们具有类意识的人把生命之流区分为这个类那个类，划定动物的物种，那是人的一种眼光，因为人具有了类意识。所以人类才是真正的类，类作为生命，它是指向着类意识的，它是有一个类意识在对它全面地加以观察、加以支配的。既然生命指向一个不同于它所是的他物，指向着一个类意识，那么这个类意识对于具体的生命来说，它是一个他物、一个对象。一个生命，当它达到类的层次的时候，当它具有了类意识的时候，那么这个类意识对于它来说就是一个他物；而凡是一个具有类意识的生命，它的类意识对于其中的某一个生命来说，都是跟它不同的，都是他物，但是，两者又是同一个类。所以下面这一段就解释这样一种关系，在类意识中，各个生命相互之间的关系。

　　但是这另一个生命，即这个**类本身对它存在而它本身自为地就是类的生命**，即**自我意识**，自身最初只是作为这样一种单纯本质而存在，并把自己作为**纯粹的我**而看作对象；

　　"另一个生命"，也就是前面讲的，生命指向一个不同于它所是的一个他者，指向另外一个生命，"即这个类本身对它存在而它本身自为地就是类的生命"，这两句是同位语。这另一个生命就是这个类本身对它存在而它本身自为地就是类的生命，这另一个生命是什么生命呢？这个生命的他者是一种什么样的对象呢？是这样一种生命，即这个类本身对它存在，而它本身自为地就是类。"自为地就是类"，就是说它自己努力地要成为类。类本身对它存在不是外加给它的，而是它自己自为地争取的。所以它本身不单纯是一个（对象）意识，它也是一个自我意识。一个生命把另一个生命当作对象，而另一个生命则把类当作对象，并自己要成为类，这就不是一个自我意识和一个对象意识的关系了，而是一个自我意识和另一个自我意识的关系了。我们刚才讲了类意识，类意识也是一种生命，是另外一个生命。那么这个生命是什么生命？是这个类本身对它存在的生命。类本身对它存在，那它就是具有类意识的生命，它意识到了类本身。而它本身自为地就是类，它的自为活动是作为类的活动，以类为目的。因此我们可以把它本身就看作是自为的类，这另一个生命是什么生命，就是这样一个生命。一个具有类意识的生命自为地就是类，因为它的类意识把所有生命作为它的同类都包括在它自身之内了。一个具有类意识的人自为地就是全人类，因为他具有全人类的意识，他把全人类都包括在他的类意识里面了。所以任何一个生命以类为对象，它就是自我意识，因为它在对象上看到的是自我。在这个自我意识的阶段，从抽象的自我意识，到欲望，到生命，到类，我们从前面一路走过来，那么到这个时候，到了类意识，它就是自我意识。类意识就是自我意识，自我意识就是类意识，它里面有很丰富的内容。我们通常讲自我意识好像很抽象，就把自己看作对象就是了，抽象的自我意识是这样的，但是实际上，在具体的过程中，它会一步一步地把自己的内容展开出来，没那么简单。你把自己看作对象，那么你是什么，你首先是欲望，然后是生命，然后，最后你才意识到自己就是类，你把这样一个东西看作对象，你才真正地成为了自我意识。有时候会引起一些疑惑，就是说，难道前面就不是自我意识吗？前面当然也是，但是只有类意识才真正地达到了自我意识，它的全部的概念内容都展示出来了。那么这个自我意识，这个生命怎么样呢，他说，"自身最初只是作为这样一种单纯本质而存在，并把自己作为**纯粹的我**而看作对象"，这样一个生命，这样一个自我意识，自身最初只是作为这种单纯本质而存在，也就是最初只是自我意识的那种单纯的概念，那种抽象的概念。我们从前面，一开始就是从这里走过来的：自我意识的抽象概念如何来界定，然后我们进入到欲望，进入到生命，再进入到了类。但是最初只是作为这种单纯本质而存在，并把自己作为纯粹的我而看作对象。这就是自我意识最初的那种抽象概念，纯粹我，纯粹自我意识。如在康德那里，纯粹自我、先验自我就是自我意识，把这种纯粹自我看作对象，那就是作为单纯的本质而存在的。在康德那里是非常抽象的，它仅仅有一个规定就是自发性，自我意识的本源的统觉的综合统一归结为自我意识的自发性，它跟感性的接受性是完全不同的。所以自我意识在康德那里是非常抽象的。最初只是作为这种单纯的本质而存在，并把自己作为纯粹的我而看作对象。

在它现在要被考察的经验中，这个抽象的对象对于它自己将会丰富起来，并且将要得到一种我们在生命中所看到过的展示。

最初只是作为单纯本质而存在的抽象的自我意识，现在要在经验中被考察了，现在我们要考察它的经验了。原来是抽象的，现在我们要考察它在经验中的具体表现了。"这个抽象的对象对于它自己将会丰富起来"，通过对它的经验考察，它将会被丰富起来。这个地方用的是将来时，为什么要用将来时？因为在此之前都还没有在这个生命自我意识的经验中对它加以考察。到什么时候才会考察呢？要到他后面第122页下面："一、自我意识的独立与依赖；主人与奴隶"，也就是"自我意识"这一章正式划分的第一节标题之下。这就是对它的经验的考察，即对自我意识在它的经验中如何经历了它自身的各个环节加以考察。前面的出发点是一种抽象的本质，纯粹的本质，包括我们前面讲的欲望、生命和类，都还是一种概念上的分析，还是抽象的思辨的分析，还没有在自我意识的经验中来考察它。只有通过主人和奴隶，通过自由，通过怀疑等等话题，这才触及自我意识的经验，我们才得到了它的丰富的内容。所以在此之前所有对自我意识的这种考察，包括一直到类的考察，都还是一种抽象的对象，当然比起康德的那种抽象对象要丰富一些了，但是还不够，还没有在经验中展示出它的丰富的内容，还只是一种概念的分析。我们前面讲了，在自我意识的这么一大段的相当于序言的部分中，基本上就是对自我意识的概念加以厘清，它有哪些层次，它的概念的层次，逻辑的层次；那么后来，在讲到主人和奴隶，在讲到自我意识的自由的时候，才展示出来它的经验的内容，这才是这门"意识的经验的科学"真正要探讨的。所以他讲，这个抽象的对象对于它自己将会丰富起来，"并且将要得到一种我们在生命中所看到过的展示"，他在这里预告了，就是我们将来要展开的那些部分是经验的分析，这些分析对自我意识的抽象概念会添加进丰富的内容，并且得到一种我们在生命中所见到过的展开。前面我们已经讨论了生命的概念，整个欲望，生命和类，我们都可以把它看作是生命的概念，以生命为核心来理解自我意识。那么在自我意识的经验中，我们可以看到我们在生命中所看到过的，——这里是过去时，看到过的，我们在生命中所看到过的展开。前面我们已经在生命中看到了它的展开，但是那是概念中的展开。但是在经验中，我们可以得到这种展开。"得到"，erhalten 也可译作"保持""维持"，也就是不再是抽象的展开，而是在经验中得到它并且保持它，并没有失去它。这一切都是根据类意识，我们进到了类意识以后，我们就完成了自我意识的这样一个概念的分析，于是就在这里预告了，我们将要在意识的经验的科学中把自我意识的这样一种抽象概念的内涵加以经验地展开，加以丰富。但是这个类现在还没有加以探讨，前面只是提出了类，那么下面这两段就是对于类意识、它所包含的具体内涵加以探讨，当然这种探讨还是从概念上的，还不是在经验中的。

单纯的我就是这个类或单纯的共相，对于它来说，区别什么都不是，只因它是那些被构形的独立环节之**否定的本质**；因而自我意识只有通过扬弃那对它体现为独立生命的他者才是自我确信的；这他者就是**欲望**。

"单纯的我就是这个类或单纯的共相"，这个类概念已经出来了，我们前面已经讲了，它就是自我意识。这个类的概念就是自我意识，就是真正的生命。单纯的"我"就是这个类，前面讲单纯的我，你可以说它是抽象的自我概念，也可以说它是欲望，也可以说它是生命，但是它实际上就是这个类或单纯的共相。类是一个共相，跟那些具体的形态相比，跟那些流动性相比,它是一个普遍的统一体,所以它是一个共相;但是这个共相、类作为自我意识,它是一个单纯的共相,为什么是单纯的共相呢?"对于它来说,区别什么都不是"。在类里面肯定有区别,类里面有这个生命体那个生命体,有祖祖辈辈世世代代,各种各样的区别,但是对于类而言,区别什么都不是。它超越于所有的区别之上,它是一个普遍的流动的实体,里面所有的区别都被扬弃了。"只因它是那些被构形的独立环节之**否定的本质**",为什么区别什么都不是呢? 它否定了那些区别,它是那些被构形了的独立环节之否定的本质。那些独立环节在它里面都构成了形态,一个一个的生命形态,都形成了;但是,类本身,它是一种否定的本质,它要把所有这些独立的环节都加以扬弃,最后成就类。每一个环节都献身于类,都融合于类,都为这个类做贡献,都仅仅是类的一个环节,而类本身不以每一个环节为转移。所以类本身对于每一个环节来说都是否定的,它就是对这些环节的否定的本质。每个环节本质上就是类。一个具有类意识的人,他可以体现出这种本质的类,他就是类,作为类的生命,他可以体现出来;但他自己要献身于这个类,他把他自己的特殊性融化在这个类之中了,所以他才能够独自就是类。"因而自我意识只有通过扬弃那对它体现为独立生命的他者才是自我确信的;这他者就是**欲望**",自我意识要达到自我确信,自我意识要达到类意识的自我确定性,——这一章的标题不就是自我意识的确定性吗:自我意识自身的确定性的真理性——我们在前面这个序言里面要讲的就是自我意识的确定性嘛。自我意识的确定性何在呢? 只有扬弃那对它体现为独立生命的他者。这个生命那个生命,本来都是体现为独立生命的,但对于类都是对象、他者,自我意识达到类意识时就把它扬弃了,自我意识作为类,它是高高在上的,它把所有具体的独立的生命都看作是自己的他者,把他者扬弃在自身中,把所有的这些独立的生命都看作是有待扬弃的,有待于为类而牺牲自己、而成全类的。这个时候,自我意识才能够达到它的确信。也就是自我意识的确定性只有在类身上才能达到,只有作为类意识才能达到，自我意识就是类意识。在每个个体的身上当然也有自我意识，但是，那是没有确定性的，每个个体的自我意识是不确定的，只有在整个类身上才能够达到这种确定性，才是自我确信的。"这他者就是**欲望**"，这个他者，每个独立的生命，每个独立的生命说到底是什么呢？它的独立性就在于它的欲望。前面已经讲了，第一个环节就是生命的独立性，生命的独立性体现在什么地方？体现在把所有的普遍的媒介都当作自己的手段来满足自己，来实现自己的欲望，满足自己的欲望。所以自我意识最初就体现为欲望，体现为欲望，它才体现为生命。只有在新陈代谢之中，只有在把所有的普遍的媒介当作维持自身的一种手段这个过程之中，在追求自己的欲望的过程之中，它才能维持自己的生命。所以这种独立的生命，它就寄托在他者身上，它是不由自主的。一个仅仅是为了满足自己的欲望的这样一个生命，它是一个他者，它自己支配不了它自己。这样的生命，当然它也可能有自我意识，它的自我意识对于它的欲望来说是外在的。它意识到自己的类，但是它又服从于自己的欲望，这个欲望不以它的意志为转移，对它起作用。它禁不住它的欲望的诱惑，所以这个欲望对于它来说，对于它的自我意识来说，是一个他者。这个他者就是欲望。那么自我意识只有通过扬弃这样一个欲望，扬弃对它体现为独立生命的他者，才是自我确信的。

在确信这一他者的虚无性时，自我意识**自为地**把这虚无性建立为他者的真理，它消灭那独立的对象，并借此给自身以确定性，作为**真实的**确定性，作为本身对于它已经以**对象性的方式**形成了的确定性。

[121]

前面讲了，自我意识只有通过扬弃这个他者、扬弃欲望才能够是自我确信的，才能够实现自己的确定性；那么这里就讲了，"确信这一他者的虚无性时，自我意识**自为地**"，"自为地"打了着重号，"把这虚无性建立为他者的真理"。就是说，自我意识要扬弃这个他者，要扬弃这个欲望，那么，它就要确信这一他者是虚无的，欲望是虚无的，欲望都是过眼烟云。当然人必须要靠欲望而活着，但是他必须要扬弃这个欲望，把这个欲望当作是没有什么价值的，是没有意义的。自我意识自为地把这虚无性建立为他者的真理，自为地，也就是为了自己，为了坚持它自己的确定性，它就必须把这个虚无性看作是他者的真理，认为他者真正说来什么也不是。这就是一种超然的态度，一种清高的态度，欲望所追求的东西对于我来说是身外之物，这个时候我坚持的是我的自我意识的确定性。这就是自我意识的确定性的态度。而且不光是把这个他者看作是虚无的，而且"它消灭那独立的对象，并借此给自身以确定性，作为**真实的**确定性，作为本身对于它已经以**对象性的方式**形成了的确定性"。它本来是以独立的形态出现的，而独立的形态实际上是不独立的，生命体在它的第一个环节里面看起来好像是独立的，维持它自己，维持它自己的存在，但是它要依赖于对象，欲望要依赖于对象。而欲望依赖于对象，它自身也就成了对象，不以人的意志为转移，不是说你想要就有的。但是自我意识为了确定自己，它消灭那独立的对象，并借此给自身以确定性。它对于那独立的对象，把它看作是虚无的，所以它可以消灭那独立的对象，借此，它自己也达到了"**真实的**确定性，作为本身对于它已经以**对象性的方式**形成了的确定性"。这是自我意识本身建立起真理性来的一种方式，"真实的"打了着重号，表明这种确定性本身就是真理性。为什么是真理性？因为自我意识把欲望看作是他者，并且消灭这个对象，消灭这个欲望，通过这种对象性的方式来达到自身的确定性，这就是真理性了。因为这种确定性涉及自我意识和对象的关系，它让对象符合于自我意识。其实最初在第一个环节里面，生命的独立性就已经在消灭它的对象了，我们前面讲到，它对它的对象扑过去，相信它的这个对象是虚无的，可以成为我的一分子，成为我的营养，于是把它们吃掉，把它们消灭掉，借此给自身以确定性。这第一个环节达到的是一种意识的确定性。但是这种确定性在后来还必须被进一步地提升，必须提升到自我意识和类意识。但是最初的这样一个环节，它所提出的意识的确定性还没有达到类意识，还是一种以对象意识的方式形成的确定性，这种确定性还是不稳定的。通过吃掉对象而达到自己的确定性，无非是确定了自己的确是一个对象。在第一个环节里面是通过欲望而达到自己的这种确定性。而现在则是通过消灭欲望而达到自我意识的确定性，虽然同样是"以对象性的方式"形成的确定性，但层次已经不同了。现在不是去消灭欲望的对象，而是消灭作为对象、他者的欲望本身。可见自我意识在它的欲望的阶段里面，通过消灭对象而建立起了自我意识，建立起了自我意识的生命的独立性；但这恰好是自我意识发展到类意识时所要扬弃的。类意识对这种欲望的满足不屑一顾，认为这种独立性实际上还是一种不独立性。不过，类意识要做到这一步也不是那么容易的，它本身既然基于欲望之上，必然要受到欲望的牵制。

下面一段就是展示如何从欲望一步步提升到类意识的历程。

但是在这种满足里，自我意识造成了有关它的对象的独立性的经验。

"在这种满足里"，也就是在欲望的满足里，在欲望阶段上，自我意识已经造成了一种经验。造成了什么经验呢？"有关它的对象的独立性的经验"。它把对象看作是虚无的，它要把它吃掉，把它纳入进来变成自己的一部分，那么在这样一种满足里面，它吃掉了它就满足了。应该说，自我意识在这样一种满足里面所造成的是对象的不独立性的经验。但为什么说又造成了有关它的对象的独立性的经验呢？就是说你把它吃掉了，你满足了，但是你还会饿啊，你又得寻找新的食物啊，那么这个新的食物在哪里呢？新的食物不是你想要就来的，你必须去找，所以你的对象对你还是独立的，对象不以你的意志为转移，你在饥饿中经验到了你的对象的独立性，你只有找到它，捕捉到它，你才能满足。那么这个对象对你来说，虽然你把它看作是虚无的，但是在你的这种满足欲望的过程中，你的经验也带给你关于它的独立性这样一种意识。你当然可以扑过去把它吃掉，但是它还是独立的，你首先必须找到它，它不会自动跑到你跟前来。所以在这种满足中自我意识经验到了它的对象的独立性。

欲望和在欲望的满足中所达到的自己本身的确定性是以对象为条件的，因为这确定性是通过扬弃这个他者才有的；要有这一扬弃，必须有这个他者。

这就是刚才讲的那个意思，欲望和在欲望的满足中达到的自己本身的确定性是以对象为条件的，你通过欲望意识到自我意识是确定的，你有这种确定性，它恰好是以对象为条件的，你把对象看作是虚无的也没用，你还是要以它为条件，你才能把它看作是虚无的。你必须要把这个对象抓到手里了，你才能把它吃掉，但是你是不是抓得到，甚至有没有这个对象，这都是个问题。所以这种确定性是以对象为条件的，"因为这确定性是通过扬弃这个他者才有的"。那么要有这个扬弃必须要有这个他者，你要扬弃这个他者，你必须首先有这个他者，你要吃掉这个他者，你必须要首先把它抓在手里，你要能够把它抓在手里，它必须先有。如果这个地方根本就没有，比如这条河里根本就没有鱼，那你怎么样捞也捞不着，你必须要先有这个对象，然后你才能抓住它，你才能把它吃掉。你吃掉了，你得到了满足，这个时候你就有了自我意识的确定性了，你就意识到自己的存在了，但这都是以这个他者的存在为前提的。

因此自我意识不可能凭借它的否定性联系而扬弃对象；所以它毋宁一再产生出对象，正如它一再产生出欲望一样。

"因此自我意识不可能凭借它的否定性联系而扬弃对象"，自我意识当然它是具有否定性联系的，它对于这个对象具有否定性的联系，但是它能不能仅仅凭借它的这种否定性就扬弃对象呢？不行，不可能凭借它的这种否定性，不可能凭借它的这种否定对象的欲望，就把对象扬弃了。"所以它毋宁一再产生出对象，正如它一再产生出欲望一样"，它一再产生出对象，一再地锁定一个对象，一再产生欲望。我们通常讲的所谓欲壑难填，就是说自我意识并不是因为一次性地满足了，吃掉了这个对象，就把对象扬弃了，这个对象会一再地产生出来，当它饥饿的时候，它又会有个对象产生出来，我要去抓一头野鹿来，我要去捉一条鱼来，来填饱我饥饿的肚子。这个欲望是不断地产生的,因此也不断地产生出对象来。当它吃饱的时候,这个对象对它说来就不是对象了,就像狮子,吃饱的时候,哪怕跟前有羚羊跳来跳去,它也不去抓了,它不需要了。但是当它饿起来的时候,它又去抓了,一再地要产生出对象来,一再要产生出欲望来。人的欲望更是五花八门,是永远也填不满的,这个对人来说更是如此。人不是满足了就没有对象了,就没有欲望了,而是满足了,他还会生出别的欲望,他还有更高的欲望。所以它会一再地产生出对象,不能够仅仅凭借它否定性的联系,凭借它一次性地消灭了一个对象,就把对象都扬弃掉了。在这个层面上自我意识是有局限性的,它永远是动荡的,当它满足的时候它就觉得自己的自我意识确定了,当它饥饿起来的时候它又觉得不确定了,它的自我意识就不能自我满足了,它就必须要在别的东西上面来满足自己,而别的东西并不是它自己。这样一来它的自我意识就不独立了,就要依赖于别的东西,依赖于不确定的东西。你今天打不打得到猎物,这是很难确定的;很难确定,你的自我意识就很难确定。所以自我意识的确定性在这个层面上,它是不确定的。它暂时可以确定,但是终归它还是不确定的。所以这是自我意识的欲望阶段,它具有这样一种局限性。

它实际上是一个作为自我意识的他者,是欲望的本质;通过这一经验这种真理就对他者本身形成起来了。 {108}

这个"它"还是指自我意识。也就是说这个自我意识"实际上是一个作为自我意识的他者",自我意识在这个阶段上还是一个他者,它只是采取了自我意识的形式,实际上还是一个他者。它还是受他者所限制、所控制的,它是不自由的,不能够自主的,它的自我意识是没有确定性的。所以这个自我意识实际上是一个作为自我意识的他者,"是欲望的本质",是以欲望形式出现的自我意识,它还不是真正的自我意识。以欲望这种形式,虽然本质上已经是自我意识了,但还是一个他者,是依赖于它的对象的,它不能够在对象身上找到它自己,因为对象不受它控制。

所以它是一个作为自我意识的他者。"通过这一经验这种真理就对他者本身形成起来了",通过这一经验,就是通过欲望的这样一种经验,追求欲望又不断地产生新的欲望的这样一个经验,这个真理就对他者本身形成起来了,也就是说,真理成为了他者的真理,真理在他者那一方。本来这个真理应该是自我意识本身的真理,但是现在,这个真理只对他者本身形成起来了,他者拥有了真理,你要去符合那个他者,你要去追求那个他者,你才有真理性,自我意识才有真理性。那么这个他者永远不确定,你的自我意识的真理性就永远不确定。这个是自我意识在欲望层面的局限性。

　　但同时自我意识同样也是绝对自为的,而且只有通过扬弃对象它才是如此,而这必须成为它的满足,因为这就是真理。

　　这里就有一个转折了,这个转折很重要。"但同时自我意识同样也是绝对自为的",绝对自为,就是它不依赖他者,自我意识本身不是依赖他者的。"而且只有通过扬弃对象它才是如此",只有扬弃了对象它才能够是绝对自为的。它有对象,但是,必须扬弃对象,它才能够是绝对自为的。绝对自为不是抽象自为的,绝对自为的必须要把为他者考虑在内,必须扬弃他者或对象,"而这必须成为它的满足,因为这就是真理"。显然,欲望阶段的自我意识还达不到这种绝对自为,它实际上是为他者的,它本身实际上还是一个他者,以自我意识形态出现的他者,一个作为自我意识的他者。但是另一方面,自我意识同样也是绝对自为的,就是说一方面它是欲望,依赖于他者,另一方面它又是绝对自为的,为此它必须扬弃对象,扬弃他者,必须把这种扬弃作为它的满足,"因为这就是真理"。真正的真理,自我意识的真理,只有通过这种方式才能够建立起来,就是通过扬弃他者,扬弃对象,达到绝对自为,必须这样来满足自身。自我意识真正的满足应该是通过扬弃他者而达到自我满足,它在欲望的阶段还没有扬弃对象,它把对象吃掉了,但是它又重新产生出对象来,不断地产生出对象来。那么真正的满足,必须是把对象扬弃掉,把和对象的关系变成它和自身的关系。自我意识就是意识和自身的关系嘛。但是意识和自身的关系只有通过扬弃掉意识和他者的关系，和对象的关系，才真正地能够建立起来。这就是自我意识的真理。在这上面就能够达到满足了。这是自我意识的另一方面，超出欲望的更高的方面，不是欲望的满足，而是自我满足。那么如何能够扬弃对象、达到自我满足？下面就讲了，

由于对象的独立性之故，因此只有通过对象自己在自己身上实行否定，自我意识才能获得满足；而对象必须在自己身上实行对它自己的这种否定，是因为它**自在地**就是否定性的东西，并且它必须为了那个它所是的他者而存在。

"由于对象的独立性之故"，这个对象的独立性我们前面已经讲到，在欲望里面我们已经有了这样一个经验，造成了有关对象的独立性的经验，也就是说对象是不以我们的意识为转移的，它是独立的。我肚子饿的时候我想要抓住一个对象，未见得抓得住，也未见得有。所以我要满足自己，这个对象必须首先在那里，我才能去抓它，我抓不抓得住还是个问题，所以对象对于我来说有它的独立性。所以在欲望阶段，通过对象来满足自己是未定的，是不确定的，自我意识的确定性是得不到保障的。那么这里也讲到了，由于对象的独立性之故，"因此只有通过对象自己在自己身上实行否定，自我意识才能获得满足"。由于对象是独立的，你的欲望的对象是独立的，那就只有一个办法，自我意识才能够获得自己的满足。什么办法呢？就是只有通过对象自己在自己身上实行否定，也就是对象自我否定自己，对象自己否定自己，对象自己变得不是对象，是什么呢？是自我。对象自己成为自我，这个时候自我意识才能够获得满足。在这种情况下那就不是欲望了，那就不是欲望阶段的情况了。欲望阶段，对象怎么可能成为自己否定自己的呢？对象肯定不会否定自己了，天上肯定不会自动掉馅饼砸在你头上，自动地成为你的一部分，自动地成为你的自我意识的环节。那是不可能的。那么就只有一种可能性，就是这已经不是欲望的场合了，不是人对自然对象的关系了，而是人对人的关

系了。对象这时也是一个人,他在你面前自己否定自己,在自己身上实行这种否定来满足你,只有这样,自我意识才能获得满足。"而对象必须在自己身上实行对它自己的这种否定,是因为它**自在地**就是否定性的东西",对象必须在自己身上实行对它自己的这种否定,只有一种情况才能够做到,就是因为它自在地就是否定性的东西,这个"自在地"打了着重号,说明这个对象本来就是一个自我否定的东西。这样一个东西就是另一个人、另一个自我意识,因为自我意识本身就是否定性的。"并且它必须为了那个它所是的他者而存在",那个"它所是的他者",就是说,它是它自己的他者,但既然是"他者",所以它自己现在还不是,那个他者还在它之外;但是它必须为了那个他者而存在,为了它所是的那个他者而存在。那个他者对于它来说,当然它还不是,所以才叫作"他者"嘛,它还不是那个他者,但它又是那个他者,因为它是为了那个他者而存在的,它要成为那个他者。于是,它就要否定它自己现在的状况,而要成为那个他者。只有在这种情况之下,对象才能够在自己身上否定自己。那么这种情况是什么情况呢?这种情况就是说,对象跟你一样,也是一个人。只有在你的对象不是一个食物,也不是一个欲望的对象,而是另外一个人的时候,这另外一个人才会自己否定自己,要成为他所是的他者,就是说要成为他现在还不是、但他实际上是的一个他者。而对他来说的他者,对你来说就是你自己的自我了,也就是你和他所共有的那个自我即类了。那就是说对象也要成为一个类,对象现在还是一个个体,它还不是一个类,于是对象要否定它的个体性,也要成为类。这时候,你在面对这样一个对象的时候,你才能够真正得到自己的满足,只有这种情况。其他的情况都不行。你的欲望的对象,你的食物,你的生活用品,它都不会否定自己来适合于你,只有一种情况它可以否定自己来适合于你,那就是对方也是一个人。当然这里没有明说,这都是在后面说的,在这里还没有,只是说出它的这种内在的结构。只有人才是这样的结构。你的自我意识的对象本身必须也是一个自我意识,也是一个类,那么它才能够在自己身上实行对自己的这种否定,自在地就是否定性的东西,并且必须为了那个它所是的他者而存在。这个他者可以理解为类,也可以理解为别人,为了别人而存在,而否定自己。否定自己,为了别人,为了整个社会,为了整个人类而存在。这种情况当然只有人才具备。

由于对象在自己本身中就是否定性,并在其中同时又是独立的,它就是意识。

这个地方点出来了。这样一个东西是什么东西呢?它其实就是意识,这个他者其实是意识,或者说其实是另外一个意识。自我意识的对象只有在一种情况之下才能够得到满足,就是它的对象也是一个意识,或者说也是一个自我意识。作为对象来看,它就是意识。由于对象在自己本身中就是否定性,并在其中同时又是独立的,它就是意识。因为意识就有这种特点,意识就是在自己本身中就是否定性的,并且同时又是独立的。

在作为欲望对象的生命中,**否定要么存在于一个他者之上**,亦即存在于欲望中,要么作为**规定性**而反对另外一个漠不相干的形态,要么则作为生命的**无机的普遍自然**而存在。

这一句话是跟前面的相对比,就是说在欲望阶段的那样一个对象是什么情况,那跟刚才讲的是不一样的,刚才讲的这样一个自我意识的对象,它应该是自我否定,本身就是否定,同时又是独立的。那么"在作为欲望对象的生命中,**否定要么存在于一个他者之上**",也就是否定不像这里所讲的,存在于自己身上,而是存在于他者之上。在自我意识那里,否定自在地就在它本身之上的,它的否定就是自我否定。那么在欲望的生命那里呢?否定要么存在于一个他者之上,它不是自否定,而是他否定,是由他者来否定的,或者是否定他者的。欲望是由他者来否定的,你如果没有欲望的对象,对象不来到你面前,你就活不下去,这就是否定来自于他者。或者你否定他者,你把否定加之于他者,这个否定还是存在于他者之上。两种情况都表明否定存在于一个他者之上。"要么作为**规定**

性而反对另外一个漠不相干的形态",否定作为一种规定性,一个独立的生命体,那么它的规定性是反对另一个漠不相干的形态的。独立形态的这样一种生命,它反对其他的形态,包括大自然的万事万物,它与万事万物作对,它不愿意融化于万事万物的规律之中,不愿意把自己变成物理的和化学的形态,而要反对它,这也是一种否定。这个前面也讲到了,如第 118 页最后两行:"站出来反对那**普遍的**实体,它否认这实体的流动性和它同这实体的连续性,并且坚持它自己不被消融在这一共相之中"。这也是在欲望阶段的。它坚持要满足它的欲望,它就必须要克服种种不利的条件,种种严酷的环境,它要反对这一环境,抵御各种形态对它的侵蚀。"要么则作为生命的**无机的普遍自然**而存在",这也是欲望的否定性的一种表现,即要么作为生命的无机的普遍自然,就是作为无机自然界的一分子而存在。普遍自然,也可以译作普遍本性,这样一种欲望的生命体跟其他的无机的自然界没有根本的区别,它随时可能融入到无机自然中去,解体为机械关系的物质。欲望的生命体的这种解体、这种死亡,也是它的否定性的一种方式,即它来自尘土,归于尘土。我们可以物理化学过程来解释生命的新陈代谢的过程和死亡过程,这种欲望的生命没有更高的目的,它没有上升到类,它只是作为很低层次的一种存在。在这个阶段生命可以被还原为那种无机的普遍本性。总之这里讲了对于欲望的生命的三种否定性,一是对他者的依赖性,生命要依靠他者、靠吃掉他者为生;二是对他者的拒斥性,生命要防范他者的侵蚀;三是对他者的还原,最终要被他者所否定而消融于他者之中。这就是把欲望阶段的那种独立的生命体形态拿出来跟上面所讲的类的满足和作为类的自我意识的否定性相对照。也就是说,上面讲的那种类的自我意识是人与人的关系,而欲望的自我意识是人与物的关系,或者说生命与物的关系。前面讲的是生命与生命、自我意识与自我意识的关系,而这里讲的是生命与对象,与他者的关系,是低层次的关系。在这里把这个低层次的关系提出来,是为了跟前面做对比,前面的自我意识在类的阶段上面已经提升到了把它的对象也看作是一种有意识的存在,把它的对象也看作是一种独立的、有意识的、有生命的、同样也有欲望的存在,只有在这种关系中,作为类的自我意识才能够得到真正的满足。而在欲望阶段的满足是低层次的,人与物的关系,最后可以还原为物与物的关系,因为的确,人也是一种自然物,生命也是一种自然物,是一种物理现象化学现象。但是你如果仅仅停留在这个层次,那生命就被还原掉了,就没有意义了。

但是这个把否定作为自身的绝对否定的普遍的独立自然,就是作为类的类或作为自我意识的类。

这个"但是",就是说跟刚才讲的那种停留在欲望阶段的关系、那样一种否定性是完全不同的,在欲望阶段的那种否定性,它是寄托在一个他者之上,或者是与一个不相干的形态相反对,或者被还原为了生命的无机的普遍自然本性。但是现在就回到我们的主题了,你现在已经提升到作为类的自我意识了,那么这个阶段就是"把否定作为自身的绝对否定的普遍的独立自然",就是说,仍然是普遍的自然本性,但是一个是它具有生命的独立性,但同时它是把否定作为自身的绝对否定,也就是作为自我否定。这就是类,"就是作为类的类或作为**自我意识**的类"。作为类的类,什么意思呢? 就是说,已经意识到自己是类了,已经意识到自己是类的这样一个类,就是作为类的类。一般我们讲类,除了人类有,动物也有很多类,马、牛都有它们的种类,植物也有它们的种类,有千千万万的种类,但是它们都不是作为类的类,都不是类本身。它们自在地当然是类,我们可以把它看作是类,但是它们自己并没有类意识。它们灭绝了就灭绝了,它们不会想办法说,我们这个类如何才能不灭绝。只有人才能这样做,才有类意识。所以他讲这种作为类的类也就是"作为**自我意识**的类"。这样一种类是把否定作为自身的绝对否定建立起来的普遍独立自然。否定在这里就不再是他否定了,不再是由他者来否定自身,而是自否定,而是自己否定自己。"普遍的独立自然",欲望的那种自然是独立的,但它不是普遍的,而只是个别的;无机自然界是普遍的,但又不独立；只有类这样一种自然本性，它既是独立的，同时又是普遍的，但不是自然的普遍性，而是社会普遍性了。作为类的类和作为自我意识的类，也就是作为一种社会关系的类。作为类的类就是社会关系，单独讲一个类，它可能还不是人类社会，可能是动物界的分类，植物界的分类。但是作为类的类，作为自我意识的一个层次的类，那就是社会，所以这里讲的是社会关系，跟生物学的生命种类是大不相同的，提高了整整一个层次。

自我意识只有在一个另外的自我意识里才得到它的满足。

整个这一句话打了着重号。这一句话好像是天上掉下来的，但是实际上，前面都作了铺垫，这一句话是点睛之作。前面讲的都是这个问题。自我意识只有在一个另外的自我意识里才得到它的满足。自我意识的满足，当然你有一种欲望，也可以得到满足，你吃饱了也可以得到满足，你把某一个东西占有了或者消化了，也可以是满足，但是，它不是真正自我意识的满足，它还停留在对象意识的阶段。自我意识真正的满足只有在一个别的自我意识里面才得到它的满足，因为别的自我意识现在就是它自身，它们是同类。自我意识就是把自己当对象，同时也把对象当自己；那么一个别的自我意识现在成为他的对象了，而这个对象既然和他同类，他当然也就把他当作自己人，认同为自己，那就是绝对的满足，他作为类意识，只有在这个里头才能得到满足。所以只有在社会关系中人才能得到自我意识的满足，其他的满足都是低层次的，都是可以超越的，而且都是满足不了的，暂时的满足，但是终究是不能满足的。即算暂时地满足，也是作为动物性的满足，没有自我意识的确定性的。真正具有自我意识的确定性的，就是自我意识在别的自我意识里面找到自己的确定性，而这同时又是真理性。因为自我意识没有别的对象，它的对象就是自我意识本身，它自身的确定性就是它与这对象的符合一致，也就是它的真理性。它在一个对象的自我意识身上找到它的满足，也就是在它自己身上找到满足了。诸多自我意识现在是同类，大家是同类，只有这种满足才能够达到真正的满足,才能达到自我意识自身的确定性和真理性。我们今天就到这里吧。

*　　　　　*　　　　　*

上一次讲到第 121 页,剩下下面一段。我们上次讲的,已经把黑格尔的自我意识概念的结构给大家交代了一下,这个结构基本上就是三个环节,这三个环节都是属于自我意识的抽象概念,还没有经历它的这个经验,"意识的经验的科学",它还没有经验,它还只是把它的概念结构展示出来。这个结构就是三个层次,一个是欲望,一个是生命,还有一个是类。这是自我意识这样一个抽象的概念,它的概念内容。当然概念内容在概念上说也还是具体的,就是抽象自我意识它的内涵,实际上是以这样几个层次作为它的内容的,在"类"那里达到了具体概念。那么这样一个内容呢,我们上次又讲到,就是说实际上这个欲望和这个生命都属于人和自然的关系。欲望属于人和自然的关系,生命,它是介于其中,一方面它是人和自然的关系,另一方面它又过渡到人和人的关系,从人和物的关系过渡到人和人的关系。人和人的关系那就是类了,那就是社会关系。人和自然的关系就是欲望,那么中间这个生命,它是作为一个中间环节。前面已经分两个层次来谈到了这样一个结构,最后,它作为一个总结性的,就是我们今天要读的第 121 页的下面这一段。下面这一段是对这三个环节加以总结,当然表述稍微有点不太一样,但是意思是一样的。我们来看一看。

但自我意识的概念首先在这样三个环节里得到完成:a) 纯粹无区别的我是它的最初的直接对象。

这是第一个环节,第一个环节就是纯粹无区别的我,是自我意识最初的直接对象。自我意识从它的概念来说,首先我们可以确定,它就是把"我"当作对象,所谓自我意识就是把这个"我"自己当作对象,这个时候这个"我"自己还没有区别,还是一个纯粹的我。所以"纯粹无区别的我是它的最初的直接对象"。比如说在笛卡儿那里提出来"我思故我在",我把我思当作对象,我思是什么,我思是最抽象的,就是思维的活动。我是什么呢?我就是这个思维活动。那么我把这个我的思维活动当作对象,我就可以确定我在。当然不一定要是我思,也可以是我感,我欲,我行动,总之任何一个我,不加区别,都可以成为自我意识的直接对象。这是第一个环节。第一个环节是自我意识的一个最抽象的概念,它的概念含义或者说它的逻辑含义就是这么个含义,所谓自我意识,就是我把自己当作对象来看待,这就是自我意识,简单来说就是这样。但是这还是不够的。自我把自己当作对象来看,那么它看到了什么呢?那就是下面讲的。

b) 但是这种直接性本身就是绝对的中介,它只是作为对那独立对象的扬弃而存在,或者说它就是欲望。

自我意识看到了我,它把自己当作对象来看,但是它看到的是什么呢?看到的是我的欲望。所以后来有人不同意笛卡儿的我思故我在,认为是我欲故我在。如果没有欲望,那么这个我可以说什么都不是,连思都懒得思。所以这个欲望属于第二个环节,或者说从抽象的自我意识的直接概念里面,推出了这种间接性。当然这里黑格尔讲的欲望是对感性对象的欲望,这是以自我意识前面的意识阶段即感性确定性和知觉为前提的,自我意识的对象为什么是感性欲望的对象,这在前面 [第 116—117 页] 讲第一个小标题"I. 自我意识自身和欲望"时就作了说明。① 这种自我意识,这种对我的直接意识,它本身就是对意识(对象意识)的意识,所以必然体现为对于感性对象的追求,不追求就没有我。我就是这样一种追求活动,它有它自己的对象,并且它努力扬弃这个对象的独立性而把它据为己有,使它成为"我的"。所以第二个环节就是欲望。当然

---

① 参看黑格尔:《精神哲学》,杨祖陶译,人民出版社 2006 年版,第 222 页:"而这样规定的冲动实存在自我意识中,有关这点的必然性在于,自我意识……同时是其最初先行于它的阶段,即意识,并且知道这个内在矛盾。"正是与"意识"的关联使"自我意识"一开始就把欲望冲动当作自己必然的内容。

也可以说，第一个环节是从抽象的自我意识向欲望的过渡，那么第二个环节，是从欲望向生命的过渡，第三个环节是从生命向类的过渡，前面一开始就是这样划分的。但这里跟我们前面划分的三个环节稍微有一点错位，把自我意识和欲望划开成为两个环节了，后面的就顺延了，把生命和类这两个环节压缩到第三环节中来讲了。但是，所描述的过程和顺序是一样的。就是这三个环节，第一个环节是抽象自我意识，第二个环节就是欲望，而生命和类都在第三环节。黑格尔对自己的三段式经常会有这样的调整，不是严格遵守的，在《逻辑学》中甚至还说过，分为"四段式"也是可以的。我们来看他下面接着说的。

欲望的满足虽然是自我意识向自己本身的反思，或者说是成为了真理的确定性。

"欲望的满足"，前一句讲欲望就是绝对的间接性，"直接性本身就是绝对的间接性，那就是欲望"，但是欲望必须要满足。欲望不仅仅是追求，追求如果老是得不到满足，它就会死去，就会中断。只有通过欲望的满足，它才能够继续是欲望，那么这就实际上是一个生命过程，或者说是向生命过渡了。所以他讲，"欲望的满足虽然是自我意识向自己本身的反思"，当我们在欲望得到满足的时候，这时候欲望向外追求就变成了向内、向自身的反思。我追求到了，我把那个东西据为己有了，我把那个东西看作是我的一部分了，比如说动物，朝一个对象扑过去把它吃掉了，当我意识到这一点的时候我就意识到我自己了。欲望本来是向对象，向他者发生关系，但是当我满足了以后，我就和我自己发生关系了，这个时候自我意识就反思到自己，"或者说是成为了真理的确定性"。真理性和确定性在欲望那里最初还没有达到统一，欲望在这边，欲望的对象在那边；我去追求这个欲望对象，追求得到还是追求不到，这还没有确定，我把欲望的对象看作是真理，我扑过去，我要追求它。当我满足了以后，这就确定了，真理性和确定性就成为一体的了，所以自我意识就返回自己本身了。自我意识本来是向外追求一个欲望的对象，而在满足的时候，它就回到自己本身,这个时候真理性和确定性就是一回事了。这是一个生命的过程。注意这一句里面有一个"虽然",是和下一句"但是"相呼应的。虽然欲望在满足中达到了自身反思、真理性和确定性的统一。

c) 但是这种确定性的真理性毋宁说是双重的反思或自我意识的双重化。

真理性和确定性的这种统一体现为自我意识的双重化。这种确定性的真理性已经统一了,已经是一回事了,但是它没那么简单。它里面的内容是非常复杂的,毋宁说是双重的反思或自我意识的双重化。自我意识反思到自己本身,好像是很简单的了,自我意识它的欲望满足以后,它就回到自己本身了,但这种回到自己本身是双重的,或者是自我意识的双重化。为什么是双重的呢? 就是说,你把对象统一了,据为己有了,这固然是你回到了你自己;但是从另一个角度来看,对象也回到了它自己,这就是双重的反思。当你把对象据为己有的时候,对象也把你据为了己有,从另外一个角度看也可以这样讲。所以毋宁说是双重的反思或自我意识的双重化。这个里头出现了一种契机,就是开始有了两个自我意识,当你把对象据为己有的时候,你把对象看作另外一个自我意识,那么对象也就回到了它自身。当然这还是生命的过程。当自我意识把对象据为己有的时候,它就把对象看作它的生命,当它把太阳光、空气、水等等据为己有并且变成自己身体的一部分,这个时候,它把那些东西就看作它的外在的生命。它之所以要追求外在的营养,外在的环境,就是因为它认为它的生命在那里,在整个大自然中,在自然界。它的生命在自然界,如果你把它隔断了,你不让它跟自然界发生关系,它的生命就丧失了。它的生命是从大自然中来的,所以我们在生命的过程中总是把大自然看成一种有生命的对象。如果有了自我意识,那么我们就总是把大自然拟人化,觉得大自然也很亲切啊,大自然把阳光雨露赐给我们人类,好像它是一个有生命的东西,它是一个有自我意识的东西。在这种拟人化的过程中,我们把对象看作也是一个具有自我意识的对象。那么当我把大自然据为己有的时候,比如说原始人类打猎的时候,打到了一头熊,于是,他们举行一个仪式,感谢这头熊赐给我们肉食,甚至于把某些部分献祭给熊神。这就把欲望的对象拟人化了,把它当成是一个有自我意识的主体。这是生命过程本身会产生的这样一种倾向。因为当你把自己的生命寄托在对象身上的时候,这个对象在你的眼睛里面也成了有生命的,或者是有自我意识的。

自我意识对于意识是一个对象,这对象自在地本身把它的他在或区别建立为一种虚无性的东西,并在其中独立存在。

"自我意识对于意识是一个对象",你如果用意识(对象意识)的眼光看自我意识,这个自我意识就是一个对象,什么对象呢?"这对象自在地本身把它的他在或区别建立为一种虚无性的东西",自我意识成了对象,但由于它不是一般的对象,而是自我意识变成的对象,所以这个对象就像自我意识一样,把它的他在或区别建立为一种虚无性的东西。也就是说这个对象虽然对于意识来说是一个对象,但它却作为自我意识而起作用,它同样把它的他在和区别看作虚无性的、站不住脚的,其实并没有真正的区别,他在与自身是同一的,它也把它的他在据为己有。它的他在跟它格格不入是表面的,表面看起来有区别,其实是自我本身中的区别,并不妨碍自我意识的独立存在。所以又说,"并在其中独立存在",就是说,它在这种虚无性中独立存在。当自我意识被意识看作一个对象的时候,它"自在地"客观上还会保持这样一种自我意识的结构,即把自己的他在据为己有,把自己与其他东西的区别看作没有区别。它会以这种方式独立存在。这就是一重反思,即我们从意识的眼光来看待自我意识,把它看作一个对象,那么这个对象仍然会具有自我意识的结构,将自己的他在作为自身的一个环节而同化于自身,将一切与他在的区别看作没有区别。但这只是一重反思,还有另一重反思,是在它的他在那方面发生的。

这个被区别开来的、只不过是**活生生的**形态,的确在生命本身的过 [122]

99

程中也扬弃了它的独立性,但是它连同它的区别已不再是它之所是了;

"这个被区别开来的、只不过是**活生生的**形态",这是接着上一句讲的,自我意识作为对象同样要扬弃自己的他在,扬弃自己与他在的区别,但这个被区别开来的他在不是一般的他在,而是有生命的、活生生的他在。虽然它被自我意识"在生命本身的过程中也扬弃了它的独立性,但是它连同它的区别已不再是它之所是了"。这个形态也就是他在的形态,是另一个对象的形态,当它被作为自我意识的这个对象所扬弃时,它就不再是它之所是了,因为它不再是与自我意识有区别的了。它原来的所是现在已经被扬弃了,自我意识把它据为己有以后,它和它的区别已不再是原来的意义了,原来的意义是什么意义呢?就是那种与自我意识格格不入的一种独立性,在我对面拒绝我逃避我的那种独立性。它扬弃了它的独立性,不和自我意识闹独立,在这过程中沾上了自我意识的灵气,从而连同它的区别、连同它与自我意识的区别,都已不再是它所是了,已经从一个不同于自我意识的异己的独立性、他在的独立性变成了为我的独立性。它还有它的独立性,虽然它的独立性被扬弃了,但是,它已经把它的独立性融合在我的独立性之中了。也就是说,从它独立的方面来看,它也是要取消自己的独立性的,它独立地取消它的独立性,变成了自我的独立性,或者说成全了自我的独立性。正如原始人捕获了猎物为什么要感谢神呢,他们把它看作是神的恩赐,那么这个神的恩赐我们现在都知道,其实是我们自己设立的,其实并没有什么神,但是我们把它设立为一个神,那么这个神还是我自己设立的。我们的自我意识使得他者成为了另一个自我意识,成为了另一个有意志的神,已经不再仅仅是一个猎物那么简单了。所以他接下来讲,

然而自我意识的对象在这种对它自身的否定性中同样是独立的;因此这对象自为地本身就是类,就是在它分离出来的独特性中之普遍的流动性;它就是有生命的自我意识。

"然而自我意识的对象在这种对它自身的否定性中同样是独立的",

自我意识的对象或者说欲望的对象或者说生命的对象，也就是上面所讲的自我意识的他在，在这种对它自身的否定性中，它好像是被人捕获的猎物，被人吃掉，从而否定了自己；但是它同样是独立的，它被看作是神恩赐给人的食物。它牺牲了自己，动物把自己牺牲于人的生命，好像是否定了动物自身，但是在这种否定性中，它同样是独立的。"因此这对象自为地本身就是类"，这个对象把自己牺牲于人，但是，当它牺牲于人的时候，它本身是独立的，独立的是什么呢，我们刚才讲了，就好像是神，我们把它看作是神，看作是一个有自我意识的，有意志的，有意图的神，把它的食物恩赐给我们。所以它虽然被我们吃掉了，我们要感谢它，祭拜它，它还是独立的。那么这个独立的对象自为地本身就是类。这个神其实就是类啊，远古时代的神，图腾或部落的保护神，都是类的符号。这个神，其实并没有什么真正的神，神是人想出来的。人为什么会想出来，就是因为人把这个对象本身看作是有自我意识的。虽然是欲望的对象，这个欲望的对象跟自我意识是不同的，是对立的，但是它把对立面的这样一个东西看作是另外一个自己。我们刚才讲到拟人，拟人化，或者说移情，我们把自己的情感转移到一个对象身上去，比如说转移到我们的猎获物身上去，我们把我们的猎获物，把我们欲望的对象也看作是一个人，一个有自我意识的存在者。那么这个时候，在自我意识里面，就有两个自我意识发生了关系，一个是人的自我意识，另外一个我们最初把它想象成是神的自我意识，实际上是另外一个自我意识。人在跟自然界打交道的时候，他把它设想成跟另外一个人打交道。人跟物的关系就变成了人跟人的关系。"因此这对象自为地本身就是类"，人跟人的关系是什么呢？人跟人的关系就是类，就是人类嘛，实际上就是人类。最初是人跟神的关系，以这种方式出现的，实际上反映出自我意识的结构里面本身有这样一层，就是这个对象自为地本身就是类。也就是人在跟对象打交道的时候，它意识到了自己的类，通过移情和拟人的心理活动，在现实中是这样。但是在思辨的结构中，自我意识本身，它把对象当作自己；既然你把对象当作自己，那么这个对象就和你自己一样是有自我意识的。这就已经是类了，所以自我意识的本质就是类。自我意识一开始以种种方式出现，一个抽象的自我意识，把自我当对象，这是最简单的解释。然后，这个对象是自我所追求的，自我只有在追求一个现实的对象中才能够真正地把自我当对象，否则的话是空洞的。那么它在追求这个对象的时候，它把这个对象当自我来追求，于是这个对象就成了跟它一样的一个自我意识。那么这样的自我意识，那就是类意识了。所以自我意识，从它的最简单的概念的内涵，必然地就会推出类意识，或者说自我意识本质上说就是类意识，就是人类的意识。一个人他有自我意识了，他意识到自己了，意识到自己意味着什么呢？意识到自己本身就意味着他已经意识到人类了，他已经意识到自己和他人的类的关系了。所以自我意识它是一个普遍性的意识。我们日常理解的自我意识好像是每个人意识到自己，好像就是自私自利，这个人很"自我"，他只想到自己没想到别人，不是的。自我意识不是说你只想到自己不想到别人，当然最开始必须要经过这一阶段，你首先要考虑一下你自己，你先不管别人。但是当你考虑你自己的时候，这说明你已经考虑别人了。因为你把自己当一个对象来考虑，你自己怎么能成一个对象呢？就是因为你把对象看作是你自己。这个里头已经有类的意识。"就是在它分离出来的独特性中之普遍的流动性"，自我意识的这个对象好像是分离出来的一种独特性，你要追求的这个东西，它是独特的，它跟你不一样，它拒斥你、抗拒你、逃避你，它从你那里分离出来，它有一种独特性。但它其实是在这种独特性中之普遍的流动性，在这种独特性中恰好有一种普遍的流动性，生命的流动性。你在追求这个特殊的对象、个体的时候，你实际上是在追求自己的类，有一种普遍的流动性。生命本身是流动的，生命必须要追求对象，在追求对象中、新陈代谢中，才能够形成一种流动性，这种流动性是普遍的，它把你和对象打通了，把你和他人也打通了。所以"它就是有生命的自我意识"，自我意识最开始是抽象的，自我意识就是仅仅把自己当对象，而生命要追求一个外在的欲望的对象,这是两个环节,一个是抽象的自我意识环节,一个是欲望、生命的环节,具体的环节。但是在类里面,这两个环节统一了。欲望和生命我们可以把它合并成一个环节,把它看成一个环节,都是对具体对象的一种不断的追求。那么抽象自我意识,要回到自身,不要外求,要超然。这两个环节统一起来,作为有生命的自我意识,那就是类。所以这个自我意识的这样一种结构是非常微妙的,不能够简单地看待,必须在它的流动性中去把握它的具体概念,否则的话你抓住一个环节那就是抽象概念,那就仅仅是抽象的。把这两个环节把它统一起来,有生命的自我意识,把生命的环节和自我意识的环节,生命的环节和抽象的环节,把它统一起来,使它变成一个具体的自我意识的概念,那就是类的概念。所以这一段所讲的三个环节实际上也是讲的这个过程,最开始 a 是一种纯粹的无区别的我,把它当作自我意识的最直接的对象,这个就是概念中的抽象的含义;那么第二个环节 b,就是自我意识是一个追求对象的过程,不是一种站在旁边静观旁观的过程,而是一种欲求的活动,那么这一种欲求的活动有其感性的对象,生命的对象,在这种对象的追求和欲望的满足中就构成了生命。那么这种生命的过程在它的流动性中把它的对象、把它对象的独立性扬弃掉了。它对象的独立性被扬弃了,也就是被赋予了自我意识,同时借此它又建立起来了自己的独立性,对象也具有了自我意识,但是这个自我意识,它跟我的自我意识不再是相外在的,而是成为了一个共同的类,这就引出了类意识。所以自我意识的环节是这样的三个环节。我们注意这一段一开始就讲到自我意识的概念首先在这三个环节里得到完成,有了这三个环节,自我意识的概念就完成了,我们就获得了一个具体概念了。当然这个概念还有待于展开,它还是一个概念的含义。这个概念,我们大体上可以把它分成三个环节,自我意识和欲望,欲望和生命,生命和类,是这三个环节。那么这三个环节出来以后,它下面还有一段话,是具体地来加以解释。这三个环节是从前面的总结出来的,但是总结出来以后,它还要加以引申,以便自我意识的概念向它的具体经验过渡。前面讲的都是自我意识的概念，概念的含义。那么要过渡到它的经验概念展示，这个中间还有一段说明，我们来看看下面这一段。

这就是一个为了某个自我意识的自我意识。

"为了自我意识的自我意识"全部打了着重号，说明这个短语很重要。我们刚才也讲了，所谓自我意识实际上是类意识，当你有自我意识的时候，你已经意识到另外一个自我意识了，所以自我意识是一个无穷后退的这样一个结构：你要意识到自我，你必须从另外一个自我的观点来看自己，你要从另外一个自我的观点来看自己，你又必须再后退，从另外一个自我的另外一个自我看自我。这种无穷后退可以简化为"为了自我意识的自我意识"，这两个自我意识的层次并不一样，后者是个别自我意识，前者是普遍的自我意识，即类意识。所以这个短语不光是意味着一个自我意识与另一个自我意识的统一，而且是意味着一种层次的提升，即个别自我意识提升到与普遍自我意识的统一。

只有这样，自我意识才实际上存在；因为在这里，对自我意识才第一次形成了它自己在它的他在中的统一；

"只有这样，自我意识才实际上存在"，自我意识的抽象概念当然你可以说，无非就是把自己当对象，一个人把自己当对象，我们就可以说他有了自我意识了，但是实际上存在的自我意识是什么样的呢？不是这种抽象概念，而是为了自我意识的自我意识，也就是为了任何一个别的自我意识的自我意识，因而是为了一切自我意识的自我意识。首先，你的自我意识是为了另外一个自我意识的。你把自己当对象，你也就把对象当自己了，你就以对象，以另外一个自我意识自居。当你把自己当对象的时候，你就把自己当成了另外一个自我意识，要能做到这一点，必须有另外一个现实的自我意识站在你面前，作为你的一面镜子，这就是一个他人。所以你就实际上已经使你的自我意识和另外一个人的自我意识发生了关系，你就能用另外一个自我意识的眼光来看待你自己的自我意识。自我意识本身实际上的存在必然会如此展开，它不会停在开端的那一点上，它会展示为一个过程，自我意识本身会展示为一个过程，而它的存在只能在这样一个过程中存在，它不是在开端那一点上存在。那个点是没有体积的，那个点是不能单独存在的，它只是一个抽象。真正存在的自我意识就是这样的自我意识，就是为了另一个自我意识的自我意识。所以只有这样，自我意识才在实际上存在。"因为在这里，对自我意识才第一次形成了它自己在它的他在中的统一"，只有在为了自我意识的自我意识中，自我意识才第一次形成了它自己在它的他在中的统一，在另外一个自我意识中的统一，这另外一个自我意识对于这个自我意识来说是他在，是对象，是他者；不但是我欲望的对象、我生命的对象，而且这个对象又是我自己，我把这个对象看作是我自己，我把这个对象看作是跟我的自我意识是统一的，是自我意识在他在中的统一。我把自己抛出去，然后我才能把它收回来，达到统一。如果我不把自己抛出去，那么我实际上是达不到统一的。我统一什么？我没有什么东西可以统一，我是一个空的东西，是一个空虚的点，做不到统一。之所以统一，就是我把一个他在统在我之下，那么首先就有一个前提，就是你必须有一个他在，而且这个他在是你自己抛出去的，你自己设立的镜像。自我建立了非我，你才能够从非我上回到自我，才能够达成自我和非我的统一。如果没有非我，自我统一什么呢？自我就没办法统一；但如果非我不是自我建立的，那自我也就收不回来了。这是费希特讲的，自我建立自我，然后自我建立非我，最后自我在非我上达到统一，形成绝对自我，就是神了，就是上帝了，这也就是类意识。上帝实际上是代表着人类意识，神都是代表人的类意识的。而自我意识本质上来说，或者说实际上来说就是类意识，就是个别自我意识和普遍自我意识的关系，就是普遍的自我意识或者说绝对的自我意识，不是你单个人，张三或者李四的自我意识，而是人类的自我意识，这才是真正的自我意识。凡是真正有自我意识的人，他就已经上升到人类的意识了，上升到类意识了。所以自我意识这个概念，我们通常把它理解得很狭隘，好像是自私自利，好像每一个人只是关注自己的个体，但是实际上这个里头蕴含着的就是一种普遍的类意识，就是一种普世价值。我们今天讲普世价值，就蕴含在每个人最初的自我意识里面了，不是什么外来的东西。黑格尔在这里是通过逻辑分析，通过思辨来证明的，我们也可以通过历史的分析看出这一点。

　　<u>作为它的概念的对象的**我**，实际上并不是**对象**；但是欲望的对象之所以是**独立的**，只是因为这对象是普遍的不可根除的实体，是流动的自身等同的本质。</u>

　　作为"它的概念"、也就是作为自我意识的概念的对象的这个"**我**"，"实际上并不是**对象**"。注意这里"我"和"对象"都打了着重号，说明它们是对立的，我和对象在"实际上"是对立的，只是在概念中成了一个东西。自我意识把自己当对象，这是在自我意识的概念里面已经规定了的。第一个环节就是这样规定的，自我意识无非就是把自己当对象来看待，这就是自我意识的概念。那么，作为自我意识的概念的对象，这个我实际上还不是真正的对象。我把自己当对象来看，这个我当然实际上并不是对象，它就是我自己。我把它当作对象来看，但是它还是我自己，所以实际上并不是对象。就是说在自我意识的最初的概念里面已经有了区别：我把我看作对象了，已经和我不同了；但这个区别并不是区别，不是真正的区别。我把自己当对象看，那就是把自己跟自己区别开来，但是这种区别开来实际上又没有区别，因为我是自己区别自己，区别出来的还是我自己，哪是什么真的区别呢？真的区别要有个外在的对象，而我这只是内在的对象，自己把自己当对象。所以那样一个自我的对象实际上并不是对象。"但是欲望的对象之所以是**独立的**，只是因为这对象是普遍的不可根除的实体，是流动的自身等同的本质"，概念的对象就是自我，那么欲望的对象呢？那倒是独立的，不以我的意识为转移。概念的对象并不是独立的，我把我自己当对象，这个对象实际上并不是真正的对象，

它跟我不是独立的，它还是依赖于我的，是我把它当对象。但是欲望的对象跟自我意识的概念的对象有层次的不同，它是第二个环节了。概念的对象是第一个环节，欲望的对象已经是第二个环节了。所以欲望的对象是独立的。但是它之所以是独立的，"只是因为这对象是普遍的不可根除的实体，是流动的自身等同的本质"。这个对象之所以是独立的，并不是因为这个对象就它的特殊性来说，它就是独立的，它就是跟我格格不入的，而只是因为这对象是普遍的不可根除的实体。这个欲望的对象，看起来好像是一个对象，好像是比如说我要捕获的猎物，它在逃跑，我在追它，在没有追到它之前它好像是独立的。但是这样一个具体的对象并不是真正独立的，当我捕获到它，把它吃掉，那时它的独立性何在呢？那是一种虚假的独立性，或者像前面说的，它自己把这样一种独立性建立为虚无的。这个对象的真正的独立性只在于普遍的不可根除的实体。你不管打到了多少猎物，你都把它看作是神的恩赐，这个是不可根除的。当你把它吃掉、消灭了它的独立性时，你同时树立起来了一个更高的独立性，这个是在自我意识里面的这样一个层次，这样一个环节，那是抹不掉的。不管你把那些对象如何地据为己有了，但是你仍然心怀感激，你认为这是大自然给你造成的机会，大自然养育了你。我们经常说，这片大地养育了这片土地上的民族。实际上这个养育就是一种拟人化的表述方式。大地，从科学的角度来看，是很偶然的，它有什么养育不养育，是你自己利用这个大地，利用这些资源在大地上生活，你自己养育了自己。但是我们总是免不了要把它看作是一种普遍的、不可根除的实体。我们把所有这些对象，我们所追求的欲望的对象，都看作是来自于一个普遍不可根除的实体。以前我们把它叫作神，今天我们把它叫作大自然或者家园，叫自然的恩赐，等等。"是流动的自身等同的本质"，流动的，这个对象那个对象，自然资源，源源不断地提供给我们生活的资料，但是它自身本质上是等同的。在生命之流中，大自然是自身等同的本质，最方便的办法，就是把它称之为神。泛神论把自然看作是一个神，正表明这个独立实体的自身等同的本质。但这本质无非体现了自我意识对类意识的必然设定。欲望的对象之所以是独立的，是就这个意义上面讲的，是就对象本身具有自我意识而言是独立的，就对象本身是类意识而言是独立的。如果仅仅是概念的对象，那个我实际上并不是对象，也不是独立的。但是作为欲望的对象，它是独立的，不是在个别对象的意义上，而是在普遍类意识这个意义上是独立的。

由于这对象是一个自我意识，所以它既是我也是对象。

"由于这对象是一个自我意识"，我们的欲望的对象在我们心目中，它现在已经是一个自我意识了，它自己有自我意识，在这个意义上它是独立的，它有一个独立的自我意识，所以它既是我，也是对象。它也是一个自我意识，那么自我意识本质上就是为一个自我意识的自我意识。所以它就是我，它跟我是一回事。对象的自我意识就是我的自我意识，因为我们都是自我意识嘛，在这个时候我们都成了类意识了。但是它也是对象，因为它对于我有独立性。或者可以说，它对于大我来说就是我，对于小我来说它又是对象。类意识是在各个对象之中、各个对象之间建立起来的。类意识当然不是单个的张三或者李四建立起来的，而是张三和李四之间的，我们今天叫作主体间性。两个主体间，各个主体间，有一个共同的类意识，那么这个类意识既是我，也是对象。我既意识到自己的自我，我也意识到别人的、对象的自我意识，对象也是一个自我。

——就这样，**精神**这一概念已经在我们手头了。

"**精神**"打了着重号。精神现象学，说了半天说到这个地方，才开始出现了"精神"（Geist）。前面都是讲意识，自我意识，还没有提到精神。当我们对自我意识作如此解释的时候，精神这个概念终于出现了。意识的经验科学实际上是精神的现象学，所以精神的概念才是真正的实体，是普遍的不可根除的实体，是流动的自身等同的本质。这个时候精神就出现了，就在我们手头、现成在手了，我们实际上已经拿到了。当然我们还没有对它进行分析，还没有对它进行专注的考察。但是它已经出现了。

我们刚才讲了，类意识、对于神的意识、普遍的自我意识或者绝对的自我意识，在这个意义上都是精神。不像笛卡儿所讲的"我思故我在"，那只是确定了我自己的概念的存在，抽象的存在，那个还不是精神，那种单纯抽象的自我意识还不是精神。自我意识经过了它的自身内容的展开，最后就出现了精神，类意识就已经是精神了，它是自我意识的具体的内容。所以这个过渡是很自然的，精神的概念出现了。当然精神的概念最后还要放到很后面才来探讨，意识，自我意识，理性，最后才是精神，还要经过很漫长的旅途，但是这个概念已经在手头了，我们手里面已经有了，有一个精神的概念。那么虽然它本身还有待于分析，但是，它已经潜在地作为一个尺度，我们可以用来衡量我们的进展到了哪个阶段。下面一句讲，

对意识来说继续要做的是去经验精神是什么，而这样的绝对实体在它的对立面，即在各种不同的自为存在的自我意识之完全的自由和独立中，作为这些自我意识的统一又是什么；

这两个"是什么"实际上是同一个意思。一个是，精神是什么。现在"对意识来说继续要做的是去经验精神是什么"，这就是向下面过渡了。自我意识的这个序言马上要结束了，要过渡到它的具体经验了，要过渡到意识的经验科学了，要从经验中来看待精神现象学了。现在前面的概念我们已经说清楚了，自我意识的概念我们已经澄清了，它就是那三个环节。那么现在，通过这三个环节我们已经得到了精神的概念，我们现在要做的是什么呢？对于意识来说，继续要做的就是去经验精神是什么。精神的概念已经在手头了。那么我们就要拿它来经验一番，看它到底是什么。精神说来容易，Geist 在德文里面它有两个含义，一个是精神，一个是基督教的"圣灵"，圣灵就是神了，圣父圣子圣灵三位一体，圣灵是最本质的。那么这个圣灵是什么？这个精神是什么？我们前面讲了，类意识也就是神的意识，在人类的历史上我们经常用神来代表类意识。但要搞清它是什么，我们要经验一番历程，要走过漫长的经验。自我意识

也好,理性也好,后面的精神,各种精神,直到宗教精神和绝对认知,都是在经验精神是什么。下面还有一个"是什么":"而这样的绝对实体在它的对立面,即在各种不同的自为存在的自我意识之完全的自由和独立中,作为这些自我意识的统一又是什么",绝对实体也就是精神了,前面讲的,普遍的、不可根除的实体,就是这个绝对实体,就是精神,这个我们已经到手了。这句长句子我们把它简化一下:而这样的绝对实体又是什么。这是对精神是什么的进一步展开。精神是什么,很简单,但是后面这半句话,就把精神展开了。精神一方面是绝对的实体,但这样的绝对的实体在它的对立面中又是什么?我们要结合它的对立面的统一来看它。什么是它的对立面?这就是"各种不同的自为存在的自我意识之完全的自由和独立"。一方是绝对的实体,另一方作为它的对立面,也就是各种不同的自为存在的自我意识之完全的自由和独立,它们是这个绝对实体的各个不同的个别样式,相当于斯宾诺莎的"实体和样式"的对立,或者刚才讲的大我和小我的对立,也是普遍性和个别性的对立。精神是一个统一体了,但是它的对立面是五花八门,就是每一个自我意识,每一个自为存在的自我意识形态都是完全自由和独立的,都是各行其是的,这里用的是复数的自我意识。精神是单数的自我意识,是一个绝对自我意识,那就是上帝。但是在上帝之下的各个独立的自我意识各行其是,那就构成了这个绝对实体的对立面。有很多很多的相对的实体,有很多很多的自为存在的自我意识,这些自为存在的自我意识它们是完全自由和独立的。那么精神这个绝对实体在它的这样一个对立面中,作为这些自我意识的统一,又是什么。所有这些单个的自我意识都是那个绝对的自我意识、即那个上帝的绝对实体的对立面,但是上帝的绝对实体作为这些自我意识的统一,又是什么?这还是说精神是什么。说精神是什么,这很抽象,但是精神是在和它的对立面的统一中才是起来的,我们要从精神和它的对立面的统一中去看精神是什么,这就具体了,我们由此才能真正地把握精神是什么。

我就是**我们**，而**我们**就是**我**。

我和我们都打了着重号。"**我**就是**我们**"，可以理解为，这个我是绝对实体，就是上帝的我，后面这个我们可以理解为各个不同的完全独立的自行其是的自我意识。上帝的自我意识就是所有这些各个独立的自我意识，而所有这些各个独立的自我意识统一起来就是上帝的自我意识，就是上帝的我。但也可以理解为，这个我就是个别的小我，而我们才是普遍的大我。这句话的含义非常深刻，可以说是精神现象学里面的名言、箴言。"**我**就是**我们**，而**我们**就是**我**"，它可以引申出很多含义。而在这个地方，则是就个别的自我意识和绝对的普遍的自我意识之间的关系来说的，因为它接着上面这句话，精神是什么，精神在它和它的对立面的统一中又是什么，也就是我在和我们的关系中又是什么。我如何能够把我们统一起来，而我们又如何能够统一在我之下？可以讲是上帝和每一个人的精神、每一个人的自我意识的关系，但是这句话的含义不止于此，甚至不必扯进上帝来。根据后面讲的，它有很多丰富的意思。实际上，我就是我们，是说任何一个自我意识都是类意识，任何一个自我意识都是"我们"的意识，它不是一个单独的自我意识。而我们的自我意识实际上都是一个统一的我的意识，也不是完全零散的，完全没有普世价值的。所有的形形色色的我，只要你承认自己是我，那么所有这些，它都有一个我们。这个我们就是普世价值，它就是能够归于我之下的。我们今天讨论普世价值，很多人就是这个关没过去，他们说，普世价值是某某人提出来的，所以只是他的价值，没有什么普世价值。那就好，那所有的人都不相通了。所有的人不相通就变成什么呢，所有的人都是动物，都不是人。拒绝普世价值的人是没有把自己当人。你要拒绝普世价值，你就没有把自己当人，你就把自己当动物。你从种族的观点来看待类意识，没有什么类，只有种族，只有民族，这种种族主义观点是一种动物性、血缘性的观点，它没有上升到自我意识的层次。只要你承认你有自我意识，承认你不是动物而是人，或者你不仅是动物还是人，那你就必须承认有普遍的人性,有普世价值,有我们,也有我,我们就是我。所以我就是我们,我们就是我,这是非常经典的一句表述,它把自我意识的内在结构都揭示出来了。每一个人的自我意识都是类意识,都逃不了它是类意识。

{109}　　意识在这个作为精神概念的自我意识里,才第一次拥有了自己的转折点,在这个转折点上,它才从感性的此岸之五光十色的映象里并且从超感官的彼岸之空虚黑夜中走出来,跨入到当下的精神白昼中。

　　这句话也是很经典的。"意识在这个作为精神概念的自我意识里",意识在自我意识里,我们前面从意识的阶段进到自我意识阶段了,在意识的阶段当然还没有类意识,还没有类,更没有精神概念。在意识的阶段,感性确定性、知觉、知性、力和力的表现等等,所有这些东西,自然科学,对世界对宇宙的把握、规律、现象和本质,这些概念都还不涉及类意识,当然更不涉及精神。但是我们前面讲了,意识底下潜伏的更深刻的本质就是自我意识,自我意识是一切意识根子里的东西。哪怕自然科学的意识,哪怕感性确定性,你一旦有了意识,背后其实就有自我意识了。因为你已经把自己当对象看了,你已经在研究你的感性确定性,你的规律的意识,你的力的意识,你已经在研究了,那么这个背后在进行研究的意识是什么呢?那当然就是自我意识,就已经是自我意识了。那么意识在自我意识里,意识提升到它的本质的理解,提升到自我意识阶段,在这个作为精神概念的自我意识中,"才第一次拥有了自己的转折点"。拥有了自己的转折点也就是拥有了自己的拐点,我们今天会讲,拥有了自己的"拐点"。在这个转折点上,向什么转折?"在这个转折点上,它才从感性的此岸之五光十色的映象里",这个映象,Schein 也可以翻译成假象,但是我们前面讲了,在黑格尔这个地方,翻译成假象不太合适,它就是映象。在逻辑学的本质论里面也用了 Schein 这个词,我们通常把它翻译成映象,如果翻译成假象那就讲不通了。在康德那里我们可以把它翻译成假象、幻相,但是在黑格尔这里呢,我们知道,在黑格尔这里没有绝对假的东西,所以把它翻译成假象,对黑格尔来说是不太恰当的。当然它有这个意思,我们把它翻译成映象，我们仍然要从带有一点虚假的意思这方面去理解它，仍然带有一点贬义，但这个词在黑格尔那里不是贬义。在这个地方，它带有一点贬义了，就是感性此岸，从感性此岸之五光十色的映象里，五光十色所反映出来、映照出来的这些假象里，所以这个地方它也有一点假象的意思。那么是对什么而言我们可以把它理解为假象呢？对超感官世界而言。感性世界对超感官世界而言，我们可以把它理解为假象，但是就它自己对感觉、知觉而言，我们很难把它说成是假的。特别是知觉，知觉就是对真理的一种把握嘛，wahrnehmen，它本来的意思就是对真的一种接受，一种认可，一种认定。但是有真就会有假，就会有错觉或假象，假象他在那个地方用的不是这个词，而是 Täuschung。所以这个映象，对感觉和知觉来说，它并不是假象，只是映象；但是对于超感官世界来说它是假象。所以它的假是相对的假，不能直接把它翻译成假象。在这个转折点上，向什么转折？是"从感性的此岸之五光十色的映象里并且从超感官的彼岸之空虚黑夜中走出来"，一个是感性此岸之五光十色的映象，一个是从超感官的彼岸之空虚黑夜里走出来，这是两个极端。一方面是感性世界的五花八门，五光十色，那是映象，或者那是假象。另一个是超感官世界的彼岸的空虚黑夜。超感官世界，知性的超感官世界，我们前面讲了，第一个超感官世界完全是抽象的，数学计算，规律的把握，在这些空虚的黑夜里，这些都没有精神。第一个超感官世界是没有精神的，第二个超感官世界才开始向精神过渡，向自我意识过渡。第二个超感官世界达到了无限的概念，才建立起了自我意识的抽象概念，但是仍然是抽象概念。所以超感官的彼岸是一个空虚的黑夜。超感官世界的彼岸，规律啊，力啊，无限性啊，包括最初的抽象的自我意识啊，它都是一种空虚的黑夜，它没有丰富的内容，只是出于一个"内在的东西"、一个不可认识的物自体。一方面有丰富的内容但不真实，另一方面达到了自我意识的边缘但太空虚。那么从这两个极端走出来，跨入到、也就是拐到、转折到"当下的精神的白昼中"，当下的精神才是白昼，超感官的彼岸世界是空虚的黑夜。注意这个"当下",Gegenwart,贺先生翻译成"现在世界",其实就是当下在场,当下的精神白昼。就是说,精神现象学对自身的反思,自我意识对自身的反思,都是在作为一个旁观者,在事后才去追溯它所经过的那样一些阶段,挖掘隐藏在背后的内在东西;那么到了精神的阶段呢,它就是当下在场的了。我们讲黑格尔非常具有现实感,非常具有历史感,也就是他每时每刻都把自己的立足点放在当下。一方面他从当下里面看到了发展的趋势,再一个,他不抛弃当下的感受。那么如何能做到这一点,他就是通过精神的概念。精神的白昼,或者精神的光天化日,大白天,一切都明白了,一切都清晰了,都呈现出来了,这就是精神。前面是在左冲右突,要么就是在感性的这种假象里面,要么到超感官世界又进入到彼岸了,那跟现实世界没关系。为什么谈到万有引力、落体定律、速度加速度,黑格尔都不以为然,他认为其实最当下的、最能够直接把握的就是重力,我们每天都是受重力的支配,重力跟其他那些万有引力,跟那些牛顿的三定律有什么区别呢? 区别就在于,它是当下的。它是一种主体自身当下所感受到的能动性。当然这还不是精神,因为它后面"内在的东西"还是很神秘的;但是已经体现出黑格尔想要从所有这些超感官彼岸的空洞黑夜里面找到精神,找到切切实实的那种精神的活动,这样来展开他的关于白昼的绚丽的花朵。那才是扎扎实实的,丰富多彩的,但又是有它的根据的。这就是精神的概念。

那么这一段说明一个什么问题? 就是说,人在自我意识中如何能够达到精神,只有在与他人的关系中才能够达到精神,人如果只是在与对象的关系中,那还达不到精神的层次,比如说意识的对象,欲望的对象,或者说生命的对象,如果仅仅在这个层次上面,它是达不到精神的。精神这个概念可以说是西方文化特有的。当然中国人其实也讲过,庄子讲"独与天地精神往来",但是空有一个词而没有内容,精神等于"无",无知、无欲、无为。一般来说中国人是"无精神"的。中国人的文化里面或者说中国哲学里面是没有精神这个概念的。因为真正说来,人不可能不与任何别人打交道而独与天地往来,只有自我意识和另外一个自我意识的关系的才是精神,才能够上升到精神的关系,才是真正的超感官的关系。精神的概念也是超感官的,但是它不是空洞的,它在超感官的层次上面是具有丰富内容的。如果你达不到这个层次,你达不到把自己当作自我意识,把他人也当作自我意识来看待,由此上升到一种精神的关系,或者上升到一种类意识,那么你就达不到精神。中国人也很强调人与人的关系,主要是儒家,但是这种关系是一种很世俗的关系,是与欲望相关的,己所不**欲**勿施于人,为老百姓谋**利益**,都是基于人与自然的关系,或者人与人之间的自然关系,而不是人与人的精神关系。就是说你的欲望跟他人的欲望要达到一种平衡,这个还是立足于欲望和生命的这样一个层次,顶多是立足于生命的这个层次,但是没有立足于精神的层次。当然我们一般来说中国人是有精神的,比如说治国平天下,从道不从君,超然于个人功利,但是超然于个人功利最后还是超越不了百姓日用,超不出历史,超不出现实的社会需要。道家的天地精神,任自然,则跳出了人与人的关系,也超不出自然。所以在这个方面,黑格尔的精神概念对我们的一个启发就是,完全超感官的世界,但是又不是彼岸的,它可以建立起一种精神的关系,对于科学、艺术、道德,对于自由平等尊严这些东西,在人际关系中作一种纯精神的追求。这是在自我意识里面已经包含着的一种精神的概念,它将显现出它的丰富的内容。所以我们从这里头可以发现西方精神,它的这个实质,就是首先要超出感官世界,然后在这个超感官世界里面建立起一个内容丰富的世界。超感官世界不是什么都没有了,就完全是黑暗了,一切都没意义了,而是它能够建立起它自己的一套精神的体系,这个是黑格尔所要阐明的。

好,我们下面来进入正题。前面都是序言或者说前言,是为了澄清自我意识这样一个概念,它的内涵有哪些。但是这些概念,如果你单纯是要澄清这些概念的话,那就是属于逻辑学或者属于心理学的主题,所以前面只能够当作一个序言来看待,还不是它的整体。自我意识这一章,它的正题仍然是意识经验的科学,或者说自我意识的经验的科学。它不是在概念上进行分析,而是从自我意识本身的经历中,它怎么过来的,自我意识在现实中是怎么过来的,在经验中是怎么过来的,要探讨这样一个问题。所以下面才是他的精神现象学的本题。但这个本题如果没有把自我意识的概念澄清,也是不好讲的。所以前面讲到自我意识的三个环节,已经把它的概念内涵作了一个交代。那么这三个环节的内涵是如何展示成为经验的呢?这种展示应该是从前面三个环节的最后一个环节开始,也就是从类意识这个环节开始。前面是前言,经过抽象自我意识到欲望和生命,到了类,到了类意识,类意识就是两个自我意识的关系,我就是我们,我们就是我。到了这个层次,那么我们就进入到自我意识本身的经验了。这个经验最初就体现为主奴关系。

一、自我意识的独立与依赖;主人与奴隶

自我意识的经验一开始就是两个自我意识的关系,因为自我意识的经验不可能在一个自我意识的内部来经验,一旦讲到它的经验,它就是跟另外一个自我意识之间发生的一种现实的经验的关系,一个自我意识经验到另一个自我意识。那么两个自我意识之间的这种经验,最开始就是自我意识的独立与依赖,也就是主人与奴隶,是这样一种经验。两个自我意识的关系最开始只能够是主人和奴隶的关系,不是你依赖他,就是他依赖你。开始肯定是这样的,不可能达到像后来的自我意识那样,达到主体间性或者是相互平等。一个自我意识遇到另外一个自我意识的时候,开始是发生冲突的。有冲突才有进一步的经验,然后慢慢地一步一步才形成了两个自我意识之间的协调,那就是平等的互相承认。只有当自我意识达到平等的互相承认的时候,才有自我意识的自由。这个自由概念我们后面还要讲到的,跟我们中国人理解的自由相比非常特殊,非常不一样的。一个自我意识本身它不是自由,只有当它承认了另外一

个自我意识的时候，才有自由可言。自由本质上就是两个自我意识之间的关系，不是你一个人为所欲为。那我们首先看看在达到自由之前，是不自由的关系。自我意识在主人或者在奴隶的状态之下，在独立或者在依赖的状态之下，都是不自由的。

自我意识是自在自为的，这是由于并且借助于它对一个自在自为的他者而存在；这就是说，它只是作为一个被承认者而存在的。

"自我意识是**自在自为**的"，既是自在的，又是自为的。自在自为这个概念我们多次碰到，在黑格尔那里，这两个概念是从亚里士多德那里引申而来的，它相当于亚里士多德的潜在和实现，潜能和实现。自在就是潜能，自为就是实现。自在的，相当于一个目的，它虽然在那里，但是它还没有实现出来，它还是潜在的。它还要把自己实现出来才真正地是自在又自为的。自我意识最开始还只是一个抽象的概念，只有在自为中，在一个为自己形成的运动过程中，它才能够把自己实现为真正的自我意识。自我意识不是抽象的，而是具体的自我意识，具体的自我意识是什么情况呢？是自在自为的，"这是由于并且借助于它对一个自在自为的他者而存在"，自我意识要不再是空洞的，不再只是一个抽象的概念，这只是由于并且也借助于，它是对一个自在自为的他者而存在的。就是说它要成为自在自为的，它必须借助于对另外一个自在自为的他者而存在。也就是我们刚才讲的，自我意识只有对一个另外的自我意识而言，它才自在自为地存在。自我意识的独立性只在于它为另外一个独立的自我意识而存在，也就是它必须限制自己的独立性。自我意识的独立性只在于它的不独立性，它为一个另外的自在自为的存在者、他者而存在，那它就不独立了。但是通过这种不独立，它恰好独立起来了，它恰好自在自为了。另外一个他者和它一样也是自在自为的，也就是说，那个他者对于它来说、对自我意识来说也是独立的。他者对自我意识来说是独立的，那么自我意识相对于他者来说，反倒是不独立的，它只是为一个他者而存在的。但是恰好通过这种为一个他者而存在，它才独立起来。它必须首先放弃自己的独立才能获得自己的独立，我们前面也讲过，自我意识必须把自己抛出去，然后才能收回来。舍不得孩子套不着狼，不入虎穴焉得虎子，都是这个意思。你必须要像牟宗三讲的"自我坎陷"，你才能回到自我，你最后才能够获得自己的独立，才能够实现自己的自在自为。"这就是说，它只是作为一个被承认者而存在的"，在他者那里，你如何能够回到自身呢？就是说你把自己抛出去而被他人所承认，被他者所承认。他者也是一个自在自为的存在，他者是否会承认你还不得而知，当他者还没有承认你的时候，你还独立不起来。只有当他者承认了你，你也承认了他者，这个时候你才是独立的，你才是自在自为的，你才是现实的自我意识。否则的话你就只是抽象的，你在想象中，你应该有自我意识，但是你没有。如何才能有呢？别人承认了你，你就有了，你就独立了。所以自我意识是社会的，只有当社会承认了你，你的自我意识才能独立，离开社会、离开他者，独自一人在自然界中，像老庄那样"独与天地精神往来"，那种自我意识还是空的，那种独立是虚假的。那么你如何能让社会承认你呢？首先你必须承认社会，把他者当作一个独立的自我意识来对待，他者也才会把你当作独立的自我意识来对待，社会才会承认你。社会承认了你，你才会独立，你才是一个独立人格。这就是说，自我意识的自在自为的存在只是作为一个被承认者而存在的。这个被承认者，不是你自己承认自己就够了，你必须要别的自我意识都承认你，这个道理其实很简单。

[123]　　它的这种在自己的双重化中自身统一的概念，这种在自我意识中实现出来的无限性的概念，是多方面多种含义的交叉，一方面这个统一体的各个环节必须得到严格的区分，另一方面在这种区别中它们同时又必须被当作并被认为是没有区别的，或者总是必须从与自己相反的含义去看待和了解的。

　　"它的这种在自己的双重化中自身统一的概念"，它，也就是自我意识，自我意识的这种在自己的双重化中自身统一的概念，把自己双重化，就是把自己变成两个自我意识，一个是自我意识自身，一个是对象的自我意识，但是同时又和自身统一。一方面把自己抛出去，抛给对象，承认对象也是有自我意识的，同时从这个有自我意识的对象上面获得自己的承认，这就是在自己的双重化中的统一。对象本来就是自己的双重化的产物，对象不是一个外在的对象，一个陌生的对象，而是我把自己寄托到一个对象身上，我把自己的自我意识赋予一个对象，承认这个对象也有自我意识，这个对象才成为了真正的对象。否则的话它不成为真正的对象，它是一个虚假对象，它是要被吃掉的，它是不被自己承认的，那么这个对象还不是真正的对象。真正的对象就是把这个对象仍然看作是有自我意识的，如我们刚才举的例子，就算把对象吃掉了，仍然认为是对象的恩赐，仍然把这个对象（神）当作是有自我意识的。那么在这种双重化中，一方面你承认了对象，一方面你又从对象上获得了你自己的承认，这样一种在双重化中自身统一的概念，就是"在自我意识中实现出来的无限性的概念"。这种双重化中统一的概念实际上是一个圆圈，是在自我意识中实现出来的无限性的概念，无限性就是无限的循环，就是前面讲的真无限性，不断从自己外化为对象又从对象回归自己，转来转去，在自己和对象之间无限地循环，构成一个自身统一体。我们通常讲的恶无限性，坏的无限性，无限的延伸，那是永远实现不了的，真正能够实现出来的无限性就是一种循环的无限性，无限循环，这个圆圈已经在那里，已经实现了，通过不断地从自己到对象又从对象回到自己，达到自身统一了，在黑格尔那里这就是真无限，是可以实现出来的无限。不是那种一根线一直延伸到无限远的地方、永远也到不了头的无限，那种无限，黑格尔认为是虚假的。他这个地方用无限的概念来进一步解释前面讲的在自己的双重化中自身统一的概念，自我意识的概念就是由这种真的无限性而建立起来的。最初的抽象自我意识概念就是一种无限性的概念，意识如何才能进入到一种无限性的概念，那就是意识对意识自身的意识，这就是一种无限循环，那这就已经是一种自我意识了。因为只有自我意识才是意识对意识自身的意识。那么这个概念，"是多方面多种含义的交叉"，它有多个方面和多种含义，互相交织。当然主要是两个方面，"一方面这个统一体的各个环节必须得到严格的区分"，这是一个方面。自我意识是一个统一体，通过它的双重化，然后又自身统一，那么这个统一体的各个环节必须得到严格的区分，自我和对象必须严格区分开来。有区分才有统一，否则的话你统一什么呢？自我必须要设立它自己的对象，必须建立非我，设立这个对象跟自己不同，否则的话它就是单纯的意识了。单纯的意识当然也跟对象不同，但是那个不同不是它自己建立起来的。自我意识就是严格地建立起自我和非我的区别，首先必须得到严格的区分。这个统一体的各个环节，一个是自我，一个是对象或者他者，自我和他者必须得到严格的区分。"另一方面在这种区别中它们同时又必须被当作并被认为是没有区别的，或者总是必须从与自己相反的含义去看待和了解的"，你把自我和对象区别开来，严格区分，但是同时又必须被看作是没有区别的，你所区别出来的这个对象无非是你自己，这就是自我意识。自我意识就是把自己看作对象，把自己看作一个和自己不同的东西，同时那个和自己不同的东西还是自己。也就是把自己看作是和自己不同，但又还是自己，必须当作并认为是没有区别的。"或者总是必须从与自己相反的含义去看待和了解的"，对自我，你总是必须从对象的含义去看待和了解，而对对象，你又总是必须从自我的含义上去看待和了解，你把自我看作对象，你把对象也看作自我，自我意识就是这个结构。就是说，自我也好，对象也好，总是要从相反的含义来看。在自我身上，你从对象的含义去了解，在对象上面，你从自我的含义去了解，这就是自我意识的各个环节，也就是两个环节之间的一种交叉，或者说一种交织，多重含义的交织，就是这样交织起来的。

这种区别的双重意思就在于自我意识的这一本质，即它是无限地或直接地就是它由以建立起来的那个规定性的反面。

"这种区别的双重意思"，双重意思在什么地方呢，"就在于自我意识的这一本质"。这个区别为什么有这种双重意思呢？一方面自我和对象是被区别开来的，另一方面它们又必须看作是没有区别的，也就是区别既有肯定的意思又有否定的意思。为什么会这样呢？就在于自我意识的这样一种本质。什么样一种本质呢？"即它是无限地或直接地就是它由以建立起来的那个规定性的反面"。无限的，就是无限循环的，不受限制的，不是说到此为止，而是不断地，或是直接地就是它由以建立起来的那个规定性的反面。它是它自己的规定性的反面，也就是说，它的规定性总是走向反面的，总是自我否定的，这就是自我意识的本质。正是自我意识的这样一个本质，使得它的这个区别具有了双重含义，就是不断循环，直接地，不需要间接地，就是它由以建立起来的那个规定性的反面。它本来是由那个规定性建立起来的，但是它自行成为了它自己的那个规定性的反面，不断地走向反面，又回到自身，循环往复。自我意识走向对象，对象当然是它由以建立起来的，自我意识必须要有一个对象才建立的起来，但是，这个对象又自行走向了反面，这个对象已经不是对象了，这个对象就是自我，而这个自我呢，又是对象，所以它无限循环，不断地走向反面，转来转去。

对精神统一性在其双重化中的概念的这一分殊，向我们演示了这种承认的运动。

"对精神统一性在其双重化中的概念的这一分殊"，分殊，Ausein-anderlegung 也可以译作区分，是对精神统一性在其双重化中的概念的区分。精神本来是各个自我意识的统一性，各个不同的自我意识，不管是自己的自我意识还是他者的自我意识，各个独立存在的自我意识的统一性，就是精神。精神的统一性在其双重化中，自我意识的这样一种区分，自己和对象的区分，实际上是同一个精神的统一性使自己双重化的结果，它们最后都要归结到精神，归结到绝对实体。那么这个绝对的实体把自身双重化了，一方面是自我意识，另外一方面就是对象、他者。这两者，一个自我意识一个他者,双方其实都是自我意识。那么这一划分"向我们演示了这种**承认**的运动",这个划分过程实际上是一个承认的运动,是同一个精神的统一性把自己分殊为两个方面,使自己双重化,又让双方在对立中互相过渡,走向自己的对方,这就在其中演示了、展示了这种承认的运动。前面讲承认,所谓自我意识只是作为一个被承认者而存在的,这个承认在这个地方非常关键。承认的辩证法,这个在现在的黑格尔研究者那里是非常看重的一个概念,如何达到承认,在什么样的意义上才是承认,人为什么一定要承认才能够有自我意识,才觉得不会丧失自我。如果不获得承认,人就会觉得丧失了自我,这个里头的奥秘究竟何在。他们都是从黑格尔的《精神现象学》里面寻求答案的。那么下面就是来考察这样一个承认的运动了。一个自我意识如何能够在他者的自我意识,或者另外一个自我意识那里获得承认? 这是一个不简单的过程,不是说你生下来,你生在社会中,大家就都承认你了,没那么简单。你通过生殖,通过家庭就能够得到承认了? 没那么简单。

[**I. 双重的自我意识**]

这是拉松版加的小标题。就是说,一个自我意识面对另一个自我意识的时候,他应该意识到,这是同一个自我意识的双重化。如果达不到这种双重化的自我意识,还只是把对象看作对象,那就还没有真正经验到自我意识。自我意识是双重的,所谓承认,就是双重的自我意识相互之间的统一。一个自我意识如何能得到另外一个自我意识的承认,同时又承认另一个对象也是自我意识? 这是有一个过程的。

对自我意识而言,现在有另一个自我意识;它已**在自身之外**出现了。

对一个自我意识而言,现在有另外一个自我意识在自身之外出现了,在它之外来了另外一个自我意识。本来一个自我意识,它可以"我思故我在",它站在那里独自考察自己,把自己当作对象,这看起来好像很单纯。但是经过前面的分析我们发现，这是很空洞的。你必须现实地面对着另外一个自我意识，你的自我意识才得以存在。否则的话，你光是"我思故我在"，其实还不是真正的存在，它还没有展示为一个过程。自我意识真正要"存在"，必须要作为这样一个过程来存在，那就是得到另外一个自我意识的承认。要得到另外一个自我意识的承认，首先你必须承认，有另外一个自我意识在你之外，已经在那里了。所以对自我意识而言，现在有另一个自我意识，它已在自身之外出现了。

这有双重的含义，第一，它丧失了它自身，因为它发现它自身是一个另外的本质；第二，它因而扬弃了这个他者，因为它也没有把这个他者看作本质，而是看作在他者中的自己本身。

"这有双重的含义"，也就是这个现象有双重含义，什么现象呢？就是自我意识现在面临着在它之外另外有一个自我意识，现在出现了另外一个自我意识。这个事情的含义是什么，有双重含义。第一个意味着"它丧失了它自身"。自我意识，当它面对另外一个自我意识的时候，它就丧失了它自身，"因为它发现它自身是一个**另外的**本质"。它丧失了它自身，因为它发现它不是唯一的了，它自身是一个另外的本质，它必须把自己的本质寄托在他者身上，关心和注意一个他者。本来它是唯一的，它以为它的本质就在它自身之内，但是现在它面临另外一个自我意识在它外面，于是它发现它自身是另外一个本质，就是说，它发现它的本质在另外一个自我意识身上。它要找到自己的本质，它就必须在另外一个自我意识身上去找。本来它以为可以在自己身上找，但是它错了。即算你在自己身上找，你也会找到外面去，你也会找到在你之外出现的一个自我意识身上，只有那个自我意识才是你的本质，才是你考察的对象。你想把你自己当作对象来考察，但是现在，有另外一个自我意识在你之外，一个他者供你来考察，真正的对象是那个。所以你在考察你自己的时候，你只有通过考察他人，考察另外一个自我意识，才能考察自己的本质。那岂不是，它发现它自己是另外一个本质了吗？它的本质已经不在它身上了，而在另外一个自我意识身上，作为它考察的对象。这是第一层含义，它已经丧失了自身，它已经把自己抛出去了，它已经把自己对象化在另外一个对象身上了。"**第二，它因而扬弃了这个他者**"，当它发现自己的本质在另外一个自我意识上，或者在一个他者身上的时候，一方面它固然丧失了它自身，但是，它同时也扬弃了这个他者。他者在最开始的时候，在自我意识只考察它自己的时候，是不用考察的，他者不是自我嘛，我现在要考察我自己，那我就把他者置于不顾，我可以不管它。但是现在它发现，它只有考察他者，才能够考察自身，这个他者也是一个自我意识。那么除了它在他者身上丧失了自身以外，它还有另外一层含义，就是它因而扬弃了这个他者。他者原来是他者，是跟它不同的，也是跟他不相干的；但是现在它把他者当作自我来考察的时候，这个他者就被扬弃了，它就把他者当作是自我了。它把他者当作是自我，那就没有他者了，我们通常俗话讲，都是一家人了，大家都是兄弟了，不要分彼此了。你把他者当作自我的时候，它就扬弃了这个他者。"因为它也没有把这个他者看作本质"。他者确实还在那里。但是，它作为本质来说，它不是他者，它就是自我。所以它也没有把他者看作本质，"而只是看作在**他者**中的**自己本身**"，他者的本质其实就是自己本身。他者作为他者并不是他者的本质，他者的本质就在我身上，我将心比心，它怎么想的我知道。所以我在他者身上看到的其实是自己本身，那么这个他者就不是他者，它本质上就是自我，它就是我自己了。所以第二重含义就是扬弃了这个他者，它把他者不是看作本质，而是看作自己本身，只不过这个自己本身是在他者中表现出来的。我已经到他者里面去了，我在他者身上所看到的其实还是我自己。所以它有双重的扬弃。一个它丧失了它自身，另外一个，它也扬弃了他者。我们刚才讲，丧失自身是扬弃他者的前提，你只有把自己抛出去，那么你才能从他者身上把自己又收回来，这就是双重含义。这个另外的东西在第二个环节里面，因而扬弃了这个他者，或者扬弃了这个另外的东西，回到了自我意识本身。自我意识在他者中，在另外的东西中,看见了自己本身。这就是前面讲的这个现象所具有的双重含义。

它必定要扬弃它的这个他在;这是对于第一个双重意义的扬弃,因而它自身就是第二个双重意义;

他在,Anderssein,他者的在,或者说另外的东西的在。"它必定要扬弃**它的**这个**他在**","它的"打了着重号,"他在"也打了着重号,就是说这个他在是它这个自我意识自己的他在,已经被它化归己有了,所以是它必定要扬弃的。上面一段讲的第二点含义就是它扬弃了这个他者,所以它也必定要扬弃它的这个他者的存在,他者和他在我们在这里可以看作是同义的,但层次已有所不同,一个是他者,一个是他者的存在,都必然要被它所扬弃。"这是对于第一个双重意义的扬弃,因而它自身就是第二个双重意义",那么它必定要扬弃"它的"这个他在,这个他在是它的,是属于它的这个他者的"存在",那么这个他在因此就被扬弃了,成为它自己的存在了。因为这个他在还是自我意识自己的他在,所以这个他在的他在性就被扬弃了,它已经不再是他者的存在了,只不过是以他者的方式出现的自我意识自己的"存在"。"这",也就是这种扬弃,"是对于第一个双重意义的扬弃,因而它自身就是第二个双重意义"。就是说,扬弃他在,这是对于第一个双重意义的扬弃,第一个双重意义就是前面讲的双重意义,它着眼于"他者",前面讲它有两个含义,一方面自我意识在他者中丧失了自身,另方面自我意识又扬弃了他者,这是双重的含义。那么现在是着眼于"他在",就是在扬弃自我意识的这个他在的时候,就是对于第一个双重意义的扬弃。第一个双重意义还是表层的,就是着眼于他者的一个双重意义。出现一个他者了,出现另外一个自我意识了,于是在自我意识这里就出现了双重的含义。那么现在,我们把这种扬弃不仅仅看作是对他者的扬弃,而且看作对自我意识自己的他在的扬弃。这个他者的存在也被扬弃了,那么就出现了第二个双重意义,它是对于第一个双重意义的扬弃。就是前面两个意义在进一步的考察中都被扬弃了,而这种扬弃自身就形成第二个双重意义。第二个双重意义是这样说的：

第一，它必须着手来扬弃那**另外**一个独立的本质，以便让**它自己**作为本质而得到确信，**第二**，借此它着手来扬弃**它自己**，因为这个他者就是它本身。

这是第二个双重意义，跟前面讲的那个双重意义层次上已经不同了，已经更加提高了一个层次。第一个双重意义是立足于他者，而第二个双重意义是立足于自我意识本身的他在。就是当自我意识有另外一个自我意识跟它相对立，那么前一个双重意义涉及对另一个自我意识即他者的态度或看法，而第二个双重意义，不仅仅涉及对他者的看法，而且涉及对他者的存在的实际关系。自我意识已经意识到他者也是自我意识了，已经把他者当作自己来看待了，能够将心比心了；但是现在是怎么做的问题，是自我意识的存在和他者的存在如何相处的问题。你把他者看作自己，但是他者实际上并不是你自己，他还是他，你还是你，相互外在。这个时候你要扬弃他在，就有两个方面：有我无他，有他无我。所以，"**第一**，它必须着手来扬弃那**另外**一个独立的本质，以便让**它自己**作为本质而得到确信"，"它自己"打了着重号，这就是有我无他。那么第一就是说，它自己作为本质而得到确信，它自己，也就是自我意识自己，这就是立足于自我意识本身，让它自己作为本质而得到确信。怎么得到确信呢？必须着手来扬弃那另外一个独立的本质，自我意识必须行动起来，着手把另外一个独立的本质扬弃掉，从而让自己作为本质而得到确信。这是自我意识的第一重含义。"**第二**，借此它着手来扬弃**它自己本身**，因为这个他者就是它本身"，第二，就是有他无我，借此它着手来扬弃它自己本身，"它自己本身"也打了着重号。因为这个他者就是它本身，道理还是一个，它扬弃了这个他者，它也就扬弃了它自己本身。"借此"，借什么？借它扬弃另外一个独立的本质，而扬弃了它自己本身。因为这个他者，这个独立的本质，就是它自己本身。它本来是扬弃他者以便确立它自己，但这样一来，它自己同时也就遭到了扬弃，因为它已经把这个他者看作它自己了，既然他者可以被扬弃，那它自己也就可以被扬弃。这是第二个双重意义。这两方面的意义已经不是自我意识与他者在概念中的意义，而是在实际存在关系中的意义。在这种相互交往关系中，第一，它必须着手来扬弃另外一个独立的本质，以便让它自己作为本质得到确立，这个我们可以理解为下面要讲的"主人"。主人就是这样干的，就是扬弃另外一个独立的本质——那就是奴隶了，我们把奴隶的独立的本质扬弃掉，使奴隶成为不独立的，以便让主人自己作为本质得到确信，以便成为独立的主人。第二，借此它着手来扬弃它自己本身，这就相当于奴隶的自我意识。我们预先把后面要讲的拿到这里来理解，是因为这两个方面正是为后面讲主奴关系做铺垫的。主人和奴隶的关系在第二个双重意义里面已经出现了，这种关系的大纲已经出来了。主人战胜了奴隶，奴役了奴隶，借此，它便着手来扬弃它自己本身。主人把奴隶的独立性扬弃了，以确立起自己的独立性，但恰好借此它也就把自己的独立性扬弃了，因为当主人把他者看作是可以被奴役的对象时，它也就把自己也看作是可以被奴役的了，他就具有了奴隶的意识。这就相当于卢梭所说的："人是生而自由的，但却无往不在枷锁之中，自以为是其他一切的主人的人，反而比其他一切更是奴隶"。① 卢梭说他不知道为什么会是这样，黑格尔则说明了其中的道理。自我意识本身已经把对方当自己来看了，就此而言它是自由的；但在现实中它又必须扬弃对方，奴役对方，以确立自己的独立性；而这同时它也就扬弃了自己本身，因为它本来就把这个他者看作它本身。主人意识中已经包含有奴隶意识了，当然在现实中，主人是主人，奴隶是奴隶，同一个自我意识呈现出双重的意义，或者说在不同的人身上呈现为颠倒的结构。主人独立，而奴隶不独立，但既然奴隶也被看作具有自我意识的，那么他的自我意识体现在哪里呢？体现在主人身上，它不再独立，而是依赖于主人，寄托在主人身上，寄托在他者身上。奴隶

_____

① ［法］卢梭：《社会契约论》，何兆武译，商务印书馆2003年版，第4页。

把他者,把主人看作是他自己本身。他为主人服务,他把主人的愿望看作他自己的愿望,把主人的要求看作他自己的要求,他把自己当作是主人的工具,当作是主人的"人手"。所以他的本质就在主人身上,他面临的他者就是主人。这是第二个双重意义,由此引出了主人和奴隶的双重自我意识。但这是以第一个双重意义为前提的,也就是主奴关系也是以双方都承认对方是自我意识为前提的,这不是人和物(动物)的关系,而是人和人的关系。在这个前提下,人和人才进入到了自我意识的第二个双重意义,就是在现实的交往活动中产生了主人和奴隶的双重自我意识,他们各自执着于这个双重自我意识中的一方,但与另一方是不可分割的。所以第二个双重含义讲的是自我意识必须"着手来扬弃"对方,同时也"着手来扬弃"它自身。这一"着手"就发生具体的关系了。不是说仅仅在概念上承认对方也是自我意识,而是说这两个自我意识之间要发生现实的关系了,这就造成了自我意识本身的第二个双重含义。那么这两个双重含义,它们有一种颠倒的结构。第一个双重含义的"第一",自我意识丧失了自身,它发现它自身是另外一个本质,这是第一个双重含义的"第一";第二个双重含义的"第一",它必须着手来扬弃另外一个独立的本质,以便让它自己作为本质得到确立。所以这两个双重含义的"第一"是相反的,是颠倒的。这两个双重含义的"第二"也是颠倒的。我们看第一个双重含义的"第二","它因而扬弃了这个他者,因为它也没有把他者看作本质,而是看作在他者中的自己本身";那么第二个双重含义中的"第二"是,"借此它便着手来扬弃它自己本身"。前面是看作在他者中的自己本身,现在则是扬弃它自己本身,因为这个他者就是它本身。所以它这里有一种互相颠倒的关系,两个双重含义是颠倒的结构。这就解释了卢梭的困惑:为什么人生来自由,却无往不在枷锁中。而第二个双重含义就进入到我们的本题,进入到主人和奴隶的结构了。

这个对于它的双重意义的他在之双重意义的扬弃同样是一种双重意

义的返回**到自己本身**；因为**第一**，通过扬弃，它收回了自己本身，因为通过扬弃**它的**他在它又成为了与自己相同的了；

　　"这个对于它的双重意义的他在之双重意义的扬弃"，这个是把前面两个双重意义的关系点出来了。这个双重意义的扬弃，就是对于它的双重意义的他在的扬弃，前面讲对他在的扬弃就是对第一个双重意义的扬弃，这就建立了自我意识的第二个双重意义，而第二个双重意义又再次面临扬弃，扬弃了他在，也扬弃了他在的双重意义。那么这种扬弃也是双重意义的，这个对于它的双重意义的他在之双重意义的扬弃，"同样是一种双重意义的返回**到自己本身**"。对于他在的扬弃当然是返回到自己本身，就是他在已经不是他在了，他在就是自己本身，那当然是返回自己本身了。对于自我意识的双重意义的他在之双重意义的扬弃，同样是双重意义的返回到自己本身，也就是前面讲的他在的第二个双重意义，在遭到扬弃时实际上又是自我意识返回到了自己本身。前面第二个双重意义是这样说的，第一，它必须着手扬弃那另外一个独立的本质，以便让它自己作为本质而得到确信。它不是通过扬弃他在而使自己返回了吗？第二，借此它便着手扬弃它自己本身，因为这个他在就是它自己本身。它扬弃了它自己本身而回到了他在作为它本身。所以它是双重意义的返回到自己本身，一种是在主人意识的意义上，一种是在奴隶意识的意义上，都返回到了自我意识本身。第二个双重意义是双重的扬弃，但是，又是双重的返回到自己本身。为什么？"因为**第一**，通过扬弃，它收回了自己本身，因为通过扬弃**它的**他在它又成为了与自己相同的了"，这是第一，我们可以结合上面一段，第二个双重意义的"第一"：第一，它必须着手来扬弃那另外一个独立的本质，以便让它自己作为本质而得到确信。这就是主人一方。他这里解释的是：第一，通过扬弃，它收回了自己本身，因为通过扬弃它的他在，它又成为了与自己相同的了。也就是前面讲的，以便让它自己作为本质而得到确信。主人的自我意识扬弃了他在，它自己就得到确信了，因此它也就把自己从他在中收回了。

　　第二，但是它也让另一个自我意识同样返回到自身，因为它曾经在他者中是它自身，它扬弃了**它的**这个在他者中的存在，因而让他者又得到自由。

　　这一句话很重要了。"**第二**，但是它也让另一个自我意识同样返回到自身"，上面讲的第二个双重含义的"第二"是：第二，借此它便着手来扬弃它自己本身，因为这个他者就是它本身。也就是说它在自己的他者中看到了自己本身，那么在扬弃他者时，它自己本身也被扬弃了，主人意识到奴隶也有和它一样的自我意识，它只有在他者中、在奴隶中才能看到它自己本身，正如奴隶只有依赖主人才知道自己是什么。但这一点现在也被扬弃了，所以这里讲"因为它曾经在他者中是它自身"，而现在，"它扬弃了**它的**这个在他者中的存在"，这才导致了"第二"，也就是"它也让另一个自我意识同样返回到自身"，最后"因而让他者又得到自由"。主人的自我意识让奴隶的自我意识返回到自身，知道了自己是谁。主人的自我意识本来只有在他者中才看到它自己本身，他靠奴隶生活，"它曾经在他者中是它自身"，这里用的过去时；但久而久之，这个他者也就返回到本身了，就返回到他者本身了。主人为了显示自己的独立性，他什么事也不干，都交给奴隶去做，这恰好让奴隶的自我意识返回到自己的自我意识本身了。"它扬弃了**它的**这个在他者中的存在，因而让他者又得到自由"，主人不再管奴隶的事，当"甩手掌柜"，放手让奴隶去做，这就使奴隶重新得到了自由。"因为它曾经在他者中是它自身，它就扬弃了**它的**这个他者中的存在"，这个"它的"打了着重号。这个他者已经是它的了，已经属于它了，它扬弃了它的这个他者中的存在，也就是说，它在他者中是它自己。你奴役了奴隶，如果你不奴役奴隶的话，你就无法生活，所以你这个主人在你的奴隶身上才能够是你自己。奴隶当然还是你的，但是你要依赖这个奴隶而生活，于是就让他者得到了自由。我们把他者在这个地方理解为奴隶，这就是后面讲的主奴关系的颠倒：奴隶是属于主人的，但是主人在奴隶身上看到了自己的存在，主人把所有的事都交给奴隶去干，那么奴隶就是他的手和脚，他就离不开奴隶了。如果他所有的奴隶都丧失了，他就不存在了，他一无所能。因为主人是不干活的，如果他没有奴隶了，他就无法生存了，他就不存在了。奴隶在这种情况下成为了主人的生存的基础，于是奴隶就得到了自由，主人则不得不让奴隶得到自由，主人必须让奴隶得到自由才能获得自己的存在。奴隶必须要为他干活，当然最初是不自由的，但是当主人转而依赖奴隶的时候，自由就掌握在奴隶手中了，主人就不自由了。这就是一种颠倒。但是通过这种颠倒，并不是说主人就变成奴隶了，奴隶就变成主人了，不是。那是一种循环，当然在历史上也可能有，奴隶起义推翻了主人，然后奴隶"翻身做主人"，把主人变成了自己的奴隶，也有。但是这并不能提高双方的自我意识水平。主奴关系经过这样一种颠倒，应该使双方的自我意识都提到一个更高的层次，即双方都返回到了自己本身。主人也返回到了自己的本身，奴隶也返回到了自己本身，于是双方都得到了对方的承认，都回到了自己的自我意识。在这样一个过程中，双方都得到了自由。主人让奴隶得到了自由，也就是让自己得到了自由；他不让奴隶得到自由，他自己也得不到自由。主奴关系由此就进入到了自我意识的自由，这是斯多葛派最先揭示出来的。可见后面整个自我意识的进程在这里都已经有预示了，但是还没有真正地进入，还只是一种概念上的分析。已经有一个结构，双重的自我意识是一种什么关系，在这里已经摆出来了。

　　但是自我意识与另一自我意识相联系的这种运动以这种方式就被表 [110]
象成了**一方的行为**；不过一方的这个行为本身具有双重含义，即它同样
也是作为**他者行为**的**它的行为**；因为他者同样是独立的、自身封闭的，它
在自身里面没有什么东西不是通过它自己而存在的。

　　"但是自我意识与另一自我意识相联系的这种运动以这种方式就被
表象成了**一方的行为**"，被表象为一方的行为，就是说，双方都被表象为
在某一方内部的行为。自我意识和另外一个自我意识的联系，这种运动

以这样一种方式——以哪种方式呢？就是前面讲的，以这种双重返回自己本身的方式，——被表象成了一方的行为。比如说，一方是立足于自我意识本身的立场上来看的，而不是立足于他者的立场上来看的，他者已经被扬弃了。立足于自我意识自身的立场上看，里面就有主人和奴隶的同一性和互相颠倒。当然如果立足于他者一方，也是一样的结构，那时主人就是奴隶的他者了，而奴隶意识里面也包含主人意识。卢梭的那个命题反过来也可以说，如果一个人具有奴隶的人格，那么对待比自己更弱小者，他就会比自己的主人更是主人。奴隶和主人双方都拥有同一个自我意识结构。那么奴隶和主人相联系的这种运动以这样一种方式，就被表象成了一方的行动，表象为自我意识本身的行为，而不是被表象为他者的行为。"不过一方的这个行为本身具有双重含义，即它同样也是作为**他者行为**的**它的行为**"，一方的这个行为，不管是主人还是奴隶，总而言之是从自我意识本身这个角度来看的这个行为，本身就具有双重含义，具有什么双重含义呢？即它同样也是作为他者行为的它的行为。也就是说它既是一方的行为，同时也是作为他者行为的行为，只是这个作为他者的行为还是"它的"，并不真正是他者的。一方和他者，他者在这里也可以译作"他方"，哪怕从一方的立场上来看，它的这个行为本身也具有双重含义，可以把他方也包括在自身内。它既是一方的行为，也是作为他方行为的行为，或者说，也是它自己的他者的行为。"因为他者同样是独立的、自身封闭的，它在自身里面没有什么东西不是通过它自己而存在的"，就是说，虽然是它自己的行为，但却是指向一个在外面的他者的，是把他者的独立性包容在自身内的。如果不能够容纳对方的独立性，那你就不可能把对方包容在自身之中。你的这样一种行为，扬弃他者等等，本身就具有双重含义，也就是说你的这样一种行为也是他者的行为本身所做的，他者和你一样也是独立的，甚至也是"封闭的"，它有自己的主见。所以你要扬弃他者，就必须把这个行为看作是他者的自我扬弃，而不能够取消他者的独立自主性。你扬弃他者，可以，但是他者仍然是作为一个独立的他者而促成了你对它的扬弃，或者说，他者实际上是自我扬弃，因为它在自身里面没有什么东西不是通过它自己而存在的。比如说你要让奴隶为你做事，服从你的意志，但是奴隶也是独立的，你要扬弃他的独立性，也必须经过他首肯。奴隶在服从你，在臣服于你，让你去奴役他的时候，他也是有自由意志的。他也是自己决定：我不反抗，我服从你，甘心做你的奴隶，这也是奴隶的一种选择。他还是有独立性的。你不要以为他就是一个物，像牛和马一样，你把它奴役了没话说。你把他当作奴隶，也是经过了他自己独立的选择，他当奴隶也是他的自由选择，他自由地选择了他的不自由。这个道理在斯多葛派那里才第一次说出来，使那些奴隶意识到奴隶也有自由，有一种更高层次的自由。我们今天经常讲，很多人就是自由地选择了不自由的生活，那只能怪他自己了，他愿意当奴隶嘛。而有的人就是不自由毋宁死，那也是他的选择，那他就死了，就没有了。凡是活下来的，都是自己选择活下来的，不是别人让他活下来的。他也是一个独立的、有自我意识的、有自由选择权的一个主体啊！所以他当奴隶也是通过他自己，主人奴役奴隶不仅仅是主人的责任，奴隶也有责任，被统治者也有责任。什么样的民众，就有什么样的统治者。你说这个统治者太残暴了，当然要怪这个统治者本身，但是也要怪这些被他奴役的人：你们为什么允许他这样残暴，甚至于你们造成了他这样的残暴？这才是对奴隶的真正的尊重。你要尊重奴隶，你就必须让他能够负责，他能够具有独立性，能够自由选择，他就能够为自己负责。他受到的这样一些待遇，他自己也有责任，没有不是通过他自己而存在的，一切都是通过他自己啊。如果说你不愿意忍受的话，不自由毋宁死，那你就去死啊，那也是你选择了死。那么现在你没有选择死，你选择了做奴隶，那就是你的自由选择。在自由还是做奴隶之间，有一种更高意义的选择的自由，是超越于主奴关系之上的。

　　前一个行为所意指的对象并不像它最初仅仅是对于欲望而言那样，[124]
而乃是一个自为存在着的独立的对象，因此这行为对于这样一个对象，如果这对象自己本身不做这行为对它所做的事的话，就不能自为地做任何事。

　　"前一个行为"是什么行为呢？就是自我意识的行为，或者说主人的行为。前一个行为"所意指的对象"，比如说奴隶，"并不像它最初仅仅是对于欲望而言那样"。当然，他最初之所以要奴役奴隶，要支配奴隶，就是为了自己的欲望，所以他把奴隶当作是自己欲望的对象。但是这样一个行为所意指的对象并不像它最初仅仅是对于欲望而言那样。这样一个统治或者压迫奴隶的过程，最初仅仅是为了欲望，这些奴隶仅仅是主人的欲望的对象，最初看起来是这样，仅仅是对欲望而言的。最初压迫一个奴隶就像压迫一个动物、压迫牛和马一样，都是为了实现自己的欲望，它们都是欲望的对象，都是他的财产。奴隶是主人的财产，所以他是主人欲望的对象。但是初看起来是这样，实际上却并不完全是这样，"而乃是一个自为存在着的独立的对象"。那个奴隶跟牛马可不一样了，他是一个自为存在着的独立对象。你不要仅仅把它当作是你的财产、你的牛马，他是有自我意识、有自由意志的一个独立存在的对象。"因此这行为对于这样一个对象，如果这对象自己本身不做这行为对它所做的事的话，就不能自为地做任何事"，就是你不可能在这个对象自己不同意的情况下做任何事。反过来说，你可以为所欲为，但是有个前提，就是这个对象本身自愿地去做这个行为对它所做的事情，比如说服从你的命令。你命令奴隶去做，你也要奴隶去执行命令。你要奴隶自己心甘情愿地接受你的命令，要这个对象自己本身去做这个行为对它所做的事情。也就是说你压迫奴隶，你支配奴隶，你命令奴隶，那么最终还是要奴隶自己去做你要他做的事情，你命令他所做的事情。如果这个奴隶不执行你的命令，那就很危险，那就做不成。他和牛马是不同的，如果他要反抗你，或者阳奉阴违，搞点名堂，你不是能够为所欲为的。你想强迫他为自己做任何事，都要他心甘情愿去做，才能够做到。即使是奴隶不反抗，或者心里虽然不满，但是依然还没有做出什么反抗的举动来，这也还是他的一种选择，仍然是奴隶的一种自由意志。他选择了不反抗,选择了服从。所以看起来你能够为所欲为,看起来你仅仅是把奴隶当作你的欲望的对象,实际上你还得依赖奴隶的自由意志。

所以这个运动完全是两个自我意识的双重运动。每一方看见**他者**做它所做的同样的事;每一方自己做他者要求它做的事,因而也就做他者所做的事,而这也**只是**因为他者在做同样的事;单方面的行为不会有什么用处的;因为要做的事情只有通过双方才能实现。

这个运动,比如说,奴隶主命令奴隶去干一件活:你给我去修建金字塔,成千上万的奴隶被赶去修建金字塔,奴隶主把修建金字塔看作是他自己的一个意志的行为,看作是他为所欲为的一件行为,他有那么多奴隶,他可以建一个大金字塔。但实际上这是两个自我意识的双重运动,是奴隶主和奴隶两个自我意识相对运动的结果,是双方自由意志暗中博弈的结果,是两者合起来,互相承认,才达到了这样一种丰功伟绩。如果没有这个前提的话,奴隶如果都反抗的话,那怎么做得成呢?那做不成的。所以这个运动,也就是前面讲的两个自我意识相联系的运动,就是两个自我意识的双重运动,即我朝向你、你朝向我的运动。"每一方看见**他者**做它所做的同样的事;每一方自己做他者要求它做的事,因而也就做他者所做的事,而这也**只是**因为他者在做同样的事",这还是讲的同一个意思。每一方看见对方做它所做的同样的事,奴隶看见主人在做他所做的同样的事,比如说奴隶去建金字塔,而建金字塔本来是主人要做的,实际上是奴隶在做。所以奴隶做完以后,在他的成就上看见了主人的功劳,因为是主人命令我们去做的。主人也是,主人看见奴隶在做他所做的同样的事情。主人想要建一个金字塔,那么他赶着奴隶去做,看见奴隶把他想做的事情做成了。所以每一方自己做他者要求它做的事。奴隶在做主人要求他做的事情,主人也在做奴隶要求他做的事,奴隶要求有一个人来对他们发号施令,否则什么也干不成。这也是奴隶所要求的。奴隶每天早上到奴隶主那里说,今天给我们一个什么任务吧。于是就要来了一个任务：你们今天去修金字塔。"每一方自己做他者要求它做的事，因而也就做他者所做的事"，每一方做他者所做的事情，同一个修金字塔的行为，是双方都在做的。"而这也**只是**因为"，"只是"打了着重号，而这也只是因为"他者在做同样的事"，就是每一方的他者都在做和他同样的事情。其实只有一件事情，但是这件事情既是自己所做的也是他者所做的。只有在双方的这样一种社会的关系之中，人类才会做成任何一件事情。人类所做的任何一件事情都是合作的产物。不管是奴役也好，互相承认也好，都是一种合作的产物，也都是双方凭借自己的一种独立性来完成的。这就是奴隶和牛马不同的地方。所以他讲，"单方面的行为不会有什么用处的；因为要做的事情只有通过双方才能实现"，单方面的行为不会有什么用处，主人没有奴隶，或者奴隶离开了主人，都做不成什么事情。

因此行为之所以是双重意义的，不仅是因为它是一个既**对自己**的也是**对他者**的行为，而且也因为它既是**一方的行为**，同样分不开地，也是**他者的行为**。

任何一个行为，它有双重意义，在社会关系中，在主奴关系中，它都有双重意义，这个双重意义"不仅是因为一个行为既是对自己的也是对他者的"，主人要盖一个金字塔，为了将来死后有一个墓地；但也是对他者的：所有奴隶都靠这件事情而获得自己的粮食，获得自己的生存。奴隶，没有在战争中被杀死，那么你就必须要干活，干活你就得生存。所以做金字塔这件事情也是为了奴隶的。因为有这件事情所以才需要奴隶，如果没有这件事情不需要这么多奴隶，那主人为什么要养着他们？主人养着他们肯定是要做一件事情，不是做这件事情就是做那件事情，所以做这件事情也是对他者的行为。这是一方面，就是，同一个行为既是对自己的，也是对他者的。不仅仅是如此，而且同时也因为，这行为既是一方的行为也是他方的行为，这两者是分不开的。这是一个行为，一方的行为跟他方的行为都是同一个行为。比如建一个工程，不光是对自己而言，而且对他者而言，都会产生作用，他们都从中得到自己所需要的，而且，也都是他们双方的自由意志行为。同一个行为具有双重的意义，不仅仅从被动方面来看，而且从主动方面来看，都是双重的。这是双方在行为中的一种关系，不论在行为的对象上还是行为的主体上，一个行为都是双重的。

在这个运动里，我们看到那曾经表现为力的转换的过程又再次重复，但却是在意识中重复。在那里曾经只是在我们看来如此的东西，在这里现在却是对这两端本身而言的东西了。

我们前面讲过力和力的表现，力的转换，但是现在，我们在两个自我意识的相对运动这个层次上面，在这个更高阶段上面，又重复了前面那个过程，在社会关系的这个层次上面重复了我们前面知性阶段的自然界中的过程。在那个力的转换过程中出现的一些特点，在目前这个自我意识阶段上又重复出现了，"但却是在意识中重复"。前面的那个力的转换过程是在意识的对象上发生的，而现在，是在意识本身中重复那个过程，表现为一个自我意识对另外一个自我意识之间的相互转换关系。在对象上和在意识中是有层次上的不同的。意识可以解释对象，但是这个解释只是我们的解释，只是主观的解释，而不是对象本身的客观的一种转换过程。现在情况不同了，现在是在意识中重复了这样一个转换的过程，这就不是一种主观解释，而是一种真实发生的事情。"在那里曾经只是在我们看来如此的东西，在这里现在却是对这两端本身而言的东西了"，在那里力的转换曾经只是在我们看来的东西，只是我们的一种"解释"，我们把我们这种解释看成是对象上发生的事情，对象是客观的，物理世界，力的关系，但对象不一定像我们解释的那样，什么力的平行四边形之类。所以它只是我们的一种主观的解释。而在这里，就是在现在讲自我意识的关系的地方，那个转换过程却是对这两端本身而言的东西了。这两端就是自我意识和它的对象,自我意识和另一个自我意识这两端。现在是对这两端本身而言的东西,这不再是我们的解释,而就是它们相互之间的一种真实的转换,在这里,真理性和确定性已经重合了。前面真理性和确定性还不重合,我能够确定力的规律,但是它是否真实地反映了客观,那还不一定。所以我们这个力的转换的过程呢,虽然被看作是在对象上的,但只是我们的一种解释,对象和我们的解释是两张皮,有一个符不符合的问题。而现在没有符不符合的问题,现在就是自我意识本身的状况,是对两端本身而言的东西。对自我意识和另一个自我意识本身而言,就有这样的关系。力的转换,自我和他者,一方和他方,相互之间的转换,相互之间的依赖,在这里是客观真实的。

　　自我意识是中项,它自己分解为两端;每一端都在交换自己的规定性并绝对地过渡到对立的一端。当然每一端作为意识都是**在自身之外**发生的,然而它在自己的自外存在中同时就返回到了自己,是**自为的**,而它的自外乃是**为意识的**。

　　中项也可以翻译成中介,Mitte,自我意识是中介、中项,"它自己分解为两端",自我自己分解为两端,一个自我意识,一个自我意识的对象,自我意识的对象也是自我意识,所以是自我意识本身把自己分解为两端,而两端的共同的中介就是自我意识本身。"每一端都在交换自己的规定性并绝对地过渡到对立的一端",它自己分解为两端,每一端都在和另一端交换自己的规定性,并且绝对地过渡到对立的一端。我们刚才举了主奴关系,主奴关系有一种颠倒关系,每一端都转换为另外一端,高贵的变成卑贱的,卑贱的变成高贵的,但他们的自我意识结构却是共同的。"绝对地过渡到对立的一端",它们之间是过渡的,这种过渡不是在某种条件之下才过渡,而是绝对地过渡,即根本就是一回事,骨子里就是自身的对立面。并不是主人在一定条件下变成了奴隶,而是主人骨子里就是奴隶;也不是奴隶时来运转变成了主人,而是奴隶骨子里就具有主人意识。"当然每一端作为意识都是**在自身之外**发生的,然而它在自己的自外存在中同时就返回到了自己，是**自为的**，而它的自外乃是**为意识的**"，每一端的发生，都在自身之外发生，自我意识在对象、在他在中发生，他在也在自我意识中发生，于是它们在意识层面上就产生了一种运动，一种相互的转换，相互的过渡，相互的交替。但这是作为意识来说的，因为凡是意识都是对于某物的意识，都是对象意识，所以都必须把自己寄托在一个外部对象身上，在自身之外发生。"然而它在自己的自外存在中同时就返回到了自己"，然而它，就是每一端，在自己的自外存在中，在自己的Außersichsein 中，同时就返回到了自己，返回到自己的自我意识了。所以它"是**自为的**"，它们双方都把对方看作是外在的，但是在把对方看作是外在的时候，都返回到了它自己的内在。外在和内在是相对的，通过在自己之外而返回到了自己之内，所以说是自为的。"而它的自外乃是**为意识的**"，它的自外（Außersich），就是这两端每一端在自身之外，都是为意识。它不再是为一个绝对的外在对象，而是为意识的，是在意识层面上、对意识而言才发生的。这个运动的转换跟力和力的表现的转换已经很不一样了，后者是主观的，而它是客观的，是外在的，但同时又是为意识的，是内在的。不是说我们有个意识要去反映对象，反映得对不对还另当别论，不知道。现在，真理性和确定性已经重合了，自我意识和对象也重合了，这样一种自外存在都是为意识的，都是在意识之内的。

　　每一端是为意识的，就是说它直接**是**又**不是**另一个意识；并且同样，这另一个意识是自为的，只是因为它作为自为存在者而扬弃了自身，并且只有在他者的自为存在中才是自为的。

　　"每一端是为意识的"，在这两个对立的环节中，每一个环节，每一方都是为意识的。我们刚才讲，都是在意识的层面上面，为了意识而发生、而运作的。"就是说它直接**是**又**不是**另一个意识"，自我意识这一端同时是对象意识，同时又不是对象意识；另一端即他者、对象也是如此，因为他者本身也是一个自我意识。这种"是"或"不是"都是直接的，因为自我意识直接地就是自己的对象，自我意识只有在自己的他者身上才看到自身，所以它直接就是对象意识；但是它同时又不是对象意识，因为它又回到它自身了。"并且同样，这另一个意识是自为的，只是因为它作为自为存在者而扬弃了自身"，这另一个意识是自为的，这个作为对象的意识是自为的，只是因为它作为自为存在者而扬弃了自身。它的自为就体现在扬弃自身之上，扬弃自身也就是扬弃了它的他者性。这另一个意识就是说作为他者的意识，作为他者的意识也是自为的，只是因为它作为自为存在者而扬弃了自身，即把自己的他者性扬弃了。比如说奴隶，奴隶自己决定把自己的独立性扬弃了，不再是主人的他者，而是和主人认同了，依赖于主人了。所以他是作为自为存在者、由自己决定而扬弃了自身，成为主人的附庸。"并且只有在他者的自为存在中才是自为的"，只有在它的对方的自为存在中，它才是自为的。这里的他者对奴隶而言就是主人，主人是奴隶的他者。奴隶只有在主人这个他者的自为存在中，他才是自为的。他以主人的意志为自己的意志。他为主人而活着，才是他为自己而活着。如果不为主人活着，那就被杀掉了，那就活不了了。你为了自己能活着，所以你为主人效劳。

每一方都是他者的中项，每一方都通过中项而自己同它自己相调解相联合，并且每一方对它自己和对他者都是直接地自为存在着的本质，而这本质同时只是通过这种调解才这样自为地存在着。它们把自己作为**彼此相互承认的来承认。**

这个关系我们前面实际上已经讲得够多了。每一方都是他者的中项或中介。每一方，自我和他者，每一方都是对方的中介，都使得对方成为对方，使得他者成为他者。"每一方都通过中项而自己同它自己相调解相联合"，每一方都是通过一个不同于它的中介、一个他者，而和自己相调和相联结，它既有间接的中介，又回到了自身的直接性。"并且每一方对它自己和对他者都是直接地自为存在着的本质"，每一方对自己都是自为存在的本质，对他者也是自为存在的本质，而且都是直接的本质，因为是自己同自己相调解相联合嘛。"而这本质同时只是通过这种调解才这样自为地存在着",每一方的本质都是这样自为存在着,就是通过这样一种调解,这种调解使每一方从中介回到了直接性,而且是自己调解自己,以这种方式这样自为存在着。你想单独一个人躲起来,不跟外人发生关系你就能够自为存在,那是一种幻想。你只有通过跟别人打交道,你才能够存在,而且这种存在并不是被迫的,而直接就是你的本质,是自为的。所以讲这个道家的所谓自由实际上是不真实的,真正的自由意识只有在人与人的社会关系中才能够建立得起来,才是真正的自为存在。你要把自己封闭起来,那你就什么也不是,你就把自己化解掉了,这是违背你的本质的。"它们把自己作为**彼此相互承认的来承认**",这个地方把"承认"提出来了,什么是承认?承认不是单方面的,只有彼此相互承认,它们才承认了自己。你要使自己得到承认,你必须和他人彼此承认,你必须首先承认别人,然后别人也承认你,这样你才能够得到你所需要的承认。如果你首先不承认别人,或者你逃避别人,那么你自己也得不到承认。你要想自己得到承认,你必须让别人得到承认。即使是主奴关系也是互相承认的,奴隶和牛马不同就在于他得到起码的承认,承认他是一个人,有自我意识和自己的自由意志。

　　<u>我们现在要考察的是承认的这种纯粹概念,即自我意识在其统一中的双重化的纯粹概念,看它的这一过程如何对自我意识显现出来。</u>　[125]

　　这是向下面过渡了。前面都仍然还是一个铺垫,像上面讲到的自我意识的独立与依赖,主人和奴隶,自由意志等等内容,虽然我们都引进来对于双重自我意识的概念进行解释,其实都是我们为了说明而提前引入的,就这概念本身来说还是非常抽象思辨的一套陈述,不举例说明很难理解。我们还没有真正进入到自我意识的独立和依赖的关系。"我们现在要考察的是承认的这种纯粹概念",只有先搞清楚承认的这种纯粹概念,我们才能进入到双重自我意识的实际的关系、经验的关系,即独立和

依赖。独立和依赖是在双方都承认对方是自我意识的前提下才发生的，没有这一前提，比如说人和自然界的关系，就不存在独立和依赖关系。但是真正的承认是什么样的承认？承认的这种"纯粹概念"就是"自我意识在其统一中的双重化的纯粹概念"，自我意识和它的对象是统一的，但是，它又有双重化，自我和对象，一方面是自我，另一方面是对象；但既然双重化的双方都是从一个统一的自我意识中分裂出来的，所以它们预先都设定了互相承认，即双方都是自我意识的体现，这种纯粹概念就是承认的概念。这都是前面已经分析得十分清楚了的。自我意识的统一，如何统一呢？它既然是双重的，又如何统一呢？通过承认来统一。所以"我们现在要考察的是承认的这种纯粹概念"，不是看它如何构成的，这一点前面已经交代过了；而是"看它的这一过程如何对自我意识显现出来"，看它的这样一种纯粹概念的过程如何对自我意识显现（erscheinen）出来，显现出来就成为经验现象了，这就是精神现象学所要考察的。前面讲的都是纯粹概念，承认的纯粹概念，那么现在要考察它在自我意识中如何显现出来，成为经验。

首先这一过程将展示出双方的**不平等性**方面，或者说首先表明中项走出来进到两端，而这两端作为两端相互对立，一方只是被承认者，另一方只是承认者。

这一句话把下面一个小标题的内容都概括了。"首先这一过程将展示出双方的**不平等性**方面"，不平等性（Ungleicheit）不仅仅是双方的区别，而且包括双方向一方的倾斜、偏重，甚至双方的斗争。这里的"不平等性"（Ungleichheit）也可以译作"不同一性"，下一个小标题就是"对立的自我意识的斗争"。自我意识和他者当然是不同一的，一个自我意识和另外一个自我意识是不同一的，至少最开始、首先是不同一的。首先是同一的那就没有运动了，那就展示不出它的内在的本质了，它的内涵就被掩盖了。只有把它的这种不同一性揭示出来，我们才能更深地进入到这种承认的内在结构。"这一过程"就是指承认的这种纯粹概念的过程，它在双重化中如何能够达到统一的这样一个过程，将首先展示出双方的不平等性。一开始就是双方的不同一，双方的不平等不平衡，一方绝对压倒另一方，主人绝对压倒奴隶。人类的第一种互相承认的关系只能以不平等的方式体现出来。"或者说首先表明中项走出来进到两端"，中项就是自我意识。我们在上一段的第四行读到过，"自我意识是中项，它自己分解为两端"。中项走出来进到两端，就是自我意识，它走出来、实现出来就进到了两端，这就是主人和奴隶。"而这两端作为两端相互对立，一方只是被承认者，而另一方只是承认者"，一方是被承认者，那就是主人，主人被奴隶承认了；那么另一方，奴隶的一方，只是承认者。单方面的承认，最开始好像是这样的，这是最开始进入到这种关系的一种态势。最开始是这样一种模式，一个是承认者，一个是被承认者，他们相互之间的身份是不平等的。但实际上，如果把这一点绝对化，那也不对。后来很多人，特别是法国的黑格尔研究者科耶夫等人，往往把这一点绝对化了，就是认为，主人就是被承认者，奴隶只是承认者，因此他们之间的关系不是互相承认关系，而只是"为承认而斗争"。[①] 但如果停留在这个开端的端点上面来理解，往往会把事情歪曲了。其实，即便是不平等的关系，也已经是互相承认的关系了，这种承认者和被承认者本身也是不可分的，是同一个承认关系的两端，奴隶承认了主人，主人也承认了奴隶的这种承认，而奴隶通过自己的承认也被主人承认了，只是被承认为一个承认者，在这点上他们是不平等的。他们之间的斗争不是为承认而斗争，而是为互相平等的承认而斗争。其实主人也是承认者，他承认了奴隶，否则的话，他们就不能构成互相承认的关系了。主奴关系在奴隶社会是一个已经被承认了的关系。双方都承认，我承认你是奴隶，但奴隶也有奴隶的权利，那就是生存权。奴隶是不能够随便

[①]　科耶夫认为主奴关系只是一种"为了得到承认的生死斗争"，他们之间的那种承认"不是一种本义上的承认"，参看科耶夫：《黑格尔导读》，姜志辉译，译林出版社2005年版，第9页、第20页。

杀掉的。奴隶已经承认了你是主人，那么代价就是，你不杀我。如果你要杀我，那我就不承认了，那我就不自由毋宁死，那你也得不到好处。奴隶主为了得到奴隶的承认，也必须在一定的意义上承认奴隶。就是你有活着的权利，但前提是你必须承认我是主人，你要为我服务，我就让你活着，我还给你吃的，这不是对他的承认吗？所以主奴关系只是一般的社会承认关系的一个开端，而且在这个开端里面已经显示出了它的这种辩证关系，即双方的辩证转化、辩证依赖的关系。不能够绝对地简单化，认为一切对立关系都是主奴关系，而一旦是主奴关系，那就仅仅一方只是被承认者，另一方只是承认者，就不存在承认了，这个就把事情搞得太简单了。如果是这样，那就不是人和人的关系，而是人和动物的关系了。这个类似于那种被歪曲了的所谓阶级斗争学说，势不两立，不是你死就是我活，这就是主奴关系。或者说，认为一切阶级斗争被掩盖了的实质就是主奴关系。后来的很多人，包括法兰克福学派，都是这样看的。马克思曾经说过，人类历史就是阶级斗争的历史，那么我们把这种阶级斗争的历史就理解为就是你死我活的历史，然后革命的首要问题就是谁是我们的敌人谁是我们的朋友，没有任何调和的余地。这个就使阶级斗争学说变得名声很臭了，一直到今天。但是实际上，阶级斗争这个东西没法否认，但是我们对它的理解恐怕要做些修正。恐怕今天我们每个人都要当"修正主义者"，都要修正一下阶级斗争学说。阶级斗争不是你死我活，你死我活那就连奴隶社会都成立不了。奴隶和奴隶主如果是你死我活的关系，那怎么可能构成一个社会？但它构成了一个社会，而且是一个繁荣的社会，古希腊的奴隶社会多么繁荣，文学艺术科学哲学多么繁荣，就是因为这个社会是稳定的，是互相承认的。所以承认不能从那样一种完全对立的、割裂的角度来理解，而要辩证地理解。当然最开始是割裂的，好像是割裂的，但是那只是一个开端，只是一个端点。在它的运动中，在它的实际存在过程中，都不是那么绝对对立的。好，今天就讲到这里。

　　　　　＊　　　　　　　＊　　　　　　＊

　　好，我们今天来读下面的。就是关于自我意识的独立和依赖，主人和奴隶的这一部分。上堂课我们把第一个小标题读完了，现在我们看第二个小标题，第二个小标题是：

[II. 对立的自我意识的斗争]

　　前面第一个小标题是"双重的自我意识"，就是把自我意识的双重性，把它内部的结构分析出来了，这种内部的矛盾结构导致它离不开外部的另一个自我意识。那么这样一种双重的自我意识，在与另一个与它对立的自我意识相遇时，它们相互之间又会发生什么样的作用？由于每个自我意识内部的矛盾性或双重性，当两个自我意识碰到一起，它们就会形成对立并发生斗争。所以第二个小标题标为"对立的自我意识的斗争"，这个论述是按照逻辑层次来的，即先把自我意识内部的双重性交代清楚，从中引出一个自我意识和另一个自我意识的关系，然后再考察两方面的这样一种矛盾和冲突的关系。上一次我们讲到的，——我们看上一次的最后这一小段——，就是自我意识的这种双重性的纯粹概念，要考察"承认"的纯粹概念，"看它的这一过程如何对自我意识显现出来，首先这一过程将展示出双方的不平等性方面，或者说中项走出来进到两端，而这两端作为两端相互对立着，一方只是被承认者，另一方只是承认者。"这段话已经提示了下面一段的内容。就是说这样一种纯粹概念，承认的概念，什么是承认？就是互相作为主体，自我意识的两方面能够达到一种统一，那就是承认了；但是在自我意识的显现过程中，在它的实现过程中，这样一种承认不是一个静止的统一，而是一个矛盾冲突的过程。他讲，首先这一过程将展示出双方的不平等性方面，就是说"承认"这样一个过程，它首先是不同一的、不平等的。不同一的也就是不平等的。虽然是统一，但是你不要以为就是双方半斤八两，绝对不是这样的。而且首先展示出这种不平等性,就是从中项走出来进入到两端,而这两端是相互对立的,一方只是被承认者,另一方只是承认者。承认的这个统一的概念,这个纯粹概念,在现实中显现出来的时候,就表现为这样一种倾斜状态,一种不平等状态,最开始的承认是这样的。承认一开始就是不平等的承认,一方承认,另一方被承认。当然反过来,被承认也承认另一方对他的承认,承认的也被承认,但是他们不是平等的,一方主要是承认者,另一方主要是被承认者,它以这样一种带有偏向的方式呈现出来。承认是不平衡的,如果平衡,那就没有发展没有运动了。它肯定在开始的时候,首先要表现出它的一种不平衡,然后通过发展、通过转化、通过颠倒,我们再看它如何达到一种调解,达到一种和解,这是黑格尔一般的论证方式。所以这种关系首先就要分析一下两个自我意识的斗争。

{111}　　　　自我意识最初是单纯的自为存在,通过排斥一切**他者于自身之外**而自我等同,它的本质和绝对的对象对它来说是**自我**;并且它在这种**直接性**里或在它的自为存在的这种**存在**里是**个别的东西**。

　　为什么一开始表现出不平等性呢?最初的情况是这样的,就是自我意识最初是单纯的自为存在,自我意识它本来就是要确定自己,要坚持自己,——我就是我,其他的都不在话下,我首先要把自我建立起来。费希特也讲"自我建立自我",A=A,这是第一个命题。最初是单纯的自为存在,它自己为自己,"通过排斥一切**他者于自身之外**而自我等同",这个我就是我本身,其他的非我的东西,它一概不管,它首先把自己确立了再说。所以他讲,"它的本质和绝对的对象对它来说是**自我**",它的本质,自我意识的本质,和绝对的对象,自我意识既然是自我意识,它当然有它的对象,但这个对象不是别的对象,别的都是相对的对象,绝对的对象对它来说就是自我。正因为没有把任何别的东西当作它的对象,所以它是自己与自己相等同的。"并且在这种**直接性**里或在它的自为存在的这种**存在**里是**个别的东西**",在这种直接性里,自我意识的直接性,就是我等

146

于我，我就是我，这是最直接的自我意识。当一个人能够说出来"我就是我"，那么我们当然就可以说，他已经具有了初步的自我意识，他已经把我当作我的对象来加以肯定了。所以是在它的直接性里，直接性打了着重号，"或在它的自为存在的这种**存在**里"，存在也打了着重号，什么意思？直接性就是仅仅在"存在"水平上的属性，存在阶段是最初的阶段。在黑格尔的《逻辑学》里，存在是第一个范畴，存在论，存在，或者"有"，或者"是"，这是第一个范畴。自我意识最初出现的时候，它是处在非常简单非常纯朴的这种直接性里，那就是存在，我**是**我，这个"是"也就是存在了，自我意识的最初的状态就是能够说"我是我"，就把这个"是"说出来了。这是最初级的了。如果连这个都说不出来，那就没办法了，那就进入不了自我意识了。你要进入自我意识，你首先要确定自我意识的这个我，它是，或者它存在。当然这个存在是自为的存在，它自己确定自己"是"，不是由别的东西来确定它"是"，所以是"在它的自为存在的这种**存在**里"，在这种自为存在的存在里是什么呢？ "是**个别的东西**"。我等于我，我就是我，笛卡儿讲"我思故我在"，那么最初这个"我思故我在"的"我在"是一个什么样的存在呢，是一个个别的东西。大家就问了，我思，这个"我思"究竟是个什么东西？笛卡儿说那就是灵魂了，那就是笛卡儿本人，就是一个个别的东西。最初的存在体现为个别的东西，亚里士多德也讲过，"作为存在的存在"是什么？就是个别的东西，张三李四，这匹马，这一棵树，都是个别的东西。那么这种关系把它带到自我意识的结构里，同样，自我意识最初的存在那就是个别的东西。每一个人都意识到自己有一个存在，张三意识到我是我，李四也意识到我是我，每一个人都意识到我是我，但这个我完全是个别的，它没有普遍性。我们通常讲的所谓个人主义，自私，这就是自我意识最初的这样一种情况，它意识到自己是一个独特的存在。甚至于，如果它想要把自己变成一种普遍的东西，那就只能成为自私自利，就是认为世界上万物都不存在，只有我存在，"人不为己天诛地灭"成为普遍原则，那就是自私自利了。但是

147

如果它没有走到这一步，它只是确定，至少我是我，那就是自我意识的开端，自我意识的开端是"唯一者"。后来青年黑格尔派麦克斯·施蒂纳写了一本书，叫《唯一者及其所有物》，你首先要有唯一者，如果唯一者都没有，那就谈不上自我意识了。但是除了唯一者以外呢，你还有"及其所有物"，整个世界都是我的，这就是进一步扩展了。我们说这是主观唯心主义，或者是唯意志论、唯我论。但是还可以朝别的方面去扩展，不光是说整个世界都是我的，你还有可能意识到我也是整个世界的，那就是黑格尔在这里要讲到的，就是说，你是我，别人也是我，那么你们这两个我之间会发生关系的。但是那是第二步了。第一步首先你要把自己确立起来。第一句话是讲的这样一种关系。

他者这种东西对它来说是作为非本质的、带有否定东西的性格标志的对象而存在的。

前面讲到"我是我"了，但是与我相对的，那就是"他者"。你要讲自我意识，你首先要讲我，然后你还要讲他者对你的关系究竟是怎么样的。那么是怎么样的呢？他说，"他者这种东西对它来说"，这个"它"就是自我意识了，是作为自为存在的自我意识，那么他者对这种自我意识来说，"是作为非本质的、带有否定东西的性格标志的对象而存在的"。简言之，就是他者是作为对象而存在的；他者是作为一种什么样的对象而存在的，作为非本质的对象。他者也是个对象，本来自我意识把自己当作绝对的对象，当作唯一的对象，我就是我，我等于我，没有他者，他者不是我的对象；但是如果有他者的话，那么它就把这个他者看作是非本质的对象，是"带有否定东西的性格标志的"这样一个对象，它是非本质的。自我意识当然也承认有他者，任何一个唯我论者也都不得不承认除了我以外还有他者；但是，他们总是把他者解释为，它是非本质的，它只是现象，我们看到有他者，但其实是假象。它带有否定东西的性格标志，也就是它随着我的排斥活动而被否定，它不是具有肯定性的，他者不能说"他者是他者"，他者是隶属于"我是我"之下，并且由"我是我"这样一个自我意识所支配的，所以它本身并不具有肯定性，而是带有否定东西的性格作为它的标志。他者的性格是否定性的，我也可以承认这个对象存在，对于我来说，对于这个自我意识来说，他者这种东西也是存在的，但是，是作为一个什么对象而存在的，是作为非本质的对象而存在的。所以我承认它都是以否定的方式，我随时可以否认他者。唯我论者就是这样，他随时可以把他者完全否定掉，当然他也可以接纳，把它作为一种否定的东西接纳下来，但是他告诉你这个东西是假的，是否定的。

但是他者也是一个自我意识；这里出场的是一个个体与一个个体相对立。

"但是他者也是一个自我意识"，这个前面已经交代过了。就是自我意识最初是单纯自为存在，但是，在它面前出现了他者，它所面临的这个他者呢，也是一个自我意识。我们前面讲到这个过程，他者怎么样作为欲望的对象，然后作为生命，然后作为另外一个自我意识，使得自我意识达到了"我就是我们，我们就是我"的结构。我和我们发生关系了，这是自我意识本身里面必然要推出来的结构。就是在自我意识的结构里面的他者，一开始看起来是非本质的，但是接下来我们就可以看出，他者也是一个自我意识。"这里出场的是一个个体与一个个体相对立"，这两个自我意识虽然都是自我意识的结构要素，但它们作为"我们"却处于对立中。真正的自我意识是类意识，就是在自我意识和自我意识的关系中所呈现出来的关系，那么这种关系呢，由于双方都是自为存在的自我，但又互为他者，于是这里就出现了一个个体与一个个体相对立的情况。我和别人相对立，我和另外一个个体相对立，另外一个个体也是一个自我意识，这才达到真正的自我意识。自我意识在它最初的阶段当然是自己坚持我就是我，但是它的第二步就必须要承认别人也有一个我，否则的话你还不算达到了真正的自我意识。一个自私自利的人，我们说他是没有自我意识的人，因为他只顾自己，他只知道自己，不知道别人，他也不知道用别人的眼光来看自己，他怎么会有自我意识呢？他就只有动物性的冲动。他由动物性的冲动而感到自己的存在,但是他不会反思这个冲动,不会把他自己的冲动当成一个对象来看待,就像动物一样。那么他如何才能够把自己的这样一种生命冲动、这样一种欲望当作对象来看待呢?他就必须要设想另外一个自我意识站在他的对面看自己。为什么前面讲到自我意识从本质上来说就是类意识,就是这个道理,如果没有类意识,最初的那种自我意识会等同于动物,会等同于动物的本能。所以这里出现了一个个体与一个个体相对立的局面,因为对方也是一个自我意识。这个时候,我们就真正地达到自我意识了。这就不是最初单纯的自为存在的情况,这个时候把对象纳入进来了。对象是另外一个自我意识,自我意识变成了两个自我意识的关系。但是这种关系也有一个过程,我们还不能说这就已经是完成的自我意识了。那么这个过程最初是怎么样的呢,下面讲。

在**直接**这样出场时,它们对双方来说都是以普通对象的方式而存在的,它们都是**独立的**形态,是沉陷在**生命的存在**中的意识——因为在这里,那存在着的对象把自己规定为了生命——这些意识**对双方来说**都还没有完成绝对抽象的运动,即根除一切直接的存在而只有自我等同意识之纯粹否定性存在的运动,或者说它们相互间还没有体现为纯粹的**自为存在**,即体现为**自我**意识。

这句话我们把它一路念下来,很长。为什么一路念下来,因为它是紧密结合着的,很难把它切断。我们来看看。"在**直接**这样出场时",就是这样一个过程,一个个体和另外一个个体对立,这种情况,我们说比它最初的出发点要强多了,最初的出发点很可能是唯我论的唯一者,但是现在呢,它不是唯一者,有另外的自我意识跟它对立,这就达到一个更高的层次了;但是,这个阶段在最初出场的时候是怎样的呢?是直接这样出场的,"直接"打了着重号。这仍然还是初级阶段。他说,"它们对双方来说都是以普通对象的方式而存在的",就是说,自为的自我意识和一个他者,当然双方都已经是自我意识了,但是在最初直接这样出场的时候,也就是当两个人刚刚碰面的时候，比如一个人在丛林里面遇到了另外一个人，两个人直接会面，谁也不了解谁，这个时候，它们对双方来说都是以普通对象的方式而存在的。就是它们都是对象性的，虽然它们都有内在自我，都有自我意识，但是这个自我意识在外表是看不出来的，你在森林里面遇到了另外一个陌生人，这样一个陌生人就是一个普通的对象，就像任何一个别的对象一样，就像遇到另一只动物一样。我们双方都是陌生人，都不了解对方，那么对于双方来说，对方都是普通的对象，普通的，gemeine，意思本来是共同的或者普通的，在这里意思就是说，它们都是一般的对象，它们在这一方面没有什么特别，只是与我不同的一个对象或他者而已。因为它们都是以外表直接出场，我看到了他，一个陌生人，他也看到我是这么一个人，双方都是以外表的方式而存在的。这就像看到一头狮子或者一只兔子一样，我看到他是一个人，他也看到了我是一个人，这已经是以对象的方式而存在，但还只是普通对象，而没有深入到对方的内心，没有进入对方的自我意识。我只能够认可对象是独立于我之外的，他有生命，但是我从外表上面还看不出他有自我意识。两个自我意识的人，初会面的时候，在直接的状态之下，双方都是以外表的形式，以肉体的形式，以生命的形式作为对象呈现出来的。所以他下面讲，"它们都是**独立的**形态，是沉陷在**生命的存在**中的意识"，就是双方都是独立的形态，我是我，他是他，我们互不相干，我们可能什么表示都没有，然后又分手了，转过身子，我又走进森林里面去了，完全可以这样，没有人拦着你。每个人在这种情况下都是独立的形态，"是沉陷在**生命的存在**中的意识"，沉陷在生命的存在中，我们的生命互不搭界，只是作为生命存在着而已，我的意识跟另外一个生命的意识没有交道，还只是沉沦在这种生命存在的低层次上。他这里有两个破折号，中间是解释"沉陷在生命的存在中的意识"的，他说，"因为在这里，那存在着的对象把自己规定为了生命"。每一个存在着的对象自己当然是一个生命，前面讲了，自我意识本身就是生命，但生命在自我意识中还处于低层次，所以那个存在的对象把自己规定为生命，也就是只在生命这个低层次上来理解自己的自我意识，并未提升到"类意识"，并未从"我"提升到"我们"上来。所以这只是两个独立的生命，都是独立的形态，还未达到双方的沟通。我们还互相把对方看作是一个存在着的对象，这个存在着的对象仅仅是生命而已。于是很显然，"这些意识**对双方来说**都还没有完成绝对抽象的运动，即根除一切直接的存在而只有自我等同意识之纯粹否定性存在的运动"，这些意识，也就是它们双方都是独立的形态、是沉陷在生命的存在中的意识，这样一些意识，对于双方来说，都还没有完成绝对抽象的运动，就是说两个人在碰到一起的时候，每一个人都有意识，但是他们相互之间的交道都还只是在存在着的对象的这个层面上发生的，都是作为两个外在的个体发生的，而他们脑子里面想的什么东西，相互之间还没有发生交道。所以这些意识对于双方来说都还没有完成绝对抽象的运动，什么是绝对抽象的运动？就是这个意识还没有从它的生命的个体里面抽象出来，还没有摆脱它的生命的个体，达到类意识的普遍性。当然每个自我意识已经是类意识了，但"对双方来说"还不是。我们前面讲到，自我意识有两个环节，一个是自我意识本身，一个是生命；而在类意识里面呢，就是有生命的意识，这就是达到了生命和自我意识的统一了，我们前面第 122 页的第 4 行："它就是有生命的自我意识。"谈到类的时候是这样讲的，真正的自我意识是类，这是从概念上分析出来的。但是生命和自我意识这两个环节在现实中并不是一下子就结合在一起的、融洽的，最开始反而是分裂的。就是说我跟对方打交道的时候，我首先是用我的肉体跟对方打交道的，在陌生人的状况之下，我只看到有一个人来了，他比我高大，他比我强壮，等等，但是他脑子里想的什么东西，这个时候，我还没想到，我跟他不熟悉嘛。所以意识在双方的脑子里面都还没有达到一种绝对的抽象，没有完成绝对抽象的运动。"绝对"在这里的意思就是最高普遍性，也就是类意识。这一意识对双方来说都还没有完成绝对抽象的运动，还没有超越它们的肉体区别，还只把对方当普通对象看待。

下面的解释也是："即根除一切直接的存在而只有自我等同意识之纯粹否定性存在的运动"，完成绝对抽象的运动是一个什么样的运动呢，即这样一个运动，它根除一切直接的存在，而只有自我等同意识之纯粹否定性存在。这样一个运动根除一切直接存在，比如说在和他人打交道时，我就不考虑肉体的强壮或者瘦弱了，而只凭自我等同的意识和他人交往，只凭这种自我等同意识的纯粹否定性存在而和他人交往，这个时候的我或者是他就不是作为一个强壮的人或者是一个瘦弱的人而存在了，而是作为只有自我等同意识之纯粹否定性存在。我和他的存在在这种绝对抽象的运动中会提升到这样一个程度，就只剩下自我等同意识之纯粹否定性存在，我和他的关系现在已经超越了外部的生命存在，跟肉体的强壮或瘦弱、跟相貌或体形没关系，只是一种意识的关系，而这种意识是一种纯粹否定性存在。我与他仍然是否定性的关系，但是已经不是要否定他的肉体，而是要否定他的意识，要凌驾于他的意识之上。到那时，自我意识在和别的自我意识打交道时才会有一个纯粹的提升，意识到我们的关系不仅仅是肉体关系，而且是两个纯粹否定性存在的关系。自我等同的意识必须把自我不等同的那些东西抽掉，达到一种纯粹否定性，什么叫纯粹否定性？就是我对我以外的任何东西都持否定性的态度，只有一个东西，就是我等于我，这个东西是肯定的，除此而外一切我都要否定。但是这样一个绝对抽象的运动在这个时候还没有完成。当两个生命、两个陌生人刚刚碰到一起的时候，还没有上升到这样一个层次。就是说，我们两个人都有自我意识，但我们是否能够以我们两个人的自我意识来打交道呢？最开始还没有。要构成两个自我意识的交道，构成真正现实的类意识，那是要经过一个过程的。最开始时不是以类意识来打交道的，我是我他是他，他跟我不同，跟我不同的东西那就不能当人看的了，我可以把他杀来吃掉，就像杀任何一个动物一样。因为在我的眼睛里面他就是一大块肉，他与任何一个普通对象没有两样，可以用来填饱肚子的。所以自我意识最开始没有被考虑，你不考虑对方的自我意识，那你自己的自我意识也就没有提升到自我意识的这个高度，这个层次，你也就没有意识到自我意识，你也就把自己只是看作是一个为了填饱肚子而奔波的动物，别人是一块肉，你也是一块肉，你要把别人吃掉，那你也可能变成人家的粮食。所以这一步还没有做到，没有完成绝对抽象的运动，即根除一切直接的存在而只有自我等同意识之纯粹否定性存在的运动，这样一个运动还没有完成。"或者说它们相互间还没有体现为纯粹的**自为存在**，即体现为自我意识"，每一方都是从自为存在出发的，每一方都肯定自己，我是我，这个没问题，这是自我意识的出发点；但是在这种情况之下呢，它们相互之间还没有体现为纯粹的自为存在，即体现为自我意识。也就是说在你的眼睛里面，你的对方，你的他者还没有体现为纯粹的自为存在，那么在他的眼睛里面，你也没有体现为纯粹的自为存在，虽然每个人内心都把自己看作是自为的，每个人自己都认为自己是自为存在，但是，每个人都不把对方看作是自为存在。所以在这个层次上面，他们相互间还没有体现为纯粹自为存在，即体现为自我意识。就是说，对方在你的眼睛里面还不是一个自我意识，而你在对方眼睛里面也还不是一个自我意识，都还没有体现为自我意识。虽然是两个自我意识相遇，但是在双方眼睛里面，对方都不是自我意识，对方都只是一种外在的存在，都是一种直接的存在。看到一个对方，你就想到这是可以吃的，因为你肚子饿了，那么你就要估量一下你打不打得过他了。你要把它吃掉，说不定你反而被他吃掉了。所以在这个层面上呢，对方在你看来不是自我意识，你在对方看来也不是自我意识，都只是一种沉陷在生命存在中的意识。你们双方都只是沉陷在生命中，没有达到自我意识。

　　每一方固然对它自己是确信的，但并不确信他者，因而它自己对自己的确定性还没有任何真理性；

　　每一方对它自己当然是确信的，它自己是单纯自为的存在，这是它的出发点，它自己要确定自己，我就是我了；但是，"固然对它自己是确信的"，这个"确信的"也可以翻译成"有确定性的"，确定性和真理性，这个第四章的标题就是"自我意识的确定性的真理性"。那么每一方对它自己是有确定性的，我就是我，我等于我，这是很确定的，这不容怀疑。"但并不确信他者"，或者说，但并不认为他者有确定性。他者没有确定性，是因为我不把他者看作是有自我意识的，他者没有自我意识，那他者当然也就没有确定性了，他者只不过是我的食物。而我是有确定性的，我等于我，我可以把他者当作我的食物，他者是要被我消灭掉的，所以他者是没有确定性的。"因而它自己对自己的确定性还没有任何真理性"，它自己对自己的确定性，即"我就是我"的确定性，这种确定性是否有真理性呢？是不是真的我就是我了呢？我就是我要达到具有真理性，必须通过一种什么方式才能达到呢？只有通过别人承认你。有另外一个自我意识承认你，有一个他者承认你，那才有真理性。你一个人说了不算，你说我就是我，但是别人把你当食物，不把你当作是一个我，而当作是他的一部分，那么你的这样一种确定性就还没有得到客观的证实。所谓真理性是什么？就是要得到客观证实才有真理性，所谓真理就是观念和对象的符合，或者倒过来也可以说，对象和观念的符合，总而言之要有对象你才有真理性。你自己内心的确定性，你自己确定下来的东西，那是没有真理性的，它可能被证伪。要有真理性，你必须要得到他人的承认，你必须在你的对象上得到印证，才有真理性。真理性是观念和对象之间的关系，如果没有这种关系，你主观地确定的东西没有真理性。在两个自我意识之间的关系中，你如果得不到对方承认的话，那么你的这种自信、这种确信，是没有真理性的。

因为它的真理性将会仅仅是这样，即他自己特有的自为存在将会体现为对它独立的对象，或者这也一样，对象将会体现为它自身的这种纯粹确定性。

这里是解释，为什么没有真理性呢？为什么这么确定，我就是我，却仍然没有真理性呢？"因为它的真理性将会仅仅是这样"，这个地方用的是虚拟式，就是说，如果有真理性的话，那就只有这种情况才会有真理性，——当然现在还没有，还没有达到，如果达到了将会是什么情况呢，只能是这种情况，"即他自己特有的自为存在将会体现为对它独立的对象"。它自己特有的自为存在，我就是我，我是自为的存在，这样一种确定性，如果它有真理性的话，它就会体现为对它独立的对象。这样一种你内在的、你自己内心里面所确定的"我就是我"，将会作为一个独立的对象对你呈现出来。"或者这也一样"，将会有一个独立的对象把它的这样一种自我确定性体现出来。这就是双方互动了，一方面，我自己有确定性，但是，没在一个对象上体现出来，这个不算数的，只有当我的这样一种内在的自为存在的确定性被我放到一个对象身上体现出来的时候，我的这种确定性才成为了真理性。在我眼里，这个对象对我是独立的，它不是我的食物，它是我的朋友或者敌人，我承认它也是一个"我就是我"的自为存在，这个时候，你的这种确定性、自为存在才会有真理性。当然现在还没有达到这个程度，如果有一天达到这个程度，就是说，你把你自己的这种自我确定性寄托在了一个独立的对象身上，把一个对象看作是具有和你一样的这种自为存在的独立性，那么你的这个自为存在的确定性就得到证实了，你就真正地是一个自为存在的确定性了。自我意识的确定性和真理性是这样一种关系，你光有确定性，但是没有真理性，那么你的这个确定性是站不住的，它是会消失的。要作为真理性而存在，你就必须要把他人也当作是一个具有自我意识的独立性的存在。我本来是以为天地之间就是我一个人，唯我独尊，只有我独有这种自为存在；但是，这种自为存在将会体现为对它独立的对象，我必须打破自己的封闭性而承认别人的自为存在。另一方面，事实上有一个对它独立的对象把这种特有的自为存在体现出来了，那就不是它特有的了，就成了普遍的了，在另外一个对象身上也体现出这样一种自为存在，那这个自为存在就不是个人特有的了。本来以为是个人特有的，但现在已经成为了普遍的。这两方面说的是一样的事情，你把自己的确定性对象化，或者说对象体现为你的这种确定性，人的对象化和对象的人化，这是一回事。后来马克思特意强调人的本质的对象化和对象的人化,你把你的本质对象化,寄托在一个对象身上,反过来,对象被你看作人,对象人化,这是同一个过程,从主观和客观两个不同的角度来看。所以他说,一方面是它自己特有的存在将会体现为对它独立的对象,而另一方面,对象将会体现为它自身的这种纯粹确定性。也就是对象将会被我所"我化",而我也被对象化,只有这样一种双向过程才能够确证这种真理性。这才是真正确定的,最初的那种确定性只是你自以为的确定性,你以为你确定了,但是这种确定性是没有真理性的,没有得到客观地承认的。人家不承认你,你没有人家的认可,你的确定性是站不住脚的。

<u>但是根据承认的概念看来,这种可能性只能是他者为它做什么,它就为他者做什么,每一方自己本身通过它自己的行为、并且又通过他者的行为而完成自为存在的这种纯粹抽象。</u>

"但是根据承认的概念看来,这种可能性只能是他者为它做什么,它就为他者做什么"。前面讲的是虚拟式,就是说,它的真理性将会仅仅是这样,把它自己对象化,或者把对象我化,这是设想中的情况、理想中的情况,现在还没有实现,如果实现了,将会是那样。这里这句则是实指了,是正面说的,根据承认的概念看来,这种可能性没有别的情况,只有一种情况,是什么呢,就是"他者为它做什么,它就为他者做什么"。就是说,把确定性变成真理性只有一种情况才能够实现,现在还没有实现,但是如果要实现的话,只有一种可能:除非是他者为它做什么,它就为他者做什么。就是说双方一方为另一方做什么,另一方也就为这一方做什么,只有这种情况才有可能实现确定性的真理性。最后一句还补充说明:"每一方自己本身通过它自己的行为、并且又通过他者的行为而完成自为存在的这种纯粹抽象",自为存在的纯粹抽象,刚才已经讲了,它在目前的这个阶段上面还没有完成自为存在的绝对抽象的运动,这运动还没完成,刚刚开始,还在起点上。那么最后这句话就讲,每一方自己本身通过它自己的行为、并且又通过他者的行为,双方都要有行动,就是说,他

157

者为它做什么，它就为他者做什么，你对我做什么，我也就对你做什么，通过这样一种互动交往，双方做同样一件行为，才能够完成这种纯粹抽象。他者为它做的事情就是它为他者做的事情，我为你做的事情也就是你为我做的事情，每一方自己本身通过它自己的行动并且又通过他者的行动，双方合作来完成自为存在的这种纯粹抽象。完成了这种纯粹抽象，那么确定性就可以实现它的真理性了，你必须超越于自己的直接存在之上，超越于自己的肉体存在之上，达到一种意识和意识之间的交往。你们相互之间所做的事情要得到双方的意识的承认，要是双方都同意做的，这样一件事情既是我为你做的，也是你为我做的，这个你和我不是肉体的你和我，而是意识，而是自由意志，是双方都愿意的。我们做同一件事情，这样一件事情也许对某一方有利，但是另一方也是愿意的，所以这就是双方同样为对方所做的，我是为对方做的，对方也是为我所做的。如果能够做到这一步的话，那么通过双方的行动，就完成了自为存在的这种纯粹抽象。自为存在要抽象出来，要把它和自己的肉体存在、直接存在分割开来，超升出来。自为存在，我就是我，要把它跟我的肉体，跟我的其他的非意识的东西脱离关系，这个时候我才能真正地跟他人的自为存在打交道。否则的话，你的这个交道只是表层次的，一方是自为存在，另一方是外部的存在，一方是自我意识，另一方只是生命，自我意识和生命的矛盾在这个里头没办法解决。你用你的自我意识跟对方的生命打交道，对方也用它的自我意识跟你的生命打交道，你们相互之间双方的自我意识是错位的，你们各自的自我意识都是非常局限的，都是一种狭隘的自为存在。这种自为存在还没有从你们的肉体存在抽象出来，变成一种普遍的自为存在，所以你们的自为存在相互之间是不见面的，因此也就不能得到相互的承认，你不知道对方想什么，对方也不知道你想什么，那你就无法得到对方的承认。所以首先一步就是要把这个自为存在从你的直接的存在这个层面上提升起来，或者抽象出来。自为存在作为一种内在的自我意识，当然是抽象的，它有它的生命载体，但是，它跟这个生命载体是不同的，它自身是独立的。两个人之间打交道如果能达到这个层次，那就有望实现所谓的承认，否则的话，那是做不到的。

我们再看下面一段，

但是要把自为存在的纯粹抽象**体现**为自我意识的纯粹抽象，那就要把自身显示为对其对象性方式的纯粹否定，或者要指出它并不束缚于任何确定了的**定在**，并不束缚于一般定在的共同的个别性，即不束缚于生命。

我们刚才已经涉及这个层面的意思了，但是在文本上面还没有直接点出来，下面就点出来了，即自为存在的纯粹抽象如何体现为自我意识的纯粹抽象。"但是要把自为存在纯粹抽象**体现**为自我意识的纯粹抽象"，我的这个自为存在，我是我，这很具体的，张三也说我是我，李四也说我是我，每个人说我是我的时候，他心里面呈现出来的是他自己的一个形象，他的自我形象，他的自我感觉，是呈现在他心目中的。把这些自我形象抽掉，就是自为存在的纯粹抽象，就是说所有这些不同形象都是同样的自为存在，这已经上升到了纯粹抽象，它是通过我们相互为对方做同样的事而达到的。但是这种自为存在的纯粹抽象还不等于自我意识的纯粹抽象，它要体现为自我意识的纯粹抽象，那就不单纯是你做我的事、我做你的事这么简单。相反，当你说"我是我"的时候，你要把你心目中张三或者李四的这个表象去掉，把"我"和"你"相互外在地做同一件事的表象去掉，否则的话你永远达不到自我意识。你以为你说"我是我"就是自我意识了，或者把我、你、他都看作是同样的自为存在就是自我意识了，其实你还没有达到真正的自我意识，真正的自我意识必须要成为自我意识的纯粹抽象。当你说我是我的时候，要把你的心目中呈现出来的这个张三或者李四这个表象抽掉，你的真正的本质不但不是张三李四的外部形象，不是你的肉体存在，而且也不是抽象的自为存在，抽象的能动主体，而是一种精神，一种普遍的纯粹自我。如果你意识到这一点，那么你就会看到，这个"我是我"是同样的，你有我，人家也有同一个我，不光大家都是能动的自为存在，而且大家都是同一个"我"，即"我们"，这就达到自我意识的纯粹抽象了。但是要体现为这种纯粹抽象，要怎么做呢？"那就要把自身显示为对其对象性方式的纯粹否定"，也就是我们刚才讲的，要把你心里面的那个张三李四的表象抹掉，不仅是感性肉体的表象，而且是自为存在、独立存在的表象，都要抹掉。那只是你的对象性的方式，只是自我意识的一种对象性的方式，你要把它抹掉，要把它纯粹否定掉，一点痕迹都不留。"或者要指出它并不束缚于任何确定了的**定在**，并不束缚于一般定在的共同的个别性，即不束缚于生命"，这也是一样的意思，进一步解释"对其对象性方式纯粹否定"，这就是指出，它，也就是这样一个自为存在，这个自为存在是不束缚于任何确定了的定在的。我是我，它当然是有确定性的，但最初的这个确定性是一个什么确定性呢？是束缚于这种确定的定在的一种确定性。就是我张三这个人，不是别人，就是我自己，我的肉体和我的自为存在的意志，这是一种确定了的定在。这样一种确定性是最初的确定性，自我意识最初的确定性确定了我是我，确定了我张三不是李四也不是王五。但是，要指出它是不束缚于任何确定了的定在，它虽然是张三或者李四，但是它并不束缚于这个张三或者那个李四，并不束缚于"一般定在的共同的个别性"，一般定在都是有一种个别性的，这一点是它们共同的，所有人都有个别性，每一个具体的存在，它都有它的个别性。但是你的自我意识要摆脱这种个别性，不束缚于这种一般定在的共同的个别性，不管张三也好李四也好，他们的个别性都不能束缚你，你都能够摆脱，这种摆脱最终归结为要摆脱生命，自我意识要摆脱生命。自我意识和生命本来是自我意识的两个环节，我们前面对此有一系列的分析，自我意识首先要体现为欲望，然后欲望又体现为生命，体现为生命和生命之间的关系，体现为类，等等。但是自我意识首先要达到纯粹，要达到纯粹的抽象，绝对的抽象，它就必须要摆脱生命。一开始是摆脱不了的，原始人类，初级的人类，他们对自我意识的理解总是从自己的生命来理解，从自己的生存来理解，或者顶多是从自己的家庭、血缘关系来理解，从这个生命的延续来理解，所以上升不到那种抽象的自我意识的层面。那么自我意识第一步就必须要达到自我意识的纯粹抽象，要把这些东西摆脱掉，不管你是谁，也不管你是属于哪个民族哪个血缘。比如说最近日本的大地震，网上一片欢呼声，震得好，这是天谴，这是报复，我们汶川地震的时候，美国人莎朗·斯通也说这是天谴，把我们气得要死，这个都是没有摆脱生命，没有普遍自我意识的表现。这样一些人都没有自我意识，自我意识是超越于所有这些东西之上的，它不束缚于一般定在的共同的个别性，就民族来说是这样，就个体来说也是这样。生命和自我意识这两个环节，一开始必须要把它们分开，当然实际上又是分不开的，我们在后面，在它的历史过程中，我们又可以看到双方在交互作用。但是最开始在起点上面，你必须把它们分开，你才能够得到一种纯粹的自我意识，你才能够真正地上升到自我意识的层面，而不是把自我意识混同于生命，好像我有了生命，这就有自我意识了，我是黑头发，我是黑眼睛黄皮肤，我就有自我意识了，不够的。

　　这种体现是一个**双重的**行为：他者的行为和由自己本身所做的　[126]
行为。

　　这种体现过程就是，一方面对象要体现为自为存在，而自为存在要体现为对象，这样一个过程，这就上升到一种自我意识的抽象的过程了。所以"这种体现过程是一个**双重的**行为"，它有两个方面，一方面是他者的行为，另一方面是由自己本身所做的行为，就是双方都在做事。上一段的末尾就讲了，每一方自己本身通过它自己的行为并且又通过他者的行为而完成自为存在的这种纯粹抽象，那这就有两个行为了，但它不是两个行为，是同一个行为具有双重性。如果仅仅是两个行为，那就还只是各个自为存在的一种纯粹抽象，还没有体现为自我意识的纯粹抽象。所以这样一个过程，这样一个体现，是一个双重的行为，这两个行为实际上是一个行为，这同一个行为既是他者做出来的，同时又是由自己本身做出来的，一方面体现为他者的行为，另一方面体现为我自己的行为。

就其是**他者**的行为而言，那么每一方都想要置他者于死命。

这样一个行为，"就其是**他者**的行为而言，每一方都想要置他者于死命"，自我意识既然要超越于生命之上才能达到自身的纯粹抽象，那么在两个自我意识相遇时，他们各自作为"他者"都会不顾生死地将对方纳入到自身中来，首先是置对方于死命，以维护自己自我意识的纯粹性，当然与此相联的就是以死相拼。比如两个陌生人、他者在森林里面遇到了，他们采取了同一个行动，这个行动是两个人共同采取的，他们都想证明自己自我意识的纯粹性，于是你想征服我，我也想征服你。那么我们就来打一架，也就是看谁能征服谁。双方都把这个行为看作是他者的行为，就这一方面而言，是他想吃掉我，我想吃掉他，每一方都想要置他者于死命，每一方都要杀死他者。这是从他者方面而言的，每一方都把对方看作是他者，而不是自我，从他者的立场上来看呢，他们都是要置他者于死命的，都是要吃掉对方。

但其中第二种行为，即**由自己本身所做的行为**也现成在手了；因为前一种行为本身即包含着自己冒生命的危险。

第二种行为，也就是双重行为的第二种行为，"即由自己本身所做的行为也现成在手了"，也就是现成的了，就是说，在他者的行为中，第二种行为也就已经在那里了，已经包含着第二种行为了，因为两者都是同一个行为嘛。"因为前一种行为即包含着自己冒生命的危险"，在同一个行动中，也就是他者的行动，他要吃掉你，当然也就意味着你自己在行动中也要冒生命危险；而你要置他者于死命，他者是一个活的东西，他怎么会轻易地让你杀死他呢，他肯定要反抗，所以在他的反抗中，你也要冒生命危险。所以他者的行为也就包含着你由自己本身而做的行为，这都是双方的，是同一个行为。你想要杀死他，你就要冒自己被他杀死的危险，这是一种辩证的关系。

因此两个自我意识的关系就被规定为这样，即他们自己和彼此之间

都经历着生死斗争的考验。

这是到关键时刻了，我们一讲到黑格尔的自我意识的主奴关系，就要讲到生死斗争，现代的黑格尔研究者非常看重这一点，认为生死斗争是最为根本性的。人类社会，自我意识，最开始萌发的时候就是通过生死斗争，那么今天是否还有？今天仍然还有。今天的一切社会矛盾冲突，最后都归结为生死斗争，马克思主义讲阶级斗争，你死我活，权力哲学政治哲学；我们今天讲权力哲学，讲施米特，讲列奥·施特劳斯这些人，他们都是执着于这一点，就是说，凡是人类社会，凡是自我意识，都是贯穿着生死斗争，你死我活。毛泽东讲，"谁是我们的敌人，谁是我们的朋友，这是革命的首要问题"；施米特也讲，政治哲学首先就是要分清敌我，你死我活，其他都是虚饰，最后的阴谋都是要置对方于死地。我们今天讲大国崛起也是这样，我们中国要崛起，将来要消灭美国，要称霸世界，那么美国也要称霸世界，那就是生死斗争，那就没有什么道理可讲，什么公平、正义、道德，这都是鬼话，都是骗人的，只有生死斗争是真的。那么伊斯兰恐怖主义也是这样，搞"圣战"，要么是真主胜利了，要么就是恶魔胜利了，所以要搞恐怖袭击，要把犹太人都杀光，把基督徒都杀光，也包括汉人，因为汉人不信伊斯兰教，也要杀光，——这个社会就没办法活了。如果按照这样一种政治哲学的话，人类这个社会是没有希望的，它会被自己毁掉。霍布斯早就讲了，一切人对一切人的战争，最后的结果就是大家同归于尽。如果仅仅是从生死斗争、敌我关系政治斗争来看的话，那这个社会根本就不会存在。为什么会存在起来，就是因为超越了生死斗争。我们看看黑格尔在这里是怎么讲的。他说，"因此两个自我意识的关系就被规定为这样，即他们自己和彼此之间都经历着生死斗争的**考验**"，在黑格尔那里，生死斗争是一场"考验"，是一场考试，人们不可能天天在考试，我们考大学，一考定终身，考过了就考过了，不是我们天天都在考，当然还有考研究生，还要考每门功课，但是你不能把考试看作就是生活，考试是为了生活，但是你不能说考试就是生活。生死斗

163

争也是，它是一场考试，但是它并不是生活本身。

——它们必定要进入这场斗争，因为它们必须把它们自身是**自为存在**的确定性对他者和对它们自己都提升到真理性。

他们必定要进入这场生死斗争，为什么要进入生死斗争、你死我活？黑格尔其实很超然的，他承认有生死斗争，但是为什么要进入这种生死斗争，是因为更高的理由，并不是因为你肚子饿了，你要活下去，你不吃掉它你就会饿死，这是非常低层次的理由，非常表面的、外在的理由。真正的理由，是"因为它们必须把它们自身是**自为存在**的确定性对他者和对它们自己都提升到真理性"，就是说，双方它们自身都有一种确定性，就是自为存在，但是这种自为存在的确定性还没有真理性。只有经过生死斗争以后，才能获得互相承认，因而才能把这种自为存在的确定性对他者和对它们自己都提升到真理性。如果你仅仅是对自己有确定性，那是没有真理性的，如果是对他者也有了确定性，那么这种确定性就提升到真理性了，生死斗争是起这个作用的。当然不排除最开始它是为了很现实的理由，食物不够了，两个群体，人类的两个种群互相残杀，一方战胜了对方，把对方杀掉吃了，于是种群就延续下去了，这种情况也有，或者是两败俱伤，对方都死人死得差不多了，结果就灭亡了，那也有可能。这都是很偶然的情况。但是人类社会之所以产生形成起来，不是由于这种情况，而是由于自我意识的提升，每一个人的自我意识，它的自为存在，通过生死斗争，在他者身上得到了确证，那么得到了确证它就具有了真理性。如果你得不到确证，那就没有真理性，那你还是一个动物，哪怕你有意识，但这个意识是靠不住的，灵光闪现，随着你种群的灭亡也就灭亡了。但是你如果在他者身上能够形成一种确证，确证你的自我意识，那么这个社会就形成了。马克思讲，一切历史，或者一切有文字记载的历史都是阶级斗争史。没有阶级斗争就没有人类的文明社会，最初的文明社会就是通过阶级斗争达成的一种相互承认才得以产生的，主奴关系一旦确立，人类文明社会就产生了。在此之前的原始社会，严格意义上那还不能够叫做社会，不能叫做历史，那差不多还是动物的种群。当然原始社会，我们今天也把它称之为社会，已经有社会的萌芽，原始时代的种群里面也有农业，也有收为养子等等这样的情况，但是那些关系还没有作为主奴关系确定下来。只有进入到奴隶社会，主奴关系确定下来，才真正进入到了社会，或者说才真正进入到了文明社会，才有了文明，它才需要文字。所以我们又讲，有文字记载的历史，这才是真正的历史。史前社会没有文字记载，那还不能算真正的历史，那只能算"史前史"。为什么是这样呢？黑格尔是从自我意识来解释，自我意识进入到这样一个阶段，在他者身上确定自己，这种确定性对他者和对它自己都提升到了真理性，这个时候人类才进入到文明，才真正进入到了精神的白昼。前面讲的精神的光天化日，才真正是精神的光天化日，我们才需要文字记载了。下面继续解释。

　　而只有通过冒生命的危险才验证了自由，只有经过这样的考验才证明了：对自我意识来说，**存在**不是本质，那**直接**出场的方式不是本质，使自己沉没在生命的扩展之中也不是本质，——反之，在自我意识身上，没有什么东西在它看来不是消逝着的环节，它现成在手的只是纯粹的**自为存在**。

　　这一段话就是解释了，为什么一定要进入生死斗争，因为它们必须要把自己的自为存在的确定性对他者和对它们自己都提升到真理性，这个已经解释了；但是还有更进一步、更具体的解释，就是"只有通过冒生命的危险才验证了自由"。人是自由的，生来自由，但是，只有通过冒生命危险才验证了自由。人生来自由是非常抽象的，人生来自由又怎么样呢？你必须争取自由，你有没有自由必须通过斗争、而且是生死斗争来验证。自由是人的天赋，是最根本的东西，生命也是你最根本的东西，你只有通过冒生命危险，拿生命去赌一赌，才能够说明你的真正的自由，天生的自由。这个自由在生命之上，你必须拿生命去赌一场，去冒生命危险，说明这个自由比生命更重要。不自由毋宁死，为了自由生命也可以抛弃，这个就是验证,就是通过冒生命危险,验证了你的自由的根本性和超越性,证明你是一个自由人。"只有经过这样的考验才证明了:对自我意识来说,**存在不是本质**",存在打了着重号。在没有经过这样的考验的时候,存在就是本质,我存在了,那么我就有确定性了,自我意识就有确定性了,在你没有进行生死斗争的时候,你生下来,你已经存在了,那么你已经就是一个自我了。我们每个人都说我就是我,生下来就可以说,只要他会说话了,他就会说我就是我。但是经过了这样的考验就证明了,存在不是本质,这个存在也可以理解为生命,生命还不是本质。在自我意识和生命这两个环节之中,这是对立统一的,自我意识一方和生命的一方,抽象的自我意识和具体的生命一方,究竟哪个是本质? 最开始的时候认为,生下来就是本质;但是经过生死斗争,我们发现,生存、存在还不是本质,本质在另外一个地方,在更高的地方,本质在自我意识的一方,不在生命一方。最开始把生命投入到冒险之中,投入到生死斗争之中,我们是把生命当作是最根本的,我在生死斗争中本来就是要维持自己的生命,就是要保护自己的生命,就是要置他人于死命。但是通过这场斗争恰好说明了,生命可以失去,我完全可以失去生命,但是我还要去进行这场斗争,为什么呢? 是为了捍卫自己的自由,捍卫自己更高层次的东西,就是自我意识。自我意识比生命要更高,存在不是本质,生命还不是本质。他说,"那**直接**出场的方式不是本质",直接打了着重号,直接出场的方式就是生命了,就是肉体存在,一个肉体存在,一个活的机体,是直接存在的方式,但这个东西还不是本质。"使自己沉没在生命的扩展之中也不是本质",让自己沉没在生命的扩展之中,比如说传宗接代,家庭,家族,血缘,虽然已经不那么直接了,但这些东西还不是本质。"——反之,在自我意识身上,没有什么东西在它看来不是消逝着的环节,它现成在手的只是纯粹的**自为存在**",反之,就是在生命的对方,生命是一方,但是现在生命不是本质了。那么反过来,什么是本质呢? 反之,在自我意识身上才是本质,因为在自我意识身上,没有什么东西在它看来不是消逝着的环节。对于自我意识来说，一切现存的东西，一切以直接的方式出场的东西，都是消逝着的环节。生命也会消逝的，不自由毋宁死，人反正是要死的，迟一点或者早一点而已，但自由是永恒的，自我意识是永恒的。自我意识是本质的东西。在自我意识身上，所有的东西在它看来都是消逝着的环节，所以它现成地来看只是纯粹的自为存在，自为存在打了着重号。在自我意识方面，你如果把生命抽象掉了，那么剩下现成在手的就是一个纯粹的自为存在，也就是自为存在的纯粹抽象，它虽然不等于就是自我意识的纯粹抽象，但它是自我意识现成在手所拥有的。最开始的那个自为存在，当然他自己也以为是存在的，但是其实还不是，它跟他的生命是分不开的，它还不是纯粹的自为存在。但是经过生死斗争以后，它把人的生命跟人的自我意识分开了，那么剩下的自我意识，就拥有了一个纯粹的自为存在，而这就是自由了。自由是纯粹自为的，它可以把自己的生命投入到冒险之中，冒生命的危险而在所不惜，由此可见它的纯粹性，它的自为性。它是一个主动的，独立的，能够支配自己的这样一个自为存在。所以经过生死斗争呢，人的自我意识就更进一步了，就比没有经过生死斗争以前的那种直接把自我意识就当作生命的情况要提高了一个层次，也就是提高到了自由。

一个不曾冒过生命危险的个体，诚然也可以作为**人格**而得到承认；但是它没有达到这种作为一个独立自我意识而被承认的真理性。

这一句话非常精炼，非常关键了。"一个不曾冒过生命危险的个体，诚然也可以作为**人格**而得到承认"，前面是个体，Individuum，后面是人格，Person，人格打了着重号，也可以译作"个人"、"人"。就是凡是人生下来，我们讲，人生而为人，人生而自由，这个人生来已经是一个个体了，也就已经有他的人格了。我们当然可以承认他有自己的人格，哪怕他没有冒过生命危险，只要他生下来他就具有人格，从现代的眼光来看他就具有了人的权利，天赋人权。我们讲天赋人权，不在于他是否冒过生命危险。"但是它没有达到这种作为一个独立自我意识而被承认的真理性"，就是他自己是一个人格，是一个人，但是，他并没有达到那种作为一个独立自我意识而被承认的真理性。他没有冒过生命危险，那么他就没有达到真理性，因为他没有被对方承认为一个独立的自我意识。只有在冒生命危险的时候，经过了生死斗争，他才被承认为一个独立的自我意识，他的个体性、人格性才具有了真理性。在此之前，他当然有自我意识，他有人格，因此他是有确定性的。但是，既然他没有冒过生命危险，所以他的这种确定性就还没有达到这样一种自我意识的真理性，他就没有意识到这种确定性是不是真的。我自己是有确定性的，我自己自认为我是有自我意识的，是独立的，但是，是否是真的呢？还没有得到确证，没有得到确立，因为人家还不承认你。在史前时代，如果你不在生死斗争中展示出你的独立性的话，那么对方不会承认你，会把你当作食物来看待；只有当你展示出你的独立性，你的人格性，而且被别人承认了，那么你的自我意识才具有了真理性，才是真的。黑格尔这里是讲主人和奴隶的关系是如何来的，最初的这种承认关系必须要经过与他人的生死斗争，冒过生命危险才能够真正地被承认为一个人，他的人格才具有真理性。

　　同样每一方必须置他者于死命，正如它自己冒生命危险那样；因为他者不再被它当作它自己；他者的本质对它来说体现为一个他者，外在于它，必须要扬弃其自外存在；他者是受到各种局限而又存在着的意识；它必须将其他在当作纯粹自为存在或绝对的否定来直观。

{112}

　　"同样每一方必须置他者于死命，正如它自己冒生命危险那样"，这个"同样"是跟什么同样呢？是跟前面一句话讲的同样，就是每个人必须自己去冒生命危险，同样每一方必须置他者于死命。如果你不置他者于死命的话，那么你自己也就没有冒生命危险，只有在置他者于死命的时候，我要你死，那么他也没办法了，他也要我死，不是你死就是我活嘛。只有这个时候我们才能把自己投入到一种生死斗争中，才能把自己置于冒生命危险的这样一种境况之中。所以同样，每一方必须置他者于死命，我不置他者于死命,他就会要我的命。"因为他者不再被它当作它自己",他者,本来是被它当作是跟它自己一样的,也是一个人,自我意识本来就是把他者看作自己;但是,在生死斗争中,他者不再被它当作是它自己,"他者的本质对它来说体现为一个他者,外在于它"。他者的本质对他来说完全表现为他者了,就是他跟我是不同的,在我对面的这个他者,它的本质就是他者,它不是我,而是外在于我。所以它不能够成为我的一部分,比如说我要吃掉他,或者是我要奴役他,他当然是不愿意被吃掉或受我奴役的,他也有他的自我意识,他怎么可能服从于我呢? 所以我必须要置他于死地,必须要用死来威胁他,或者就是干脆把他吃掉。我把刀架在他脖子上,你服不服从,要通过置他者于死命来威胁他。因为这个他者不再是被他当作自己,他者的本质对他说来体现为一个他者,外在于他,"必须要扬弃其自外存在"。他者跟我是不同的另外一个人,他外在于我,那么我必须要置他者于死命,这样来扬弃其自外存在。扬弃其自外存在,一方面可以把他吃掉,他就不在我之外了,他就在我肚子里了,那他就是我的一部分了,我就是这样把他当作自己了;另一方面可以把他变成我的奴隶,也就是变成我的左右手,我的一部分,这同样是扬弃了他的自外存在。唯一者及其所有物,唯一者就是我,所有物就是我的奴隶,或者我的食物,那么这个所有物必须扬弃其自外存在,他必须不在我之外存在,至少不在我的控制范围之外存在,我能够控制他,随时可以吃掉他,随时可以支配他。最后一句,"他者是受到各种局限而又存在着的意识;它必须将其他在当作纯粹自为存在或绝对的否定来直观",他者是受到各种局限的,这个 befangenes 可以译作受局限的,也可以译作有偏心的,所谓偏心就是他总是从自己的狭隘立场来看待别人,是有各种狭隘性的。他者他有他自己的立场,他跟我不能够相通,他有他自己的想法,有各种各样的偏见,我揣摩不透他到底在想什么,他有多种的偏爱或者偏心,有多种局限性。但他又是存在着的意识。一方面非我族类其心必异,他的心跟我是完全不一样的,对我来说是陌生人;但又是存在着的意识,就是独立的自我意识了,他有自为存在的确定性。我把它当作他者,这个它就是我,它必须,也就是我必须"将其他在当作纯粹自为存在或绝对的否定来直观"。我面对一个他者,那么这个他者是很古怪的,我不知道他心里在想什么,但是它又存在于我的对面,那么我就必须把这个他在当作是纯粹自为存在或绝对的否定来直观。我把他看作是纯粹的自为存在,他有它他自己的纯粹自为存在,并且他也有他绝对的否定性,我必须这样来直观他,这里用的是 anschauen,直观,表明这是很现实的,要达到真理性就必须有直观的内容。而在这种直观中,这个他在或他者就很危险了,在我面前站着这么一个他者,其心必异,他是存在着的,但是他的内心是不可揣摩的,他有他的自为存在,同时又是绝对的否定。他是肯定要否定我的,肯定要置我于死命的,我是把他者当作一个这样的他者来直观的,anschauen,就是在旁边旁观,我进入不到他里面去,我只有站在他旁边来看他。有这么个他在在我面前,那么我从旁观者的角度来看,他是一个自为存在,他自行其是,他不会听我的命令,他有他绝对的否定,我说什么,他都会说不。那么我要把他变成我自己,怎么办呢?那只有通过生死斗争,只有把他消灭掉,只有把他的自为存在制服,这个就是生死斗争。

好,我们再继续往下。刚才讲了生死斗争,这一段很重要的,就是谈到自我意识两个环节之间的关系,一个是抽象自我意识,另外一个环节是生命,当这双方还没有结合在一起的时候,双方都是抽象的,生命也是抽象的,自我意识也是抽象的。那么两个自我意识双方之间要展开一场生死斗争,就要拿生命来相拼,以确立抽象的自我意识。经过生死斗争,情况会怎么样?下面这段就是继续阐述这种意识的经验了,意识在生死斗争这样一种惨烈的经验之中,它们会得出什么样的结果。

但是,这种经过死亡考验的过程既扬弃了本应由此产生的真理性,同样也因此扬弃了对它自身一般的确定性;因为正如生命是对意识的**自

然肯定，是没有绝对否定性的独立性，同样，死亡就是对意识的**自然**否定，是没有独立性的否定性，因而这种否定就仍然不具有承认所要求的那种含义。

这个"但是"就是一个转折了，经过生死斗争以后，是不是就能够像上面所说的，获得真理性和确定性，乃至于达到真理性和确定性的统一呢？还不一定。他说，"但是这种经过死亡考验的过程"，也就是生死斗争的过程了，"既扬弃了本应由此产生的真理性，同样也因此扬弃了对它自身一般的确定性"。经过死亡考验的过程，这样一个过程扬弃了本应由此产生的真理性，本来是要由此产生真理性的，我要在对方身上确认自己的真理性啊；但是这一过程却把这种本来要产生的真理性扬弃掉了。不但如此，"同样也因此扬弃了对它自身一般的确定性"，也就是连本都保不住了，本来是想在对方身上确认自己的一般确定性，以便达到真理性，现在真理性没达到，确定性也丧失掉了。他本来的目的是这样的。当我碰到一个陌生人的时候，我要置他于死地，以此来证明自己的确定性具有真理性；但是，恰好经过这种死亡考验，经过这种生死斗争，把这样一种本来所想要产生的确定性的真理性扬弃了。为什么会这样？"因为正如生命是对意识的**自然**肯定，是没有绝对否定性的独立性，同样，死亡就是对意识的**自然**否定，是没有独立性的否定性，因而这种否定就仍然不具有承认所要求的那种含义"，这里两个打了着重号的"自然"回答了这个问题。为什么经过死亡考验，经过生死斗争，仍然达不到真理性和确定性，反而把这种最初所设想的真理性和确定性扬弃掉了呢？这里有两个排比句，一个是因为生命的性质，另一个是因为死亡的性质。一方面，生命是对意识的"自然肯定"，是没有绝对否定性的独立性。生命本来跟这个自我意识是相关的，是统一的，但是从生命的立场来对意识加以肯定，这是一种自然的肯定，仅仅是一种自然的肯定；这种自然的肯定是没有绝对否定性的独立性。生命肯定了意识，肯定了自我意识，使得自我意识具有独立性了，我这个自我意识是一个独立的生命了，但是这种独立性,它并不具有绝对的否定性。它可以否定这个那个生命,但都是为了坚持自己的生命,是为了对自身作自然的肯定,所以它的否定性不是绝对的。要具有绝对的否定性,必须超越生命、超越自然,必须是在纯粹抽象的自我意识这样一个层面上面才具有绝对的否定性。但是在目前这个层次上,在生死斗争中,这种独立性还没有达到这一步,它是建立在自然的肯定之上来看待生命的。同样的道理,死亡只是对意识的自然否定,我们由此就可以明白,为什么它还达不到真理性和确定性,因为它的层次还是在自然这个层次上面,提不上去。死亡就是对意识之自然的否定,"是没有独立性的否定性"。死亡,它是否定性,甚至可以说是绝对否定性,死了什么都没有了,人死了就什么都没有了,谈不上了,你有自我意识也好,你有自为存在也好,你想得再好,你死了就什么都没有了。但是单纯的死亡是没有独立性的,它是被死亡的,是被动的否定性,一旦死了就不独立了。所以这种生死斗争中的死亡是对意识的自然否定,是失败者的被否定,而不是像"杀身成仁舍生取义"那样的主动的否定性。在自然这个层面上,它有它的否定性,但这种否定性是没有独立性的。在生死斗争中,死了的那一方已经不存在了,他的自然的身体已经失去了,你还要怎么确证自己? 你本来是要确证自己,在对象上面,在他在上面,让他者来确定自己的自为存在,这才有真理性啊;但是经过生死斗争,对方已经死了,你还要怎么确定? 死了的人就不能够确证你的自为存在了,或者你死了也就不能确证对方的自为存在了。所以你的这个真理性还是没有着落,你面对一具死尸,已经不能得到他的承认,你怎么能够确证自己呢? 所以只要它还停留在自然这个层面上,肯定也好,否定也好,它就既没有真理性也没有确定性。就是它层次没有提高,它本来所想的那样一种真理性和确定性,得到了真理性的那种确定性,在自然的这样一个水平上是达不到的。"因而这种否定就仍然不具有承认所要求的那种含义",这种否定、这种死亡是对意识的自然否定,那么这种否定是不是符合承认的要求呢,不符合。因为你要对方承认的话,你必须首先让对方活着，你虽然置他于死地，但是你不能真的杀死他，你真的杀死他了，那么承认所要求的那种含义也就消失了。承认是两个自我意识之间的一种关系，现在你把对方杀死了，只剩下你一个了，那谈何承认呢？所以死亡的这种否定仍然不具有承认所要求的那种含义。

通过死亡虽然形成了这样的确定性，即双方都曾经冒过生命危险，对于自己的生命以及他者的生命都曾加以蔑视；但这确定性并非对于那些经受过这场斗争的人来说的。

就是通过死亡，也可以说是通过生死斗争，"虽然形成了这样的确定性，即双方都曾经冒过生命危险，对于自己的生命以及他者的生命都曾加以蔑视"，这本身是一种确定性，这种确定性就是说，双方已经经过了生死斗争，已经冒过生命危险了，已经把生命不当回事了，已经拼过命。这就是那种自为存在的确定性，参加斗争的都是具有自为存在的主体。但是，这样一种确定性"并非对于那些经受过这场斗争的人来说的"。就是经受过这场斗争的人，虽然通过死亡形成了这样一种确定性，但是这种确定性并非对于那些当事人来说的，为什么呢，因为当事人其中至少有一方已经死了。我们可以赞扬当事人如何英勇顽强，但对于已经死去的人，这种赞扬没有意义，只对活着的人有意义。你说双方都曾经拼过命，都冒过生命危险，这在投入这场斗争时是有确定性的，但在经历过这场斗争之后却失去了确定性，因为经受过这场斗争的人或者一死一伤，或者同归于尽，所以对于死去的人已经没有确定性了，因而对于活着的人，因为对方已经死了，他的确定性在自然层次上也同样落空了。所以这样一种确定性并不是对于经受过这场斗争的人来说的，要使他们达到这种确定性，以至于达到这种确定性的真理性，还必须有一个层次上的提高。由此他们就开始意识到一种更高的确定性和真理性。

它们扬弃了自己在这种陌生的、本身是自然定在的本质性中所建立 [127] 起来的意识，或者说它们扬弃了自己，并且是作为想要自为存在的**两端**而被扬弃的。

斗争的双方，自己和他者，"它们扬弃了自己在这种陌生的、本身是自然定在的本质性中所建立起来的意识"，就是说这样一种确定性就当事人来说已不存在了，他们扬弃了这样一种意识，什么意识？一种在陌生的本质性中建立起来的意识，也就是在自然定在的本质性中建立起来的意识。生死斗争它的意义并不在于一方活着一方死了，你死我活，它的意义并不在这里，它的确定性也不在这里。如果真的是你死我活的话，它就没有确定性，对于当事人来说就没有确定性。当事人的确定性只是建立在什么上面的呢？建立在扬弃这样一种陌生的、作为自然定在的本质性中建立起来的意识。作为自然定在的本质性对于自我意识来说是陌生的或者是外在的，或者说是异己的，因为自我意识跟生命是不一样的，不在一个层次上面。对于自我意识来说，生命是直接的存在，不由自我意识所支配；而自我意识它是一种自为的存在，它是一种内在的存在。所以双方在这种生死斗争中扬弃了自己在这种陌生的、自然的、有限的存在中建立起来的这样一种意识，扬弃了这样一种仅仅是冒生命危险的生死斗争的意识，它们经过了生死斗争，但是，它们扬弃了生死斗争。因为如果真的是生死斗争的话，它的这种自为存在是得不到真理性、得不到对方的确证的，因为你把对方杀死了，你自己也就无法确证。所以这样一种想象中的确证是必须被扬弃掉的，通过生死斗争来证明自己的独立性，来证明自己的自为存在，这种意识必须要被扬弃掉，这种意识层次太低，它建立在这样一种自然定在的本质性之中，必须把它提高到一种抽象的自我意识层次上来，再来看。所以前面讲到，为什么经过生死斗争，它的真理性和确定性都消失了，都被扬弃了呢，道理就在这里，就是生死斗争当然是必要的，但是，它是一个很低的层次，你想要达到更高的层次，必须从生死斗争里面产生出新的东西来。我们知道主人和奴隶的关系虽然是通过生死斗争确立起来的，但是他们已经不是生死斗争了，主人和奴隶的关系不是你死我活的关系，而是相互合作的关系。最开始当然是生死斗争，但是必须要把它扬弃掉，否则的话，你的自为存在是得不到确定性也得不到真理性的,因为你层次太低嘛。在原始社会就是把对方吃掉,把对方杀死,这你就赢了,赢了又怎么样呢? 你不过还是一个动物,你不过把对方当作你的食物而已,就像吃掉任何一个野兽一样,你把一个人吃掉了,你的自我意识水平并没有提高。所以生死斗争,它只是一个暂时的过渡阶段,它要过渡到什么? 它要过渡到下面一个阶段。"或者说它们扬弃了自己,并且是作为想要自为存在的**两端**而被扬弃的",它们扬弃了自己,就是生死斗争的双方都扬弃了自己,扬弃了自己的什么呢? 扬弃了自己的作为自然的定在,扬弃了它们在自然的定在中,作为自然定在的本质而建立起来的意识。最开始它们自己是这样一种意识,双方都是建立在自然定在的本质中的一种意识,虽然已经是自我意识了,但是还是跟这个自然纠缠不清的,纠缠在生命之中,纠缠在自然定在的存在之中。而这个时候,它们都扬弃了自己,并且是作为想要自为存在的两端而被扬弃的。为什么被扬弃,因为它们各自都想要作为自为存在,它们都想要作为独立的存在,不受对方的限制,不被对方吃掉,而要维持自己的存在,要把对方吃掉,双方都这样想,它们就只是"两端"而已。所以双方的目的还是想要自为存在,这两端都是想要自为存在,它们势不两立;但是,正因为如此,作为想要自为存在的两端都被扬弃了。当然虽然它们层次很低,但是已经表现出它们各自都想要自为存在了,它们就是作为这样一种低层次的自为存在而被扬弃的,但是它们仍然是想要自为存在的,这一点被保留了。所谓扬弃就是既有取消也有保留嘛,它们仍然还是想要自为存在的,但在生死斗争中,最终不可能双方都是自为存在,肯定有一方必须被消灭,这就使得双方都被扬弃了。

但是这样一来,由于这转化的转换而消失的就是这本质的环节,它分解成相互对立的规定性的两端;而中项就塌陷为僵死的统一体,这个统一体分解为僵死的、仅仅是存在着而不是对立着的两端了;并且这两端并不相互地通过意识而将对方送还和取回,而只是听凭相互作为物而漠不相干地放任自流。

转化的转换,这两个词,Wechsel 我们把它翻译成转化,Spiele 我们把它翻译成转换,前面是这样翻译的。"但是这样一来,由于这转化的转换",也就是通过这种交换过程、交替过程,"而消失的就是这本质的环节,它分解成相互对立的规定性的两端"。通过上面的这样一种转换过程,这样一个生死斗争、互相转换地位的过程,你死我活的交互作用过程,其中消失了的就是这本质的环节,这本质的环节是什么环节呢?就是这种生死斗争,生死斗争是一个本质的环节,在这种转换过程中,这样一个本质的环节消失了,它被扬弃了这种在陌生的作为自然定在的本质性中建立起来的意识,因此这个本质的环节就消失了。就是在生死斗争中,通过那种激烈的冲撞,这样一个环节就消失了,它分解成相互对立的规定性的两端了。这个生死斗争中相互对立的规定性,也就是说自我意识和生命,这两方面本来是自我意识的两个环节,在这场生死斗争的过程中呢,就分裂了,生死斗争结束以后,剩下来的就是这两端,相互对立的规定性的两端。"而中项就塌陷为僵死的统一体,这个统一体分解为僵死的、仅仅是存在着而不是对立着的两端了",就是生死斗争本来是自我意识的一个本质环节,它是一定要经过的;但经过了生死斗争以后,这样一个本质的环节就分裂成了两端,相互反对的规定性的两端;而中项,中项就是这个生死斗争了,是这个生死斗争作为一个中项把双方结合在一起的,那么这个中项呢,在生死斗争以后,就塌陷为僵死的统一体。就是说经过生死斗争以后,留下来的仍然有两端,这两端在生死斗争中成为了征服者和被征服者;它们还有联系,但是这个联系已经不是生死斗争了。生死斗争是壮怀激烈的,是惨烈的,但是是生动活跃的,是活生生的;但是经过生死斗争以后剩下来的这个中项就塌陷为僵死的统一体了,经过生死斗争以后,这个关系就固定下来了,有一方成为了主人,另一方成为了奴隶。双方都投入了自己的生命,都是冒过生命危险了的,但最后终于有一方屈服了,为什么屈服,为了保命,为了活命,这是出于生命原则。他知道再没有什么反抗的余地了,如果不投降的话,那你就是死。那么有的人坚决不投降，"不自由毋宁死"，于是就死了，这就不用说了；但是还有一些人怕死，于是就苟活下来了；苟活下来就形成一种关系，他们的中项就不再是你死我活的关系了，而是一种统治和服从的关系。这个统一体就分解为僵死的、仅仅是存在着的而不是对立着的两端了，这样一个统一体的两端，一方面是主人，另一方面是奴隶，那么这两端是僵死的，固定的，它成了一个制度，奴隶制度。奴隶主和奴隶相互之间有一种僵死的对立，但它仅仅是存在着的，而不是对立着的两端，我们说它对立是从他们的身份而言的，但是，他们不再做生死斗争了。他们是存在着的，有奴隶，也有主人。但是奴隶和主人，他们不是对立的，有时候恰好相反，他们是非常和谐的。奴隶和主人在奴隶社会，当然有时候也有奴隶起义，但是一般的情况之下，最初主奴关系是很和谐的，奴隶对主人是非常感激的，因为他没有杀他们，他有不杀之恩，你没有杀我，行，我这一辈子就做牛做马服侍你。所以主奴关系并不是一种绝对对立的关系，不像生死斗争那样，当然它是由生死斗争来的，它经过生死斗争，这个本质的环节现在已经被扬弃了，已经消失掉了，这个时候剩下来的就是一种僵死的统一性，主人和奴隶统一地构成了一个固定的社会关系，他们构成一个社会，就是奴隶社会。奴隶社会是已经固定了的，它的两端已经不再是对立着的，仅仅是存在着。奴隶也存在下来了，失败的一方。没有取他的命，让他存在下来了，那么主人也存在下来了，奴隶也存在下来了，他们仅仅是存在着，而不再是对立的两端，不再作生死斗争。奴隶主也舍不得杀奴隶，那是他的财产啊，他把他杀了，那自己不是没有财产了吗？所以他还要维持奴隶的生命，还要给他吃，给他喝，给他住，还要给他娶老婆，以便世世代代为奴。所以双方都存在下来了，但是双方的关系呢，已经不是对立的两端了。"并且这两端并不相互地通过意识而将对方送还和取回，而只是听凭相互作为物而漠不相干地放任自流"，这两端之间的关系仅仅是一种统治和服从的关系，他们之间没有一种意识的交流，没有意识层面上或者精神层面上的交流，因而并不将对方送还和取回，并没有在对方身上发现自己，主人并不在奴隶身上发现自己，奴隶也并不在主人身上发现自己。主人是高贵的，因为他不怕死，他体现了一种英雄气概，早期奴隶社会是英雄时代嘛，我们在荷马史诗里面看到，英雄跟奴隶是截然不同的，怎么能够在精神上面把他们等同起来呢？在精神上，在意识上，他们是互不相通的。奴隶和主人是互不相通的，他们之能够相通的地方仅仅在于生命这个层次：你没有杀我，你没杀我就感谢你，我就服侍你，我就为你生产，保证你的生活必需品，让你有奢侈的生活，这就是奴隶所做的。所以在精神上，他们是不相通的。这两方面只是听凭相互作为物而漠不相干地放任自流，作为物漠不相干，你是你，我是我，主人是主人，奴隶是奴隶，放任自流，奴隶有奴隶的活法，主人也有主人的活法，作为物来说，他们是漠不相干的，放任自流。主人用的东西，奴隶是不能用的，奴隶用的东西，主人也不会用，他们在物质上互相漠不相干。

它们的行为业绩是抽象的否定，而不是这样一种意识的否定，这种意识在**扬弃**的时候是这样的，它**保存**并**保持住**那被扬弃的东西，因而它经受住自己的被扬弃而活了下来。

它们，也就是这两端，主人和奴隶，是抽象的否定，主人和奴隶是根本不同的，在主人身上没有奴隶的东西，在奴隶身上也没有主人的东西，所以它们的行为业绩、行为的效果，也就是 Tat，是一种抽象的否定，而不是进行扬弃的意识的否定。Tat 来自于 Tun，后者译为"行为"，前者译作"行为业绩"，是行为所造成的效果或事实。在行为业绩上面，在实际行动上，他们不能够混淆，并且是否定关系，主人奴役奴隶，迫使他为自己干活；但是，在意识上面，他们并没有造成扬弃的意识这样一种否定，也就是没有在否定中造成一种身份的转化。那么这种扬弃的意识是什么样的意识呢？"这种意识在**扬弃**的时候是这样的，它**保存**并**保持住**那被扬弃的东西，因而它经受住自己的被扬弃而活了下来"，就是主人和奴隶之间的关系不是这样一种意识的否定，不是这样的扬弃，它保存并保持住那被扬弃者。你瞧不起奴隶，你否定了奴隶，主人是很高贵的，是不能与奴隶同日而语的。但是还并没有达到这一层次，即奴隶意识被它所扬弃，但是同时它又保存并保持住那被扬弃的东西，因而这种意识经受了自己的被扬弃而活下来了。这样一种意识的否定，也就是主奴意识的扬弃，在它们的行为业绩中还并不具有，它们的否定还只是抽象的否定，就是主奴互相否定，但是并不是一种扬弃的否定，就是说主人扬弃奴隶或者奴隶扬弃了主人，不是在主人的意识里面也保留了、保存了被扬弃的奴隶意识，在奴隶的意识里面也能够保存和扬弃主人的意识，这个层面他们还没达到。在主奴关系里面，它们只是一种外在对立，至少在开始的时候，建立起主奴关系的时候，主人和奴隶是绝对不同的，主人是高贵意识，奴隶是卑贱意识，因为这是经过生死斗争而建立起来的，用先烈的鲜血换来的。至于后来的高贵者最卑贱，卑贱者最高贵，这个意识还没有形成。最开始的时候它们是不能混淆的，不容转化的。因此它们绝对否定对方，而不是扬弃对方。所以他讲，它们的行动是抽象的否定，而不是进行扬弃的意识的否定，这种扬弃是这样的，它保存并保持住那被扬弃者，因而意识经受了自己的被扬弃而活了下来。活了下来（überleben）的意思是，这个扬弃的过程是在生命的过程中，在历经磨难活了下来的过程中而进行的，所以这个生命在这个地方，虽然是在意识的层次上，意识在进行自己的扬弃，但是它的底盘仍然是生命，仍然是双方要活下来。它们的活法不同，一步一步地导致了它们的高层次的意识方面发生了一种扬弃。所以最后的这个"活了下来"，看起来好像已经与生命不相干了，但是意识的这种扬弃的否定仍然是以生命作为它的基础的，否则的话，这个奴隶，你把他累死了，他也就达不到后来的高贵意识了。只要他活下来，卑贱意识就会慢慢转化为高贵意识，转化为主人的意识。但如果奴隶被累死了，活不下去了，他就会起义，那就会重组，一切又重头来过。但是他如果能活下来，就会产生出一种意识的扬弃，意识就会产生出一种扬弃的运动，保存并保持住那被扬弃者，它经受了自己的被扬弃而活下来了，那么里面就会产生出新的东西来。这是后面要讲到的。

　　在这种经验里自我意识就觉得，生命与纯粹自我意识对它同样都是本质性的。

　　"在这种经验里"，前面讲的都是经验了，生死斗争，主奴关系的确立，这种僵死的统一体，然后，最后，意识经过了自己的被扬弃而活下来，整个这一个过程都是意识的一个经验过程。精神现象学是意识的经验的科学，主要要考察的就是这种经验过程。"在这种经验里自我意识就觉得，生命与纯粹自我意识对它同样都是本质性的"，通过这样一种经验，自我意识就发现了这一点，就是生命和纯粹自我意识这两个环节对它同样都是本质性的。纯粹自我意识当然是它力求的，它要从生命提升上来。前面我们一直在讲，通过生死斗争而超越生命，将生命置之度外，就是为了达到纯粹自我意识。但是纯粹自我意识通过生死斗争呢，如果对方死了的话，它也达不到它的真理性，于是，它还得让对方活着。首先当然是生死斗争，在死亡的威胁之下有一方屈服，成为了奴隶，活下来了。所以活下来还是很重要的，如果没有活下来，你那个抽象的自我意识怎么能够证明自己的真理性呢？所以它还是必须要活下来，要保持住那被扬弃者，这个是很重要的。所以在这种经验里面，自我意识才意识到了，生命和纯粹自我意识对它来说，同样都是本质性的，两方面缺一不可。虽然它力求要提升到抽象的、纯粹的自我意识，把生命置之度外，但是仍然要在生命危险中挺过来。生命自始至终都贯穿着，你想要摆脱它，但是它又纠缠住你，要真的摆脱它了，那你自己也没有真理性了，甚至也没有确定性了，你只有让对方活着，你才能够有真理性，才有希望。

　　在直接的自我意识中单纯的我是绝对的对象，但这种对象对我们来说或者自在地来说是绝对的中介，并且以持存着的独立性作为本质环节。

　　在直接的自我意识中，这个回到我们的开头了。开头是直接的自我意识，像125页第4行[贺、王译本]一开头这句话讲的："自我意识最初是单纯的自为存在,通过排斥一切**他者于自身之外**而自己与自己相等同,它们的本质和绝对的对象对它来说是自我",这就是直接的自我意识。这个地方回到最初的那种直接自我意识,我等于我,我就是我的抽象。"在直接的自我意识中单纯的我是绝对的对象",最初的那种起点就是把单纯的我当作绝对对象,除了我以外,我什么都不思考了,只有一个我思,我思故我在,把我思当作绝对的对象,其他东西你都暂时不要考虑,这就是直接的自我意识。"但这种对象对我们来说或者自在地来说是绝对的中介",对我们来说,这个"我们"是谁啊?这个我们是旁观者,是我们研究《精神现象学》的人,是黑格尔本人和读《精神现象学》的读者们。对我们旁观者来说,我们旁观者清,所以我们看到的就是那"自在"的样子,也就是客观的样子。在经验中的自我意识,它还没有意识到这一点,但是对于旁观者,已经看得出来了,就是这种对象对我们来说或者自在地,是绝对的中介。就是说,在我们眼睛里看到的是它自在地所是的那个样子,而不是它自以为的那个样子,就是它本来的样子,它本身的那个样子就是绝对的中介。这样一种对象最开始的时候是直接的对象,是没有间接性的,但是在旁观者看来,它恰好是绝对的中介,或者说是绝对的间接性。我等于我,这最开始好像是直接的,但是旁观者清,旁观者看得出来,这其实是一个绝对的中介,绝对的间接性。"并且以持存着的独立性作为本质环节",这个绝对的中介,它是以持存着的独立性作为本质环节的,我等于我,这个自我意识的起点,它并不只是一个点,而是保持为一条直线,以持存着的独立性作为本质环节的,它就是在强调这种独立性是一直持存着的。笛卡儿说,"我思故我在",我什么时候存在呢?我什么时候思,我就什么时候存在,所以这个存在无非意味着我思的持存性。所以我们旁观者看出来,自我这个对象是以持存着的独立性作为本质环节的。这是一般原理,它为后面讲的主奴关系作了铺垫,就是说你要在奴隶身上实现自己的自我意识的真理,你就得把奴隶看作具有持存的独立性的,但最初主人并没有意识到这一点,而只是由"我们"看出这一点。

　　那种单纯的统一性之消融是初次经验的结果；通过这经验一个纯粹的自我意识和一个不是纯粹自为的、而是为他的意识，也就是作为**存在着的**意识或者**物性**形态中的意识，就建立起来了。

　　"那种单纯的统一性之消融"，最初的那种直接的自我意识是单纯的统一性，但是那种单纯的统一性，它被消融了，在它的间接性过程中被消解了，因为在我们旁观者看起来它是绝对的中介，所以它是要消融掉的，它不能够固执下来，坚持不变。这是初次经验的结果，一旦放入经验中，它的那种单纯的统一性就消融、就解体了，就溶化了。所以那种直接抽象的自我意识，必须要通过经验，把它投入到经验中，你才能发现它真正的本质何在；你要看到它的本质，你就必须经验它；但是你一旦经验它，你把它投入到欲望和生命乃至于生死斗争的洪流里面，那种单纯的统一性就解体了，这场斗争的结果就是你的单纯的统一性的消融。你最初的那种"我就是我"就消融，就解体了，我已经不是我了。我当然还是我，但是，我是借助于别人才是我，并不是说，我单独地 A=A，我就是我，我借此就独立了，这是假象。你一个人独立看看，你脱离了这个社会，你没有这个社会，你如何独立？你一个人无法生活。所以在生死斗争中，以及在通过生死斗争所形成的社会关系中，那种单纯的统一性就消融了，这是初次经验的结果，最初的社会性的经验就是生死斗争。原始社会人的经验还不是真正的社会经验，那基本上还是动物性的家族经验；但是人作为社会的存在者，他的初次经验，就是这种单纯的统一性的消融和解体。"通过这经验一个纯粹的自我意识和一个不是纯粹自为的、而是为他的意识"就建立起来了。通过这种经验，一个纯粹自我意识，比如说主人，他还是坚持他自己是一个纯粹自我意识；和一个不是自为的，而是为他的意识，比如说奴隶，奴隶不是自为的，奴隶是为他的，他是为了主人而活着的，因为主人让他活着啊，主人有不杀之恩，给他留了一条命，那么他这一条命就是主人给的，所以他就是为主人而活着的，——这样一个为他的意识就建立起来了。这个为他的意识"也就是作为**存在着的**

意识或者**物性**形态中的意识"，就是对他还"活着"的这样一个意识，只是他活得不像人，而像动物，像牛马，所以是"物性形态"的意识。奴隶意识只是一种物性形态中的意识，他是一个物，一个动物，他把自己看得跟牛和马是一样的，跟牲口是一样的。奴隶主对奴隶就是这样看的，奴隶主把奴隶看作是跟他的牛和马差不多的，都是他的工具，不过是会说话的工具，所以他是一个物；那么奴隶自己也是这样看的，我就是一条命嘛，牛和马也有一条命，那么我跟牛和马有什么区别呢？只要主人不杀我，留了我这条命，那么我什么东西都是主人的，我没有自己的意识，我只有对我自己这条命的意识，其他的意识都是主人的，连这条命都是主人给的。所以这样一个为他的意识、也就是奴隶意识就建立起来了。

两个环节都是本质性的；——因为它们最初是不平等的并且是对立着的，而它们向统一性的反思还没有发生，所以它们就作为两个相对立的意识形态而存在着；

我们来看这半句。"两个环节都是本质性的"，一个环节是主人的意识，另外一个环节是奴隶意识。主人意识是纯粹自我意识，主人还是保存了他的纯粹自我意识，我就是我，跟他的最初的出发点是一贯的，没有改变；而另外一端就是一个不是纯粹自为的、而是为他的意识，是一个存在着的意识或者说一个物性形态中的意识，这样一个意识也建立起来了。这双方，两个环节，都是本质性的。因为奴隶的那种意识看起来好像不是本质性的，但其实也是，因为奴隶跟牛马毕竟不一样，而且如果没有奴隶意识，主人意识也没有了着落，这一点后面马上要看出来。"——因为它们最初是不平等的并且是对立着的，而它们向统一性的反思还没有发生，所以它们就作为两个相对立的意识形态而存在着"，两个环节都是本质性的，但是，它们最初是不平等的。我们前面讲到，它们双方的关系体现出非等同的方面，或者说不平等的方面，它们双方不平等。所以这里也可以理解为，因为它们最初是不平等的，并且是对立着的，主人和奴隶是对立着的，它们向统一性的反思还没有发生。主奴关系本来是统一的，但是最初它们没有意识到，它们还是处于对立之中，以不平等的方式出现。当然这种对立已经不是那种生死斗争了，但是，仍然是对立的，主人和奴隶是不相通的，是两个不同的阶级，是阶级对立。而他们的统一性的反思还没有发生，这个统一性的反思一直要到最后，一直要到斯多葛派才发生，在斯多葛派那里，奴隶和主人都是平等的，在上帝面前人人平等，人人的灵魂都是平等的。但在这个时候主人和奴隶的统一性还没有发生，它们向统一性的反思还没有发生，它们还没有反思到主人和奴隶都是人，都是平等的，这一点，这个反思还没有达到，双方还是处于不平等之中。所以它们就作为两个相对立的意识形态而存在着，一个是主人意识，一个是奴隶意识，或者说一个是高贵意识，一个是卑贱意识。

其中一个是独立的形态，对它来说自为存在是本质，另一个是依赖的形态，对它来说生命或为他者而存在是本质；前者是**主人**，后者是**奴隶**。

这种对立是这样的，它们作为两个正相对立的意识形态而存在着，怎么对立的呢？"其中一个是独立的形态，对它来说自为存在是本质"，主人认为自为存在才是本质，独立存在是本质，纯粹自我意识是本质；"另一个则是依赖的形态，对它来说生命或为他者而存在是本质"。对于奴隶来说，生命是本质，奴隶要活命啊。主人是因为不怕死，把生命看得很贱，所以他成了主人，不怕死的就成为了主人；奴隶是因为怕死才成为奴隶，如果他当初不怕死，也许他就死了，那就不存在了。但是他活下来了，为什么活下来了？因为怕死嘛，怕死的才成为奴隶。怕死是什么呢，是把生命看得很重。所以对于另一个来说，对于这样一种依赖的形态，生命才是本质，生命是最重要的，至于自我意识的独立，这个可以放弃，我可以"为他者而存在"，不要自我意识的独立，我可以为你服务。所以对奴隶而言，生命或为他者而存在是本质。两个人的观念是不一样的，主人把自我的独立看作是本质，奴隶把自己的生命看作是本质，把自己为他者服务看作是本质。既然主人留了你一条命，那你就要为他服务啊，这是你的本分，奴隶的本分就是要为主人考虑，为主人做事情，而主人是不考虑的，主人是利用奴隶的，他是独立的。"前者是**主人**，或者是**奴隶**"，这就是主奴关系的确立。

〔Ⅲ. 主人与奴隶〕

〔1. 统治〕

下面这几段，标题是"主人与奴隶"，这是接着前面讲的"双重的自我意识"和"对立的自我意识的斗争"下来的第三个主题，也是顺着讲下来的：先讲自我意识的矛盾结构，再讲自我意识之间的对立和斗争，最后才确立了主人和奴隶的话题。这个话题下面包括三个小的标题，是"统治"、"恐惧"和"教养或赋形"，分别是从主人、奴隶和主奴关系来立论的。我们先来看主人和奴隶的关系的第一方面即主人方面，这就是是统治。

> **主人**是**自为**存在着的意识，但已不再只是自为存在着的意识的概念，而是通过**另一个**意识作为自己中介的自为存在着的意识，亦即通过这样一个意识，属于它的本质的是，它与独立的**存在**或与一般物性综合在一起。 [113]

"主人是**自为**存在着的意识"，这个我们一开始就讲到了，这是自我意识的开端，自我意识的起点就是自为存在，是自为存在的意识，而主人保持了这个起点，一直坚持下来了，他坚持自己的自为存在的意识。但是，在主人这个阶段，已经跟那种抽象的自我意识不一样了，不一样的地方就在于它"已不再只是自为存在着的意识的概念，而是通过**另一个**意识作自己的中介的自为存在着的意识"。自为存在着的意识在它的开端处，它只是一个概念；但是我们现在有了经验了，我们经过了生死斗争，主人是经过生死斗争才成为主人的；那么这个时候，他坚持他早年的这种自为存在着的意识，但是不是把它当作概念来坚持，而是当作一种经验了。这种经验里面有另一个自我意识作为自己的中介，他是靠另外一个意识——也就是说奴隶——作为自己的中介，才能够自为存在着的。他靠奴隶劳动养活他，所以他不必为了自己的生计去奔波，他也不必考虑自己的生命受到威胁，一切事情都有奴隶帮他做了，所以他能够维持自己的自为存在。这就不仅仅是一个自为存在着的意识的"概念"了，而是一种自为存在着的意识的经验，他已经有了经验，已经有了用另外一个意识作为自己的中介的经验。"亦即通过这样一个意识，属于它的本质的是，它与独立的**存在**或与一般物性综合在一起"，这就是解释"另一个意识"，主人通过另一个意识作为自己的中介，那么另一个意识是一个什么样的意识呢？是具有这样一种本质的意识，即它与独立的存在或与一般物性综合在一起。也就是说奴隶的意识是这样一个意识，它的本质里面包含有这样的内容，什么内容？就是它是与一个独立的存在或与一般物性综合在一起的。物性，Dingheit，Ding 就是物，-heit 就是 - 性，Dingheit 就是物性，物的性质，事物的性质。独立的存在，"存在"打了着重号，就是说一个独立的存在，一个非常直接的、未经加工改造的存在，万物都是独立存在的，不以人的意志为转移地存在的。那么奴隶呢，就是跟万物的独立存在打交道的。奴隶就是要跟这样的不以人的意志为转移的存在打交道，对它加工改造，也就是加以综合，它要把物性综合进来，这是它的本质。奴隶的作用就是把万物综合起来对它们加以加工，在上面打上自己意志的烙印，打上人工的痕迹，使它们能够便于为人所用。奴隶就是干这个的，就是为了主人而去加工物，把物加以综合。这里用了一个"综合"，一个逻辑名词，就是把一般物性综合起来，把它据为己有，把外在的物据为己有。但是他不是为了自己，而是为了主人，为他的主人而据为己有，据为己有以后，然后奉献给主人。他是做这样一个工作的。

　　主人与这两个环节都有联系，一方面与一个**物**本身相联系，这物是

[128] 欲望的对象，另一方面与意识相联系，对这个意识来说，物性是本质的东西；

　　我们来看这半句。主人与这两个环节都有联系，这两个环节是什么环节？就是前面讲的，一个是另一个意识，一个是和这意识综合在一起

的物性或独立存在。就是说，在主人面前有两个环节，一个是他的奴隶，另一个是他要通过这奴隶去加工的那个自然界，那些物。这两个环节都在他面前，"主人与这两个环节都有联系，一方面与一个**物**本身相联系，这物是欲望的对象"。主人要奴隶去加工那个物，为什么呢？因为那个物是欲望的对象嘛，你要把它找来，你要把它给我煮熟，那么我就可以享用了，我就可以吃它了，所以这个物是欲望的对象。这个物在主人面前，它是作为欲望的对象的环节，主人与它是有联系的。另一方面与意识相联系，这个意识当然是奴隶的意识了，他与奴隶的意识相联系。"对这个意识来说，物性是本质的东西"，对于这个奴隶意识来说，物性是本质的东西，这个奴隶本身就是物性，他是主人的工具嘛，他是主人的牛马，主人有很多很多的财产，其中除了那些他直接享用的财产以外，还有奴隶。所以奴隶对主人来说是物性的东西，是动物性的存在。奴隶与物打交道，实际上是物与物打交道，所以这两者其实都是物性的。在主人面前，他有两种物性的东西，一种是死物，一种是活物，那么这个意识是活物，虽然它其实是意识，但是，主人是把这种意识当作活物来处理的。

而由于主人 a) 作为自我意识的概念是**自为存在**的直接联系，但是 b) 从现在起同时又是作为中介，或作为一个只有通过他者才是自为存在的自为存在，所以，主人就 a) 直接地与双方相联系，b) 间接地与每一方通过另一方相联系。

"由于主人"，有两个层次，"a) 作为自我意识的概念是**自为存在**的直接联系"，我们刚才讲，主人就是要把自我意识的自为存在贯通下来，把它坚持下来，主人一直就是独立的，我等于我。在主人的意识中，在他心目中，我就是我，我不是任何别的，所以他是一种自为存在的直接联系。主人作为自我意识的概念，他首先是自为存在的直接联系，我只跟我自己相联系，这是他的根本，我是唯一者，我只是唯一地维持我自己的自我联系。但是 "b) 从现在起同时又是作为中介，或作为一个只有通过他者才是自为存在的自为存在"。主人同时又有另一方面，第一方面是直接性,这个第二方面则是间接性,就是从现在起,现在他有了奴隶啊,主人现在战胜了,他有了战争奴隶了,他有很多人供他支配了,所以从现在起,他同时又是作为中介,或作为一个只有通过他者才是自为存在的自为存在。当然他还是自为存在,但这个自为存在现在只有通过中介,只有通过他者才是自为的。我当然还是我,但是现在"我是我"就不是一个抽象的概念了,而是一种经验,我如何是我? 我昨天是我,今天是我,明天还是我,永远,在我死之前还是我,——那就要用奴隶来保障,要有人来为我工作。否则的话,我就有可能成为不是我,我就有可能成为别人的奴隶,为别人工作,那"我是我"就得不到保障了,"我是我"就不能够坚持下来了。我要坚持下来,我就必须拥有奴隶,我必须成为奴隶主,只有通过他者我才是自为的,才能够想干什么就干什么。这就是在经验的层面上,主人成为了间接性的。在抽象概念的层面上,他当然是直接性的,主人还一直保持着这种直接性;但在经验中,他成了一种间接性的自为存在。由于有这两个层次,一个是概念层次,一个是经验层次,或者一个是直接层次,一个是间接层次,所以下面讲,"所以,主人就 a) 直接地与双方相联系 b) 间接地与每一方通过另一方相联系"。这里所证明的就是上面讲的:"主人与这两个环节都有联系,一方面与一个**物**本身相联系,这物是欲望的对象,另一方面与意识相联系,对这个意识来说,物性是本质的东西"。正是由于主人有这两个层次,一个是抽象概念的自我意识,一个是经验中的自为存在,所以主人就一方面直接地与双方相联系。直接地与双方相联系,就是保持他的这种直接的自我同一性,自为性,我等于我,我还是我,那么以我还是我的这样一种直接的身份与双方相联系,也就是你们都是我的所有物,唯一者及其所有物。主人是唯一者,但是他有他的财产,他的财产一个是欲望的对象,一个是奴隶,这两种物都直接属于他。那么这种联系是直接的,奴隶主占有了奴隶,和他的所有的财产,这是直接的。另一方面,间接地与每一方通过另一方相联系。除了那种直接的关系,抽象的拥有关系、财产关系以外,还有一种关系,就是间接地与每一方通过另一方相联系。与每一方相联系，"每一方"有两方，一方是物，一方是奴隶，或者说意识，一个是物，一个是意识。一方是有意识的奴隶，另外一方是无意识的物，主人分别和它们打交道时，都是间接地通过另一方与之相联系，通过奴隶与物相联系，通过物又与奴隶相联系，这是种间接的联系，跟前面的那种直接的拥有不一样了。直接的拥有，那是法律上的，是抽象的拥有权，这些都是你的；但是你真正要拥有，你还得管理，你的这些财产，你的这些奴隶，你怎么管理它？你就必须用你的奴隶去生产你的财产，又用你的财产去养活你的奴隶，你才能真正拥有你的财产和奴隶，否则的话，那只是抽象的，法律意义上的拥有。你直接拥有，当然凭你的自由意志，你想把它们怎么样就怎么样，想把它们全部卖掉也可以，送人也可以，你想用它们也可以；但是你一旦用它们，那你就面临着间接的关系，你就要通过一个中介，用一方去支配另一方。你想要建起来一座房子，你就要驱使你的奴隶去建，而你要能够支配这些奴隶，你就必须养活他们，给他们饭吃，给他们住的地方，你就要消耗物。所以物和奴隶这两个方面是互为中介的，间接地通过另一方与每一方相联系。

　　主人通过独立存在间接地与奴隶相联系；因为正是靠这种联系，奴隶才得到维持；这就是奴隶在斗争中未能挣脱的锁链，并且因此证明了他自己不是独立的，他只在物性中才拥有独立性。

　　这是一个方面，就是"主人**通过独立存在间接地与奴隶**相联系"，打了着重号的地方是说明这一方面的关系模式，它与下面要讲的关系模式即"通过奴隶间接地与物相联系"，形成一个对照，构成主奴关系的两方面。独立存在我们刚才讲了，就是不以人的意识为转移的物，物的存在，财产，你的那些东西，你所拥有的那些东西，你的粮食，你的衣物，你必须要通过这些独立的存在间接地与奴隶相联系，你要用这些东西来养活奴隶。主人以此来与奴隶相联系，因为正是靠着这种联系，奴隶才得到维持。如果奴隶没饭吃就会饿死，没有衣服穿就会冻死，那你就没有奴隶了。你要维持奴隶，你就必须要运用你所掌握的物质，你要有物质基础你才能养活奴隶，你如果养不起奴隶，那你还不如干脆把他们都放掉，或者把他们都卖掉。"这就是奴隶在斗争中未能挣脱的锁链，并且因此证明了他自己不是独立的，他只在物性中才拥有独立性"，就是说，主人通过独立存在来养活他的奴隶，主人掌握了大量的物质来养活奴隶，但是同时呢，这是奴隶在斗争中所没有能够挣脱的锁链，在生死斗争中，他就没有能够挣脱，因为他要活下去。那么主人说，我让你活下去，我给你衣食，让你活下去，那么这种衣食同时就成为了奴隶的锁链。他缺衣少食他就会饿死冻死，所以他没办法，他就必须要服从这样一些锁链。当然除了衣食以外还有别的，比如说主人掌握了武器，主人有武器，而奴隶在生死斗争中早就已经被缴械了，他手无寸铁，那么主人的武器也就成为他的锁链。总而言之，物掌握在奴隶主的手里面，这些都构成了对奴隶的锁链，他在生死斗争中就没有能够挣脱。"并且因此证明了他自己不是独立的，他只在物性中才拥有独立性"，这就证明了奴隶不是独立的，奴隶只有在物性中才拥有独立性，这个可以理解为，奴隶在主人面前不是独立的，他只有在面对物并且对物进行加工的情况下才有独立性。主人要他干什么他就得干什么，但是主人养活他是为了什么，就是为了让他去处理物的问题。那么在处理物的问题的时候，主人并不是说时时刻刻地盯在旁边的，他只是派奴隶自己去做。那么奴隶在面对物的时候，他是有独立性的，他可以用自己的意志去处理物，尽管这个意志是主人吩咐的，但毕竟要他自己去做，去行使他的意志。所以他凭借自己的意志可以加工和改变物的形态，这个时候他才具有独立性。但仅此而已，他是在为主人服务的过程中有限地展示了他的独立性，主人吩咐他：你去对付物去，你把你的聪明才智，把你的能力展示在物上面，你为我加工，为我制造奢侈品，为我制造生活用品，要好好干，干得漂亮，在这方面发挥你的能耐。那么奴隶只有在这个时候呢，才拥有独立性。

　　但是主人是支配这种存在的力量，因为他在斗争中证明了这种存在对于他而言只被当作一种否定的东西；由于主人是支配存在的力量，而这种存在又是支配他者的力量，所以通过这个推论，主人就把这个他者隶属于自己之下了。

这奴隶在物性中，他可以拥有独立性，但是，"主人是支配这种存在的力量"，这种物性，这种存在，归根结底是受主人支配的。奴隶没有支配权，奴隶只是被分配去做这种工作，去跟物打交道。但是这个物是谁的呢？这个物并不是奴隶的，奴隶去加工的那个物并不属于他自己，而属于主人。主人之所以是支配这种存在的力量，"因为他在斗争中证明了这种存在对于他而言只被当作一种否定的东西"。这种存在也包括奴隶本身的生存，奴隶也是被当作物嘛，也是被当作一种有生命的存在，一种动物。那么这种存在对于奴隶主而言，只被当作一种否定的东西，就是说主人在生死斗争中已经证明他把生命不当回事，把生命的存在、把自然的存在都不当回事，所以他才能够拥有奴隶的生命，也才能够拥有他的财产。奴隶的生命和其他的物都属于他的财产，都是他所支配的存在，这个存在只被当作一种否定的东西。最开始他是冒着生命危险，他是把它当作一种否定的东西，可以取消的、可以放弃的东西，所以他才拥有了支配它们的力量。"由于主人是支配存在的力量，而这种存在又是支配他者的力量，所以通过这个推论，主人就把这个他者隶属于自己之下了"，由于主人是支配存在的力量，这个前面已经讲了，主人支配存在，所有这些存在都是属于主人的，包括奴隶的生命，包括奴隶所加工的那些物，都是属于主人的。而这种存在又是支配他者的力量，他者在这个地方当然是指奴隶了，主人的他者就是指奴隶了，主人利用存在的物性来支配奴隶。"所以通过这个推论"——这是一个推论，这是顺理成章的，主人支配物，物支配奴隶，所以主人支配奴隶——通过这个推论，主人就把这个他者，也就是把奴隶，隶属于自己之下了，主奴关系由此就建立起来了。主人把奴隶隶属于自己——这奴隶属于我了，怎么属于我的呢，我通过支配物来支配奴隶，这些物可以支配奴隶。主人是支配存在的力

191

量,而这种存在又是支配他者的力量,支配奴隶的力量。主人跟两个环节打交道,一个环节是物,另外一个环节是奴隶,主人通过支配物而支配了奴隶,这是一个方面。下面是另外一个方面。

同样,主人通过奴隶间接地与物发生联系;奴隶作为一般自我意识也对物发生否定的联系并对之加以扬弃;但是对于奴隶来说,物同时又是独立的,因此通过他的否定作用他不能一下子就把物消灭掉,或者说他只是对物做加工改造。

这是另一方面,"同样主人**通过奴隶间接地与物**发生联系"。这里的着重号与上面打了着重号的地方相呼应,构成两个方面:一方面是通过物间接地与奴隶发生联系,来支配奴隶,通过支配物来支配奴隶;另一方面呢,通过奴隶间接地和物发生关系,通过支配奴隶来支配物。我命令奴隶去加工物,这是另一方面的关系。"奴隶作为一般自我意识也对物发生否定的联系并对之加以扬弃",奴隶也有自我意识,他是一般自我意识,那么当然在物面前,奴隶也有一种否定的联系,他在一定程度上也可以支配物,你把一个物交到他手里让他去加工,他当然可以支配这个物了,所以他可以跟这个物发生否定的联系并对之加以扬弃。这样一个物经过奴隶的加工,它已经面目全非了,它本来是生的,现在变成熟的了,它就被扬弃了,用恩格斯的话说,它不再是"自在之物",而成了"为我之物"了。"但是对于奴隶来说,物同时又是独立的,因此通过他的否定作用他不能一下子就把物消灭掉,或者说他只是对物做**加工改造**",这是奴隶对于物的关系,一方面奴隶可以支配物,是主人要他支配的,而他作为自我意识确实也能够支配,主人为什么不要一头牛一匹马去干这个活呢?因为那个活,牛马干不了,牛马只能做笨活,但是你要加工一个东西,那只有奴隶去干。就是因为奴隶有自我意识,所以主人才要奴隶去做这件事情,对物发生否定的联系并对之加以扬弃。但是对于奴隶来说,物同时又是独立的,因为这个物不是他的物,它是属于主人的。这个物,它本身是隶属于主人的独立性之下的,奴隶只不过是主人吩咐他去加工这个物，但这个物并不是他的，他不占有这个物，物有它的独立性。因此通过他的否定作用他不能一下子就把物消灭掉，他能够否定这个物，加工这个物，把它加工成别的样子，但是他不能够把它吃掉。主人吩咐他，你去加工这块肉，你把它做熟，他不能做熟了就把它吃掉，那是不行的，因为这块肉还是主人的，他只是一个厨子，他只负责把这块肉煮熟。所以通过他的否定作用，通过他的煮熟，他不能一下子就把物消灭掉，不能把它吃掉。或者说他只是对物做加工改造。他只能是帮主人去加工这个物，加工完了，他还得把这个物奉献给主人，他还得把这个物留在那里，主人没有回家，他得放在那里等着主人回家来吃。所以他做的工作只是一个加工改造的工作，这是另外一方面。主人利用这两个环节互相作用，一方面用物来养活奴隶，一方面用奴隶去加工物。

反之，对主人而言，通过这种中介，对物的**直接**联系就**成为**对物的纯粹否定或者说**享受**；欲望所没有做到的事，被他借此成功做到了，他成功地在享受中满足了自己。

主人跟奴隶不同，"通过这种中介"，通过利用奴隶去加工物，主人"**对物的直接**联系就**成为**对物的纯粹否定或者说**享受**"。主人和物的直接联系就变成了亲自去否定这个物，也就是享受这个物。主人在权利上面、在法律上面直接拥有这个物，但是这种直接拥有还没有成为现实，你没有吃到嘴里面，得到享受，那么这种拥有毕竟是抽象的拥有。只有当你享受这个物的时候，你才是现实地直接拥有。所以这种直接的联系就成为了对物的纯粹否定了，你享用了物，你吃掉这个物，你用旧了这个物，这个物才对你有一种直接的联系。但这种从拥有到享受的过程又是通过中介而实现出来的，主人是通过这种中介才使对物的直接的联系"成为"了享受。所以这种直接联系还是间接的，是间接地通过奴隶与物的联系，通过奴隶把这个物加工好了以后，才实现的，主人才直接地与物相联系。直接性和间接性在这里有一种谁也离不开谁的关系，直接的联系必须通过间接性，通过奴隶的加工，才能得到。所以对物的纯粹否定就是享受，主人和物的直接关系就成为了享受，享受就是对物的消灭，或者说就是对物的消费。"欲望所没有做到的事，被他借此成功做到了，他成功地在享受中满足了自己"，欲望没有做到的事。他有欲望，但是单凭欲望却做不到，他享受不到，所以他要奴隶去做，奴隶是专门干这个的。通过这种间接的方式，欲望所没有做到的事情被他借此成功地做到了，他成功地在享受中得到了满足。

　　欲望做不到这一点，是因为物的独立性；但是主人，把奴隶插进物与自己之间，由此而只把他自己与物的非独立性相结合，而光是对物加以享受；但是他把对那独立性的一面托付给奴隶，让奴隶去加工物。

　　欲望做不到这一点，做不到什么呢？是说你想要什么，你马上就可以享受到什么，这是单凭欲望所做不到的，因为那个对象，它有它的独立性啊，对象是不以人的意志为转移的啊！所以欲望做不到这一点，不是说你有欲望你就能在享受中得到满足的，因为物有独立性。"但是主人，把奴隶插进物与自己之间，由此而只把他自己与物的非独立性相结合，而光是对物加以享受；但是他把对那独立性的一面托付给奴隶，让奴隶去加工物"，这就是主人的一种"理性的狡计"了。他把奴隶插入中间，因为这个物，他想要吃它，但是这个食物它太生硬了，他弄不熟，那么让奴隶去弄，让我的厨师去弄，他就在自己的欲望和对象之间插入了一个奴隶，奴隶帮他把这个物弄熟了，能够吃了。欲望直接做不到这一点，是因为物有它的独立性；但是主人"把奴隶插进物与自己之间，由此而只把他自己与物的非独立性相结合"，也就是经过奴隶的加工以后，物已经显露出它的非独立性了，它已经不再拒斥人了，变得可享用了，所以主人现在就可以去享用它，把自己与物的非独立性相结合，不必自己动手，"而光是对物加以享受"了。"但是它把那独立性的一面"——物，本来有独立性的一面——"托付给奴隶，让奴隶去加工物"，他让奴隶去对付物的独立性，物既然不以人的意志为转移，那么你奴隶，用你的意志去转移它。它本来有不以人的意志为转移的独立性，那么奴隶也有意志，有自我意识，所以奴隶可以用自己的意志去转变它，把它的这种独立性变成非独立性，那么剩下的事就是由主人光是去享受了。主人把独立性的一面托付给奴隶，让奴隶去加工物，这个是主奴关系中很重要的一方面，甚至于比前一方面更重要。前一方面就是主人通过物来养活了奴隶，来束缚了奴隶，后面这一方面，主人通过奴隶去加工物，来获得自己对生活必需品的满足。但是，把物托付给奴隶去对付，这个里头就要做出文章来了。前面那一部分很好理解，也很简单，你养活了奴隶，奴隶是你的财产，你用你的财产养活了你的财产，那是你自己的事。但是现在你把物托付给奴隶，你养活奴隶为了什么，就是要托付他去做一些使他自己具有独立性的事情，使他用自己的独立性去克服物的独立性，那么这个里头就有文章可做了。这个问题我们等下一次再来交代。今天就到这里。

＊　　　　　＊　　　　　＊

上次讲到主人和奴隶这一部分，第一个小标题是统治。统治主要就是从主人的角度来谈主奴关系，统治可以说就是"主人性"，Herrschaft，Herr 就是主人，Herrschaft，就是统治，实际上就是主人性。所以这一部分是从主人的角度来谈主奴关系。下面一个小标题是恐惧，就是从奴隶的角度来谈主奴关系。当然这些小标题都是德文拉松版编者加的。统治这一段，最终归结为主人所拥有的两个环节：一个是对物的享受，另一个就是对物的加工改造，但是这个加工改造并不是主人自己去做，而是用奴隶去做。他把奴隶插入到自己和物之间，让奴隶去对付物的独立性，而自己去享受物的不独立性。这就是主人的两个环节。

在这两个环节里，对主人来说，他的被承认是通过另一意识而形成的；因为这另一意识在两个环节中是作为非本质的东西而建立起来的，一方面由于对物的加工改造，另一方面是他依附一个确定的定在，在两种情况下，他都不能成为他的存在的主宰而达到绝对的否定性。

在这两个环节中，主人得到了承认，主人建立起让奴隶去加工物、而由他自己来享受的模式，而奴隶认了，这就是一种承认的模式。他命令奴隶去加工物，奴隶承认了，他想做什么，奴隶就帮他去做。在这里主人得到了奴隶的承认，他的权威，他的统治，或者他的主人性，得到了奴隶的承认。但是，"对于主人而言，他的被承认是通过另一意识而形成的"，奴隶不是物，虽然他把奴隶当作牛马，但是奴隶也是有意识的。所以他们的关系不是主人和物的关系，而是主人和另一个意识的关系，在这个意识关系中，主人才得到了承认。所以这样一种承认是通过另一个意识而得以形成的。"因为这另一意识在两个环节中是作为非本质的东西而建立起来的，一方面由于对物的加工改造，另一方面是他依附一个确定的定在"，这两个环节就是主人的那两个环节，一个是物，一个是对物的加工，也就是物的独立性和物的非独立性。而在这两个环节中，奴隶是非本质的环节，奴隶对这两个环节都没有主宰权。当然，奴隶对物有加工，但是这个加工是主人让他做的，他不能主宰，不能决定自己要加工哪一个东西，要加工成什么样子，这些都必须要听从主人的命令。所以，在这两个环节中，奴隶都是非本质的。当然，物的享受他更加没份，那是供主人来享受的。奴隶既不能享受物，他的加工物也不是由他自己所决定的，所以在这两个环节中，他都是非本质的，是作为非本质的东西建立起来的，他被插入到两个环节之中，被利用来加工这个物，他是被利用的，因此他是非本质的。一方面是奴隶对物的加工改造，另一方面他依附于一个确定的定在，也就是依附于他的主人，他的一切作为都是依附于他的主人来做的。他的主人已经确定了，至于他将面临什么样的物，面临什么样的对象，那个不确定，那个由主人来确定。但是他要依附于主人，这一点是确定了的。"在两种情况下，他都不能成为他的存在的主宰，达到绝对的否定性"，这两种情况，即他的加工以及他依附于他的主人，这两方面他都不是主宰。虽然他对物加工，对物来说已经形成了一种支配，但并不是由他自己能够直接支配的，而是秉承主人的意志，听从主人的命令去支配的。所以在这两方面，他都不能成为他存在的主宰，达到绝对的否定。绝对的否定，就是从根子上面，这种否定由他自己发出来，但这种否定他没有，这种否定来源于主人，他自己不能够否定什么。

于是在这里现成在手的是承认的这一环节：这另一意识作为自为存在扬弃了自身，并因此自己去做主人对他所做的事。

就是说在这样的一种关系里面，承认已经有了现成的一个环节，这样一个环节已经显现出来了，只要是在主奴关系中，主人让奴隶去加工一个物，这里头已经摆进承认的这个环节了。这个环节就是，这另一意识，也就是奴隶，作为自为存在扬弃了自身，奴隶扬弃了自己的自为存在。奴隶本来是一个自我意识，他有他的自为存在，但是在这种关系里面，他扬弃了自己的自为存在。他把自己的自由交给了主人，他把自己的这种绝对的否定寄托在主人的身上，那他就不自由了，他就没有自为存在了，他的存在不是为了他自己，他的存在只是为了主人。所以他活着也不是为了自己，而是为了主人。但是他也还是为了自己，因为他当初怕死么，所以才卖身为奴，他才服从主人么。但是这种自为存在在这种关系里面呢，被扬弃了。扬弃就是既取消又保留，他取消了自己的自为存在，但是这种取消本身还是他自己做出来的，他没有宁可死而不服从主人，而是为了怕死而服从了主人，这样一种选择还是他的选择。所以应该说他还是有自为存在的，但是这个自为存在被扬弃了。"并因此自己去做主人对他所做的事"，主人对他做了什么事呢？主人对他下命令，那么他就自己去做，他就自觉地执行。他不是主人手把手强迫着去做，而是自己去做，做什么呢？做主人所做的事情，或者说，做主人要他做的事情。那么这就是承认里面的一个环节，在承认关系中，在主奴相互承认的关系中，奴隶这一方面的承认是一个环节，他承认主人，承认主人对他有支配的权利，有下命令的权利。所以主人的被承认是要通过他的，主人只有通过奴隶承认他，他才成为主人，他才被承认，如果没有奴隶的话，主人的被承认是无从说起的。

同样也有另一环节：奴隶的行为就是主人自己的行为，因为奴隶所　[129]

197

做的事,真正讲来,就是主人所做的事;

"同样也有另一环节",前面讲的是奴隶这一环节,在承认的这个关系里面有两个环节,承认是双方的互相承认,一个巴掌拍不响,只要是承认,肯定有两个环节。一个环节前面已经讲了,奴隶的承认,奴隶承认主人对他的支配权;同样也有另一个环节,那就是主人。"奴隶的行为就是主人自己的行为,因为奴隶所做的事真正讲来就是主人所做的事情",奴隶的行动就是主人的行动,因为奴隶是按照主人的意志去行动的,奴隶在这个行动中他没有自己的意志,他只是一种工具,一种"人手"。我们看金字塔建立起来,那得花多少人手,但是主人只有一个,他要建金字塔,于是驱动了上万、上十万的奴隶去帮他做这个事情。建成以后,后人的评价就是"某某人,某某法老建了什么金字塔",他不会说某某法老的奴隶建了金字塔,不会这样说。当然这些都是奴隶做的,但是本质上来说都是主人所做的,主人建金字塔,主人建神殿,主人雕刻巨型的雅典娜雕像。我们今天讲,那是菲狄亚斯的作品,但是实际上都有奴隶在做,因为那么大的一个雅典娜的雕像,他一个人不可能做出来,肯定从采石,粗加工等等都是奴隶做的,甚至一直到最后可能都是奴隶做的,而他只是指导。当然菲狄亚斯不是奴隶,但有的艺术家自己也是奴隶,但是他太有灵气了,所以人们把他的名字记下来了。一般来说,这些工匠的作品,在历史上都被归之于主人的作品,是主人要做的,是主人的主意,要做成什么样子,也是主人策划好了的,就按这个去做。所以奴隶的行动就是主人自己的行动,因为奴隶所做的事,真正讲来就是主人所做的事。

对于主人只有自为存在才是本质;他是纯粹否定的力量,对于这个力量,物什么也不是,因此在这种关系中,他是纯粹本质性的行为,但奴隶却只是一个不纯粹的、非本质性的行为。

"对于主人只有自为存在才是本质",我们刚才讲了,奴隶把自己的自为存在扬弃了,奴隶当然本来也是自为的,但是他扬弃了自为存在,他也就没有自为存在了。而对主人而言呢,只有自为存在才是他的本质,主人没有扬弃自己的自为存在, 而是坚持了下来, 作为他的本质坚持下来。他是纯粹否定的力量, 他可以命令这个, 命令那个, 你不能做这, 你不能做那, 你不能偷懒, 你必须怎样怎样, 他的意志就是一切。纯粹否定的力量讲的就是主人的意志, 主人的纯粹意志, 他能够说"不", 只有主人能够说不。对于这个力量, 物什么也不是, 主人为所欲为, 虽然他不能够对付物, 但是他有奴隶, 他可以命令奴隶去对付物。当然奴隶也有些物对付不了, 他可以怪罪于奴隶, 就是因为你们没用, 就是因为你们没有能力, 而他是没有限制的, 他是可以为所欲为的, 他要摘天上星星都可以, 只是奴隶做不到, 所以他是不受物的限制的。最后一句, "因此在这种关系中, 他是纯粹本质性的行为, 但奴隶却只是一个不纯粹的、非本质性的行为", 这是拿奴隶和主人相对比, 主人是一个纯粹的本质性的行为, 奴隶是非本质的, 在这个行为中, 真正说来, 从本质上来说, 是主人的行为。当然我们也说这个行为同时也是奴隶的行为, 但是奴隶在这里头, 是作为非本质的环节而构成这个行为的。我们通常说, 究竟是英雄创造历史, 还是人民创造历史? 当然都可以说, 但是本质上来说, 是英雄创造了历史, 没有英雄, 怎么会有历史呢? 当然实际上, 这个历史是由人民做的, 是由奴隶做的, 但是奴隶在历史中是作为非本质的因素起作用的, 人民都是乌合之众, 在里头, 他们只是听主人的号召, 听领袖们的命令来做这些事情。虽然他们也做这些事情, 但是他们是作为非本质的环节, 所以奴隶是一个不纯粹的、非本质的行为。英雄可以造时势, 这个时势是他的纯粹的否定力量造成的, 当然, 奴隶也可以造时势, 但是奴隶造时势, 他没有他的纯粹的、明确的目的, 他是不自觉地造成了时势、历史。历史的走向是根据英雄的意志, 根据主人的意志, 当然也不完全, 因为这里面有辩证法, 英雄必须动员群众; 但是不能动员起群众的英雄不算英雄, 而且至少最初, 英雄之所以是英雄, 就是因为他改变了历史的走向, 这一点不能否认。所以历史的走向是英雄预见到的, 至少在最初是合乎英雄的意志的, 他要怎么样, 就怎么样了, 所以他成了英雄。当然奴隶在里面也起了作用，但是奴隶所做的事情，是不符合他们的最初意向的，他只是为了在里头谋一点小利益，或者是各有打算，千千万万的人都有自己的打算，这些打算都不是历史的目标，都不是历史下一步要实现的，而只是他们自己要实现的小目标，所以奴隶在这里起的是不纯粹的、非本质的作用。

　　然而要达到真正的承认所缺乏的环节是：凡是主人对他者所作的，他也应该对自己那样作，而凡是奴隶对自己所作的，他也应该对他者那样作。而现在所产生的则是一种片面的和不平等的承认。

　　"然而"，这里是一个转折，"然而要达到真正的承认所缺乏的环节是"，要到达真正的承认，还缺乏一个环节，言下之意就是上述的承认的关系还不是真正的承认。真正的承认，按照黑格尔的理想，应该是两个自由意志或者两个平等的自我意识之间的这样一种承认，我们今天叫作的"主体间性"，只有两个主体之间才有承认。一个主体和一个非主体，这相互之间当然也可以有某种承认，主奴关系也可以说是一种承认，但是这种关系是片面的，并不是一种真正的承认，因为奴隶他不具有完全的主体身份。当然他和动物不同，他和物已经不同了，他已经有意志了，他在主人的一切财产中是最宝贵的，他可以调配主人其他的财产，比如他可以帮助主人管家，所有的财产都归一个奴隶管，因为这个奴隶精于计算，有专业知识。但是毕竟他自己也是主人的财产，所以他们的关系不是属于两个独立的主体间的关系，这就还不是真正的承认。那么真正的承认是什么样子的呢？要达到真正的承认还缺乏一个环节，也就是说，你如果把这个环节加进去，那么就是真正的承认。是什么呢？"凡是主人对他者所作的，他也应该对自己那样作"，主人对他者所做的，主人对奴隶做了什么呢？主人对奴隶做的就是下命令，要奴隶干这干那，主人对他者所做的就是实行主人的统治，发布主人的命令，提出主人的要求。那么他也应该对自己那样做，也就是说，对这样一种命令，命令他人，那么如果有一天，主人能够用同样的命令来命令自己，那也是康德所讲的自律了，自己给自己下命令，同样的，你给他人下什么命令，你给自己也下同样的命令，那就对了，这就是真正的承认所必须具备的一个环节。主人从律他变成自律。主人律他，用一个法律来规定别人，用一个命令来规定别人，你应该做这你应该做那，但是如果有一天，这个法律对他自己有效，他能够自律，能够颁布一条法律，自己来遵守，别人也遵守，那么这时候便有了真正承认的可能性了。下面，"而凡是奴隶对自己所做的，他也应该对他者那样做"。奴隶对自己做了什么呢？我们前面讲了，奴隶对自己的自为存在进行了扬弃，奴隶服从主人，扬弃了自己的自为存在，扬弃了自己的独立存在；那么，如果他能够对他者也那样做，比如说他对主人也那样做，他能够把主人的自为存在也扬弃掉，那就对了。在前面的一种主奴关系中，他已经失去了自为存在，但是主人是有自为存在的，主人把自为存在看作自己的本质，一直坚持下来了，这是事实。但是如果有一天，奴隶把自己的自为存在扬弃了，同时也把主人的自为存在也扬弃了，大家都不要太自以为是，要听听对方的意见，那就是真正的互相承认了。也就是说主人的自为存在并不是绝对的，你的颐指气使，你下命令，这个在奴隶面前失效了，奴隶对自为存在的扬弃不光是对自己，自己要服从主人，但主人也不能够太自为存在，甚至主人也要服从奴隶，那就没有主奴关系了，主奴之间的界限已经被打破了。双方的自为存在都被扬弃了，那么双方看起来都不自由了，都不独立了，但恰好给双方的互相承认奠定了基础。你主人也不是为所欲为的，你以为你想干什么就干什么，你想把奴隶杀掉就把奴隶杀掉，想怎么处罚就怎么处罚，生杀予夺，这个不是你能为所欲为的，你应该限制自己，就像我服从你一样，你也应该服从法律，服从公德，服从我们的共同的原则。那么在这种情况下，主奴关系就不再成为阻碍，或者说，这已经不再是一种真正的主奴关系了，就成了一种平等关系，成为一种公民关系了。我们大家都服从一个法律，大家都是公民了。所以这一方面，凡是奴隶对自己所做的，他也应该对他者那样做，他者指的是主人。前面讲主人对他者所做的,他也应该对自己那样做,主人的他者当然是指奴隶,奴隶的他者则是指主人;但是这里为什么不用奴隶或者主人,而用他者呢? 就是因为当这个时候,奴隶已经不成为奴隶了,主人也已经不成为主人了,大家都是公民,所以这里不用主人和奴隶,都用他者。在真正的承认关系中,已经没有主奴关系了。最后一句,"而现在所产生的则是一种片面的和不平等的承认",现在的情况还没有到那一步,要到那一步还要经过漫长的旅途,首先要经过斯多葛派,经过怀疑主义,经过不幸的意识,经过下面的一系列经验,现在还没有那个经验。现在的情况是片面的和不平等的承认,当然,不平等的承认也是承认,主人承认奴隶,奴隶承认主人,也是一种承认,但是这种承认是片面的,是不平等的。这个前面已经讲了,承认一开始只能以不平等的方式出现。这是这一段,这一段就不光是讲的主人了,我们前面讲统治,统治就是主人性,主人的性质,主人的属性,但是主人的属性是离不开奴隶的属性的,所以必须要把奴隶扯进来一起讲,但是还是以主人为主要的方面。整个这一个小节,这个小标题,都是以主人为主,站在主人的立场来讲主奴关系,下面一段也是。

{114}   在这种情况下,那非本质的意识是主人的对象,这对象构成他对他自身的确定性的**真理性**。

　　"在这种情况下,那非本质的意识",当然就是奴隶的意识了,奴隶是非本质的环节,所以这个非本质的意识"是主人的对象",奴隶是主人的对象,但是奴隶是有意识的,有自我意识的,只不过在这种主奴关系中,他是非本质的意识。尽管他是非本质的意识,但是他成了主人的对象。"这对象构成了他对他自身的确定性的**真理性**",真理性打了着重号,为什么要打着重号? 因为主人如果没有对象的话,他自己当然也可以确定,但是这个确定性是没有真理性的。所谓真理性的意思,我们多次强调过,真理就是观念和对象的符合,必须要有个对象,有了对象之后,我们就可以谈真理了,观念和对象的符合,或者说对象和观念的符合都可以,总而言之，都要有个对象，才有真理性。如果仅仅是内在的、自己以为的，那就没有真理性。你自己以为自己有确定性，从感性确定性开始，就是自以为的确定性，但是实际上，没有对象来证实你的这种确定性，那它就没有真理性。所以这对象构成他自身的确定性的真理性，主人对他自身有确定性，但是这种确定性在什么之上获得了它的真理性呢？只有在一个对象身上，就是在奴隶身上，才具有它的真理性。主人说："我是主人"，何以证明你是主人呢？你有奴隶，你有听你的话的奴隶，你有作为非本质的意识在你的对面、受你支配的奴隶，那么你这个确定性就成了真理性了，真的，他真的是一个奴隶主，真的是一个主人，那么我是主人的这样一个确定性就有了真理性了。

　　然而显然，这个对象并不符合他的概念，而是正当主人把自己实现出来的时候，对于他反而形成了某种完全另外的东西，而不是一个独立的意识。

　　"然而"，这里有个转折了，第一句话已经讲了，主人他好像既有确定性又有真理性，他的确定性在奴隶身上获得了。"然而"，显而易见，"这个对象并不符合他的概念"，为什么不符合他的概念呢？因为他的概念是主人，而这个对象是非本质的，是奴隶，是非本质的意识，是没有自为存在、已经扬弃了自为存在的一种意识，所以这个对象并不反映他自身。我有奴隶，但是我的本质怎么在奴隶身上反映出来呢？我跟奴隶完全两码事，等级上就完全不同，所以我在奴隶身上并不能看到我自己，所以这个对象并不符合他。也就是主奴的概念是两个概念，不能混淆。"而是正当主人把自己实现出来的时候，对于他反而形成了某种完全另外的东西，而不是一个独立的意识"，正当主人把自己实现出来的时候，主人怎样能够把自己实现出来呢？就是通过奴隶，主人要做的事情都通过奴隶把它做出来，这才有真理性嘛，你的主人性体现在什么地方呢？无非就体现这个上面，体现在你能够借助于奴隶把你自己实现出来，把你的意志全部实现出来，你是主人就得到了确证了，这确定性就不是空的，就成了真理性了,本来是这样的。但是正当主人把自己实现出来的时候,在通过奴隶来实现自己意志的时候,对于他反而形成了某种完全另外的东西,而不是一个独立的意识。在通过奴隶把自己实现出来的时候,"对于他",对于主人来说,反而形成了完全是另外一种东西,就是说在这个时候,恰好主人形成了一种非独立的意识。本来是独立的,他有绝对的否定性,他要为所欲为,他要奴隶去帮他干,然后奴隶帮他干了,这个时候,他应该感到自己非常独立了,我想干什么都能干成了;但是恰好这个时候,他丧失了他的独立性,因为他发现他现在什么事情都要依赖奴隶了。

他所拥有的不是一个独立的意识,反而是一个非独立的意识;因此他所确定的并不是作为真理的**自为存在**,相反他的真理倒是他的非本质的意识和非本质的行为。

他的独立意识要通过一个非独立的意识而实现出来,把这个非独立的意识作为他的对象,那么"他所拥有的不是一个独立的意识,反而是一个非独立的意识"。就是说他所拥有的奴隶是非独立的意识,当然他自认为自己拥有独立的意识;但是你这个独立的意识要实现出来啊,一旦实现出来,你就会发现,你所实现的是一个非独立的意识,独立的意识在实现过程中,变成了一个非独立的意识,它通过奴隶变成了一个非独立的意识。你要在奴隶身上证明你的独立意识是真的,是具有真理性的,但是这个奴隶所证明出来的恰好是你的非独立的意识,这岂不是倒过来了么?你的独立意识要通过非独立的意识才能够得到确证,或者才能够实现出来,而一旦实现出来,它就成了非独立的意识,因为你要依赖一个非独立意识才能够实现出来,这个非独立的意识才是你的独立意识的真理。所以你的独立意识的真理如何证明、如何证实,反而要在非独立意识身上才能够得到证实,而一旦证实,本身就成了非独立的。所以他讲,"他所确定的并不是作为真理的**自为存在**,相反他的真理倒是他的非本质的意识和非本质的行为"。他的确定性所达到的并不是自为存在的真理,他原来的确定性就是把自为存在当作自己的本质,但是,一旦要确证这种自为存在的真理性, 那么这种自为存在就不存在了, 他所确定的并不是作为真理的自为存在, 只是一个抽象的自为存在, 如果作为一个真理的自为存在, 那么他就是自为存在的丧失, 他就要丧失掉自为存在。所以相反, 他的真理倒是他的非本质的意识和非本质的行为了。非本质的意识和非本质的行为都不是自为存在, 所以主人的真理, 就是主人的这种确定性如果真的要实现出来, 那么反而是非本质的意识及其非本质的行为, 这就是辩证法讲的向对立面转化。本来他的确定性作为抽象的确定性, 它是完全的自为的, 但是你要把它实现出来, 要在客观对象上面得到证实, 那么它马上转化为它的对立面, 转化为一种非本质、非独立的意识。

据此, 独立的意识的**真理**就是**奴隶意识**。

这就把前面一小段都总结了。"独立意识的**真理**就是**奴隶意识**", 真理打上着重号, 奴隶意识也打了着重号。独立意识的真理, 也就是说真正的独立意识, 实现出来的独立意识, 是什么呢? 就是奴隶意识。独立意识本来是主人意识, 主人自认为是独立的, 但是他一旦要实现出来, 他就成了奴隶意识, 主人意识要靠奴隶意识才能实现出来, 奴隶意识是主人意识的对象, 没有这个对象, 他的独立性得不到证明, 他的那种确定性成不了真理性, 他的这种独立意识的确定性要成为真理性, 那么他就必须要转化为奴隶意识。

奴隶意识虽然最初显现在自身**之外**, 并且没有显现为自我意识的真理。

奴隶意识虽然最初显得是在独立意识之外的, 就是奴隶意识和独立意识好像是格格不入的, 完全不同等级, 不同的阶级, 主人是一个阶级, 奴隶是另外一个阶级, 主人是压迫阶级, 奴隶是被压迫被统治阶级, 所以主人和奴隶显得是相互外在的。"并且没有显现为自我意识的真理", 最开始, 奴隶意识对自我意识来说是非本质的方面, 是非真理的方面, 而自我意识自身则要成为真理的方面，作为意识它自身是独立的，它不是奴隶意识；但是奴隶意识也是自我意识的一种形式，固然是一种非本质的形式，那么这两个自我意识本来是相外在的，一个是本质的自我意识，一个是非本质的自我意识。最初奴隶意识并没有显现为自我意识的真理，它是非本质的么，所以它并不是显现为自我意识的真理，从抽象的层面来看，本来是这样的。一开始抽象的自我意识，如果要从主奴关系来考察的话，那么这两个自我意识相互之间是格格不入的，特别是奴隶意识并不是自我意识的真理。只要他们不行动，不做事，那么我们抽象的来说可以这样看；但是一旦行动，一旦要证明这样一种自我意识的确定性的真理性，那就不同了。

但是正如主人性表明它的本质就是它想要是的东西的颠倒，那么同样，就连奴隶性在实现自身的过程中毋宁也将成为它直接所是的东西的反面；它将作为**被逼回到自己**的意识而返回自身，并且倒转成真实的独立性。

"但是"就是转折了，"但是"就是从最开始的那种抽象的概念关系转到现实的行动中，转到现实的经验中来，已经发生了颠倒。"正如主人性（Herrschaft）"，主人性前面翻译成"统治"，字面直译就是主人性。"但是正如主人性表明它的本质就是它想要是的东西的颠倒，那么同样，就连奴隶性（Knechtschaft）"，他这里不是奴隶，而是"奴隶性"，它跟前面的"主人性"相对，"在实现自身的过程中毋宁也将成为它直接所是的东西的反面"，也就是双方都互相颠倒，双方都走向自己的反面。一方面，主人性本来是统治，现在却表明在统治的过程中，它的本质就是它要想是的东西的颠倒。它要想是的东西是什么呢？就是成为主人，成为独立意识，但是结果呢，变成了非独立的意识，颠倒了自己的关系，颠倒了自己的地位，成了奴隶意识，主人意识变成了奴隶意识。那么同样，就连奴隶性在实现自己的过程中，也将成为它直接所是的反面。也"将"，这个"将"是将来时了，就是说这个过程还没有完，但是最终它将会成为它直接所是的东西的反面。奴隶性直接就是奴隶,但是他的反面就成了主人了,就是说奴隶翻身做了主人,而主人成了奴隶,他们双方都发生了颠倒。"它将作为**被逼回到自己**的意识而返回自身,并且倒转成真实的独立性",这还是接着刚才讲的,同样,就连奴隶性在实现自身的过程中也将成为自己的反面,所以它将作为被逼回到自身的意识而返回自身。就是说奴隶性在实现他自身的过程中,通过他的服务,通过他为主人干事来实现奴隶性;奴隶性并不是说我口头上我服从你:"我做你的奴隶",就成为奴隶了,你既然做了主人的奴隶,那你得为主人干活啊,你得把你的奴隶性实现出来啊。那么在这个实现出来的过程中,也将成为他直接所是的反面,他直接所是的东西,就是奴隶,这个反面,那就成了主人。所以下面一句讲,他将作为被逼回到自己的意识而返回自身,就在他为主人服务的过程中,他为主人干活的过程中,他被逼回到自身了。什么叫被逼回到自身? 主人要他去干活,主人命令他,主人知道他跟动物不一样,他是有意识的,主人命令他运用自己的意识和意志、自己的聪明才智去干活。所以这种命令使奴隶在为主人服务的过程中,被逼回到了自己的意识,使他也意识到自己是和牛马不一样的,自己是有意识的,自己是能够控制,能够支配物的,那么他就返回到自身了。就是说奴隶在做奴隶的过程中,恰好意识到自己不是牛马,而是人。而只要是人,他就有独立性,尽管他在做奴隶,甚至于尽管他带着枷锁,但是他也是有独立性的。奴隶为主人服务,主人看中他的就是他的这种独立性。为什么主人认为他的所有的财产里面,奴隶是最重要的财产呢? 主人的最重要的财产就是奴隶,如果没有奴隶了,那他就不是主人了,尽管他也有很多别的财产,他也没办法,他那么多财产怎么可能打理得过来? 他必须需要有人帮他做,那就是必须要用奴隶,没有就得去买,就得花掉一部分财产去买。而奴隶是很贵的,比牛马要贵,当然有时候不如牛马,但是一般来说,奴隶是要比牛马高贵的,特别是有智慧的奴隶,有技术的奴隶,懂得操作的奴隶,那比牛马要贵。所以奴隶主看中奴隶的就是他的这种独立性,就是用他的这种独立性,你能够独当一面,你能够去对付那块石头,把那块石头加工成什么形状,甚至于你能够盖一幢宫殿,你能够设计,这都是奴隶干的活。那么在干活的过程中,奴隶表现出他的独立性了,他被逼回到自身了,他被什么逼回到自身了?主人命令他发挥自己的主动性,如果他不会干,主人就会骂他:"你像猪一样地愚蠢",就把他贬为动物了。所以奴隶没办法,在干活的过程中,他被逼回到他自己的本质,"而返回自身,并且倒转成真实的独立性"。这个情况之下,奴隶的独立性反倒是真实的独立性,而主人的独立性反倒是空的。主人当然有独立性,你奴隶怎么能命令主人呢?那是不可能的,主人他自行其事;但是这个独立性是空的,当他面对一个现实的对象的时候,他就无可奈何了,他就要奴隶去对付它了。所以真正的独立性在奴隶身上,奴隶在对付外在事物的时候,显示出了他真正的独立性。这上面讲的都是站在主人的立场上,从主人的统治、主人的主人性的方面来讨论主奴关系。这就是第一个小标题"统治",还是很恰当的,统治就是主人性,就是从主人性这个角度来谈主奴关系。

[2.恐惧]

那么我们来看下面一个小标题"恐惧",恐惧是从奴隶的角度来谈主奴关系。当然前面也讲了奴隶,但是前面讲奴隶是为了讲主人,因为主奴关系不可分么,你要讲到主人,肯定要讲到奴隶。但是,讲主人的时候,一步一步地推出主人的真理就在奴隶,独立意识的真理就是不独立性,独立意识的真理乃是奴隶意识,而奴隶意识才是真正的独立意识,那么这自然就转到了下一个小标题"恐惧",就是从奴隶意识的角度我们再来看看主奴关系。

我们只看见奴隶性在对主人性的关系中是什么。但是奴隶性是自我意识,奴隶性据此而自在自为地本身是什么,这是现在所要考察的。

"我们只看见奴隶性在对主人性的关系中是什么",这是从上面一段我们看到的,只看到了奴隶性在对主人的关系中是什么。我们根据奴隶性对主人性的关系做了一些描述，前面的小标题就是"主人性"，而在主人性的阐述中我们顺便把奴隶性带进来了。那么奴隶性自己又是什么样子的呢？这是我们现在要考察的问题。所以下面讲，"但是奴隶性是自我意识，奴隶性据此而自在自为地本身是什么，这是现在所要考察的"，奴隶性是自我意识，在它和主人的关系中，它已经把这种自我意识的独立性给扬弃了，把它的自为存在已经扬弃了，它好像已经不是自我意识，好像只是主人的财产，跟牛马、跟其他的农具、工具没有什么区别，它也是工具，只不过是会说话的工具。那么在和主人的关系中，我们所看到的是这样一种东西，他是工具。但是我们从一开始就已经讲到，奴隶性自己也是自我意识，那么奴隶性据此，根据自己的自我意识而自在自为的是什么？这是现在要进一步考察的，我们前面在和主人的关系中考察了奴隶，现在我们要单独的考察奴隶，他作为一种自我意识，他本身自在自为的到底是什么？这就要站在奴隶性的立场上来考察一下奴隶性了，前面是站在主人的立场上来考察，顺便考察了奴隶，那么现在要从奴隶性本身的立场上，来考察他自己，作为一种自我意识，他是一种什么样的结构。

首先就奴隶性来说，主人是本质。因此独立自为存在着的意识是奴隶性的**真理**，只不过这个真理对奴隶性来说还**不在它身上。**

"首先"，我们考察有步骤，首先一个，我们看到，就奴隶性来说，主人是他的本质，在奴隶眼中，主人才是本质，我是非本质的，一切都要听从主人的。因此独立自为存在着的意识是奴隶性的真理，奴隶性本身不是真理，只有主人那种独立存在着的意识才是奴隶性的真理。真理必须要有个对象，奴隶性的对象就是那个独立存在着的自为意识，也就是主人意识，主人意识最初显现为奴隶性的真理。奴隶认为自己是不真实的，只有在奴隶主身上，在主人身上才有真理，自己的真理只有在奴隶主身上才会实现出来。奴隶想要什么，只是想想而已，但是得不到，要得到的话，要靠主人的恩赐，主人愿不愿意恩赐，那还不知道，那是他的事情，因为主人是独立自为的存在者。你要向主人要求什么东西，要趁主人高兴的时候去要，而且即使这样，也不一定要得到。所以主人是他的真理，他自己是没有真理性的，他的任何要求，如果要成为真的，都必须依赖于主人。"不过这个真理对奴隶性来说还不**在它身上**"，这个刚才已经讲了，对于奴隶性而言，他的真理在另一个人身上，就是在主人身上，要看主人而定。

　　但是在**实际上**奴隶性却拥有这种纯粹否定性和**自为存在**的真理**在自己身上**，因为它在自身**经验到**了这个本质。

　　前面是首先就奴隶性抽象的来说是这样的，奴隶和主人的关系，奴隶依赖于主人，他当然就把真理性寄托在主人身上了，最开始是这样的。"但是在**实际上**"，也就是在现实的主奴关系中，在奴隶为主人现实的服务的过程中，"奴隶性却拥有这种纯粹否定性和**自为存在**的真理**在自己身上**"，也就是说实际上奴隶性自己身上就有纯粹否定性，就有自为存在的真理，为什么有？"因为它在自身**经验到**了这个本质"，也就是在他的服务过程中，在他的现实的行动中，他"经验到"了这个本质，这就不是抽象的了。从抽象的来说，这个本质在主人身上，但是主人没有经验到，主人要经验到，只能通过奴隶。具体做事的是奴隶，主人只是抽象地具有这样一种本质，包含这种纯粹的否定性和自为存在的真理，但是他在实际上还没有自己的对象，而奴隶却有自己的对象，因此奴隶是在自己身上经验到了这个本质，我们来看看他是怎样经验到的。

[130]　　因为这种意识并不是对这一或那一本质、也不是在这一或那一瞬间感到了担忧，而是对于它的整个本质感到了担忧；因为它曾经感受过死的恐惧、对绝对主人的恐惧。

　　"因为这种意识"，这种意识就是奴隶性意识了。它如何经验到这种本质？经验到这种本质并不是那么简单的，你必须真正的而不是抽象的断言，我有绝对的否定性、有纯粹的否定性，我是自为存在的。主人当然可以抽象的这样断言，"我是自为存在，我不受任何东西的限制，我为所欲为"，这都是抽象的，但是想要经验到这种为所欲为，经验到这种自为存在的真理，那是不简单的。如何经验到？"因为这种意识并不是对这一或那一本质，也不是在这一或那一瞬间感到了担忧，而是对于它的整个本质感到了担忧，因为它曾经感受过死的恐惧、对绝对主人的恐惧"，也就是说，在奴隶身上，这一意识并不是对一时一事感到担忧，而是对于它的整个本质感到担忧，是对它最根本的生存感到担忧。奴隶所感到担忧的，已经不是这件事情那件事情，这件事情那件事情反正都是由主人支配的，你叫我干什么，我就干什么，叫我舂米就舂米，叫我割麦就割麦，所以我并不为这些东西考虑，这都是主人要考虑的。我随时待命，我反正是奴隶么，我整个一生都卖给主人了，卖身为奴了，那我就不为自己担忧了，主人要为此担忧。我要担忧的是什么？是自己的整个本质，我能不能活下来。至于怎么活，干什么，在什么时候干什么事情，这个我不担忧。"因为它曾经感受过死的恐惧、对绝对主人的恐惧"，我感受过死的恐惧，我本来是要死的，但是主人让我活了下来，主人对我有不杀之恩，主人把我收留了，养活我，给我吃的，让我活下来，本来是曾经经受过死的恐惧，对绝对主人的恐惧。这里要注意，所谓死的恐惧，是对于"绝对主人"的恐惧。我的主人对我来说，是不是绝对的主人呢？还不是，主人说不定某一天把我卖了，我换一个主人，那完全可能的；而且就算不卖，我服从他，其实也不是服从他，是服从的什么呢？服从于我对死的恐惧。主人当初用死来威胁我，你服不服从，不服从就让你死，有的人就不自由毋宁死，于是就死了，那么活下来的都是出于对死的恐惧而活下来的。所以对于他来说，真正的主人就是对死的恐惧，死亡才是他真正的主人，他害怕的不是主人，而是死，主人不过是用死来威胁他，所以才成了主人。所以真正的、绝对的主人是对死的恐惧，对绝对主人的恐惧，就是对死亡的恐惧。通过这种理解，我们也可以看到，在奴隶身上，实际上还保留着某种独立性的，严格说起来，他不是服从主人，而是服从主人所带来的死亡，他所害怕的不是主人，而是主人的死亡所带来的生杀予夺的权力,生杀予夺的威力。主人有这种能力,他可以置我于死命,所以我才服从他,如果他不能置我于死命,那我服从他干嘛? 真正的主人不是主人,而是死亡。所以奴隶不是对这一或那一本质,在这一或那一瞬间感到担忧,而是对于他的整个本质感到了担忧,对我的生命感到担忧,对于死亡感到恐惧。奴隶感到的担忧有一种形而上的层次,他跟主人不一样,主人感到担忧的是这件事情做得好不好,那件事情做得好不好,他考虑的是这些事情;奴隶不考虑这些事情,奴隶考虑更高的事情,就是活还是不活。主人已经不考虑了,主人当然最开始考虑生死斗争,但是成为主人之后,他就不考虑了,他能够决定别人的生死,别人却不能决定他的生死,他就只考虑怎么样活着,而不用考虑是不是活着,他就只考虑我怎么样活的更好。所以奴隶在这一点上比主人要高,他时时刻刻面临着死亡的威胁,因此他所考虑的是更高的东西。

这种意识已经被内在地消融在这种恐惧中,在自身中使自己受到了彻底的震撼,并且一切固定的东西都在它里面震动了。

"这种意识"就是奴隶的自为的意识,奴隶的独立的意识,奴隶作为自我意识,作为一个独立者,从原则上来说,他也是可以有自由意志的,他也是可以像主人那样为所欲为的。但是既然他做了奴隶,他就不能为所欲为了。因为他要么不自由毋宁死,他死了,他就成不了奴隶;要么就是成为奴隶,而一旦成为奴隶,他就不能为所欲为了。但是这个不能为所欲为也是他自由地选定的,选择做奴隶。他有一种独立意识,他有一种自为的意识。但是这种自为的意识已经被"消融在这种恐惧中",在对死亡的恐惧中,他是因为怕死才这样选择,所以这种独立意识被消融了,被瓦解了,被融化了,他已经意识不到自己的独立意识了,他全部被死亡的恐惧所占据。"在自身中使自己受到了彻底的震撼,并且一切固定的东西都在它里面震动了",在自身中,作为自我意识,奴隶受到了彻底的震撼,他不是担忧这个担忧那个,不是小小的担忧,而是真正的恐惧。海德格尔所谓的"畏"就相当于这种恐惧,海德格尔讲"畏"跟"怕"是不一样的，"畏"就是 Angst，"怕"就是 Furcht。但是在黑格尔这里，他是倒过来的，Angst 反而是不太重要的，Angst 我们在这里翻译成"担忧"，Furcht 我们翻译成"恐惧"，这两个词基本上是同义词，在德文里面并没有很大的区别，但是在哲学里把它区分开来。在黑格尔这里，Angst 是一种担忧，就是一般的担心，害怕，这样一个意思，恐惧 Furcht 呢，也是害怕的意思，但是这个害怕在黑格尔这里更加深刻一点，它是对死亡的恐惧，是一种根本性的、从根子里震撼整个人的恐惧，它相当于海德格尔的 Angst。海德格尔的 Angst 就是对死亡的恐惧，向死而在么，它不是那种操心，而是一种恐惧。他们两个的用词有一个错位，黑格尔的 Angst 是一种普通的担忧，怕这个怕那个，但是 Furcht 是一种彻底的，对死亡的害怕，害怕自己根本就不存在，一个人死了就什么都没有了。所以他这里讲在自身中使自己受到了彻底的震撼，并且一切固定的东西都在它里面震动了，都被它震碎了。当你想到死亡的时候，所有这些固定的东西，外在世界所看重的东西，都被彻底的震撼了，都被颠覆了。这些东西有什么意义？人都是要死的，我明天就要死了，得了癌症，医生就说，"没有什么办法了，你就让他想吃点什么就吃点什么吧。"但是如果他知道自己得了癌症，吃着好吃的，也食之无味了，明天就要死了，再好吃又有什么意义呢？所以世上的一切在死亡面前都不足道，都是虚无。奴隶就在这个边缘上，所以在这点上，他比主人要高，他比主人要更有智慧，因为他时时刻刻面临着死亡，时时刻刻想到死亡，所以他的境界要比主人高。后面也讲到了对死亡的恐惧是智慧的开始，为什么是智慧的开始，等一下我们会讲到。我们再看下边，

但这个纯粹的普遍运动，即让一切持存绝对地流动起来，却是自我意识的单纯本质，是绝对的否定性，是借此而存在于这个意识之中的那纯粹的自为存在。

这个"但"字话头一转，我们前面讲过，奴隶对一切都不在乎，而只在乎自己活着，他面临的是对于死亡的恐惧，这才是他绝对的主人，这看

起来好像非常无奈,好像非常悲惨。"但"就是强调它的另一面了,"但这个纯粹的普遍运动",什么运动呢? 就是通过死亡意识、通过对死的恐惧使自己受到彻底的震撼,所激发起来的这样一种纯粹的普遍运动,一种要做点什么的能动性,就是时时刻刻,随时随地,普遍的,奴隶都意识到自己面临着死亡,而要去争取活着,这样一个运动是纯粹的,因为死亡是纯粹的。面临死亡的时候,他的考虑是非常纯粹的,所有具体的内容他都不考虑了,只考虑生和死的问题,而且是普遍的,每时每刻都在考虑。这样一个运动就"让一切持存绝对地流动起来",一切持存的东西、一切固定的东西都不在话下,都被这种运动推动起来、流动起来,绝对地没有固定性。在求生意志面前,没有什么东西是不可克服的。而这样一种运动就是"自我意识的单纯本质,是绝对的否定性,是借此而存在于这个意识之中的纯粹的**自为存在**"。自我意识这时是纯粹自为的,这样一种运动、这样一种怕死引起了对于一切的颠覆,这就是自我意识的单纯本质。自我意识不就是这么一回事么? 自我意识的单纯本质就是对一切具体东西的颠覆。笛卡儿的我思,就是通过怀疑一切,把一切都怀疑了,最后唯有一个是不可怀疑的,不就是自我意识么? 不就是我思么? 奴隶就达到了这个层次,他把所有的东西都看成过眼烟云,都可以怀疑,有什么意义? 都没有意义,都把它否定了,都让它们流动起来,唯一不加入流动的就是这个自我意识。所以这种流动恰好是自我意识的单纯本质,是绝对的否定性,否定一切,怀疑一切。是借此、借这样一种流动性、借这样一种运动,而存在于这个意识之中的纯粹自为存在,纯粹的自为存在就是把一切内容都抽掉了,一切具体的东西都没有意义了,他是纯粹的自为存在了,在这点上他是自为的了,他是独立的了。就是在面临死亡的恐惧的时候,他有一个终极的选择,要么屈服于恐惧,要么克服恐惧。你别看他现在屈服于恐惧,他本来也可以克服恐惧,而且他在这个关口,他随时可以再选择。所以奴隶意识已经扬弃了他自己的自为存在,但是在他对于死亡的恐惧之中,他重建了自己的自为存在,而且是在更高的层次上重建了他的自为存在。这种自为存在成为了一种纯粹的自为存在，跟主人的自为存在还不一样，主人的自为存在是不纯粹的，主人无非就是要为所欲为嘛，为所"欲"为的前提就是他有个"欲"，他要这个，要那个，他都可以想到，都可以利用奴隶把它做出来，这些都束缚于不纯粹的东西之上。而奴隶的这种自为存在，面临死亡的这种自为存在，是纯粹的自为存在，一切具体的东西都可以不要。所以我们从这里可以看出来，怕死才是自为存在，对死亡的恐惧才是自为存在。我们通常把怕死看得十分卑贱，说这个人怕死，所以他当了叛徒，所以他只配做奴隶，好像不怕死是英雄行为，是主人的行为。当然一般讲是这样，但是从更深层次上来讲，只有怕死才是真正的自为存在。人之所以活着，就是怕死，如果人不怕死，就不要活着了，你为什么活着，不就是因为你怕死么？所以怕死是根本的，怕死是一种根本的存在方式，真正的自为存在就是怕死。我们应当为怕死恢复名誉，怕死不是什么丢人的事情，谁不怕死？有的人承认"我怕死"，好像就觉得自己在道德上就很暗淡了，其实不是的。存在主义哲学特别强调，怕死才是人的自由，如果你不怕死，那你就是没有意识到死，那你是昏头昏脑的在世界上活着，这样的人根本谈不上什么自由。真正的自由就是在死亡的恐惧面前，经过深思熟虑，他考虑过死亡了，他仍然决定活着，这样的人是了不起的，他才是纯粹的自为存在。仅仅出于怕死而活着是很了不起的。如果说你是为了你的情人，或者为了你的家人朋友，或者为了享受口福，为了人世间的享受而活着，这种人是低层次的；只有为了怕死而活着，才是高层次的，怕死是绝对的否定性，纯粹的自为存在。

　　纯粹自为存在这一环节也是**为这种意识**而存在的，因为在主人那里这一意识对他来说就是他的**对象**。

　　"纯粹自为存在这一环节也是**为这种意识**而存在的"，也是为这种怕死的自我意识而存在的，这种意识就是前面讲的那种怕死的自我意识了，纯粹自为存在就是为死亡意识而存在的，或者说纯粹自为存在必将引出这种死亡恐惧的意识。"因为在主人那里这一意识对他来说就是他的**对象**"，在主人那里，这种恐惧意识对他来说就是他的对象，主人就是要把奴隶的恐惧意识当作他的对象，要把它掌握在自己手中，这样才好做主人。主人有他的对象，这个对象首先是他自己的自我意识，但是这个对象是抽象的；只有在奴隶身上，自我意识才真正成为了他的对象，奴隶作为另一个自我意识，成为了主人的对象，"对象"打上了着重号。我们前面讲到，主人的自我意识的特点就是自为存在，就是为所欲为，但是这只有在他的对象上才能实现出来，只有在奴隶身上才能实现出来，才能让主人为所欲为，所以在奴隶身上体现的恰好是主人的纯粹自为存在。主人支配奴隶，靠什么呢？靠死亡威胁，在这种死亡威胁之下，奴隶已经体现出纯粹自为存在了，那么这种纯粹自为存在就是主人自我意识的一个环节。奴隶为了自己活命，去拼命为他干活，这才使得主人的自我意识得以实现出来，所以纯粹自为存在这一环节也是为这种恐惧意识而存在的。主人的自我意识要有他的对象，就必须把这种纯粹自为存在当作自己的对象，奴隶的这种纯粹的自为存在就是主人的对象，主人在这个对象身上才能实现自己的自我意识。奴隶的这种纯粹的自为存在具有自我意识的一般的意义，不光是奴隶自己所具有的，而且由于奴隶，使得主人也有了，使得主人的自我意识也以奴隶的纯粹自为存在作为一个环节。所以纯粹自为存在是一般自我意识的一个环节，不仅仅是主人的，也不仅仅是奴隶的。

　　<u>再则，这意识并不仅仅是这种**一般的**普遍消融，它也是在服务中**现实地**完成这种消融的；在其中它通过一切**个别的**环节而扬弃了它对于自然定在的依附性，而且在劳动中摆脱了自然定在。</u>

　　"再则"，为什么有一个再则呢？前面讲的还是比较抽象的，奴隶处于对死亡的恐惧，对绝对主人的恐惧，于是就有了对一切的固定的东西加以颠覆，加以震动，于是他就有了绝对的否定性、纯粹的自为存在，这都是从概念上来讲的。那么这一套概念如何实现出来的呢？这就是"再

则"所要强调的。"再则，这意识并不仅仅是这种**一般地**普遍消融"，这意识，也是死亡意识，自为存在的自我的意识，它并不仅仅是这种普遍的消融，上面已经讲了，"这种意识已被内在的消融在这种意识中，在自身中使自己受到了彻底的震撼"，这种消融，就是在死亡恐惧中，把他的自为存在消融掉了，奴隶本来也有自为存在的，但是由于害怕死亡，所以他把他的所有的自为存在，对这个对那个本质的担忧，对这一瞬间那一瞬间感到的担忧，把这样的一种自为存在全部都消融在恐惧的意识之中了。但是，这种意识也并不只是这种一般的普遍消融，不只是具有这样一种完全消极的否定的意义，不仅仅是说你害怕死亡，你就达到了对自为存在的消融，就超越一切具体事情上的自为性而上升到了纯粹自为存在，没那么简单。它还有积极的肯定的意义。所以下面讲，"它乃是在服务中**现实地**完成这种消融的"，就是说这种消融，不是说你脑子里想一想，一切都是身外之物，就摆脱了，而是要在服务中现实地完成这种消融。你把自为存在消融在，瓦解在对死亡的恐惧之中，是通过一个现实的过程来实现的，什么过程？服务的过程。所以这里讨论的不是一个概念上的分析，而是意识的经验。为什么前面讲到"奴隶在自身上经验到这个本质"，就是因为这一点。就是说这个消融，不是一般的普遍的消融，不是在抽象概念的意义上消融在对死亡的恐惧之中，不光是一种态度，死了就什么都没有了，死了就什么意义都没有了，所以不需要去做什么了，无为无欲了，光这样想还不够。而是必须在服务中现实地完成这种消融。你要放弃你的一切自为存在，一切要求，消融在对死亡的恐惧之中，你因为害怕死亡，你什么也不要求，只要不让我死，只要让我活着，我什么都不要了，——但不是什么都不做了，而是我可以做一切事情，为主人服务，赴汤蹈火，在所不辞。这才是现实地完成这种消融，奴隶以主人的意志为自己的意志，自己没有任何意志，你什么都不需要，但正因此，主人给你什么就是什么，主人的意志消融了你的一切意志；但这反过来激发了你最大的意志，你必须坚决地去做主人吩咐你做的一切事情，那需要多么巨大的意志力啊！这是他单独一个人绝对不可能开发出来的。那么这种现实的完成是怎么完成的呢？"在其中他通过一切**个别的**环节而扬弃了他对于自然定在的依附性，而且在劳动中摆脱了自然定在"，通过一切个别的环节，个别的环节就是每一次奴隶都要去实实在在面对一个具体的对象，要做某一件事情，这就是个别的环节，当然做这件事那件事，这都不是他要做的，他的自为存在已经被消融了，这是按照主人的自为存在、主人的命令去做这件事那件事。但正是通过一切个别的环节，做这件那件事，奴隶扬弃了他对于自然定在的依附性。他对于自然的定在已经没有依附性了，他唯一地依附于主人，主人叫你干什么你就干什么，他不依附于自然的定在。例如天寒地冻，主人说要赶工期，所以他不依附于自然天气，天气冷也好热也好，或者有困难也好，他都得去做。而且他在劳动中摆脱了自然定在，在他的劳动中，自然的定在必须依赖于主人的意志，通过奴隶的具体操作而得到改造。我通过劳动改造它，改变自然的定在，自然本来是那样的，但是我改变它，让自然在我的手下服服帖帖，自然的定在就被扬弃了，自然就不再是个定在了，它按照主人的意志流动起来了，主人要它怎么样，它就得怎么样。这就能够改造大自然，能够改天换地，能够干成人类伟大的业绩。像金字塔，我们今天看到还很惊叹，通过人手，当时没有现代的机械，怎么能够把那么巨大的石头整整齐齐的垒起来？至今还那么精确，砖缝里面连个刀片都插不进去，真是令人惊奇。自然界是不可能做到这一点的，只有通过人，改变自然界的本性，改变自然的定在，我们才能够达到这样的精确性，这样的奇迹，世界几大奇迹都是这样干出来的。

[3.教养或赋形]

下面我们再来看第三个小标题，"教养或赋形"，这是从主奴关系的角度来分析前面主人的统治和奴隶的恐惧是如何交互作用的。教养和赋形这两个词也是要交代一下的。原来的翻译，把赋形翻译成"陶冶"，当然也可以，但是我觉得还是要从它的词根来译比较好，因为后面多处提到"形式"，与这里有关。赋形是 Formieren，它的词根就是 Form，就是形式，赋予形式，这是个动词，赋形或塑形。翻译成陶冶呢？有点太诗意化了，太形象化了，而且后面提到形式，它跟赋形是有联系的，跟陶冶就很难联系得上了。那么教养 bilden，我们前面都一直翻译成教养，在序言和导言里面多次提到这个教养 bilden，教养也是赋形，但是它是向内赋形，不好译作陶冶；Formieren 则是向外赋形，译作陶冶是可以的，你做出一个什么东西来，做出一个什么器物，做一个陶器，铸一个铜器，这都叫作陶冶。所以 Formieren 是向外的，你赋予对象以形式，但是教养是向内的，当然也是赋予形式，它是赋予自己形式，向内的教养就是使自己成形，bilden 本来就是成形的意思，使自己有形，但是这个是内在的，就是说你成长了，你培养起来了，你成形了。最开始还是不定形的，经过教养之后，你有了形，有了你的生活的原则，这就叫教养。所以我们把这两个词按照它的词根来翻译，可以更准确一些。当然用汉语习惯来译，我们听起来非常易懂，陶冶是非常诗意的一种说法，但是我们还是要从西文本身的含义来理解，意思比较通透一些。

　　但是一般来说绝对权力感以及个别来说服务感都只是**自在的**消融，虽说对于主人的恐惧是智慧的开始，① 但在其中意识**对自己本身**并不是**自为存在**。

　　前面讲在恐惧意识里面，一切自为存在都被消融了，奴隶的那种自为存在被消融在对于死亡的恐惧之中了，面对死亡一切都不在话下，所有的东西都可以放弃，只要能让我活着，所以所有的东西都在对死亡的恐惧中消融了。"但是一般来说绝对权力感"，什么是绝对权力？绝对权力就是对绝对主人的恐惧，真正的权力是死亡的权力，主人对我有权力，为什么？因为主人可以生杀予夺，可以夺取我的生命，所以他才对我有

────────────

① 　见《圣经》"诗篇"，111.10 ："敬畏耶和华是智慧的开端。"——丛书版编者

权力，所以真正的权力是死亡对我的权力，死亡的权力掌握在主人手中，主人才对我有权力。所以主人还不是绝对的权力，绝对的权力就是死亡。一般来说，绝对权力感，这里面讲到"感"，讲到 Gefühl，就是感觉，绝对权力的感觉，因为他这里讲到现实的经验嘛，前面讲在服务中现实地完成这种消融，而且是在自己身上经验到了这个本质。经验、现实和感觉都是分不开的，我在现实中为主人服务，我就有一种感觉，有一种什么感觉呢？一般来说的绝对权力感，主人的权力是绝对权力，那是不可违抗的，主人说什么就是什么，不然的话我就没命了，所以他有一种绝对权力感，这是一般来说的。"以及个别来说服务感"，"个别"，前面一段的倒数第二行也讲了，"通过一切个别的环节扬弃了他对于自然定在的依附性"，这是个别的。在服务中我都是对付一个一个的个别对象，所以服务就是个别之感。但是这两种感觉都"只是**自在的**消融"，就是说这种消融他并没有意识到，这种消融是下意识的，不知不觉的，我害怕死亡，所以其他的一切都不在话下了，但这只是自在的，还不是一种自觉的、自为的感觉。所以只是一种自在的消融。"虽说对主人的恐惧是智慧的开始，但在其中意识对**自己本身**并不是**自为存在**"，他怕死，最开始是很被动的，他并不是一种自觉的选择。动物也害怕死亡，奴隶由于害怕死亡而放弃自己的自为存在，这是一种自在的消融，差不多是一种本能。对主人的恐惧是智慧的开始，尤其是对于绝对主人的恐惧，对死亡的恐惧，是智慧的开始，是超越的开始。《圣经》上也说，"敬畏耶和华是智慧的开端"，为什么敬畏耶和华？还是因为耶和华掌握着生杀予夺的权力。我害怕死亡，除了害怕死亡，我什么都不怕了，这就导致智慧了，导致对自己有死的一生进行全盘规划了。之所以没有智慧，就是因为你怕这怕那么，你被一些具体的东西挡住了自己的眼睛，你为一时一地，这一个和那一个的对象，这一瞬间和那一瞬间的事物，挡住了眼睛，好像你永远不死一样，那就没有超越的智慧。如果你立足于死亡的根基之上，那你就有了智慧了，你就有绝对的眼光来看待世界上的一切，你参透了死亡，其他东西你都可以作壁上观，你都可以做一种客观的考察，一种研究，这就是智慧的开始。要注意这一点，对主人的恐惧，这个主人主要是指死亡，死亡是你绝对的主人，对主人的恐惧是智慧的开始，死亡哲学是真正的哲学，是根本的哲学，是爱智慧，是智慧的开始。但在这样一种消融之中，意识对他自身来说还不是自为存在，虽然他已经有一种智慧的眼光来看待世界了。我们知道在古希腊很多奴隶都是非常有智慧的，很多有智慧的人都是出身于奴隶。但是他还没有把自为存在建立为他自身的本质，恰好相反，他在对死亡的恐惧之中，把自为存在消融了，或者说扬弃了。奴隶之所以是奴隶，就是因为他扬弃了自己的自为存在，他把自己的自由意志、把他的自由自觉都交给了主人，他自己已经不再是一个独立的人了，而是作为一个非本质的、不独立的附庸。他是主人的附庸，他以主人的意志为意志，当然为什么要这样，还是因为他怕死，还是他的选择，但是这种选择是潜在的，是自在的，是不自觉的。因为怕死，所以他服从主人，他对主人有种绝对权力感，对自己有种服务感，但他不是一种明确意识到的自为存在，只是感觉。所以在其中，意识对他自己本身并不是自为存在，"自己本身"打了着重号，"自为存在"也打了着重号，也就是说意识还没有把这种自为存在当成他自身的一种自为意识，一种独立的意识，客观上自在地来说，可以这样看，但是就他主观上来说，还没有走到这一步。

然而通过劳动，意识回到了它自身。在符合主人的意识中的欲望的这一环节中，对于物的非本质的联系这一面虽然显得是落在服务的意识身上，因为在这里物保持着其独立性。

"然而通过劳动，意识回到了它自身"，就是在劳动中，通过劳动的过程，意识一步一步地回到了它自身。最开始的时候没有，最开始这种自为存在还不是它自身，刚才讲了"在其中，意识对于他自己本身并不是自为存在"。但是通过劳动，意识回到了它自身，也就是说，这种自为存在的意识回到了他自身，通过劳动，他成为了自为存在。怎么成为自为存在？他说，"在符合主人的意识中的欲望的这一环节中"，这一环节也就是劳动了，这个劳动是符合主人的欲望的，劳动是干什么的呢？是为了满足主人的欲望。所以在符合主人的意识中的欲望的这一环节中，就是在劳动中，"对于物的非本质的联系这一面虽然显得是落在服务的意识身上，因为在这里物保持着其独立性"，服务的意识和主人的意识是对应的，服务意识就是奴隶意识了，主人意识是前面讲的，符合主人意识中的欲望。对于物的非本质的联系这一面，为什么是非本质的联系？因为物不完全服从奴隶的劳动，它有它的独立性，它被纳入这一联系并不是出于自己的本质，而是被强行纳入的、外在的联系。奴隶服务的任务就是要改造物，就是要改造大自然，大自然之所以要改造，就是因为大自然还不会自动服从于人的意志，因为在这里物保持着其独立性。所以它是对于物的非本质的联系，而这一面显得是落在了服务的意识身上。我们前面已经讲了，主人把物的独立性的一面交给奴隶去对付，而物的不独立性的一面被主人所享用。当然这个不独立性的一面是通过奴隶的劳动才显现出来的，物这时是不独立的，它是为人所用的，为人所服务的，但是，它的独立的一面是被服务意识克服的，严格来说，自然界没有什么能和人对抗，只要人想去改造它，它就会被改造，我们说"物是死的人是活的"，原则上来说，自然界是能够被改造的。但是在人面对自然的时候，这种改造对于物并不是本质的，物不受人的支配，它有它的独立性，不以人的意志为转移，它是一个客观的物。那么这一面是由奴隶去应付的，所以他说，对于物的非本质的联系这一面显得是落在了服务的意识身上，奴隶具有服务的意识，那么他所要处理的就是与物的非本质的联系，也就是克服物的那种表面的独立性，而展示出物对人的不独立性。物作为自我意识的一个环节，它必须服从于自我意识，这一面显得是落在了服务的意识身上。这里有一个让步句的意思，虽然……但是，不过这个"但是"推迟了，下面还插了一句——

{115} 　　欲望保有对对象之纯粹否定，因而保有未混杂的自我感。但是也就

222

因为这样,这种满足本身只是一个消逝的过程,因为它缺少**对象性的**方面,或缺少**持存**。

对物的非本质一面是交给奴隶的服务的意识去干的;而另一面,欲望,那是主人的欲望,因为这个活动本来就是为了符合于主人的欲望么,那么我们需要交代的就是,"欲望保有对对象之纯粹否定"。在主人的欲望那里,他是对对象的纯粹否定,他把它吃掉了,有一个对象交给他,已经煮好了,煮熟了,放好了佐料,香喷喷的,那么主人现成地就去享用了。欲望保有对对象之纯粹否定,"因而保有未混杂的自我感",对于主人来说,他保有对对象的纯粹否定,我们可以把它吃掉,我们可以把它吃光,我们可以把它用掉,因而保有未混杂的自我感。这种自我感是非常纯粹的,没有混杂别的东西,没有混杂异己的东西,全是自我。主人早上起来,要喝牛奶,要吃肉,享用非常惬意,没有任何干扰他的东西或使他不舒服的东西,他完完全全感受到了他真正的自己,他感到了他的自我,他过上了真正的主人的生活。主人通过奴隶的劳动,他能够达到这样一个境界,但是奴隶的劳动他是看不到的。奴隶在外边劳动,他把窗帘拉上,他看不到人家是怎么辛辛苦苦的劳动,就算看到了,他也无动于衷,不要干扰了他的好心情。所以这是没有混杂的一种自我感,排除了一切干扰的自我感。物现在也有了,物在我面前,在盘子里,就等着我去吃就可以了,没有任何东西是可以抗拒我的。自我感(Selbstgefühl),这也是一个很重要的词,自我(Selbst)的一种感觉(Gefühl),这种感觉没有被打扰,没有被干扰,这是讲的欲望。前面讲服务的意识承担起了对物的非本质的联系的一面,那么对欲望来说,则是保有了对物的纯粹否定,因为它保有未混杂的自我感。下面就是"但是"了:"但是也就因为这样,这种满足本身只是一个消逝的过程,因为它缺少**对象性**的方面,缺少**持存**",就是说虽然奴隶承担了与物的非本质联系的方面,而欲望保有对对象存在的否定,"但"也就因为这样,主人的这种满足本身只是一个消逝过程。满足总是一时的,是在消费对象的时候才产生的,对象被消费掉就失去了持存；而物的持存性和独立性又完全交给了奴隶去对付，在主人的享受中并不出现。所以主人的欲望的满足只是一个消灭对象的过程，在他的满足里面是缺少对象性的，他不知道这个对象是从哪儿来的，这个稻子是哪里长出来的，他以为是从厨房里面长出来的，稻子长在田里，长在地里，他不知道，所以他缺少对象性的方面。那么另一方面，

与此相反，劳动是受到阻碍的欲望，是被阻止的消逝，或者说，劳动就是**教养**。

前面这个"但是"也延伸到这里，一方面这个满足本身是消逝着的，缺少持存的对象，而与此相反，"劳动是**受到阻碍**的欲望，是**被阻止的**消逝"。奴隶劳动，比如说，一个奴隶当厨子，他的欲望就被阻碍了，他在做饭做菜的时候，他不能一边做一边把这些东西都吃了，这是给主人做的，让主人来吃的，他要尽量做得口味好，香喷喷的，但是他自己必须要压抑自己的欲望。你尝一尝可以，但是你不能把它都吃了，你得留下绝大部分，要呈献给主人。这是受到压抑、受到阻碍的欲望，是被阻止的消逝。这个东西做出来，它虽然可以马上就被消费掉，但是它被阻止了，不是你用的，你做出来，是给主人用的。"或者说，劳动就是教养"，我们今天讲劳动教养，好像不是这个意思。劳动确实是一种教养，你经过了劳动，你就受到了教养。我们今天讲一个人有教养没教养，好像是讲的别的方面，礼仪方面。其实真正的教养就是劳动，经过劳动你就是一个有教养的人了，你就成形了，你就被塑造成人了。所以归根结底，劳动是教养。前面讲的是，好像对于物的非本质的方面显得是落在了服务的意识身上，落在了奴隶的身上，奴隶要去承担那些与物的非本质的联系，而生产出来的对象被主人消费掉了；他做那些东西出来是为了吃，但他又不能吃，好像他只是为了吃而做准备。但是，正因为这样，主人的享受本身是消逝着的，缺少对象性和缺少持存的；而与此相反，劳动恰好因为欲望受到了阻碍，对象的消逝被阻止，所以劳动就是教养。有什么东西可以阻止奴隶不去享用呢？是教养，一个有教养的厨子是不会一边炒菜一边把菜吃

掉的，那是没有教养的，一个真正的厨子就要有起码的教养。你要知道，你最后的产品是要端出来给人享用的，是你做的，现在餐馆里面还在盘子上贴上条子，是几号厨师的手艺，这就是教养。他把这个菜做得色香味俱全，不但好吃，而且好看，这就是有教养的厨子做出来的东西。劳动就是教养，我们做农活也是这样，一个人的活干得漂亮，是他有教养的标志。你受过这种教养，做出来的东西就漂亮，看着就舒服，那才像个东西。人类起码的教养最初就是这样，原始时代就是这样，最初没有什么别的教养，就是通过劳动所形成的教养。

对于对象的否定的联系成为了对象的形式，并且成为一种有持久性的东西，这正因为对象对于那劳动者来说是有独立性的。

"对于对象的否定的联系"，劳动是对对象的否定的联系，它改造对象，改造大自然，这就是一种否定关系，但是这种否定关系"成为了对象的**形式**"。注意这个"**形式**"打了着重号，对象成形了，"有型"了。我们常说你干的这个活不成形，你必须要返工，使它成形，如何使它成形？你要使你对对象的这种否定联系成为对象的形式，"并且成为一种**有持久性的东西**"，要能够摆在那里，供人看，供人观赏。所谓陶冶，古时候的陶工做陶器，通过对泥巴的否定，他把泥巴做成了一个形式，成形了，成为了一种有持久性的东西摆在那里。古希腊的陶工，做好了一个陶器，烧出来了，非常得意的把它举过头顶，让大家来欣赏，你看我做的这个东西多么漂亮。这就是一种成形的东西，就是一种有持久性的东西，它可以摆在神殿里面作为一个祭品，作为一种祭祀的工具，陶器成为一种有持久性的东西，可以摆在那里供大家观赏。"这正因为对象对于那劳动者来说是有独立性的"，因为你要把对象塑造成形式，这个形式一旦塑造成功，它就成了有持久性的东西，对劳动者来说具有了独立性。在劳动者眼中，对象是有独立性的，不像主人，在主人眼里，对象没有独立性，对象就是食物，消费品，可以马上就把它吃掉。但是奴隶即使做出了一盘好菜，他也把它看成是独立性的，舍不得吃掉，送给主人，主人最好也

225

不要马上把它吃掉，首先欣赏一下，色香味俱全，看一看，闻一闻，然后慢慢地享用。因为在奴隶眼中，对象是具有独立性的东西，你马上吃掉，可惜了。因为产品本来就是有独立性的，就像一个艺术品，一做出来就不属于作者了，它就有了自己的生命。对于奴隶来说，他会希望这个东西能够永恒，能够作为他的作品，传之久远。对象具有这个特点，在没有人去加工的时候，自然对象就是独立的，自古以来就是如此的，那么经过加工以后，它成了一种形式，就具有了另一种更高的独立性，这就是教养。在奴隶看来，对象的形式应该是持久的，所以对于外界的事物来说，这是一种赋形，对于内在的奴隶本身的意识来说，就是一种教养。

　　这个**否定的**中介或赋形的**行为**同时就是意识的**个别性**或意识的纯粹自为存在，这种自为存在现在通过劳动在自己之外进入到持久的元素；于是，那劳动着的意识借此就进到了把独立存在直观**为自己本身**。

　　"这个**否定的**中介"，上一句已经讲了，对对象的否定关系成为对象的形式，那么你通过什么去否定？"或赋形的**行为**"，这个中介就是赋形的行为，也就是说你是通过这种赋形的行为来否定对象、来和对象发生一种否定关系，来改造大自然，赋予大自然以你自己的形式。大自然本来没有一定的形式，要赋予它形式，那么我赋予它的形式是我自己提出来的，所以这个否定的中介"同时就是意识的**个别性**或意识的纯粹的自为存在"。这样一种赋形的行为，这样一种劳动，同时就是意识的个别性，意识的纯粹的自为存在，也就是意识的个别的性格，意识作为他自己的自由意志，作为他自己的天才、天分、技能的一种表现。这个产品就是他的技能的一种表现，所以他的这种行为同时就是意识的个别性，或者意识的纯粹的自为存在。在劳动中，纯粹自为存在回来了。奴隶本来有自为存在，但是，奴隶在主人面前先把自己的自为存在扬弃掉了，他要为主人服务。但是在劳动过程中，通过劳动，他又找回了自己的自为存在，而且这种自为存在是纯粹的。为什么是纯粹的？因为奴隶在劳动中，他的自为存在要改变这个对象，他不是为了自己，不是为了自己想要用它，想要吃它，他是为了主人啊，所以他在这里头有一种无私的奉献。这种无私的奉献他又要是自为的，那么这种自为的就是纯粹自为存在。他把做这件事情纯粹当作一种欣赏，我做出一件产品来，我欣赏它，我做出一盘菜来，我不吃它，但是我欣赏它，我雕刻一个雕像出来，我摆在那里，我做一个陶器出来，我摆在那里，欣赏它。我没有去用它，我没有功利在里头，没有功利的要求。主人的自为存在是有功利的要求的，奴隶最开始被扬弃的那个自为存在，也是有功利要求的，他怕死么，怕死当然是最大的功利。但是现在，我为主人劳动，我就没有功利要求了，我仅仅是为了得到主人的夸奖，或者是为了显示自己的才能，仅仅是为了"你看，我多么聪明，我多么智慧"。所以这种行为同时就是意识的个别性或意识的纯粹自为存在，"这种自为存在现在通过劳动在自己之外进入到持久的元素"，这种自为存在不是我主观想当然的，而是我做出了产品摆在那里，你过去看，有些作品甚至是天才的，谁都舍不得把它毁掉，它具有永恒的价值。奴隶的产品具有永恒意义，像金字塔，金字塔建立起来，几千年仍然屹立在那里，具有持久性的元素，在自己之外摆在那里，几千年都坐落在那里。元素，Elemtnt，古代通常指自然界的四大元素，水火土气，这里比喻人的产品像自然元素那样永恒；但是这是自为存在的一种体现，这种自为存在在自己之外，通过劳动，进入到了自然界的持久元素。这种持久元素的产品体现的是奴隶的自为存在，奴隶的智慧，奴隶的力量，十几万的人的力量，合起来的那种力量，那种组织性，那种齐心合力，以及高度的精密性，都体现在这里。"于是，那劳动着的意识借此就进入到把独立存在直观为**自己本身**"，把独立存在直观为自己本身，就是劳动者在自己的作品上直观到了自己的本质。现在劳动者的独立存在已经被意识到了，他有一个自己产生出来的直观对象在他面前，反映出他自己本身，他的能耐和智慧。最开始还没有被意识到，他的自我是自在的，是潜在的，而现在，在劳动的产品上，在它的持久存在上，就达到了把独立存在直观为自己本身，就是直观到了自己的独立存在：那就是我的作品，那就是我

227

本身。我的产品就是我。抽象地来说，奴隶什么都不是，奴隶只是一个生命，而且这个生命也不是他的，是主人赐给他的，所以他什么也不是；但是通过劳动，他现在是某种东西了，奴隶是什么人？你看看他做的东西，那就是他，那个东西就是他，那个东西是独立存在的，谁都舍不得把它弄坏了，必须要摆在那里，必须要供在神龛、神坛上。那是一个独立存在，是作为奴隶自己本身的直观，他已经看到了，那是我做出来的，他可以向所有的人宣称"那个东西其实是我做的"，当然是主人要我做的，但是是我的手艺。这就是劳动的巨大的教养和赋形的力量，它使奴隶成人，自觉到了自己的独立性。那么接下来就专门讲这个赋形、也就是陶冶了。我们要注意，前面讲的"形式"跟这个"赋形"是有关系的，对对象的否定关系成为对象的形式，而且"形式"打了着重号，并且成为一种有持久性的东西，那就是赋形。

[131]　　但是这种赋形不仅具有这样的肯定含义，即在其中服务的意识作为纯粹的**自为存在**成为了**存在着的东西**，而且对于它的前一个环节，恐惧，也具有否定的含义。

　　就是这种赋形，它具有两方面的含义，一方面是肯定的，一方面是否定的。肯定的方面是这样的，"即在其中服务的意识作为**纯粹的自为存在**成为了**存在着的东西**"，就是说在赋形过程中，在劳动过程中，服务的意识作为一种纯粹自为存在，成为了存在着的东西，"纯粹自为存在"打了着重号，"存在着"也打了着重号。服务意识的纯粹自为存在成为了存在着的，也就是说，这种意识的纯粹自为存在在劳动中成为实实在在的了，纯粹自为存在不再是观念中的，不再是仅仅通过恐惧而排除了一切，然后他就是纯粹自为的了，那还不是，那个自为还没有变成现实，因此还没有达到自觉。如何使得这种纯粹自为存在变成自觉呢？必须有一个现实的东西体现出他的自为存在来，让他能够直观，就像上一段讲的"把独立存在直观为**自己本身**"，能够看见他的这种纯粹自为存在。纯粹自为存在本身是看不见的，它是内在的东西，纯粹自为存在就是我的为所欲为，我的自由意志，我想干什么就干什么，这是看不见摸不着的；但是如果你做出了一个作品，放在那里，那就看得见摸得着了，这就是赋形的肯定的含义。劳动、赋形的肯定含义就是使服务意识、使奴隶的这种纯粹自为存在成为了存在着的东西，成为了能够看得见摸得着的东西。劳动体现了奴隶的智慧、奴隶的自由意志、奴隶的力量，它们都体现在劳动产品上，劳动最后的结果就是产品，这个产品就是存在着的东西。于是赋形就是把这种形式变成现实，使这种形式成为存在着的，这是它的肯定的方面。但是它不仅具有肯定的方面，"而且对于它的前一个环节，恐惧，也具有否定的含义"，它的前一个环节就是恐惧了，劳动是出于恐惧，出于对死亡的恐惧，我怕死，所以我宁可做奴隶，来服务于主人。那么为主人服务就是劳动的意识，就是服务的意识，前一个环节是恐惧，第二个环节才是劳动，为了怕死，所以劳动，所以为主人服务。那么服务一旦经过劳动赋予了对象以形式之后，一方面具有肯定的含义，另一方面对于恐惧，对于它的前提，也具有了否定的含义。奴隶最初是怕死，然后通过劳动，他现在不怕死了，他战胜了对死亡的恐惧，对于恐惧具有否定的含义。下面就来解释了。

　　因为在事物的教养中，对于这种服务意识来说，那特有的否定性、它的自为存在之所以成为对象，仅仅是因为扬弃了那对立的存在着的**形式**。

　　为什么赋形对于恐惧有否定的意义呢？"因为在事物的教养中"，通过劳动，通过改造事物而在事物上获得了教养，"对于这种服务意识来说，那特有的否定性、它的自为存在之所以成为对象，仅仅是因为扬弃了那对立的存在着的**形式**"。也就是在这种劳动过程中，在这种教养过程中，服务的意识特有的否定性，也就是服务意识对于物、对于对象的否定性成为了对象。我们说，劳动就是改造对象，要改造大自然，这岂不是对大自然有一种否定性么？虽然奴隶是听从主人的命令，但是在面对对象的时候，他仍然是自为的，他有自由意志。服务的意识这种特有的否定性，它的自为存在,之所以成为对象,"仅仅是因为扬弃了那对立的存在着的**形式**",这里的"形式"又打了着重号。也就是奴隶在劳动中,在给自然物赋形中,扬弃了那与他对立的事物的形式,使之不再与他对立,而是成为了他自己的自为存在的对象。就是说,他原来之所以恐惧,是因为有一种与他对立的形式在威胁他,随时可以置他于死地,主人的鞭子和刀剑高悬在他的头顶。而现在他发现,没有什么了不起,这些形式都是他的劳动产品,是他自己的自为存在的对象,他完全可以夺过鞭子、打造刀枪,进行反抗,他在自己的产品上面看到了自己的力量,这就有可能克服对死亡的恐惧。

　　<u>但是这个对象性的**否定者**正是它为之颤抖的异己的本质。但现在它摧毁了这个异己的否定者,并且在持久的元素中把**自己**建立为一个否定者,由此它**对自己本身**便成为一个**自为存在着的东西**。</u>

　　"但这个对象性的**否定者**",也就是说,这个与他对立地存在着的形式,它本来对他来说是否定者,他在这个异己的本质面前为之颤抖,就是说主人用来控制他、否定他的那些对象使他为之颤抖,所以他说,"但是这个对象性的**否定者**正是它为之颤抖的异己的本质"。那些对象使他为之颤抖,比如说威胁他生命的那些武器,皮鞭、棍棒,监工在监督奴隶,逼着他不得不去劳动服务,这都是与他对立的、对他具有一种否定的作用的对象。"但是现在它摧毁了这个异己的否定者,并且在持久的元素中把**自己**建立为一个否定者",这个对象性的否定者,可以看作是他的沉重的枷锁,铁链,但是现在,他摧毁了这个异己的否定者,打碎了身上的镣铐,并且在持久的元素中,把自己建立为一个否定者。他不断地在劳动中对付自然界,因而能够掌握自然界的"持久的元素",在其中把自己建立为一个否定者,能够进行马克思所说的那种"武器的批判",以物质力量来摧毁物质力量。他本人就是这些武器的制造者,他对付得了整个自然界,他也就知道怎么对付他的枷锁,这个枷锁肯定不是主人做出来的,主人什么事也不做,这个套在奴隶脖子上的枷锁,也是奴隶自己做出

来的，一切人工的产品都是由奴隶承担起来、做出来的。所以这样一来，在持久的元素中，他就把自己建立为一个有实力的否定者，他否定那些否定他的对象，他能够扬弃他的对象的那种否定性，他是一个否定之否定。对象要否定他，他却要否定这个对象的否定，他把对象的那种否定加以否定，那么他自己就是一个否定者，这个"自己"加了着重号，他把自己建立为一个否定者。"由此它对**自己本身**便成为一个**自为存在着**的东西"，这两个术语都打了着重号，一个是"自己本身"，一个是"自为存在着"的东西。"对于自己本身"是什么意思呢？就是不再只是自在的，而是自觉到的了，因此他自觉地成了一个自为存在的东西，也就是他把自己建立为一个否定性的东西，这个否定者是他自为地、有意识地建立起来的。在主奴关系的"自在"阶段，"虽说对主人的恐惧是智慧的开始，但在其中意识对**自己本身**并不是**自为存在**"[见上一段的第一句话]，他只是客观上自在地是一个纯粹自为的存在者，但他主观上并不自觉，并没有把自己看作是自为的存在。但现在他作为纯粹自为存在体现在劳动中了，前面讲，"然而通过劳动，意识回到了它自身"，而通过劳动，他同时又意识到并自觉到他的自为存在了，他是把自己造就成了这样一种自为存在，他有意自己把自己建立为一个否定物，一个自为的存在者。他本来是自为存在，但是他没有意识到，但通过他扬弃自己的否定者，他意识到自己是一个自为的存在者，他就被自觉地建立为一个自为的存在者或者一个否定者了。

在主人那里，服务的意识感觉到自为存在是**一个另外的存在**，或只是**为它的**；在恐惧中这自为存在就**在它自己身上**；在教养中自为存在作为它**自己固有的**存在而成为了为它的，而这就达到了它本身是自在自为地存在着这种意识。

这三句话，总结了前面三个小标题的意义，并且这种总结是站在奴隶的服务意识的角度来总结的，虽然主人、主人性是起点，但它不能总结，只有奴隶才能总结前面三个环节。首先，"在主人那里，服务的意识感觉到",也就是说奴隶的服务的意识在主人身上感觉到,"自为存在是**一个另外的存在**,或只是**为它的**",在主人那里,服务意识感到这个自为存在、这个能动地改造自然界的自为存在并不是他自己的,他感到这个自为存在是一个另外的存在,是从主人那里来的,或者说是为它、为另外一种存在服务的自为存在。服务的意识是为主人的,所谓服务就是为主人服务,所以他的本质是在主人那里,他自己虽然有自为的存在,但并不是他自己固有的,而是一个另外的存在,他只是服从主人下达的命令,因此他是为它的,也就是为主人的。所以这样一种自为的存在在他身上只是自在的,或者只是潜在的,在服务中他完全听命于主人,自为存在已经被掩盖了,只有旁观者还能看得出来,说那些建金字塔的奴隶"真了不起啊!"他们自己并没有觉得了不起,他们只是服务而已。这是第一个层次。下面,"在恐惧中这自为存在就**在他自己身上**",这个"在他自己身上"打了着重号,是和前面打着重号的"一个另外的存在"和"为它"相对照的,这是第二个层次。前面他是为主人服务,他以主人的意志为意志;那么他服务下来之后,晚上睡觉之前,他可能要想一想自己的事,我做的这一切是为了什么? 是为了恐惧,因为我不做就会引来杀身之祸。所以他就感觉到,他其实并不是服从主人,而是服从自己的恐惧,他真正的主人是死亡,他做这一切是在生死之间选择了活下去。因此在死亡恐惧中他感到这是他自己的选择,自为存在就在他自己身上。在主人面前他唯命是从,但在私下里他只是服从自己的自由选择,服从自己的自为存在,他知道是因为他怕死,所以他才做这些事情,这是一种选择。也有不怕死的人,不怕死的人都死了,他为什么不去死呢? 是因为他选择了活着。所以在恐惧中,这自为存在就在他自己身上,这个自为存在通过恐惧表明它就在他自己身上,他是自己决定自己要活下去的。这是第二个层次,是从奴隶自己这方面考虑,前一个层次是从主人方面考虑,奴隶的自为存在是主人的,这一个层次则是奴隶私下里的感觉,就是我服从你仍然是我自己决定服从的,自为存在仍然在我自己身上。再下面第三个层次是,

"在教养中自为存在作为他**自己固有的**存在而成为了为它的"，这个就是合题了。在教养中，也就是通过劳动，自为存在作为他自己固有的存在而成为了为它的，"自己固有的"打了着重号，也就是说，在教养中，自为存在既是奴隶"自身固有的"，但又仍然是"为它的"。它在经过第二层次后，在更高的基础上返回到了第一层，这个"为它"不再是为主人，而是为自己的作品，这就使他自己身上的自为存在不再只是一个自为的私下决定，而成了一种改造世界的力量。所以最后一句就是，"而这就达到了他本身是自在自为地存在着这种意识"。在服务的意识的这第三个层次上，从第一层次的自在到第二层次的自为，现在达到了自在自为的意识，这就是教养。在劳动中，他达到了对他自己的本质的自在自为的自觉，它既是自为的，同时这个自为又是自在的，又是自己本身固有的；这种自为不再是一个抽象的起点，而是一个现实的赋形过程，他在这过程中做出了产品。在这个产品上，我们能看到奴隶自己的自在自为的本质，这个产品是他做的，这个产品就是他的本质的体现，他的智慧，他的才能，他的力量，都体现在他的产品的形式上。他在自己的产品上打上了自己自由意志的烙印。

　　这个形式由于是在外部被建立起来的，因而对它并不是一个他者，而就是它自身；因为恰好这形式正是它的纯粹的自为存在，即在其中对它成为真理的自为存在。

　　"这个形式"，就是赋形得来的形式，劳动就是赋形的过程，那么这个赋予的形式，"由于是**在外部被建立起来的**"，"在外部被建立起来的"打了着重号，它也可以译作"由于是建立在外部的"，也就是由他自己外化出来的，"因而对他并不是一个他者，而就是他自身"。这个形式由于在外部被建立起来，因而对他不是一个他者。它既然是外部的，为什么不是一个他者呢？因为它是在外部"被建立起来"的，而不是预先摆在那里的，所以它虽然是在外部，但不是一个他者，因为那是他自己建立起来的，是他自己做出来的。那个产品是我做出来的，是我赋形的，那它当然

233

不是他者，它不是异己的，而就是我自身，我的产品就是我。我是一个什么人？你去看看那个神殿里面的雅典娜雕像，你就知道我是一个什么人，我就是那个雕像的作者，我的名字都可以不叫菲狄亚斯，我的名字就叫雅典娜雕像的作者，那就是我的代号，就是我的名字。① 所以那个形式不是一个他者，而是我的作品，它表达了我的本质。这个形式由于是"在外部被建立起来的"，既是在外部，但同时又是被建立起来的，是由我的内部把它建立在外部的，所以它并不是一个他者，而就是我自身。"因为恰好这形式正是他的纯粹的自为存在，即在其中对他成为真理的自为存在"。这是对刚才那句话的解释，因为恰好这种形式是我把它建立起来的，那么这个形式就是我的纯粹的自为存在了。纯粹的自为存在，我不是为了功利，不是为了要得到什么，我就是为了要表现自己，要表现自己的才干，表现自己的智慧，那就是非功利的，是一种纯粹的自为存在。自为存在可以是功利的，自为存在为所欲为，主人的自为存在就是功利的，就是不纯粹的，他为所欲为是为了他的欲望；那么奴隶的为所欲为是纯粹的，它体现在那个形式上面。这个形式是持存的，我把它赋形了，我把它塑形了，塑造成了一个形式，它就是一个持存的、甚至于是一个永恒的形式。雅典娜神庙是一个永恒的形式，今天我们还在观赏，这样一个形式就是他的纯粹自为存在。当然我们可以说，建造雅典娜神庙是为了希腊人的一些现实的目的，也有功利的目的，但是作为建筑师，他没有功利的目的，他建这个神庙，纯粹是为了表现他的建筑师的才干，纯粹的自为存在。"即在其中对他成为真理的自为存在"，纯粹自为存在对于建造者来说，要成为真理，必须要体现在对象身上，体现在外在的一个产品、一个作品身上，这个作品并不是他者，而是他的真理性的一种证实，证明他真的是一种纯粹的自为存在，他真的是了不起，他真的具有强大的创造意志。那么

---

① 当然，菲狄亚斯并非奴隶，但他的劳动中肯定也使用了大量奴隶，在他惊人数量的作品中，他应该主要起一种设计、监督和指导作用。

在其中，这种纯粹的自为存在就对他成为了真理，换句话说，他的纯粹的自为存在就成了真的，因为他有产品，有一个作品在那里作证，证明他的自为存在成了真理。他的自为存在不再是口头上说一说，不再是心里头想一想，而是做出来了，这种纯粹的自为存在对他来说就成为了真理。

因此这一自为存在，通过重新发现自己由自身所**固有的意义**，恰好在它似乎只在其中具有**异己的意义**的劳动里形成起来了。

压缩一下这句话：这一自为存在形成起来了，怎么形成起来的？"通过重新发现自己由自身所**固有的意义**"而形成起来的，在劳动中、在为主人服务中，他重新发现了自己由自身而来的、固有的意义，就是说奴隶作为一个自我意识，他固有的意义就是自为存在，这自为存在原先他以为是主人的，现在他重新发现了，原来是由他自身而来的，是他自己固有的意义。那么，这种自为存在是在哪里形成起来的？"恰好在他似乎只在其中具有**异己意义**的劳动里形成起来了"，一方面是通过重新发现自己固有的意义而形成起来的，一方面又是在劳动里形成起来的。什么样的劳动？他似乎只在其中具有异己的意义的劳动，就是这个劳动，最初看起来好像他在其中只具有异己的意义，劳动对于奴隶来说表现为异己的，因为是别人命令他去劳动的，他不得不为主人服务，那么劳动是主人的命令，不是他的意志，不是他想要去劳动，他只想要休息，如果可以的话，他宁可天天休息。但是不行，主人天天赶着他去劳动，所以这个劳动对于他来说只有异己感，似乎在其中只具有异己的意义。他在劳动中是没有什么快乐可言的，他甚至被鞭子赶着去劳动，肯定是异己的，谁吃饱了撑的，没事就去劳动呢？躺着多好啊，为什么要到田里去劳动呢？所以劳动对奴隶来说是有异己性的。但这只是"似乎"如此，似乎只在其中具有异己感，就是说其实还不是这样的，而是"恰好"在这种似乎只有异己意义的劳动中，自为存在形成起来了。这个"恰好"就是突出一个辩证的反差，正是在这种被强迫的劳动中，自为存在的主动性形成起来了，甚至后面讲到的自由意识也从这里形成起来了。注意这里"异己的意义"和前一个"固有的意义"都打了着重号，fremder Sinn 和 eigener Sinn，两相照应，就是说固有的意义恰好是在异己的意义里面形成起来的，相反才能相成。奴隶劳动最初是被迫的，但是后来慢慢做出味道来了，有的奴隶成了专家，成了能手，他只有在劳动中才能体现自己的能耐，所以在劳动里形成了他的自为存在，恢复了他的完整的自我意识，而且是纯粹的自我意识。他不是为了活命，不是为了功利的目的，而就是为了他是一个自为存在，他是一个能动者，他要表现自己的才能，天分，那就是纯粹的自为存在了。下面就要对于这样一个过程进行反思的分析了。

——对于这一反思，有两个环节是必须的：恐惧的环节和一般服务以及教养的环节，并且同时这两个环节都具有普遍的方式。

"对于这一反思"，这一反思就是前面讲的，"重新发现自己由自身所**固有的意义**"，这种重新发现自己就是反思。对于这一反思，这个反思过程必须有两个环节，现在他分析，哪两个环节？恐惧的环节，这是一个，一般服务以及教养的环节，这是另一个。严格说来，应该有三个环节，但是他把后两个环节看成是一个。恐惧的环节，这是起点，这是出发点，为了恐惧而去服务，而受到教养；一般服务以及教养的环节，这是另一个。另外一个环节分成两方面，一般服务的环节，那是对外的，教养的环节，是对内的，我们刚才讲了，向外的赋形就是一般服务，改造大自然，那么教养是改造自己，是对自己赋形。对大自然赋形和对自己赋形，都是赋予形式，都是成形，都是建立一种固定的形态。那么这个赋形的环节，对外赋形和对内赋形可以看作是同一个环节，它和第一个环节即恐惧的环节都"具有普遍的方式"。恐惧的环节具有普遍的方式，前面讲了，它不是对于这一那一本质的恐惧，也不是对这一瞬间那一瞬间感到担忧，恐惧和担忧不一样，担忧是具体的，而恐惧是普遍的，是绝对的恐惧，是对死亡的恐惧，对绝对主人的恐惧，那是具有普遍性的。那么一般服务和教养的环节也具有普遍的方式，当然服务可能是个别的，我针对这个针对那个，但是服务里面也必须要上升到普遍性，普遍的服务，那就是劳动，劳动本身具有一种普遍性。教养也有一种普遍性，它已经不限于为某个主人服务，而是着眼于自身能力的提升和发挥了。要上升到普遍的环节，才能够构成这种反思，普遍的恐惧和普遍的教养，这构成这个反思必须有的两个条件。那么，这两个环节相互之间是一种什么关系呢？首先从恐惧的角度来看，

没有服务和听从的那种规训，则恐惧还停留在表面形式上，不会扩展到定在的有意识的现实性上。没有教养则恐惧只停留在内心里，在沉默中，这意识也不会变成是为它自己的。

这是恐惧和服务之间的关系，"如果没有服务和听从的那种规训"，这个地方把服务和听从都解释为规训，规训即 Zucht，是一种训练，主人叫你干什么，你就要服从，要听从，要随时待命，他叫你干什么，你就干什么，这是一种规训。如果没有这种规训，这个环节如果缺了的话，那么"恐惧只停留在表面形式上，不会扩展到定在的有意识的现实性上"。表面形式，Formelle，是指那种完全表面的形式，就是说你对死亡有恐惧，但是还没有去服务，还没有在服务中体现你的这样一种恐惧，那还只是一种形式化的表现，比如发抖、说不出话等等，只是一种本能反应；只有在拼命干活、努力服务中，你才体现出一种真实的恐惧，比如古埃及的奴隶建了那么大的金字塔，人们就会想到，这里头死了多少人，为什么那些人还去努力地干，就是因为害怕死亡、因为恐惧才去干啊。这就不是一种表面的形式，而是"扩展到定在的有意识的现实性上"的形式。只有服务，只有听从于规训，才是恐惧的有意识的现实表现，而不是本能。怕死的本能动物也有，如牛在被宰杀前会流泪；如果没有规训的话，那么你的那种恐惧只停留在动物本能这种表面的形式上面。而通过这种服务的规训，这种怕死的恐惧就扩展到了定在的有意识的现实性上，一个是定在的现实性，就是大自然，另一个是有意识的现实性，这种现实性达到了有意识性和自觉性。你的恐惧的意识扩展到了你的产品上面，才体现为有意识的现实的恐惧。但是如果没有服务，没有这种训练，这种恐惧是体

现不出来的,只是一种表面形式,不会扩展到这种现实性上,不会具有普遍性。这是服务和恐惧的关系。那么教养和恐惧的关系是,"没有教养则恐惧只停留在内心里,在沉默中,这意识也不会成为他自己的",如果没有教养的话,那么恐惧只停留在内心里。这个教养,我们刚才讲了,教养就是要向内陶冶,赋予内在的形式,那么这个时候,如果没有教养的话,恐惧只停留在内心里,在沉默中,它就是无形式的。如果没有教养的话,恐惧只在人的内心里,它还没有成形,还没有内在的形式,没有成为一种做人原则。没有经过教养,那么恐惧就不会成为一种人格形式,它是内在沉默的,就像动物一样,动物也怕死,但是动物说不出来,说不出来意味着不成形。那么"这意识也不会变成是为他自己的",这种恐惧的意识不会成为"为他自己的",不会成为自为的,不会成为有意识的、自觉的恐惧。人的教养体现在他的恐惧是自为的,是出于对生死的一种选择,出于恐惧,我选择活下来,这就是为自己而选择。但是如果没有教养的话,那么这种怕死仍然是内心沉默的一种感觉,而不是为他自己的选择,不是一种自觉的恐惧。这是从服务和教养两个方面对恐惧的关系来阐明,如何能够使双方都具有普遍的方式。这里先是就恐惧方面来说的,恐惧要具有普遍的方式,就必须要有一个是服务,一个是教养;通过服务,他可以将恐惧扩展到其他的产品上面,凭借劳动把这种恐惧固定在有意识的现实身上,固定在他的产品上;通过教养,他可以把这种恐惧塑造成自己自为的人格结构,塑造成自己的做人原则。这是从恐惧这一方面来看服务和教养。那么下面就是从服务和教养这两方面来看恐惧。立足于恐惧来看服务和教养,就是如果没有服务,恐惧会怎么样?如果没有教养,恐惧又会怎么样?那么下面两句话是说,如果没有恐惧的话,服务会怎么样?如果没有恐惧的话,教养又会怎么样呢?这个逻辑结构我们要搞清楚。下面就是讲这个问题了:

如果没有最初的绝对的恐惧,意识就要赋形,那么它只有虚浮的固有意义;因为它的形式或否定性并不是**自在的**否定性,它的赋形因此并不能给予意识以它就是本质的意识。

"如果没有最初的绝对恐惧，意识就要赋形"，如果没有绝对的恐惧，不是由死亡的恐惧逼迫着，意识就要去赋形，要去改造那个对象，那么显然这就是带有功利的，没有绝对的恐惧去赋形，那就是带有某种功利而不能超脱的，那个赋形在原始时代，没有主奴关系的时候就有。原始人为了自己具体的需要去赋形，去做一个陶器，去做一个石器，奴隶如果只是停留于这个层次，"那么他只有虚浮的固有意义"。"固有意义"这个词组我们上面已经见到了，但这里是"虚浮的"，eitler，也就是说，自以为是的、主观的，他以为他的赋形只限于满足他的欲望，而不会想到他所赋予的形式本身是一种客观规律，是一种对象化的形式，是一种对象本质的形式。他不考虑对象，如果没有绝对的恐惧，没有对死亡的恐惧，在这个时候他去赋形，那么他是非常就事论事的，轻浮的，实用主义的，只要我成功了，那就是好的，至于我没有成功，那就是不好的，那就是故意和我作对。所以他把自己的成功完全看成自己搞出来的东西，具有自己以为的固有意义。"因为它的形式或否定性并不是**自在的**否定性"，并不是客观事物自身的否定性，并不是客观事物自身的规律，他没有这种眼光。他不去从客观事物本身自在的会有一种否定性这个角度来考虑，他就不能深入，只能是浮浅的。只有当你把所有的功利的目的都放下了之后，也就是说你是出于绝对的恐惧，对死亡的恐惧，那个时候你才能够上升到超功利的层面来掌握客观规律，来表现自己的天赋，表现自己的智慧。为什么这种恐惧是智慧的开始呢？就是这个道理。只有当你在面临绝对恐惧，在面临死亡的时候，你才能够把一切功利的东西都放下，仅仅为了这种恐惧，这种超然于一切具体功利的目的而去做一切事情。我们说做一件事情就要把一件事情做好。什么叫作好？并不是说你马上可以享用它，你得到好处，不是的，而是根据这个事物本身的规律你把它做好。但是如果没有绝对的恐惧，"它的形式或否定性并不是**自在的**否定性，它的赋形因此并不能给予意识以它就是本质的意识"，如果没有这种恐惧的话,当然他也可以赋形,但是这种赋形并不能给予意识以它就是本质的意识,就是他赋予的形式,他并没有把它看作是本质,它只是为了满足我的欲望。我去赋予它一个形式,然后我就把它吃掉了,把它用掉了,它是坚持不下来的,它是非持存的,因此它不可能是真正的本质,它只是为我所用。但是如果是从一个超然的角度来看,我们就要把它看成一种本质的东西,它摆在那里,它有它自身的规律,但是是我弄出来的,我掌握了它的规律,把它弄出来了,这就有了一种超然的角度,就是说把这种赋形当作就是本质,赋予意识以它就是本质的意识。它就是我的本质,并不是我的这一时那一时的欲望的对象,而是永远摆在那里,体现了我的本质的一个对象,体现了规律的一个对象。我的本质就体现在那个东西上,我那个作品体现了我的本质,也体现了事物的本质,我超功利地按照事物的本质造成了这样一个对象。但是如果没有绝对的恐惧,那么服务就会变成一种功利性的赋形活动,那就是为了某个具体的眼前的目标去改造事物了。在教养方面也是一样的,下面一句,

[132]　　如果意识没有忍受过绝对的恐惧,而只是经受过一些担忧,那么那否定的本质对于它就仍然是一个外在的东西,它的实体就没有彻头彻尾被这外在的东西所点燃。

　　这是对于教养而言的,"如果意识没有忍受过绝对的恐惧",这个前提还是一样的,如果这个恐惧不是绝对的恐惧,没有普遍性,"而只是经受过一些担忧",我们刚才讲了,担忧和恐惧不同,"那么那否定的本质对于它就仍然是一个外在的东西",否定的本质对于它,对于意识,就还是外在的。我的意识要否定这个对象,它使我担忧,这个对象也要否定我,这种互相否定,使得意识把那个否定看作是一个外在的东西,它不能够体现我的本质。那么你要想在征服自然的过程中发现你自己,你就必须要有一种超功利的态度,这种超功利的态度是由绝对的恐惧而带来的。如果没有这种绝对的恐惧,只是经受一些担忧,生活的担忧,肚子饿了想要找吃的,冷了想要找衣服来穿等等,那么这个否定的本质对他来说还

是外在的。完全功利的把一个对象看作是一个外在的，你要找东西吃不容易，你要打一只兔子来都不容易，你要剥一张兽皮都很不容易，但也仅仅是如此而已。"它的实体就没有彻头彻尾被这外在的东西所点燃"，外在的东西只是满足我的临时需要，而没有体现我的实体。只有在绝对恐惧中，意识的实体，也就是我的存在，才能被这个外在的东西彻头彻尾地从根本上点燃，我把我的实体看作是就是在这个外在的东西上面燃烧起来的。我的内在的实体是隐藏的，隐匿的，但是通过我的劳动、教养，我的实体被这个外在的东西所点燃了，这个外在的东西就不是一种外在的东西了，就不再是他者，而是我的作品，这个外在的东西就是我的实体的一种火焰，我的实体烧起来，就是在这个作品上烧起来了，这种外在的实体就是实体燃烧的燃料，对此我就受到了陶冶，受到了教养，实体和外在的东西就是一回事了，就统一起来了。但只要没有绝对的恐惧，这一切都无从谈起。

<u>由于外在东西的自然意识的全部内容都不曾动摇，则它**自在地**还是属于特定的存在；那固有的意义就是**固执己见**，是一种还停留在奴隶性内部的自由。</u> {116}

这个还是沿着前一句话在讲，"如果意识没有忍受过绝对的恐惧，……它的实体就没有彻头彻尾被这外在的东西所点燃"，如果没有绝对的恐惧，这种教养就形不成啊，在这种形不成的情况下，下面接下来，"由于外在东西的自然意识的全部内容都不曾动摇"，外在东西的自然意识，外在东西在自然意识中呈现出来的那个样子，大自然、外在东西是与人相外在的，没有被撼动过，叫作"不以人的意志为转移"，那么"它**自在的**还是属于特定的存在"，外在的东西就它自在的而言，"自在的"打了着重号，自在的还是属于特定的存在，属于有限的存在。就是没有被你的绝对恐惧所撼动过的大自然，在你面前它还是一个既定的、规定好了的存在，还没有和你打成一片，还没有上升到一种普遍性，没有上升到能够反映你的本质。它的自然意识的全部内容都没有被动摇，没有被触动过，

不以你的意志为转移。所以，"那固有的意义就是**固执己见**，是一种还停留在奴隶性内部的自由"，也就是这个时候，在你还没有被死亡恐惧彻底震撼的时候，你就奢谈什么"固有的意义"，未经反思，未经从异己的意义中重新发现固有的意义，那么这就只能是固执己见，还没有超越奴隶性本身的狭隘限制，却自以为是自由的。就是说，如果停留于实用主义地、就事论事地去加工对象、去改造大自然，停留于一种小小的担忧，满足自己的具体的欲望，而不是上升到对死亡的恐惧和对日常自然意识的超越，这样的奴隶意识是没有希望超出奴隶性之外的，他也许可以紧紧抓住自己的"固有的意义"，但不过是固执己见而已。就是说在外在的大自然面前，有一个你自己的需要，但是你自己的需要和外在的大自然之间不相沟通，你是你，它是它，你只是实用主义的拿它来满足自己，你当然也可能成功，你也可以改造大自然，但是你没有把那外在的东西当作你的实体的燃料，达到主客观统一的教养。这个时候你就还只是停留在奴隶性的内部，你的自由仅限于满足自己的食欲，满足自己的温饱，主人让你干这干那，然后主人给你食物，主人给你衣服，这是一种奴隶性内部的自由，你并不能够支配你的对象。奴隶社会时代也有这种情况，奴隶根本忘记了死亡恐惧，只是在既定体制下，在主人的庇护下求得温饱，还感到自己活得特有"意义"，特自由自在。但这时奴隶根本不认为自己可以支配对象，对象都是属于主人的，是主人要他去加工这加工那，他只不过是通过这种方式为主人服务，来分得一杯羹，让自己活下去。他自以为的这个内部的自由并没有体现在外，只是固执己见而已。这是一种阿Q式的自由，我什么都不要，随遇而安，那么我就自由了。当然也要加工外在的事物，但是他从来不把外在的东西看作是自己能力和意志的体现，只是一种生存手段而已。他在自己的产品上没有感受到一种自豪，一种把对象据为己有的自由，这种奴隶是走不出奴隶性的范围的。下面马上要讲到的自我意识的自由，就是对这种内部自由的超越，最初是奴隶性内部的自由，然后通过由死亡恐惧所激发的劳动、陶冶和教养，他才开始意识到自己的真正的自由。而在这里对此埋下了一个伏笔。

对于这种固执己见，纯粹形式不可能成为本质，正如这种纯粹形式被看作扩展到个别东西上时，也并不是普遍的教养和绝对的概念一样，而是一种熟巧，它只能掌握某些东西，但不能掌握那普遍的力量和那整个对象性的本质。

最后这一句话，"对于这种固执己见"讲得很清楚了。前面讲了，封闭在自己内部的这种自以为是的固有意义，是一种固执己见，是局限于奴隶性内部的一种自由，那么对于这种固执己见，"纯粹形式不可能成为他的本质"，他加工对象，赋形于对象，这个对象的形式不可能成为他的本质，他要的只是内容。因此他不可能经过教养使自己成形，他不能给自己赋形。奴隶对自己而言，还是一种无定形的东西，主人要他怎么就怎么，由主人来给他定形，主人把他塑造成这样塑造成那样，他自己没有自己的定形。对于对象也是这样，主人让他干这个就干这个，要他干那个就干那个，他给对象赋形了，那也不是他赋形的，他也不会意识到这是他的赋形。所以纯粹形式不可能成为本质，他只是着眼于功利方面，对于奴隶来说，那就是他可以借此而获得温饱。"正如这种纯粹形式被看作扩展到个别东西上时，也并不是普遍的教养和绝对的概念一样"，这种纯粹形式当然实际上已经被他扩展到了个别的东西上，但并不是作为普遍形式，不是作为普遍的教养和绝对的概念，而只是一种具体实用的技术，"而是一种熟巧"。我把这种普遍形式加在个别东西之上，但是只盯着个别事物的这种形式那种形式，这就只是一种熟巧，Geschicklichkeit，一种技巧，或者是一种小聪明，一种工匠意识，仅仅是工匠而已。我们说他心灵手巧，但也只是手很巧而已，拥有一种手头上的功夫。但它决不是普遍的教养和绝对的概念，要达到这一步，必须要有个前提，就是说你要有绝对的恐惧，否则纯粹的形式不可能上升为绝对的概念，不可能变成普遍的教养。这种熟巧"它只能掌握某些东西，但不能掌握那普遍的力量和那整个对象性的本质"，他只是一种技术。不经过死亡的恐惧意识，奴隶的眼界充其量就是一种技术，但是这种技术不能提升为，比如说科学，更不用说提升到哲学了。为什么我们中国不能产生科学，只能产生技术？这个李约瑟的问题，我们有可能在这里找到某种答案，就是中国人过分的着眼于个别的东西，只看到"奇技淫巧"，而忽视了那普遍的形式，那纯粹的形式。为什么忽视了纯粹的形式？是因为我们从来都没有真正的直面死亡，总是局限于"未知生焉知死"，"未能事人焉能事鬼"，我们从来都不直面死亡的问题，即使要谈论死亡的问题，也是从生存的问题来谈，"人必有一死，或重于泰山，或轻于鸿毛"，但却不去想一想，轻也好重也好，都是活着的人的评价，不是死者的事，死了之后什么都没有了。我们从来都没有超越这些具体的东西而上升到普遍原则，比如说几何学、数学、科学这些东西的一般原理，科学精神和哲学爱好等等。因为对这些东西的考虑完全是超功利的，出于兴趣，出于惊异感，用不着考虑它为什么东西"服务"。如果人死了以后还有灵魂的话，那么这些东西才是和他的灵魂相伴随的彼岸的原则；如果没有灵魂的话，那么它们也才是唯一能够赋予人这一生以永恒意义的东西。可见只有通过死亡意识这一关，你才能够上升到一种超然的层次或者彼岸的层次，你才能够发展科学，而不仅仅是技术。所以他这里讲的是非常有道理的，就是死亡的恐惧，绝对的恐惧，这个对于人的超越世俗生活，超越一切具体的功利的东西，有根本性的影响。为什么说对死亡的恐惧是智慧的开始？爱智慧，为什么是爱智慧呢？就是因为你已经没有什么东西可爱了，所有世俗的东西，都不是你的，你都可以把它忘记，你都可以不管它，在这个时候你才能思考那永恒的东西，只有考虑这些永恒的东西，你才能产生科学，否则的话，便都是工匠，都是技术。所以这个教养必须要以恐惧的意识为前提。中国人当然不能说没有教养，但是中国人没有这样一种超越性的教养，我们有很多礼节、礼貌、等级关系的教养，这些都是世俗的，而没有纯粹的科学和艺术的教养，这个方面我们严重的不足。

＊　　　　　＊　　　　　＊

二、自我意识的自由；斯多葛主义、怀疑主义和不幸的意识

我们今天开始讲自我意识的第二节。第二节的标题是"自我意识的自由；斯多葛主义、怀疑主义和不幸的意识"，这个不幸的意识，原来都译作苦恼的意识，我们还是要按照它的德文原来的意思，改成不幸的意识。当然苦恼的意识也是可以的，也很传神，但是德文 unglücklich 就是不幸的，它跟后面很多地方提到的幸福是有关系的，你把他翻译成苦恼，跟幸福的词源关系就断开了。所以我们还是严格遵照德文的原意，把它改成不幸的意识。

当然这一节总的主题，就是自我意识的自由，就是谈自由的问题。自由的问题我们上一节已经触及到了，就是奴隶他也有一定的自由，奴隶的那种自由是在奴隶性的内部，当他们没有直面死亡的恐惧的时候，他就可以有一种奴隶的自由，但是一旦他直面死亡的恐惧，那么这种自由就消散了，必须要提升到斯多葛主义这种自由的概念，才能有一种真正的自由。我们曾经把奴隶的自由比作阿Q精神，阿Q精神就是这样一种自由，这样一种自由感，这样一种自由感在中国特别盛行，它来自道禅思想。一直到现在，很多人一说到自由，就以为是指阿Q精神，就是我什么都无所谓，在任何情况之下，我都可以心满意足，在挨了打的情况之下，在吃了亏的情况下，也可以心满意足，有一种精神胜利法。但是这种精神胜利法它实际上是没有原则的，他在每一次吃了亏的时候，就跳出自身，但是跳出自身，他却没有别的原则，仅仅是一种心理安慰，下次他也就同样照此办理，始终不面对能够把他的这种精神胜利彻底摧毁的死亡本身。所以我们在谈论自我意识自由的时候，要区分两种层次，一种是斯多葛派的自由，表面上看起来好像跟精神胜利法、跟阿Q精神非常类似，但是实质上有本质区别，因为斯多葛精神是有原则的，是坚持一

245

个原则而能够不为喜怒哀乐所动,能够保持一种精神上的独立,这一点我们要有意识地把它区分开。①

那么现在我们来看看这一节,前面已经提到自由概念了,现在这个自由概念被提到了一个更高的层次,我们看看他是怎么提的。这个关节非常重要,这个转折点,怎么样从奴隶意识跳出来,超越主奴关系,上升到一种意识的自由,这个关节点十分重要。斯多葛主义在西方精神的历史上,是一个非常重要的关键,包括后来的基督教,都是从这里头生长出来的。所以一讲到《精神现象学》自我意识的问题,黑格尔肯定要把斯多葛主义搬出来,斯多葛主义在黑格尔那里就是自我意识的哲学。当然除了斯多葛主义,还有怀疑主义,严格说起来,还应该有幸福主义,伊壁鸠鲁。但是黑格尔对伊壁鸠鲁是非常瞧不起的,他认为伊壁鸠鲁还没有超出世俗的、物质的层面,享乐主义,幸福主义,名声也不好,所以黑格尔把他撇开了,或许他是把伊壁鸠鲁主义归入到前面所讲的在奴隶性之内的自由,他把它归到那个里头去了,当然他没有那样说,但是我们可以这样猜测,他可能是归到那个里头去了,然后他才从这里头提升起来,达到自我意识的自由。我们来看这一段。

对独立的自我意识来说,一方面只有**自我的**纯粹抽象才是它的本质,另一方面,当这个抽象在教化自己并给自己做出区别时,这种区别并不对它成为对象性的**自在**存在着的本质;因此这个自我意识不会成为一个在它的单纯性里真正区别自身的自我,或者不会成为一个在这种绝对的区别中保持自身等同的自我。

"对独立的自我意识来说",意思就是对于主人来说,因为前面讲主奴关系,主人是具有独立的自我意识的,而奴隶,是依赖性的,自我意识

---

① 与阿Q精神更为类似的似乎是伊壁鸠鲁的享乐主义,也是回避死亡意识的,但黑格尔对他只字不提,而马克思则称赞他是古代最伟大的启蒙思想家,此处暂不谈。

的独立性和依赖性分别表现在主人和奴隶的身上。那么对于主人来说，"一方面只有自我的纯粹抽象才是它的本质，另一方面，当这个抽象在教化自己并给自己做出区别时，这种区别并不对它成为对象性的**自在**存在着的本质"，在主人那里有两个方面，一个方面就是自我的纯粹抽象，这是独立自我意识的本质。主人充分意识到他的独立性，而且这种独立性是纯粹抽象的，他不涉及任何现实的工作，他不沾手，有一个工作在面前，他马上叫奴隶来，他自己不动手，因为他是独立的，他是高贵的，主人怎么能做奴隶那么下贱的事情呢？这样他才能够维持他的独立意识，他的纯粹抽象的本质，他跟任何具体的东西都不沾边。另一个方面，"当这个抽象在教化自己并给自己作出区别时"，主人也在教化自己，他怎么教化自己呢？他通过命令奴隶去干活，而且干出活来了，他认为奴隶干出的这个活是他自己干出来的，他盖的神庙，他自己一个手指头都没动，但是主意是他出的，而且他把这个主意实现出来了，那么主人当然也得到了教化。这个抽象在教化自己并给自己作出区别，主人教化自己，主人通过创造一个作品，一个雕像，一个神庙，或者是一个生活必需品，当然是通过奴隶造出来的，但是他认为还是他作出来的，他给他自己作出区别。这个神庙是我盖的，这是另一个我，它代表我，但又区别于我、不同于我，但是"这种区别并不对它成为对象性的**自在**存在着的本质"。为什么不是他的对象性的自在存在着的本质？因为他并没有跟自在的对象打交道，他只是在脑子里面构思一个形式，然后让奴隶去完成。那么完成了以后，这个对象仍然不是自在的，对他没有独立性，这个对象仅仅是供他享用的一种物质材料，物质必需品，他享受了这个对象，这个对象对他不保持独立，他想要怎么样就怎么样。这不像在奴隶那里的情况，奴隶创造一个作品出来，那个作品他是不能享用的，他必须摆在那里，让它成为自在存在的本质。而主人创造出来，他为所欲为，他要么把他吃掉，要么想起来把它毁掉就毁掉，没有人会责备他，因为是他自己的东西。奴隶可不敢这样做，但是奴隶主是可以为所欲为的。所以这个对象对他来说，并不对他成为对象性的**自在**存在着的本质，他是他的享乐的对象。这个东西，这个形式，这种教化的形式，并不是自在的本质，并不是自在的对象，它本身没有意义，它仅仅是作为奴隶主的享乐的对象才有意义，所以它只是消费品，它没有独立性。下面一句，"因此这个自我意识不会成为一个在它的单纯性里真正区别自身的自我，或者不会成为一个在这种绝对的区别中保持自身等同的自我"。因此这个自我意识，也就是这个主人的独立的自我意识，不会成为一个在它的单纯性里真正区别自身的自我。看起来好像主人也在区别其自身，他造出来了一个作品，这个作品在他之外，不同于他自身，但是又是他自己的作品；但是他并不会真正的区别其自身，因为他和他的作品之间其实并没有真正的区别，作品只是他的享乐对象而已。"或者不会成为一个在这种绝对的区别中保持自身等同的自我"，正因为没有真正的区别，所以也就不会在这种绝对的区别中保持自身等同，不会成为这样一个有张力的自我。这个主人为所欲为，虽然他在教化中也给自己作出了一种区别，即在他自己和他的对象之间、他的作品之间建立了一种区别，但他并不把这种区别看作绝对的，而是要享用他的一切对象，吃它们喝它们用它们，他离不开这些与他不同的东西。那么他就不是在与对象的绝对区别中保持他的自身等同性，不是用这种自我来驾驭与他对立的对象，所以他的这种教化或教养是有缺陷的。他又不劳动，所有劳动都是奴隶在干，奴隶干出来的东西跟主人本来有一种绝对的区别，如果从作品本身的独立性来看，那么它跟主人有绝对的区别，主人根本连碰都没有碰过它一下。但是主人最后跨过了这种绝对区别，直接享用了对象，但是为什么能够享用，这里头有什么道理，他根本不知道，他是完全自我的，完全为了自己快乐的，他把它消费掉了，那么他的自我等同只体现在穷奢极欲上，实际上在对物欲的享乐中丧失了自身。在那种绝对区别当中他不能够保持自身等同性，而当他自认为是自身等的时候，他与对象之间又是没有绝对区别的。这是讲的主人，下面是讲奴隶了。

　　<u>反之,那被逼回到自身的意识在赋形的过程中却作为被教养的物的形式而成为自己的对象,而在主人身上他直观到同时作为意识的自为存在。</u>

　　前面讲主人,现在反过来,我们来看看奴隶这一端。"那被逼回到自身的意识",前面讲了,奴隶是被逼回到自身的意识,他的自我意识本来是寄托在主人身上的,他已经没有自己独立的自我意识了;但是,主人命令他去干活,那么你在干活的时候还得有自己的自我意识,所以你就被逼回到了自我意识。你在干活的时候,必须有意识才能干活,毕竟你不是会说话的工具,你比牛马强的地方就在于你有意识,主人就要利用你这一点,所以逼着你去干你的活。"在赋形的过程中",奴隶做一件事情,就在赋予对象以某种形式,在这个过程中,奴隶的意识"却作为被教养的物形式而成为自己的对象",也就是说奴隶的意识,在被教养过程中以物的形式成为了自己的对象。自己的意识成为了自己的对象,也就是回复到了自我意识了。怎么样回复的呢? 就是在赋形的过程中回复的,它作为被教养的物的形式而被意识直观到了。奴隶在赋形的过程中得到了教养,他靠什么得到了教养呢? 他靠物的形式来教养自己,你要自己守规范,你要遵守自然规律,你要赋形,你就必须要遵守这个形式本身的规范,那么在这种规范中奴隶就得到了教养。奴隶一旦得到了教养,他就把这种教养的形式当作自己的对象,在这样一个对象的形式上看到了自己的本质,他就达到了他自己的自我意识。这就是被逼回自身的意识如何能够成为自己的对象,就是这样成为自己的对象的,就是在主人赶着他去干活的时候,他通过赋形,把自己的意识体现在了有形的对象身上。因为对象的这个形式是他赋予的,是他做出来的,他就在这个对象身上看到他自己,看到他自己的形式了,这个形式就对他进行了教养。他在对象身上看到了自己的形式,那么他就用这种形式来教养自己、规训自己了,我是一个什么人,我已经体现出来了。在没有做这件事之前,我是一个什么人我还不知道,那只有主人知道,我一切都要服从主人的命令;但

主人命令他做某件事情，他把这件事情做成了，这个时候，当然他还服从主人的命令，但是他在他自己所做的事情上面，得到了教养。我就是这么一个人，我就是能干出这件事情的这么一个人，我就是一个工匠，我就是一个雕刻匠，我就是一个建筑师，当然可能是打下手的，但是是他亲手做出来的。那么这个时候被逼回到自身的意识在他的对象身上看到了自己，或者说他就使这个对象形式成为了自己的对象。"而在主人身上他直观到同时作为意识的自为存在"，他在对象上看到了自己，这是一方面；而另一方面，他在主人身上直观到同时作为意识的自为存在。就是说他在对象上看到自己的时候，他还没有自觉，他还没有自觉到他所看到的这个对象就是他自己的自为存在，虽然他已经是自为存在了，但是他还没有看到这一点；在他的意识里面，他的自为存在还是寄托在主人身上的，他的自为存在，或者说，他的独立存在，还是寄托在主人身上的。他只是在主人身上直观地看到了同时作为意识的自为存在，他在赋形的活动中，在劳动的过程中，其实已经是自为存在了，但是这个自为存在还没有作为意识，也就是说还没有被他意识到，他只是作为一个行动把自己体现在对象身上，他朦朦胧胧的有一种自豪感，你看我做出来的东西多么漂亮，我搞出来的建筑多么伟大。那些奴隶在金字塔建成的时候，也会一起欢呼的，终于把它建成了，这个人类历史上没有过的壮举，是我们在建造。到了老年的时候，他还可以向别人夸耀，"那个金字塔是我在干，我也参加了建这个金字塔"，他也有这种朦朦胧胧的自豪感。但是，他仍然把这样一种独立性，这样一种自为存在寄托在主人身上，这些事情都是主人要我干的，最初的命令是出自于主人，不是我要干的。我当然干了这件事情，但是主人的自为存在对他来说是能够直观到的，他自己内心的自为存在他却不能自觉到，还没有浮现到意识里面来，还是内在的。而外在的最明确的就是主人的自为存在，主人的自为存在是在他的意识中显现出来的，被直观到了的。

但是对于服务的意识本身而言，这两个环节——即**它本身**作为独立的对象这一环节和这个对象作为一种意识、因而作为自己固有的本质这一环节——是分离的。

　　这里两个破折号中间是解释"这两个环节"的。"但是对于服务的意识本身而言"，也就是对于奴隶的意识而言，奴隶在服务中，对他的意识来说，这两个环节，也就是"**它本身**作为独立的对象这一环节和这个对象作为一种意识、因而作为自己固有的本质这一环节——是分离的"，这两方面是分离的。一方面是它本身作为独立的对象，这是一个环节，他在赋形的过程中，他本身已经作为独立对象了，那就应该已经有了作为自为存在的意识了，但是他没有，这个意识在他那里被分裂了。他的独立存在，他把它看作是没有意识的，而他的意识对这个独立对象的意识，则是另外一回事，他把它寄托在主人身上去了。所以这两个环节是分裂的，一方面它自己本身，"它本身"打了着重号，也就是说这一方面是他自己的，奴隶在干活的时候，他是作为独立的对象，在整个过程中他是独立的，没有主人参与。他接受了主人的任务后，他去服务，那么在服务中，他是独立的。但是对这个独立对象的意识，这个对象作为一种意识，因而作为他自己固有的本质这一环节，他自己还没有意识到。他在主人身上看到了他自己固有的本质，一切都归功于主人，虽然说是他做的，但是功劳要归功于主人，一切归功于主人。所以这两方面是分裂的，一方面是他自己已经在独立地操作，在独立地干活，跟主人没关系，主人只是发命令，其实并不参与，这是一个环节，就是他作为独立的对象；但是另一方面，对这个独立性的对象的意识、因而作为他自己固有的本质这一环节，却另在别处。一旦他意识到了自己是独立的对象，并且正因为他意识到这一点，这个对象就会作为他自己固有的本质了，就是说我在做这件事情的时候，我是独立的，当我意识到这一点的时候，这种独立性就成了我固有的本质，奴隶创造世界，这个世界是我们奴隶创造的，创造世界是奴隶的本质，这就会导致主奴关系的全面解体了。当然奴隶还没有达到这一步，他把创造世界完全归功于主人，所以这两个环节是分离的。下面，

但由于形式和自为存在对我们来说或自在地来说都是一回事，并且在独立意识的概念中，自在的存在就是意识，所以在劳动中获得了形式的自在存在方面或物性方面，除了是意识外更不会是别的实体了，

我们来看这半句，这后面是逗号。"但由于**形式和自为存在**对**我们来说**或**自在的**来说都是一回事"，形式和自为存在，两个都打了着重号，一个是形式，一个是自为存在。形式就是奴隶在赋形过程中赋予对象以某种形式，他赋形么；自为存在就是独立存在、能动的存在。形式和自为存在是一回事，就是说赋形的过程就是自为存在的过程，你要赋形，你要赋予它形式，自然界本来就是没有形式的，它是质料，它是物质，你要赋予它形式，那岂不就是自为存在么？赋形本来是能动的。"对**我们来说**或**自在的**来说"，"我们"和"自在的"都打了着重号，这意思我们前面已经多次提到了，凡是黑格尔在这里用"我们"，这个概念就是讲的旁观者，指我们研究精神现象学的人，对于我们在读这本书的人来说，旁观者清，我们的眼光所看到的就是这个事物自在的所是的那个样子。你身处其中就搞不清楚了，不识庐山真面目，只缘身在此山中；但是作为旁观者来说，我们就可以看出来那种客观的关系，那就是形式和自为存在是一回事。我们既不是奴隶，也不是主人，所以我们可以看得很清楚，你既然赋予了它形式，那么你就是自为存在，你就是独立存在，你就应该能够意识到这一点。但是奴隶没有意识到这一点，或者说，他虽然意识到这一点，但是他把这种意识寄托在主人身上了，他把它分裂了，一部分归功于主人了，事情虽然是我做的，但是荣誉要归功于主人。但是旁观者知道，其实荣誉就归于你自己，主人只不过是动动嘴皮子，所有的事情都是奴隶在干。对旁观者来说，对我们来说，是奴隶创造了世界，而在奴隶心目中，是主人在创造世界，因为他自己都是主人的工具，他是做手，而主人是出主意的，他是主人的一部分。主人是灵魂，奴隶是主人的身体部分，奴隶是主人的手的延长，是主人的工具，所以奴隶还没有意识到这一点。那么一旦奴隶也好，主人也好，能够站在旁观者的眼光来看自己，他就会悟到这一点。"并且在独立意识的概念中，**自在的**存在就是意识，所以在劳动中获得了形式的**自在存在**方面或**物性**方面，除了是意识外更不会是别的实体了"，这还是从"我们"的眼光来看的，从我们旁观者的立场来看，在独立意识的概念中，自在存在就是意识。比如说奴隶，奴隶他的自在存在还不是意识，他的自在存在，他去干活，他去做事情，他自在的在那里，干活做事情，也许他不意识到这个意义，反正他在做；但是就独立意识的概念来说，自在的存在就是意识，就是说你在干活也好，做什么也好，你都是有意识地在做。主人之所以用奴隶去干活，也就是看中了奴隶他是有独立意识的，他能够独当一面。那么既然他有这种独立意识，他就应该意识到他的自在存在，他就应该意识到他自己所干的活就是独立意识所干的活，他的自在存在本身就是意识，而不是寄托在意识之外的一个对象身上。当然奴隶还没有达到这个概念，虽然从旁观者来看，既然他是自我意识了，他当然应该有这个概念，只不过是他把他的自为存在扬弃了而已。"所以在劳动中获得了形式的**自在**存在方面或**物性**方面，除了是意识外更不会是别的实体了"，在劳动中，获得了形式的自在存在方面或物性方面，比如说技巧、技术，你要干成这个活，首先你要有技巧，你要懂得怎么去干，这个可不是你想怎么干就怎么干，它是自在的，它有它自身的规律，然后还要有这些待加工的物，你有了技术，没有材料也不行，这个材料也不是你想来就来的，它也是自在的存在。但是在劳动中，所有这些东西都获得了形式，自在存在方面或物性，物的属性，它有它的规律，你要去加工它，你就要赋予它形式，你必须要遵守它的原理，你按照它的规律去进行处理，这是自在的、客观的。但是这种自在的，在劳动过程中，在赋形过程中，它已经成为了意识的了，你意识到了它，你掌握了它，你掌握了它的规律，你掌握了事物的性质，你懂得了怎么样善于去处理它，那么它当然是属于你的了；它就不是单纯自在的了，而是属于你的意识的了。所以自在的存在这个过程中，自在的形式除了是意识外更不会是别的实体了。自在存在被看作一个实体，当我们没有加工它，它摆在那里的时候，它对于我们来说是自在的；但是在劳动过程中，这个自在的存在获得了形式，这个物性获得了形式，那么这样一个自在，这个自在方面或物性方面，除了是意识外更不会是别的实体了。如果它是实体的话，那它就是意识，它被意识据为己有，或者说它成为了意识本身的一个环节。这是对康德"人为自然立法"原则的翻新，人凭什么给自然立法？凭劳动。所以劳动在这个环节中起的是关键性的作用。但是这都是从旁观者的眼光来看，一个独立的意识，他的自在存在就是意识，因为在劳动中，这个自在存在被赋予了形式，所以它除了是意识以外，更不会是别的实体了。当然这是比奴隶意识更高的层次了。所以他下面紧接着说，

[133]　　　这就在我们面前形成了一种新形态的自我意识；一种自身作为无限性或者作为意识的纯粹运动而成为本质的意识；它**思维着**或者说它就是自由的自我意识。

　　这个"自我意识的自由"在这里就出来了，就是说，通过前面的经验，这个时候就已经浮现出来了一种事实，旁观者一眼就可以看出来，实际上已经到了这样一个层次了，但是你深陷于主人和奴隶的关系中，你是看不出来的。如果你能够跳出主人和奴隶的关系，从旁观者的角度来看，你就能够看出来。看出来什么呢？"这就在我们面前"，注意这里是"我们面前"，就是在我们旁观者面前，"形成了一种新形态的自我意识"，当我们看出这一点的时候，我们就已经形成了一种新形态的自我意识，或者说形成了一种自我意识的新的形态，一种什么样的新形态呢？"一种自身作为无限性或者作为意识的纯粹运动而成为本质的意识"，一种自身作为无限性，前面讲过，自我意识本来就是无限性；但是，在主奴关系中，奴隶的自我意识还是把自己当成有限的；但是当你超出主奴关系的时候，你就形成了一种自身作为无限性的意识，或者作为意识的纯粹运动。作为无限性，什么样的无限性呢？就是作为意识的纯粹运动，意识的纯粹运动是无限的，能动性是无限的。当然自我意识本来就是无限的，但是它还没有作为无限者而出现，没有把无限性看作自己的本质。而现

在这种无限性或意识的纯粹运动成为了本质，达到了本质的意识。这样一种自我意识形成起来了，它比以前高了一个档次，以前的自我意识虽然已经是无限的，无限的意识就是自我意识，但是它没有把这种无限性当作自己的本质；而现在这种无限性，作为意识的纯粹运动而成为本质，这样一种意识就是一种新型的自我意识。新在哪里？新就新在它达到了自我意识的自觉，它是意识到了自身本质的自我意识，或者说，它是自我意识的自我意识。这种新型的自我意识把这种无限性或者把这种意识的纯粹运动当作自己的本质了，意识的这种纯粹运动就是思维。"它**思维着**或者说它就是自由的自我意识"，它思维着，它就是意识，就是前面，"在劳动中获得了形式的自在存在方面或物性方面，除了是意识外更不会是别的实体了"，以及前面讲的"在独立意识的概念中，自在的存在就是意识"，这样一种意识的纯粹运动就是贯穿一切的思维活动，一种纯粹的思维活动，一种超越于主奴关系之上，超越于劳动，超越于欲望、享乐之上，能够把握自我意识的本质的这样一种活动，那就是一种思维活动，一种纯思活动。这就是自我意识的本质。所以这种思维着的意识就是"自由的自我意识"，也就是说，这个自我意识思维着，它现在开始思维了，原来没有，原来是在做事，在享乐，在命令，而奴隶在干活，在服从，在服务，但是没有思维。如果我们能够跳出主奴关系，我们就能思维；或者我们凭着思维就能跳出主奴关系。奴隶也好，主人也好，都是有思想的，奴隶哪怕在赶着去工作的时候，他也是有思想的，也是有脑子的，有脑子就会想么，脑子就是用来想的么，所以哪怕他在辛辛苦苦工作的时候，他也在想，也在动脑筋，也在思维。他和牛、马不一样的地方就在这里。所以他在这里得出的新的自我意识，是一种思维的自我意识，自我意识思维着，或者说，它是自由的自我意识。自我意识达到了思维的层次，它就自由了，它已经超出主奴关系了，它在思维的层面上把那些具体的东西都超越了，或者说，它把那种自为的存在当作它自己的一个本质环节了，当作意识的纯粹运动的一种体现，一种赋形，这个时候它就是自由的自我意识。下面再进一步解释这个思维，这个"思维"打了着重号，这个思维在这里出现是很重要的，光是说生死斗争，欲望和生命，死亡的恐惧等等，这些东西还没有思维，还是一种情感，情绪，还没有动脑子。这时候开始动脑子了，精神现象学已经进到这样一个阶段，就是开始动脑子思维了。而真正的自由也在这里开始出现了。

因为所谓思维并不是指**抽象的我**，而是指这样的我，它同时具有**自在存在的含义**，它是它自身的对象，或者说，它与对象性本质处于这样的关系中，即它具有它为之存在的那个意识的**自为存在**的含义。

这个"因为"，就是解释前面的话，为什么这种新型的自我意识就是"**思维着的自我意识**"，也就是自由的自我意识？因为所谓思维，"**并不是指抽象的我**"，思维和抽象的我有等级上的不同，抽象的我是主人的自我，是抽象的自我意识，当它拥有自己的独立性的时候，拥有自己的自为存在的时候，它并没有动脑子想，并没有思维。所以思维并不是指抽象的自我，它已经超越了主人的那种抽象的自我。而是指这样的自我，"它同时具有**自在存在的含义**"，而思维同时具有自在存在的含义，这是我们在笛卡儿的"我思故我在"那里知道的。思维它本身是一种自在存在，是一种真正的实体，奴隶在劳动中，一边劳动，一边也在动脑子，也在思维，否则他无法劳动。所以这个劳动中的思维才是他真正的自在存在，才是奴隶的真正的存在，奴隶的衣食住行，奴隶的生活供养，主人当然要养着他，要给他饭吃，那些东西都是他的表面的存在，真正的自在的存在就是他的思维。那么主人其实也是这样，主人的真正自在存在也在于他的思维，而不在于他拥有奴隶，能够对奴隶颐指气使，能够支配奴隶。思维是指这样的自我，它同时具有自在存在的含义，它以它自身为对象，它是它自身的对象，"或者说，它与对象性本质处于这样的关系中，即它具有它为之存在的那个意识的**自为存在**的含义"。最后一句比较难解，绕来绕去的。就是说，它是它自身的对象，思维就是它自身的对象，我们在亚里士多德那里就已经看到了类似的说法，所谓思维就是"对思维的思维"，至于你思维到一个对象，你思维到这个那个，思维到一块面包，思维到一条抽在身上的鞭子，那不叫思维，你用这个思维来说的话，那是大词小用了。真正的思维是它自身的对象，思维就是对思维的思维，我的一种思维，那么我对它进行思维。这样才能超出主奴关系，不然的话，你永远陷在主奴关系之中，你好像有思维，其实你没有思想，真正有思想的就是能够做到对于思想进行思想。这当然是一种新型的自我意识，自我意识就是思想开始意识到思想本身，当它还没有意识到思想本身的时候，他不自觉地也有一种思想冒出来的，但是只有当他对思想开始思考的时候，他才开始真正有了思想，有了思维。所以这种思维与对象性本质处于这样的关系中，即它具有它为之存在的那个意识的自为存在的含义，思维既是为意识而存在的，又是意识的自为存在。思想它有它的对象，那么它与这个对象性的本质是什么关系呢？思想跟思想的对象性的本质处于这样的关系之中，即它具有对象意识的自为存在的含义。它为之存在的那个意识，就是它把那个意识当作对象，它是为了那个对象意识而存在的；但是，它又是那个对象意识的自为存在，它的对象既是自在的，又是自为的，既是它的对象，又是它本身。这样一种思想就是它为之存在的那个意识的自为存在，这话说得非常别扭，其实就是说对思想的思想。它要对这些意识进行思维，它不能陷入到主奴关系之中，它就是为这个意识而存在的，它把这个意识当作对象；但是，它把这个意识当作对象来思考，思考的结果是，它自己就是这个意识的自为存在。就是说这个意识被它当作对象，但是这个意识又不仅仅是它的对象，而是这个意识本质上就是它，就是它的自为存在。这种思想当它把一个意识当成对象来思考的时候，它就使这个意识变成了自为存在，变成了纯粹思维活动本身，而不再是单纯的对象了。我们前面讲，奴隶也有意识，但是这个意识已经扬弃了自为存在，已经没有自为存在了，他已经不独立了；但是一旦他有了思想，来把自己的这种奴隶意识当作对象进行思考，那么他就会发现，奴隶的意识里面也有自为存在，不是说奴隶就是完全服从主人的

257

了，奴隶他也有他独立性，也有他自为的存在。这个自为存在是什么呢？就是思想，就是思维，奴隶的自为存在就在于他的思维，只要他还有脑子，那么他就有独立性，他的意识在思想的照耀之下就成了独立的了，就成为独立意识了，就具有自为存在的含义了。这就是这句话的意思，这句话的意思非常别扭，但也非常深刻。什么是思想？思想就是超越一切外部事物而对思想的思想，是从对象意识里面揭示出自为存在和自我意识。比如说，只要对奴隶意识加以思考，它就具有了独立存在的含义，或者说它就展示出了奴隶意识里面的独立性，所以奴隶一旦有了思想，他就独立了。为什么一切统治者都要使奴隶没有思想呢？就是说奴隶一旦有了思想，他就有了自为存在，他就独立了，一旦独立了，那对主人就是一个威胁，他就超出主奴关系了。斯多葛派当年就是这样的，虽然看起来非常温和，没有什么害处，宣扬人们的忍让、忍耐、忍受痛苦、不要反抗、服从命运等等，但是实际上是一种非常强大、非常有力的思想。奴隶已经有了思想，表面上他服服帖帖，内心里他可不服服帖帖，他并不把你看作是他真正的主人，这个就是一种非常有生命力的东西。

——对**思维**而言，对象不是在各种表象或形态中而是在**概念**中运动
{117} 的，这就是说，是在某种被区别开来的自在存在中运动的，而这种自在存在直接对意识来说又与意识毫无区别。

"——对**思维**而言"，破折号说明这句是解释上面的"思维"的，"思维"打了着重号。也就是在思维面前，对象是什么情况呢？对思维而言，对象在运动，但"不是在各种表象或形态中而是在**概念**中运动"，"概念"打了着重号。这里又出现了一个关键词。对思维而言，对象不是在各种表象或形态中运动，表象 Vorstellung，我们前面讲到过这个词，表象我们可以理解为形象或者形态；而是在概念中运动的。我们都知道思维是用概念来思维的，思维的直接对象就是概念，所以对象已经不是在各种表象中、各种形态中运动了，而是在概念中运动了。思维是借助于概念的，包括一切很具体的表象，比如说"红"，我们也可以看作是红的概念，只

258

有通过概念才能思维，这是黑格尔的一个很基本的观点。当然现在也有很多人不同意这种说法，说有形象思维，有情感思维，等等，但是那些东西在黑格尔看来都是不确定的，都只是意谓，而不是思维。一讲到思维，那就是概念思维，那就是可以确定的，可以说得出来的，凡是说不出来的，对于思维来说就不是对象。你要讲红色，有张三眼里的红色，李四眼里的红色，那很可能是不一样的，但是你能说出来么？说不出来，说不出来就不存在，我们讲的都是一个红色，没有实质的区别。所以是在概念中思维的，在概念中运动的。"这就是说，是在某种被区别开来的自在存在中运动的，而这种自在存在直接对意识来说又与意识毫无区别"，在概念中运动，什么意思呢？这就是说在某种被区别开来的自在存在中运动，概念有很多啊，你的思维要在概念中运动，那就必须有很多区别，这个概念和那个概念，大的概念和小的概念，上个概念和下个概念，都是有区别的。某种被区别开的自在存在中，也就是说你把这样一种区别开来的东西当作一种自在存在，当作一种客观对象，那个对象不以你的意识为转移，它是自在的。思维就是要看一看这样一些概念它们自在的本身究竟是什么样的关系。什么是思维？我们讲思维就是要搞清概念，就是辨析那些概念，就是处理那些概念，把那些概念当一个客观对象来处理，不是你为所欲为的，你要为所欲为，那就没有概念了。概念它是一种客观的规定，你不能混淆的，我们经常讲"你的思维乱了"，为什么乱了？你混淆了概念，你把概念本来具有的那个含义把它搞混了。所以思维是在某种被区别开来的自在存在中运动的，"而这种自在存在直接对意识来说又与意识毫无区别"，这种自在存在好像看起来是客观的，这个概念的规定你不能随意改动，你必须要遵守它，但是这种自在存在直接对意识来说又与意识毫无区别。对意识来说，直接的来说，这个概念不就是意识吗？你把它看作是一种客观的、自在的、有它固有规定的、不可改变的东西，但它还是一种意识啊。直接对意识来说又与意识毫无区别，就是说我还是在意识里面想到这些概念的，这些概念我们说它是自在的，我们说它是客观的，但是它并不是那个客观自在的自然界的事物，概念毕竟不是事物，它还是意识，它跟意识毫无区别，而且我们意识到它与意识毫无区别。这样我的思想才能够自由的运转，我才能够在概念的领域里面自由的运动，因为它没有阻碍，它都在意识的范围之内，都是我们能够想到、意识到的，没有异己的东西。概念你一旦把握到，那么它就是意识里的东西；它没有被把握的时候，你到意识里面去把握，用不着到外界去澄清，所以，它对思维是没有任何阻碍的，思想在意识的领域里面，在概念的领域里面，它是可以纵横驰骋，它没有任何阻碍，在这个意义上它是自由的。在概念里面一切都是顺理成章的，这样一来自我意识就独立了，它在意识的纯粹运动中不受任何阻碍。

那被表象的东西、有了形态的东西、存在着的东西本身，具有某物不同于意识而存在的形式；然而一个概念同时是一个**存在着的东西**，——而这一区别，就其存在于概念本身中而言，就是概念的被规定了的内容，

我们在这里打住一下，这里还是一个逗号。"那**被表象的东西、有了形态的东西、存在着的东西**本身"，这几个词组都打了着重号，其实都是一个意思，即不以人意识为转移的客观存在。它们"具有某物不同于意识而存在的形式"，那被表象的东西、有了形态的东西、存在着的东西本身，都具有一种形式，什么形式呢？某物不同于意识而存在，这就是我们讲的，不以人意识为转移的客观存在。在意识之外客观的那个某物，它是不同于意识而存在的，这就是它的存在的形式。这个提出来就是一个反面了，前面是讲的思维，它在意识的范围之内，它可以纵横驰骋不受阻碍，它反正在意识里面。那么意识外面呢？那就是那种被表象的东西，有形态的东西，存在着的东西，我们可以把它看作就是感性的对象世界，在意识之外的那样一个活生生的客观世界，它本身具有这样一种客观形式，具有不同于意识而存在这样一种形式。"然而一个概念同时是一个**存在着的东西**"，这个"然而"就是跟前面讲的相对立了，前面提出来的这个被表象的东西等等，也是为了做对比，因为上面讲思维在概念中运

动，而在概念中运动没有超出意识，都是跟意识没有区别的东西，那么现在被表象的东西是不同于意识的存在的，是这样一种形式。现在再回过来，讲一个概念同时就是一个存在着的东西，"存在着的东西"打了着重号。前面也讲了"存在着的东西"，但是前面讲的那个存在着的东西是表象的，具有跟意识完全不同的存在方式；那么一个概念它同时也是一个存在着的东西，它不是仅仅被思维的东西，与意识毫无区别的东西，而且它同时就是一个存在着的东西。就是说，概念也是存在着的，外界的那些被表象的东西，有形态的东西是存在着的，但概念本身也是存在着的。"而这一区别，就其存在于概念本身中而言，就是概念的被规定了的内容"，这一区别是什么区别呢？就是两种存在着的东西的区别，即表象的东西等等具有不同于意识而存在的形式，而概念的存在是和意识毫无区别的。它们都是存在着的东西，但一个在意识之外，一个在意识之内。但是这个区别"就其存在于概念本身中而言，就是概念的被规定了的内容"，也就是说它可以看作是概念内部的区别，概念可以把它的存在和表象的东西的存在之间的区别看作是它自己的内容，并且正是由于有这种区别，这个内容才是被规定了的内容。如果把这种区别抽掉，概念反而没有了内容，或者说它的内容就失去了规定，成为了抽象的概念、空洞的概念。我们说"我有一个概念"，那么别人就要问，你这个概念是什么内容啊？你就必须讲出来，那么这样一个内容就是那些与概念的存在不同的表象东西的存在，它们现在就是概念的内容规定，概念的内容就在于概念对那些表象等等的规定，即概念跟表象等等的存在的区别。那么这些内容就表现出它跟抽象概念已经不同了，抽象概念是一个词，但是，人家不满足于听你这个词。你提出一个词，比如说"上帝""真""善"，这都是些大词，人家就要问你，你这样说的时候，意味着什么？你要规定它的内容，概念的内容就在于它对那些客观存在的不同规定。讲出这些区别，人家就会说"你这就不是一个抽象的概念了，你这很具体了，你这有内容了"。所以概念和它的内容的区别就在这里，你必须要把客观内容

261

讲出来。下面

——但是由于这内容同时又是一个被概念把握了的内容，意识就仍然**直接地**意识到它和这个被规定的、有区别的存在着的东西的统一性；而不是像在表象里那样，在表象里意识还必须首先特别提醒的是，意识是**它的**表象；相反，概念对我来说直接地就是**我的**概念。

"但是"，就是说前面讲的概念和客观存在有区别，抽象概念必须要有客观的内容，这个内容就是表象等等的存在；但是，"由于这内容同时又是一个被概念把握了的内容"，它和未被纳入到概念中的那些表象的内容还是有所不同的，这个内容已被概念把握了，已经进入到意识之内来了，这个内容并不是说客观的一个事物，而是我对一个事物的概念，是概念把握中的一个事物，被概念所把握的内容。因此，"意识就仍然**直接地**意识到它和这个被规定的、有区别的存在着的东西的统一性"，直接地打了着重号，意味着意识和它的内容是完全统一的，概念的内容直接就在意识中，存在于概念内部，并不是超出概念和意识之外的内容，概念和它的内容是统一的，统一于概念本身。或者说，一般来说，思维和存在是同一的，统一于思维之中。我们讲黑格尔的思维和存在的同一性就表现在这里，思维和存在的同一并不是思维和一个外部存在、一个自在之物的同一性，自在之物已经被黑格尔取消了，思维和存在的同一性就体现在，思维和思维的内容都在思维的范围之内，被把握为统一的。所以他讲这个内容同时又是一个被概念把握了的内容，这个"概念把握"（begriffen）很重要，这个把握相当于康德的统觉，已经被统起来了，把它变成概念了。在这种情况下，意识就直接地意识到它和这个被规定的、有区别的存在着的东西还是统一的，并不因为这些内容五花八门，就超出意识之外去了。于是我们可以说，思维和存在、意识和对象、概念和内容都是统一的。"而不是像在表象里那样，在表象里意识还必须首先特别提醒的是，意识是**它的**表象"，这里又再次举出表象来对比，前面是讲，在意识和概念的范围内，思维和存在是同一的，而不是像在表象里那样。在表象里什么情况呢？在表象里意识必须首先特别提醒，意识是它的表象，这个"它的"打了着重号，原文是 seine，指代前面的"存在着的东西"，意识是存在着的东西的表象，它和这个存在着的东西是不能混同的，是不同一的。为什么要强调"它的"呢？是为了跟下面一行的"我的"（mein）相对照而言，下面这个"我的"的也打了着重号。这是作为对比而提出来的，即不是主客同一，而是主客相分。意识在表象的方式里面必须考虑的是，在意识之外有一个另外的东西，我的意识是表象那个东西的。表象的思维和概念的思维的不同就在这里，表象的思维是主客对立的，表象必须符合那个客观的东西，它是以那个东西为转移的，所以它是关于"它的"表象，而不是关于"我的"表象，这要分清楚。"相反，概念对我来说直接地就是**我的**概念"，概念就和表象不同了，概念对我来说，直接就是我的概念，哪怕其中有"它"在里面，也是我的。概念反映了存在的东西的本质，不是我的概念要以"它"为转移，而是"它"要以我的概念为转移。这个在康德那里就已经颠倒过来了，康德的"哥白尼式的革命"就是做的这个工作；黑格尔是进一步发挥了这种概念的主体能动性。概念从本质上来说就是"我的"概念，而不是"它"的。表象是"它"的表象，而概念是我的概念，所以概念就能把思维和存在很好的统一起来。如果按照表象思维，始终是"它"的表象，那么那个自在之物就永远消除不了，思维和存在就永远统一不了，那就是康德的二元论了。在黑格尔这里，一切纳入到我的概念，当然他这里讲的是斯多葛派，但是，也是黑格尔的思路，黑格尔认为斯多葛派在这一点上是顺着精神现象学的思路想过来的，就是说他们已经达到这个层次了，已经扬弃了表象思维，进入到了概念思维，把一切东西都看作是我的概念，我的自我意识在我的概念范围之内进行它的运动。

在思维里，我**自由地存在**，因为我不存在于一个他者中，而是完全停留在我自身中，并且那对我是本质的对象在不可分离的统一中就是我的为我存在；而我的在概念中的运动就是在我自身中的运动。

这个刚才讲了，思维着的自我意识就是自由的自我意识，所以这里讲，"在思维里，**我自由地存在**"，自由地存在打了着重号，也可以翻译为"我是自由的"，但这里要突出"存在"（bin）这个词，以表明思维和存在的统一。我在思维中自由地存在，因为这里都是"我的"概念，我在我自己的概念里，岂不就是自由的么？"因为我不存在于一个他者中，而是完全停留在我自身中"，概念不是我的他者，而就是我自身，就是我的意识。并且呢，"那对我是本质的对象在不可分离的统一中就是我的为我存在"，一个对象在我面前，它有可能不是我的本质，有可能不是为我存在；但是对象在思维中、在概念中必然对我是一个本质的对象，必然是与我不可分离地统一的，必然是我的为我存在（Fürmichsein），实际上它就是概念。我把概念当对象，也就是我把对象当概念，那么这个对象就是本质的对象，它和我是不可分离地统一的，就是我的为我存在。"而我的在概念中的运动就是在我自身中的运动"，因为在概念中就是在我的自身中，概念都是我的概念，那岂不是我的一切概念都是在我自身中的运动？这就是斯多葛派所达到的一个意识形态，斯多葛派已经有一个内心世界了，主人也好，奴隶也好，都还没有内心世界，他们执着于外界，一个要统治，一个要服从，一个享乐，一个服务，他们面向的都是外部世界；那么到了斯多葛派开始，形成了内心世界，形成了概念在自我中的运动。

——但在自我意识的这个形态的这一规定中，本质上必须牢记的是：它是**一般思维着的**意识，或者说它的对象是**自在存在**与**自为存在**的**直接**统一。

前面讲的好像很理想，自我意识有了自己的领域了，在概念中的运动就是在我自身中的运动，好像已经非常独立了，自我意识的独立在这个地方好像已经达到了完满。但是，要记住一点，它也有它的不完满的地方。"但在自我意识的这个形态的这一规定中，本质上必须牢记的是：它是**一般思维着的**意识，或者说它的对象是**自在存在**与**自为存在**的**直接**统一"，注意这里打了着重号的都是他要强调的，一个是"一般思维着的"

意识，就是凡是思维，首先是一般思维，笼而统之的思维，或者说你要谈思维，你最开始要搞清楚的就是思维本身它的一般概念，即一般思维着的意识，这个是很一般很表面的啊。至于这个思维到了什么程度，它里面有些什么环节，里面有什么名堂，这个时候还根本没有显示出来，我们现在谈的是一般的思维，总而言之就思维而言，具体的我们先不谈，我们先从大致上看，一般思维着的意识就是这个层次。我们讲到斯多葛派就是这个层次，是只就一般思维着的意识而言的。"或者说"，这是进一步解释，"它的对象是**自在存在**与**自为存在**的**直接统一**"，自在存在与自为存在的统一，我们通常称之为"自在自为的"，自在和自为在这样一种思维里是直接统一的，"直接"打了着重号，说明这还是初步的统一。直接统一以后还有间接的关系，它还会有中介，还会有发展，还会有自我否定，但是目前还谈不上，目前从直接性出发。我们从一般思维已经发现了斯多葛派的这样一个思维的境界，它是自在存在与自为存在的直接统一，也就是在这个阶段上面，斯多葛派的自由意识还是最直接的一种意识，是一种直接的思维。

　　那自身同名的并自己排斥自己的意识成为**自在存在着的元素**；不过这种元素本身刚刚只是作为一般的普遍本质而存在的，而并没有在其各个不同方面存在之发展和运动中作为对象性的本质而存在。

　　最后一句话，是解释前面的，"那自身同名的并自己排斥自己的意识成为**自在存在着的元素**"，那自身同名的并自己排斥自己的意识，就是说同一个意识，名称相同，但内容不同，而且互相排斥。前面讲概念的内容是纳入了被表象的东西、有形态的东西和存在着的东西而构成的，这些东西本身是和意识不同的，"一个概念同时是一个**存在着的东西**，而这一区别，就其存在于概念本身中而言，就是概念的被规定了的内容"［见前面几行］。因此概念的内容和概念本身具有一种互相排斥和自相矛盾的情况，这是客观存在的事实，它构成**"自在存在着的元素"**。这里又用到了"元素"（Element），凡是用这个词，一般都意味着客观的、自然的要素。

也就是说，看起来是统一的甚至"同名的"概念，但客观上或者自在地看来却是自我排斥、自相矛盾的，这是自在存在着的元素。它自己排斥自己，既然如此，那它就必须运动了，自己排斥自己，把自己驱赶到运动中去，这就是意识的运动或思维的运动，是在概念的范围之内的思维运动，也是内心的灵魂活动。客观上一个理性灵魂就会这样，它自己运动，在自己之内不断地排斥自己，不断在自身内部旋转，自在和自为现在合为一体，它既是自在的又是自为的。它是自为的，也就是它是运动的；它是自在的，就是它构成一个自在存在的实体，就是理性灵魂。"不过这种元素本身刚刚只是作为一般的普遍本质而存在的"，"不过"，也就是这样一种自在的元素、这种理性灵魂还只是刚刚开始形成，它本身刚刚只是作为一般的普遍本质而存在。斯多葛派对于人的内心世界一般来说，我们可以说他们已经建立了一个最起码的基础，就是人可以逃避到自己的内心里面，可以退到自己的内心里面去过宁静的内心生活；但是这种自在元素是作为一般的普遍本质而存在的，它只是一个基础，也就是他们所标榜的"不动心"，不为外界的纷繁世界扰乱内心的沉思。但"并没有在其各个不同方面存在之发展和运动中作为对象性的本质而存在"，它的存在只是作为一个抽象的普遍本质，而没有作为一个具体的对象性本质，没有体现为各个不同方面的存在的发展运动。就是说你的这个内心世界要发展出来，要对象化，要把它在对象世界里实现出来，这一点还没有做到。斯多葛派是一种逃避到自己内心里面去的学说，但是绝对不是一个改变世界的学说。所以斯多葛派强调个人的道德修养，强调自己的理性灵魂，强调自己的知识，在精神的范围之内，强调自己高贵的人格，但是对于现实世界，他们是完全服从的，有什么就接受什么，他不求任何改变，对自己的命运完全认同。所以他们没有作为对象性的本质而在其多方面存在之发展和运动中存在，他们跟现实世界没关系，这是一种逃避现实世界的哲学。当然也有其必要性，人要老是陷入到世俗生活之中，陷入世俗的残酷的斗争，你争我夺，你死我活，那人就不成其为人，就变成动物了。所以人必须要超脱，在一定程度上退回到自己的内心，过自己的内心生活。但是他还没有达到这个层次，就是把他内心的那些品质，那些美德，那些理想目标在现实世界中实现出来。斯多葛派鄙视外在的世俗生活，高度推崇内心生活，高度推崇禁欲，推行禁欲主义、苦行主义，折磨自己，使自己在肉体上受更多的痛苦，他就能够更好地摆脱世俗的欲望和要求，更坚定自己过精神生活的信心，这是他们的理想。但是，他们的局限性也在这里，就是说他们跟现实世界还没有发生直接的关系，只是标榜自己道德的高尚，对世界超然不为所动，自己的任何痛苦、任何利益的损失，都视为身外之物，都不在乎，这是他们的高贵之处，但是同时也带来对命运的逆来顺受。

[I. 斯多葛主义]

好，我们再看这个标题，首先就讲斯多葛主义。"自我意识的自由"这一节下面有三个标题，一个是斯多葛主义，一个是怀疑主义，一个是不幸的意识。这也是三个层次，三个阶段，斯多葛主义是第一个阶段，我们刚才讲的已经涉及了，已经涉及斯多葛主义理论上的出发点是从哪里来的。在历史上是指晚期斯多葛主义，[①] 它产生于罗马帝国的时代，就是奴隶制经济、奴隶社会走向衰落，主奴关系已经开始千疮百孔，甚至于已经破产的时代，这是一个社会大动荡、大转型的时代，这时产生出的斯多葛主义，是一个很有意思的现象。当然，当时产生的不光是斯多葛主义，哲学史上讲有三派，一个是伊壁鸠鲁派，一个是斯多葛派，这两派是对立的，第三个是怀疑派，它后来被吸收进了新柏拉图主义里面。但是我们刚才讲了，黑格尔对伊壁鸠鲁主义非常瞧不起，在这里没有它的位置。其实这三派都是主张回到内心，他们的原则都是同一个，就是"不动心"，而且都是伦理的原则，在人生哲学上做到不动心，这就是最高的道德、最高

---

① 早期斯多葛主义产生于希腊化时期，具有朴素唯物主义倾向，不被黑格尔所看重。

的智慧和最高的自由境界。从这三派开始，西方哲学开始进入到以人生哲学作为根基，在此之前不是的，在此之前当然也有人生哲学，但是主要是宇宙论的、本体论的，认识论的也有。但是在这个时候，在罗马帝国时代产生的哲学流派，它更关注的是人生哲学，人应该怎么样活？人应该怎么样面对死亡？这样一些问题在他们那里成为了哲学的根本的问题。当然他们也讲自然哲学，也讲本体论，也讲其他的，但是最终都是为人生哲学服务的。那么黑格尔特别看重的就是斯多葛派和怀疑主义这两派，而到了不幸的意识，就已经开始向基督教过渡了，那就是进一步的问题了。那么在古罗马时代的这几派是非常有启发性的，他把它们称之为"自我意识的哲学"，他们才真正具有了自觉的自我意识。在此之前，主奴关系里面有自我意识，每个人都有自我意识，奴隶有自我意识，主人也有自我意识，但是还没有自我意识的哲学，还没有考虑自我意识作为一种思想，究竟应该是怎么样的。所以斯多葛主义立起了一个标杆，精神现象学发展到这个程度，它已经上了一个台阶，就是斯多葛派的自我意识的哲学，而这种哲学所标举的，就是自我意识的自由。

　　自我意识的这种自由，由于它在精神的历史上是作为它的被意识到的现象出场的，众所周知，就叫作斯多葛主义。

　　"自我意识的这种自由，由于它在精神的历史上是作为它的被意识到的现象出场的"，这里强调这个"精神的历史上"的"被意识到的现象出场"，是一个历史事实，所以"众所周知，就叫作**斯多葛主义**"。在此之前，黑格尔尽量避免提到任何一个具体的历史现象，感性确定性，知性，主奴关系，他都是泛泛而言的，你可以把它运用在古代，也可以把它运用到资本主义社会，总而言之，它是一个精神现象，它不是讲的历史上的事情。而在这里他特别提到在精神的历史上被意识到的现象，在人类精神的发展史上，有这么一个学派，就是斯多葛主义。当然，这也只是一个例子，其实他所讲的也不限于历史上的斯多葛主义，直到今天还有与斯多葛主义相通和相近的思想观念被提出来。但毕竟斯多葛主义是首次提出自我意识的自由的哲学。众所周知，历史上有过这么一个学派叫斯多葛主义，自我意识的自由在历史上第一次出现就是在斯多葛学派那里，或者说真正自由意识的起点在人类精神史上要从斯多葛主义算起。当然前面的人也讲自由，这个自由那个自由，但是都不能算作起点，因为那个自由和自然没有什么区别。像伊壁鸠鲁派的自由，也是讲不动心，但是立足于享乐主义，追求身体的无痛苦和灵魂的无纷扰，那和动物也差不多。奴隶也有他的一种自由，有阿Q式的精神胜利，身体麻木内心空虚，那和动物也没有什么区别，既没有和自然的欲望、生命划清界限，也没有树立起精神上的追求目标。唯有斯多葛学派，开始把人的自由置于人的纯粹的精神生活——思维这样一个基点之上，纳入到概念的范围之内，这才有了真正的自由。自由必定是基于理性的，缺了理性思维，那只是动物性的任意，而不是自由。当然这只是一个起点，一个基础，但是由此才把人和动物真正的区别开来，前面的都没有。你把人的需要、人的欲望、人的生命活动、本能这些东西都称之为自由，当然可以，因为你有意识，动物没有意识，但是这种自由本身还是动物性的，或者说是基于自然性的，而不是精神性的。精神上的自由就是从斯多葛派开始的。所以他这里特别要提到在精神的历史上出现过的这样一种自我意识的自由，这个时候你就再也不能回避了，它就是斯多葛主义。当然它还是有一种泛泛的意思，我们不要把它看死了，以为黑格尔在这里就是讲哲学史了，就是讲历史了，也不是。精神现象学虽然有历史背景，但它不是讲历史，精神现象学是讲精神的层次，精神的结构，它的自身发展是和历史平行的，但它不是历史。因此他这个地方，也是没有办法了，才举出斯多葛学派或者怀疑主义，历史上有过的学派，但他着眼的是斯多葛主义所体现出来的精神发展的这个逻辑起点，和它的一般原则。

它的原则是：意识是思维着的本质，而某物只有当意识在它里面把自己当作思维着的本质来对待时，对意识而言才具有本质性，或者对意识而言才是真的和善的。　[134]

"它的原则是：意识是思维着的本质"，就是说自我意识的这种自由，它有一个原则，即意识是思维着的本质。以往讲意识还没有达到这个层次，讲意识不必讲思维的本质，从感性确定性以来，只有知性阶段讲了一点思维，但也不是从思维的本质来讲的，而只把思维当作一种"解释"的方法。主奴关系直到最后才达到思维的本质，把思维看作了本质性的，当然还只是一个起点，意识还不是一个纯粹思维的范围，还没有通过思维建立起它自身的独立王国。意识它要独立起来，要成为自由，自我意识要成为自由，它必须要建立在思维的基础之上，没有思维，你谈什么自我意识的自由。你首先要建立起自己的内心世界，在自己的内心对思维进行思维，才能谈自由，否则的话，我们以往谈那些自由都是空话，那都是和动物性纠缠不清的东西。我们首先要把这个基础奠定好。当然自由本身它有一个发展历程，但是在它发展的起点上面，应该是从这里开始的，自我意识的自由首次把原则确定为：意识是思维着的本质。"而某物只有当意识在它里面把自己当作思维着的本质来对待时，对意识而言才具有本质性"，某物，任何一个事物，在什么情况之下才具有本质性呢？只有当意识在它里面，也就是在这个某物里面，把自己当作思维着的本质来对待时，这个某物才具有本质性。意识遇到一个东西，可以在里面把自己当作思维着的本质来对待，它才会认为这个东西是本质性的，它可以在这个某物里面实现自己的思维着的本质。也就是对任何事物你都要动一番脑筋，要运用自己的思维，不要没头没脑的，一说什么，大家都是一拥而上，就像网络上的"愤青"，实际上是没脑子，他自己却以为自己很自由。只有当意识在这件事里面把自己当作思维着的本质来对待时，你要对自己的思维进行一番思维，你的本质就是思维，你不是那些外在的东西啊，那么对意识而言这件事才具有本质性。任何某物，任何一件事，只有当意识把它当作自己运用和展示自己思维的地方，在它里面把自己当作思维着的本质来对待、来处理时，你才能进入到事情的本质。也就是这个意思：在任何一个问题方面，你都要运用自己的思维，就像康德讲的，要敢于运用自己的理智，运用自己的理性，运用自己的思维，那么你才能把握事物的本质，它的本质才对意识显示出来。你在里面一定要运用你的思维，你才能抓住这个问题的本质。"或者对意识而言才是真的和善的"，真的、善的就是本质，这个思维的本质，它是不是真的、是不是善的，你要运用自己的思维，你才能够把握得住。这里出现了"善的"，因为讲的是自我意识的自由，谈自由肯定不仅仅是真的方面，也有善的方面。

　　生命之多方面的、自我区别的扩展，生命之个别化、复杂化，是欲望和劳动的活动所针对的对象。这种多方面的行为现在凝聚为在思维的纯粹运动中的单纯的区别。

　　前面都是讲的思维，讲思维本身，讲抽象的思维，甚至于把生命和欲望都撇在一边了，讲对思维的思维；那么从另一方面来说，生命自身，"生命之多方面的、自我区别的扩展，生命之个别化、复杂化，是欲望和劳动的活动所针对的对象"。这方面对于斯多葛派来说是不谈的，这是它的对立面。斯多葛派不考虑这些问题，他不考虑生命的自我区别的扩展、不考虑生命之个别化和复杂化的欲望和劳动，这些欲望和劳动的活动所针对的对象都被他们抽象掉了。前面讲，自我意识一开始就表现为欲望和劳动，那么欲望和劳动所针对的对象就是生命的一种扩展，自我区别，不断地把自我分出去，不断地把自己表现在别的东西上，不断地占有别的东西、扩展自己的领域，使自己个别化和复杂化。欲望和劳动就是要追求生命的多样化、复杂化、生命的精细化，欲望是主人所追求的，劳动是奴隶所承担的，它们的对象都是生命之多方面的自我区别的扩展。这是自我意识在他最初的阶段所体现的，但是到斯多葛派，到了自我意识的自由的更高阶段，就把这些扬弃了。"这种多方面的行为现在凝聚为在思维的纯粹运动中的单纯的区别"，这种多方面的行为，当然斯多葛派也是从这里面生发出来的，通过扬弃，它现在已经不谈了；但是虽然不谈，它还是把这些东西包含在内的，生命之多方面的扩展、劳动和欲望，在斯多葛主义这里以一种凝聚的方式包含在自身内。这种多方面的行为现在凝聚成在思维的纯粹运动中的单纯的区别。在斯多葛派这里，对思维的思维是非常抽象的，它是纯思维；但是纯思维和前面的也不是完全没有关系，它还是通过生命的痛苦、生命的追求这些东西慢慢形成起来的；只不过呢，生命多方面的行为现在凝聚成了在思维的纯粹运动中的单纯区别了，它们其实在后面推动着这些纯思中的单纯的区别的运动。生命里面那种丰富多彩的活动、那些区别，现在完全凝聚成了纯思的运动，凝聚，zusammenziehen，把它凝缩了，把它浓缩了，把它抽象化了，变成一种单纯的区别了，这是在斯多葛派这里现在所达到的。

对于这种运动来说，不管这区别是把自己区别为**特定的物**，或区别为**一个特定的自然定在的意识**，还是把自己区别为感觉、**欲望**或**目的**，——也不论这区别是由**自己的意识**还是由**一个异己的意识**建立起来的，都不再具有本质性，而是只有本身是**被思维的**区别或未与自我直接区别开来的区别，才是具有本质性的。

这一句前面是一整套的从句，"**对这种运动来说**"，什么运动呢？思维的运动，这个上一句话讲到了"凝聚成为在思维的纯粹运动中的单纯区别"，思维的纯粹运动，对思维的思维。那么对这种运动来说，"不管这区别是把自己区别为**特定的物**"，"特定的物"打了着重号，就是对这种思维的纯粹运动来说，特定的物当然是有区别的，特定物是特定的，而思维的运动是纯粹的，纯粹的就是抽掉了那种特定规定的，是一个纯粹的思维运动。"或区别为**一个特定的自然定在的意识**"，这里有两个层次，一个是特定的物的区别，特定的物我们可以理解为一个特定的自然存在；再就是区别为一个特定的自然定在的"意识"，就是不光是这个特定的物的区别，而且对这个特定的物的意识的区别，它们都被纯粹思维的运动看作不是本质性的而抽象掉了。纯粹思维一方面抽掉了外在的自然物，另一方面抽掉了外在的自然物的意识，这是两个不同的层次。下面，"还是把自己区别为感觉、**欲望**或**目的**"，前面是讲的物和物的意识，这个地方讲的是主观的东西了,纯粹思维的运动还抽掉了作为感觉、欲望或目的的区别,表明纯粹思维是不以人的感觉、欲望或目的为转移的,纯粹思维不考虑这些区别,你的感觉怎么样、你的欲望怎么样、你想要达到什么目的,这些世俗的考虑都撇开了。下面破折号之后,是另一个层次了,"——不论这区别是由**自己的**意识还是由一个**异己的**意识建立起来的",种种这些区别,你可以由自己的意识建立起来,比如说情感、欲望和目的,这些是你主观的;或者由一个异己的意识也可以建立起一种区别,比如由主人、统治者带给你的区别,也对你有一种限制。"不管是由**自己的**意识还是由一个**异己的**意识建立起来的,都不再具有本质性",这句话是收口的。前面讲了一大通,这个区别那个区别,都是跟思维的纯粹运动不同的,都被思维的纯粹运动看作不再具有本质性的。所有这些区别,不管是这个区别也好,那个区别也好,不管这个区别是由自己做出来的也好,还是由别人对你做出来的也好,都不再具有本质性。对于思维的纯粹运动来说,这些区别都可以接受啊,斯多葛主义对所有这些区别都可以承认,你作出这些区别我都承认,都接受,但是我不认为它们具有任何本质性。我超然于所有这些区别之上,行,你这样区别可以,那样区别也可以,但是所有这些区别都不具有本质性,唯有思维的纯粹运动才具有本质性,唯一具有本质性的就是纯思,其他那些区别我也不反对,但是它们都不具有本质性。"而是只有本身是**被思维的**区别或未与自我直接区别开来的区别,才是具有本质性的",所有前面讲的那些区别都是不具有本质性的,只有一个东西是具有本质性的,只有作为被思维的区别,只有当我把思维加在它们之上做出了一种区别,只有通过我的思想,经过我的脑子,我想过了的那种区别,或者未与自我直接区别开来的区别,才是本质性的。你想,那是通过你自己来想,你所想的那些东西都没有与你自己的自我直接区别开来,这是我想出来的,这不是别人教给我的,也不是从哪里拿来的,而是我自己独立思考出来的,因此它是未与我自己直接区别开来的区别。这种区别,我作出来的区别,归根到底,它与我是没有区别的,这样一种区别才是具有本质性的。斯多葛学派所认可的区别,都是纯思维的区别,纯思维就是他的自我,就是思维自身,自我意识自身,所以它只有作为自我意识自身的区别才是有意义的。凡是离开了自我意识自身,是别人的,是外来的,或者是另外的什么区别,那都不具有本质性。

因此这个意识对主人性与奴隶性的等级关系是否定的;它的行为是,在主人性中它不靠奴隶而获得真理性,而作为奴隶它又不靠主人的意志及它的服务而获得真理性,相反不论在宝座上或在枷锁中,在它的个别定在的一切依附关系中,它都是自由的,都保持着无为无欲,这种无为无欲不断地从定在的运动中退出来,从功利和痛苦中退出来,**退回到思想的单纯本质性**中。

"因此这个意识对主人性与奴隶性的等级关系是否定的",主人性与奴隶性,我们前面讲了,也可以翻译成统治与奴役。这个意识对主人性与奴隶性的关系是否定的,"这个意识"指斯多葛派的意识,即对纯粹思维所认可的本质性的意识,它否定了主人性和奴隶性的那种等级关系,那都是一种很具体的区别,都不是纯思维本身所关注的。所以纯思维本身的运动撇开了主人性和奴隶性,否定了主奴关系。斯多葛派一个最重要的贡献就是把在奴隶社会中看作是天经地义的主奴关系否定掉了,当然不是在外在现实生活中否定了,而是在思想上把它否定了,这是一个非常重大的推进。人类思想、人类精神的一个飞跃就体现在这里,没有什么天生的主人和奴隶,人生来不是要作主人的,也不是要作奴隶的,主人也好,奴隶也好,最后死的时候面对上帝,都是一样的,在上帝面前,主人和奴隶都是赤条条的,都没有什么区别。人的灵魂都是一样的,人的思想都是一样的,主人有思想,奴隶也有,自我意识是一样的,因此,人格是一样的,主人和奴隶的人格是一样的。虽然在现实中,我要服从主人,我属于主人的财产,但是我在人格上是跟主人平等的,这个观念是斯多葛派首次提出来的,这是很了不起的。在奴隶社会里面能够提出来这样一种超前的观念，给西方社会后来的发展带来了巨大的影响，他们的社会变革都是预先有超前的观念做准备，然后经过漫长的等待，有时候是几百年上千年的等待，才能够在现实生活中得到体现。斯多葛派就是超前地提出来了这种观念，主奴关系是表面的，是非本质的，是必须超越的，是必须在本质意义上否定的。因此，"它的行为是，在主人性中它不靠奴隶而获得真理性"，斯多葛派的意识体现为行为是这样的，你身为主人，你不是靠奴隶而获得你的真理性。前面讲到主奴关系，本来是这样的，主人只有靠奴隶才能获得自己的真理性，你是不是真的主人，就看你有没有奴隶，有多少奴隶；你的奴隶越多，你就越是主人，最是主人的就是皇帝了，皇帝的奴隶最多，那么你必须要靠奴隶来获得自己的真理性，来证明自己真的是主人。斯多葛派中有一个重要人物就是罗马皇帝安东·奥勒留，奥勒留就是皇帝，他是个斯多葛派，但是他已经意识到了这一点。安东·奥勒留是一个好皇帝，是一个完全不像皇帝的皇帝，他的《沉思录》已经有了中译本，温家宝还引用过，温家宝把《沉思录》看了四遍，里面就是把这个主奴关系完全扬弃掉了，没有什么主奴关系，人都是一样的。这位皇帝最欣赏的就是爱比克泰德的著作，爱比克泰德是一个奴隶，也是个斯多葛派，在斯多葛派里面既有皇帝也有奴隶，这很说明问题。他们都是作家，爱比克泰德也写了很多书，安东·奥勒留写了《沉思录》，里面大量地引用爱比克泰德的话，当作圣人。可见主奴意识在斯多葛派这里已经不成其为一种界限、一种区别了，没有区别，人都是一样的，人都是平等的，这个观念非常关键，非常重要。主人不能靠奴隶而获得真理性，不是说你管的人多，你就是主人。我们现在就是官本位，官本位就是以这样的标准来衡量你是否是主人，你官越大，你管的人越多，而且你把他们都当作你的奴隶，那么你就越是主人，越是"人上人"。我们都要做人上人，不能输在起跑线上，要从娃娃抓起，你一生的成就就在于，你死的时候究竟管了多少人，达到了哪个"级别"，你是处级、还是厅级、还是部级，这就是你一生的评价。这还是一种主奴意识，主人就是看他

275

能达到哪个级别，看他能够管多少奴隶，而获得自己的真理性。"而作为奴隶它又不靠主人的意志及它的服务而获得真理性"，奴隶方面也是这样，奴隶不靠主人的意志来获得自己的真理性，奴隶他有他自己的意志，他有他自己的思想，他不是把自己的意志和思想寄托在主人身上，寄托在他的主人说什么，命令了什么，并不是主人说的就是真的。再一个是服务，我为主人的事业而服务一生，那么似乎在这里头就有我的真理性，不再是这样了，不再是看我对主人的事业作出多少贡献而获得我的真理性。作再多的贡献，我是盲目的，那就没有真理性，我丧失了自己，哪怕我被主人表扬，给我发奖状，发得再多也没用，死了以后什么都没有了。所以真理性不在这方面，不在我的服务这方面，也不在主人的意志，这是一个了不起的飞跃。"相反不论在宝座上或在枷锁中，在它的个别定在的一切依附关系中，它都是自由的"，在宝座上或枷锁中，你当了皇帝也好，你是带着枷锁的奴隶也好，哪怕在它的个别定在的一切依附关系中，它都是自由的。他的个别定在，他的具体的现实的生活，斯多葛派不看这些，当然他也不能改变这些，一个人当皇帝也好，当奴隶也好，这不是由他能够决定的，但是斯多葛派主张从所有的这一切里面超脱出来，超脱出来你就是自由的。虽然在现实中你处于人身依附关系中，但你仍然是自由的，自由不靠这些东西，而靠人的思想，这样在枷锁中你都是自由的。斯多葛派并不否认现实的一切依附关系，现实生活当然有依附关系，再好的社会也有，有权力的支配无权力的，这是没有办法改变的；但是有一点是可以改变的，改变你自己，把你自己变得有思想起来，那你就是自由的了。"都保持着无为无欲，这种无为无欲不断地从定在的运动中退出来，从功利和痛苦中退出来，**退回到思想的单纯本质性**中"，这就是我们刚才讲的，现实生活中充满着痛苦，充满着奴役，充满着统治，这些复杂的区别都没有本质性，只有单纯的思想才有本质性。但在现实生活中，你仍然可以追求自由，只要你超越主奴关系，保持无为无欲。这个很有点像我们中国的老庄，老庄讲无知无为无欲，斯多葛派也讲这个，无为无欲,甚至讲禁欲主义,这个无欲比老庄更厉害,要禁欲。但是有两点区别,一个是"无为无欲",原文是 Leblosigkeit,字面意义是"无生命性",或"摆脱生活",也就是超越自然的意思,而老庄是要回归自然,所以老庄不禁欲,只是限制那种不自然的欲望,而斯多葛派是蔑视一切自然欲望。再一个,斯多葛派的无为无欲是为了提升到思想,就是说他是有思想的,有原则的,他遵守思想的区别,他不是无区别;而老庄的无为无欲就没有任何区别了,你回归大自然就是了,自然要怎么就怎么,你随着自然去摆布就够了,没有自己超越自然之上的原则。但是斯多葛派是有自己的原则的,那就是思想和对思想的思想,它是一种思想的运动,在这方面它又是积极的、进取的。这个是很不一样的,所以表面看起来好像可以和中国的老庄一比,但是实际上一比就看出来,他们是不同的。这种无为无欲不断地从定在的运动中退出来,从功利和痛苦中退出来,退出来这一点是跟老庄是一样的,但是,退出来干什么? 这就不一样了,"**退回到思想的单纯本质性**之中",要有思想,不是说你退出来以后,你回归自然、任其自然,你就不需要思想,不需要考虑问题了,你还是要坚持不断地动脑筋,梳理自己的思想,坚定自己的思想的信念,探索思想的规律,要执着于思想,这个就跟老庄不一样了。老庄就是要破除一切执着,顺其自然,不要执着,所以回到自然以后就无事可干了。但是斯多葛派要执着于思想,要建立自己内在的精神世界,要和外界划清界限,同时向内心深入,探讨逻辑问题和数学问题,思想这些思想。这种思想就是跟神打交道,理性的逻各斯就是上帝,就是神,这个事情是要拼命坚持的,是要忍受一切痛苦来坚持的,所以逻辑和数学在斯多葛派那里都得到了很大的发展。这个跟老庄就很不一样了。

　　固执己见是这样一种自由,它执着于个别性,并停留在奴隶性**之内**,　{118}
但斯多葛主义则是这样的自由,它总是直接从奴隶性中退出来,返回到思想的**纯粹普遍性**;

　　我们先看这半句。"固执己见是这样一种自由",固执己见,我们前面已经遇到过了，在 132 页的第三行，"那固有的意义就是固执己见"，固执己见，Eigensinn，意思是自以为是自己固有的意义。前面讲固执己见的时候讲的是奴隶的自由，奴隶性的自由，也就是奴性。我们前面讲它类似于中国的阿 Q 精神，就是在任何情况之下我都能够感到一种自由，只要我不把这当回事，就会有一种自由了。那么在这里，黑格尔特别要把自由意识跟这种自由区别开，跟限制在奴隶性范围之内的那种自由区别开来，那种自由只是一种固执己见，就是坚持自己始终是自由的，我挨了打，被别人抢了，被别人糟蹋了，被别人污蔑了，被别人侮辱了，我仍然是自由的。我始终不服输，被别人打了，我说"儿子打老子"，即使口头上服输，我心里还是不服输。这种不服输实际上是一种心理安慰，一种精神胜利法，当然你也可以说它是一种自由，在内心里面仍然保持它精神的独立性，不受外界干扰，否则的话，人就没办法活了。我们说中国人如果没有阿 Q 精神的话，就没办法活了，我们几千年就是这么活过来的，就靠精神胜利法才活过来的，一直活到今天，仍然还是精神胜利法，仍然活在精神胜利法之中。那么黑格尔说，"固执己见是这样一种自由，它执着于个别性"，当然你不能说它完全没有执着，它有一点是执着的，就是我不能输。中国人是输不起的，一输就全完了，总要想办法使自己觉得是赢家；但是这种不能输它不是一种原则，它是一种情绪，而不是一种思维，也不是一种理性，也不是逻辑，也不是概念。它也不是事实，而只是一种良好的自我感觉，一种"气"，再怎么输，也不能输气。所以，它执着于个别性，一种主观情绪的个别性。"并停留在奴隶性**之内**"，"之内"打了着重号，就是它是一种奴隶性之内的主观自由，固执己见，自以为是，有时候骄傲得不得了，老子天下第一，其实骄傲恰好是自卑的一种体现，越是骄傲，越是自大，说明他越心虚，越自卑。所以这种固执己见呢，它是停留在奴隶性之内的自由，这个跟斯多葛主义是不一样的。他说，"但斯多葛主义则是这样的自由，它总是直接从奴隶性中退出来"，从奴隶的那种固执于个别性中退出来。阿 Q 他是奴隶性的固执己见，他对自己的生活是非常满意的，虽然他穷途末路，有时候饿得要死，要去偷萝卜，有时候性饥渴，最后要被拉去杀头，什么事情都不满意，但是他总能够使自己满意，一直到他死的时候，他还唱戏文，说"二十年后又是一个"，非常的理直气壮。他莫名其妙地被人砍了头，他还不知道，因为他自欺，他始终把对于死亡的恐惧这一方面遮挡住了。二十年以后哪还有一个呢？没有一个了，你就是这一辈子，你最后的大限，你到期了。但是他还要自欺，临死的时候还要自欺，始终不愿意面对死亡，逃避死亡恐惧。而斯多葛主义的自由是直接从这种奴隶意识中退出来，"返回到思想的**纯粹普遍性**"，只有思想的纯粹普遍性才是永恒的，哪怕我死了，二十年以后没有一个了，但是思想在，思想是不朽的。

并且作为世界精神的普遍形式，它只有在一个普遍的恐惧和奴役的时代、但也是一个有普遍教养并将这教养一直提高到思维上来的时代，才能够出场。

这个跟我们刚才讲的就非常贴切了，这一段讲这个斯多葛派是在什么情况下产生出来的呢？"作为世界精神的普遍形式"，它是纯粹普遍性，它跟阿 Q 精神、跟奴隶的自由那种执着于个别性是完全不同的。阿 Q 精神是没有普遍性的，他执着于他的眼前的一时一地，并且力图在每一个个别性上面达到一种精神胜利，他精神胜利不是一个原则，而是随时而变、临机应变的。他是一种机会主义的精神胜利，反正你任何情况都难不倒我，我都能够在精神上超越你，但是始终停留在奴隶性之内的，他始终是奴隶。那么作为世界精神的普遍形式，最后是在一种什么样的情况下才产生出来斯多葛主义的呢？这里我们可以多用一些脑子了，"它只有在一个普遍的恐惧和奴役的时代"，首先是一个普遍的恐惧和奴役。阿 Q 有普遍恐惧没有？阿 Q 没有普遍的恐惧，他只有个别性上的担忧，担心今天吃了上顿没下顿，今天没有吃的了，我是不是脱件衣服来当掉，他只有这样一些担忧，但是没有一种普遍的恐惧。精神胜利法没有绝对的恐惧，绝对的恐惧就是说你面对死亡，死了以后什么都没有，那么你还活不活？不自由毋宁死，你死不死？这样一个问题在阿 Q 那里是不存在的。在一个普遍的恐惧和奴役的时代，但不光是恐惧和奴役，而且你还要意识到恐惧和奴役，这就是教养，死亡教育、死亡哲学，这都是一种教养。所以他讲，"但也是一个有普遍教养并将这教养一直提高到思维上来时代，才能够出场"，只有在这样的一个时代才会出场，光有恐惧和奴役还不行，还要有教养。这个时代就是古罗马时代，从古希腊到古罗马，有好几百年的教养，培养出了人的个体意识和自由意识。中国没有这种教养，缺乏个体意识和自由意识，缺乏普遍思维，但中国有另一种"教养"。阿 Q 有时候也想到死，"这不是要去杀头吗？"心里面一震，但是马上就过去了，他不愿意面对。周围那么多人看着他，他马上想到，这个时候应该唱一句什么来壮行，他就唱了一句"我手持钢鞭将你打"，还没有唱出来，就没中气了，最后想出来的是"二十年后又是一个"，二十年后又是一条好汉，想出这么一句，就把他对死亡的恐惧掩盖过去了，他觉得他自己死得其所，甚至觉得自己死得轰轰烈烈，那么多人看着，多么光彩。这就是只有情绪，没有思想，没有经过一种教养提高到思维的水平上来，这就不可能产生斯多葛主义，只会有阿 Q 精神。

　　虽然现在对这个自我意识来说，不论是别的不同于它的东西还是自我的纯粹抽象都不是本质，而是以那自身拥有他在、但将其作为被思维的区别来拥有、以至于在其他在中直接返回到自身的自我为本质，于是

[135]　它的这个本质同时只是一个**抽象的**本质。

　　这是对斯多葛派的批评了，前面可以说都是对它进行表扬，把它和奴隶的自由相比较，把它从生命的那种自我区别的扩展中提升起来，超越出来，从生命和欲望中超拔出来，这都是对于斯多葛派的表扬，那么这句话是对它的批评。"虽然现在对这个自我意识来说，不论是别的不同于它的东西还是自我的纯粹抽象都不是本质"，这样一个自由的自我意识，不论是别的不同于它的东西，如自然界，欲望的对象，生命的对象，当然

都不是它的本质，它已经都超越了这些属于奴隶的东西了，已经超越生命了；还是自我的纯粹抽象，它与属于主人的那种纯粹抽象的自我意识也不同了，它的这种超越不是一种自我意识的纯粹抽象，而是有纯粹思维在里面了，它有思维活动，有思维的运动在里头。"而是以那自身拥有他在、但将其作为被思维的区别来拥有、以致在其他在中直接返回到自身的自我为本质"，简言之，是以自我为本质；以什么样的自我为本质呢？以那自身拥有他在的自我为本质。这个自我已经拥有他在了，这些外在的、别的不同于它的东西它也拥有，但是，是"将其作为被思维的区别来拥有"，是经过思维区别的、被思想所把握住了的，自由的自我意识把他在加以改造，将其作为被思维的区别来拥有，也就是把它们都放在思维的范围之内来拥有，是对思维的思维，而不是对一个外在对象、一个他在的思维。它拥有他在，但是，不是仅仅对他在的思维，而且是把他在作为思维来思维、来拥有，"以致在其他在中直接返回到自身"，这样一种自我是在他在中返回到自己本身，经过思维之后，他在已经变成了思维，变成了自我的东西，那在这个他在中，自我就直接返回到自身了，——是以这样一个自我作为本质。总之，现在这样一个自我意识是以这样一个自我作为本质，这个自我拥有他在，并且思考他在，在他在中直接返回自我。"然而它的这个本质同时只是一个**抽象的**本质"，"抽象的"打了着重号，这就带有批评的意思了。就是这样一个本质，虽然已经不同于自我意识的纯粹抽象了，虽然已经不再是像主人那种纯粹抽象的自我了，那个自我对他来说已经不是本质了，但仍然还是抽象的。他的这样一种思维的运动、这样一种本质同时只是一个抽象的本质，它是逃避到内心世界里去的，虽然它建立了一个内心世界，这是它的功劳，但是它把真正的外部世界都撇开了，跟外部生动的大千世界、活泼泼的生活世界完全隔绝了。

　　自我意识的这种自由对于自然的定在是**漠不关心的**，因而它对于**自然定在同样**也任其自由，而这**反思**是**双重的**。

　　"自我意识的这种自由对于自然的定在是**漠不关心的**"，这个我们刚才讲了，它把自然的东西都撇开了，把现实生活撇开了，"**因而它对于自然定在同样**也**任其自由**"，他自己自由了，但现实世界也自由了，现实世界跟他漠不相干。他是自由了，但是现实世界他也让其自由了，让其自由这个就有问题了。现实世界、自然事物、自然的定在，你也任其自由，那它的那个自由对你的自由就构成一种威胁；但是，你逃避到自己的内心世界去了，你把这种威胁没放在眼里，听凭现实世界、自然定在的那种自由对你为所欲为。那是一种偶然性，对于我的自由来说，我遇到什么样的自然界，那是一种偶然性，那个不由我支配，我只能听之任之，它随便对我做什么，我都接受。那我这种自由其实就是很被动的了，自然界好像倒是主动的，好像它有一种自由。当然这个自然界在斯多葛派那里认为就是上帝了，那是上帝的意志，那就是我的命运，命运是我所不能改变的，我只能服从命运。但我仍然把服从命运看作是我的自由，上帝的自由意志不是没有道理的，它里面肯定有自己的思维、逻辑和理性，上帝就是逻各斯，我服从命运就是服从逻各斯，而服从逻各斯就是服从理性和思维，那岂不正是我的自由吗？所以客观上看起来是不自由了，但在主观反思中，我仍然是自由的。"**而这反思是双重的**"，一方面我在我的自我意识之内进行反思，反思到我的本质，就是我的思想；另一方面，我让外部的自然界也返回到它自身，也反思到它自己，它有它的自由，我让它也反思到自己的本质。自然界的本质是什么呢？就是普遍的逻各斯，是神，它作为理性和思维，与我的内心是相通的。通过这种双重的反思，我内心的自由和自然界的自由就合为一个了，它们的冲突就消失了，但毕竟是在我内心的反思中消失的，与外部自然的定在不相干。所以这种冲突客观自在地并没有消失，而是形成一种完全被动的人格，内心世界和外部世界完全隔绝开来，上帝的命运是我无法支配的，这导致一种宿命论。但在理论上却是两者共同拥有一种本质上的自由。下面先主要谈思想中的自由，谈自我这一方面。

思想中的自由只是以**纯粹思想**为它的真理，而这种真理是没有生活的充实内容的,因而也仅仅只是自由的概念,并不是活生生的自由本身;因为对这种自由来说只有一般**思维**才是本质,才是形式本身,这种形式脱离了各种物的独立性而返回到自身。

"思想中的自由只是以**纯粹思想**为它的真理",斯多葛派的思想自由是纯思,纯思是它的真理,"而这种真理是没有生活的充实内容的",撇开了生活的充实内容,不惜采取一种禁欲主义的方式,一种苦行主义的方式,把生活的充实内容全部排除在思想之外。为什么说它是抽象的本质?就是因为这个。"因而也仅仅只是自由的概念,并不是活生生的自由本身",这是它的有限性,斯多葛派的毛病就在这里,它只有自由的概念。当然自由的概念是很需要的,如果你连自由的概念都没有,那么你谈何去争取自由。但是斯多葛派仅仅是自由的概念,而不是活生生的自由本身。"因为对这种自由来说只有一般**思维**才是本质,才是形式本身,这种形式脱离了各种物的独立性而返回到自身",因为对于斯多葛派的自由来说,只有一般思维才是本质,一般的思维、空洞的思维、抽象的思维、对思维的思维,这才是本质,"才是形式本身"。"形式本身",我们前面讲到了赋形,是赋形活动使得形式突出出来,并且斯多葛派得以把形式抽象出来。形式就是自为存在,也就是思想、思想的运动,也就是形式本身;这种形式脱离了事物的独立性而返回到自身,它脱离了事物的独立性,它没有真正掌握事物的独立性,事物还在那里独立,但是那形式被斯多葛派从独立的事物身上把它拿过来,抛回到了自己本身。当然它是有理由的,因为这个形式就是思想,但是斯多葛派因为它是思想,所以它不把它看作是独立的事物本身,而把它看作是自己内心的思想,返回到了意识本身。这就是这一方面的反思。反思是双重的,那么首先,第一重反思就是思想中的自由对于它自己本身的反思。下面第二重反思就是针对外部世界的。

但由于个体性在行动时本应表现得活生生的,或者说,在思维时本应把活生生的世界理解为一个思想体系,那么在**思想本身**中本来必须为前述扩展准备这样的**内容**，即凡是善的东西，对于扩展而言都是真的东西；借此在这样一种**为意识而存在着的东西**中就**绝对**不会有别的成分，而只会有作为本质的概念了。

整个这一句都是用的虚拟式，这是对另一方面的反思了。双重的反思，前面讲了思想这一方面，形式方面，它返回到了自身，这是这种自由意识的本质；但另一方面则是活生生的对象世界的内容方面，也要进行反思。"但由于个体在行动时本应表现得活生生地"，这个"本应表现"用的是虚拟态，就是说按照斯多葛派，个体获得了自由以后，他的行动本应是活生生的，而不应该是这样的被动和僵硬，完全屈从于命运。"或者说，在思维时本应把活生生的世界理解为一个思想体系"，也就是本来应该把这个活生生的世界纳入到自己的思想体系里面，而不是端出来一个如此抽象的思想体系。这里是对斯多葛派的一种批评了，所有这些虚拟式中应当做到的都是他们没有能够做到的。"那么**在思想本身中**本来必须为前述扩展准备这样的**内容**"，斯多葛派的问题正在于他们的思想本身中缺乏内容，"思想本身"和"内容"都打了着重号。什么内容呢？"即凡是善的东西，对于扩展而言都是真的东西"，也就是把那种抽象的"善"的概念在外部世界的扩展中表现为真实的，表现为有对象性的丰富内容的，而不单纯只是主观内心的空洞思想。这就是另一方面的反思本来应该做到的，但他们却并没有做到，他们执着于自己的内心反思，建立起自己的内心世界，但是对于外部世界的反思却没有把它深入下去，只是把它的丰富内容抽象掉了。那个活生生的世界你本来应该把你的思想贯彻到那里头去，要把你的内心的思想把它渗透在、贯穿在活生生的外部世界中。斯多葛派的反思本来应该在两方面都起作用，一方面你回到自身，另一方面你要深入到活生生的世界里面，就像黑格尔所做的那样，把整个自然界、整个大千世界的形形色色都看作一个统一的客观思想的表现。当然斯多葛派还没有走到这一步。要做到这一点，就应该把活生生的世界都纳入到一个思想体系中来考察,就应该去把握这个经验世界,自然的规律,人类社会的规律,都应该加以探讨,在思想本身中"为前述扩展准备这样的内容",前述扩展就是上段开始时 [134 页第 3 行] 讲的:"生命之多方面的自我区别的扩展,生命之个别化和复杂化,是欲望和劳动的活动所针对的对象。"斯多葛派的思想是抽象的,是撇开了内容的,但是在思想本身中本来必须为前述的扩展、也就是生命之多方面的自我区别的扩展准备内容,凡是善的东西都应当看作真的东西。斯多葛派不是主要讲伦理学、讲人生哲学吗? 伦理学主要是考虑善的问题,但是凡是善的东西,对于生命的扩展而言,都是真的东西,都能够不仅仅使你个人受用终生,而且可以扩展到整个自然界里去,成为客观真理。"借此在这样一种为意识而存在着的东西中就绝对不会存在别的成分,而只会有作为本质的概念了",这仍然是虚拟式,就是说假如做到了这一点,那么在对意识而言存在着的东西中,也就是在一切对象世界中,就会完全不存在别的成分而只有作为本质的概念了,如果你能够真的做到这一点,那么就完全没有外来的东西了。因为你把外来的东西都变成你的内在的东西了,你把你的思维贯彻到了外部世界中去了,使它成为真的,使它成为本质,变成了真理,那么外部世界就完全成了概念的了。没有别的东西,而只有作为本质的概念,外部世界的本质就是概念,这就是后来黑格尔的概念论所达到的层次。斯多葛派当然远远没有达到,他们太固执于内心世界的精神生活,而没有想到把这种内心世界的生活扩展到外部世界里面去,把整个世界都看作是概念,把整个世界的生命都看作是概念,没有做到这一步。

只不过正如概念在这里作为抽象而脱离了物的多样性一样,它并不拥有自己本身的内容,而只有一个被给予的内容。

前面是用虚拟式反衬,这里是直接对斯多葛派的批评了。"只不过正如概念在这里作为**抽象**而脱离了物的多样性一样",概念是抽象概念,脱离了物的多样性,物的多样性在斯多葛派那里不屑一顾,这些东西都被看作一些感性的东西，一些低层次的东西，哪怕它给我带来了很大的痛苦，我也要视若无物，要忍耐，要不为所动。一方面它脱离了事物的多样性，另方面，同样，"它并不拥有**自己本身的内容**，而只有一个**被给予的内容**"，所有外部世界的内容，由于都没有被它据为己有，所以都是外部的，你要说它有内容的话，这些内容都是从外部给予它的，是它的命运。斯多葛派当然也看到世上人间充满了痛苦，充满了各种满足不了的要求、需要、追求，追求而不得，于是陷入痛苦；所有这些内容都被他们看作是被给予的，而不是"自己本身的内容"。所以他们自己是没有内容的，只有抽象的思想。

意识尽可以通过它思维这一内容，而把这内容作为异己的**存在**加以清除；但这概念是**被规定了的**概念，而概念的这种**被规定性**就是它在自己身上所带有的异己的东西。

"意识尽可以通过它思维这一内容，而把这内容作为**异己的存在**加以清除"，就是外在的对象世界给予了意识以内容，而意识当然可以通过思维这样一个内容而把它清除，把它当作异己的存在，我通过思维它，我把我的思维留了下来，而把它本身清除掉，这就是斯多葛派想出来的策略。它没有内容，但是外部世界带给它很多很多内容，但是，它通过思维这些内容把这些内容清除掉，这就是禁欲主义，苦行主义。人生就是受苦，但是我把受苦的思想留下来，而把受苦本身撇开了，我就摆脱了受苦的痛苦，而享受到了受苦的思想的幸福。这些痛苦被作为异己的存在，这不是我本身带来的，不是我思维里面的，而是外在的，是感性带给我的痛苦，它们都是身外之物，它不是我的东西么，我当然就可以把它扛过去，把它忍耐过去，发挥我的坚忍不拔的精神，执着于我的不动心的原则。"但这概念是**被规定了的**概念，而概念的这种**被规定性**就是它在自己身上所带有的异己的东西"，这个就是辩证法了，你把外来的痛苦当成异己的东西清理掉，但是，恰好你用来清理它的概念由此而得到了规定。斯多葛派的概念是什么概念呢？就是刚毅、忍耐，刚毅忍耐就必须要有痛苦才谈得上啊，必须要有外来的强加给它的东西，才能谈得上忍耐，不然你忍耐什么呢？由此来看，你的这个概念就是被规定了的，忍耐痛苦就是你的被规定的概念，这个痛苦就对你的概念的内容作出了规定。所以你的概念不是完全没有内容的，而是带有由异己的东西所规定了的内容。当然你的概念本意是要排除这些内容的，但是通过这种排除，你恰好赋予了你的概念以内容，所以这个概念就是被规定了的概念。你以为你的概念不被规定，你以为你坚持你的自由，你的概念就不被规定了？你的自由体现在什么地方？你的自由就体现在不为所动，但这就是你的规定，不被规定就是你的规定，不被你的痛苦所规定就是你的规定，就是你的概念的规定。而概念的这种被规定性，就是它在自己身上所包含、所带有的异己的东西，你把异己的东西排除了，你以为你排除了，但恰好这个异己的东西给你的概念带来了被规定性。所以你的这个概念是自由的，不被规定的；但是它同时又是不自由的，它是被规定的；你要克服这些不自由的东西，但是这些不自由的东西恰好在你克服它的时候，成为了你的规定，而且这种规定不是你自己规定的，你是被规定的。这就是概念的辩证法：当它想要不被规定的时候，它恰好被规定了，它想要摆脱命运的时候，它恰好被命运所束缚住了。斯多葛派是没有办法摆脱它的命运的，虽然它强调的是自由，但是这种自由恰好体现在被规定中。斯多葛派的名言就是"愿意的人，命运领着走，不愿意的人，命运拖着走"，他们以为不愿意的人就是不自由的人，愿意的人就是自由的人；但愿意的人、自由的人是什么样的人呢？自由的人就是被命运领着走的人，他还是被命运规定的，被命运规定就是他的不被规定，就是他的自由。这种自由在斯多葛派这里表现为一种自相矛盾的命题，所以好像他是排除了异己的东西，但是恰好他被异己的东西所规定着。这就是他们对第二方面的反思，即把客观世界变成了自己概念中的区别，这是黑格尔所不满意的。

因此斯多葛主义当被追问一般真理的**标准**（像这个术语当时所表达

的那样)、其实是被追问**思维本身**的**内容**时,就陷入尴尬之中。①

"因此斯多葛主义当被追问一般真理的**标准**",斯多葛主义的自由主要建立在善之上,他们认为善就是真了,但是真理的标准何在呢? 这是当时讨论的一个问题,伊壁鸠鲁派,斯多葛派,怀疑派,他们三派争论不休。他们讨论的主要是真理的标准的问题,当时叫作"准则学"(Kanon,即准则)。伊壁鸠鲁认为真理的标准可以建立在感性世界、经验上面;晚期斯多葛派认为就建立在人的理性、逻各斯之上;而怀疑派则认为双方都不成为标准,真理没有标准,真理是相对的。那么斯多葛派当时被追问一般真理的标准时,"其实是被追问**思维本身的内容**",一般真理的标准和思维本身的内容,这看起来是两个完全不同的问题,但由于斯多葛派的思维本身没有内容,只是抽象空洞的形式,所以他们也没有真理的标准。因为所谓真理肯定是要有对象的,形式要和内容符合,如果没有对象就没有了真理的内容,光凭形式如何能够判断真和假呢? 所以斯多葛派当被问到这个问题时,"就陷入尴尬之中",就是说,究竟以什么东西作为真理的标准,他们提供不出用以衡量真假的客观内容。他们不能单凭主观的自由、主观的思维来作真理的标准,但是如果把客观对象当作真理的标准,他们的主观思维就是被对象所决定的,又失去它所标榜的自由了,这样他们就陷入到了两难中。

对于向它提出的**什么**是善的和真的这个问题,它又是以**没有内容的**思想本身作答:真和善据说就在于合乎理性。但是思想的这种自身等同又只是一个纯粹的形式,里面没有任何规定自己的东西;因此斯多葛主义所不得不固执于其上的那些普遍名词:真与善,智慧与德行,一般讲来当然是很高尚的,但是由于它们实际上不能够达到对内容的任何扩展,它们不久也就开始令人厌烦了。

---

① 黑格尔这里所引用的是斯多葛派的这种理论,即"把握性的表象"(καταληπτικη φαντασια) 是真理的标准。这种学说遭到学园派 [按即新柏拉图主义的怀疑派——中译者] 的攻击。——丛书版编者

"对于向它提出的**什么**是善的和真的这个问题"，你要以善的作为真的标准，那么"它又是以**没有内容的**思想本身作答"，他就把那些内容全部撇开，内容不能够掺杂进来，一把内容掺杂进来，人就不自由了，必须把内容全部撇开。那就只能回答什么呢？ "真和善据说就在于合乎理性"，合乎理性，Vernünftigkeit，也就是与理性 Vernunft 相符合，但是这个合乎理性相当于说，合乎思想，真和善的标准在于合乎思想，也就是说，思想的标准就在于合乎思想，这完全是空洞的同语反复，没有任何内容的。所以下面接下来说，"但是思想的这种自身等同又只是一个纯粹的形式，里面没有任何规定自己的东西"。这个"合乎理性"就相当于思想的自身等同，A=A，思想就是思想，没有任何内容的思想。思想的这种对自身等同，对思想的思想，没有给自己规定任何具体的内容，它只是一个纯粹的形式，空洞的形式。"因此斯多葛主义所不得不固执于其上的一些普遍名词：真与善，智慧与德行，一般讲来，无疑地是很高尚的，但是由于它们实际上不能够达到对内容的任何扩展，它们不久也就开始令人厌烦了"，斯多葛主义的一些普遍名词，那些"大名词"如真和善、智慧和德行，是他们不得不固执于其上的，因为他处于非常尴尬的境地，如果你把它们扩展一下内容，那它们就不是自由了，所以为了自由，他不得不固执于这些普遍名词，待在这些抽象名词的空中楼阁上不下来。但是这些抽象的名词在现实生活中是毫无用处的，因为它没有内容，所以"一般讲来当然是很高尚的"，斯多葛主义的道德，人们一直都认为是很高尚的。斯多葛主义讲道德，而且的确不是虚伪的，他们宣扬的禁欲主义，宣扬的忍耐，他们可以身体力行，做到很高的层次。即算有些人遭到非议，比方说塞涅卡，人们说他停留在口头上，他讲的忍让节制，那些刚毅，都是口头上的，实际上塞涅卡拥有巨大的财富，他的财富甚至比皇帝还多，所以后来皇帝嫉妒他，把他处死了。他积累了那么多的财产，养尊处优，却空谈节制，人们说他言行不一。但是塞涅卡为自己辩护说，我的言行不一致没关系，我的贡献主要在于我提出来了很多很好的道理，至于我的生活,如果我能够做到的话,我可以做到的,但是这个不由我支配,那都是由命运规定好的。他讲得有道理啊,可以给今天那些讲廉政的贪官们作参考。不过他面对死亡时的确表现得从容淡定,而且他提出的这一套人生哲学,确实是很崇高的。但是它们实际上不能够达到对内容的任何扩展,在生命中、在现实生活中无法扩展,是逃避现实的,所以不久就开始令人厌烦了。就是说他们的那套理论,不光是塞涅卡做不到,任何人都做不到,你要完全按照斯多葛派的那种道德标准来衡量人,所有的人都是小人,没有君子,君子都是伪君子。所以你的那一套不能实行,也就很快令人厌烦了。

所以这种思维着的意识,如同它把自己规定为抽象的自由那样,只是对于他在的不完全的否定;仅凭从定在中**退回**到自身,它并没有在自己身上把自己作为对定在的绝对否定而实现出来。

{119}

"所以这种思维着的意识",这种意识,这种自由的意识,是思维着的意识,他的自由是建立在思维之上的,这种意识"如同它把自己规定为抽象的自由那样,只是对于他在的不完全的否定",斯多葛派的第二重反思是不彻底的,它对自然定在的任其自由仍然只是一种抽象的自由,即从自然定在的逃离。这种抽象的自由只是对于他在的不完全的否定,它否定他在,否定现实世界,否定对象世界,否定它们什么呢? 否定它们能够对它起作用,能够改变它的原则。对象世界不能改变我的原则,我的原则是很高超的,真与善,智慧与德行,这是很高超的,外部世界完全无法改变我,——这是对外部世界的否定。但是,它是一种不完全的否定,为什么不完全? 他说"仅凭从定在中**退回**到自身,它并没有在自己身上把自己作为对定在的绝对否定而实现出来",仅仅凭我从定在中退回来,定在是身外之物,我退回到自身,"退回来"打了着重号,仅仅是退缩,逃避,这并没有在自己身上把自己作为定在的绝对否定实现出来。你能在自己身上把这种绝对否定实现出来,那你就有本事,那就是完全的否定

290

了；但现在你不是完全的否定，你没有在自己身上身体力行，把对定在的绝对否定实现出来，你并没有克服这些定在的有限性。你说这些定在都是身外之物，觉得只有回到自身才是稳靠的，但是你能不能把这种否定变成一种指向定在的现实的行动呢？你如果能做到这一点，那你就是一种绝对的否定了，那你就是完全的否定了，但是你没有做到，你没有把这种否定现实地指向外部世界，因为你这种否定只是一种退缩，它是以你自身为归宿的。真正把否定转向外部世界的是后面讲到的怀疑主义，所以这种绝对的否定是通向怀疑主义的，对斯多葛派的批判就是在为怀疑主义开路。

内容虽然被它看作只是思想，但同时又被看作是被规定了的思想， ［136］
也就是被规定性本身。

"内容虽然被它看作只是思想"，这是黑格尔所欣赏的，斯多葛派的贡献在他看来就在于把一切内容都归结为思想，这是一种境界的提升。但斯多葛派的具体理解又是黑格尔所不满意的。内容是经过思想的内容，是在思想中作为思想的内容，比如说我思想我的痛苦，我受到痛苦之后，我就思想这个痛苦，那么我就摆脱了，我的思想就有了摆脱痛苦的这个内容。斯多葛派的思想就是通过忍受痛苦而摆脱痛苦，痛苦被它看作只是思想，仅仅是摆脱痛苦这样一个思想，这就是思想的内容。"但同时又被看作是**被规定了的**思想"，这样一个思想内容是被规定了的，是被痛苦所规定了的。你要有痛苦，你才能有思想，如果没有痛苦，你就没有摆脱痛苦的思想，所以你这个思想就是被痛苦规定了的，是被动的，虽然思想是主动的，但是思想的内容是被动的。"也就是被规定性本身"，就是你的思想其实就是被规定性，你的思想看起来好像是自由的，但是，它其实就是被规定性本身。思想的自由变成了被规定性本身，也就是变成不自由了，思想的自由就向对立面转化了，从打破被规定性，不受规定性所规定，变成了它本身就是被规定性，变成了命运和宿命论。再进一步发展，如果你还要坚持你的自由，当你发现你的自由已经被规定了，你要继

291

续坚持这个自由,那就会走向怀疑主义了。怀疑主义就是面对这种规定性而不被规定,就是专门来打破这种规定性的,就是不承认任何规定性。你要把这种规定性变成你的思想的内容,那你就已经不自由了,怎么办呢?打破它,把绝对的否定性贯彻到针对所有的他在、定在,也贯彻到你自己身上,怀疑一切,包括怀疑自己。所以怀疑主义的自由要比斯多葛派的自由更高一个层次。

         *   *   *

[II. 怀疑主义]

我们再接着第二个小标题,第二个小标题就是怀疑主义,前一个小标题是斯多葛主义。斯多葛主义和怀疑主义,我们上一次讲到了,在当时的希腊化时期到古罗马时期,是两个很重要的哲学流派,在历史上都是两个很有影响的哲学流派。那么黑格尔在这里用两个历史上的流派,来说明精神现象学的问题,他其实并没有在谈历史,或者说他的主要目的不是谈历史;但是在谈精神现象学的意识的经验科学、意识的经验发展过程的时候,跟历史恰好是相平行的。就像恩格斯讲的一样,"黑格尔的思维方式有巨大的历史感作基础",思维是那么的抽象,但是概念的发展和历史的发展恰好是平行的。所以他在这里顺手就扯过来历史上的先例,一个是斯多葛主义,一个是怀疑主义,后面还有一个不幸的意识,这都是跟历史上的精神发展过程相关联的,是跟这些历史上的学派、历史上的哲学家的思想相关联的。但是他用这样一些概念也是迫不得已的,因为只有这些概念能够最好地概括精神现象在它的这个发展阶段上、这个层次上的特点,一个是斯多葛主义,接下来是比斯多葛主义更高一个层次的,就是怀疑论。当时这个斯多葛主义和怀疑主义是同时代的,还有一个是伊壁鸠鲁主义,这三派哲学家是同时存在的,互相争论,并没有一个时间上的先后,但是在思维的逻辑层次上,是有一个层次高低的。

首先伊壁鸠鲁派,我们前面已经讲了,他已经把它推到主奴关系里头去了,它是一种奴隶性内部的自由意识;那么斯多葛主义才第一次超出了主奴关系,达到了一种真正的自由意识,但是还是抽象的。那么这种抽象的自我意识又怎么样具体化起来? 这就是我们今天要讲的怀疑主义。

我们看上次最后讲的这一小段,他讲到自由的思维"只是对于他在的不完全的否定",因为它只是从定在中"退回到自身",而并没有在自己身上把自己的绝对否定实现出来,所以它自身的内容只是被规定的思想,是被规定性本身。这是斯多葛派的基本特点,在这一小段里面已经被概括出来了,就是说它虽然是一种抽象的自由,排斥了、否定了一切可能导致对这种自由的干扰的他者而回到自身,但这个自身恰好又是由他者所规定的。所以它并不是一种绝对的否定,而是一种不彻底的否定,而彻底的否定必然导致怀疑主义。

怀疑主义就是把斯多葛主义仅仅是有关它的概念的那种东西实现出来——而这就是对什么是思想自由的现实经验;这种自由,**自在地**就是否定的东西,并且必须这样表现出来。

"怀疑主义就是把斯多葛主义仅仅是有关它的概念的那种东西实现出来",怀疑主义实现的是在斯多葛主义那里只有一个概念的东西,这个概念就是有关思想自由的概念,怀疑主义就是这个思想自由的实现。思想自由这个东西,在斯多葛主义那里只是一个概念,只是抽象的思想自由的概念,仅仅是概念而已,但是没有实现出来。我们前面讲了,"它并没有在自己身上把自己作为对定在的绝对否定而实现出来",那么怀疑主义就把对定在的这种绝对否定实现出来了,也就是把自由作为一种绝对否定的东西实现出来了。"而这就是对什么是思想自由的现实经验",在斯多葛主义那里思想自由只是一种抽象概念,而在怀疑主义这里思想自由成为了现实的经验,它就要用这种思想自由来作否定了。斯多葛派的思想自由只是退回来,躲进内心里去,它是空洞的东西,它是个抽象不实的东西;你要把它实现出来,你就要把它实现在对那些限制你自由的东西的否定上面，那才是自由，怀疑论就是做这个工作的。自由是需要有一种经验的，思想的自由是需要在一种外在的东西上来经验的，这种经验是自由本身的经验，就是说你的自由必须体现在对于外在东西的否定之上，而不是逃避，不是躲到内心里面。躲到内心里面，你就把所有的经验都拒斥了，都排斥掉了。但是怀疑主义已经有了经验，你说你是自由的，体现在什么地方？体现在我不承认一切，我怀疑一切；而且我这个怀疑不是说口头上说说而已，我是在现实经验中去怀疑。古希腊最早的怀疑论者皮浪，他就是什么都不相信，他甚至不相信死，也不相信危险，他经常去冒一些无谓的危险，比如说站在车道上面，让马车冲过来，看能不能把自己撞死，结果被他的朋友拉开了；或者对着墙冲过去，用头去撞，看能不能把头撞破，又被旁边的人拉住了，就是搞这些事情。他就是要去经验，要以身试法，对外界的一切被认为是固定不变的可靠的东西，他都要去尝试否定它。"这种自由，**自在地**就是否定的东西，并且必须这样表现出来"，说到自由，它自在地就是否定的东西，自在地，就是不是自为的，不是刻意的，而是自由的本色，它不是被否定的，它也不是逃避，它本身就是一种否定的东西，而且一定要在经验中表现出来。我的自由意志、我的自由思想是一种否定的东西，必须在经验中体现出来，也必然会体现出来。

　　凭借自我意识对它自身的单纯思想的反思，实际上独立的定在或持久的规定性就作为特例从无限性中对这反思显示出来了；

　　"凭借自我意识对它自身的单纯思想的反思"，这个斯多葛派已经做到这一步了，斯多葛派就已经凭借自我意识对它自身的单纯思想进行了反思；但是凭借这种反思，"实际上独立的定在或持久的规定性就作为特例从无限性中对这反思显示出来了"，这一点是斯多葛主义没有做到的，或者说，实际上这些无限多样的规定性也已经向他们显示出来了，作为被规定性，这是斯多葛派的自由思想的内容所摆脱不了的，只是他们视而不见而已，他们的反思没有反思到这一层。怀疑派的反思则注意到了这一层，他们的反思转向了那些现实中独立的定在的无穷涌现，这些固定不变的规定性在它面前"作为特例从无限性中对这反思显示出来了"，"作为特例……显示出来"，德文是 herausfallen，我们前面好几次提到这个词，它就是"通过例子来显示"的意思，它跟那个"例示"（beiherspielen）意思相近。就是说这种定在，这种持久的规定性，或者通俗地说，就是客观世界的万事万物，作为一些特例无穷无尽地对这反思显示出来了；你要躲到内心里面去反思自己，也是因为外部世界已经对你显示出来了，外部世界有那么多你无法支配的东西，作为一个一个的特例在你面前显示，斯多葛主义采取的办法是鸵鸟政策，以不变应万变，反正我是自由的，我不受任何外部世界的支配，我有我的原则，这个原则是靠逃避这些例子而坚持下来的。但是同时这些例子在这个过程中，在这种反思中，也已经显示在这个反思面前了，这就是斯多葛派已经达到的水平，虽然他们逃避这些例子，但是实际上，这些例子对他们已经显示了。

　　在怀疑主义里，现在这个他者的全部非本质性和非独立性都对意识而言形成了；思想成为了彻底的、否定那多方规定了的世界之存在的思维，而自由的自我意识的这种否定性借生活的这些多种多样的形态而自己成为了实在的否定性。

　　怀疑主义显然比斯多葛派更进一步，他们是怎么对待这些例子的？"在怀疑主义里，现在这个他者的全部非本质性和非独立性都**对意识而言**形成了"，在斯多葛派那里，这些外在的东西的规定性虽然也作为特例无限地对这个反思显示出来了，但是这个反思转回到自身去了，所有这些外在的东西对他们的意识来说都等于无。但是在怀疑主义这里，情况就大不一样了，现在这个他者的全部非本质性和非独立性都"对意识而言"形成了，"对意识而言"打了着重号。这个他者就是斯多葛派所谓的命运，对此他们抱一种宿命论的态度，就是逆来顺受，而未经反思；但是怀疑主义不认命，而是自觉地对这种命运进行反思，反思到他者的全部非本质性和非独立性，这是对意识而言形成的。为什么"对意识而言"

要打着重号，就是说它不仅仅在反思面前显示出来了，而且被意识到了，被关注到了。仅仅是显示出来，我还可以通过命运的托辞来逃避，像斯多葛派所做的；但是怀疑主义则敢于直面这些他在的非本质性和非独立性，敢于做彻底的反思。怀疑主义就是说，他不承认任何外在的命运对他能够有真正的制约作用，在他的意识面前，这个外在世界的全部非本质性和非独立性都形成起来了，他让整个外部世界都成为了非本质的，虚假的，表面的，在这种意义上他也达到了"不动心"的境界，也达到了不为外界所动。但是这个不为所动不像斯多葛派那样逃避到内心，而是否认外部事物，否认外部事物的真实性，指出外部事物的非本质和非独立性，说这些都是假的，或者至少这些东西都是可以怀疑的，你不要太相信，你不要以为真的有什么命运，命运是可以质疑的。不论是通过感觉也好，通过认识也好，通过逻辑也好，你都无法证明外部世界的确定性，我们无法证明外部世界的本质性和真实性。罗马时代著名的怀疑论者，塞克斯都·恩披里克，他有一本书，是专门反驳所有的逻辑证明的，所有的逻辑证明都是不可证明的，要么是循环论证，要么是诡辩，要么是欺骗。所有对外部世界的证明都是不可信的，都是有毛病、有问题的，那我还相信它干吗？我还能认命，把它当作一种必然的命运？没那回事，没有什么必然的命运。如果我碰到墙上碰死了，那也是偶然的，我不碰那个墙也可能死，而碰了也不一定死，那只是一次性的事件，没有什么本质的东西来规定我。所以他下面讲，"思想成为了彻底的、否定那**多方规定的**世界之存在的思维"，思想和思维，Gedanke 和 denken，一个是名词，一个是动词，它们是同一个词根的变形。思想成为了彻底的思维，成为了什么思维呢？这种思维否定了那多方规定的世界之存在，是一种彻底的思维，一种能动的思维。名词的思想成为了动词的思维，这个动词的思维能够否定那多方规定的世界之存在，五花八门的外部世界，它们的存在都被这种思维否定了，这个思维当然就是非常彻底了。"而自由的自我意识的这种否定性借生活的这些多种多样的形态而自己成为了实在的否定性"，自由的自我意识的这种否定性，在斯多葛派那里已经有了，但是那种否定性是退回到自身，退回到自身，他们就以为可以不受外部世界的干扰，他就可以独立于外部世界，在这种意义上，他们也否定了外部世界，当然这种否定不是否定外部世界的本质性和独立性，而是适应自己的命运，逆来顺受，不放在心上。在这种逆来顺受中，无论如何，这种命运都不能改变自己。有的斯多葛派哲学家得了痛风病，痛得不得了，一边痛一边大喊："痛苦，你尽管来得更猛烈些吧！"就是你不能逼我承认你是善的，我有我的自由。这是斯多葛派的一种办法，就是对于这种命运采取逆来顺受，以此为自豪，他也有种否定性。但是在怀疑主义那里，自由的自我意识的这种否定性是借生活的多样性形态，而自己成为了实在的否定性，每一个形态他都加以否定，他不是顺从它，而是否定它，取消它，或者我取消不了，我至少可以怀疑它，我不与它合作，我不顺着它去。斯多葛派是顺着它去，什么东西都当作自己的宿命，不加怀疑地接受；怀疑派是恰好相反，凡是命运加给他的，它都加以否定，借助于这种否定，它实现了自我意识的否定性，达到了自由。斯多葛派是通过逃避来保留自由，而怀疑派是通过否定争取自由，所以这种态度其实比斯多葛派要积极些，虽然看起来怀疑主义更消极，它什么都不相信。但是这个什么都不相信恰好就是只相信自己的怀疑，它用自己的怀疑否定了一切，这就体现出它的自我意识的自由，它有怀疑一切的自由。

——由此可见，正如斯多葛主义与作为统治和奴役的关系显现出来的**独立**意识的**概念**相符合，同样，怀疑主义也与对这种概念的**实现**即对他在的否定倾向相符合，与欲望和劳动相符合。

这里有两个相符合，一个是"斯多葛主义与作为统治和奴役的关系"、也就是与作为主人性和奴隶性的关系而"显现出来的**独立**意识的**概念**相符合"，斯多葛主义是这样的，作为统治和奴役的关系而显现出来的独立意识，这样的一种独立意识是通过主奴关系而显现出来的，在主奴关系里面，斯多葛主义已经看出来，我不论在宝座上还是在枷锁中，我都是自由的,都是一个自由人,因为我的心是自由的,我的思想是自由的。主奴关系互相之间是一种压迫和被压迫的关系,但正是通过压迫和被压迫的关系才显现出这种独立的自我意识,才迫使人们、主要是奴隶意识到自己超越于这种关系之上的思想自由。如果没有这种关系,没有这种命运,那独立意识还显现不出来,人的自由还显现不出来,恰好在不自由中显现出了人的自由。但是这种独立意识,斯多葛主义只是与它的概念相符合,这个"概念"打了着重号,"独立"也打了着重号。也就是自由的概念在斯多葛主义那里已经有了,但斯多葛主义只是与自由的"概念"相符合。那么怀疑主义与之相对比,怀疑主义是"与对这种概念的**实现**即对他在的否定倾向相符合",这种实现就是"欲望和劳动"。也就是这种自由是对自由概念的实现,是体现在欲望和劳动中的对他在的否定倾向。自由的概念在斯多葛主义那里已经有了,但尚未实现出来;而怀疑主义是这种概念的**实现**,是与这种对他在的否定倾向相符合,是与欲望和劳动相符合,因为欲望是主人对他者的否定倾向,劳动是奴隶对他者的否定倾向,怀疑主义是与这些否定倾向相符合的。前面曾讲到,"生命之多方面的、自我区别的扩展,生命之个别化、复杂化,是欲望和劳动的活动所针对的对象。"[见前面贺、王译本第 134 页] 所以怀疑主义是非常实在的,不像斯多葛派那样空谈,而是像欲望和劳动那样,投身于对他在的现实的否定,以此来实现自由的概念。

但是如果欲望和劳动不能为自我意识执行否定作用,那么相反,这种针对诸物的多方面独立性的攻击性倾向却会是有效的,因为它是作为预先在自身中完成了的自由的自我意识转而去反对诸物的;确切点说,因为这种倾向在自己本身中就拥有**思维**或无限性,而在其中,那些基于物的区别的种种独立性,在它看来都只是些消逝着的量。

"但是如果欲望和劳动不能为自我意识执行否定作用",就是说怀疑主义的否定倾向虽然与欲望和劳动的否定倾向相符合,但欲望和劳动并不一定能为自我意识执行否定作用,因为它们对物的否定并不是能够由自我意识本身自为地执行的，它们面临的是物的多方面的独立性，欲望的对象和劳动的对象都不是那么容易服服帖帖的，欲望不容易得到满足，劳动也要付出艰辛。尽管如此，"那么相反，这种针对诸物的多方面独立性的攻击倾向却会是有效果的"，就是说，怀疑主义并不是真的靠欲望和劳动去否定对象，而是只取欲望和劳动中对物的多方面独立性的那种"攻击倾向"，它只是与这种攻击倾向相符合。而这种攻击倾向在它这里是会有效果的，虽然它不是在乎有什么效果，而只是要攻击一番而已，但这种攻击是实在的攻击，不论得到什么效果，都是它所要的效果。"攻击的"在这里用的是 polemisch，也可以译作"挑衅"，就是不计后果的挑衅行为。像皮浪就是典型的挑衅行为，挑衅人们的常识，挑衅客观世界的真实性，比如以头撞墙试试它是不是那么结实，但他只是怀疑而已，并不是要证实这面墙并不结实。"因为它是作为预先在自身中完成了的自由的自我意识转而去反对诸物的"，因为它并不依赖自己攻击的效果而完成自己的否定，而是在效果产生之前就已经在自身中预先完成了，它作为一种完成了的自由的自我意识去反对诸物。反对诸物并不是要证实什么，而是为反对而反对。所以怀疑主义是不可反驳的，也是不可证实的，不论它针对诸物的否定态度最终效果如何，它也是要按既定方针办的。它是先在自己的内心里面把这种自由的自我意识预制好了以后，再去撞击外部世界的，在这种碰撞的过程中，就可以显示出它的自由。这种怀疑是一种预先准备好了的自由意识，它反正预先已经抱定了自己的自由意识，它就怀疑一切，客观世界越是坚不可摧，它这种冲撞就越显得独立和自由，说明它不受这些在旁人看来坚不可摧的物的支配，它不但能够在内心去对它们进行反抗，而且能够把这种反抗实现出来，碰得头破血流也在所不惜，这就是他们所标榜的哲人的态度。"确切点说，因为这种倾向在自己本身中就拥有**思维**或无限性，而在其中，那些基于物的区别的种种独立性，在它看来都只是些消逝着的量"，确切点说，这是进一步解释了，因为这种攻击和挑衅的倾向在自己本身就拥有思维或无限性，

"思维"打了着重号，它自己本身就是一种预制好了的思维，而这种思维本身具有无限性，它不受任何限制，不受它实现出来的后果的限制。那么在其中，那些基于诸物的区别的种种独立性，在它面前都不在话下，都只是一些消逝着的量。这个量，Größe，也可以翻译成大小，也就是说，其实都是无足轻重的。种种独立的事物在它的这个自我意识中，都是通过它的否定而被取消掉了的，是正在消逝着的量，都是站不住的。你说这个和那个有区别，这个与那个不同，有什么不同？我就不承认有什么不同，在我看来都一样。据说，皮浪有一次在海上航行，遇到大风浪了，所有人都很惊慌，害怕船就要沉了，他就指着船上一头安安静静在那吃东西的猪，说哲人就应当像这头猪这样淡定，不为所动。船沉了和船没有沉，有什么区别呢？没什么区别嘛，我还是我，我还是安安静静在那里吃我的东西，哲人就应该达到这个程度，这种境界，不动心。从外在事物的眼光来看，这个和那个是很不一样的，船翻了和船安全度过了危险，那是很不一样的，这是极大的区别，但是在哲人看来是没有区别的，因为他在自己本身就拥有了思维和无限性。

那些在自我意识自身的纯粹思维中仅仅是各种区别之抽象的区别，在这里就成为了一切的区别，而一切被区别的存在则成为了自我意识的一种区别。

这句话很抽象。"那些在自我意识自身的纯粹思维中仅仅是各种区别之**抽象**的区别"，在自我意识自身的纯粹思维中，前面讲了这种攻击倾向是在自身中预先完成了的自由的自我意识，它在自己本身中就拥有思维或无限性，那么显然，各种区别在这种思维或无限性中，在这种不受外物限制的纯粹思维中，都只是"**抽象**的区别"，抽象打了着重号。这种区别实际上与外物的区别无关，只是纯粹思维的区别，它"在这里就成为了**一切**的区别"，"一切"也打了着重号。就是说，怀疑主义其实并不考虑外部事物本身的区别，它只是把这些区别纳入到自身固有的纯粹思维中，对它们加以抽象，然后把这种"抽象"的区别就看作是"一切"区别，而完全撇开了现实中实在的区别。"而一切被区别的存在则成为了自我意识的一种区别"，这和上半句是一个意思，即自我意识的抽象区别成了一切区别，而一切现实存在的区别则成为自我意识中的一种区别。用主观中的区别取代客观的区别，那么一切客观的区别当然也就成了主观的区别了。在怀疑主义这里，各种区别的抽象成为了一切的区别，实际上就没有什么区别了，它们都是抽象，怀疑主义一个一个地去否定它们，其实也是抽象地否定。凡是有区别的东西，我都要去否定它，所以这个态度还是抽象的态度。但是和斯多葛主义的抽象不同，斯多葛派的抽象是退回到内心，把外界拒斥于千里之外，怀疑主义的抽象把所有这些区别都当作自己否定的对象，不是逃避它们，而是面对它们，只是不是面对它们本身，而是面对它们在纯粹思维中的抽象。我不管外部世界的区别是什么，反正凡是外部世界的东西，我都不相信，我都怀疑，我唯一不怀疑的就是我的怀疑。当然像塞克斯都·恩披里克甚至说，"我连自己的怀疑都怀疑"，实际上这是一个悖论了，当你连自己的怀疑都怀疑的时候，你实际上就否定了自己的怀疑，或者中止了自己的怀疑。后来笛卡儿就指出了这一点，笛卡儿认为，对怀疑加以怀疑，这本身就无可怀疑地证明了怀疑的存在，"我思故我在"，我怀疑故我在，这是一个确定的支点。但是古代的怀疑派，他连这个支点都不承认，或者说还没有建立起这个支点。为什么不承认，还是要保持自己的自由，有支点就会感到自己受到限制而不自由了。

怀疑主义的一般**行为**和它的**方式**由此就被规定下来了。怀疑主义指出的**辩证运动**，就是感性确定性、知觉和知性，同样也指出了那在统治和服务关系中并被抽象思维本身认为是**确定了的东西**之非本质性。

"**怀疑主义**的一般**行为**和它的**方式**由此就被规定下来了"，"行为"和"方式"都打了着重号，也就是由上面所说的，就把怀疑主义的一般行为和方式规定下来了，它们的行为模式就是这样的。"怀疑主义指出的**辩**

证运动,就是感性确定性、知觉和知性,同样也指出了那在统治和服务关系中并被抽象思维本身认为是**确定了的东西**之非本质性",怀疑主义指出,这里有两个"指出",一个是指出了辩证运动,这就是感性确定性、知觉和知性的辩证运动,也就是在《精神现象学》的"意识"阶段所体现出来的那种辩证运动。在那个阶段,这些环节一个否定一个,它们都是不自觉的,直到现在的怀疑主义阶段,才对于前面讲的那些感性确定性、知觉和知性都指出了它们的辩证运动,并把这种运动当作自己的原则。在怀疑论者的一些论证里,像塞克斯都·恩披里克他们的论证里,都对这些意识形态提出了怀疑。一个是感性确定性,感性确定性的东西肯定是值得怀疑的;一个是知觉,你把什么东西看成是真的? 这个也是值得怀疑的;再一个就是知性,包括数学,包括客观规律,所有这些东西,都是可以怀疑的、都是可以通过辩证运动而加以解构、使它们失去确定性的。所以黑格尔充分利用了怀疑主义的这种功能,把这条精神现象之路展示为一条"怀疑之路",即一方面指出了从感性确定性、知觉到知性的辩证运动,另一方面,同样也指出了在自我意识阶段,"那在统治和服务关系中并被抽象思维本身认为是**确定了的东西**的非本质性"。在统治和服务的关系中,也就是在自我意识阶段的主奴关系中,被抽象思维本身认为是确定了的东西是什么呢? 那就是斯多葛派所说的命运。命运据说是既定的、不能够改变的,但是怀疑主义指出了这样一些东西的非本质性,没有什么命运,命运都是自欺欺人的,命运是可以改变的,可以否定的,至少是可以怀疑的。我怀疑,那么那我就能去改变他了,至少可以试一试了。所以怀疑主义是很重要的,怀疑主义提供了一个现实的超出主奴关系的动力,你怀疑,"王侯将相,宁有种乎?"你怀疑你的命运:难道这就是确定了的么? 如果真的这个思想深入人心,那就不得了,怀疑主义是很厉害的,它把这种确定的东西解构了,指出了它的非本质性。前面一个"指出"是从理论上,后面这个"指出"是从实践上。从理论上来说,感性确定性也好、知觉也好、知性也好,都是辩证的,所谓辩证的,就是说都是不固定的，都是向对立面转化的，都是自我取消、自我否定的，这就打破了人们眼界的局限性；而从实践上来说，在主奴关系中被抽象思维本身认为是确定了的东西，即命运，他们指出是非本质的，这就形成了一种更为强大的行动原则或行为方式，具有对一切固化了的体制的冲击力。

　　那种关系自身同时包含着一个**确定的方式**，按照这种方式甚至道德　[137] 法则也是作为统治的命令而现成的；

　　"那种关系"，就是前面讲的主奴关系了，"自身同时包含着一个**确定的方式**"，这个确定的方式现在已经被怀疑主义看作是非本质的了，但是在此之前，在怀疑主义没有指出它的非本质性之前，这种关系自身包含着一个确定的方式，什么确定的方式？"按照这种方式甚至道德法则也是作为统治的命令而现成的"，就是道德法则也是按照主人统治的命令而规定好了的，就是道德是主人的道德，是奴隶主、是主人、是统治者规定的道德，这是主奴关系的一种确定的方式，一种不可违抗的命运。这种确定方式当然在怀疑主义那里被解构了，把它变成不确定的了，把这种道德法则动摇了。但是在此之前，在斯多葛主义那里它是没有动摇的，斯多葛主义讲的道德还是由主人所规定的道德，而且把这种道德当作是已经被规定好的，已经是现成的道德来遵守。斯多葛主义的哲学家一个个都是道德高尚的人，至少他们标榜自己是道德高尚的，但是它们标榜的道德，忍耐、服从、刚毅等等，这都是主人规定下来的，现成固定的。

　　但是抽象思维中的诸规定是这样一些科学概念，在这门科学中充斥着无内容的思维，这思维把概念以一种实际上只是外在的方式附着于那对它独立并构成其内容的存在上，而只把那些**确定的**概念视为有效准的，哪怕这些概念是些纯粹的抽象也罢。

　　这也是讲在怀疑主义否定确定性之前，也就是在斯多葛主义那里，他们看作确定的那种方式是什么样的方式。前面讲按照这种方式，道德法则也是按照主人的命令而现成的，是不可违抗的命运。"但是抽象思维中的诸规定是这样一些科学概念"，这里有个转折"但是"，就是说，前面所讲的道德法则也是作为统治的命令而现成的，那是从道德上、从实践上来讲的，但是这里是从理论上、从科学概念上来讲的。我们刚才已经讲了，怀疑主义一个是从理论上指出了所有这些规定的辩证法，另外一个是从实践上面，指出了那些确定的东西的非本质性。那么斯多葛派在道德上面，他也是遵守现成的那些命令，但是在抽象思维中，它的诸规定是这样一些科学概念，这样一门科学的诸概念，也就是各种理论概念。这样一门科学，"在其中充斥着无内容的思维"，在这样一些概念中扩展开来的是那无内容的思维，这样一些概念从理论上来看是毫无内容的。斯多葛派是抽象思维，它的那些概念都是一些没有内容的规定，是一门空洞的科学。"这思维把概念以一种实际上只是外在的方式附着于那对它独立并构成其内容的存在上"，也就是从理论上来看，斯多葛派的抽象思维把这概念以外在的方式附着于客观存在上，也就是外在事物、客观存在对它独立，但是又构成它的内容，概念被粘贴在这些客观事物上。"而只把那些**确定的**概念视为有效准的"，就是在概念的形式和外在存在的内容中，它只承认那确定的概念是有效的，其他那些内容都是附带的、非本质的。这确定的概念就是命运了，斯多葛主义就是只相信命运，这命运是确定的，它是不可改变的，是有校准的。他们只相信必然性，蔑视偶然性，一切偶然的东西都是表面的，只有那必然的命运是不可逃避的，那才是有效准的。"哪怕这些概念是一些纯粹的抽象也罢"，这些必然性，这些抽象的命运，这些纯粹的概念，其实只是一些纯粹的抽象，但是他们不管，他们在这种抽象里面才能够感到心安理得，如果陷入到内容里面去，他们就忍受不了。这个还是讲的斯多葛派，而怀疑主义恰好就是从这里头摆脱出来的，他们指出来这样一种确定的东西的非本质性。所以这个从 136 页到 137 页这一自然段，后面这几句话都是讲怀疑主义所从中摆脱出来的那种观点，都是对怀疑主义的一种补充说明。

　　辩证法作为否定的运动，正如它直接**所是**的那样，对于意识来说首先显现为意识必须牺牲于它、它却不通过意识本身而存在的某种东西。

前面已经提到辩证法了，上一段他就说了："怀疑主义指出的**辩证运动**，就是感性确定性、知觉和知性"。这里则提到："**辩证法**作为否定的运动"，辩证法本身是一种否定的运动，这是自古希腊以来就是这样，所谓辩证法就是一种否定，或者是一种自我否定，通过辩驳，通过辨析，在苏格拉底那里就是通过辩论和对话，来推动思维从一个概念到另一个概念，这整个过程是一个不断否定的运动。"正如它直接**所是的**那样"，直接所是，直接存在着的那样，辩证法直接是什么？就是这样一种有方向的否定运动："对于意识来说首先显现为意识必须牺牲于它、它却不通过意识本身而存在的某种东西"，也就是说，辩证法作为一种否定的运动，它首先直接显现为不以意识为转移而存在的东西，也就是说辩证法的否定运动它直接地就是一种客观的辩证法，是不以人的意识为转移的，你不得不跟着它走。在苏格拉底那里已经显示出这一点了，苏格拉底掌握了辩证法，但是他也必须跟着辩证法走，他也没有支配权，他只能够通过提问，让对方作出回答，这样来显示辩证法本身的规律。它经常是表现为一种陷阱，你提出了一种命题，当你证明这个命题的时候，它又走向它的反面了，违背你的初衷，这就是辩证法。辩证法不以人的意识为转移，它经常对人表现为一种理性的狡计，你以为是一条直路，结果走了弯路，最后你落回到了陷阱里面，回到了你的起点，好像你受到了愚弄。辩证法首先是以这样的方式表现出来，它直接所是的是这样一种东西，所以辩证法经常被人们混同于一种诡辩，一种语言的陷阱。这个在斯多葛派那里已经有这个意识了，斯多葛派的辩证法是搞得很精细的，但是那是很直接的，他们把它看作是一种命运，一种客观的必然性，我不得不跟着它走，没办法，但是当我意识到这一点的时候，我就可以自觉的去服从它。斯多葛派的辩证法就是这样一种客观的理性，一种逻各斯，引导着我们亦步亦趋，最终要走向何方，那不是我的事，它引导我到哪里，我就跟到哪里。斯多葛派已经达到了这一步。但是这一步是辩证法的直接的状态，是首先显现出来的这样一种状态，即意识必须牺牲自己而服从于它。

{120}　　相反，这一运动作为**怀疑主义**，则是自我意识的环节，对于这一环节来说，自我意识不会**发生**它的真实东西和实在东西不知为何就从自己身上消失了的情况，而是这一环节在自我意识的自由的确定性中让这个另外的为实在性而奉献出来的东西本身消失了；

　　"相反，这一运动作为**怀疑主义**"，这里"怀疑主义"打了着重号，是为了强调与前面讲的斯多葛派的反差，"则是自我意识的环节"，这一运动，也就是辩证法作为一个否定的运动，在怀疑主义那里是自我意识的环节。前面讲的是在斯多葛派那里，这一运动只是无法控制的命运，而现在在怀疑主义这里成了自我意识的环节，这就是它们的"相反"之处。以前的辩证法对于自我意识来说，是外在的，它是客观的命运，是直接存在的辩证法；而在怀疑主义这里，辩证法不是直接的了，它是通过自我意识而显现出来的，是自我意识的一个环节，所以它不是客观的辩证法，它成了一种主观的辩证法。"对于这一环节来说，自我意识不会**发生**它的真实东西和实在东西不知为何就从自己身上消失了的情况"，对于自我意识里面的辩证法这一环节来说，自我意识不会发生这样一种情况，什么情况呢？就是它的真实东西和实在东西不知为何就从自己身上消失了。"发生"打了着重号，表示一种客观发生的事件，这在怀疑主义的辩证法那里是不会有的。辩证法本来有这种特点，在苏格拉底那里，你的一种意识，谈着谈着就否定自己了，你下一个判断，你作出一个命题，随着辩证法的进展，你自己就把这个命题推翻了，把这个判断否定了，就认为它不是真实的，不是实在的了。所以真实的东西，实在的东西，在辩证法里面，不知为何就从自己身上消失了。从苏格拉底的对话里面我们可以看得很清楚，这个对话者经过苏格拉底的提问，不知不觉就进入到一个陷阱，就把自己原来的东西否定了，我们不知道为什么，他受到一种支配。斯多葛派的辩证法也是这样，这都是命运，不知为何，自我意识的实在的东西、真实的东西就从自己身上消失了，这叫"理性的狡计"。这种情况在怀疑论者那里是不会发生的，怀疑主义的辩证法是主观运用的，它再怎么否定，它的自我意识的真实性和实在性是不会消失的，它恰好得到证明，它能够取消的、能够否定的都是外部的东西，是自我意识的对象。运用辩证法，我可以把自我意识的一切对象一个一个地都取消，但是我自己的真实性和实在性不会被取消。所以对这个环节来说，自我意识不会发生它的真实东西和实在东西不知为何就从自己身上消失了的情况，"而是这一环节在自我意识的自由的确定性中使得这个另外的为实在性而奉献出来的东西本身消失了"。这一环节，辩证法的环节，在自我意识的自由的确定性中，——自我意识在怀疑主义这里具有了自由的确定性，我反正有怀疑的自由，我有怀疑外部事物的自由，这一点是确定不变的，——"使得这个另外的为实在性而奉献出来的东西本身消失了"，这个另外的，就是他在，也就是客观事物，客观事物为实在性而奉献出来。这个实在性就是自我意识的实在性，自我意识的实在性需要牺牲外在事物而得到确定，否则就确定不了。自我意识的自由是实在的，是确定的，如何证明呢？就在于我可以用我的自由否定一切客观实在的东西，否定一切跟我不同的东西，否定一切另外的东西，这就证明我自己是实在的。所以这些另外的东西，是为了自我意识的实在性而奉献出来了，它成为了证明自我意识的实在性的一种手段。我要证明自我意识的自由的实在性，我就必须牺牲所有的另外的东西，让所有的另外的东西都为此而作奉献，这些东西必须消失，它必须为了自我意识自由的实在性而消失，而被否定。

　　所消失的还不仅仅是对象性的东西本身，而且是自我意识对这对象性东西的固有态度，在这一态度中，它被看作对象性的并被作为对象性的而造成了效果，因而也是它的**知觉**，以及自我意识对于它有丢失之虞的东西的**固定**，即那种**诡辩**，①和它**由自身得到规定和固定的真实的**

——————————

①　参看前面第二章"知觉"，考证版第 79 页："知觉的这种诡辩试图把这两个环节从它们的矛盾中拯救出来"。——丛书版德文编者［中文参看贺、王译本第 85 页——中译者按］

东西：

那些为了自我意识的实在性而奉献出来的东西本身消失了，但不仅如此，"所消失的还不仅仅是对象性的东西本身"，不仅仅是那个为了我的自由的实在性而牺牲掉了的东西，"而且是自我意识对这对象性东西的固有态度"，也就是把它看作是对象性的东西的这样一种固定不变的态度，也消失了。不光是对象性的东西消失了，而且是我的这样一种客观性的态度也消失了。怀疑主义的自由意识就是通过对客观东西的主观态度而得到实在性的，这种主观态度把客观态度取消了，对于任何东西，我都不能够抱一种客观的态度、对象性的态度，我都不能把它看作是真正的对象，至少我要怀疑它是不是真正的对象。"在这一态度中，它被看作对象性的并被作为对象性的而造成了效果"，在这一态度中，"它"，也就是这个对象性的东西，被看作对象性的，也就是把对象性的东西当作对象性的来看待，这样一种态度，在怀疑主义那里也被取消了，也消失了。对象性的东西被看作对象性的，并被作为对象性的而造成了效果，这样一种现实的、唯物主义的态度也被怀疑主义取消了。"因而也是对它的**知觉**，以及自我意识对于它有丢失之虞的东西的**固定**，即那种**诡辩**，和**它由自身得到规定和固定的真实的东西**"，既然被取消的是现实的唯物主义态度，那么对这种客观对象的知觉也就被取消了，知觉 Wahrnehmen，就是当作真的来看待，当对象被当作对象性的看待并且还造成了效果，这效果就是知觉，但这样一种态度也消失了。除了知觉以外，一同消失的还有"自我意识对于它有丢失之虞的东西的**固定**"，自我意识对于它有丢失之虞的东西，恐怕它会丢失，就把它加以固定，用什么东西把它固定下来呢？用"那种**诡辩**"，用诡辩把眼看就要丢失的东西固定下来。这里有一个德文版的注释，就让人参看是前面讲"知觉"的时候黑格尔提到过的，知觉在遇到矛盾的时候，就对双方都加以承认，说这个东西是这样，"也"是那样，从一个方面看是这样，从另一个方面看又是那样，以便把两个注定要互相取消的对立面都保留和固定下来，这还是以知觉的眼光来看待辩证的矛盾,是智者派所理解的辩证法,即诡辩。再就是"**它由自身得到规定和固定下来的真实的东西**","它"就是那种对象性的东西,这种东西用不着自我意识来对它加以规定,而是能够由自身就得到规定和固定,这样一种真实的东西、也就是这种唯物主义的朴素信念也消失了。总之,在怀疑主义面前,所有在感性确定性、知觉和知性中认为是确定的固定不变的东西都消失了,都被否定了。这一个大的从句,从句里面又包含从句,我们刚才已经分析了它的结构关系。首先是前面讲到的,在自由的确定性中,使得这个为自我意识的实在性而奉献出来的另外的东西本身消失了,实在性不再是对象性的东西本身的属性,而成了自我意识的属性;然后就讲,随着奉献出实在性的这个客观对象的消失,对待客观对象的确定不移的态度也消失了,这种态度把对象看作对象性的,有实际效果的,固定不变的,要么凭借诡辩,要么凭借朴素的唯物主义信念,而力求将真实的东西固定下来。这种态度在怀疑主义那里全部都消失了。

通过这种自我意识到的否定,自我意识**为自己本身**争取到了**它的自由的确定性**,获得了自由的经验,并且借此把这种经验提高到**真理**。

这是对于怀疑主义的一种褒奖,一种赞赏。"通过这种自我意识到的否定",辩证的这样一种否定过程在怀疑主义这里已经是自我意识到了的,自觉的,而不像以前在斯多葛派那里,那种否定是不自觉的,被当作一种命运来接受。通过这种自觉的否定,"自我意识**为自己本身**争取到了**它的自由的确定性**",它的自由的确定性就体现在它能够运用辩证法的这样一种否定的运动来对付一切外部事物,来取消一切外部事物,甚至用来取消我们面对外部事物所采取的那种客观的态度,以及由这种态度所带来的效果,包括知觉,也包括诡辩和朴素的信念。所有这些在怀疑主义那里都被取消了,那么由此它就争取到了它的自由的确定性,"获得了自由的经验"。在斯多葛派那里,虽然有自由的意识,有自由的概念,但是还没有自由的经验。斯多葛派在经验中是不自由的,它要服从命运,它要服从一切给它规定好、安排好的东西,它的自由只体现在抽象中,不是体现在经验中。所以斯多葛派个个都是理性主义者，非常讲理性，他们讲理性就是为了逃避经验，从经验中抽象出来。所以他们没有自由的经验。而怀疑主义获得了那种自由的经验，"并且借此把这种经验提高到**真理**"，他们的经验并不是像以往的感性确定性，知觉，知性那样一种消失着的经验，而是把这种经验提高到了真理。这种经验是一种辩证法的运用，通过运用辩证法、运用辩证的否定而获得了经验，通过否定一切经验的事物、否定一切外界的事物，由此而获得了更高的经验。那么这种经验就被提高到了真理，这就是真实的经验了，不再是种表面的、泛泛的，像感性确定性那种完全被动接受的经验，它是一种自己造出来的经验，自己在对象身上实现自己的否定性，这样形成自己的经验，所以它的这种经验就提高到了真理。

　　凡是消失着的东西都是被规定的东西，或者是那种不管以什么方式、来自何方而把自己设定为固定不变的 ① 区别。

　　在怀疑主义那里，"凡是消失着的东西都是被规定的东西"，前面讲所有那些东西都消失了，对象也消失了，我们对对象的那种客观态度也消失了，知觉也消失了，诡辩也消失了，一切固定下来的东西都消失了，那么这里就总结一句了，凡是这些消失着的东西都是一些被规定的东西。怀疑主义要取消的东西，都是那些被规定下来的东西，被规定也就是命运。斯多葛派的态度是被规定性，前面讲"斯多葛主义"这一节的最后一句："内容虽然被它看作只是思想，但同时又被看作**被规定了的**思想，也就是被规定性本身。"那么这种被规定的东西，在这里都是消失着的。"或者是那种不管以什么方式、来自何方而把自己设定为固定不变的区别"，不管以什么方式、来自何方，这些东西你都不要管了，你都认了就够了，你都认了那就是命运，不管以什么方式，这些都是被规定的东西。

---

① "固定不变的"（unwandelbarer）在第二版中被改成了"直接的"（unmittelbarer）。——袖珍版编者

也不管是来自上帝，还是来自自然界，或者来自传统习惯，而设定的固定不变的区别，这些在怀疑主义面前都消失了。这个"固定不变"，在德文版里有个注，就是在第二版里面，"固定不变的"（unwandelbarer）被改成了"直接的"（unmittelbarer），固定不变的区别改成了直接的区别，也可以。总而言之是同一个意思，人的命运是直接接受的，你不要去问他何以可能，这个命运何以可能？这个命运是从哪里来的？谁规定的？我为什么要相信它？怀疑派就会提出这样的问题。在斯多葛派那里他们不会提出这样的问题的，斯多葛派认为你要去问它从哪儿来的，这个问题是没有意义的，命运你怎么能够追究它从何而来呢？顶多我只能说它是上帝规定的，上帝是怎么规定的，为什么要这样规定，我不知道，你要追溯它的原因，那是你力所不能及的。但所有这些东西对怀疑主义来说都是消失着的东西。

　　这种区别本身没有任何持久的东西，**必定**要在思维面前消失，因为被区别开来的东西正好就是这种不存在于**自己本身**的东西，相反，只有在一个他者之中才具有它的本质性；但思维就是对这种被区别开来的东西的本性的明见，它就是作为单纯本质的否定本质。

　　上面所有这些命运，所有这些被规定好的固定不变的区别，都在怀疑主义面前消失了，这里就是讲，这种区别是怎么消失的呢？"这种区别在本身没有任何持久的东西"，因为这种固定的区别，看起来好像很固定，但在怀疑主义的眼里，它本身没有任何持久的东西，它是持久不了的了。你服从命运，命运今天让你这样，明天让你那样，甚至让你自相矛盾，这个命运本身没有持久的东西。命运本身就是一个妓女，它没有一贯性，没有原则，它胡来，忽左忽右，忽上忽下，你去跟着它，你是跟不过去的。所以你不如取消它，它"**必定**要在思维面前消失"，如果你有思维的话，你就会把这样一种所谓固定不变的区别加以取消。一个有思维的人，不会被这些忽左忽右，忽上忽下的东西忽悠，不会被它们所支配，而会对它产生怀疑，而会在自己的思维面前让它们消失。"因为被区别开来的

东西正好就是这种不存在于**自己本身**的东西"，被区别的东西为什么会
消失呢？因为它不在自己本身存在，它要依靠别的东西，依靠别的东西
跟自己的区别，才能给自己以某种确定性。凡是具体的东西都是有区别
的，凡是区别都是依赖于别的东西来区别自己，它不存在于自己本身之
内，它只存在于与其他东西的区别之中。"相反，只有在一个他者之中才
具有它的本质性"，它的本质性只有在一个他者之中才具有，被区别开的
东西只有靠别的东西来给它定义，才能够把自己的本质确定下来。我们
通常讲下定义，下定义是什么呢？下定义就是用一个别的东西，用一个
更大的东西来规定这个东西，亚里士多德讲属加种差，那么属和种都是
不同的东西，都是区别，你要靠这种区别，你才能够规定一个事物的本质
性。"但思维就是对这种被区别开来的东西的本性的明见"，思维，真正
的思维，它就是对这种被区别开来的东西的本性有一种明见，我们这里
译作"明见"，Einsicht，通常译作"洞见"。它不跟着这些区别去跑，它跳
出这些区别之外、之上，能够透彻把握到所有被区别开来的东西的共同
的本性，思维能够超越于所有这些区别之上，能够洞见到它的本质。那
么极而言之，这个本质是什么呢？"它就是作为单纯本质的否定本质"，
所有这些被区别开的东西都有一个共同的本质，就是否定。斯宾诺莎有
句名言："一切规定就是否定"，所有的规定同时都是否定，它们的共同的
本质都是否定。你要靠别的东西来规定自己，那你就把自己否定掉了，
只有神，它是不能用别的东西来规定的，只有神是不可言说的，它不是不
能定义的，神是什么？就是不能定义的东西。凡是有规定的东西，能定
义的东西，都是否定的东西，只有神是没有规定的，所以神是绝对的肯定，
绝对的"自因"。在斯宾诺莎那里已经揭示了这一点了，这就是思维的辩
证法，在所有的有区别的东西里面都看到了一种共同的本质，就是否定，
否定的本质。一切事物，万物都在自我否定，万物的本质都是否定，就是
从一个规定过度到另一个规定，从一个规定转化为另外一个规定，所有
这些转化，形形色色，你规定不了，太多了；但是你可以用思维把握一点，

就是它们都在否定自身，这就是它们的本质。

好，我们再来看下面这一段，讲到怀疑论，它所达到的层次比斯多葛主义已经高了一个层次，它已经看到，已经洞见到了，万物那些被区别开来的东西的本性就是作为单纯本质的否定本身。万物有它最单纯的本质，这本质没有任何区别，把所有的区别都撇开，它有一个真正的本质，那就是否定。万物都是否定，一切规定都是否定，它已经达到了这个层次了。当然这是黑格尔的分析，作为怀疑论他们本身并没有这么说，一切肯定都是否定，这是后来斯宾诺莎说出来的，但是它这个里头已经有这个意识了。下面讲，

于是怀疑的自我意识就在一切想要对它固定下来的东西的变迁中，经验到了它所特有的、由它自己给予自己并保持下来的自由；它本身就是自己对自己所进行的思维的这种不动心，即**自己本身的**、不变的、**真正的确定性**。

"于是怀疑的自我意识就在一切想要对它固定下来的东西的变迁中"，一切在它面前显现出来，想要对它固定下来的东西，但是在怀疑的自我意识面前又固定不下来，又在变迁，万物都在流变，在这样一种经验中，怀疑的自我意识"经验到了它所特有的、由它自身给予自己并保持下来的自由"。它所经验到的这种自由，和斯多葛派的抽象的自由是大不一样的，斯多葛派的自由是通过从外部事物中退回到自己内心，逃避所有这样一些流变的事物，而获得一种抽象的自由意识；而怀疑派的自由呢，就在一切想要对它固定下来的东西之变迁中经验到了它所特有的自由，经验到了由它自己给予自己和保持下来的自由。这个是它自身给予它自己，并且能够保持下来的，但是它是在一种经验之流中给予自己和保持下来的，这就达到了自由的一个新的层次。"它本身就是自己对自己所进行的思维的这种不动心，即**自己本身的**不变的**真正的确定性**"，它本身就是这种不动心，Ataraxie，这是个希腊字。不动心是当时的这几个

流派,伊壁鸠鲁派,斯多葛派和怀疑派,他们共同追求的哲人理想,就像我们刚才讲的皮浪,主张哲人要像那头吃东西的猪一样,对外界的事物漠然视之,完全不动心。斯多葛派也讲不动心,在各种感性诱惑和痛苦面前,不为所动,以不变应万变,命运来了坦然接受就行了,不要为这个命运而悲哀,不以物喜不以己悲,这也是一种不动心。那么怀疑派强调的不动心,是对自己所进行的思维的不动心,也就是说怀疑主义依靠它的思维,对外界的一切区别都加以否定,唯一坚持自己这种思维的不动心的状态,因为所有的区别都被它解构了,那么它自己当然就保持下来了,保持着一种不动心的境界。这就是它自己本身的不变的真正的确定性,这个"真正的确定性"打了着重号,因为这个确定性和斯多葛派的确定性不一样,斯多葛派的确定性是抽象的确定性,只是被确定性,被规定性。当然他们也讲不动心,但却是通过逃避这样一些区别来达到不动心,而怀疑派恰好是通过否定区别的这种经验而达到不动心。它不是逃避,它是面对每一件事物,它都加以否定,它凭借自己的思维来加以否定,所以它是一种本身不变的**真正的确定性**。真正的,也就是具有真理性的,前面讲到把这种经验提升到了真理,这样一种经验不是以往那些经验,而是具有真理性的经验,它是一种真正的确定性。确定性和真理性在自我意识里面达到了统一,这个在斯多葛派那里已经是这样了,但是在怀疑派这里是借助于经验来达到统一,借助于经验使确定性和真理性达到了统一。斯多葛派的确定性和真理性的统一是直接的,在自我意识内部直接达到统一,把自己当对象;那么怀疑派呢,它不是完全封闭在自己的内部,而是面向开放世界,所以它是在经验中达到一种真正的确定性。

[138] 　　这种确定性并不是从一个异己的东西中,仿佛经过其多方面发展的崩塌,作为结果而产生出来的,仿佛这异己东西的变易在其身后有了这一结果似的;相反,那意识本身就是**绝对的辩证的不安息**,就是这样一种感觉表象和思维表象的混合物,这些表象的区别倒塌了,而它们的**相同性**也同样瓦解了——因为这种**相同性**本身就是对**不相同性**的规定性。

"这种确定性并不是从一个异己的东西中，仿佛经过其多方面发展的崩塌，作为结果而产生出来的"，这样一种真正的确定性是怎么产生出来的呢？为什么怀疑派产生了这样一种真正的确定性呢？它不是从一个异己的东西中仿佛经过其多方面发展的崩塌而作为结果产生出来的，就是说，并不是从一个异己的东西中，从一个外在的客观事物中，仿佛经过了客观事物本身多方面的发展，最后导致了崩塌，导致了自我否定，然后作为结果才产生出来了一种确定性。就是说让客观世界去发展，看它怎么发展，它自我否定，否定到最后，一切都崩溃了，最后要回到我这里来，那么我就有了确定性，——仿佛是这样的，其实不是。就是怀疑派的这种自由的确定性，并不是通过外部事物的否定，最后导致崩溃，就得出了这一结果。"仿佛这异己东西的变易在自己身后有了这一结果似的"，这里还有一个"仿佛"，也是一个虚拟式，就是说，这样一个确定性不是通过一个客观的自我否定过程而产生出来的，虽然它是对客观事物的否定，但是不是通过这个客观事物自身否定，自身变易，最后导致了这样一个结果，不是这样的。如果是这样的话，那就不是怀疑主义了，那就是黑格尔的辩证法了，黑格尔的辩证法就是通过客观世界本身的这种自我否定，否定之否定，最后达到一种确定性。怀疑主义不是这样，怀疑主义虽然比起斯多葛主义来说，它不是封闭在主观之内，但是它还是一种主观的态度，不是一种客观的态度，不是说让客观世界进入到辩证发展。怀疑主义的辩证法不是说客观世界本身有一种辩证法，然后这个辩证法经过发展最后要回到主观中来，进入到主观辩证法，它不是这样的，它还是一种主观辩证法。所以下面讲，"相反，那意识本身就是**绝对的辩证的不安息**，就是这样一种感觉表象和思维表象的混合物，这些表象的区别倒塌了，而它们的**相同性**也同样瓦解了"，那意识本身，也就是怀疑的意识，它本身就是绝对的辩证的不安息，它不安分，不安息，不愿意停留，在任何对象上它都不愿意停留，它不是让对象去发展，它根本就不让对象发展，客观事物呈现出来任何区别，就被它否定了。它这种否定的根据就在主观的内部,在意识本身,它是绝对的辩证的不安息、不停留,是这样一种感觉表象和思维表象的混合物,感觉的东西也好,思维的东西也好,都没有什么区别,都是作为一种主观的表象混合在一起。怀疑派首先否定的是感性的表象,然后否定了思维的表象,但是感性的表象和思维的表象都混合在它的意识之中,并没有什么等级区分,它一视同仁。这些表象的区别倒塌了,感性的表象也好,思维的表象也好,都只是些表象,都是同样值得怀疑的,感性表象也不更真实,思维的表象也不更加具有必然性,感觉的真实和理性的必然都是不可靠的,这些区别在怀疑的眼光面前都倒塌了,都被拆除了。它们的边界都被拆除了,都被打成一片了。"而它们的相同性也同样瓦解了",思维表象和感觉表象,它们的相同性随着这种区别被拆掉了,也就无所谓相同性了,它们成了一大堆混沌的表象。为什么它们的区别倒塌了,而它们的相同性也同样瓦解了呢?"——因为这种**相同性**本身就是对**不相同性**的**规定性**",相同性是一种规定性,这个跟那个相同,但是这个规定性有一个前提,就是那两个东西本来不相同,所以你才能够把它们规定为相同,对不相同的东西的规定性就是相同性。但是对于怀疑主义来说,一切规定性都被解构了,所以相同也好,不相同也好,在怀疑论者的眼睛内,都无所谓,没有固定的区别,没有固定的规定性,不但是它们的区别被拆掉了,它们的相同性也被瓦解了。所以怀疑主义的辩证的不安息表现为纯粹主观的,它不是客观事物的那种辩证的进展,那种逻辑的发展,而是在主观里面的各种表象的混合体,混合在一起,毫无区别,毫无规定,混沌一体,既没有区别,也没有统一,也没有相同性。

实际上这种意识在这里恰好不是一个自身等同的意识,而只是一种纯全偶然的混沌,一种不断产生出来的无序的晕眩。

"实际上这种意识",就是怀疑的意识,"在这里恰好不是一个自身等同的意识",怀疑主义不是一个自身等同的意识,当然它有一个原则,就是对什么东西都要怀疑,但是它不是说怀疑了之后就确定了一个自身的基点，像笛卡儿那样，"我思故我在"，我怀疑故我在，它没有这种自身等同性，它只是不断的怀疑而已。它没有从这个怀疑里面提高一步，抽出一个自身等同的相同的东西，而只是一种纯全偶然的混沌，混沌一体，混在一起。什么东西，你要说它们有差别，它们也没有固定的差别，它们互相渗透；你要说它们是相同的，它们又不相同，它们千差万别；千差万别呢，又混在一起，所有的东西和所有的东西都互相渗透，这就是混沌。"一种不断产生出来的无序的晕眩"，不断产生出来，你不断的否定，它就不断产生出来，但又无序，让你看得头晕。所有这些东西都找不到任何规律，无规律可循，那你就会晕眩了。我们之所以不头晕，我们之所以清醒，就是因为我们能够找到规律，我们上街，我们知道怎么遵守交通规则，哪怕现在人们都不遵守交通规则，我也从里面能够找出某种规律，在什么情况之下，人们不遵守交通规则，所以我们就不会晕眩。你要是没有这样一套经验，你就会晕眩，乡下人进了城，你就会头晕。韩少功的《马桥词典》里面有个词叫"晕街"，就是乡里人进了城以后，到街上就会发晕，就会头晕脑胀，上一趟街，回来要睡一觉才能恢复，不然的话就晕眩。为什么晕眩？找不到规律！他不知道怎么处置，好像随时都有危险，但是城里人比较能够把握到，在什么情况下一般不会有危险，看起来好像很危险，其实不要紧的，车速不快，开到你面前会停的，所以他大大方方地在汽车面前可以过街。乡下人就不行，就特别畏畏缩缩的，老是过不了街，不断产生出无序的晕眩，怀疑主义所制造出来的这种主观的辩证法，就会导致这样一种效果。

它是为自己本身而这样的；因为它自己保持并产生着这种自身运动的混沌。

这个不断产生出来的无序的晕眩，它并不是一种命运，像斯多葛派那样，斯多葛派它并不追究它的命运究竟从何而来，究竟为什么要这样规定，他只是盲目地接受，这是斯多葛派的立场。而怀疑主义立场就不一样了，**"它是为自己本身而这样的"**，这句话都打了着重号，这个很重要。就是说它的特点就在于,它虽然产生了这个无序,这种晕眩,但是它是为自己本身,是它有意产生出这种无序的晕眩来的。"因为它自己保持并产生着这种自身运动的混沌",就是这种混沌是它自己产生的,而且还要保持这种运动的混沌。它把一切次序都打乱了,所有的事情在它面前都被它否定了,都被它取消了,为什么取消?它是故意的,因为要保持它的自由啊,它不能让自己受这些东西的束缚啊。因为它对自由有这样一种理解,当你把所有的规矩都打乱了,你就自由了。这种理解当然还是非常抽象的一种自由,一种表面的自由,法国大革命就是这样一种自由,凡是秩序建立起来的,它就觉得受到束缚了,就要把它打破。在后面讲到法国大革命,也有这样一种类似的情况,人们都想自由、平等、博爱,都追求理想,但是如何理解自由、平等、博爱?就是打破一切秩序,凡是由秩序建立起来的,就是对自由的限制,我们就要打破它,追求绝对的自由。怀疑主义也是这样的,它是自己有意制造出来、并且要保持着的这种自身运动的混沌。

因此它自己也招认了这一点,招认了自己是一个完全**偶然的、个别的**意识,——一个这样的意识,它是**经验性的**,它所遵循的是对它没有实在性的东西,它所听从的是对它没有本质性的东西,它所作的和它所实现的是对它没有真理性的东西。

"因此它自己也招认了这一点",招认(bekennen)也可以翻译成"承认",但是它跟前面讲的那个"承认"(anerkennen)还不是同一个词,我们还是要把它们区别开来。因此它自己也招认了这一点,招认了哪一点呢?就是由于这种混沌是它自己带来的,并且是它愿意的、有意造成的,所以它"招认了自己是一个完全**偶然的、个别的**意识"。你否认了一切规范、否认了一切规定性,那么你自己也没有规范,也没有规定性的了,你就招认了你自己也是一个完全**偶然的、个别的**意识,一种任意性。所以怀疑主义完全是一个个别和偶然的意识。怀疑主义者最无法面对的是另一个怀疑主义者,要是两个怀疑主义者碰到一起,那就有戏看了,我们互相怀疑，互不买账，互殴。如果这个世界上只有一个怀疑主义，那没话说，你完全可以怀疑一切，没人跟你较真；但是你这个怀疑能不能成为普遍原则呢？不能。你只是张三的怀疑，你不能把它变成李四的怀疑，如果你把它变成李四的怀疑，张三和李四就有一种普遍的规范了，那就恰好是它要怀疑的。我的怀疑只适合于我自己，而不适合其他人，所以这种怀疑主义的立场只是一个完全偶然的、个别的意识。"一个这样的意识，它是**经验性的**"，它当然是经验性的，因为张三生出来，世界上只有一个，他死了以后就没有了，这当然是非常经验的，非常具体的。所以它的观点是不能变成一种普遍观点的，你要人家也像你一样的变成怀疑主义者，那是没门的，你也不希望这样。这个怀疑主义只是你个人的一个立场，它是一种经验性的东西。下面有三层意思，第一，"它所遵循的是对它没有实在性的东西"，你遵循的是什么？你遵循的就是你自身的这种经验性的怀疑，它以客观事物的实在性为自己的粮食，但它自身恰好是没有实在性的。它有经验性，它对经验性的对象作出经验性的挑衅，但它遵循的原则恰好没有实在性。第二，"它所听从的是对它没有本质性的东西"，它既然没有实在性，当然也就没有本质性了，它东一棒子西一榔头，没个定准，哪里有什么本质性呢？它以为通过怀疑一切别的东西，能够保持它的本质，但是它自己也因此变成了一个没有本质的东西，所有的本质都被它怀疑掉了，那它自己的本质也被怀疑掉了。第三，"它所作的和它所实现的是对它没有真理性的东西"，既然它既没有实在性也没有本质性，那它也没有真理性，它所作的和它所实现的，对它自己来说，是没有真理性的东西。对别人也许有真理性，但那个真理性它不会承认，被它怀疑掉了。它本来是要追求真理性，而且前面讲，真理性和确定性在它那里是统一的；但是在这样一个过程中，它成为了一种经验性的意识，在经验中，在它的实际的否定的过程中，它自己成了一个没有实在性、没有本质性、没有真理性的东西。它本来是作为真理性和确定性在经验中的统一而出现的，但是正是在这种经验中，确定性和真理性的统一在它回到它自身的时候，就又丧失掉了，它就既没有真理性，也没有确定性了。

但是，正如以这种方式它就把自己当成了**个别的、偶然的**并且实际上是动物性的生命和**丧失了的**自我意识一样，它也反过来又把自己变成了**普遍的自身等同的**；因为它是对一切个别性和一切区别的否定性。

前面讲，它已经丧失了它的真理性、本质性、实在性了，"但是，正如以这种方式它就把自己当成了**个别的、偶然的**并且实际上是动物性的生命和**丧失了**的自我意识一样"，就是说这个事情也有两面，一方面，它以这种方式把自己当成了个别偶然的并且实际上是动物性的生命，比如说皮浪讲的，要像那头猪一样去生活，他就把自己当成是动物性的生命了，当成一种丧失了的自我意识，这是一个方面。但是，"它也反过来又把自己变成了**普遍的自身等同的**；因为它是对一切个别性和一切区别的否定性"，一方面它在经验中把自己变成了动物，变成了丧失自我意识的东西，但是另一方面，他又把自己变成了普遍的自身等同。就是说这是它的一种生活方式，是一种"不动心"的生活方式，它把自己变成了普遍的自身等同，因为它是对所有一切个别性和一切区别的否定性。这就是怀疑主义本身的一种自相矛盾，它要把自己投入到经验之中，但是一旦投入到经验之中，它就变成了动物性的东西，它就丧失了自己的自我意识；但是即便它在经验中丧失了自己的自我意识，它还是坚持了一种普遍的自身等同，因为它对一切个别性、一切区别都加以否定，它就是这种否定性，它作为这种否定性而自身等同。也就是说，跟斯多葛主义比起来，怀疑主义虽然说没有那么抽象，斯多葛主义完全是背对着经验世界，而怀疑派是面向着经验世界，对它采取一种怀疑的态度，把这种否定性在经验性中实现出来，这个比斯多葛派要积极一点，斯多葛派在现实面前完全是一种消极的态度，怀疑派在现实面前倒是有一种积极的态度；但是这种积极的态度是否定性的，否定性本身是消极的，在经验中，它最后的结果是消极的，就是自我意识的重新丧失，陷入到了一种动物性的生命。

但是反过来，正是在这种动物性的生命中，它体现了它的普遍的自身等同，因为它是对一切个别性和一切区别的否定，它是自己执意要这样做的，它不是被沦为了一种动物性的命运，而是有意要通过这种否定来坚持自身，变成了普遍的自我等同性。不管我过什么生活，我都还是我，这个我就是我，就体现在我不是别的东西，我否定所有一切别的东西，就体现在这方面。

从这种自身等同性中或者不如说就在这种自身等同性本身里面，这意识重又落回到前面那种偶然性和混沌里面去了，因为正是这种自身运动着的否定性，它只与个别东西打交道，并和偶然性的东西纠缠不清。

这就是对于上面一句话的意思再返回来看，前面讲"它也反过来又把自己变成了**普遍的自身等同的**，因为它是对一切个别性和一切区别的否定性"，而这里说，"从这种自身等同性中或者不如说就在这种自身等同性本身里面，这个意识又落回到前述那种偶然性和混沌里面去了"，就是说翻过来覆过去地讲。前面讲它变成了一种动物性的生命，把自己当成了个别的和偶然的一种混沌的东西，但是在那个混沌的东西里，另外一方面，它又把自己变成了普遍的自身等同的；那么这句话又反复过去讲，就在这种自身等同性里面，这意识再又落回到前述那种偶然性和混沌里面去了。它还是这种普遍的自身等同性，但就在它里面，它却仍然落回到那种偶然性和混沌里面去了，又被打散了。"因为正是这种自身运动着的否定性，它只与个别东西打交道，并和偶然的东西纠缠不清"，这种自身运动的否定性固然是一种普遍的东西，一种自身等同性，对什么东西我都否定，这当然是普遍的，我就是普遍的否定性，我否定一切。但是正是这种自身运动的否定性，它只与个别的东西打交道，它只与外部世界千差万别各种偶然的东西打交道，并且和偶然的东西纠缠不清，它缠在那个里头，它本身想跳出来，但是跳不出来。因为人家要问你，你否定什么呢？你就只好回答了，我否定这个，我否定那个，我否定天地，否定万物，否定这个事物那个事物；但是问，你凭什么否定？不凭什么，没有什么标准，也没有根据，就是随机地否定而已。所以说它还是只和个别的东西打交道，并且和偶然的东西纠缠不清，你的否定和你所否定的东西纠缠不清，跳不出来。你看起来很高超，但是你的行动并不高超，就像一头猪一样。当然你的精神毕竟还是达到了一个很高的境界，虽然你活得像头猪一样，但是内心那是一种很高的境界啊，那是不容易做到的，一个人真的想要做到像头猪一样，那是很难很难的，只有哲人才能做得到。但是这里又回过头来强调说，它还是和偶然的东西纠缠不清，比如说你是一头猪，你就只对你所吃的东西感兴趣，对其他的一切东西一概不感兴趣，所以你就纠缠在猪的生活方式里面了。

{121}　　**所以这种意识就是这样一种无意识的胡搅，从自身等同的自我意识之一端到偶然的、被搅乱和搅乱着的意识之另一端，来回摇摆不定。**

　　前面翻过来覆过去就在讲这个问题，那么这句话就是把这种情况摆明了，"所以这种意识就是这样一种无意识的胡搅"，搅过来搅过去，"从自身等同的自我意识之一端"，怀疑主义的一端就是自身等同的自我意识，我反正就是一种否定性，我就是这种否定性，这种否定性永远不变，自身等同，从自身等同的自我意识之一端，"到偶然的、被搅乱和搅乱着的意识之另一端，来回摇摆不定"，从这两端来回摇摆不定。哪两端？一个是自身等同的自我意识，这是一端；另一个是偶然的、被搅乱和搅乱着的意识，这是另一端。被搅乱和搅乱着的，一个是被动态一个是主动态，它被搅乱但是同时它又是自己要搅乱的，它故意要搅乱的，故意要把水搅浑。怀疑主义经常就是故意搅浑水，我们经常能看到一些怀疑主义者，其实他明明知道这个已经不可怀疑了，但是他有一个原则，我是怀疑主义者，所以他故意要随时把水搅浑，浑水摸鱼，他在这两极之间来回摇摆不定。前面为什么要讲过来又讲过去呢？就是因为怀疑主义它本身的态度就是这样的，来回摇摆不定，一方面它意识到自己的这种普遍原则，另一方面，当它把自己的这个普遍原则实现出来的时候，它又在搅深水，它又陷入到它自己搅浑的水中，陷入到混沌，它又没有任何原则。

　　它自己就没有把它自己的这两个思想结合起来：**一方面**它认识到它的自由在于超出定在的一切混乱和一切偶然性，而**另一方面**它同样又招认自己在退回到**非本质的东西**并徘徊于其中。

　　"它自己就没有把它自己的这两个思想结合起来"，或者是没有把这两个思想统一起来。哪两个思想呢？"**一方面**它认识到它的自由在于超出定在的一切混乱和一切偶然性"，怀疑派所追求的自由，既然是把它当作一种自由在追求，当作一种"不动心"的境界，那就要从一切使人"动心"的定在里面超脱出来，超越出来，提升出来。它当然认识到这一点，知道它的自由就在于超出定在的一切混乱和一切偶然性，超出所有这一切可以让人动心、扰乱人心思的东西。"而**另一方面**它又同样招认自己在退回到**非本质的东西**并徘徊于其中"，它又同样招认了，它自己退回到了非本质的东西，并且被纠缠于其中。你要否定这些东西，但你又那么专注于这些东西，恰好说明你深陷于其中，你超拔不出来，你的主观态度是要超拔出来，但是你实际上是退回到非本质的东西并徘徊于其中，你在里面转来转去。你谈的无非就是这些东西么，你拼命地说你不动心，恰好说明你很动心，恰好是你在不断地动心，所以你要不断地超出，要克制，要排除。这里前一个"认识到"是 erkennen，是主动认识的意思；后面这个"招认"是 bkennen，是被动地承认、坦白的意思，是无可奈何的，而这两个方面无法达到统一。下面就是讲这一矛盾。

　　它让非本质的内容在它的思想里面消失，但是正是在其中，它就是对某种非本质东西的意识；它说出来的是绝对的**消失**，但这个**说出来**却存在着，而这种意识就是那说出来的消失；它说出来的是看、听等等的虚无性，然而它**自己**却在**看、听**等等；它说出来的是那些伦理本质性的虚无性，然而它自己却把这些伦理本质性当作支配它行动的力量。 [139]

　　"它让非本质的内容在它的思想里面消失"，就是说它怀疑它们，否定它们，认为这些东西在思想里面都是非本质的，作为内容的这些东西都是非本质的，只有否定性本身才是它们的本质，所否定的东西都是非本质的，都应该消失掉。"但是正是在其中，它就是对某种非本质东西的意识"，你的这种意识之所以能够超拔出来，不就是因为你意识到了这些非本质的东西么，你本身不就是对这些非本质的东西的意识么，除此之外还有什么呢？这就是它的一种内在矛盾，它正好在否定这些东西的时候肯定了这些东西，作为它不可抛弃也不可超越的内容，它的内容都是非本质的东西。"它说出来的是绝对的**消失**，但这个**说出来**却**存在着**，而这种意识就是那说出来的消失；它说出来的是看、听等等的虚无性，然而它自己却在**看、听**等等；它说出来的是那些伦理本质性的虚无性，然而它自己却把这些伦理本质性当作支配它行动的力量"。这种对怀疑主义的描述，前面已经概括了，就是"它让非本质的东西在它的思想里面消失，但正是在其中，它就是对某种非本质东西的意识"，这后面是个分号；而下面讲的都是这个意思，又带有两个分号，分别讲了三层，即语言层、感觉层和伦理层。语言层："它说出来的是绝对的**消失**，但这个**说出来却存在着**"，这个"说出来"打了着重号，点明是从语言上看。它说出来的内容是绝对的消失，绝对的否定，所有的东西在它面前都应该取消；但是，这个"说出来"本身却存在着。你说出来的话本身应不应该消失呢？你说出来的怀疑应不应该消失呢？你说出来的这个怀疑的话在说出来的时候本身却存在着，你说所有的东西都应该绝对的消失，但是你说出来的话恰好不消失，恰好它存在着。所以你在说这句话的时候，你就是自相矛盾了。这类似于所谓"说谎者悖论"，有个人说"我说的这句话是谎话"，那么这句话到底如何理解，它是不是谎话呢？如果你把它理解成谎话，那么他倒是说了真话，因为他承认了这句话是谎话，"真的"是谎话；但是如果你把它理解成真话，那么这句真话所说的恰好是他在说谎，是谎话。所以这是一个悖论，说是谎话也不行，说是真话也不行。怀疑派也陷入到这个悖论。下面是感觉层："它说出来的是看、听等等的虚无性，然而它自己却在**看、听**等等"，也就是说，它说出来的是看、听等等这些都是虚无的，但是你怎么能够说出来它们都是虚无的呢？你怎么知道的呢？岂不是说明你已经看见了、听见了么？就像我们在网络上媒体上禁止某些东西，说这些东西是不能看不能听的，但是你之所以能说这些东西是不能看不能听的，正说明你看了还听了。所以有些人说，"你不说我还不知道，你一说我反而知道了"，你说不让我看，结果你反倒让我看到了，那是你的过错。还有人钻空子说，你成天说人家说谎造谣，那人家说的什么谎、造的什么谣，能不能让我们知道一下？我不知道又怎么能够断定人家是造谣，又怎么能够相信你？所以你在禁止别人去看、去说的时候，你要考虑，你是不是会达到相反的后果。我们当年看了很多"不该看"的书，就是作为"大批判"用的，"内部发行"，结果流到外边被我们看到了。很多优秀的古典小说，当时都是禁书，作为禁书我们拿来看，被人发现以后，我们就说是拿来作批判的，还做一个封面，写上"供批判用"。作为批判材料就可以，但是作为批判材料不就被看见了么？还禁个什么书呢？所以这个怀疑派也是这样，一切都不可信，看见的东西都不可信，但是你怎么知道不可信？你肯定看见了，你说"看啊，听啊，这些东西都是虚无的"，你自己却看到、听到了等等。再就是伦理层："它说出来的是那些伦理本质性的虚无性，然而它自己却把这些伦理本质性当作支配它行动的力量"，这个就不光是看和听了，而是行动，不光是知，而且是行。前面讲的是"知"，看到的听到的，都是假的都是虚无的，这里则涉及伦理性，道德实践、行动的法则，对此怀疑派也加以怀疑。斯多葛派相信的那些伦理法则，坚定不移，而怀疑派则加以怀疑，认为这些法则都是主人定的，如果由奴隶来定，可能是另外一套，所以它们也不可信。所有的道德规则都是由有权者所制定的，都是有权有势的人定的，所以伦理本质上的就是虚无的。但是当你这么说的时候，你岂不是树立了一种你的伦理观么？你要人家不去相信那些东西，因为那不公平，你在说这些话的时候，你不是按照一种道德公平在作评价、按照一种伦理本质性在行动么？所以伦理本质性实际上成为了支配你行动的力量，你也是出于道德啊！所以很多所谓道德虚无主义者也是自相矛盾的，虽然他不讲道德，只讲利益,说世界上没有真正的道德,批判那些道德的虚伪性;但是说这话的人,实际上还是在作一种道德批判,至少他们也是把利益关系作为一种道德关系,这也是一种伦理的法则,他已经把它当作支配自己行动的力量了。这个是怀疑主义者所陷入到的悖论。

<u>它的行为和它的言词永远是矛盾着的,而它自身同样也带有不变性和相同性与偶然性和不相同性这双重矛盾着的意识。</u>

"它的行为和它的言辞永远是矛盾着的",这个前面已经讲了,你在做的和你讲出来的,言行不一,永远是矛盾着的,而且它自身也意识到这一点,"它自身同样也带有不变性和相同性与偶然性和不相同性这双重矛盾着的意识",就是说它意识到了双重的矛盾,哪双重矛盾? 不变性和相同性,这是一方,偶然性和不相同性,这是另一方。永远不变的东西,那是必然的东西,和偶然的东西是对立的,相同性和不相同性是对立的,这是双重的矛盾,有两对矛盾在里面冲突。而怀疑主义是意识到了这一点的,它已经意识到这个矛盾了。

<u>但是它把它自身的这种矛盾区分开来,它就像在它的纯粹否定的一般运动里那样对待这种矛盾。</u>

就是说它已经意识到了这个双重的矛盾了,"但是它把它自身的这种矛盾区分开来",把它自身的矛盾区分开来,做一种划分,使矛盾的双方分开,不打照面。"它就像在它的纯粹否定的一般运动里那样对待这种矛盾",就是说它意识到了这种矛盾,但是它把这种矛盾放到它自己的纯粹否定的一般运动里来处理,在这种运动中,每当它遇到一个矛盾的方面,它就加以否定而运动到另一方面,而遇到另一方面它又加以否定而运动到这一方面,以这种一般运动来表明矛盾的双方都不值得相信。这种在双方之间的摇摆恰好是我不相信任何东西的根据。所以这个矛盾是我的纯粹否定性的对象,纯粹否定性的一般运动本身是不矛盾的,因为它本来就是一般否定性么,只是要由它来处理这些具体矛盾。所以,有矛盾对于这些怀疑主义者来说是可喜的事情,他们高兴得很,你说他

有这个矛盾,那个矛盾,他很高兴啊!因为这恰好说明一切都不可信么。因为他们是怀疑主义者,你对他指出矛盾来又有什么关系呢?恰好证明他们说对了。他们把这些矛盾看作是和自己不相干的,不但是跟我不相干,而且还支持我,恰好因为有这些矛盾,所以我就可以名正言顺地否定它们了。但是我自己作为一种纯粹否定运动,它是没有矛盾的,它游走于矛盾双方之间,超越于一切矛盾之上,这个否定的运动我并不怀疑。即使有时我怀疑我自身,我也毫不怀疑地运用了我的怀疑,运用了我自身的一种否定性运动,所以我自身虽然怀疑了我自身,但是那个根本的纯粹否定的一般运动并没有被怀疑掉,它还在那里,我还是自由的。你指出我有这个矛盾那个矛盾,可以,我也有矛盾,但是我的否定性、我的自由仍然保持下来了。怀疑主义在对待它的矛盾的时候,恰好会采取一种自相矛盾的立场,因为他们不怕矛盾,他们依赖于这些矛盾,甚至越是有矛盾,他们越高兴。他们靠矛盾吃饭,唯恐没有矛盾。

对于这种怀疑的意识,如果你向它指出**相同性**,那么它就会向你指出**不相同性**;对于它刚刚说出来的**不相同性**,如果现在你向它提出来,那么它就转而指出其**相同性**;它所说的话实际上是执拗的小孩子的争吵,一个说东,另一个就说西,一个说西,另一个又说东,而他们通过这样的**互相矛盾冲突**,来换得**共同**逗留于矛盾状态中的乐趣。

最后这句话就比较好理解了。"对于这种怀疑的意识,如果你向它指出**相同性**,那末它就会向你指出**不相同性**",你要说这个事物有相同性,那他就会说那也有很多方面是不同的;而"对于它刚刚说出来的**不相同性**,如果现在你向它提出来,那末它就转而指出其**相同性**",就是反过来,刚刚他说了相同性,如果你向他说了同一句话,那么他就会说那还是很不相同的,偏偏和你抬杠。你拿他没奈何的,对于他刚刚说出来的不相同性,如果你现在说,既然你讲不相同性,好,那么我现在就来谈不相同性,正当你这样说的时候,那么他立刻就反驳你,转而指出其相同性了。就是他反正要跟你对着来,你说东,他就说西,你说西,他就说东。我们也遇到过一些自认为掌握了辩证法的人，他就是这样的，你说东，他就偏要说个西，当你说西的时候他又要来说个东，他就是转来转去，他总比你高明一点。因为你说东的时候，肯定你就没有看到西了，他就可以指出你这一点。你说这他就说那，他就要跟你抬杠，这样显得他比你高，因为他掌握了辩证法，他可以说出在不相同里面有相同，在相同里面又有不相同，总能说出和你相反的东西，而且总是赢家。但是他自己是没有立场的，他说来说去，你问他，"你到底是坚持哪个立场"？他就会说，我是坚持辩证法。后来的人就把这叫作"变戏法"，变戏法就是善变，你很聪明，我服了你了，有些人就是靠这种办法来掌握一种话语权。但实际上只是一种小孩子的勾当，"他们通过这样的互相矛盾冲突，来换得**共同逗留于矛盾状态中的乐趣**"，怀疑主义者们以此为乐，怀疑主义者是不怕你讲他矛盾的，他完全可以接受，他还可以把你也拖下水，与他共乐。因为你给他提供了证据，你说他矛盾，他恰好得到了一个证据，他很高兴的，他在里头有乐趣。但是这样一种怀疑主义最后是没有结果的，他只是一种乐趣，在过程中他满足于一种抬杠的乐趣，让他显得比对方要高明。

在怀疑主义里，意识在真理中把自己作为一个在自身内矛盾着的意识来经验；它从这种经验中看出了一种**新的形态**，这个形态把怀疑主义区分开的两个思想结合起来了。

"在怀疑主义里，意识在真理中把自己作为一个在自身内矛盾着的意识来经验"，我们前面讲了，怀疑主义已经意识到了它的自相矛盾，在真理中，也就是在它的这种有对象的经验中，——真理就是要跟对象相符合才叫真理，那么它进入到这个经验世界就是在真理中了，——把自己作为一个在自身内矛盾着的意识来经验，它经验到了自己的自相矛盾性，它为此感到很高兴，这种高兴正说明它对于这种自相矛盾有了经验，获得了意识。"它从这种经验中看出了一种**新的形态**，这个新的形态把怀疑主义区分开的两个思想结合起来了"，这个"新的形态"这里打了着重号，实际上是从这个里头又往前推进了一步了，就是进到下面要讲到的"不幸的意识"了，这里已经看到了一种新的形态了。从怀疑主义的这个自相矛盾的经验中，它自己已经看出了一种新的形态，这种新的形态把怀疑主义区分开的两个思想结合起来了。前面讲怀疑主义区分开两个思想，一个是主观的自由，一个是客观的混沌；一个停留在口头上，另一个体现在行动中；前者是自身等同的自我意识，后者是这个自我意识的非本质的内容，是偶然混乱的、不相等同的。这两个冲突的思想在怀疑主义那里一直是没有结合起来的，它只是把它当作一种乐趣在玩弄，玩弄这种矛盾、这种对立。但经历过这种矛盾之后，就可以从这种经验中看出一种新的形态，在这个新的形态里面，就把这个矛盾的两方面结合起来了。

怀疑主义对自己本身的这种无思想性必定会消逝，因为实际上这是包含着这两种方式于自身的一个意识。

"怀疑主义对自己本身的这种无思想性必定会消逝"，怀疑主义对自己本身的无思想性，就是它虽然看到了自己本身中的矛盾，但它却不动脑子，仍然在那里自得其乐，而不去想想为什么会有这种矛盾，这种矛盾会导致什么结果，所以它本身是没有思想性的。它已经具有了一切思想的内容，它的思想都要借助于矛盾，借助于矛盾冲突的双方，但这思想本身并没有运动起来，它对于自己本身是无思想性的。但这种无思想性必定会消失，它在它的经验里面，实际上已经在把这两种思想结合起来，一旦结合起来，它的自身的这种无思想性就会消失，它的这种自得其乐，这种不动心，这种玩弄矛盾并在矛盾中感到一种乐趣，这种状态必定会消失。而一旦消失，那就成了"不幸的意识"，它原来是很高兴的，原来是很幸福的，它在玩弄矛盾的时候它是觉得很幸福的，因为它觉得它比所有的人都高超，比所有的人都能够保持哲人的高姿态；但是这种无思想性必然要消失，必然会失去它的幸福感。"因为实际上这是包含着这两种方式于自身的**一个**意识"，"一个"打了着重号，也就是说这两种方式，矛盾的双方，它们实际上已经是一个意识了。你今天摇摆到这一方，明天摇摆到另一方，好像你是一个水晶球，好像你是一个八脚章鱼，人家抓也抓不到你，不知道你的真相；但是实际上，你还是"一个"意识，你并没有得精神分裂症，对这两种方式的矛盾冲突你清楚得很，你最后会悲从中来，感到这一切是多么的荒谬。你会意识到自己的状况，发现实际上这是包含着这两种方式的冲突于自身的**一个**意识。而这"一个"意识，就是不幸的意识。

　　因此这个新的形态就是这样一种意识，它自为地就是双重的意识，既意识到自己是自我解放的、不可改变的和自身等同的，又意识到自己是绝对搅乱自身的和颠倒自身的，并且它就是这种自相矛盾的意识。

　　"因此这个新的形态就是这样一种意识"，这个新的形态实际上就是不幸的意识了，就是从怀疑主义的意识里面自然生长出来、也是"我们"所看出来一种新的形态。这种新形态是一种什么样的形态呢？就是"它**自为地**就是双重的意识"，因为它包含着两种方式于自身，它为自己而把双重意识都保持在这个意识之中，它不再像怀疑主义那样，摆来摆去，来回滑动。来回滑动是不能自控的，它遇到什么，就滑向相反的方面，那么遇到另一个，又再滑向相反的方面，这样一个过程它是不能自控的，它不是"一个"意识，它是自相矛盾的多个意识，或者两个意识在互相冲突，在这种互相冲突中它感到一种乐趣，与人奋斗其乐无穷，或者"有事偷着乐"。但是在新的形态中，意识"自为地"就是双重意识，"自为地"打了着重号，就是它有意识地、自觉地把双方都保持下来，都保持在"一个"意识里面。"既意识到自己是自我解放的、不可改变的和自身等同的"，自我解放就是自己给自己松绑的；不可改变的就是它不再滑来滑去，而是坚定地保持自身；自身等同的，就是成为了"一个"意识，不再分裂或区分自身，这是一方面。另一方面，"又意识到自己是绝对搅乱自身的和颠倒自身的，并且它就是这种自相矛盾的意识"，一方面它自我解放，它是自身独立自由的了，成了不变的、自身等同的意识，另一方面它又意识

到自己在给自己添乱，是绝对搅乱自身和颠倒自身的，而且还不能怪罪
于别人，是它自己造成的。这个不幸的意识它肯定有这两个方面，前一
方面，只有它成了一个独立自由的自身等同的意识，成为了"一个"统一
的意识，它才会在那种由自身造成的绝对搅乱和颠倒中感到不幸。为什
么感到不幸？是因为你觉得你应该是自由的，应该是自身等同的，不变
的，但是你做不到，你只感觉到自身绝对的搅乱和颠倒。为什么说"绝
对"？是因为这是你自身固有而摆脱不了的，不可能通过消除外来影响
而消除，所以又意识到这种搅乱自身的和颠倒自身的不可摆脱性，即意
识到这种自相矛盾的根本性。它追求自由，但是它在这种自相矛盾中又
追求不到自由，它应该是自由的，但是它又追求不到，这才有不幸意识么。
越是意识到自由，就越是感到不幸，这才叫作不幸的意识。所以这时候
出现的这个新的意识形态就是不幸的意识。

　　——在斯多葛主义里，自我意识是它自身的单纯自由；在怀疑主义
里，这自由实现了自身，消灭了确定的定在这另一方面，但是不如说是双
重化了**自身**，而它自身现在就成为一个两面的东西。

　　这里把斯多葛主义和怀疑主义做了一个对比，"在斯多葛主义里，自
我意识是它自身的单纯自由"，斯多葛主义坚持着自我意识本身的单纯
的自由，抽象的自由，把一切外在的东西都排除出去，而逃回到自己的内
心的单纯性里去；而"在怀疑主义里，这自由实现了自身"，也就是说，同
一个自由在斯多葛主义那里还只是单纯抽象的思想，而在怀疑主义这里
则具有了现实性，得到了实现。自由通过什么而实现了自身呢？"消灭
了确定的定在这另一方面"，也就是采取行动，否定一切外界定在的东
西，这就把自由实现出来了。你单纯是靠逃回到自身那个空洞的自由，
那是一个黑暗的深渊，那里面什么都没有；你要真正的自由，你必须要把
它实现出来，走出来，走到外面现实世界中去，就是要把一切不自由的东
西加以否定，把一切不是你自己带来的东西加以否定，自由借此而实现
了它自身。所谓消灭了确定的定在这另一方面，就是否定了那些确定的

定在，凡是确定了的、规定了的东西，我都要否定，都作为自由的另一方或对立方加以否定，自由借助于否定它的另一方而实现了自身。这就是怀疑主义所达到的层次。"但是不如说是双重化了**自身**"，就是说，前面的说法还不准确，"不如说"是它自身被双重化了，这就更进一层了。"自身"打了着重号，说明前面怀疑主义的说法还是分裂自身的，或者说还没有一个统一的"自身"，而现在不如说，应该看作同一个自身的双重化，这就进到不幸的意识了。这种双重化，一方面它是一种单纯的自由，在斯多葛派那里已经建立起来，在怀疑主义这里仍然坚持着的；另一方面，这个自由要实现自身，它就必须要把自身投入到定在里面去，投入到另一方面里去，那么一旦投入到另一方面，它又会感到极度的痛苦和不幸。所以，正是这种双重化自身的意识成了不幸的意识，因为它越是要真正的自由，在现实中越是得不到自由，这种强烈的张力导致的就是无法摆脱的苦恼。从效果来看，把"不幸的意识"翻译为"苦恼意识"是有道理的，但意思稍有偏差，之所以苦恼是由于意识到自己的不幸。不幸的意识实际上就是怀疑意识自身，就是怀疑主义自身，当怀疑主义把自身确立为一个双重的东西，自觉地把双方结合成一个意识，不要自欺，不要耍滑头，那么它就是一个不幸的意识。

　　这样一来，那过去分配在两个个别的人、即主人和奴隶身上的双重化，现在就降临到一个人身上了；于是自我意识在自身之内的、本身就是精神概念中的本质的那种双重化，就是现成在手的了，但还未达到它的统一，而**不幸的意识**就是把自己作为双重化的、只不过是矛盾着的本质来意识的。

[140]

　　这就公开地打出"不幸的意识"的旗号了，我们来看这一句。"这样一来，那过去分配在两个个别的人、即主人与奴隶身上的双重化，现在就降临到一个人身上了"，过去分配在两个人身上的双重化，一方面是自我意识的单纯的自由，一方面是被这个自我意识所否定的它的定在，自我意识通过否定自己的确定的定在而实现自身；那么这两个方面，过去是分配在两个单个人身上的，一个是主人身上，一个是在奴隶身上。主人是代表着那种抽象的自我意识、单纯的自由，而奴隶通过劳动，对那种确定的定在加以否定，这是斯多葛派和怀疑主义共同的双重化模式。所以斯多葛派和怀疑主义虽然都超出了主奴关系，但是就它们的意识形态来说，它们还是属于主奴关系的，它们的双重化都被分配在两个方面，当然斯多葛派抽象的自我意识更倾向于主人这一方面，它更执着于主人的那样一种抽象的自由，强调人人都要当主人；而怀疑派则更倾向于奴隶在劳动中面对这个定在加以改造，对它们加以否定，强调人人都是奴隶。当然一般来说，他们都超出了主奴关系，都已经意识到在主奴关系之上有一个普遍的自由了；但是就他们所用来作为普遍自由的根据的，还是在主人和奴隶身上分别表现出来的两个环节，即在主人身上表现出自我意识的抽象自由，在奴隶身上表现出一种对外在东西的否定、掌握和支配。那么现在这两方面就降临在同一个人身上了，如果一个人把这两方面都能够囊括起来，他既是主人又是奴隶，把这个统一体作为自己的意识形态，一种新型的意识形态，这个时候就出现了不幸的意识。就是说，不幸的意识一方面有主人的那种抽象的自由，有那种要求，另一方面它又有奴隶的这样一种现实的意识，看到现实的一切都在跟它作对，它要否定所有这些东西，但是他自己陷入到现实的矛盾中，他要否定的恰好是他自己；但它又必须要把这些东西纳入到它的意识之中，它不能逃避，不能撇开不管。于是，当它要考虑这个现实世界的时候，它发现现实世界中一切都是不自由的，那岂不是挺不幸的么？"于是自我意识在自身之内、本身就是精神概念中的本质的那种双重化，就是现成在手的了，但还未达到它的统一"，就是说，自我意识的双重化，什么样的双重化呢？就是在它自身之内的那种本身就是精神概念里的本质的那种双重化，已经具备了。当这两方面都集中的降临在一个人身上的时候，这两个方面就在这个自我意识之内，并且它本身就是精神的概念里的本质的东西，精神概念的本质其实就是这两个方面，一个是抽象的自由的概念，另外一个是如何把这个抽象的自由实现出来，精神就是这么个东西。精神无非就是把自由的概念实现出来，所以精神的概念里面的本质的东西就已经现成地包含在这样一个自我意识里面了，在这个不幸的意识里面已经包含着精神概念里的本质的双重化了，已经是现成的了。在斯多葛主义和怀疑主义那里还没有，因为它们还是把这两个环节分配到主人和奴隶身上来理解的，双方各自只构成精神的一个环节，还不构成精神的本质性。但现在双方集中到一个人身上，这个时候，自我意识在自身之内作为精神概念里的本质的东西就是现成的了。"但还未达到它的统一"，虽然已是现成的了，但还未达到统一，达到了统一那就没有苦恼了，没有不幸了。"而**不幸的意识**就是把自己作为双重化的、只不过是矛盾着的本质来意识的"，不幸的意识是什么呢？就是把自己作为双重化的、只不过是矛盾着的东西来意识，就是这种意识把自己当成是双重化的，一方面，它有抽象自我意识的自由，另一方面，它必须把整个世界都包括进来，它通过否定整个世界，像怀疑主义一样，把这种独立的自由体现出来，但是它又否定不了。那么，它同时意识到这两个方面，这个时候就是不幸的意识，它把自己作为双重化的本质来意识，只不过这种本质总是处于矛盾中。不幸的意识本质上是一种自身矛盾，你意识到自己的自由，那你就有一种实现这自由的冲动，就要挣扎，就要追求，就要探讨，但是探讨而不得，那就是不幸，在这种探讨的过程中间，你始终伴随着一种不幸的意识。所以它的统一还没有达到，你还没有达到双方的统一，只是在双方的矛盾中体现自身的本质。你力图把双方统一起来，因为这两方面已经集中的降临在你一个人身上了，你已经清晰地意识到这两方面了，你在做这种努力，在这个过程中，就有不幸的意识。所以，不幸意识是一种很高的精神状态，它已经高于斯多葛主义的那种抽象的自由意识，它同时也高于怀疑派那样一种盲目的否定一切，取消一切，对一切定在都不屑一顾。怀疑主义和斯多葛派这两方面追求的都是自我意识的不动心，但是现在不动心已经不可能了，当你把这两方面都囊括进来，把它变成一个意识，这个时候你再也不可能不动心了，你就会清晰地意识到自己的不幸。不动心无非就是把自己的不幸撇开，你执着于一个方面，他执着于另一个方面，所以你们都可以做到不动心；但是如果把两方面都放在一起，把它们的矛盾加以凸显，把它的矛盾作为本质的东西来意识，那你就不能不动心了，那你就走出了不动心，而进入到了不幸的意识。所以不幸的意识是一个更高的层次，实际上是已经进入到了基督教的层次了。基督教是从斯多葛主义那里发展起来的，但是，也把怀疑主义融进来了，新柏拉图主义里面就有很多怀疑主义思想，比早期怀疑主义像皮浪他们更具有理论性。基督教的这种不幸意识，就是斯多葛主义的那种自由的意识，个体的灵魂追求个体独立的意识，以及对整个世界的虚无性的怀疑意识，这两方面的一个合题。基督教已经意识到每个人都是自由的，都有一个自由的灵魂，但是整个世界都是虚无的，都是一个恶的世界，人活在这个世界上是不幸的。所以基督教的基本的意识形态就是不幸的意识，就是人活在世上是不幸的，正因为不幸，所以要追求彼岸，要追求上帝。我们理解基督教精神必须要理解到这一层，我们看基督教《圣经》里面，很多篇章都包含着一种彻底的怀疑主义，特别是像"传道书"，反复讲"虚空的虚空，一切都是虚空"，一切都没有意义。掌握权力也好，积攒财富也好，子孙后代大富大贵也好，干出什么成就也好，这一切又有什么意义？没有。太阳底下无新事，一切都很无聊。你要把这一切都看透了，那么这才是你信上帝的前提，你如果没有看透，你要是觉得世上的事情还有某种意义，那你的信仰就还不是真正的信仰。你要求上帝给你治病，你要求上帝让你发财，那都不是真正的信仰，都是没有信仰的表现。要把一切都看透了，这一切都没有意义，你才能真信上帝；要有不幸意识，你才能够真信上帝。所以不幸的意识是很重要的，是一种很高的精神状态，它超出了那种不动心，那种自得其乐，那种自满自足，而逼迫着人向一个更高的精神层次去追求。在基督教的宗教意识里面，就是要向上帝追求，就是要向彼岸追求，此岸既然已经没有任何意义了，那么唯有彼岸才是你的归宿。当然你也可以像佛教那样看破红尘，像道教那样躲到深山里，但是深山也没有什么意义啊，大隐隐于市，隐于市又有什么意义呢？你到底想干什么、想要什么？当然你也可以这样自得其乐，但是西方人有了斯多葛主义和怀疑主义垫底，他们这种追求自由的强烈欲望是不可遏制的。所以，他们一旦具有了不幸的意识，就导致他们向上帝、向彼岸追求。中国没有斯多葛派，也没有彻底的怀疑论，所以它一旦碰到不幸意识的话，他就只有逃避，自欺，只有陷入到虚无主义。为什么西方的不幸意识没有导致虚无主义，就是因为有斯多葛派和怀疑论作为他们的思想基础，当然你也可以继续问，这个斯多葛主义和怀疑论从哪里来的，这个我们就超出话题了，但是起码他是有这个前提做垫底的东西，作基础的，所以才能产生基督教。

＊　　　　　　＊　　　　　　＊

我们今天开始进入到"不幸的意识"这一部分。不幸的意识我们上次已经谈到了，它基本上是讲的基督教的一种意识形态。基督教的意识形态，它是从古希腊罗马当时的一个是新柏拉图主义、一个是斯多葛主义发展出来的。新柏拉图主义的一些人发展了早期怀疑论，或者说合并了怀疑主义。这两个思想流派是基督教哲学思想的来源。基督教本来从犹太教那里产生出来，最初它是没有什么哲学思想的，或者说它的哲学思想是隐藏在教义里面。真正使它具有了哲学思想的是后来的《使徒行传》，特别是《约翰福音》等篇章，把希腊哲学的思想灌输进去，此后形成了基督教哲学。如果说有基督教哲学的话，那么它主要就是来自于古希腊罗马的一个是斯多葛学派，一个是怀疑论或者新柏拉图主义，当然新柏拉图主义还不完全等于怀疑论。它是有这样的思想来源的。那么进入到基督教哲学思想或者基督教意识形态里面的时候，这两个因素一个斯多葛派一个怀疑主义都被融合了，都被融合到基督教的意识形态里面，构成了所谓不幸的意识。我们前面讲，不幸的意识也翻译成苦恼意识。

336

苦恼意识当然更加生动，更加能够感人，它当然也有苦恼的意思，但是它根本的含义在于意识到不幸，而不光是一种情绪化的烦恼。这个不幸是根本性的，不是说这件事情那件事情不幸，而是说人生就是不幸。人生是不幸的，世俗的世界是个不幸的世界。当时的罗马世界的确是这样的，到处是战乱，到处是暴动，到处是不平。像伊壁鸠鲁所追求的那种淡泊的幸福已经遥遥无期，连这个学派都堕落为纵欲主义了。人们已经绝望，所以就玩世不恭，所以就得过且过，这是一个沉沦的世界。在这样一个沉沦的世界里面产生出的不幸的意识，和佛教的"苦、集、灭、道"还不一样，佛教的苦通往放弃，它的苦不是因为不自由，而是因为受苦，主要是肉体上的苦难；而不幸的意识则通往自由的追求，因为不幸意识的前提是人应该有自由，因为不自由才感到不幸。这是因为不幸的意识前面有自我意识的各派自由学说做了哲学铺垫，而在这个时代就迅速地扩展开来，成为整个基督教世界的基本的意识形态。

那么我们上次讲到的这个最后的一段，是做总结的，我们来简单回顾一下。他说，"在斯多葛主义里，自我意识是它自身的单纯自由；在怀疑主义里，这自由实现了自身，消灭了确定的定在这另一方面，但是不如说是双重化了**自身**"，就是说在怀疑主义那里它双重化了自身，它没有否定斯多葛主义，但是它把斯多葛主义作为它自身的一个方面、理想方面，而把另一方面也就是现实的方面也吸收进来了，以一种否定的方式。怀疑主义基本上就是否定现实的主义。那么它用什么东西来否定现实呢？还是用斯多葛主义的同一个原则，就是不动心的原则。但是它没有斯多葛主义那么理想主义，那么理想化，它知道你不动心你就会要面对整个纷繁杂乱的现实世界，而且所有的东西一个个地都要被你所否定，于是，他们就变成了怀疑主义。所以怀疑主义比斯多葛主义要更高一个层次，它有双重的环节，而斯多葛主义它主要是揭示它自己的抽象的自由。那么，怀疑主义双重化了自身，就成为两面的东西了。"而它自身现在就成为两面的东西。这样一来，那过去分配在两个个别人、即主人和奴隶身上的双重化，现在就降临到一个人身上了，"就是说，怀疑主义在他们的意识形态里面，实际上是把双方，主人一方和奴隶一方，都吸收进来了。奴隶一方是否定的一方，主人一方是肯定的一方，在怀疑主义那里，作为它的两个环节，作为它的双重化，都集中到一个人身上，被它所包容了。自觉地意识到这一点，它就成了不幸的意识。他说，"于是自我意识在自身之内的、作为精神概念里的本质的那种双重化，就是现成在手的了，但还未达到它的统一，而**不幸的意识**就是把自己作为双重化的、只不过是矛盾着的本质来意识的。"就是说不幸意识把这两方面、把双重化的矛盾当作一个意识来意识到，这个是不幸意识的两重性，它是矛盾的。不幸意识当然是矛盾的，不幸就是带有痛苦，痛苦就是矛盾，所以不幸意识是一个矛盾的意识，它没有达到统一。一旦达到统一它就摆脱不幸了，摆脱不幸意识了。那么，下面讲的"不幸的意识"这一小节，就是讲这样一个过程，就是不幸的意识如何一步一步地克服矛盾，首先意识到不幸，然后怎么样摆脱不幸，由不幸的意识产生出对彼岸幸福的追求。此岸已经不幸了，那么真正的幸福在彼岸，不在这个世界中，这个世界中到处充满了不幸，这就是不幸意识。但是恰好由于你意识到这个世界充满着不幸，你的幸福指数等于零，这个时候你才能够去追求彼岸世界的幸福，你才具有一种超越性。否则的话你就对这个世界还心存希望，是不是这个世界哪个地方还可以调节一下，是不是由于某些环节出了问题，解决了不就好了。这就心存侥幸，就超越不了。基督教为什么能够超越，为什么能够具有一种超越意识，就是出于对现实生活的绝望，这个世界你根本不要抱希望，这个世界就是一个罪恶的世界、罪恶的渊薮；如果你还希望有幸福的话，那么你只有期待来世，期待彼岸。放弃此生此世的希望而保留对来世的希望，这个时候你就会有一种超越，你就会看淡世俗生活的一切，心中有一个彼岸世界的理想。基督教就是这样形成起来的。

[**Ⅲ. 不幸的意识**]　　　　　　　　　　　　　　　　　　　{122}

我们继续来看他的阐述，这个第三小节，拉松版加的标题是："不幸的意识，坏的主观唯心主义"；后面这个不知道是怎么加上去的，好像整个这一小节都没有讲什么主观唯心主义，它就是讲不幸的意识。倒是讲完了以后，在接下来的一章即第五章"理性"中，开始第一个小标题就是"唯心主义"，也是拉松版编辑加的，而且正文内容也涉及笛卡儿的"我思"和费希特的"我就是我"这些主观唯心主义命题。我怀疑是德文编辑在这里搞混了，把后面接下来的东西也算到这一小节里面去了。

<u>因此这个**不幸的自身分裂**的意识，由于本质的这种矛盾本身是一个意识，它就必须总是在这一个意识里也拥有另一个意识，所以当每一方自以为赢得了胜利、获得了统一的宁静时，这意识又必须直接从这一方中被驱逐出来。</u>

前面提到不幸意识是一种双重化的意识，是矛盾着的本质，它的本质就是矛盾的，那么接下来就讲了，他说，"因此这个**不幸的自身分裂**的意识，由于本质的这种矛盾本身是**一个**意识"，它的本质是矛盾的，而这个矛盾它又不是两个意识，它不是分配在两个人身上，它就在"一个"意识身上。这里的"一个"打了着重号，强调它是同一个意识的自相矛盾，不再像怀疑主义中那样，有两个东西在那里换来换去，滑向这边滑向那边，而是自己跟自己相矛盾。它本身是一个意识，所以"它就必须总是在这一个意识里也拥有另外一个意识"。矛盾体现在什么地方？就体现在它的两方面都是同一个意识，它不是两个意识，而是就在这一个意识里面，也拥有另外一个意识。我们通常讲矛盾，常常把它理解为对立，就是有一个东西跟另外一个东西对立。但是矛盾跟对立的不同之处就在这里，对立只是说一个东西不是另一个东西，两者相反，势不两立；而矛盾就在于它既是自己又不是自己，在自己本身就拥有它的对立面。所以它是这一个意识，但同时它又拥有另外一个意识，这另外一个意识就在这一个意识里，不是在这个意识外面，不是说另外一个意识外加给它，被它所拥

有了,而是它就在它自身的里面就拥有另外一个意识,这种区别是它自己跟自己相区别。"所以当每一方自以为赢得了胜利、获得了统一的宁静时,这意识又必须直接从这一方中被驱逐出来",因为矛盾是自身中的两方,每一方和另一方相矛盾;当每一方自以为赢得了胜利的时候,它以为它取得了胜利,它以为它消灭了对方,达到了统一的宁静了,矛盾解决了,当它这样自以为完成了的时候,这一方的意识又必须被直接从这一方中驱逐出来,这一达到宁静的意识又被它自己赶出来了,因为它自己必然不愿意安宁,不愿意安息。它以为它消灭了对方然后就安宁了,但是它自己又被它自己赶出来了,或者说它把自己作为对方又制造出来了。它本来要消灭对方,结果它把自己制造成了又一个对方,它又被驱赶出来,无家可归了。这是不幸的意识,不幸的意识这样的结构是一种动态的结构,是一种不断的自我否定、自我驱赶的结构,而且这是必须的、必然的。下面,

　　但是不幸的意识之真正返回到自身或者它同它自己的和解,将展示出那被活生生地形成并跨进实存中来的精神的概念,因为在它身上已经是这种情况,即它作为一个未分化的意识是一个双重的意识:

　　我们先到这个地方,"双重的意识"后面有一个冒号,下面再说。"但是不幸的意识之真正返回到自身或者它同它自己的和解",这种不幸的意识它是矛盾的,而且这个矛盾是它的本质,前面已经讲过,不幸的意识它的本质东西就是矛盾着的本质;但是这个矛盾何时能够把它调解到和解,矛盾的双方何时能够达到调解呢?我们超前去设想一下,一旦有一天这种不幸的意识的内部矛盾达到了和解的话,那就"将展示出那被活生生地形成并跨进到实存中来的精神的概念",那就会达到一种精神的概念,这种精神的概念是活生生的,或者说是有生命的,是有生命地形成起来的,并且跨进到实存中来,进入到现实中来,它不再是彼岸的,它就会是地上进行的,在世俗中进行的,就会进入到这样一种概念。不幸的意识有一天如果达到了和解的话,那么它就会成为世俗生活中的精神。

基督教在宗教改革以后就达到了这一步,就是说僧侣都被世俗化了,僧侣都俗人化了,而俗人个个都僧侣化了,既然上帝在我心中,那么我的实存就是上帝的证明。所以,精神将会进入到实存,在每一个活生生的人身上形成了精神,并且这个精神是进入到实存的,不再是虚无缥缈的。不幸的意识它的矛盾一旦克服,就会导致这样一种状况,这也就是近代的状况,基督教的意识形态就跨入到近代的这种现实主义精神,文艺复兴和宗教改革的精神。基督教到了近代它也变得现实化了,它再也不搞什么禁欲、绝望,它就在现实生活中,是一种世俗化的宗教。当然它的中世纪的彼岸仍然还在,作为其中的一个环节并没有被取消,但是它已经在更高的层次上回到了现实生活中、回到了世俗生活。"因为在它身上已经是这种情况,即它作为一个未分化的意识是一个双重的意识",为什么它将会达到那样一种实存的精神概念,是因为它事先已经有这个苗头,在它身上已经有这种情况,什么情况呢? "即它作为一个未分化的意识是一个双重的意识"。这句话本身是自相矛盾的:作为一个未分化的意识它又是一个双重意识。双重意识那就是分化了,但它又是作为一个未分化的意识而具有双重性的,就是既对立又统一的。对立统一是包含着自身矛盾在内的一个未分化的意识,它还没有分裂,但它有内在矛盾;它这个内在矛盾还没有外在化,没有分化成两个东西,它还是一个东西,是一个双重的意识。我们再看冒号下面:

它本身就是一个自我意识向另一个自我意识的观照,而且它自己就是双方,而双方的统一也是它的本质;不过它**自为地**自己还不是这种本质本身,还不是这两方面的统一。

它在自己身上已经是这样一种情况,即:"它本身就是一个自我意识向另一个自我意识的观照,而且它自己就是双方,而双方的统一也是它的本质"。这种对立统一的关系是这样一种关系,就是说它本身就是一个自我意识向另一个自我意识的观照 (schauen),是这种内在的自我观照。不幸的意识是这么一个意识,它是一个意识,但是里面包含着两个意识,这两个意识并不是平列地摆在那里、一分为二,而是同一个自我意识把自己分裂出来,把自己当作另外一个自我意识来观照。在基督教那里,上帝其实就是人,上帝的意识其实就是人的意识,只不过是人把自己的意识当作上帝的意识来观照,在上帝身上看到他自己,或者在自己身上看到上帝,但又永远不能合一。不幸的意识就是这样一种矛盾,自己和上帝之间既是同一个意识,又是完全不同的,自己怎么能等于上帝,中间有天壤之别,一个在天上,一个在地上,两者是不可同日而语的。但确实又同是一个意识,它本身就是一个自我意识向另一个自我意识的观照,在上帝身上直观到了它自己,所以它必须向上帝观照,必须看向上帝,否则它就看不到自己。"而且它自己就是双方,而双方的统一也是它的本质",这双方中,一方是对它自己的有限性的认识,就是它的单个的自我意识;另一方就是上帝。上帝在他心中,他自己就是双方,上帝其实就是人,上帝就是他自己。当然这是后人所讲的,当时的人还没有意识到这一点,当时的人真的以为有一个上帝,上帝创造世界,创造了我,那么上帝跟我当然不能同日而语。但是,实际上不幸的意识就是双方,它必须有一个上帝高高在上,才能意识到自己的不幸,如果没有彼岸的上帝的意识,他即使在不幸中也会感到幸福。比如奴隶意识,前面讲的奴隶的自由,做稳了奴隶就是一种自由。中国人没有这种彼岸的信仰,所以在不幸之中仍然会感到很幸福,幸福指数是最高的,他就没有不幸的意识。中国人缺乏的就是不幸意识,他在任何情况之下都能找到幸福的理由,要么回顾过去,忆苦思甜,要么展望将来,充满憧憬。因为他没有一个彼岸的上帝,没有一个对照,没有一个应当幸福的标准来衡量这个世俗的生活和世俗的世界。只有把这个彼岸标准、或者至少是一个超越性的标准纳入到不幸意识本身中作为一个环节,人才能够感到自己的不幸。所以不幸意识它同时就是双方,一方面在现实生活中它有它自己的自我意识,这是现实的一方;另一方面它把自己的自我意识当作一个彼岸的上帝来崇拜,这是理想的一方,这两方面缺一不可。而双方的统一也是它的本质，这双方是统一的，我跟上帝是统一的，上帝有恩于我，那么我也应该侍奉上帝，应该信仰上帝，这两方面是统一的。不幸意识就在这个统一之中，由于有这种统一，所以我感到人世间的不幸。人世间是不幸的，世俗生活、世俗政权跟上帝是两码事，上帝的归上帝，恺撒的归恺撒，恺撒的世界是一个罪恶的世界，你不要心存幻想以为它可以主持正义、主持公道，这是不可能的，你死了这条心，然后才可以一心向上帝。如果你还心存幻想的话，那你就提升不上去了。所以这两者的统一就是不幸意识的本质，你要意识到不幸，你就要能够把上帝跟世俗生活看作是一体的，随时可以对比、对照；我们在现实中生活的目的不是为了追求世俗的幸福，而是为来世的幸福作准备，它是这样一种统一。"不过它**自为的**自己还不是这种本质本身，还不是这两方面的统一"，这话又说回来了，它"自为的"还不是这种本质，所谓自为的就是说它还不是自己去做成的，不是自己造就成这种统一的，这种统一它意识到了，但只当作一个理想，一个信仰的对象，并没有去追求。它自在地已经有这种统一了，但它找不到实现这种统一的途径，所以才有不幸的意识，才有苦恼。如果它已经是这两方面的统一了，那就没有苦恼了，就是统一的了。之所以有苦恼之所以有不幸的意识，就是因为两方面没统一，它意识到自己跟上帝之间的不可超越的距离，同时它又觉得自己跟上帝应该是统一的。但是这种统一它自己还没有建立，它还不是这种统一。这就是不幸的意识，不幸的意识，它的这种矛盾结构究竟是一个什么样的结构，这里首先把它展示出来了。不幸的意识是一个矛盾的意识，矛盾的双方，一方面是斯多葛派所设立的那种理想，一种绝对的纯粹的独立意识，那只能是上帝；而另一方面是怀疑派所凸显出来的，世间一切都不可信，世俗生活一切都不可信；意识到世俗生活的不可信，然后在彼岸世界、在上帝那里寻求自己的归宿，寻求归宿而不得，这就造成了不幸的意识。所以不幸的意识它的前途是很光明的，就是它将会要展示活生生的形成并跨进到实存中来的精神的概念，将会走到这一步；但是现在还没有，它现在还是在为那一步作准备。不幸的意识是为将来上帝降临人世、上帝进入到活生生的实存世界来作准备的,但它本身也是有它的来历的。不幸的意识这种内心的矛盾我们也可以把它看作是主奴关系的内化,是一个主人一个奴隶的矛盾:主人就是上帝,上帝也被称之为天主,也被称之为"主",主就是主人;那么除了主以外所有的人都是奴,都是上帝的奴。在不幸意识里面仍然有主奴关系的影子,当然这种主奴关系它不是分散在两个人身上,不是说你是主人我是奴隶,而是同一个人身上、同一个人心目中有一个主人一个奴隶,上帝就是他的主人,他就是上帝的奴隶。这种情况只有在一个人的内心精神世界形成的基础上才能发生,这种关系纯粹是一种精神性的内部关系,而不再是外在的两个人的关系,由此可以看出斯多葛派的奠基性作用,就在于他们建立起了人的内心的精神世界。所以上帝这个主人并不是另外一个人,其实就是他自己的一种异化,后来的人把基督教的上帝称作人的本质的异化,上帝就是人,上帝的本质就是人的本质,只不过表现为一种异己的、超乎人的本质。人认为只有在上帝那里才能找到自己的本质,而在他自己身上,他是非本质的。不幸的意识就是这样一种矛盾结构,也可以说基督教意识就是这样一种矛盾的结构,在他的内心里面有一个信仰,也有一种怀疑,有一个主人,也有一个奴隶,它们统一在一个人身上。但是这种统一它虽然意识到了,却还有待于实现出来,这个时候它还只是在这两方面之间纠缠,陷入到苦恼之中,陷入到不幸的意识之中。

这是第一段,把不幸的意识的内部矛盾结构首先摆出来了;那么下面是就这其中的两个环节分别来加以阐释。黑格尔的一般的阐述的方法都是这样,首先摆出矛盾,然后一个个地来讲述,这一方跟另一方什么关系,另一方跟这一方又是什么关系。所以下面的一个小标题就是

［1. 变化的意识］

当然这个小标题是德文编者后来拟的，我们只能姑妄读之，它是不是很准确那倒不一定，大体上是这样。所谓变化的意识就是在不幸的意识里面的低层次的方面、即奴隶意识这方面，属于不断变化的，人生无常、生老病死、灾难不断、祸不单行，世俗生活是不断变化的，从这方面来看是变化的意识。

由于它最初只是两方面之**直接的统一**，因而对它说来这两方面并不是一回事，而是互相对立的，所以对它而言，其中的一个方面、即单纯的不变的意识是作为**本质**而存在的；而另一方面、即多样的变化的意识，是作为**非本质的东西**而存在的。

它最初，首先我们从最初开始，一步步来。不幸的意识在刚刚开始出现的时候，"最初只是两方面之**直接的统一**，因而对它说来这两方面并不是一回事，而是互相对立的"，因为它从斯多葛主义和怀疑主义走出来，它已经把这两方面统一到一个意识里面了。但最初这两方面是"直接的统一"，什么叫直接统一？就是这里讲的，对它说来这两方面并不是一回事，而是互相对立的。虽然它把它们统一起来了，但这两方面还不是一回事，所以直接的统一的意思，就是说把它们全都收纳进来了而已，但这两方面在它的内部并不是一回事，而是互相对立的。它把两个环节纳入到自身，这两个环节最初在直接性中，仍然互相对立，有冲突有矛盾，有痛苦有烦恼。这时就需要有一方是为主的，另一方为副。"所以对它而言，其中的一个方面、即单纯的不变的意识是作为**本质**而存在的；而另一方面、即多样的变化的意识，是作为**非本质的东西**而存在的"，这两方面一方面是本质的，另一方面是非本质的。也就是说主人的那一方是本质，上帝的那一方是本质，主人就在我心中，作为我的本质而存在。不幸的意识把不变的意识作为它的本质，或者说基督徒把上帝认作自己的本质，我们在社会生活中每天过着我们的衣食住行的生活，这个是非本质的，我真正的本质在上帝那里，我的本质是寄托在上帝那里的，只有想到上帝我才回到自己真正的本质，我在日常生活中那是过着一种表面生活、一种虚假生活。为什么基督徒在每餐饭之前要祈祷、要默祷——你跟基督徒在一起吃饭有的时候很尴尬的，一桌的基督徒人人都在默祷，只有你一个人若无其事，觉得自己很孤立。不知道大家有没有这种机会，你如果跟一桌基督徒同桌吃饭，你会感到很尴尬，所有人都在祈祷，只有你在埋头吃饭。他们为什么祈祷？就是要感谢上帝赐给我们每天的面包，在吃饭的时候要想到上帝。我作为一个非本质的存在我必须吃饭，但是在吃饭的时候要想到我真正的本质，不要被非本质迷惑了我的眼光，时刻要想到我的本质在天上。这是把其中的一个方面，即单纯的不变的意识看作本质，这个不变的意识那就是上帝，那就是主。而另一方面，即多样的变化的意识，我把它看作非本质的。我的世俗生活是多样的变化的意识，我们每天经历的丰富多彩的现实生活、世俗生活中，有各种各样的诱惑，有各种各样的满足，有各种各样的事业和工作，千变万化五彩缤纷的这种东西都是非本质的，眼睛所看到的、耳朵所听到的东西都是非本质的，只有那个不变的永恒的永在的上帝，那才是我的本质。这些东西是非本质的，虽然它是我的生活，是我在生活，但它是我的非本质的生活。下面，

这两方面**对它来说**都是彼此陌生的本质；它自己由于是这种矛盾的意识，就置身于变化的意识那一方面，而认为自己是非本质的，然而它作为对不变性或单纯的本质的意识，它同时必须努力去把它自己从非本质的东西、亦即从它自己本身中解救出来。

这就是一个矛盾了，"就是这两方面**对它来说**都是彼此陌生的本质"，彼此陌生的，一个是上帝，另外一个是多变的世俗生活，这两方面对它来说都是本质，非本质的东西在它看来也是它的本质，世俗生活也是它摆脱不了的本质。它觉得它有两个本质，一个是真正的本质，一个是非本质的本质；非本质的本质就是作为动物的一面、感性的一面。人一半是天使一半是野兽，作为动物性的那一方面它是多变的，是丰富多彩的，但又是罪恶的，这是它的感性的本质，这个本质是非本质的；作为

神性的那一面则是永恒不变的，崇高圣洁的，是它的真正的本质，但又总是难以持守的。这里"对它来说"打了着重号，就是虽然客观上只有一方是本质的，就是不变的一方，而另一方是非本质的，就是变化的一方；但是"对它来说"这两方面都是本质，它只能在这两者之间摇摆：到底听上帝的还是听魔鬼的？这两个本质是彼此陌生、彼此敌对的，甚至是互相交战的，而它自己正是这个两军交战的战场。世俗生活跟上帝无关，上帝则是超越世俗生活的，而在人心中这两个本质在打架，产生着内心冲突。所以在它看来，这两方面都是彼此陌生的本质。"它自己由于是这种矛盾的意识，就置身于变化的意识那一方面，而认为自己是非本质的"，由于它自己是那种矛盾的意识，它处于矛盾中，它自己带有痛苦、带有不幸的意识，所以已经感到了自己是矛盾的意识。那么既然它是矛盾的意识，它自己显然就置身于变化的意识那一方，如果他处于上帝那一方面，那怎么会有矛盾呢？我为什么感到痛苦，正是因为我的有限性，我的本质就是有限的、就是变化的。所以它就认为自己是非本质的，一定有个更高的本质在它上面。后来笛卡儿论证上帝存在就是采取的这种思路：既然"我思故我在"要经过这么多的怀疑才能得出来，说明这个"我"是很成问题的，很不完满的；那么又是谁使我得出了这样一个最清楚明白的完满的命题呢？显然不能是这个不完满的我，而只能是一个比我更完满的上帝。这种论证在基督教中最早是奥古斯丁提出了一个粗坯，但讲得最清楚的还是笛卡儿。"然而它作为对不变性或单纯的本质的意识，它同时必须努力去把它自己从非本质的东西中、亦即从它自己本身中解救出来"，就是说，既然它已经意识到自己的有限性，又意识到有一个无限的本质在它之上，它已经意识到了这两方面，那么它作为对不变性或单纯的本质的意识，也就是对上帝的意识，就有义务必须把自己从有限性中拯救出来，从这种矛盾冲突中拯救出来，归根结底是把自己从这个有限的、矛盾着的自己中解救出来。它渴望得救，但它只能够自己救自己。基督教讲人只能够自己救自己，这两个"自己"当然是不同的，能够拯救的那个自己是心中有上帝的自己,而被拯救的这个自己是被它看作是自己的那个动物性,是不幸的自己。

因为虽然它**自为地**只是变化的意识,而那不变的意识在它看来是陌生的东西,但**它本身**却是单纯的、因而是不变的意识,因此它将这不变的意识作为**自己的**本质来意识,然而**它本身**自为地又不是这个本质。

这段话绕来绕去,我们来看一下。"因为虽然它**自为地**只是变化的意识",这是解释前面讲的"自己解救自己"。自己充满矛盾,又如何能够解救自己呢? 因为它虽然自为地也只是一个变化的意识,只是一个感性的、不确定的东西,"而那不变的意识在看来它是陌生的东西",那个上帝高高在上,对人来说是一个陌生的东西,一个异己的东西。比如说,虽然我在遭难的时候希望上帝来救我,但是上帝高高在上,我叫天天不应叫地地不灵,这个时候上帝就是非常陌生的,他根本不理你。就我们每个人自己的意识来说好像是这样的,我们很渺小的,人活在世上,人生一世草木一春,人跟动物、人跟植物没什么区别,自为地说,也就是我们自己能够做的,就是不断地变化,生老病死,但是那个不变的意识在我们看来是陌生的,上帝绝不是你家的。"但**它本身**却是单纯的、因而是不变的意识",它本身 (es selbst) 打了着重号,跟前面"自为地"(für sich) 相对照。不幸的意识虽然"自为地"只是变化的意识,它的一切作为,它在困境中的挣扎,都置身于变化中,但"它本身"却仍然是单纯的从而是不变的意识。就是说,所有这些自为的挣扎底下仍然有个自在的基础,正因为它本身是单纯的不变的意识,它才会去自为地挣扎,它才会感觉到不幸、感觉到痛苦啊! 心中没有上帝,那种堕落就会是幸福的堕落,高高兴兴地堕落,而不会有不幸的意识。但由于它意识到本身是单纯的不变的意识,是对单纯不变的上帝的意识,前面讲不幸的意识本身有这一方面,它本身就是双重性的矛盾冲突嘛,肯定有一方面就是不变的意识,所以它也就能够把那些变化的意识看作是表面的,是遮蔽性的、虚假的,它把自己看作就是一个感性的动物,那种眼光是非本质的。由于这一点,"因此它将这不变的意识作为**自己的**本质来意识"，"自己的"打了着重号，就是说上帝虽然在它的自为的意识中是陌生的，但它本身仍然要把这个不变的意识作为"自己的"本质来意识，因为这种陌生性本来就是它自己造成的，是它自己异化出去的，它自己需要这样一个陌生的本质作为自己的本质，需要一个超验的上帝来作为自己追求的终极目的。所以应该把这种不变的意识看作自己的最内在的本质，这才会赋予自己的生活以巨大的张力和无穷的动力。"然而**它本身**自为的又不是这个本质"，这个又转回去了，前面讲它"自为地"是变化的意识，而"本身"又是不变的意识，这里讲它"本身自为地"又不是这个本质，就是说，不是这个作为不变的意识的本质。这里面有种"自在—自为—自在自为"的三段式关系。在不幸的意识中，人自在的已经是跟上帝统一的，已经是不变的意识、不变的本质了；但是就它的自为而言，它还是动物，它还是变化的意识，它在世俗生活中，作为一个动物它首先要生存，所以它自为地来说只是变化的意识；但正因为如此，回过头来再看它自在地所具有的不变的意识，就可以看出它可以把这个不变的意识当作它自己的本质来意识，但它自在自为地还不是这个本质。上帝高高在上，虽然不幸的意识已经把上帝当作自己的本质来意识了，已经皈依于上帝了，但是它还不是这个本质，它跟上帝还有无限的距离，因为它的本质中还有非本质的另一方面。这句话先绕过去又绕过来，然后又再绕回去，也是表明不幸的意识的内在矛盾性和复杂性。

　　因此它所给予双方的地位不可能是双方彼此的漠不相关，这就是说，不可能是它自己对那不变的意识漠不相关；相反，它自己直接就是双方，对它来说，它就是**这两方面的联系**即本质与非本质的联系，以至于这个非本质必须被扬弃； [141]

　　这是一个分号，我们先看这一分句。"因此它所给予双方的地位不可能是双方彼此的漠不相关"，这双方都在它的意识之中啊，它是作为**一个**意识而拥有这双方的。那么它给予双方什么样的地位？一个是高高在上,在天上,一个是在我们的现实世俗生活中,那么双方是不是就彼此漠不相关了呢?不是的,不是说两者天上地下有天壤之别,有不可逾越的鸿沟,不是这样一种地位。"这就是说,不可能是它自己对那不变的意识漠不相关",这两方面一个天上、一个地下不可能是漠不相干的,也就意味着它自己对那不变的意识不可能漠不相关,因为它把自己算做是地下的存在者,属于非本质的一方。所以它自身中矛盾着的双方的关系,同时也就是它自己和其中的一方即不变的意识之间的关系,它们都不可能是双方的漠不相关。而这也就意味着,它必须要把上帝放在心中,它不能说我既然是一个动物,那我就破罐子破摔,干脆就过动物的一生,上帝有没有跟我没关系,这是不可能的。不幸的意识它的这两个环节,这个矛盾的双方,谁也离不了谁,不可能是漠不相干的。因此不幸的意识肯定是要跟上帝发生关系的,它不可能跟那个不变的意识漠不相关。你不可能把上帝推开不管,你干任何事情都有一个上帝在看着你,你不可能摆脱上帝的眼光。"相反,它自己直接就是双方",不幸的意识它自己直接就是双方,虽然它把自己归于一方,归于非本质的一方,但它同时既是变化的意识也是不变的意识,它又不只是一方。当然它最初意识到自己是动物,意识到自己的变化、生老病死,这是每一个人最初级的意识,人生的有限性,人终究是要死的,人会生病,人必须汗流满面才能挣得自己每天的面包,等等,这是它的直接的意识;但是与此同时,它直接地又意识到有一个上帝,上帝对亚当和夏娃说:你们必须每天汗流满面才能挣得自己每天的面包,那么你的现实的生活是上帝派给你的,你每天要吃饭、而且你终有一死,这都是上帝规定的,所以不幸的意识本身直接就是双方。"对它来说,它就是这**两方面的联系**即本质与非本质的联系",既然在不幸的意识中,本质与非本质谁都离不了谁,所以这种意识其实不过是这两方面的联系。你之所以把一方看作非本质的东西,是因为另一方有一个本质的东西在给你提供标准;而之所以你能够把这一方看作本质的东西,又是因为有很多很多非本质的东西存在,你才会去寻找那个本质的东西。所以本质和非本质离了任何一方，另一方就不成立，没有非本质就没有本质，没有本质也就没有非本质。那么不幸的意识自己就是两方面的联系，即本质与非本质的联系，在这种联系中，一方是衡量者，另一方是被衡量者，上帝是本质，的世俗生活是非本质，是这样一种关系。"以至于这个非本质必须被扬弃"，这种关系并不是对等的，而是向上走的，是趋向于上帝的，所以从发展趋势来看，是必须扬弃非本质而日益接近于本质。不幸的意识本质的方面是必须坚持的，而非本质的方面是它必须扬弃的，它就是这样一种关系，就是通过本质去扬弃非本质的这样一种关系，是这样一种运动。再看下面，

但由于对它而言双方同样都是本质性的并且是矛盾着的，它就只是那矛盾着的运动，在其中这对立面在它自己的对立面里不得安息，而是只有在自己的对立面里才把自己作为对立面重新创造出来。

"但由于对它而言双方同样都是本质性的，并且是矛盾着的"，我们前面已经遇到了，前面说不幸的意识包括本质的东西和非本质的东西在内，而这两方面都是它的本质，我们曾经讲到，好像这种说法是矛盾的，一个本质怎么可能把本质和非本质都包含于自身？逻辑上这似乎是说不通的。但是如果放在运动中来理解就说得通了，这里讲它们"是矛盾着的"，这是就运动的含义上来说的，运动本身就是矛盾。"它就只是那矛盾着的运动"，是说本质的东西和非本质的东西并不是对等平列的，而是在互相矛盾中有一个上升的运动，一个从非本质的东西趋向于本质的东西的运动。人一半是天使一半是动物，这两方面都是人的本质，人的本质就是这两方面，并且是矛盾着的；但这个矛盾促使人不断地从动物上升到天使，从非本质的东西上升到本质的东西，这个上升过程才是人的真正本质。只有从这个上升过程来衡量，我们才能说，其中的更高的那个目标才是本质的东西，而那个要扬弃的东西则是非本质的东西。所以，从运动过程来看，不幸的意识的本质只能够是不变的东西，只能是上帝，它的本质在彼岸，它在此岸的生活是非本质的生活；但是"对它而言"，

即对不幸的意识目前的现状而言,这两方面"同样都是本质性的并且是矛盾着的",它在世俗生活中充分地意识到这两方面的冲突。"它就只是那矛盾着的运动,在其中这对立面在它自己的对立面里不得安息,而是只有在自己的对立面里才把自己作为对立面重新创造出来",听起来很拗口。它,不幸的意识,只是那样一种矛盾的运动,既然两方面同样都是本质性的而且是互相矛盾的,那怎么办呢? 那就会造成运动了,运动是由于事物本身内部的矛盾所造成的,什么样的矛盾呢? "在其中这对立面在它自己的对立面里不得安息",对立面在它自己的对立面里,也就是对立的一方在另一方中不得安息,一方把自己制造成另一方的对立面,它们互为对立面,互相在自己的对立面里不得安息,"而只有在它的对立面里才把自己作为对立面重新创造出来",也就是我们讲的否定之否定,从对立面里面又把自己造就成了它的对立面,为对立面制造对立面,不断地制造矛盾,不断地被这个矛盾逼迫得不得安息。这就是不幸的意识的内部的矛盾结构,它导致了一种运动,所以我们应该从动态的过程来理解这种不幸的意识,它的矛盾。

<u>于是一场对敌斗争就是现成在手的了,对这个敌人的胜利毋宁说是一场失败,获得一个东西毋宁说是失去了在其对立面中的同一个东西。</u>

现在就出现了一场对敌斗争,对敌斗争,这是一个比喻,就是把对方当敌人,在基督教里面主要就是把世俗生活当作敌人,把变化的意识看作敌人,因为上帝是不变的本质,上帝的敌人肯定是变化的意识,要与它作斗争。不幸的意识在自己的矛盾运动中的目的,就是要取消变化的意识,皈依上帝。然而,"对这个敌人的胜利毋宁说是一场失败",你要取消变化的意识,你把所有变化的意识都取消了,那你也就失败了,你战胜了你的欲望你也就失败了。为什么这样说? 因为双方谁也离不了谁。基督教禁欲主义,就是想要通过禁欲把人的动物性的一方面加以消灭,当然彻底消灭是不可能的,除非人死了,所以不能消灭就压制它、战胜它。但

是一旦战胜它就失败了,它心目中的上帝就成了一个空洞的东西。我们在《巴黎圣母院》里面看到,弗娄罗神父是一个严格的禁欲主义者,非常虔诚的基督徒,虔信上帝,他认为世间的一切引起人欲望的都是邪恶的,他要取消世间的一切情感,包括世间的美,他长期地压抑自己的这种欲望;结果后来他被爱丝梅拉达的美丽所诱惑,一旦撑不住了,就彻底崩溃,陷入到不可自拔,最后突破了罪恶的底线。他终于发现,他以前的那种通过禁欲主义所树立起来的一套信仰完全是虚伪的,丝毫不能让人在世俗生活中变得更加善良。弗娄罗神父这个角色非常值得分析,非常有深度,雨果塑造这样一个人物是很了不起的,《巴黎圣母院》里面这个人是最深刻的。如果对敌斗争一旦胜利,就意味着人性的泯灭,这场战争就失败了,你一旦把你的一切变化的意识都清除掉了,那你也就失败了。你为什么要相信你的上帝,就是因为有变化的意识;变化的意识如果清除掉了,你这个不变的意识就没有对立面了,它就体现不出来了;不变的意识之所以有意义,就是因为有变化的意识,它可以提升这种变化的意识,而不是清除它。你不能完全否认你的欲望,我们中国人讲存天理灭人欲,你把人欲都灭掉了,那个天理何在呢?所有的人欲都灭掉了那也就没有天理了。所以存天理灭人欲这个说法是非常自相矛盾的,后来也受到很多人的批判,理学家受到心学家的批判,说天理即人欲,人欲就是天理,天经地义,人要吃饭要活着这难道不是天理吗?起码的人的欲望你都把它取消了,那天理就不存在了。理学家也为自己辩解说,我讲的天理就是穿衣吃饭,我要排除的只是穷奢极欲,不是起码的生存需要。在这里有同样的关系。"获得一个东西毋宁说是失去了在其对立面中的同一个东西",获得一个东西,你获得了一个信仰,但是恰好你失去了在世俗生活中的信仰;你通过取消世俗生活获得的信仰,那是抽象的空洞的,是虚伪的,因为你恰好失去了可以在世俗生活中起作用的信仰,真正的信仰是在世俗生活中、在犯罪中、在情不自禁中、在感性的活动中的那种信仰,那才是真正的有血有肉的信仰;你通过禁欲主义获得的信仰,恰好是失去了真正的信仰。真正的信仰是什么信仰？就是在你每天的工作、劳动、享乐、欲望、追求……在这些变化的意识之中，你保持有你的信仰，甚至在你犯罪时你还留存有一种忏悔意识，使你还保有一点底线，那才是真正的信仰。如果没有这些东西，你那神圣而高洁的信仰就架空了，你就失去了在世俗生活中的信仰。下面，

对于生命、生命的定在和行为的意识只是对于这种定在和行为感到痛苦，因为在这里它只意识到它的反面才是它的本质并且意识到它固有的虚妄。

"对于生命、生命的定在和行为的意识"，一个是生命，一个是生命的定在，一个是行为，生命的定在就是肉体存在，以及生命的行为，对这些东西的意识，"只是对于这种定在和行为感到痛苦"，如果你心中有上帝的话，你对于生命、生命的定在和行为仅仅是感到痛苦，这种痛苦是非常具体的非常感性的。那么有这种痛苦，恰好说明你心中有上帝；如果你心中没有上帝，你对于生命、对于生命的定在和行为就不会感到痛苦，你反而会有一种幸福意识，而不是不幸的意识。李泽厚讲中国文化是"乐感文化"，西方文化是"罪感文化"，一个罪一个乐，你没有上帝你当然不会有罪感，而是会对一切都感到快乐，你会穷快乐，你会在不快乐的事情里面去寻求快乐，甚至在犯罪的事情里面寻求快乐。你会有意识地去提高自己的幸福指数，在任何情况之下你都有很高的幸福指数。我们中国人的幸福指数恐怕是世界上最高的，总是在快乐之中，甚至是纵做鬼也风流，他死了做了鬼，也会感到风流感到幸福。但是如果你心中有上帝，那么你对于生命、生命的定在和行为就只会感到痛苦，"因为在这里它只意识到它的反面才是它的本质"，就是说它在每天的生活、劳动、享受、追求之中只看到精神的无奈，只看到精神被束缚于这些变化的意识之中，而只有那永恒不变的东西才是它的本质。"并且意识到它固有的虚妄"，就是说这些东西都是虚假的，都是身外之物，都是非本质的，只有它的反面，只有对它们的否定才是人真正的本质。人的真正的本质不是动物性，

而是神性，只有神性才是人的本质。当你有了这个观念的时候，你对你
的一切动物性的生活都会感到痛苦，哪怕你在享乐中，哪怕你得到了满
足，在满足中仍然有痛苦，你会害怕下地狱啊！当你有这种观念的时候，
你的满足也是半心半意的，你不是得意忘形的，时时刻刻有一个声音在
拷问你；你在沉溺于情欲沉溺于口腹之欲的时候，就有一个声音在提醒
你，——当然其实是你自己的声音：这样下去你会下地狱的！如果你想
到上帝，那你就会有罪感，那你就有罪恶感。为什么基督徒总是需要忏
悔呢？他好像并没有做错什么事情啊？我们说他又没有犯法、他又没有
伤害别人，为什么需要忏悔？就是因为他忘记了上帝。他今天参加一场
宴会，喝得醉醺醺，第二天他就跑到教堂去忏悔。我们中国人会说，享乐
很好，一醉方休，心满意足，他应该感到充实啊？但他感到不充实，感到
不踏实，他要去忏悔，觉得自己已经耽于享乐，这个本身是要不得的。当
然也没办法，因为人还有一半是动物，他要追求享乐，但是同时呢他心里
有另一个声音在警告他。这就是西方人的、基督徒的忏悔意识，他会认
为过这样的生活是虚妄的、是虚假的、是不踏实的，总有一天要遭报应的，
你此世不遭报应来世要下地狱。这个是基督徒的一种心理情结，或者说
一种罪感意识，我们中国人比较难以体会到这一点。再看下面，

　　它由此而提升起来过渡到不变的意识。但是这种提升本身就是这个
意识；因而这种提升直接就是对于对立面的意识，亦即意识到它自身的　{123}
个别性。

　　由于对于世俗生活感性生活的这种痛苦、这种忏悔意识，由于在享
受生命的欢乐的时候它都会感到这种生命的虚妄，感到痛苦，它就能够
提升起来，过渡到不变的意识，过渡到彼岸，过渡到一个超越的上帝，那
个永恒不变的意识。"但是这种提升本身就是这个意识；因而这种提升直
接就是对于对立面的意识，亦即意识到它自身的个别性"，这种提升是想
到上帝，当然是提升了；但是这种提升本身就是这个意识，就是这个不幸
的意识。不幸的意识之所以不幸就是因为它想到了上帝，如果不想到上

帝,那它就是醉生梦死,它就是沉溺于罗马时代的那样一种人欲横流,还在那里面自得其乐,在那里面"弄潮"。我们讲"弄潮儿",我们今天的时代很有一点像罗马时代,大家都是庸庸碌碌,拜金主义,没有信仰了,没有上帝,也就没有威胁了。一个人赚到了大笔的钱,然后善始善终,他就心满意足了;就像相声里面讲的,最怕的就是人要死了钱还没有花完,或者说更害怕的是钱花完了人还没死,中国人最怕的就是这个,其他都不怕。如果没有这个害怕,那这一生就非常完满了,又有钱用,什么该享受的都享受到了,去新马泰旅游过了,什么地方都走过了看过了,心满意足了。有人就是这样,只要有机会有权力,他就是世界各国去漫游,去周游列国,看过了各种名胜,凡是有名的地方都去过,凡是有名的菜他都吃过,凡是高档的酒他都喝过,于是这一辈子没什么遗憾的了。否则他会有点遗憾:这一辈子还有一种酒没有喝过。茅台酒最近拍出天价,被中石油买去了,买去干啥?行贿嘛!这个很简单,买去就是行贿啊,就是满足那些有权有势的人,他也许这种高档酒还没有喝过,这就是他一个弱点,你要满足这个弱点,你就什么事情都能干得成。这个是我们中国人的心态。但是,你如果心中有了上帝,就大不一样了,这种不幸的意识本身就是对人的提升。你不要看不幸的意识好像很可怕,我们觉得我们中国人没有这种不幸的意识好像很自得,是中国文化的优势,当然也是优势;但是不幸的意识有一个很重要的作用,就是能够把人提升起来。所以这种提升本身就是这个意识,"因而这种提升直接就是对于对立面的意识,亦即意识到它自身的个别性",对于对立面的意识也就是直接意识到了它自身的对立面,自身的对立面就是上帝。而面对上帝他孤身一人,任何别人都不能帮他,他必须自己面对,这就意识到了他自身的个别性。他自己的个别性就是他的孤独意识,他作为一个人,他的人生有限,他就是一个人,张三也好、李四也好,死了就什么都没有了,他这一生就是他的个别性。上帝高高在上,永恒、全在,上帝就是作为自身个别性的对立面;当他意识到这个对立面的时候,他也就同时意识到了自身的个别性,自身的有死性。人总有一死，你毕竟是个别的，你不是普遍的，你不能够永生。那么意识到这种个别性，怎么办？一个就是你去信上帝，当然再一个，如果你心中没有上帝的话，那你就及时行乐，过把瘾就死，努力把自己的个别性、有死性忘记掉。但是有了上帝的意识，那么你对自己的个别性就有强烈的意识，具有死亡意识，意识到自己有一天要死，意识到自己的有限性，这就个就大不一样了。所以对自己的个别性就有一种全新的眼光。

　　<u>正因为如此，那进入意识的不变的东西同时就为个别性所染指，而且只是与个别性一起出现；在不变的意识里个别性并没有被取消，它只是在那里不断地产生出来。</u>

　　"不断地产生出来"，前面一段的最后一句话也讲，不幸意识中的对立面"只有在它的对立面里把自己作为对立面重新创造出来"。这一句是"在不变的意识里个别性并没有被取消，它只是在那里不断地产生出来"，这就是对上一句的印证。也就是说，这里具体讲到个别性和不变的东西的对立，好像一个是天一个是地，好像根本不相干；但是，由于在不幸的意识中你把自己提升到了不变的意识，你本身就是这个提升，因此这两方面就发生关系了。"正因为如此，那进入意识的不变的东西同时就为个别性所染指"，我虽然是个别的东西，我虽然是终有一死的存在，但是我可以跟永恒的东西发生关系，我可以沾染上永恒的东西，我可以沾染上神性，我不是神而是人，但是我有神性，我也可以有资格参与神性。我虽然是有限的东西，但是我可以参与无限，参与永恒，我可以与彼岸的超验的东西相通，我可以超越我的动物性。而上帝则"只是与个别性一起出现"，那个上帝并不离开个别性，而是就在你心中，他就是你的个别性所意识到的上帝。你意识到自己的个别性，意识到自己的有限性，意识到自己的有死性，所以凡是谈到上帝，我们都想到我们人终有一死，死了以后那就是在上帝跟前了。所以你在生活的这一段时间里面要好自为之，不要做违背上帝的告诫的事情。所以在你意识中的这个不变的东西只是与个别性一起出现，只是与你的有死性、与你的个别的灵魂一起出

现；或者说之所以我意识到心中有一个上帝，就是因为我意识到自己的个别性，意识到自己是有死的，我要追究死后的灵魂到哪里去了，然后我才能够把不变的意识引进我的内心里面来，才能够有不变的意识。宗教的起源就在于，首先——恩格斯原来讲过——人们在考虑人死后的灵魂到哪里去了，宗教是由这个产生出来的；人死后的灵魂，每一个人都是不同的，都是个别的，而这种个别性使人去追求上帝，去追求一个不死的灵魂以及一个彼岸。"在不变的意识里个别性并没有被清除，它只是在那里不断地产生出来"，在不变的意识里，在上帝那里，个别性并没有被清除。每一个基督徒在相信上帝的时候，他并不是把自己的个别性完全取消，像中国的道家那样，像中国的佛家那样，道家佛家都是要破除执着，都是要去掉我、忘我、无我、无为、无欲，破除"我执"，这个时候你才能达到一种最高的境界，你才能达到与大自然合一。但是在基督教里面它不是这样，在不变的意识里面个别性并没有被清除，为什么没有被清除？因为个别性作为个别的灵魂在死后它是归于上帝的，所以在上帝那里仍然有它的个别性，那就是死后的灵魂。灵魂是有名有姓的，它不是说一到死亡灵魂就瓦解、就消散了、就发散了、就什么都没有了，它不是的，它还在那里，灵魂不死。在肉体死亡后，灵魂是一种新生，基督教有一种说法就是说，死才是人真正的生，人的灵魂的生，真正的生命才刚刚开始。死了以后，你把世俗的肮脏的罪恶的生命这一套躯壳摆脱了以后，你真正的生命才开始，那才是你的灵魂的纯洁的生活。所以个别性在上帝那里不但没有取消，而且不断地在产生出来，不断地意识到你的灵魂的个别性，在你的灵魂的个别性里面你不断地看到上帝，这就是所谓的启示。《启示录》就是诉之于人的个别性，里面到处都在说："我看见……我又看见……我听见……"谁有启示？有个别性的人才有启示，时刻关注自己灵魂的人才能够得到启示，上帝的启示是给个别人的灵魂的，所以它需要诉之于个别人的灵魂，他的灵感、感悟。这样一些个别性跟上帝的信仰其实是分不开的，虽然个别性跟上帝是对立的，但同时呢，又是统一的。

［2.不变的形态］

上面这是"变化的意识"，下面这个小标题是"不变的形态"。其实前面讲"变化的意识"里面已经有不变的形态了，所以这个小标题不一定是那么准确，我们姑妄言之，可以把它当一个小标题。不变的形态，就是上帝。

但是在这运动里意识就正好经验到这样一种个别性在不变者那里和不变者在个别性那里显现出来的过程。

这是一个运动，一个矛盾的运动；我们前面讲了，不幸的意识就是一个不断地由于内部的矛盾而导致的运动。那么，"在这运动里意识就正好经验到这样一种**个别性在不变者那里**和**不变者在个别性那里的显现出来**过程"，个别性在不变者那里显现出来，不变者又在个别性那里显现出来，这是意识的双向运动、双重经验。一个是经验到了个别性在不变者那里显现出来，就是说我们所经验到的那些个别性是由不变者显现出来的，背后都有不变者、都有上帝，所以我才能够对我个别性的生活感到痛苦、感到有罪啊。所以在这运动里面意识经验到了个别性出现在不变者那里，个别性是出现在上帝那里的，我是从上帝的眼光来看我的个别性的。另一个是，不变者在个别性那里显现出来，上帝是在个别性那里被启示出来的，每个人的灵魂都可以接受上帝的启示，接受了上帝的启示，那么不变性就在个别性的心中了。上帝在我心中，何以见得？因为上帝给我的个别性发出了启示，上帝启示我，使我悟到了心中的上帝。所以不变者出现在个别性里，上帝出现在我的灵魂里面，作为一种启示。不变的意识它的这个运动的意识就有了这样的经验，就是个别性由上帝的眼光来看是必须忏悔的，而上帝在人的个别性里面是可以提供启示的。

于是**对意识来说，一般个别性就在不变的本质里形成起来了，同时它自己的个别性也在不变的本质里形成起来了。**

"对意识来说"打了着重号，就是说，对于经历过这一运动的不幸意识而言，"**一般**个别性就**在**不变的本质里形成起来了"，就是它心中已经形成了一个一般的个别性,这个一般的个别性不是它自己的那种感性的个别性,而是人同此心心同此理的个别性,是精神上的内心中的个别性,所有这些个别性都是可以在精神上相通的,因为它们是在"不变的本质"里、在上帝那里形成起来的。注意这里打了着重号的"一般",以及"在……里",也就是介词 an,在什么之上、之中。当然,如果不是"在不变的本质里",不是在上帝中,个别性就不会成为"一般的"个别性,就会是每个个别者都与另一个别者格格不入,人与人不能相通。所有的人的个别性都在上帝之中打通了,成为了一般的个别性。这是不幸的意识所达到的高度,就是意识到所有的人都是人,而且都是个别性的人,每个人都有自己的人格,每个人的人格在上帝面前都是平等的。这就从那种动物性的个别性中提升起来了,不幸的意识就成了这样一种意识,就是在不变的本质之中意识到了一般的个别性,不仅意识到自己的个别性,也意识到自己的个别性里面有上帝,意识到一切人的个别性里面都有上帝,所以这是一般的个别性。这是一个环节。"同时**它自己的**个别性也**在**不变的本质**里**形成起来了",这是从另一方面说的,即不但自己的个别性在上帝那里成了一般的个别性,而且真正成了"它自己的"个别性。"它自己的"(seinige)打了着重号,是为了与前面"一般的"相对照,就是说,上帝不单是使个别性成为了一般的个别性,而且使个别性成为了真正独立的个别性。一般的个别性和它自己的个别性是有区别的,一般的个别性就是每一个人相通的个别性,因为上帝都在它们里面,上帝在每一个人心中;它自己的个别性则是与每个人都不同的个别性,与每个别人不可混淆、不可替代的个别性,之所以能够这样,是由于有上帝在后面给每个人撑腰,每个人不需要通过别人,而可以直接与上帝打交道,他就成了与每个其他人都不同的个别性。这样一来,个别性由于被提升到不变的本质这个层次,它就成了个别和一般的统一,也就是成为了一个"人格",即 person。每一个人都有一个人格,这意味着每个人都有普遍性,同时又在这种普遍性的层次上是个别性和唯一性。当然要意识到这一点,即意识到个别的成了普遍的，只有普遍的才能成为真正个别的，这需要经历一个漫长的教养过程。而在这种运动中，意识正好经验到了这一点，于是呢意识就有了这样两个环节，一个是在不变的本质中形成了一般的个别性，同时呢它自己的个别性在不变的本质中得到了支持，成为了它独特的、独有的个别性，而原先那种感性的个别性是站不住脚的、自我取消的，只能被普遍性吞并掉。这里出现了两种个别性的统一，即个别和一般的统一。

因为这个运动的真理正是这种双重意识的**成为一**。不过**这种统一最初对它**成为了这样一种统一，**在其中**双方的**差异性还**占着统治地位。由此，意识手头就有了个别性与不变的东西相联接的三重方式。

"因为这个运动的真理正是这种双重意识的**成为一**"，"成为一"这个词我们前面已经讲到了，Einssein，Eins 就是"一"，sein 就是"是"，"是一"。"是一"作为一个运动当然就是"成为一"了。这个词在前面81—83页讲知觉中的一和多的关系时已经出现过好几次，有时译作"成为一"，有时译作"是一"。"因为这个运动的真理"，这个运动就是上面讲的个别和一般的矛盾运动，它的真理是什么呢？真正说来，它就是"这种双重意识**的成为一**"的过程；这种双重意识真正说来其实是一个统一的意识，也就是一个不幸的意识。不幸的意识中两个环节，看起来是矛盾的双方，但是它们又是统一的。"不过**这种统一最初对它**成为了这样一种统一，**在其中**双方的**差异性**还占着统治地位"，这种统一既然是一种运动，它的开始和结束就不是一样的，最初是一种模式，后来转变成了另一种模式。这种统一在最初的时候主要是倾向于双方的"差异性"这一方面，它还没有真正达到完全的统一。它当然是一种统一了，但是这种统一应该是一个过程，所以最初是差异性（Verschiedenheit）占优势，一直发展到最后，它才发展到完全的统一，它才发展到同一性（Identität）占优势。从差异性占优势到同一性占优势，在这样一个过程中，它的侧重面是不一样的，不能一说统一就是静止的统一，就是完全一样的，不是的。正因为它是一个过程，所以它是从开始相距很遥远的差异发展到越来越接近，最后发展到同一性占优势，它是这样一个过程，所以这种统一最初对它成为了这样一种统一，在其中双方的差异性还占着统治地位。"由此，意识手头就有了个别性与不变的东西相联接的三重方式"，意识"手头"就有了，现成在手头有了个别性与不变的东西相联接的三重方式。个别性和不变的东西这两者最开始是差异占统治地位，但是在这个过程中，它有三重方式来把它们相互联接起来，首先当然是无限遥远的差异了，一个天上一个地下，然后看它们怎么接近。哪三重不同的方式？他说，

第一，意识本身又作为与那不变的本质相对立的而产生出来，并被抛回到斗争的开端，这开端仍然是整个关系的元素。

最初的第一重方式是什么方式呢？"意识本身又作为与那不变的本质相对立而产生出来，并被抛回到斗争的开端"，斗争就是对立的开端，就是说不变的意识把变化的意识当作敌人，一定要消灭它，一定要打倒它，一定要压制它，非要把它制服不可。"这开端仍然是整个关系的元素"，就是开端是一种对敌斗争，就是天上和地下势不两立，上帝的归上帝，恺撒的归恺撒，恺撒的世界是一个罪恶之城，上帝之城才是一个幸福之城，才是一个正义之城、道德之城，那在天上。地上的世界是一个邪恶的世界，这个世界是完全不可调和的。而这样的对敌斗争在整个不幸的意识过程中自始至终都是贯穿着的，在开端的时候表现为极端的对敌斗争，禁欲主义和苦行主义，否定一切现实生活，摆脱一切世俗事物，超越到彼岸，显得那么样的严酷，严格禁欲。而这样一种东西它是自始至终贯穿的，一直到最后它都作为元素，作为基本要素贯穿始终；所以虽然它后来不再那么严酷了，但是并不是取消了这个东西，而只是扬弃了它，按照黑格尔的说法，所谓扬弃就是既取消又保留下来了。它后来把这种严酷性取消了，但是它自始至终一直保留着这样一种东西作为它的元素，是整个关系的基本要素。这个在开端已经表现出来了的元素，就是对敌斗争。意识本身就是与上帝相对立地产生出来的，在不变的本质那里它

是要被否定的，它是要被当作敌人来压制的，力图要把它抛回到斗争的开端，即这个"敌人"还被严格压制着的状态。基督教在早期的时候倾向于禁欲主义，倾向于严峻主义，他们的上帝还有点像犹太教的上帝，《旧约》里面的上帝，宗教学里面称之为"愤怒的上帝"。愤怒的上帝动不动就发怒，这些世俗的人不听我的话我就把他们都毁灭掉，我发大洪水把你们全部淹死，人类都要被消灭，完全是当敌人看待。你们听不听我的？你们如果不听我的，你们崇拜别的偶像，那我就把你们全城的人都灭掉，发洪水、发雷击、发大火，种种方式，这是愤怒的上帝，在《旧约》里面就是愤怒的上帝。愤怒的上帝体现的最高的原则就是圣父，上帝就是圣父，圣父的原则是第一重方式，你必须服从我，不服从我那你们都要遭报应的。这是第一重方式。下面看第二重方式，

第二，对意识来说，那**不变的东西**自身**在自己身上拥有了个别性，**以至于个别性就是不变的东西的形态，从而整个实存的方式都转移到不变的东西上去了。

第二重方式是，"对意识来说，那**不变的东西**自身**在自己身上拥有了个别性**"，不变的东西、上帝自己在自己身上拥有了个别性，那就是基督教里面讲的道成肉身啊，圣子耶稣基督是《新约》的上帝。《旧约》里面是愤怒的上帝，那么《新约》里面就是一个"慈悲的上帝"。耶稣基督体现出来的不是愤怒，而是慈悲、仁爱，他不是毁灭世界，而是要拯救世界。耶稣基督自身体现为一种个别性，他是圣父的独生子，所以在他自己身上拥有了个别性，他是一个活生生的人啊。前面提到，不幸的意识经验到"不变者在个别性那里显现出来"，我们解释为个别性在上帝那里得到了启示；这里讲"那**不变的东西**自身**在自己身上拥有了个别性**"，"在自己身上"打了着重号，说明这是上帝自己主动的启示，也就是自己显示为个别性，来启示世人、拯救世人。耶稣基督是干什么的呢？是救世主，他拥有了个别性，他既是神又是人，"以至于个别性就是不变的东西的形态"，也就是人成为了神的形态。不变的东西就是上帝，上帝本来是无形

无相的,在《旧约》里面上帝是不露面的,上帝说,谁要见了我的面就得死。谁也看不到上帝的,只能看到上帝的威力和后果,只能通过某些先知的灵感来传达上帝的声音。某些圣徒也许可以听到上帝的声音,但看是看不见的,在《旧约》里面上帝是无形无相的。而在《新约》里面上帝已经有了形象了,那就是耶稣基督,圣子,甚至还有圣婴,圣子刚生出来的时候的形象。个别性成了不变的东西的形态,"从而整个实存的方式都转移到不变的东西上去了",有了个别性作为上帝的形态,有了耶稣基督作为上帝的形态,那么整个实存的方式,整个世俗社会,整个人类社会和感性生活,它们的实存方式、它们的存在都转移到不变的东西上去了,都转向了上帝。耶稣基督来拯救世人,耶稣基督使得世人相信上帝,所有的实存的方式、现实生活都成了为上帝而活着。基督徒入了基督教,意味着他就是为上帝而活着的,他就把他的整个现实的生活都转移到上帝身上去了。这个实存,Existenz,也就是现实的生存,整个现实生存方式都转到不变的东西上去了。所以,耶稣基督的诞生意味着基督教的成立,基督教正式有了根据。在《旧约》里面基督教还是非常偶然的,所以犹太人可以把自己看作是上帝的"选民",犹太教是作为它自己这个特定民族的宗教,犹太人也几次遭到上帝的惩罚,当他们信别的偶像的时候,就遭到上帝的惩罚,通过威逼利诱,才坚定了信上帝的信心。所以上帝在犹太教的阶段始终是非普世的,只是犹太民族的宗教。而只有当耶稣基督出世、传教,在圣子身上,基督教才成了普世的宗教。一切现实的生活、整个实存的方式都转到了上帝身上去了,都转到不变的东西上去了,所有变化的东西独自看来都失效了。这是第二个阶段,第二重方式。第一个阶段是《旧约》,第二个阶段就是《新约》,它们有这样一种关系。我们再来看第三重方式,他说,

第三,意识发现**它自身**是不变的东西中的这一个个别东西。

第三重方式是,"意识发现**它自身**",它自身打了着重号,意识自身"是不变的东西中的这一个个别的东西",这是什么意思?每一个意识都

364

发现了它自己就是不变的东西中的"这一个"个别意识，它回到了"这一个"，回到了个别性，回到了自己的个体灵魂；但这种个别性是在上帝中的生存，它的生存已经变成了在上帝中的生存，或者说为上帝而生存，这是一种精神性的个别性，而不再是第一阶段那种被压抑的个别性了。这两种方式的关系就是前面讲到的，"**一般**个别性就**在**不变的本质**里**形成起来了"，这相当于第二重方式；"同时**它自己的**个别性也**在**不变的本质**里形成起来了**"，这相当于第三重方式，依照这种方式，基督教就达到了更高的层次。这个更高的层次就是宗教改革的层次，宗教改革的立足点是"圣灵"，圣父圣子圣灵，《旧约》里面是圣父，《新约》里面是圣子，那么宗教改革以后圣灵就出来了。圣灵是在一切个别的东西中的不变的东西，或者是在不变的东西中的个别的东西；人们都活在上帝之中，每一个个别的东西、每一个个别的灵魂都活在上帝之中。这是新教所阐发出来的圣灵的原则，新教最执着的是圣灵的原则；传统的基督教、罗马天主教，执着于圣父的原则，圣子则是两者之间的一个中介。所以基督教它也有一个发展过程，首先是单纯的一种信仰；然后是经过了耶稣基督，成为"实证宗教"，实证的基督教是通过耶稣基督的生平、《福音书》来描述耶稣的诞生、耶稣的言行，有很多证物，有很多证人，有《使徒行传》等等，这叫作基督教的"实证性"——黑格尔早年写《耶稣传》，评价耶稣其人其事，都是可以找到根据的，有名有姓的，都是有实证的材料的。这是基督教发展的第二个阶段，就是通过圣子，通过耶稣这个具体的人，来阐发基督的思想。上帝耶和华是看不见摸不着的，但是耶稣基督是看得见摸得着的，死了的时候人家还可以去摸他的伤口，这个是非常实证的。那么它的更高的阶段就是圣灵阶段。圣灵也是看不见摸不着的，但是每个人心中都有，上帝就在我心中，我的心就在上帝之中，这个是第三重方式。意识发现它自身是不变的东西中的个别东西，是神性中的人性，也是人性中的灵性。下面对这三个东西的关系加以描述，他说，

　　那**第一个**不变的东西对意识来说只是**异己的**、对个别性加以谴责的

[142] 本质；由于**第二重方式**，是如同意识自身那样的一种**个别性形态**，那么在**第三重方式**中，意识就成为了精神，它以在精神中发现它自身为愉快，并且意识到它的个别性和共相达到了和解。

"那**第一个**不变的东西"，在《旧约》里面，我们可以说第一个不变的东西、也就是第一个上帝，"对意识来说只是**异己的**、对个别性加以谴责的本质"，上帝经常对人间的事情加以批评，加以谴责，甚至于加以惩罚，他是异己的，愤怒的上帝嘛，愤怒的上帝跟人的意识没有什么情面好讲，他是高高在上的，他借助于他的权威来命令人：只许这样，不许那样，颁布诫命。这是第一重方式。"由于**第二重方式**，是如同意识自身那样的一种**个别性形态**，那么在**第三重方式**中，意识就成为了精神，它以在精神中发现它自身为愉快，并且意识到它的个别性和共相达到了和解"，他顺带说了第二重方式，未加强调，由于第二重方式即耶稣基督的方式，是如同我的意识自身那样的个别性的一种形态，他和我一样都是一个人，这种意识自身是个别性的、世俗的，耶稣也是个别性的，耶稣也是一个人；那么经过这一过渡，马上就跳到了第三重方式，即意识成为了精神。在第三重方式里面，意识发展成了精神，精神就是 Geist，该词在德文里面有两个意识，一个是精神、一个是圣灵，精神就是圣灵。意识在这重方式中就成为了圣灵。意识发展成了圣灵，"它以在精神中发现它自身为愉快，并且意识到它的个别性和共相达到了和解"，意识以在精神中、在圣灵中发现它自身为愉快，圣灵是无所不在的，每一个人心中都有圣灵，都有精神，人跟动物的区别就在于人有精神。人有精神也就是人有圣灵，每个人心中的圣灵，他都会非常愉快地认同于它，这就是真我，这就是我的灵魂，这就是我的精神。并且他意识到它的个别性和共相达到了和解，我虽然是这一个个别的人，张三也好李四也好，但是我心中有圣灵，那么这个圣灵是人人具有的，每个人都具有的，它其实就是无所不在的上帝，所以我的个别性和共相就达到了和解。这个圣灵作为上帝那就不是高高在上的了，那也不是愤怒的上帝了，甚至于他也不是慈悲的上帝，——你等待着耶稣基督来救你，但耶稣基督已经死了，耶稣基督留下的是什么？就是圣灵，每一个人的心中都有。耶稣基督让每个人意识到自己心中都有圣灵，也就是说都有上帝，你不能等待耶稣基督的到来；当然耶稣基督说他以后还会复活，会来拯救整个世界，但是他的意思不是叫你在那里傻等，希望耶稣大发慈悲，而是叫你们自己救自己。你们要靠你们心中的上帝、你们的圣灵、你们的精神来拯救你们自己。所以在这里，不幸的意识就意识到它的个别性和共相达到了和解，上帝不再是高高在上的了，上帝是在每个人心中，而他就是我们每个人的精神、圣灵。到这个时候，不幸的意识就扬弃了自身。

对整个这一段要有一定的基督教的基本的知识，不需要很多，但是基本的东西你要知道，才读得下去，才能够在他的字里行间读出他真正想要说的什么东西，他这个是高度思辨的。但是你如果熟悉基督教的那一套东西的话，你就可以从这些高度思辨的东西里面看出，他是针对哪些环节针对哪些关键词来阐述的，他就是阐明了在这样一些基督教现象、基督教的教义背后所隐藏的意识的结构，意识在这后面隐藏着一种什么结构；当然你也可以把它不理解为基督教，而是理解为一般人类意识结构，但是在黑格尔心目中肯定有这个基督教背景，提供他做他的思想实验的素材。所以我们还是要从基督教的这个眼光来看才能读得懂。为什么我们中国人经常讲《精神现象学》是一部天书，没人读得懂，就是因为我们没那个文化背景，你要把这一套文化背景熟悉了以后再来读它，你就比较能够找到它的钥匙，打开它的神秘之门。我们再看下面，前面讲到了三重方式，这三重方式他一个个地做了初步的解释，下面是进一步的解释。他说，

凡是在这里体现出来的不变的意识的方式和关系，都是作为分裂的自我意识在其不幸中所造成的**经验**而产生的。

这里"分裂的自我意识"就是不幸的意识，因为不幸的意识就是双重

矛盾的意识，这矛盾在达到和解以前都是分裂的。也就是说上面讲的不变的意识、上帝的所有这三重方式，都是不幸的意识的产物，"都是作为分裂的自我意识在其不幸中所造成的**经验**而产生的"，经验打了着重号，都是不幸意识的经验，都有它实实在在的经验，它不是抽象的。斯多葛主义和怀疑论可以说它们的不变的意识都还是抽象的，虽然怀疑论已经有了经验，但是跟不幸的意识相比，那种经验还完全是否定性的，它那种经验无非就是否定一切的经验，但是它自身在这个中间如何经验，还看不出来，它还是在追求"不动心"。真正的经验那就是要造成它自身的不幸意识，造成它自身的分裂和痛苦，走出不动心的抽象，要"动心"，进入内心的运动，这才是真正的经验。我们通过这种经验就可以分析它的结构了。他说，

这种经验现在虽然不是**分裂的自我意识这一个方面的**运动，因为它自己就是不变的意识，这不变的意识与此同时也是个别的意识，并且这个运动也同样是不变的意识的运动，这个不变的意识和另外的个别的意识都同等程度地在这个运动中出场；

"这种经验现在虽然不是**分裂的自我意识这一个方面的**运动"，这个"虽然"在后面应该有一个"但是"，但是这个"但是"一直延续到后面好几句才出现，我们先记住。就是说，这种经验并不是分裂的自我意识这一个方面的运动，也就是说不是分裂的意识单方面的运动，好像先是它单独运动，然后在经验中才产生出了不变的意识的各种方式，不是的。"因为它自己就是不变的意识，这不变的意识与此同时也是个别的意识"，为什么不是一个方面的运动呢，因为在这两方面中，它同时就是双方，因为它本身就是不变的意识，也就是对上帝的意识，而这不变的意识同时也是个别的意识。双方既是不变的意识也是变化的个别意识，个别的意识是变化的，不变的意识是不变的，但是不幸的意识是这双方。所以它不是单方面的运动，而是双方的运动，或者说双方的交互运动。"并且这个运动也同样是不变的意识的运动，这个不变的意识和另外的个别的意识

都同等程度地在这个运动中出场"，这个运动既是变化的意识的运动，也是不变的意识、上帝的意识的运动。一方面，个别性在上帝那里得到了启示，另一方面，这个过程同时就是上帝自身启示出来的运动过程。上帝不断地运动，不断地改变它的形态，先是愤怒的上帝，然后是慈悲的上帝，然后是圣灵，圣父圣子然后是圣灵，三位一体；但是这个三位一体不是静止的，而是在运动过程中。所以在这个运动中，不变的意识和个别的意识都同等程度地出场，就像上演一出对手戏一样，这一方的运动同时就是另一方的运动，一个巴掌拍不响。双方都是以同等的程度出现在这个运动里，它们都同等地起作用。所以说这个运动不是单方面的运动，而是双方的运动。

因为这个运动是通过这样三个环节而进行的，即首先，不变的意识与一般的个别意识相对立，其次，个别意识本身与另一个个别意识相对立，最后，个别意识与另一个个别意识成为一体。

前面讲三重方式，这里讲三个环节，这三个环节就是从三重方式里面得出来的。这个运动有三重方式，那么这个运动的过程就是通过这三个环节进行的。这三个环节就是："首先，不变的意识与一般的个别意识相对立，其次，个别意识本身与另一个个别意识相对立，最后，个别意识与另一个个别意识成为一体"。这运动是三个环节，或者说三个阶段，首先是不变的意识与一般的个别意识相对立，这"一般的个别意识"就是普通大众的个别意识，而不变的意识就是上帝。不变的意识高高在上，跟一般的个别意识相对立，还没有降到人间来，体现为它自身的个别意识，所以它跟一般的个别意识相对立。上帝无形无相看不见，没有人能够看到上帝，所以这样一个不变的意识是抽象的，愤怒的上帝是不露面的，凌驾于人类之上而与人类相对立。这是第一个阶段。其次就是个别意识本身与另一个个别意识相对立，这就是耶稣基督，他就是另外一个个别意识，民众跟救世主之间是两个个别意识的关系，不变的意识下降为个别的意识了，耶稣也是人。当然他也是神，他既是神也是人，他也是一个个别意识，那么这个个别意识要拯救世人，世人又不理解他，这就是一个个别意识本身和另外一个个别意识相对立。耶稣基督不断地传教，不断地有人跟随他，但是还有很大一部分人没有跟随他，那么这就是一个过程。而最后，个别意识与另一个个别意识成为一体，就是个别意识和个别意识合而为一，就是所有的个别意识能够达到统一了，基督徒与基督的个别意识也达到统一了，那就是通过圣灵，通过教会，能够使所有的个别意识成为一体，这是第三个阶段。所以这样三个环节就是前面讲的三重方式在运动中的一种安排，一种发展阶段的程序，它体现为不仅仅是三重方式而且是三个运动阶段，这是一个接一个来的。下面，

　　<u>但是这种看法，就其属于我们而言，在这里是不合时宜的，因为直到现在为止，对我们而言不变性只是作为意识的不变性而产生出来的，因而它还不是真正的不变性，而是还与一个对立面牵扯在一起的不变性，它不是作为**自在自为的**不变的东西**本身**而生发出来的；</u>

　　这个"但是"就和上面的"虽然"接上气了。"但是这种看法，就其属于我们而言，在这里是不合时宜的"，前面讲了三重方式，它体现为在运动中的三个阶段，这种看法是经过我们处理的，是属于"我们"的，也就是属于我们这些《精神现象学》的旁观者、研究者，我们具有一种客观的眼光。"不识庐山真面目，只缘身在此山中"，"我们"现在不在此山中，我们跳出了此山，我们看得更清楚。我们可以看得出来，不幸的意识的发展虽然客观上不是单线发展，而是矛盾双方相互运动，并且经过了三个阶段，但这只是对我们而言的，在这里我们这样说还不合时宜，还不到时候。特别是讲到它最后的阶段，即"最后，个别意识与另一个个别意识成为一体"，也就是通过教会传播圣灵，使得所有的个别性都归于上帝，都与上帝合为一体，这个在这里讲还不合时宜。为什么呢？"因为直到现在为止，对我们而言不变性只是作为意识的不变性而产生出来的"，直到现在为止，对我们旁观者而言的那种不变性仅仅是作为意识的不变性而产生出来的，我们所谈的还只是上帝的意识的不变性，还不是客观的

上帝本身的不变性。客观的上帝本身是我们跳出整个历史的过程才能够看得出来的,上帝在背后支配着精神现象学整个发展历程。但是我们旁观者清,我们所总结出来的这三个阶段,在意识中尚未意识到。"因而它还不是真正的不变性,而是还与一个对立面牵扯在一起的不变性",它不是真正的不变性,我们心目中的上帝还不是真正的上帝,只是上帝意识。只是上帝意识意味着什么呢? 就是相信有一个真正的上帝在那里,但我的上帝意识是不是能够确切地反映那个真正的上帝,这还未定。我意识到上帝了,在我心目中上帝是这样的了,但是不是真的这样,这还未定,还没有真相大白;我有一个上帝的信仰,我心目中有一个上帝了,但是这个上帝的概念、上帝的意识是可以纠正可以探讨的,你这个上帝概念还不准确,或者说还不真实,还非常表面,那完全有可能的。正因为如此,它还与一个对立面牵扯在一起,这种不变性它跟那个真正的不变性还是作为一个对立面,你的上帝意识能否反映上帝这个客观对象,那还要经过一个过程。为什么基督教经过了首先是愤怒的上帝、然后是慈悲的上帝、最后达到圣灵,就是因为上帝的概念越来越清晰,越来越接近于上帝本身。但是最开始的时候还没有,它纠缠在对立面之中。"它不是作为**自在自为的**不变的东西本身而产生出来的",上帝的意识不是作为上帝本身自在自为的那种清晰的概念而产生的,而是试图去接近上帝,接近不变的东西。所以不变的东西和不变的意识还是不能够混淆的,虽然一般来说我们谈到不变的东西就是我们意识中出现的不变的东西,但是这中间还是有区别的。

　　因此我们还不知道那自在自为的不变的东西是什么情况。在我们这里所获得的结果仅仅是这样,即对于本身在这里就是我们的对象的那个意识而言,上面所指出的这些规定都在那不变的东西身上显现出来了。

　　我们虽然有了不变的东西的意识,但是我们还不知道那个自在自为的不变的东西它到底是什么情况;它是一个客体,它是一个对象,我的不变的意识始终还纠缠着一个不知道是什么情况的对象,它是不是真正地

371

反映了上帝还难说。圣经里面的上帝,耶和华也好,耶稣基督也好,这都是我们的意识,是不是真正就是上帝的情况,那还很难说。早期黑格尔写《耶稣传》,就是把耶稣当作一个活生生的人来加以描述,给他写传记。《耶稣传》如果按照传统基督教的观点,那就是"上帝传",你怎么能给上帝写"传"呢?那是不可能的。所谓《耶稣传》的意思就是说把耶稣当人而不是当神,耶稣有他的传记,在历史上有这么一个人,有很多的证据,有很多的目击者,有很多的话都记录下来了,他的言行,他的奇迹——你可以分析他奇迹到底怎么回事,是在骗人的还是出于某种错觉,就像我们的气功大师一样,他确实临场也发挥了作用。或者就是在打隐语,打比方,讲些隐秘的道理,你当然都可以去分析。但是确实有那么些目击者在场,已经亲眼所见了,这个有它的实证性。但是一旦实证了,它就不再是那个彼岸的不变的东西了,它只是不变的意识,你把耶稣看作是上帝的代表,但是上帝本身究竟是什么样的你并不知道。"在我们这里所获得的结果仅仅是这样,即对于本身在这里就是我们的对象的那个意识而言,上面所指出的这些规定都在那不变的东西身上显现出来了",就是说我们在这里所获得的结果仅仅是这样一个结果,什么结果呢?就是对于意识而言,对于我们在此作为对象来研究的意识而言,也就是对于《精神现象学》里面的意识而言,上面所指出的这些规定,也就是三个层次或者说三种方式或者说三个环节,这样一些规定都是在那不变的东西身上显现出来的,都是在上帝身上显现出来的。所以它是不是反映了上帝的真相,这个虽然难说,这个我们姑且存而不论,但是根据基督教的历史来说,我们可以断言,所有这些对上帝的意识都是由上帝本身引发的,都是在上帝身上显现出来的。没有上帝我就不会有上帝的意识,但是上帝的意识是不是就是反映了上帝,这个我们可以不下断语。所以尽管我们的上帝意识不见得反映了上帝,但有一点是确定的,就是我们毕竟有了对上帝的意识了。有了这个对上帝的意识,那就好办了,我们就可以推敲了,就可以去经验了,就可以对于这个上帝的意识在世俗生活中怎么样起作用加以考察了，我们就可以对它进行《精神现象学》的描述了。这就是我们的结果或成果，虽然我们的上帝意识不见得反映了上帝，但是有了上帝的意识就好办，我们就可以在这个结果的基础之上，再往前看。

　　因此出于这个理由，就连那不变的意识在其构形的过程中本身也保持着分裂的存在与自为的存在这一特性和基础，以与那个别的意识相反对。　　{124}

　　"因此出于这个理由"，就是上面讲的那个理由：我们现在毕竟有了这么一个结果，就是我们已经有了一个上帝的意识了，有了关于不变的东西的意识了；基于这种理由，"就连那不变的**意识**"——意识打了着重号，就是强调哪怕它只是不变的意识，而不是不变的东西本身——"在其构形的过程中本身也保持着分裂的存在与自为的存在这一特性和基础，以与那个别的意识相反对"。上面得出了这个最终的结果，就是我们毕竟已经有了不变的"意识"了，出于这个理由，那不变的意识虽然只是一种意识，但是它毕竟是与个别的意识相反对的，这一点是确定的。我们把这句话缩短一下："就连那不变的意识也与个别的意识相反对"，我毕竟把不变的意识和个别的意识区分开来、对立起来了，这是不幸意识所达到的一个成果。它有很多毛病，有很多缺陷，有很不完善的地方，我们先不管它，但是它有一个成果是值得肯定的；就是说就连那不变的意识，哪怕仅仅是不变的"意识"，在其构形过程中——构形，Gestaltung，我们有时候也翻译成"形态"，但它是由动词变来的，一个动名词，所以我们有时按照它的词根意义把它翻译成"构形"，即构成它的形态 (Gestalt) ——在构形的过程中，在构成它自身的形态的过程中。比如说道成肉身，道就赋予了它自身以形态，道本身是没有形态的，它是语言，是说话，说话是没有形态的，但是它成了肉身以后就有形态了，看得见摸得着了。那不变的意识在这一过程中，"本身也保持着分裂的存在与自为的存在这一特性和基础"，在这个过程中它本身保持着分裂的存在，它是自

373

我分裂的，它是道成肉身，它是从上帝那里分出来的，而且是自行分裂出来的，所以那不变的意识它本身保持着"分裂的存在与自为的存在"。它具有这样一种特性和基础，它是自为地分裂自身，它是自由独立地把自己分裂为二的存在。它是通过这种方式"以与个别的意识相反对"的，个别的意识就没有这种基础。一般的个别意识，一个它没有意识到自己是从什么不变的意识那里分裂出来的，它没有意识到它是从上帝意识那里分裂出来的，再一个它不是自为的、不是独立的，相反它是非本质的，甚至于是虚假的、虚妄的，个别的意识是这么一个东西。所以不变的意识即使在它的构形过程中，即使它自行分裂，它与个别的意识也是相反对，它在自己的构形中保持着分裂的存在与自为的存在这一特性和基础。这就是这个不幸的意识它所达到的成果，我们不能否认这个成果，你可以批评它，你说不幸的意识你的那些上帝的意识都是不完善的，或者说是片面的或者说是表面的，都可以，但是它毕竟把上帝的意识和个别的意识区别开来了，对立起来了。下面，

所以对一般个别意识而言，不变的东西获得个别性的形态，乃是一种事件；

"所以对一般个别意识而言，不变的东西获得个别性的形态"，这就是道成肉身了，不变的东西就是上帝，就是上帝的道，获得个别性的形态，就是道成了肉身，成了耶稣基督这么一个具体的活生生的人。那么对于一般个别意识而言，对于世俗大众而言这是一个"事件"。事件这个词，Geschehen，可以翻译成事件，这个事件不是一般的事情，而是一个具有历史意义的重大事件，这样一些事件是可以载入史册的，是意味着一种历史的转折。那么道成肉身对于一般个别意识而言，是一个重要的事件，在老百姓眼里是一个重要事件，就是耶稣基督诞生了。虽然它也是个别的，但具有特别不同的意义，是一个事件。为什么这样说呢？因为这样一个个别的意识它不是一般的个别意识，而是由不变的东西所获得的个别性的形态，而不变的东西和个别的东西本来是对立的，对于一般的个

别意识而言，本来是没有对不变的东西的意识的；但是现在出来了一个上帝变成的个别意识，那岂不是一个事件嘛，那是一个值得纪念的事件。所以耶稣诞生，为什么直到今天我们还在过圣诞节，就是因为它在历史上是一个事件，它是一个重大的事件，两千年以后我们还在纪念它，就说明它的重要性，它意味着一种历史的转折。耶稣基督也是一个人，他的诞生跟所有一般人的诞生有什么区别？有一种根本的区别，就是说他是从不变的意识来的，他是从上帝来的，他是道成肉身。我们一般的凡夫俗子都是普通的肉身，是一般的个别意识，但是耶稣基督的个别意识是不一般的，它是一种特殊的个别意识，所以对一般个别意识而言这是一个事件。

正如个别意识也只是**发现**自己与不变的东西相对立，因而**通过自然**而具有这种关系一样；

"正如个别意识也只是**发现**自己与不变的东西相对立"，每一个一般的个别意识都发现自己与不变的东西是相对立的，与上帝有无限的距离，上帝在天上，看不见摸不着，所以个别的意识呢，发现自己与不变的东西相对立。这个"发现"打了着重号，什么意思呢？用这个词意味着一种偶然，偶然的发现。有的人已经信上帝了，有的人已经皈依上帝了，有些人还没有，这纯属偶然。信上帝的人，就会发现他自己与一个高高在上的上帝相对立，而不信的人则没有这种意识。"因而**通过自然**而具有这种关系一样"，通过自然打了着重号，"自然"Natur，在这里不能翻译成"本性"，本性没有突出这个一般的个别意识，一般的个别意识一定是通过自然而与上帝发生关系的，这也是上帝为什么要化为肉身的原因。人与上帝的关系是在耶稣基督那里，通过道成肉身，通过无性怀孕，通过圣母玛利亚，而建立起来的。当然这跟一般人的怀孕不一样的，不是通过两性关系怀孕，是通过上帝的圣灵感应而怀孕；但毕竟要通过怀孕。那么个别意识，它要归于上帝，但因为它本身是自然物，所以它只能够通过自然而具有这种关系。正因为如此，这种关系是什么关系呢？是相对立的关系。它信仰上帝，但是上帝跟它是对立的，所以它只有通过一种自然的偶然性，包括圣诞，奇迹，如耶稣基督治好了他的病，显示了他的神迹，耶稣基督用一个面包喂饱了五百人，等等，有很多奇迹；于是通过这些自然事件而具有了这种关系。因为一般世俗的人只相信眼睛所见的东西，只相信自然的东西、肉体的东西、物质性的东西，那么他要跟神建立关系，也必须通过这种自然的方式。而耶稣基督就不一样，耶稣基督是不变的东西获得了个别的形态。当然也是偶然的，乃是一个事件，事件也就意味着是一种偶然性，所以在这方面，它跟个别意识发现了上帝、发现了自己与上帝的关系有相似性，它们都属于自然过程。虽然圣母玛利亚不是通过性关系而受孕的，她是通过圣灵受孕的，但她生下耶稣基督还是一个自然过程，她跟上帝发生关系仍然离不了自然过程，所以这两方面有它的共同之处。就是凡人追随上帝信仰上帝，他还是通过自然过程。那么耶稣基督因此就起了这样一个中介的作用，他也是一个凡人，耶稣基督也是一个由母亲生下来的人，所以这样一个诞生的过程，在历史上成为了一个事变、一个事件。前面已讲了两个事件了，一个是道成肉身，这是一个事件；另一个是个别意识通过自然奇迹而发现了上帝，相信了上帝，这是另一个事件。

　　最后，个别意识在不变的东西中**发现了自己**，这在它看来虽然部分似乎是由它自己本身作出来的，或者这事之所以发生是因为它本身是个别的，但是部分要归之于这种作为不变东西的统一，无论是按照这种统一的产生来说还是就其存在而言；并且这种对立还保留在这种统一本身中。

　　"最后，个别意识在不变的东西中**发现了自己**"，这就是第三个事件了，所以说是"最后"。这第三个事件就是，个别意识在不变的东西、在上帝中发现了自己，发现打了着重号，表示它是一个偶然的发现。它偶然在不变的东西中发现了自己，"这在它看来虽然部分似乎是由它自己本身作出来的"，它自己本身是一个自然物，是一个自然的存在，所以这个发现是一种偶然的事件，他皈依了上帝，他在上帝中发现了它自己，所谓"因信称义"，他在对上帝的信仰中发现了自己所追求的"义"，这要归之于他自己，归于他自己的"信"。"但是部分要归之于这种作为不变东西的统一"，就是说他信上帝这本来完全是偶然的情况，比如说，耶稣基督治好了他的病，于是他就皈依了，这是非常偶然的，耶稣基督显示了奇迹，而他相信了这种奇迹，那么这种相信当然是由他自己本身做出来的。但是部分要归之于上帝，归于这种作为不变东西的统一，就是说你之所以会相信上帝、皈依上帝，最终还是要归之于上帝对于你的恩宠。虽然在你看来这是偶然性，系于你自己的一念之差，但是实际上是上帝的安排，实际上是上帝赐给你的信仰；你的信上帝对你个人来说可能是偶然的，但是在上帝那里它是已经安排好了的，其实那就是你的命运。所以"部分要归之于这种作为不变东西的统一，无论是按照这种统一的产生来说还是就其存在而言"，无论就这种统一的产生来说，比如说《创世纪》，一切都是由上帝安排好了的，它产生这种统一最开始就是由上帝产生的，上帝始终保持着它这种统一，决定了每个人的命运；还是就其存在而言——就其产生而言是就它的起点而言，就是上帝一开始就为你安排好了你的命运——就其存在而言，你活一天上帝就管你一天，上帝无所不在。你的每一举动在你自己看起来也许是偶然的，但是都是由上帝安排的，所以就有所谓上帝的"恩宠"；虽然我自己信上帝了，这是我自己的一种选择，这是我的抉择，但是我把它看作是上帝对我的眷顾，对我的恩宠，我内心终于有信仰了，我感到很高兴，但是我要感谢上帝让我有了我的信仰。这是基督教对信仰的一种看法，一方面这个信仰是由自己本身做出来的；另一方面，我之所以能够信仰，说明上帝对我还是挺关照的，上帝没有抛弃我，我要感谢上帝。上帝作为不变的东西的这种统一，不管是就起源来说、就产生来说，还是就其存在来说，都是上帝预先就已经安排好了的，在每一瞬间也都在关注我。当然如果就起源来说，这种看法就会导致宿命论，宿命论就是把所有的东西都看作上帝预先规定好了的。那么还有一种，是就存在而言，那就是偶因论，比如说上帝时时刻刻在关注着你，在拨正你的航向。这两种倾向在后来莱布尼茨的"前定和谐"和马勒伯朗士的"偶因论"中成为对上帝的两种对立的解释。但无论是就其产生来说还是就其存在而言，个别意识在不变的东西中发现自己，归根结底都是由上帝的这种统一性带来的，是上帝才使得个别意识和不变的意识统一成一体。所以基督教的"因信称义"并不导致人因为自己有信仰就骄傲自大，自以为是，而是保持一种必要的谦卑。"并且这种对立还保留在这种统一本身中"。这种对立就是人和上帝的这种对立、个别性和不变的东西的这种对立，它仍然还保留在这种统一本身中。人信上帝了，这是人和上帝的统一；但是这种统一仍然不能归之于人自己，而要归之于上帝。就人自己而言，上帝和人仍然是对立的，虽然我皈依上帝了，看起来好像是统一了，但是在皈依上帝以后，就是痛苦的开始。你不信上帝你可以像猪一样的快乐，你可以无忧无虑，但是一旦你信了上帝以后，你就整天要忏悔，你就陷入到内心的分裂，你就陷入到人和上帝的对立，上帝时时刻刻在对你提要求，你时时刻刻必须忏悔自己没有达到上帝的要求。所以这种对立虽然统一在一个意识里面了，不幸的意识是这两者的统一嘛，是两方面的统一嘛，但是这种统一恰好导致了这两方面的对立——这种对立仍然保留在这种统一本身中。

[143] 　　实际上通过不变的东西的这种**构形**，彼岸这一环节不仅被保留下来了，而且还更加固定了。因为如果说一方面不变的东西通过个别现实性的形态虽然似乎接近了彼岸，但另一方面它从此就作为一个不透明的感性的"一"，连同**现实东西**的整个易碎性而与彼岸相对立；

　　"实际上通过不变的东西的这种**构形**"，构形，我们刚才讲了，Gestaltung，就是构成形态、成形，不变的东西构形，不变的东西在耶稣基督身上成形了，表现为具体的形象了、有具体的形态了，表现为一个世俗的凡人了。通过这样一种构形，"彼岸这一环节不仅被保留下来了，而且还更加固定了"，本来耶稣基督到世间来是拉近此岸和彼岸的距离，传达上帝的声音，耶稣基督就是传达上帝救世的意志，就是在拯救世人，他代表了上帝。耶稣基督本人处于此岸和彼岸之间，他作为一个中介，是上帝派来的，上帝派他的独生子到世上来拯救世人，本来是这样的；但是通过这样一个环节，彼岸这一环节被保留下来了，而且更加固定了，就是说他并没有把彼岸带到此岸，而只是向此岸的人们指出了有一个彼岸存在。在耶稣基督来到世间之前，彼岸这个环节虽然在那里，但是是不固定的，你可以信它也可以不信它，没有什么事实证明它存在；但是耶稣基督到世间来就把这个彼岸的环节把它固定下来了，坐实了，他就是彼岸的代表，那彼岸岂不就固定了吗？你不信彼岸？你去看看耶稣基督在那里，他就代表彼岸，他可以行奇迹，你能做到吗？如果他不代表彼岸，他能行奇迹吗？他能够治好病人吗？所以，通过耶稣基督使得彼岸这个环节更加固定了，民众更加相信有一个彼岸了。"因为如果说一方面不变的东西通过个别现实性的形态虽然似乎接近了彼岸，但另一方面它从此就作为一个不透明的感性的'一'，连同**现实东西**的整个易碎性而与彼岸相对立"。比如说上帝通过耶稣基督这一个别现实性的形态，使我们了解到彼岸上帝的声音，了解到有一个上帝高高在上，在彼岸，我们死后都要到那里去；但是耶稣基督是一个活生生的人，他向我们传达了彼岸的信息，所以一方面呢，不变的东西通过道成肉身的形态，虽然似乎接近了彼岸，但另一方面，它从此就作为一个不透明的感性的"一"，连同现实东西的整个易碎性而与彼岸相对立。这个"不透明的"，意思就是说感性的，感性是不透明的，感性是浑浊的、遮蔽性的，感性把它后面的神性遮蔽掉了。我们的感性的肉体本来应该体现出神圣性的，但是由于感性是不透明的，所以它把神性遮蔽掉了，它是不透明的。感性的"一"，感性的东西都是唯一的，耶稣基督是感性的"一"，是唯一的，只有一个耶稣基督，他虽然是上帝的代表，但是他是感性的"一"，跟上帝仍然不是一回事。所以基督教长期面临着"三位一体"问题的困扰，甚至有的异端提出"三神论"，说圣父、圣子和圣灵是三个神；或者干脆否认基督是神，因为他是不透明的感性的"一"。耶稣基督的确有这一面,即不透明的感性的"一"这一面,所以他也会死,会死在十字架上,他"连同**现实东西**的整个易碎性而与彼岸相对立"。现实的东西整个来说是脆弱的,是容易破碎的,它是变化的意识嘛。现实的东西都是可变的,都是可以崩溃的,都是可以摧毁的、容易打碎的;而只有神圣的东西、只有彼岸的东西才是永恒的。那么这两个东西就相对立,彼岸和现实的东西、和此岸的整个易碎性相对立。包括耶稣基督,他也有人性的一面,那么他的人性的一面就跟整个现实的东西的易碎性站在一方,而与彼岸相对立。耶稣基督虽然带领着我们去接近彼岸,但是另一方面,他自己又带着这些现实东西的整个易碎性而跟彼岸相对立,而这个界限,这个此岸和彼岸的界限,通过耶稣基督这个中介反而更加固定了。耶稣基督不是要打破这个界限,而是要固定这个界限,将此岸和彼岸分开。不幸的意识通过耶稣基督更加感到了自己的不幸,感到了彼岸的高不可攀,因为耶稣基督并没有把彼岸带到此岸来,他自己也被钉上了十字架,他也是一个肉身。通过他的受难,人们对此岸彻底绝望了,人们原来以为耶稣基督就是神,那么神肯定是不死的,可以靠他来拯救我们,但是眼睁睁地看着他被钉死了,眼睁睁地看着他作为凡人的肉体被钉死在十字架上了。这就打破了所有信徒的幻想,所有的信徒对他们的这个神无比信赖,以为耶稣基督是不会死的,但是他居然被钉死了,所以耶稣基督确定了此岸和彼岸的这种不可动摇的界限。你此岸的人是到不了彼岸的,连耶稣都被钉死了,那么凡人怎么能够到达彼岸呢?然而借助于这一点,耶稣基督恰好把凡人的思想境界提升到了彼岸,就是说作为肉体那是没办法的,肉体都是易碎的,都是脆弱的,都是不透明的,你必须要抛弃你的肉体,你才能达到彼岸,他其实起的是这样一个示范作用。但是首先,他是把彼岸此岸的界限划清,一方面是肉体,另一方面是纯精神,你达不到纯精神,你想在一个肉体身上去达到精神,那是妄想,那不是真正的信仰,那是偶像崇拜。你把一个现实的人当作神,对他喊"万岁"、"万万岁",你以为你有信仰?等到他死的那一天你们的信仰就都破灭了，这样的信仰对象并没有把人的精神提升到彼岸，只是一个偶像破灭了而已。但是耶稣基督就不一样，耶稣基督的肉体死了以后，他留下的是不死的精神，他让人信仰一个彼岸的精神，彼岸跟此岸是有确定的界限、确定的距离的，你不要想在此岸就达到彼岸，你必须抛弃此岸你才能达到彼岸，他起的是这样一个作用。所以耶稣受难的意义就在这里，它打破了人们以为此岸的肉体的人也具有神性、也能够在此岸就完成神性使命的这样一个幻想。作为肉体的人，他就是肉体，他不具有神性；但是作为神的耶稣基督，他的精神只有在死后，在肉体消灭了以后才能够永生。所以凡人也应该这样，你不要相信你的肉体，你也不要相信任何一个具有肉体的人是你的神，那叫作迷信，基督教里面叫作偶像崇拜。你信基督可以，你不要把基督当偶像来崇拜，因为基督已经死了，你要信基督你必须信他的精神，你崇拜他的肉体那是低层次的。下面，

要想和彼岸成为一体的希望必然还只是希望而已，这就是说，是永远也得不到满足或兑现的希望；因为在希望和满足之间恰好矗立着绝对的偶然性或不可动摇的漠不相干性，这种偶然性或漠不相干性就在这一构形过程本身中，就在这个为希望提供的根据中。

"要想和彼岸成为一体的希望必然还只是希望而已，这就是说，是永远也得不到满足和兑现的希望"，就是说你要想此岸和彼岸合而为一，但是你又不愿意抛弃此岸，你想在此岸中就达到和彼岸合而为一，那永远只是一个希望，它是永远得不到满足也得不到兑现的；你想要在现实生活中实现此岸和彼岸的合一，把未来的天国、极乐世界在现实中就把它实现出来，几年之内，跑步进入共产主义，那只是一个乌托邦而已，注定得不到实现。"因为在希望和满足之间恰好矗立着绝对的偶然性或不可动摇的漠不相干性，这种偶然性或漠不相干性就在这一构形过程本身中，就在这个为希望提供的根据中"，就是说这种和彼岸合一的希望要想得到满足，这之间恰好横亘着某种绝对的偶然性，就是说，那是绝对偶然的，比如说上帝的突发奇想，心血来潮，那你不可指望的。耶稣基督可以

说是此岸和彼岸的合一,那是一个绝对偶然的情况,只此一次,它是一个事件,就此一回,你们每个人都想成为耶稣基督那是不可能的。耶稣基督完全是一种偶然的现象,你的希望和希望的满足之间是漠不相干的,你希望你的,但是这种希望和希望的满足没有任何关系,完全漠不相干。"这种偶然性或漠不相干性就在这一构形过程本身中",就在这个道成肉身的构形过程之中,"就在这个为希望提供的根据之中"。这个构形过程,道成为了肉身,成为了个别形态,这样一个过程,它本身为你提供了希望,上帝无非就是拯救世人,想让世人超升到彼岸,就是普度众生嘛!这样一种希望的根据就是道成肉身。你看耶稣基督他也是凡人,但是他就跟上帝接通了,但是在这个根据里面呢,本身就包含着绝对的偶然性和不可动摇的漠不相干性,就是不可通约性。耶稣是一个人,但是一个凡人你也想成为耶稣,那是绝对不可能的。

　　由于这个*存在着*的"一"的自然本性,由于这个"一"所穿的现实性的外衣,必然要发生的事件就是,它已在时间中消逝,而存在于空间遥远的地方了,并永远保持遥远的距离。

　　"由于这个存在着的'一'的自然本性",Natur,自然本性,这个存在着的"一",耶稣基督是一个存在着的"一","一"本来是不变的东西,"一"就是永恒的东西,就是上帝;但是这个上帝是存在着的,在世间,也就是道成肉身了,道成肉身上帝才存在于世间;这个存在着的"一"的自然本性,或者说自然性,它的本性还是自然的,耶稣基督也是凡胎肉体啊,也是肉身的人嘛。由于它的这种自然本性,"由于这个'一'所穿的现实性的外衣",这个"一"本来是彼岸的,是超现实性的,是上帝,但是它穿上了现实性的外衣,道成肉身实际上是上帝的"道"穿上了一件现实性的外衣,成形了,成为一个人形了。"必然要发生的事件就是"——既然它是穿上了现实性的外衣,那么必然就会发生一件事情,就是脱掉外衣。必然要发生的事件是什么呢?——"它已在时间中消逝了",在时间中——某年某月耶稣基督被钉死在十字架上——在时间上消逝了;"而存在于空间中遥远的地方了"，就是耶稣基督复活"升天"了，他已经存在于空间中某个遥远的地方了，就是升天了，他在天上。"并且永远保持遥远的距离"，这个距离人是不可克服的，你在人世间，你想升天，有遥远的距离，你到不了那里去；耶稣基督在时间中虽然死去了，但是在空间中，他和天父合一，在遥远的地方注视着我们人世的芸芸众生。我们时时刻刻感觉到他在关注我们，他从天上看着我们。这就是耶稣基督死而复活，复活之后他不再在我们中间生活，而是到天上去了，但是他永远在我们中间，他从天上看着我们。他不是在时间中，在时间中他已经结束了——耶稣基督三十多岁就被钉死了，他的传记里面也是这样说的，很多人的证言也是这样说的——在时间中消逝了。那么这个上帝在什么地方？就在天上。这也是一个事件。前面讲的这个事件就是耶稣的诞生，后面讲的这个事件就是耶稣的受难，耶稣的受难、被钉死在十字架上，也是一个事件，这是"必然要发生的事件"。这两个事件，一个是耶稣诞生，一个是耶稣的受难，这是必然要在时间中发生的事件，他已经在时间中消逝，而存在于空间中遥远的地方，到天上去了，并永远和地上的人们保持着遥远的距离。

这是我们根据《圣经》、根据基督教的精神把这一部分做了一个解读，学宗教学的对于这方面可能还是很需要了解的，黑格尔的《精神现象学》的这些内容是非常重要的，就是他把基督教精神里面的内在结构做了一番分析，做了一番清理，各种各样的事件也好，各种各样的关键词也好，都在这个里头可以找到它的结构、找到它的定位，表明它是什么样的意义。今天就到这里吧。

*　　　　　*　　　　　*

我们继续讲关于自我意识的这部分。我们看前面讲的那几个标题，140 页的这个标题，[Ⅲ. 不幸的意识]，不幸的意识底下分成了三个小标题，第一是"变化的意识"，第二个是"不变的形态"，我们上一堂课已经

383

把前面两个小标题讲完了。"变化的意识"和"不变的形态",应该说这两个层次或者说这两个要素就是不幸的意识里面的两个环节,"变化的意识"就是指的人的个别性,"不变的形态"是指的人在个别性中所意识到的那种普遍的东西。"变化的意识"和"不变的形态"在不幸的意识里面作为两个对立的环节,一个是相当于我们以前讲的奴隶,另外一个相当于我们以前讲的主人。奴隶意识和主人意识,奴隶意识是一种变化的意识,就是它可以围绕着不变的东西变来变去,而不变的形态相当于主人意识,它是岿然不动的,它支配一切,它命令一切。所以在不幸的意识里面,主奴关系也被容纳进来了,也被以扬弃的方式统一起来了,统一在不变的形态里面。人在不变的形态面前,也就是人在神面前,人在上帝面前,他是一个奴隶,上帝就是人的主人,天主。天主教就是讲上帝是主,是天主,是人的主人,人在上帝面前是必须服从的,必须为上帝服务的。但是在不变的形态里面,它反过身来把这种变化的意识统一起来了。我们上次讲到了不变的东西它的构形,不变的东西它跟变化的东西相互之间是一种辩证关系,它离不开这种个别的意识、变化的意识,于是就有一种双方的运动,就是不变的东西努力要自己成形,要自己进入到变化的世界中,把自己变成个别性;而个别的意识、变化的意识努力要为自己找到主心骨,找到不变的形态,这有一个双向的运动。这个双向的运动首先体现为道成肉身,不变的东西变成了一个个别的存在,一种个别形态,不变的东西本来是很泛的,看不见摸不着,高高在上,但它下降到人世间化身为一个人,耶稣基督。这个人是变化的,具有变化的意识,他跟我们普通人一样,我们每一个普通人都是变化的意识,都知道自己有生有死,总有一天要面对死亡。我们在世界上生活只是一种变化的阶段,只是临时地生活在这个世界上,那么最后要达到永恒,要回到上帝身边去,这是我们人向不变的形态的一种追求。那么不变的东西反过来也向人间化身,道成肉身。后面讲到了道成肉身,讲到了基督教的一系列的概念:耶稣诞生,受难,升天,死后复活,都讲到了,这就是不变的形态从它那一方面下降到人世间的过程。第一个小标题"变化的意识",讲变化的意识怎么样上升到不变的东西,而第二个小标题"不变的形态",就是讲不变的东西怎么样下降到变化的形态,下降到世俗的人间,也就是道怎么样变成肉身,是这样一个过程。所以这是双向的运动,你讲变化的意识的时候你必须要从里面追溯到不变的东西,那么你讲不变的东西的时候,你要看到它也有一个下降为变化的形态的过程,一个升一个降,于是双方达到一种汇合。

我们今天要讲的第三个小标题是"现实与自我意识的统一"。

[3. 现实与自我意识的统一]

通过这种双向的交汇,变化的意识拼命地去接近不变的东西,而不变的东西把自己显现在现实形态之中,那么在这样一个过程中,现实和自我意识就逐步地走向统一。所以第三个小标题"现实与自我意识的统一",它是一个过程,我们不要把它当作一个现实的、一个现成的统一体概念,它描述了这样一个双向的过程。我们今天来看看这一段。当然这些小标题不是黑格尔原有的,黑格尔原本没有这些小标题,有的加得还可以,有的有问题。

如果最初那分裂的意识的单纯概念这样规定自己,即它要努力扬弃它自己作为个别的意识,并努力成为不变的意识,那么从此它的努力就具有这样的使命,即它反倒会扬弃它与那**未构形的**纯粹不变东西的关系,而只给自己提供对**那已构形的不变东西**的联系。

"如果最初那分裂的意识的单纯概念",分裂的意识的单纯概念,也就是说前面讲的变化的意识,变化的意识把自己分裂成一个是它自己的概念,它自己的概念是一种变化的意识,另一个就是它要追求不变的东西。它之所以意识到自己的变化,就是因为它知道有不变的东西,有永恒的东西,它才能够衡量自己的变化,才会意识到自己是变化的。所以这样一个变化的意识它最初是分裂的意识,它把自己分裂为二,一方面他自己是个别性，另一方面它要追求普遍性，追求不变性，追求永恒性。这样一个分裂的意识的单纯概念，最初这个变化的意识它是一种单纯的概念，是非常朴素、非常直接的，它意识到自己的分裂，只把这种分裂作为它自己的存在。那么这个概念最初"这样来规定自己，即它要努力扬弃它自己作为个别的意识，并努力成为不变的意识"。分裂的意识最初是这样规定自己的，就是说它要努力扬弃它自己作为个别的意识，就是扬弃自己的个别性，成为不变的意识，要达到和上帝合一，要达到自己融入上帝，成为永恒，成为永生。这个最初的分裂的意识它的单纯概念是这样来规定它自己的，"那么从此它的努力就具有这样的使命"，"使命"，Bestimmung 在德文里面是"规定"的动名词，又有使命的意思，它跟前面的那个"规定自己"是连着来的——它的努力就具有这样的规定、具有这样的使命，什么使命呢？就是要扬弃自己，扬弃自己的个别意识而达到永生。从此以后它就具有了这样的使命，从此以后，从什么以后呢？就是当它把自己的概念规定成那样以后，分裂的意识当它把自己的概念规定为扬弃个别性而达到永恒性，当它意识到这一点的时候，它就具有这样的使命。"即它反倒会扬弃它与那**未构形**的纯粹的不变东西的关系，而只给自己提供对那**已构形的不变东西**的联系"，从此以后它的努力就具有这样一种使命，就是从一个未构形的上帝的信仰走向一个已构形的上帝的信仰，从一种抽象的"关系"（Verhältnis）走向一种具体的"联系"（Beziehung）。我们前面已经讲了，在《圣经·旧约》里面的耶和华，那是未构形的、无形的，谁也看不到他，谁也见不到他，谁也不知道他长什么样，那么在这个时候你怎么样能达到他呢？他连形象都没有，你这个个别的形态，你这种个别的存在怎么样才能够达到永恒？你通过一条什么样的道路能够被接引到天堂上去呢？无路可循。天地之间距离太大，上帝高高在上，虽然有摩西传达上帝的声音，有先知，但是他们也都不能够真正代表上帝，他们都只是凡人。所以这个时候，分裂的意识从此就具有这样的使命，即它反倒会扬弃它与那无形无象的上帝的关系，而只给自己提供对那位有形上帝的联系。"反倒会"，就是原先是要追求无形的上帝，现在反而不去追求了，转而追求有形的上帝了。从此以后，它就会有这样一种使命，就是对那个未成形的不变的东西加以扬弃。像《旧约》里面，犹太人以色列人对耶和华的关系就是与未成形的纯粹不变东西的关系，耶和华还没有道成肉身，没有亲自降临人间，他高高在上对人发命令，你不听他就发洪水，就发瘟疫，就要毁灭你，你不知他从何而来。这种关系现在就被扬弃了，不幸的意识现在意识到那个高高在上的无形的上帝已被扬弃了，上帝来到了人间，耶稣已经诞生，他就是人间的上帝。他不是高高在上的，他很平易近人，耶稣基督既是上帝也是凡人，道成肉身，他就是肉身和上帝之道的一个统一。那么既然你把自己的使命规定为要从个别的形态走向上帝，那么从此以后你就抓住已经出现在人间的这个上帝，你就跟着他走，和他相联系就行了。下面，

因为个别的东西与不变的东西成为"一"从此就是它的本质和对象了，正如在概念里曾经只有无形而抽象不变的东西才是本质的对象一样；而现在，概念的这种绝对被分裂的关系是它所要避免的。

"个别的东西与不变的东西'**成为一**'"就是道成肉身，个别的东西是肉身，不变的东西就是上帝，上帝之道。成为"一"，我们上次讲了"成为一"这个概念，Einssein，这种成为"一""从此就是它的**本质和对象**"。"它"就是那种分裂的意识、变化的意识，就是凡人的意识。凡人的意识把个别的东西和不变的东西成为"一"当作自己的本质和对象。道成肉身，肉身中体现道，这就是我的对象，同时也是我的本质，我的本质跟耶稣的本质是一致的，耶稣能够在他的肉身里面体现上帝的道，我为什么不能？他已经现实地给我们指出了一条道路，现实凡人如何才能够走向天道，走向上帝，那么我就把他当作我的本质，同时也当作我追随的对象，我就追随耶稣基督，向他学习，跟他成为一体。"正如在概念里曾经只有无形而抽象不变的东西才是本质的对象一样"，这个"正如"就是一种对比了，就是现在它是这样了，正如它原来曾经仅仅是那样。它曾经是什

么样呢？曾经是在概念里面，它只把无形而抽象不变的东西当作自己本质的对象。就是现在已经不是在单纯概念中那种情况了，已经是现实和自我意识要统一了。曾经在第一个小标题"变化的意识"里，不幸的意识是作为单纯的概念，在那时它曾经只把无形而抽象不变的东西作为自己本质的对象。也就是在基督教信仰的最初的阶段，在《旧约》里面，在以色列人的信仰里面，曾经只有无形而抽象不变的东西才是本质的对象。犹太人的上帝耶和华是无形而抽象不变的东西，在最初的单纯概念里面，是把肉身完全不当一回事的，只是执着于那不变的意识的单纯概念。信仰就是信仰，你信上帝就是了，上帝要亚伯拉罕杀掉自己的独生子，你不要问为什么，上帝讲的就是对的，你只要听上帝的话，按照去做就是了，没有道理可讲，只有这个东西才是本质的对象。前面一句话讲的是它的"本质和对象"，这里讲的是"本质的对象"，两者有所不同。本质和对象是说，把那个东西当作本质，又当作对象，不但要从本质上看它，还要从对象上看它，但从对象上看它不一定就是从本质上看它；而本质的对象就是说，这个对象就是本质，它就是本质的对象，除了本质它没有其他对象。后者就是以前曾经有过的信仰方式，把抽象的本质当对象；而前者是现在的信仰方式，从具体对象中去揣摩其中的不变本质。所以前一句话讲人与上帝成为"一"就是人的本质，也是人的对象，这就把上帝的本质放到人心中来了。你信上帝并不是因为上帝高高在上，你出于恐惧就服从他，不是这样的；而是因为你自己心中就有神性，你的本质跟上帝的本质是相通的。如何相通？耶稣基督就是榜样。耶稣基督也是个凡人，但是他能够做到，他的内心跟上帝是直接同一的，是成为"一"的。所以，耶稣的榜样从此以后就是不幸意识的本质和对象了，正如我们在以前曾经追随耶和华一样。"而现在，概念的这种绝对被分裂的关系是它所要避免的"，这是接着"正如……"那一句来的，正如以前曾经追随耶和华一样，那是一种绝对被分裂的关系，而现在这种关系是必须避免的。我们现在要避免那种完全抽象、完全与人分裂的关系，而进入到一种新型

388

的人与神亲切的联系,以前我自己不是本质的对象,我作为个别的东西,是一些现象,不是本质,我只能把无形而抽象的不变的东西当作自己的本质的对象。你把自己当作本质的对象就要受到上帝的惩罚,上帝告诉你,你的本质不在你身上而在我身上,所以你们要无条件地追随我。这是《旧约》里面的上帝,是这样一种居高临下的地位。那么现在不同了,人和上帝之间的这种绝对的分裂,上帝高高在上,命令人,支配人,毁灭人,威吓人,这样一种情况是意识所要避免的。耶稣基督多么平易近人,他从来不威胁人,他是慈悲的上帝,他总是对一切人展示他的这种慈悲为怀,所以这跟以前曾经有过的情况已经不同了,从现在开始我们要追随的是耶稣基督,耶稣基督是一个很低调的、以凡人形态出现的上帝,这是我们每个人都可以去追求的。犹太教的那种信仰认为以色列人是上帝的选民,上帝特选,为什么要选中以色列人?没道理可讲,上帝喜欢。但是现在耶稣基督,每一个凡人都可以去追随他,不问种族,问种族太低层次了。所以,自从耶稣基督诞生以后,宗教信仰也起了变化,这个变化使它从以色列人的特殊的一个民族的宗教变成了一种普世的宗教。只要是个人,你就可以追随他。耶稣基督也是个凡人,虽然他也是以色列人,但他就是被以色列人出卖的,他就是被以色列人害死的。所以犹太人是不承认《新约》的,认为《新约》把犹太人说得简直太忘恩负义了。但是耶稣基督不管这些,他已经超越了这个层次,只要你是个人,包括以色列人在内,你都可以追随他,因为他是面向全人类的。下面,

　　但是它必须把最初与那种已构形的不变东西作为一个异己的现实东西的外在联系提高到绝对的形成为"一"。

　　就是说,分裂的意识在它的这样一个信仰过程中已经逐渐起了变化,从最初的《旧约》的那样一种抽象的信仰进入到《新约》,进入到《福音书》的这样一种非常具体非常亲切的、每个人都能接受的信仰,已经达到这样一种成为"一"的关系。"但是,它必须把最初对那种已构形的不变东西作为一个异己的现实东西的外在联系提高到绝对的形成为'一'",

尽管你追随耶稣基督，但是最初对那种已构形的不变东西的联系，也就是对道成肉身，对于成为了肉身的上帝，对这个上帝作为一个异己的现实东西的那种外在联系，你还必须作进一步的提高。最初你把耶稣基督还是当作一个异己的现实的东西，一个跟自己不同的现实的东西，你去和他发生一种外在的联系，比如求他解决你的困难，治好你的疾病等等。耶稣基督是肉身的人，但他又是一个有超能力的异人，他的诞生就跟任何一个普通婴儿的诞生不同，耶稣基督诞生之前是有异象的，三王来朝，三个圣人看星相，断言在伯利恒某个地方降生了一个圣婴，于是他们赶紧来朝拜。耶稣基督一诞生就有三王来朝，那是跟一般的婴儿诞生不一样的，他是一个异己的现实的东西。所以最初人们宣扬的就是耶稣基督的诞生不同凡响，不是一般人的诞生，他是圣母玛利亚童贞女受孕，童贞女怎么受孕？一般的普通老百姓是不可能的，所以他的这个诞生是与老百姓有本质不同的。你是把他当作异己的现实东西来追随的，他固然是一个凡人，但他这个凡人又不平凡，他有特异功能，可以行各种奇迹。所以这个时候人们追随耶稣基督还是出于一种"外在的联系"，就是希望通过他的奇迹能够解决自己的一些具体的问题，最初是这样的。那么必须把这种最初的联系"提高到绝对的形成为'一'"，形成为"一"，这个跟前面讲的那个成为"一"（Einssein）有所不同，它这个地方用的不是Einssein，而是Einswerden，werden就是形成，绝对地形成为"一"；意思和前面差不多，只是更强调通过一个过程来达到统一性，道和肉身道通过一个过程达到完全的统一。但是最开始那种信仰还没有达到完全的统一，还没有提高到"绝对的"形成为"一"，我去追随耶稣基督是因为他有神性，我没有，我没有所以我要追随他。而现在要提高到绝对的形成为"一"，就是说你去追随耶稣基督不是因为你没有神性，他有神性；而是因为你也有神性，所以你才要追随他，如果你完全没有神性的话，你追随他也没用。最初的人追随耶稣基督，他想到的是为自己解决问题，比如说我生病了，那么耶稣基督可以给我治好病，他没有想到在自己的内心里面真的跟上帝达到统一，他没有提高到这个层次。那么信上帝的人他的使命就是必须把这样一种当作异己的现实东西来崇拜的关系提升上去。耶稣基督现身说法来传教，建立基督教，就是为了达到这样一个效果，但这是一个漫长的历程。最开始的时候肯定不是这样的，肯定是为了一些奇迹，为了异象，他让你佩服得五体投地，你就追随他，你就把自己交给他，他能够保佑你的平安，肯定是出于这样一些考虑。这都是低层次的。我们今天还是这样，很多人入基督教都是出于这样一些理由。你问他为什么加入基督教啊？有的人就可能说我得了一场大病，信了基督教以后就好了；有的人可能说有一种异象，有一种灵感在心里面一下子情不自禁，于是就信基督教了。很多人都是这样。有一种奇迹式的感悟，有一天突然就皈依了，没什么道理可讲。信基督教的最初阶段往往是这样的，一个人无缘无故的要信基督教，这几乎是不可能的，肯定是有某些理由某些原因使他信基督教。当然后来这个基督教变成了从小就要受洗——你生在基督教家庭，周围都是基督徒，你不是基督徒就不行，后来是这样一种关系。但是基督教开始创建的时候，它的目标就是向着要提升你的信仰的层次，你至少要跟犹太教不一样，跟《旧约》不一样，你至少要提高到《新约》的层次，提高到绝对地形成为"一"。这也是基督教跟其他几乎所有的宗教不同的地方。信徒们对耶稣基督的关系，要在精神上有一个提升，不仅仅是着眼于现实的东西。这就进到这个小标题的意思了："现实与自我意识的统一"，怎么样能够达到现实与自我意识的统一？现实跟自我意识不是一种外在的联系，而是一种绝对的统一关系。

　　那非本质的意识努力以求达到这种成为"一"的运动，按照它将要当作自己已构形的彼岸来拥有的三重关系，本身也是三重运动：
　　"那非本质的意识"，非本质的意识也就是前面讲的变化的意识，分裂的意识。变化的东西当然是非本质的，它今天这样明天那样，对它的意识就是非本质的意识。那非本质的意识"努力以求达到这种成为

'一'的运动"，成为"一"就是上面一段最后讲的，"提高到绝对的形成为'一'"。形成为"一"也就是达到这种成为"一"的运动，这是非本质的意识努力以求完成的使命，是它的规定。它已经给自己规定了这样一种使命，就是非本质的意识要达到与本质、与不变的东西成为"一"。那么这是一场运动，这是一个过程，"按照它将要当作自己已构形的彼岸来拥有的三重关系，本身也是**三重**运动"，这种运动本身也是三重运动，是按照它将要当作自己已构形的彼岸来拥有的三重关系而表现出来的三重运动。非本质的意识将要当作自己已成形的彼岸来拥有，这里用将来时，是预示下面要讲的。已构形的彼岸，就是在耶稣基督身上体现出来的彼岸，耶稣基督是道成肉身，已经成形了，已经具有了现实的形态了，然而他又是彼岸的。你通过耶稣基督跟彼岸具有三重关系，这三重关系我们上一堂课已经讲到了[见贺、王译本第 141 页]，讲到了三重不同的方式，就是："第一，意识本身又作为与那不变的本质相对立而产生出来，并被抛回到斗争的开端"；"第二，对意识来说，那不变的东西自身在自己身上拥有了个别性"；"第三，意识发现它自身是不变的东西中的个别东西"。然后对他对三重关系依次做了解释。我们前面已经解释过，这三重关系首先是圣父，然后是圣子，然后是圣灵，圣父圣子圣灵三位一体，体现为三重关系。三位一体实际上是三重关系，也是运动的三个阶段，你对上帝的信仰分三个发展阶段，首先你是对圣父的信仰，对天主的信仰，对天主的信仰如果没有后面的阶段，那就相当于犹太人信仰耶和华，还停留在《旧约》的信仰上面。然后是圣子，圣子体现在耶稣基督身上，耶稣基督是一个现实的人，非常现实的肉身的人，你去追随他，这是第二个阶段。第三个阶段，从圣子这样一个肉身身上你体会到圣灵。总之这是一个正反合的过程，最开始是抽象的，然后是具体的，最后又上升到一种更普遍的具体概念，圣灵，通过圣灵打通了此岸和彼岸，凡人和上帝。这就是三重关系，这三重关系本身也已经是三重运动了，那么，下面这一段就是专门来讲非本质的意识在它的努力中所形成的三重运动，它努力追求上帝，但是这个追求上帝不是一蹴而就的，它经历了三个运动的阶段；按照前面的圣父圣子圣灵的三重关系，在人的意识中也表现为非本质的意识的三重运动。下面，

一是作为纯粹的意识，二是作为**个别的本质**，这本质作为欲望和劳动而与**现实性**相对，三是作为**对它自己的自为存在的意识**。

非本质的意识的三重运动，"一是作为**纯粹的意识**"，作为纯粹的意识也就是作为纯粹的信仰。变化的意识努力要追求不变的东西，那么这种努力首先就是一种纯粹的信仰，作为纯粹的意识、纯粹的信仰，就是说我是有限的，但是我不能沦为像动物一样，我要追求一种更高的纯粹的意识，一种纯粹的精神生活，这就是单纯的信仰。这个信仰当然是很有必要的，这是一切的起点，如果你连最初的这种信仰都没有，那你就还没有入门，还没有进入到运动过程。所以首先必须作为纯粹的意识进入到这个运动过程，这是第一阶段。"二是作为**个别的本质**"，作为个别的本质就是说，你要把这种纯粹的意识带入到你的个别性里面来，带入到你的个别的生活里面来。你不是说我心中有上帝，我成天祈祷成天顶礼膜拜就完了，你要把它带入到你的日常生活中来。日常生活是什么呢？他讲到了，"这本质作为欲望和劳动而与现实性相对"。要把你的信仰带入到你的现实生活、生命中来，欲望和劳动，就是说你在欲望的时候，你在欲望满足的时候，你要想着上帝；你在劳动的时候，你也要想着上帝。这就比那个单纯在内心相信一个上帝，然后在世俗生活中我行我素，那就要高一个层次了。你时时刻刻想着上帝，你在做事的时候也想到这是上帝对我的考验，在欲望满足的时候，我要感谢上帝，每餐吃饭之前我都要做祷告，感谢上帝每天赐给我们的面包，这是欲望的满足；那么在劳动的时候我要把它看作上帝交给我的任务，我的"天职"，我要尽量发挥我的才能去完成它。这些东西都是跟现实性相对的，欲望你必须占有现实的东西，劳动你必须对付现实的东西，那么上帝站在你这一边，上帝站在这一边帮助你跟现实性作斗争，帮助你去扬弃现实性，这是第二个阶段。"三

是作为**对它自己的自为存在的意识**",这是更高层次的,就是说意识到自己的自为存在。就是欲望也好,劳动也好,你感谢上帝,感谢上帝是感谢谁呢?还是感谢你自己,因为上帝在你心中。你感谢上帝你不要把他当作一个异己的对象来感谢,你要把他当作就是你的本质来感谢。上帝在你心中,你对上帝的这种崇拜是对你的自为存在的意识。当你达到这样一个阶段的时候,你就进入到圣灵的层次了,你跟上帝的灵是同一个;并不是上帝高高在上,在从上向下颁布指令,来指示你跟现实做斗争,不仅仅是这样一个层次,这个层次你还是把上帝当作是一个异己的对象。你要真正能够感觉到自己跟上帝相通,你的圣灵能够帮助你打通你跟上帝之间的距离,这个就是第三个层次。第三个层次就是比较高的层次了,这个我们后面还要讲到,是因信称义的这样一个层次,因为你信仰,所以你称得上义人,这是新教的因信称义。第二个层次可以说是天主教的原则,或者说是从文艺复兴以来的一个原则,文艺复兴的原则就是重视人的感性,重视人的享乐和欲望以及人的劳动,重视人的天才和自然禀赋,文艺复兴是强调这些东西的。但是他们在强调这些东西的时候都把它们归之于上帝;上帝赐给我们欢乐的人间的生活,上帝赐给我们天才,于是我们就感谢上帝。那么新教,路德宗教改革以后,人们意识到上帝在我心中,所以上帝跟我的距离更加拉近了,精神上的距离更加拉近了。这是这样的三个层次的运动,它们和上帝的圣父、圣子、圣灵的三重性相对应,是人的非本质意识的三阶段运动。一个是《旧约》式的运动,就是只要有信仰,世俗生活是无关紧要的,甚至是应该遭到抛弃的;第二个层次就是文艺复兴,特别是文艺复兴把世俗生活又拉回来了,人的发现和自然的发现;基督教《新约》和中世纪的信仰则是前两个层次之间的过渡;那么第三个层次就是宗教改革,就是把人提升到神的层次。这三个阶段,一个比一个更高,这就是后面我们要讲的——一直到本章的结束都是讲的这一个三重运动。下面这三个阶段被分开来谈。

　　——现在要考察的是,它的存在的这三种方式是如何在那种普遍关系中到手并得到规定的。

"它的存在的这三种方式"，也就是说，非本质的意识的运动的这三种形态、它的运动的这三个阶段，是"如何在那种普遍关系中到手并得到规定的"。到手也就是如何实现出来、如何被我们所掌握了，如何在那种普遍关系中实现出来并且得到规定。"那种普遍关系"就是上面所讲的那三重关系——圣父圣子圣灵三位一体的那种关系；如何在这种普遍的关系中使这三种方式到手并得到规定，在圣父圣子圣灵三位一体的这样一种关系中，如何体现为这种非本质的意识的三个阶段，如何在我们的信仰中被规定为三个阶段的；也就是说基督教的信仰是如何发展的。总而言之，基督教的信仰是如何按照上帝的三位一体的普遍关系而发展起来的？基督教的信仰最开始的时候也是很低层次的，跟其他的信仰几乎很少有什么区别，已经有区别了，但是表面还看不出来。但是后来一步步发展，一直到新教以后，那就是非常高层次的了，达到了宗教意识的最高层次。基督教的这种宗教信仰从宗教学的角度来看是宗教信仰里面的最高层次，黑格尔是这样看的，马克思也是这样看的，马克思认为基督教是"作为宗教的宗教"，你要谈宗教，它的典型、它的榜样就是基督教。当然其他的宗教很可能不服气了，犹太教肯定不承认了，伊斯兰教更不承认，佛教也不会承认，但是作为西方文化传统的黑格尔，包括马克思在内，马克思是无神论者，但他对宗教的看法跟黑格尔是一致的——就是在宗教领域里面，基督教已经达到顶点了，因为它已经是一种普世的宗教了，它已经没有任何界限了，民族啊，种族啊，血统啊，国家啊，这些界限都不存在了，任何一个人都可以达到基督教的信仰；这个是它很不相同的地方。

[(1)纯粹的意识]　　　　　　　　　　　　　　　　　　　　　　[144]

我们下面来看，它是怎么描述的，它也有三个小标题，拉松版编者加上的。第一个小标题是"纯粹的意识"；第二个小标题在 [贺、王译本]

146 页:"个别的本质与现实性",后面跟着的"虔敬的意识的活动",这个我后面要说的,要把它删掉,这个没有它的文本根据,也没有反映它的内容;第三个小标题在 149 页:"自我意识达到了理性",就是基督教在新教里面开始超出宗教的范围,在新教里面已经孕育着近代理性精神。这就是宗教的内容,当然这里还是讲的自我意识,属于在自我意识这样一个范围之内讲的不幸的意识,里面提到了宗教的这三个阶段,后面还要从不同的角度提到。在《精神现象学》的下卷里面专门有一章谈宗教,所以我们在读这一部分的时候,我们可以跟下卷的第七章对照着来读,第七章的"宗教"里面讲的更全面了,一个是自然宗教,一个是艺术宗教,然后第三个是天启宗教。而这里只是讨论基督教的宗教意识,即不幸的意识。所以我们在读这一段的时候,我们特别要跟下面"天启宗教"部分对照着来读,它已经跟原始的自然宗教不同了,跟古希腊的艺术宗教也不同了,它是作为宗教的宗教,那就是基督教。所以在自我意识这部分它考察的主要是作为宗教的宗教,它的宗教意识结构。这个结构的第一层,首先就是"纯粹的意识"。

{125} **首先它被看作纯粹的意识**,所以那被构形了的不变者,由于他是为纯粹意识而存在的,他就好像被建立得如同他自在自为地本身所是的那样。

"首先它被看作**纯粹的意识**",它,就是上一段讲的那个非本质的意识,这个主语一直延续下来,它怎么样、它怎么样,都是讲的那非本质的意识。那非本质的意识首先可以看作纯粹的意识,就是说人首先意识到自己是非本质的,所以他就去追求一个本质,追求那个不变的东西,那么这个本质首先被看作纯粹的东西,也就是去掉一切非本质的东西所剩下来的东西,而这种意识就是纯粹的意识。我生活在人世间,我有很多东西是不纯粹的,我的欲望也好,我的劳动也好,我的追求也好,我的享乐也好,这些都是不纯粹的,它们带来的都是不纯粹的意识;但是有一个本质的东西是纯粹的,我要追求永恒,我要追求不变,我要追求超越人世的痛苦达到永生，对于这种追求的意识就是一种纯粹的意识，这个没有任何世俗的考虑在内，就是对自己灵魂的考虑，对灵魂的归宿的考虑。我们讲"终极关怀"，这种终极关怀就是一种纯粹的意识。"所以那被构形了的不变者，由于他是为纯粹意识而存在的，他就好像被建立得如同它自在自为地本身所是的那样"，那被构形了的不变者，成形了的不变者——这个"不变者"用了一个阳性的第三人称的定冠词 der，一般是代表一个人，代表一个"他"，这里是指的上帝、耶稣基督。耶稣基督他是"为纯粹意识而存在的"，他是纯粹意识所追求的对象，他不是说仅仅是个医生，是个气功大师，你哪里有病了你就去找他，他就可以给你治好，他可以行奇迹，他不是为这个而存在的。当然他也可以行奇迹，但是他不是为了行奇迹而存在的；耶稣基督降临人世，他救世，但是他不是单纯地救苦救难，像观音菩萨，他是拯救你的灵魂。所以他是为纯粹意识而存在的。在我们中国人的信仰里面神佛一般就是救苦救难，当然也有精神上的解脱，但是还没有达到为纯粹意识而存在这样一个阶段。而耶稣基督则不同，"它就好像被建立得如同它自在自为地本身所是的那样"，他自在自为地所是的是什么呢？那就是神啊，就是上帝啊，那就是纯精神啊。所以耶稣基督在纯粹意识里面是被作为上帝、精神来崇拜的，而不是当作一个高明的医生或者一个慈善家，或者是一个气功师或者侠义之士，救苦救难的人，不是这样来界定的，而是当作一个纯粹的精神本质来界定的。你追随耶稣基督，你如果仅仅是为了治病，那人家会看不起你的，你就这样你还想追随耶稣基督，你还不如去追随一个气功大师。耶稣基督他不是一个气功大师，不是一个特异功能者，他是一个神。为什么说"好像"呢？就是说他表面上看来并不是神，而是一个凡人，但是你必须像信奉一个神那样去信仰他，把他设定为、建立为一个神。

　　不过他自在自为的本身的那个样子，像已经提到过那样，却还没有生发出来。

　　"还没有出现"还可以翻译成"还没有实现""还没有产生出来"。他自在自为的本身的那个样子，像已经提到过那样，这却还没有出现。就是他自在自为的是什么样子，在这个时候、在纯粹意识的这样一个阶段里面，还看不出来。我们姑且把他当作神来追求，我们知道他肯定是超越此岸世界的一切，是一种纯粹的精神，我们把他当作一种纯粹的精神，我们把他当作终极关怀来追求。但是这个终极关怀究竟是什么样子，现在还没有出现，因为这是最初的阶段，当然还没有出现，圣灵还被遮蔽着，圣灵还没有出现在人心中，还要经过一个过程才能出现。这个时候你要说上帝本身是什么，一说就错，还不如说上帝不是什么，这就是早期基督教的"否定神学"所采取的策略。

假如他在意识内像他自在自为地所是的那样存在，这当然就必须宁可从他出发而不是从意识出发；但是，他在这里的这种在场就只是片面地通过意识而到手的，正因为这样所以这种在场并不是完善的和真实的，而是仍然由不完善性或由一个对立面所拖累的。

"假如他在意识内像它自在自为地所是的那样存在"，就是说我们已经把他当作是自在自为的本身那样，那么我们可以设想一下，假如他在意识之内的存在正像他自在自为的那样，假如上帝本来的形象已经在我心里面像它自在自为的那样存在了，那"当然就必须宁可从他出发而不是从意识出发"。这里都用的虚拟式，因为是假设的状况。假设我意识中的上帝就是客观的上帝，即上帝以他本身的形态显现在我们的意识中，那么我们从它出发就够了，何必从意识出发呢？我就不必考虑我的意识是否真实反映了上帝的问题，而直接把意识中的上帝就当作真实的上帝，从他出发来建立我的信仰。但这里言下之意就是说，上帝其实并没有以他自在自为的形象出现在我们的意识里，我们现在能够抓得住的还仅仅是这种纯粹意识，我们在我们的纯粹意识中把它设想为它自在自为的那个样子，但是它自在自为的究竟是什么样子，我们现在还不知道，所以我们还只得从我们的纯粹意识出发。我们要在自己的纯粹意识中去经历一个过程，你想要一下子就抓住他自在自为本身的样子，谈何容易啊！你以为你一旦追随上帝，你就知道上帝本来是什么样子？这只是一个入门，才刚刚开始、刚刚起步，你就想达到终点，那是达不到的。而要想进步，还得反求诸己。所以他讲，"但是，他在这里的这种在场最初只是片面地通过意识而到手的"，我们说我心中有上帝了，所以基督在我心中已经建立为我的一个对象了，他已经在我心中、在我的意识中在场了，现成在手了，但是这种在场的现成在手只是通过意识的单方面而来的，并不说明在意识中现成的那个样子就是上帝本来的样子，他本来是什么样子还未呈现出来。"正因为这样所以这种在场并不是完善的和真实的，而是仍然由不完善性或由一个对立面所拖累的"，正因为意识中的在场还不是上帝本来的样子，所以这种在场是不完善的、不真实的。就是说你把耶稣基督在意识中设想为一个什么样子，那个样子不一定是耶稣基督本来自在自为的样子，那么你单凭你纯粹意识中在场的对象而对耶稣基督的信仰就会有问题了，因为这样一个信仰的对象，他的在场方式是不完善的，是不真实的，最开始肯定是这样。不要以为你当下顿悟，一下子就能够"一悟即至佛"，要通过"渐悟"，一步一步地来。最开始肯定是不完善的、不真实的，"而是仍然由不完善性或由一个对立面所拖累的"。尽管上帝已经在你心中了，尽管你心中已经有了耶稣基督的纯粹意识了，但是这个纯粹意识正因为它只是纯粹的，所以它仍然由不完善性或由一个对立面所拖累，它只是耶稣基督的一个片面的样子，有待于完善和把对立面包容进来。这种沉重的压力就会导致你的意识的运动，你必须上下求索，求索不到的时候非常痛苦，非常苦恼，非常不幸。不幸的意识在信仰中最初就是这样表现出来的。

　　但是尽管不幸的意识因此就不占有这个在场，它同时却是超出了纯粹思维的，只要这纯粹思维是斯多葛主义的抽象的、**脱离了一般个别性的**思维，以及怀疑主义的仅仅是**不安的**思维——实际上只是作为无意识的矛盾及其不停息的运动的那种个别性；

我们先看这半句。"但是尽管不幸的意识因此就不占有这个在场",前面讲了不幸的意识,上帝当然已经在场了,不幸的意识就是由上帝在场才被意识到的,由于上帝在场人才意识到自己的不幸;我心中已经意识到一个上帝了,那么以这个上帝作为标准来衡量,我们发现人世间的一切都是邪恶的,人世中充满着恶,人生真是不幸,还不如死了好。所以不幸的意识首先是由于有一个上帝在我的心中、在场,那才产生出来的,但是我的意识又还没有占有这个在场,上帝的在场在我心中还是一种外来的东西,还是一种陌生的东西。上帝的真面目究竟怎么样,我还不知道。我心中有了一个上帝,但这个上帝仅仅是一种超越性,超越这个邪恶的世界,这个罪恶的世界,应该有一个绝对的标准在那里,但这个绝对的标准本身是什么我们还不知道,只是一个否定的标准,因而就不占有这个在场。但尽管如此,"它同时却是超出了纯粹思维的,只要这纯粹思维是斯多葛主义的抽象的、**脱离了一般个别性**的思维,以及怀疑主义的仅仅是**不安的**思维——实际上只是作为无意识的矛盾及其不停息的运动的那种个别性"。尽管不幸的意识并不占有上帝的在场,或者说它还没有理解上帝的在场,它还没有理解上帝在场的真面目、自在自为的真相,但它同时却是超出了纯粹思维的。什么样的纯粹思维?下面有一个很长的限定语,可以看作一个定语从句,分两部分。一个是,"只要这纯粹思维是斯多葛主义的抽象的、**脱离了一般个别性**的思维",我们在前面讲到斯多葛主义的时候,讲它立足于一种纯粹思维,斯多葛主义的纯粹思维是脱离了一般个别性的抽象思维,这里"一般个别性"就是世俗的个别性,世俗的个别性都是一般的,这也是个别的,那也是个别的,都是一般个别性。斯多葛主义是脱离了,也就是超越了一般个别性,斯多葛主义把一切都置之度外,一切都要忍耐,我超然于所有这些事物之上,感到自己有种独立性,有种主人意识。斯多葛主义的这种纯粹思维是一种跳出世俗的主奴关系之外的抽象的主人意识。而基督教的不幸意识已经超出了斯多葛主义的这种抽象的纯粹思维,斯多葛主义的抽象思维固然很高超,好像它不在乎世俗的一切不幸、一切压力、一切折磨,甚至在牢里面受酷刑的时候,也能够感到自由,但是它没有感到不幸。斯多葛主义从来不感到不幸,斯多葛主义把自己忍受痛苦而不动心当作自己的幸福。斯多葛主义、怀疑主义、伊壁鸠鲁主义从某种意义上来说都是幸福主义的,而不是不幸意识,它们都没有意识到不幸。那么基督教的不幸意识就打破了这种自欺,它非常直接地面对着不幸,认为人生就是不幸,你想要追求不动心,你想要追求某种意义上的幸福,只要你还活着,都是追求不到的。真正的幸福就是死后,如果你在人世间听从了上帝的命令,按照上帝的律法来生活,那么你就是在为来世的幸福做准备了。幸福只在来世,此岸的幸福都是短暂的,归根结底是不幸的,是过眼烟云。所以基督徒在世间虽然他也享乐,认为这是上帝赐给他的恩惠,但是他总是心存疑惧——我这样享乐是不是过分地放纵了自己的欲望? 是不是有罪啊? 他总有这样一层疑虑在里头,这就是不幸意识。你不要相信人世间的幸福,人世间的幸福都是虚假的,你也不必刻意的去拒绝,但是你在享乐的时候要想到终有一死,你终究会面临上帝最后的审判,这些东西都会记录在案的。所以基督徒在享乐的时候,他是不会尽情尽意的,不会逍遥自在的,基督徒很难达到一种忘乎所以的享乐,不像我们中国人一醉方休,过把瘾就死,这个是中国特色,中国人在享乐的时候是完全放开的、完全放松的。再一个,另外一种抽象思维也是不幸的意识所超越了的,即"怀疑主义的仅仅是**不安的**思维",怀疑主义的那种不安的思维也被不幸的意识超越了。什么是不安的思维呢? 破折号后面是一个定语从句,这种不安的思维"实际上只是作为无意识的矛盾及其不停息的运动的那种个别性",就是说怀疑主义是一种不在任何一点上停留的个别性。斯多葛主义是完全脱离了一般个别性,任何时候它都能够超然物外;而怀疑主义本身就是一种个别性,它是不断运动的个别性,从一个个别性到另外一个个别性不断否定的个别性,这是一种"无意识的矛盾"。它跟一切个别性相冲突,但它在每一次跟一个个别性相冲突的时候它就代表了另外一个个别性,它是以个别性的身份同个别性相冲突的,所以怀疑主义归根结底还是一种个别性,一种否定个别性的个别性,或者说一种矛盾的个别性,但它并没有意识到自身的这种矛盾。当然它也是一种纯粹思维,它是一种不安的思维,它不停地折腾,不停地怀疑这怀疑那,遇到一个它就怀疑一个,但它自身是什么呢? 它自身什么也没有,它什么也不相信,它只是纯粹思维而已,所以它是一种被不安息的个别性所吞噬的纯粹思维。这是两者不同的地方,一个是斯多葛派的抽象思维,一个是怀疑派的不安的个别性,不幸的意识把这两种纯粹思维都超越了。这个地方是个分号,我们再看下面:

不幸的意识超出了这两派,它把纯粹思维和个别性结合起来并绑在一起了,但还没有提高到那样一种思维,**对于这种思维而言**意识的个别性和纯粹思维本身得到了和解。

"不幸的意识超出了这两派",一个是斯多葛主义,一个是怀疑主义,不幸的意识都超越了。如何超越的呢? "它把纯粹思维和个别性结合起来并绑在一起了",斯多葛主义的纯粹思维和怀疑主义的个别性,这两派当年斗来斗去,但是不幸的意识一出来,就把这两派都超越了,并且把两派的原则结合起来并绑在一起了。绑在一起,这个"绑"很形象,就是像把两块木板捆在一起了,把它们结合在一起,把它们固定在一起了。这是不幸的意识对于斯多葛主义和怀疑主义的超越,就是把两者的原则都包含于自身中,使它们有了一种牢固的一体化的关系。"但还没有提高到那样一种思维,**对于这种思维而言**意识的个别性和纯粹思维本身得到了和解",不幸的意识把双方的原则都绑在一起了,但是这两方面还没有融合,还是两张皮,正因为如此才会感到不幸。你把它们固定在一起了,使得任何一方都不能脱离另一方,但是这两者还没有得到和解,没有使意识的个别性和纯粹思维本身得到和解,不幸的意识还没有提高到这个层次,所以总是摆脱不了不幸。下面,

它毋宁说是站在这样一个中点上,在那里抽象思维触摸到意识的作

为个别性的个别性。

"它",也就是不幸的意识,不幸的意识"是站在这样一个中点上,在那里抽象思维触摸到意识的作为个别性的个别性",抽象思维和意识的个别性本身被绑在一起了,那么是什么东西把它们绑在一起的? 是不幸的意识。或者我们可以说不幸的意识就是把这双方绑在一起的那根绳子,它把两者固定在一起。不幸的意识心怀抽象思维而去触摸意识的那个"作为个别性的个别性",那个真正的个别性,可以触摸得到的活生生的个别性,而不仅仅是怀疑主义那种滑来滑去而又无意识的个别性。耶稣基督本身就是抽象思维和个别性结合在一起的,但是这样一种关系在不幸的意识里面还没有达到和解,还只是一种捆绑,还有待于提升到和解,就是完全的融合为一,这个还没有做到,它只是一个中点。下面讲,

它本身就**是**这种触摸;它是纯粹思维与个别性的统一;它甚至**对自己而**言都是这个思维着的个别性或纯粹思维,以及本质上本身就是作为个别性的不变的东西。

"它本身就**是**这种触摸",这个触摸,Berührung,是一个动名词,这个很形象,就是说不幸的意识就是这种触摸,这个"是"字打了着重号,它就"是"这个触摸,就是这个触摸的动作。耶稣基督复活的时候,信徒们不相信他就是耶稣基督,用手去触摸到他身上的伤口,才相信了。不幸的意识就是两方面相接触的过程,一方面是纯粹思维,另一方面是个别性。纯粹思维和个别性要两相接触,那么这个接触就是不幸的意识。所以他讲,"它是纯粹思维与个别性的统一",纯粹思维与个别性,它把它们统一起来,如何统一起来? 用纯粹思维去触摸个别性,通过这种接触,它就使这两方面统一了。"它甚至**对自己而**言都是这个思维的个别性或纯粹思维",这个"对自己而言"打了着重号。这个地方为什么说"甚至**对自己而**言"? 就是说它不仅仅是置身事外地把纯粹思维和个别性统一起来,把它们绑在一起,它自己就是这个思维的个别性或纯粹思维。比如说它把耶稣基督当作一个中点,耶稣基督身上体现了纯粹思维和个别性

的统一，那么不幸的意识造成了这种统一，不幸的意识把耶稣基督身上体现出来的纯粹思维和个别性绑在一起了，不幸的意识使得纯粹思维和个别意识相接触了，这是一方面；但是，这样一来，就连它自己都"是"个别性和纯粹思维的统一，它不是说在耶稣基督身上造成了纯粹思维和个别性的统一的意识，而且甚至于对它自己来说，它自己就"是"纯粹思维和个别性的统一了。"以及本质上本身作为个别性的不变的东西"，它自己就是、它本质上就是作为个别性的不变的东西。耶稣基督作了榜样，耶稣基督在自己的个别性身上体现出了不变的东西，体现出了神性，那么，不幸的意识甚至于在它自己身上也体现了这一点。为什么耶稣基督能够成为榜样呢？是因为人人都可以像耶稣基督那样，把个别性和纯粹的意识结合起来。所以它这个地方是更进了一层，不幸的意识本质上本身成了作为个别性的不变的东西。作为个别性的不变的东西，就是作为肉体的神性，作为你这个个别人的神性，就像耶稣基督的神性；耶稣基督能做到的，我们每个凡人都能做到，我们每一个凡人都是作为个别性的不变的东西，本质上都是这样。不幸的意识不光是一种意识，而且本质上已经是一种不变的东西，已经带有神性了，当然这个一般人不会意识到，基督徒也不一定意识到，但是它"甚至**对自己而言都是**"这样的东西。下面讲，

　　但是它**对自己而言**并不是说，它的这个对象，那在它看来本质上具有个别性形态的不变的东西即是**它本身**，即是作为意识的个别性的它本身。

　　"但是"，这里又转了一下，就是说它虽然已经成了这样，但是它还没有意识到这一点，每一个基督徒还没有意识到这一点，还没有意识到他跟耶稣基督其实是一样的；耶稣基督是上帝的独生子，当然他具有示范作用，但是每个人其实身上都有神性，都有不变的意识，虽然他是一种个别性，但是他身上也有不变的东西，他已经是这样的了；"但是它**对自己而言**并不是说"，就是它对自己来说还没有意识到这一点。虽然它对自

己来说已经是这个思维着的个别性和纯粹思维了，但是它自己还没有意识到的是："它的这个对象，那在它看来本质上具有个别性形态的不变的**东西即是它本身**，即是作为意识的个别性的它本身"。"它的这个对象"，就是耶稣基督了，耶稣基督就是"那在它看来本质上具有个别性形态的不变的东西"，不幸的意识把耶稣基督当作自己的对象，这个对象既具有个别性的形态，具有一个凡人的形态，又是一个不变的东西，是一个具有凡人形态的神圣者。但是它还没有这样的意识，就是说认为这个神圣的东西就是它本身，就是作为意识的个别性的它本身。作为意识的个别性就是一个凡人，它还是把自己意识为一个凡人，但是它没有把这个凡人意识为不变的本质，没有想到耶稣基督在每个人心中作为他的本质而存在。这是它还没有达到的一个境界，虽然实际上它已经是了，它从它的本质上说已经是作为个别性的不变的东西，已经是这样了，但是它还没有把它的对象看作就是它本身，没有把它所追随的耶稣基督看作就是它自己的本质。它追随上帝是在追随谁呢？其实是在追随自己，其实是在追随它自己的本质。你追随上帝，追随耶稣基督，耶稣基督好像是一个外在的某个人，生于公元 1 世纪，公元就是以耶稣诞生作为起点，然后死于公元多少年，好像就是这么一个人，他已经死了，只留下一个记录，现实的人你已经追随不到了，你就只追随那些记录。但是在《圣经》里面那些记录它是记录一种精神的东西，虽然它记录的是耶稣传，耶稣的事迹，但这些事迹反映出来的是那些精神的东西。至于他的诞生，他的行奇迹，他的成长，那些东西本身都没有意义，那都是一些引子，为了引出那种不朽的精神的东西。所以你去读《圣经》，你实际上追求的是你自己的精神，你实际上是在读你自己。但是基督徒还没有想到这一点，还没有达到这个层次，他读《圣经》的时候是把它当作那么一个人的传记或者说他的言行在读，也就是说他没有把这个言行里面所蕴含的思想当作就是自己的本质。一旦把它当作就是自己的本质，那他就跟圣灵沟通了，那他就达到了最高的境界。基督教的最高境界就是圣灵，圣父圣子圣灵，前面都是作为引子，作为引导，最终是要达到圣灵。什么是圣灵？也就是精神，Geist，Geist 就是精神，要达到一种精神，这个是最后的目标，但是在第一个阶段，纯粹意识阶段，这还远远没有达到。休息一下吧。

好，我们再继续往下。刚刚讲到不幸的意识它已经超出了纯粹思维，超出了斯多葛主义和怀疑论那样一种纯粹的思维，而是把纯粹思维和个别性结合起来了，这就是它的创新之处；它跟以前的纯粹思维不同的地方、创新的地方，就是把纯粹思维跟耶稣基督这样一个具体人物的形象结合在一起了。但是它还没有把双方融合到一起，就是它还没有意识到自己的纯粹思维和这个个别性实际上是一回事，它自己跟耶稣基督本质上是相通的，所以它还有一个对立面压在它头上，就是说耶稣基督究竟自在自为地是什么样的，我们还不知道，我们只看到他表面的形象，我们只知道跟着他走就是了，我们崇拜他，我们追随他。至于为什么要崇拜、为什么要追随，这还没有想，还没有过脑子。我为什么要信耶稣基督？那些理由都是表面的，真正来说，追随耶稣基督，那个里头的那些思想的内容还没展开。所以，下面一段就讲，

因此在我们把它当作**纯粹意识**来看的这第一种方式中，不幸的意识**对它的对象的关系**不是思维的，而是由于它自身虽然**自在地**是纯粹思维着的个别性，而它的对象正是这种纯粹意识，但**彼此的联系本身**并不是**纯粹思维**，所以可以说，它只是**向着**思维走去，只是在**默想**。

"因此"——因此也是接着上面来的，就是因为上面讲的不幸意识的这种不足之处，"在我们把它当作**纯粹意识**来看的这第一种方式中"，前面这个小标题是"纯粹意识"，不幸的意识有三种形态，第一种形态就是当作纯粹意识来看的，或者说是第一种方式，它是不幸意识运动的第一阶段。在这里，"不幸的意识**对它的对象的关系**不是思维的"，不幸的意识把它的对象看作是纯粹思维和个别性的结合，但是它对于这个对象的关系并不是思维的，而只是上面讲的那种"触摸"。纯粹的意识已经知道

纯粹思维，比如说斯多葛主义和怀疑主义它们的那种纯粹思维，并且它把这种纯粹思维跟耶稣基督这样一种个别形象绑在一起了，使两者达到了统一；但是它对这个对象的关系还不是思维的。不是思维的是什么呢？"而是"——这个"而是"很长了——"由于它自身虽然**自在地**是纯粹思维着的个别性"，它自身，这种不幸的意识自身，"自在地"已经是纯粹思维着的个别性了。刚才讲了，它本质上已经是作为个别性的纯粹思维了，本质上已经是作为个别性、作为张三李四这个具体的人而存在的不变的东西，永恒的东西，神性的东西，它已经把纯粹思维和个别性结合起来了；但是它还没有意识到这一点，它只是在耶稣基督身上意识到纯粹思维和个别性的结合，它还没有在自己身上意识到纯粹思维和个别性的结合。所以，它"虽然**自在地**是纯粹思维着的个别性"，它自在的已经是了，"而它的对象正是这种纯粹意识"，它的对象耶稣基督正是这样一种纯粹思维着的个别性的纯粹意识；"但**彼此的联系本身**并不是**纯粹思维**"，就是不幸的意识和它的对象耶稣基督的联系还不是纯粹思维。信徒跟耶稣基督双方的关系还不是一种纯粹思维的关系，还是一种很偶然的关系，还是一种很外在的关系，或者说只是一种"联系"。这个"而是"一直要管到这里，就是说不幸的意识对它的对象的联系不是思维的，而是，而是什么样的呢？而只是"走向思维"，"走向思维"的字面是 an das Denken，它和下面的"只是在默想"相通。默想就是 Andacht，Andacht 有两部分，一个是 An，一个是 dacht；dacht 是 denken 的单数第三人称过去时，就是思维或者思想，前面加一个 An 就是走向思维的意思，这就是默想。德文里面，词典上 Andacht 的意思就是默想，或者默祷、祈祷的意思；默想或者默祷，我们这里翻译成默想，是为了跟前面的思维、思想有一种关联，思想和默想。默祷就是内心的默默地祈祷，默默地去想念、去沉思，沉思默想，只是在默想。黑格尔用这个词是非常值得推敲的。不幸的意识"只是走向思维，只是在**默想**"，走向思维，走到哪里去呢？到 Denken 那里去，它是第一阶段，它肯定是要走向思维的，但最初还在起步中，还没有到达，所以它只是一种默想。这个地方利用了德文的一个词 Andacht, Andacht 的字面意思或者说日常的意思就是默想、默祷, 但是它的词根意义就是 "到思想去" 或者 "走向思想" "走向思维", 所以只是一种倾向, 还未到思想, 而只是在默想。下面,

[145] 它的思维本身停留于无形的钟声的沉响或一种暖融融的烟雾弥漫, 一种音乐式的思维, 它没有达到概念, 而只有概念才会是唯一的、内在的、对象性的方式。

"它的思维本身停留于无形的钟声的沉响或一种暖融融的烟雾弥漫", 这里描绘的不是一种场景, 而是一种心情, 当然这种心情在一定的场景之下可以更生动地烘托出来, 比如教堂里面的气氛, 充满着烟雾, 朦朦胧胧的。实际上这个意思就是说, 这样一种思想它还没有成形, 它是走向思维, 但是还不是真正的思维。真正的思维是概念思维, 而这样一种思维它只是一种 "无形的钟声的沉响", 钟声的轰鸣, 教堂里面的钟声, 震人心魄的那种沉沉的闷响; "或一种暖融融的烟雾弥漫", 一种朦朦胧胧的, 但是又使人感到温存的那样一种弥漫状态; "一种音乐式的思维", 你不能说它完全没有思维, 因为它已经意识到纯粹思维和个别性的统一了, 但是由于这种统一还没有达到融合, 还只是把双方绑在一起, 你在纯粹思维这一方面不能忽视另一方面, 你不能忽视个别性, 所谓个别性就是在你内心的感觉, 所以纯粹思维就体现为这种内心感觉, 那就是一种音乐式的思维。我在思考上帝的时候内心对上帝有一种默祷, 有一种默想, 那么这种默想在我自己个人内心里面当然是朦朦胧胧的, 因为我不是上帝, 我对上帝的默想只能是朦胧的, 我可以想到上帝是无限的, 是永恒的, 这样一个抽象的概念我可以想, 但是具体在想的时候, 只是一种音乐式的思维。音乐式的就是无标题的, 我们讲无标题音乐, 当它感动你、触动你的时候你根本不知道它为什么触动了你, 你不能诉之于概念, 也不能诉之于语言, 你就是被它打动了。当然这也是一种思维, 乐思也是一种思, 但是这种思是朦朦胧胧的, 就像一种无形的钟声的沉响, 它是

没有具体的形态的。在这里，我们参看一下下卷的相应的部分，比如说
Andacht 这个词我们可以在下卷贺、王中译本的第 202 页（商务 2010 年
版第 228 页）读到，在那里才把意思展开。他在那里说："赞美歌在自身
内保持着自我意识的个别性，而这种个别性在被听见的同时，又作为普
遍的东西而定在着，在所有的人中蔓延开来的默祷（Andacht）就是那精
神的洪流，这洪流在众多不同的自我意识里，意识到自己是一切人的同
一个**行为**，是**单纯的存在**；精神作为一切人的普遍自我意识既有它的纯
粹内在性，同样也有那些个别的人在**一个**统一体里的为他存在和自为存
在。"虽然这是在"艺术宗教"这一部分讲的，还不是在"天启宗教"中讲
的，但是对赞美歌的描述跟这里非常吻合。基督教也唱赞美歌，基督教
的《圣经》里面很多都是诗篇，其实也就是赞美歌，这就有同样的一些内
心感受。赞美诗赞美的是什么呢？是永恒的东西；是谁在赞美呢？是我
在赞美。它有一个作者、一个诗人的个性在里头。所以它就是把那种不
变的东西、那种纯粹的思维和个别性绑在一起、统一在一起的。这是在
所有的人中蔓延开来的一条精神的洪流，在这种默祷之中，就像那种钟
声的沉响，教堂的钟声响起来的时候，一切人内心里面都开始默祷，形成
一股精神的洪流，激动了所有的信徒，是大家共同的行为，但是它又被意
识为单纯的存在。还有 205 页（商务 2010 年版，第 231 页）也讲道："祭拜
这一概念已经自在地并现成在手地包含在赞美诗的歌唱的洪流里了。这
种虔诚默想（Andacht）是自我通过自身并且在自身内所得到的直接的纯
粹满足。这种自我是净化了的灵魂，这灵魂在这种纯洁性中直接地仅仅是
本质并与本质为一。它由于其抽象性之故，并不是那种把自己的对象从
自己区别开的意识，因而只是自己定在的黑夜，只是为自己的形态所**准
备的场所**。"207 页（商务 2010 年版，第 234 页）下面这一段也说："此外，
这种祭拜虽然是一种现实的行动，然而它的含义却更多地只包含在默想
里；那属于默想的东西还没有对象性地被产生出来，……。"这个也是在
"艺术宗教"里面讲到的。就是说艺术宗教里面所出现的那种默想的崇

拜方式，在基督教的早期仍然延续下来了，就是默祷，就是沉思默想，这个跟新柏拉图主义有关。新柏拉图主义，特别是普罗提诺，还有斐洛，这些人都是非常崇尚默想的，它的根源可以追溯到柏拉图的迷狂，柏拉图的最高的境界就是"理智的迷狂"。柏拉图讲到迷狂有好多种，有宗教的迷狂，有诗人的迷狂，还有爱情的迷狂，酒神的迷狂。最高层次是理智的迷狂，就是当你掌握了大量的知识以后，你把自己提升到了一个最高的境界，那个时候就像一只鸟儿拼命地高飞，飞到了超越一切世俗之上的很高的高度，你就可以看到理念世界的汪洋大海，但是只有一瞬间，因为你力不从心，你飞不到再高的地方，所以你马上就掉下来了。你用尽了所有的智力，你最后达到的那一瞬间，那就是最高的享受，那是一种出神的状态，所有下界的知识都不在话下；你看到了最高的知识，最高的美。这是柏拉图在他的《会饮篇》里面讲到的一种境界。那么新柏拉图主义的普罗提诺也讲到，对于"太一"的观照只有通过一种出神的状态，出神的状态怎么获得？那就要沉思默想，不是你想要就能够得到的，可遇不可求，有可能突然一下你就看到了彼岸，有点像我们讲的顿悟。普罗提诺据说他自己认为他一生只有六次达到过那种状态，凝神观照的时候，他可以达到那种状态，那就是一种默想的巅峰状态。在平时你达不到，但是你沉浸在那样一种状态之中去默想，你就有可能达到。早期基督教的这样一种崇拜方式有很多都类似于普罗提诺的那种方式，像奥古斯丁这些人，沉思默想，长年累月通过忏悔通过默想上帝的光荣，忽然有一天可能开窍了，但是马上又沉入到低层次的思维里头，非常痛苦。不是说你一旦开窍你从此以后就光明了，就摆脱了痛苦了，那是摆脱不了的，因为你的生命还在延续，你还受世俗的东西所纠缠，所以那只是一瞬间的极乐的开悟。这样一个过程是一种音乐式的思维的过程，它没有达到概念的水平。早期的基督教还不是概念思维，所以这里说，"它没有达到概念，而只有概念才会是唯一的、内在的、对象性的方式"，只有概念才会是唯一的对象性的方式，但是又是内在的对象性的方式。对象性也就是客观性了，概念是对象性的思维方式，概念范畴都被看作是有关对象的，客观的，它不是主观想出来的，但是它又是内在的，它不是外在的，它是你自己的。那么，这个阶段不幸的意识还没有达到，它还是停留在抽象的类似于艺术宗教的那种层次，音乐式的思想。音乐式的就是艺术式的，就是艺术式的一种崇拜方式。这一句是比较难以理解的，为什么是"无形的钟声的沉响或一种暖融融的烟雾弥漫，一种音乐式的思维"？这都是带有形象思维的一种描述，很难把握，所以我们要联系后面的大段描述来体会。当然后面是讲它在客观的宗教形态、绝对精神中表现出来的方式，而这里还只限于讲自我意识主观内部的一种氛围，一种不幸意识的情绪表现，但它与后面的客观内容是相关的。下面，

这种音乐式的思维虽然对这种无限的、纯粹的、内心的感觉来说成为了它的对象，但却是这样进入感觉的，以至于这个对象不是作为概念所把握的对象出现，因而只是作为一个异己的东西出现的。

"这种音乐式的思维虽然对这种无限的、纯粹的、内心的感觉来说成为了它的对象"，前面讲的那种音乐式的思想，那种无形的钟声的沉响等，对这种无限的、纯粹的、内心的感觉来说成为了对象，也就是这种思想成为了感觉的对象，当然这种感觉不是外感官，而是内感官，是一种无限的、纯粹的内心感觉。早期的信仰它已经是无限的、纯粹的、内心的，但是它是感觉，它不是概念，不是概念思维。这种感觉，这种对无限的感觉，对上帝的无限性的感觉，对于纯粹思维的感觉，它已经超越了纯粹思维，因为它把纯粹思维和个别性结合起来了，也就是把纯粹思维和感觉结合起来了，它把纯粹思维当作了感觉的对象。在早期的基督教信仰里面，把自己内心的这样一种纯粹思维当作自己感觉的对象，追求这样的对象。如何追求？不是通过思想，而是通过默想，通过默祷，通过默默地祈祷、希望、渴望来追求。"但却是这样进入感觉的，以至于这个对象不是作为概念所把握的对象出现，因而只是作为一个异己的东西出现的"，这样一个对象，这种内心的感觉所把握的思维对象，它不是作为概念所

把握的对象，不是作为一种概念上清晰的对象，不是作为一种理解了的对象出现的，而是作为一个异己的、陌生的东西出现的。他是一个陌生的上帝，一个不可理解的上帝，一个只能追随、只能信仰而不能理解的上帝；你只能追随他，上帝要你干什么你就干什么就是了，你理解的要执行，不理解的也要执行。我们对毛泽东的信仰当年就是这样，林彪的名言就是：对毛主席的话，理解的要执行，不理解的也要执行，在执行中再去理解。你先跟随着来，他叫你干啥你就干啥，你不要问为什么，最初的信仰都是这样的。那么这只是作为一个异己的东西出现的，它跟我是天壤之别。我跟上帝怎么能够相比呢，你不要试图去理解上帝，你去追随他就够了，你能够追随他就不错了，就说明你开悟了，你还想去理解？那你就是异想天开了，他根本和你不同的，他是神，你只是一个普通的人。早期基督教的原则就是"信仰而后理解"，或者不理解也要信仰，甚至正因为不理解，才要信仰。下面，

由此而现成在手的是**纯粹**心情的内在运动，这种心情**感觉到**自身，但却是把自身作为痛苦的分裂来感觉的；

我们来看这半句。"由此而现成在手的"，就是说在这样一种对于感觉的崇拜、对于感觉的对象崇拜的过程中，我们也得到了一些东西。现成在手的、到手的是什么东西呢？ "是**纯粹**心情的内在运动"。纯粹的心情，Gemüt，译作心情、情绪，或者内心情感等等都可以。这是一种纯粹心情的内在运动，它跟耶稣基督、跟外在的那个对象其实没有什么关系，你把他当作对象，但是归根到底你获得的仅仅是你的纯粹心情的内在运动。这种心情当然是纯粹的，它跟世俗的那种担忧、那种焦虑、那种目的都无关，你是追随上帝，你对上帝有一种情感，有一种心情，那么这种心情有一种内在的运动，这是你所获得的；你在这种崇拜中，你想追求上帝，但是上帝并没有被你真正的追求到，你所形成的只是自己的纯粹心情的内在运动。"这种心情**感觉**到自身，但却是把自身作为痛苦的分裂来感觉的"，你有一种纯粹的心情，那么这种心情感觉到了自身，感觉，

fühlen，它感觉到自身，这个感觉还是有内容的，虽然是一种纯粹心情的这种感觉，但是是把自身作为痛苦的分裂来感觉。就是说我追随上帝，但是我明确意识到我跟上帝不同，我所追求的东西远远地在我之上，在遥远的彼岸，我这一辈子是追求不到的，但还得去追求，那么这种追求是很痛苦的。你追求一个追求不到的东西，一个分裂的东西，那就是非常痛苦的，只有到死你才能看看有没有希望，在此生你是追求不到的；但是你又不能放弃，你有信仰你就必须追求那个你不可能在此生追求到的东西，你时时刻刻意识到自己的有限性，自己的渺小，自己的恶，时时刻刻要忏悔，要批评自己，要拷问自己，那是非常痛苦的。因为这是一种自身分裂的感觉，我感觉到我自身的这种分裂，就像李泽厚所讲的罪感意识，基督教的意识是一种罪感意识，感到自己有罪，感到自己不幸。我为什么陷入到这样一种罪恶里头？我不愿意这样，这不是我的初衷，我想要追随上帝，但是我已经这样了，从亚当夏娃开始我就已经这样，我已经继承了原罪。那么要承受这个东西是非常痛苦的，是把自身作为一种痛苦的分裂来感觉。下面，

而这是一种无限渴望的运动，这种渴望确信它的本质是那样一种纯粹的心情，是纯粹的思维，是把自己作为个别性来思维；并且确信它之所以被这个对象所认识并承认，正是因为它把自己作为个别性来思维。

"这是一种无限**渴望的运动**"，这样一种对自己的痛苦分裂的感觉是一种运动，是一种什么运动呢？是一种"无限**渴望的运动**"。无限的渴望，为什么会有痛苦？就是因为渴望而不得嘛。但是反过来也恰好证明了这样一种痛苦本身就是一种无限渴望的运动，有痛苦才有运动。如果没有痛苦了，一切都满足了，那么就不会有运动。我们中国几千年都是停滞的，为什么停滞？因为我们的幸福指数太高，我们不需要再追求更幸福的东西了，我们也没有失望，也没有想到还可以有更幸福的东西可追求，我们觉得能活下去就够啦。虽然是奴隶，但是只要我们坐稳了奴隶，这就够啦。所以这就没有一种运动的渴望，没有追求，特别是没有对彼岸的追

求，我们顶多有一点小打小闹，我想发财，我想买栋房子，有点这些小小的追求，只要努力，这种追求是可以实现的，实现了也就满足了。但是这种痛苦的感觉是一种无限的渴望的运动，它是没有限度的，它不是能够用世俗的东西来满足的，它是一种精神上的追求。"这种渴望确信它的本质是那样一种纯粹的心情"，刚才讲了，现成在手的是纯粹心情的内在运动，我要把一切世俗的东西排除不考虑，我只考虑终极关怀，终极关怀就是纯粹的心情，这是我的本质。我当然在世界上生活，必须赚钱必须糊口必须养家，这都是要考虑的，但这都不是我的本质，不是我的终极关怀，这些心情都不纯粹，不具本质性。当然纯粹心情还没有达到纯粹概念思维，但它已经确信它的本质就是那样一种"纯粹的**思维**，是把自己**作为个别性来思维**"。就是说这种纯粹的心情、这种痛苦已经确信自己的本质是纯粹的思维，这就是把自己作为个别性来思维，因为它就是个别性和纯粹思维的统一。"并且确信它之所以被这个对象所认识并承认，正是因为它把自己作为个别性来思维"，它在思考自己，把自己作为个别性来思维：我这个人为什么这样不幸？为什么这样的恶？为什么有这么多罪？看到自己的罪恶，看到自己的有限性，就是因为你心中还是有个无限的标准；有一个无限对象做标准，你才能够看到自己的这种个别性和有限性。我把自己作为有限的东西来思维，这种思维就表现为忏悔，表现为自我拷问，表现为对自己的有限性的一种反思，正因为如此，才会得到那个无限的对象、那个耶稣基督的认识和承认。这是上帝接受我成为基督徒的一个条件，你要反思自己，你要忏悔。《圣经》里面讲，你悔改吧！就是说你要把自己作为个别性来思维，来反思，这是你成为耶稣信徒的条件，你首先要悔改。下面，

　　但同时这个本质是一个不可达到的**彼岸**，这个彼岸当你要捕捉它时，
{126}　它就飞走了，或者毋宁说，早已经飞走了。

　　"但同时这个本质"——前面讲它确信它的本质是纯粹思维，但同时这个本质"是一个不可达到的**彼岸**"，你的本质作为纯粹心情的内在运

动虽然已经现成在手了,但"同时"它实际上又是一个不可达到的彼岸,现成在手的本质和彼岸的本质是同一个本质,是因为它是一种无限的运动,静止地看,这两者是绝对不可能相通的。你的本质在哪里? 在彼岸;你想要追求自己的本质,你发起了这样一个运动,这个是现成在手的;但最终的目标实际上是很难追求到的,或者是追求不到的。这种纯粹的思想在这个阶段上还是一个不可企及的不可达到的彼岸,"这个彼岸当你要捕捉它时,它就飞走了"。耶稣基督,他的神性,他的纯粹思维,他的不变的东西,你要去把握它,你要去抓住它,它就飞走了,远远地往后推移了。"或者毋宁说,早已经飞走了",它事先已经在彼岸,因为它归根结底是从彼岸来的。耶稣基督道成肉身,他就是从上帝天父那里来的,他的神性是在天父那里;你要从他去追求神性,那么神性早已经在上帝那里、在彼岸了。下面讲为什么说它早已经飞走了,他说,

它已经飞走了是因为,一方面,它就是那把自己作为个别性来思维的不变的东西,而意识因此就在不变的东西里直接地达到它自身,但这个**它自身**却是作为**与那不变的东西相对立的东西**;

就是说,彼岸的神性当你要捕捉它的时候,它就已经飞走了,"它已经飞走了是因为,一方面,它就是那把自己作为个别性来思维的不变的东西"。为什么它早已经飞走了? 是因为一方面它就是不变的东西,不变的东西本来就在彼岸,此岸都是变化的东西。所以它不是飞走了,它早已经在彼岸了,你根本抓不到它。什么样的不变的东西呢? "是那把自己作为个别性来思维的不变的东西"。不变的东西把自己作为个别性来思维,也就是上帝的道把自己作为肉身来思维,而这个肉身、这个个别性仍然还是来自上帝的道,来自彼岸。"而意识因此就在不变的东西里直接地达到它自身,但这个**它自身**却是作为与那不变的东西相对立的东西",不变的东西在彼岸,而意识在不变的东西里面直接达到它自身,意识在这个不变的东西即耶稣基督身上,直接达到它自身,也就是意识在耶稣身上直接看到了自己的本质;但是当我把上帝看作是我自身的本质

的时候，这个"我自身"跟上帝却仍然处于对立之中。我用不变的东西作为标准、用上帝作为标准来拷问自己，那么这个"自己"跟那个拷问的上帝的标准当然是对立的了，如果不对立怎么谈得上拷问呢？怎么谈得上忏悔呢？我之所以拷问自己、思考自己，就是因为我的那个标准跟我自己是对立的。一方面我在这个不变的东西里面直接地达到我自身，就是通过这个不变的东西来反思我自身，把这个不变的东西当作自己的本质、自己的标准，来运用于我自身，我把这个标准看作是我应该具有的本质；但是我现在还不具有，所以它跟这个不变的东西的标准是相对立的。下面，

意识没有把捉到那个本质，它只是**感觉着**，并且退回到了自身；由于意识在达到时不能防止自身成为这种对立的东西，所以它并未把捉到这本质，而只是把捉到了那个非本质性。

"意识没有把捉到那个本质"，意识把那个本质作为标准运用于反思自己、忏悔自己、批评自己、拷问自己，但是这个本质它并没有抓住，没有把捉到 (ergreifen)，它只是援引这样一个不变的东西，用这个永恒的标准来拷问自己，但是这个永恒的标准自己究竟是什么，它并不知道，而"只是**感觉着**"。感觉着什么呢？感觉着这个本质和它的个别性之间有裂痕、有分裂，感觉着这种痛苦。这种感觉是一种痛苦的感觉，就是当他拷问自己的时候，它感觉到自己跟那个不变的东西的标准之间有天壤之别，有无限的距离，它为此而感到痛苦，这就是它的感觉。"并且退回到了自身"，只是感觉着，那它就还是退回到了自身嘛，这种感觉是它自身的，那个不变的东西、那个标准是朦胧的，它并没有抓住，它能感觉到的就是它自身的这种痛苦，这种分裂的意识，这种不幸的意识。所以它退回到了自身，退回到自己的感觉。早期基督教的这种信仰，说到底最后还是退回到自身，还是自身内部的一种默想，而没有真正地把握基督教的上帝的本质，没有认识上帝的本质。或者用今天的眼光来看，还是一种盲信，还是一种盲目的崇拜、盲目的追随，还不知道上帝究竟意味着什么。他

们只是把上帝作为一个标准来批判我们的现实生活，所以它是退回到了自身。"由于意识在达到时不能防止自身成为这种对立的东西"，意识在达到这种感觉的时候，它达到不了那个彼岸的东西，但是它能够从这个彼岸的不变的东西里直接地达到它自身，也就是用彼岸的标准来直接地批判自身，运用于自身。所以，当它在运用上帝的标准来批判自身的时候，在把这个标准用来达到自身的时候，并"不能防止自身成为这种对立的东西"。人的本性难改，人的这种个别性，人的个别的需要，这个是没办法消除的，他没办法防止自身成为这种对立的东西，他自己仍然是与这个标准对立的。正因为他与这个标准对立，所以才有批判，才有忏悔，才有反思。"所以它并未把捉到这本质，而只是把捉到了那个非本质性"，这个上帝、这个神的真实的含义究竟是什么，它还没有把握到，而只是抓住了人的非本质性。当然，意识到人的非本质性，这已经很了不起了，有一个绝对彼岸的标准来衡量自己，才能意识到自己的非本质性，这也就是原罪的思想了。就是人的非本质性导致人误解了自己的本质，以为自己的本质就是动物性的，那么这就导致原罪了；但是，这个原罪本身是一种思想成果，就是抓住了人性的非本质性，或者说得简单一点，就是抓住了人性本恶，性恶论。我们讲性善论、性恶论，其实基督教里面也有性善、性恶。上帝造的人肯定是善的，但人自己塑造自己是从原罪开始的；上帝造人，同时人自己也塑造自己，人自己造成自己是从亚当夏娃犯罪开始的。那么这种塑造自己是非本质的，但是这种非本质的东西通过忏悔它可以达到上帝造人最初的那种本质的东西。上帝造人最初是善的，上帝造的东西哪有恶的，都是善的东西，但是人自己把它败坏了，把人的本性败坏了，而这种败坏是非本质的，它终究要回到本质，那就是拯救了。上帝最后要把人拯救出来。但在这个阶段人只是抓住了那个非本质的东西。再看下面，

　　<u>正如**意识**一方面由于努力要**在本质中**达到**自身**，而只把捉到自己分离了的现实性，那么另一方面，它也不能够把这个他者**作为个别的东西**</u>

或现实的东西来把捉。

"正如**意识**一方面由于努力要**在本质中**达到**自身**，而只把捉到自己分离了的现实性"，这是一个方面，即意识要在本质中达到自身，"在本质中"和"意识自身"都打了着重号，就是自上而下，从上帝的角度来把握意识自身，却只抓住了自己的分离了的现实性，也就是只抓住了那种和自己相分离的非本质性。现实性和自己相分离，那对于自己就是非本质的。为什么只抓住自己分离了的现实性呢？为什么只把自己的那种非本质抓住了呢？是由于它努力要在本质中达到自身，它努力要追求它的彼岸的本质，也就是它的神性，努力要在神性中达到自身；但神性把捉不到，而自己的现实性却被自己分离出去了。正由于这样，所以它只抓住了自己分离了的现实性。那么在现实中，它所抓住的就是一种分裂的现实性，就是跟它自己的本质相分裂的现实性。你既然要在本质中去达到自身，那么你对现实的看法就是把它当作一种与本质相分裂的现实。现实性是非本质的，凡是现实的东西都是非本质的，都是你必须要抛开的；那么这种现实性你只是作为一种分裂了的现实性来把握的，就是你必须要拷问它，你必须要对它加以忏悔，你抓住你的现实性来忏悔，用这种方式来表示你努力地要在本质中达到自身，表示你的信仰的虔诚。你的信仰是虔诚的，就体现在你对你的现实生活的忏悔，你把你的现实生活当作一种分离了的、自己分裂了的现实性，与你自己的本质格格不入的现实性。当然还是你的现实性，但是你把它当作是跟自己相分离的，甚至于跟自己相对立的，你把这种分离当作一场对敌斗争，来跟它作斗争，这样你才能在本质中达到自身。这是一方面，意识一方面是这样的。"那么另一方面，它也不能够把这个他者作为**个别的东西**或**现实的东西**来把捉"，就是说前面这一方面是讲的意识自己，后一方面是讲意识的他者，那就是彼岸的对象、上帝。它自己那一方面，此岸的东西由于它努力从本质来看，所以只是作为非本质的东西、分裂了的现实性来把捉的；而他者那一方面，它又不能将这个本质的东西作为个别的东西或现实的东西来把捉，也就是从下而上，从个别现实的东西来理解他者、理解上帝，这一点它也没有做到。耶稣基督是个别的东西也是现实的东西，耶稣基督道成肉身，活在人间传道；但是意识却不能够抓住这样一个现实的他者，而理解到其中的不变的本质。这两句表达了不幸的意识的双重的不理解，前一句是讲它从上帝出发却只抓住了与自己相分离的现实，后一句是讲它也不能够抓住作为个别的东西或现实的东西的他者，而只能让这个他者停留于抽象思维之中。它自己的现实性它没有完全抓住，它对于他者的现实性更没有抓住。对自己也好，对他者也好，它都不能够在现实的东西方面把它完整地加以把握。

不论这他者在哪里被寻找，它都不能被找到；因为这他者恰好应当是**某个彼岸**，是这样一个不能够被找到的东西。

它不能够把他者作为个别的东西或现实的东西来把握住，不论意识到哪里去寻找他者，都是不可能找到的，为什么？"因为这他者恰好应当是一个**彼岸**，是这样一个不能够被找到的东西"，因为这个他者是从上帝那里来的，耶稣基督的本质是不能够被你所理解、所把握的，因为这他者应当是一个**彼岸**，而彼岸的东西怎么能够被"找到"呢？这里"找到"是一个非常感性的词，finden，又有"发现""感到"的意思。耶稣基督的这个他者虽然是以现实和个别的东西的形态出现于这个世界上，但是他在本质上恰好是一个彼岸的他者，他是从彼岸来的，是上帝的独生子，所以无论在哪里都是不可能被找到的。他从彼岸来的，"是这样一个不能够被找到的东西"。下面讲，

如果他者被当作个别东西去寻找，它就不是一个**普遍性的**、被思维的**个别性**，不是**概念**，而是作为对象的**个别的东西**，或**某个现实的东西**；它是直接的感性确定性的对象，正因为如此，它只是这样一种消逝了的东西。

这个说得更明确了，"如果他者被当作个别东西去寻找"，如果这个他者，如果这个神、神性你把它当作一个个别的东西去寻找，——耶稣

基督身上有神性啊，那么你就到耶稣基督那里去寻找吧，如果你是冲着他的个别性去寻找这个他者，那么你注定是找不到的。"如果他者被当作个别东西去寻找，它就不是一个**普遍性的**、被思维的**个别性**，不是**概念**"，你如果带着这样一个目的——就是到基督身上把他的神性当作个别的东西去寻找，那么这样一种神性就不是一个"**普遍性的**、被思维的**个别性**，不是**概念**"。这里有三个词，普遍性、个别性和概念都打了着重号，也就是说，普遍性和个别性通过思维而达到统一，从而达到概念，这才是寻求他者、寻求上帝应该采取的方式。因为概念是普遍性和个别性的统一，只有从概念才能把握上帝。但如果上帝被当作个别的东西去寻找，就达不到概念了，"而是作为对象**个别的东西**，或**现实的东西**"，那么这种做法就是南辕北辙。在耶稣基督身上你只着眼于个别性，那你怎么能找到那不变的东西呢？你必须要把它当作普遍和个别的统一，当作概念来理解，才能从整体上把握上帝。否则就只是作为对象的个别的东西或现实的东西。个别的东西和现实的东西都打了着重号，太狭隘、太现实了是把握不到上帝的，这样的对象，"它是直接的感性确定性的对象"。这个时候我们又回到感性确定性了，感性确定性我们前面已经经验过，感性确定性是不确定的，感性确定性是会自我否定的。那么在这个信仰的阶段上我们可以说还停留在感性确定性的层次。你把上帝当作个别的东西，当作"这一个"，耶稣基督这一个人，你在这一位身上去寻找你所要找的他者，你所要找的彼岸，那么这就是一种感性的确定性的对象。你把他当作一个感性确定性的对象，你以为上帝就仅仅在这一位身上吗？但这一位上帝已被钉死在十字架上了。"正因为如此，它只是这样一种消逝了的东西"，感性确定性就是一种消逝了的东西，是正在消逝或者已经消逝了的东西。所以这个时候你对耶稣基督的眼光就没有把他当作神来看，而是当作一个普通人，一个已死者；但是你又想要把他当作神来追求，那是不可能的，在感性确定性这个层次上，对神的信仰只会成为迷信。耶稣被钉死在十字架上，就打破了感性确定性的迷信，而这就是对基督教的关键性的提升。耶稣死了以后你还能追求啥? 毛泽东去世以后,天都塌下来了,我们就不知道还能相信谁了。毛泽东在的时候,我们大家都心里很有信仰,大家也觉得很有道德,毛泽东一离世,大家都没有道德了,信仰就垮了嘛。再要想树立起一个信仰,谁都不行,都不如毛泽东,都知道他们都是人,只有毛泽东是神,但是毛泽东去世,说明他也是人。他是已经消逝了的东西,那我们现在怎么办呢? 我们就没有信仰了。所以你的信仰如果停留在普通人的这样一个个别性形态上,那是靠不住的,那是感性确定性的信仰。中国人的信仰基本上都是感性确定性的信仰,它是随时可以消逝的。一个人他总是要死的吧,你讲万岁也好万万岁也好,他其实只有几十年,只是一种已经消逝了的东西。下面,

因此对意识而言只有它的生命的坟墓才能达到在场。

"因此",也就是因为上面讲的,感性确定性的对象只是一种消逝了的东西,所以"对意识而言只有它的生命的**坟墓**才能达到在场",只有他者的生命的坟墓才仍然没有消逝而被人找到。对意识而言,耶稣已经死了,只有耶稣基督的坟墓还在,只有埋葬他的那个墓地才是实实在在的,才是在场的,才是可以找到的。那么你就去找啊? 在早期基督教,十世纪末、十一世纪、十二世纪,西方基督教史上发生了九次十字军东征的战争,最开始的四次十字军战争都是为了寻找耶稣的坟墓,要占领耶路撒冷,占领耶路撒冷就是为了占领他的坟墓,那是圣地啊。耶稣基督在耶路撒冷被钉上了十字架,被埋在耶路撒冷,现在该地被阿拉伯人被突厥人占领了,被土耳其人占领了,那么我们要把它夺回来。十字军最初是出于这样一种目的,要夺回圣地,要发动圣战,于是就招募十字军,骑士、平民、甚至还有儿童。有一次儿童十字军,他们认为儿童是最纯洁的,所以最能够保证胜利,就装了一大船儿童,后来有的被淹死了,有的被拐卖了,没有结果。十字军一度曾经占领了耶路撒冷,但是把坟墓挖开一看,里面什么也没有,只有那个墓地是现实的,而耶稣基督已经不在了。你占领了墓地又能怎么样呢? 打开墓地一看,墓地是在,人不在了,什么东

西也没有，空空如也。所以对意识而言生命已经不在了，耶稣已经死了，只有他的坟墓在场。下面，

但是由于生命的坟墓本身是一种**现实性**，而要想提供一种永久性的财产，那是违反这种现实性的本性的；所以即使坟墓的这一在场，也只是一场费力的斗争，而这场斗争必定是要失败的。

这是对十字军的一种批评了。"但是由于生命的坟墓本身是一种**现实性**"，现实性打了着重号。信仰跟现实性本来是格格不入的，信仰就是要超现实，超越的信仰、彼岸的信仰才是真正的信仰，那就要把现实性撇开，要对现实性进行批判；现在你到现实性里面去寻找耶稣的坟墓，来寄托自己的信仰，那岂不是背道而驰吗？"而要想提供一种永久性的财产，那是违反这种现实性的本性的"，你要想凭这种现实性提供一种永久性的财产，一种不变的东西，一种永恒的东西，那是违反这种现实性的本性的。现实性就是过眼烟云，现实性的本性就是不能够达到永恒不变，它跟不变的意识是一个在此岸一个在彼岸。你要在此岸寻找到彼岸的永久财产，那是违反现实性的本性的。"所以即使坟墓的这一在场，也只是一场费力的斗争"，坟墓的在场，以什么方式在场呢？你去发动十字军，发动一次战争，去夺回它，这个时候这个坟墓就在场了。你如果不去夺回它，谁也不关心这个坟墓它究竟怎么样的，它埋在哪里，又有什么意义？所以土耳其人占领了耶路撒冷也没有把他的坟墓挖掉，因为这个坟墓对他们来说不存在，有没有都无关紧要；但是基督教看得很重要，基督徒看得很重要，他们去争取要夺回这一坟墓。其实这一在场，只不过是一场费力的斗争。十字军死了那么多人，费尽心力夺回了一个空墓；这个墓的在场并不是一个实实在在的什么东西，而是一个象征，体现为一场斗争，这场斗争倒是使这个坟墓的在场有了意义。这个坟墓的在场的意义就在于这一场费力的斗争，耗费了那么多力气，但是"这场斗争必定是要失败的"。因为这个斗争的目的是要找回圣地，要延续基督的生命，这个是跟坟墓的现实性背道而驰的，这是违反现实性的本性的，你要在现实里面

去寻找永恒的东西，这个是注定要失败的。下面，

　　不过由于意识造成了这样的经验，即它的**现实的**不变的本质之**坟墓** [146]
并**没有什么现实性**，那**消逝了的个别性**，作为消逝了的东西，不是真正的
个别性，所以它就会放弃把不变的个别性当成**现实的东西**去寻求，或放
弃坚持那作为消逝东西的个别性了，只有这样它才能够找到作为真正的
或普遍的个别性。

　　"不过由于意识造成了这样的经验"，就是说十字军当然是失败了，
历次十字军都是注定要失败的，所谓圣战是没有什么效果的，你在现实
生活中去寻找神圣的东西，去寻找永恒的彼岸的东西，那是缘木求鱼，它
根本就是不对路。但是这个意识毕竟造成了一种经验，造成了什么经验
呢？"即它的**现实的**不变的本质之**坟墓**并**没有什么现实性**"，它的现实
的坟墓，这个坟墓被看作不变的本质之坟墓、上帝的坟墓。不幸的意识
把这个现实的坟墓当作是它的不变的本质，在坟墓里面去寻求它自己的
不变的本质，但是这个坟墓并没有什么现实性，这是它的一个经验。如
果没有十字军，它还得不到这个经验，所以十字军一方面是失败了，但另
一方面它又有成果。有什么成果呢？摧毁了人们对于那个坟墓的迷信，
基督教由此提升了它的境界。精神现象通过这种经验又往前跨进了一
步，即通过历次的十字军的失败，人们意识到那个坟墓其实没有什么意
思，那个坟墓其实并没有什么现实性。不变的本质怎么能在坟墓里面体
现出来呢？这是一个经验，它已经经验到了，要从那个坟墓去追求不变
的本质的现实性，那是追求不到的。第二个经验是，"那**消逝了的个别性**，
作为消逝了的东西，不是真正的个别性"。那消逝了的个别性，比如说耶
稣基督已经死了，已经消逝了，已经被钉死于十字架，已经死了，那么作
为消逝了的东西，已经不是真正的个别性了。作为消逝了的东西，在坟
墓里面，你还能找到它的个别性吗？那种东西不是真正的个别性。"所
以它就会放弃把不变的个别性当成**现实的东西**去寻求"，不变的个别性，
耶稣基督他的个别性是不变的，他的死不是真正的死，不是真正的个别

性。耶稣基督其实是不死的，我们讲，他被钉死在十字架上然后又复活了，其实这都是一种象征的说法，其实耶稣基督从来都没有死过，他只不过是演了一场戏，演给你们看，告诉你们人的肉体是会死的，人的精神的个别性才是真正的个别性。人的精神的个别性才是不死的，而那消逝了的个别性，作为消逝了的东西，并不是真正的个别性。我的肉体消逝了，但是我的肉体并不是我的真正的个别性，我的真正的个别性是我的人格，是我的灵魂和精神。耶稣教给人的是这个，他告诉人们，作为死亡了的东西的那种个别性，比如你想在坟墓里面去找到耶稣基督他的人格，那是不可能的，那不是真正的个别性，所以必须放弃把不变的个别性当成现实的东西去寻求。耶稣基督的个别性是不变的个别性，这样一个不变的个别性你把它当作现实的消逝着的东西去寻求，那岂不是走错了方向吗？所以必须放弃这样做，或者"放弃坚持那作为消逝了的个别性"，它不再坚持那个作为活着的然后又死了的那个个别性，那个耶稣基督作为一个活生生的人的个别性。"只有这样它才能够找到作为真正的或普遍的个别性"，只有死了这条心，你不再要幻想耶稣基督还活在人间，还在人间留有什么东西，你把它当作宝贝，你把它占领了，你把它收藏起来了，把它坚持下来，这并没有多大意义，这个在基督教那里、在基督徒那里已经绝望了。通过十字军以后，人们已经死了这条心，就是说，你想通过他留在现实生活中的某些遗迹、某些遗物来复活他，那是不可能的。只有当你死了这条心，绝了这个望，你才能够找到作为真正的或普遍的个别性。真正的个别性或者说普遍的个别性，那就是概念，概念才是普遍性和个别性的统一，只有这样你才能够达到上帝的概念，或者达到对上帝的概念式的把握。概念式的把握就是普遍和个别统一的把握，那只有概念能做到。概念当然是普遍性，但是概念的作用就在于能够把握个别，能够道成肉身，概念是道，它能够成为肉身，只有这样你才能够达到、才能够找到作为概念的个别性。好像时间已经到了，我们就讲到这里吧。

*　　　　　*　　　　　*

好,我们现在继续上一次讲的这个话题。我们上一次已经讲到这个现实与自我意识的统一,这种统一分成三个阶段,或者说表现出三重关系,它经过了三重关系。我们上次已经讲到了第一重关系,第一重关系是纯粹的意识,第一个小标题是"纯粹的意识",第二个小标题是"个别的本质与现实性",第三个小标题是"自我意识达到了理性",这是"现实与自我意识的统一"这个标题之下分成的三个小标题。这些方括号里面的标题,都是根据拉松版,然后是贝利的英译本,再后来是伊波利特的法译本,都沿用了这些标题。我们上次把"纯粹的意识"这个小标题讲了,就是说现实和自我意识的第一重关系就是从纯粹的意识这个角度来看,纯粹的意识这个角度应该说是基督教早期的一种信仰方式。早期基督教信仰上帝,是把他当作一个外在的对象来信仰的,既然是一个外在的对象,那在现实中是找不到他的对应物的,你必须要凭借自己的纯粹意识去跟上帝打交道,所以就沉思默想,完全放弃世俗的现实生活。但是对这个外在的上帝,他们又试图用这种纯粹的意识在现实生活里面去找上帝的迹象,去追寻上帝的足迹,也就是《圣经》里面讲到的,上帝还是一个凡人嘛,他肯定在世上留下了一些足迹,比如说他的圣迹、他的坟墓。纯粹的意识尽量地想在现实生活中找到他的迹象,但是找不着,最后它就会放弃在现实中去寻找上帝,这是必然会导致的一个过程。我们上次讲的 146 页上面的最后这一句话里面就讲道:"所以它就会放弃把不变的个别性当作**现实的东西**去寻求,或放弃坚持那作为消逝了的个别性了,只有这样,它才能找到真正或普遍的个别性"。就是说你不要以为上帝可以在现实的东西里面找到,只有你对现实的东西死了心,你才能够找到真正的或普遍的个别性,也才能够找到上帝,找到上帝的个别性,这个是上次讲的最后一句话。那么今天我们要读的这一段是

425

[（2）个别的本质与现实性]

这个小标题拉松版原来后面还跟着一个"虔敬的意识的活动"，我们把它删掉，因为这一部分基本上没有讲到虔敬意识，虔敬意识是在下一个阶段才讲到的，在第三个小标题"自我意识达到了理性"里面才涉及宗教改革之后的虔敬主义，虔敬派。而这里就是讲个别的本质与现实性，它对应的历史背景不是宗教改革，而是文艺复兴。个别的本质也就是讲到人的本质和上帝的本质、和耶稣的本质，这都属于个别的本质。那么它与现实性究竟是一种什么关系？在前一个小标题里面它已经把现实性扬弃了，它立足于纯粹的意识，但是现实性仍在，你把它扬弃了，那么你的这种个别性的本质与这个现实性究竟是一种什么样的关系，从概念上说你还不能够把它撇开，所以你还必须解决它。现实性你究竟往哪摆，你在现实中找不到上帝，那么现实性跟上帝究竟处于一种什么关系之中，你还得必须把它规定下来。于是就进入下面一个层次了，就是个别的本质与现实性，它们究竟是一种什么关系。当然你最后是为了要"找到真正的或者普遍的个别性"，如上一段最后一句话讲的，这是你的目标。但是你如果对现实的关系没有处理好，这个目标是空的。

但是首先必须做的是心情要返回到自身，使得它自身作为个别的东西具有现实性。

这个"但是"是跟上面最后一句话接着来的，就是说只有放弃到现实中寻找个别性，这样它才能找到真正的或普遍的个别性，这是它的目标，但是在此之前，首先必须要做的是，心情要返回自身。前面那个纯粹意识，因为跟现实性格格不入，所以它只是一种内在的心情，前面讲到了，它是一种默想，一种默祷，这种沉思默想是一种音乐式的思维，仅仅是一种心情。那么首先你必须要对这个心情本身加以考察，首先心情要返回到自身，"使得它自身作为**个别的东西**具有**现实性**"，这个现实性打了着重号，心情返回到自身也打了着重号。也就是说从中世纪的那样一

426

种信仰方式，那种音乐式的思维方式走出来，我们现在开始真正地面对现实。中世纪，当然你也不能说它没有面对现实，但是它把现实当作耶稣基督的圣迹去寻求，没有就现实本身来看现实，没有正面地正视现实的本来面目。那么现在，我们的心情要返回到自身，使得它自身作为个别的东西具有现实性，使得这个心情具有现实性，不再仅仅是一种主观的、内心的默想，而是要跟现实打交道。你要把现实的关系处理好，你的心情跟现实是怎么样打交道的，这一点要把它确定下来，心情要返回到自身的现实情况。我们通常把这种信仰方式称之为基督教从文艺复兴以来的人的发现。文艺复兴以来，开始重视人的心情，重视人的本来的现实状况，所以人的发现是文艺复兴以来基督教的一个大的转折。在基督教里面原来是根本没有这个位置的，也没有自然界的位置的，但是经过文艺复兴，西方人开始发现了人，发现了自然，突然一下眼光展开了，发现人是一件高贵的作品。像《哈姆莱特》里面所讲的，人是一件了不起的高贵的作品。那么人的发现和自然的发现，就是开始面对自然，面对自然界，文艺复兴突然发现自然界是这么样的美好，在中世纪是没有发现的。因为中世纪人的眼睛都盯着天上，对地上的事情忽略不见，他们认为地上的东西都是邪恶的，地上的城是罪恶之城，没有什么值得欣赏，哪怕是美丽的、美好的东西也是邪恶的。所以早期基督教和中世纪的时候，他们是不看地上的，他们的眼睛盯着天上，眼睛只往上，教堂建得那么高就是为了把人的眼睛引向天上。然后对自己就是沉思默祷。那么现在呢，首先你要处理好现实的关系，你必须要做的就是，心情要返回到自身，使它自身作为个别的东西具有现实性，要用现实的眼光来看待自己。

它是**纯粹的心情**，这种心情**对我们**或**自在地来说**已被发现和得到满足了，因为虽然**对它来说**在它的情感中本质与它是分离的，但这种情感自在地就是**自我感**，它感到了它的纯粹感觉的对象，而这个对象就是它自身；因此它从这里面作为自我感或自为存在着的现实的东西而出场。

这几个词,一个是感觉,我们把它定译下来[板书]:Fühlen感觉,Gefühl情感,Gemüt心情,我们把它定下来,免得造成混乱。"它是**纯粹的心情**",Gemüt可以翻译成"内心",或者是"情绪",都可以,我们这里把它翻译成"心情"。"这种心情**对我们**或**自在地**来说已被发现和得到满足了"。"对我们"或"自在地",都打了着重号。对我们也就是自在的,我们前面多次讲到,"我们"在这个地方也就是作为旁观者来看的,我们作为旁观者来看我们的心情,那么我们旁观者清,我们旁观者看到的就是这个心情"自在"的样子,不是它自以为的样子,而是它本来的那个样子,或者说客观的样子。对我们旁观者来说,这种心情客观地,已经被发现了,得到满足了。就是说,你把它作为具有现实性的东西来看待,那么它就是一种纯粹的心情,这种心情从客观来说,它已经被发现和得到满足了。在第一种关系里面,在纯粹意识里面,这种心情已经在那里了,在中世纪的那些人的祈祷和信仰的方式里面,这种心情已经有了,但是还没有被发现和得到满足,只是对于我们旁观者来说才被发现了。也就是文艺复兴时期人们才从旁观察自己的心情,才发现和满足了它。"因为虽然**对它**来说在它的情感中本质与它是分离的",这种情感,中世纪的那种心情,对它自己来说,它与它的本质是分离的,就它自以为的来说,它那种心情是指向一个天上的上帝的,所以它跟它的本质是分离的。我信仰上帝,但是我这种信仰本身它不是上帝,只是我的心情对上帝有一种追求。所以这种心情在它的情感中与它的本质是分离的,上帝高高在上,我低头忏悔、低头默想,我的这种情绪呢,它只是我的,它不是本质性的。上帝才是本质,我崇不崇拜、信不信仰他,他都在那里。"但这种情感自在地就是**自我感**",自在地,我们从旁观者来看,我们看看它自在地是什么样的,客观上是什么样的。客观上是什么呢?其实它就是自我感。自我感打了着重号,它是对自我的一种情感。"它感到了它的纯粹感觉的对象,而这个对象就是它自身"。就是说它在纯粹的心情中,它已经感觉到了它的这种纯粹感觉的对象,这种纯粹感觉的对象其实就是它自身,当然上帝它不能感觉到，上帝是无形无相的，上帝的本质跟它的感觉是分离的，它在这种崇拜的心情里面真正感到的是他的自我感，是他自己本身，这个对象就是他自身。当然你如果从这种观点来看待自己的时候，你就会有一种"人的发现"。中世纪一千年，人们每天都在追随、追寻上帝，上帝在哪里，看不到，于是每天在祈祷，每天默祷；但是，从来没有回过头来对自己的这种默祷作为一种自我感加以考察。那么这个时候呢，我们的眼光突然打开了，就是说，这种情感自在地就是自我感，它感到了它的纯粹感觉的对象。纯粹感觉的对象是什么？其实就是自己啊。我崇拜了那么多年，崇拜了一千年，但是我从来没对自己的这种崇拜本身作为一种自我感，正面地来看一看。那么我们现在要看一看了。"因此它从这里面作为自我感或自为存在着的现实的东西而出场"，在这样一种纯粹感觉里面，这个对象，这种心情，它自身就从这里面作为自我感或自为存在着的现实的东西而出场了。这个阶段是一定要经过的，光是崇拜上帝、信仰上帝、祈祷上帝，但是你对你自己没有自我意识，那是跨不出去的，不要说经过了一千年，再经过一千年你也跨不出去，你也仅仅停留在那样一种信仰方式，不幸的意识，不断地去寻求上帝而不得。那么现在你首先要把你自己这方面搞清楚。你崇拜了这么久，你的这种纯粹的心情究竟是怎么回事。现在发现了，这样一种崇拜实际上是感觉到了它自己，因此这种心情就从这里面作为自我感或自为存在着的现实的东西而出场了。自我感感到了自己，而这个自己一个是自为存在着的自己，它是为自己的，它是主动的。信仰嘛，信仰只是一种自为的行为，不是被迫的行为。自为存在着的一种现实的东西，这样一种现实的东西现在出现了。下一段，

当这样返回到自身时，对我们来说意识的**第二种关系**，即欲望和劳动的关系就形成了，欲望和劳动通过扬弃和享受异己的、即在独立事物形式下的本质，给意识证实了它本身的对我们而言已达到了的内在确定性。

"当这样返回到自身时，对我们来说意识的**第二种关系**，即欲望和劳动的关系就形成了"，这是前面已经讲到过的，自我意识和现实的统一经过了三个阶段，第一个阶段是纯粹意识，纯粹的心情，一种音乐式的思维，第二个阶段就是现在这个阶段，就是我们面对现实性，面对现实性就是面对自身、面对我们自身的情感了，我们把我们自身的这种情感当作一种现实性来考察，当作一种自我感来考察。那么自我感就进入了意识的第二种关系，也就是意识和现实性之间的第二种关系。什么关系呢？即欲望和劳动的关系。欲望和劳动，这个在中世纪是不谈的，欲望是要克制的，劳动仅仅是为了谋生，上帝说你们要汗流满面才能挣得自己每天的面包，那是无可奈何的，你必须要每天劳动，不劳动你就饿死了，所以这也不是属于神圣的事情，欲望和劳动都被撇开了。但是现在，它们作为一种现实的关系出现了，这是第二个阶段或者说第二种关系，也就是说以文艺复兴——人的发现和自然的发现作为标志的第二个阶段，人们开始把欲望和劳动看得非常重要。这个劳动当然是广义的，包括人的艺术创造、科学发明，都包括在这里面。人就是要劳动的，人在现实中，包括他的本能，包括他的需要，包括他的欲望，这一切东西都是合理的，你不能取消。欲望和劳动，后面还讲到享受，这些东西都是人的正当的权利，文艺复兴给人打开了眼界，就在于发现了人，在于人的重新发现，人性的发现。以前，人性全部取消了，人性都交给神性了。那么文艺复兴以后，人性复归了，人的欲望和劳动，这是一种现实的关系，这个是不能够取消的。你要想一切办法把它们纳入到基督教的信仰里面来，基督教的信仰如果把这些东西撇开了，那就是自欺欺人，那就是虚假的。"欲望和劳动通过扬弃和享受异己的、即在独立事物形式下的本质，给意识证实了它本身的对我们而言已达到了的内在确定性"，扬弃和享受异己的本质，异己的本质就是在独立事物形式下的本质，就是欲望和劳动要扬弃和享受的那种外来的现实性。劳动嘛，你就要跟自然界打交道，自然界对于人来说是异己的，在劳动中是异己的，具有独立事物的形式。我们在主奴的关系里面已经看到了，奴隶要竭尽全力去对付他的对象，对付自然界，那个自然界对于奴隶来说就是异己的事物。在劳动中，现实是一种异己的对象，即在独立事物形式下的对象。现实是独立的事物，它不会听凭你的意思想要怎么样就怎么样，它有它自己的规律。你要想尽一切办法去掌握它，你要花费力气去对付它，所以它有它自己的独立性。而主人的欲望在享受这种异己本质时也是对它的异己性的扬弃。现在，文艺复兴时期人们集奴隶的劳动和主人的欲望于一身，自己劳动，自己享受。所以欲望和劳动要扬弃和享受这种异己的本质，它是独立的事物，具有这样一种形式，但是你要把它扬弃掉，客观的事物，你要把它变成为我之物，要扬弃它的这种独立性并且享受它。你改造它，并且把它吃掉，你把它消费掉，那么这个独立的事物就已经不独立了，它就是为我的事物了。欲望和劳动通过扬弃和享受异己的，即在独立事物形式下的本质，"给意识证实了它本身的对我们而言已达到了的内在确定性"，给意识证实了意识本身的内在确定性，或者说意识在劳动中证实了自己的内在确定性。意识的内在确定性在以前是放弃了的，我没有任何确定性，我就是祈祷上帝，我每天忏悔，我每天沉思默想，默祷上帝，所以我自己没有什么确定性。但是现在通过劳动，我们发现了人，我们发现了自然界，我们热衷于投入到跟自然界打交道、跟感性事物打交道的这样一个活动过程中。文艺复兴时期人们都是非常狂热地与自然界打交道，与感性的事物打交道，不断地去创造，去创新，那个时代的时代精神就是这样的，不甘于平庸，要尽量地在自然身上去发挥自己的天才，发挥自己的能量。那么这样一种劳动通过扬弃和享受异己的本质，给意识证实了它本身的内在确定性。意识本身具有内在确定性，它的内在确定性就在劳动身上体现出来，劳动就是人的本质。马克思曾经在《1844 年经济学哲学手稿》里面也讲到了，黑格尔的巨大的贡献就是在于他把劳动确定为人的本质，人的本质就在于劳动，就在于跟现实打交道，就在于扬弃现实的这种异己性，把它变成为我之物。它本身的内在确定性通过劳动证实了，对我们而言,对我们旁观者来说,这个意识已经达到了它的内在确定性,已证实了它的这种内在确定性。

但是不幸的意识发现自己只是在欲求着和劳动着;对它来说尚未到手的是,在这样发现自己时有内在的确定性为自己提供根据,而它对本质的情感即是这种自我感。

前面讲意识在第二种关系中,"对我们而言"已达到了内在确定性,给意识证实了这样一种对我们而言达到的内在确定性,但是意识本身是否意识到这一点,这个还未定。所以他接下来讲,"但是不幸的意识**发现**自己只是在欲求着和劳动着","发现"打了着重号。人的发现是一件偶然的事情,它还没有内在的根据。所以讲不幸的意识发现自己只是在欲求着和劳动着,它是就事论事,不幸的意识现在有一个发现,发现什么呢? 原来是眼睛向天,现在眼睛转向了地上,转向了世俗生活,这个时候眼界大开,发现了它只是在欲求着和劳动着。但是,"对它来说尚未到手的是",就是对于这个不幸的意识来说,还没有完完全全把握到的是,"在这样发现自己时有内在的确定性为自己提供根据,而它对本质的情感即是这种自我感"。就是说后面这种境界它还没有意识到,还没有现成在手,还有待于去追求。虽然意识已经证实了它的内在确定性了,但是,它的这种欲求和劳动还没有内在确定性为它自己提供根据。它发现了自己,但是它的内在确定性还没有给它自己提供根据,还没有意识到它对本质的情感即是这种自我感。它在自身中发现了自己的欲求和劳动,这客观上来说已经是它的本质确定性,但是它还没有把这种本质确定性作为自己的根据。在文艺复兴的时候,人们沉醉于劳动和欲望的享受之中,但是对这种欲望和劳动的享受,他们还没有把它看作是神圣的,他们是就事论事的。人的发现,发现了人就在欲求和劳动中,但是在欲求劳动之余,另外,他还有对上帝的信仰。所以在欲求、劳动和享受中,他们总是有一种愧疚,就是说我们人嘛,是有限的、不完善的,人所固有的我无不具有,人的缺点我都有,所以在这种情况下我对自己有一种宽容,你不要想成为圣人，你也不是上帝。所以上帝说你们要好好生活，你们享受自己的生活也是听从上帝的命令，但是在享受生活的时候，你跟上帝是两回事。这种享受本身并没有自己的本质根据，而恰好证明了自己的非本质性。并不是说我在从事享受、从事劳动中，在我的欲望中，就有了神圣的根据，那是没有的。所以在劳动、欲望和享受之余，他们还要为自己的享乐忏悔，还要心怀恐惧。我们享受了，但我们在极度的欢乐中，始终有一种阴影，就是我们是不是太放肆了，是不是将来要下地狱的，都有这种阴影在笼罩着。所以文艺复兴，尽管那些人非常地开放，眼光非常地感性非常地现实，但是内心里面他还是有一层阴霾。就是说，当然我不能够知道上帝对这一切怎么看，我们现在不管，文艺复兴的人有一种说法，就是说，该享受的就及时行乐，至于死、罪孽、道德这些东西，那死了再说，到死的时候再说，到了上帝面前，由上帝去判定，我判定不了，我不是上帝嘛。但是上帝赐给我的这种享乐的能力，这种创造的能力，我不用白不用。所以文艺复兴的人，他之所以看起来好像无所顾忌，就是因为他们沉醉于自己的感性活动之中，他们发现了感性，发现了人，发现了自然界是这么样的美好，这一切都是天赐的，为什么不享受？享受了再说。至于以后，死后下地狱也好怎么样也好，我愿意承担，下地狱就下地狱，受惩罚就受惩罚，但是现在目前要及时行乐。所以对于这样一些欲望和劳动的感性的活动，他们尚未到手、尚未意识到的是，在这样发现自己时有内在的确定性为自己提供根据，而它对本质的情感即是这种自我感。也就是这种自我感非常地具有诱惑力，非常地具有震撼力，但是他们仍然不把它看作是对本质的情感，这种自我感不管多么样地诱惑，但是这些东西都是浮面的，都是世俗的，没有内在的确定性作为根据。那么将来在上帝面前，我的本质究竟怎么样判定，那是另外一回事，所以它不是对本质的情感，现实跟它的信仰之间还是两张皮，没有完全结合在一起。但是这又是必须经过的阶段，对于现实，你如果没有处理好的话，你那种对于上帝的情感、那种信仰是架空的，所以必须要首先回过头来,把现实这一方搞定。

{127}　　由于它**对自己本身**不具有这种内在确定性,所以它的内在的东西毋宁说仍然还是它自身的断裂了的确定性;因而它通过劳动和享受将会获得的那种证实,也同样是这样一种**断裂了的**证实;或者说,它自己本身反倒必须否定这种证实,以至于它在其中固然发现有这种证实,但只是关于它对自身而言所是的东西、即关于它之分裂的证实。

　　"由于它**对自己本身**不具有这种内在确定性",这个前面已经讲了,它还没有到手的是,发现自己有内在的确定性为它自己提供根据,这一点它还没有意识到。所以他接下来就讲,由于它对自己本身不具有这种内在确定性,"所以它的内在的东西毋宁说仍然还是它自身的断裂了的确定性"。它的内在的东西是一种什么样的确定性呢? 是一种断裂了的确定性。虽然客观上,它的自我感已经是它的确定性,它的劳动,它的欲望,已经是它的确定性了;但是,还有另外一种内在的、本质的确定性。这两种东西作为它的确定性,中间是断裂的,我们刚才讲,是两张皮,一方面它有宗教感,它有对上帝的情感,另一方面它有它的自我感,劳动和欲望和享受。所以它对自己本身不具有这种内在的确定性,我的自我感,对于我来说并不是一种内在的确定性。当然也是确定的,但是不是真正的内在的确定性。所以它的内在的确定性是分作两截的,它的内在的东西毋宁说仍然还是对它自身的断裂了的确定性。"因而它通过劳动和享受将会获得的那种证实,也同样是这样一种**断裂了的**证实",这句话就是讲文艺复兴的人,他们的心灵结构就是这样一种结构:它通过劳动和享受将会获得的证实,也同样是这样一种断裂了的证实。通过劳动和享受将会获得一种证实,这是人的发现或者人的证明,它们证明了人。人本来在中世纪被看作是一种空虚的东西,虚假的东西,只有在死后才能证明的东西。那么文艺复兴以来,人们在现实生活中证明了人,通过什么证明了人? 通过劳动和享受。通过劳动和享受将会获得证实,但是,这同样是一种断裂了的证实。这种证实有双重性,为什么是断裂的证实?

他说,"或者说,它自己本身反倒必须否定这种证实",它一方面证实了人,但是,这种证实只是作为人的一半。当时的人相信人一半是天使,一半是野兽,那么劳动和享乐,这个是证明了人的野兽的那一半,作为天使的那一半,它又必须否定这一半。人的心中天使和魔鬼在打仗,人的神性和兽性在打仗。当然人的动物性证明人是不完善的,这也是对人的一种证实,人事实上就是这样一种不完善的存在物。如果人完全成了天使,那就跟上帝等同了,可能吗?当然不可能。所以对人的动物性的那一半,也需要有一种宽容。但是宽容并不是认可,它必须要否定,毋宁说必须否定这种证实,否定人作为动物性的这样一种证实。人是动物性的,但是人必须否定它,人不愿意沉溺于这种动物性。"以至于它在其中固然发现有这种证实,但只是关于它对自身而言所是的东西、即关于它之分裂的证实",以至于它在劳动和享受中,固然发现了有这种证实,发现人可以获得证实——人就是这么个东西;但这只是关于它对自身而言所是的东西的证实。就是人对人自己而言,他就是感性的,但是人对上帝而言,他是要否定感性的。所以只是关于它对自身而言所是的东西。对自身而言所是的就是它是感性的,只是证实了它的感性的这一半,只是证实了它对自身而言的这一半,而没有证实它对上帝而言的那一半。对上帝而言的那一半是另外一回事情,是要在享乐以后再加以忏悔。你享乐一生,你快乐一生,至少你在临终的时候,要为自己的一生作出忏悔,那才是你的另外一半。所以实际上是"关于它之分裂的证实",就是它对于这样一种享乐、劳动和欲望这一套世俗的东西,一方面它沉醉于其中,但是另一方面它留有余地,它留有忏悔的余地,它是采取一种否定的态度的,不管它实际上否定了还是表面上否定。有很多人,特别是文艺复兴的人,他们只是口头上否定,表面上否定,实际上沉溺于其中,实际上就是及时行乐,至于上帝的惩罚,那以后再说,他面对上帝了再说。现在不抓住机会,这一辈子就完了,就划不来了,所以必须要抓住眼前的一瞬间。但是即便这样,在抓住眼前一瞬间的时候,他也心存疑虑,他的那种享乐不是痛快淋漓的,并不真的是"过把瘾就死"。这是西方基督教罪感意识给人心带来的一种限制,他不像我们中国人,中国人在享乐的时候那就是完全没有拘束的,那就是一醉方休,无所不用其极,享受达到极大,能到多大就多大,最好是笑死,死而无憾。中国人就非常痛快,他就没有那种恐惧感,没有那种阴影,他就是怡然自得,自由自在。西方人哪怕在享乐的时候他都是有一种阴影在那里,都有一个声音在背后提醒他:这是罪孽啊,你将来要下地狱的啊。所以他享乐也是不痛快的。即便算是文艺复兴已经达到非常的极致了,但仍然有一种阴影在那里。这是这一段。这个就把第二种关系引进来了,第二种关系就是这样一种关系,我们面对现实,我们感到自身,自我感,但是这种自我感与对上帝的信仰之间又是一种分裂的状态。但是这种分裂是必要的,没有这种分裂,就没有下一步的统合。

欲望和劳动所针对的现实性,对这个意识来说,已不再是一个**自在的虚无的东西**,对它只消加以扬弃和消灭就行,而是一个像意识本身一样的东西,一个**断裂为二的现实性,**

我们来看这半句。"欲望和劳动所针对的现实性",欲望和劳动当然是针对现实的了,欲望的满足也好,劳动,跟现实事物打交道也好,都是现实的活动。"对这个意识来说,已不再是一个**自在的虚无的东西**",自在的虚无也就是客观上虚无,本身是虚无的东西,不再是这么个东西了。在中世纪的时候它本身是虚无的东西,本身是没有意义的,享乐也好,劳动也好,本身你都要把它排开的,你不要看世俗生活,不要关心世俗生活,你既然是一个基督徒,你的眼睛就应该向上,不应该向下,应该蔑视世俗的生活。那么在文艺复兴时期,它已经不再是一个本身虚无的东西,它本身已经是实实在在的了,我们的眼睛已经看见它们了,已经盯着它们了,它们是现实的了。"对它只消加以扬弃和消灭就行",如果它是一个自在虚无的东西,对它只消加以扬弃和消灭就够了,你不理它就够了,你

436

把它不当回事就够了，——而现在不行了。"而是一个像意识本身一样的东西"，像意识本身一样，你有意识，那么它就在你的视野里面，它不可能是一个虚无的东西。它是一个像意识本身一样的东西，"一个**断裂为二的现实性**"，断裂为二的现实性打了着重号。就是说，它已经是一个现实性了，但是它是一个断裂为二的现实性。它是现实性，意味着它已经不再是虚无的，但是这个现实性是断裂为二的。为什么叫断裂为二，前面已经讲了，一方面你要去享受它，你要去发挥它，发挥你的劳动的能力，发挥你的天才的创造性，但另一方面，你又要否定它，必须否定这种证实。所以它是断裂为二的现实性，这种现实性一方面表现为人的确定性，客观上已经是人的确定性了，但是另一方面，又体现出人对这种确定性的一种否定的态度，它还是一种否定的态度，只不过这种态度是在背后的。目前的享受、目前的行动是现实性本身，那么这种否定的态度当然也是一种现实性，所以这种现实性是断裂为二的。你一边享乐一边忏悔，这个忏悔就不是那种空洞的默祷，那种沉思默想，而是有具体内容的。我今天做了什么事情，我向上帝忏悔，那么这个忏悔就包含在现实性里面了，它也是一种现实性了。所以这是断裂为二的。

　　这种现实性只在一方面是自在地虚无的，但另一方面却也是一个神圣的**世界**；这种分裂为二的现实性是不变的东西的形态，因为不变的东西自在地获得了个别性，并且由于它作为不变的东西是普遍的东西，它的一般个别性就具有了一切现实性的含义。 [147]

　　"这种现实性只在一方面是自在地虚无的"，就是说，它是个现实性，但是你又必须对它采取一种否定的态度，那么就这种态度而言，它是虚无的。它本身是现实的，它本身不是虚无的，前面已经讲了，它不再是一个自在地虚无的东西；但是，它又在一方面是自在地虚无的，就是说你作为一种态度，作为一种现实的否定的态度，你把它看作是虚无的，在这方面你仍然为之而忏悔。因为基督教的基本教义就是人在现实生活中的活动都是虚假的，只有在死后才开始真正的生活，那才是你的生活。所以

437

现实的生活是为死后的生活做准备的，你不要把它当真，这个基本态度在文艺复兴的时候并没有变。那么从这个态度来看，它在一方面是自在地虚无的，它本身是没有意义的。"但另一方面却也是一个神圣的**世界**"，这个"世界"（Welt）打了着重号，它本来也可以理解为"世俗生活""人世间"，只不过这时有了神圣的意义。"这种分裂为二的现实性是不变的东西的形态"，也就是说这种现实性一方面被否定，另一方面它又被肯定，它又是一个神圣的世界，它是不变的东西的形态。不变的东西就是上帝了，它是上帝的形态。这种现实的劳动和享受其实是上帝所肯定的，它们本身具有神圣性，这是另外一方面。就是我在世上生活，这种世俗生活也不是我要在世上生活，否则的话我可以不过了，我可以自杀，我可以直接就到上帝那里去了。那不行，上帝命令你在现实中过你的世俗生活。所以世俗生活，由于它是由上帝命令的，你们要汗流满面，每天挣自己的面包，你们要节俭要勤劳，要干活，这是根据上帝的旨意。并且我们每天吃的面包其实就是上帝的一种形态，所谓圣餐，我们吃的面包，看起来是面包，能够吃饱肚子，能够享受我们的面包和酒，但面包和酒是什么呢？其实就是上帝的肉和血，我们每天吃的是上帝的肉和血，它具有神圣性。我们每天吃的东西都是上帝的身体，这种圣餐的观念，在基督教里面，在文艺复兴的时候仍然存在，所以我们的世俗的生活也带上了神圣性。从这个眼光来看，它是一个神圣的世界啊，我们生活中的每一件正常的活动，合乎自然的活动，都是神圣的活动，所以另一方面也是一个神圣的世界。一方面你要否认它，你要批判它，但是另一方面你还不得不承认它，它是一个神圣的世界。这种分裂为二的现实性是不变东西的形态，不变的东西化身为个别的形态，我们讲道成肉身，耶稣基督化身为一个肉身的形态。那么现在耶稣基督虽然已不在了，已经升天了，但是这种化身为现实的形态，这个模式仍然留在人间。就是说耶稣化身为人，使得人间的一切都具有了神圣性，耶稣基督以他自身的肉体的牺牲拯救了人类，拯救了人类的肉体，就是人类作为肉体也是具有神圣性的，也不是可以随便抛弃的，不是像中世纪那样，完全可以否定的。现实的生活，现实的劳动和享受其实都是人的肉体的一种需要，而肉体的需要也不是完全可以抛弃的，它们本身具有了神圣性，成了一个神圣的世界。文艺复兴的时候那么多的艺术作品，雕塑油画，描写耶稣基督的诞生，描写圣母玛利亚，描写耶稣基督的各种事迹，栩栩如生，非常地感性，非常地世俗化。你看那些圣像，看圣母玛利亚的像，就是像看世俗的人一样，但这是一个神圣的世界。在文艺复兴的那些艺术家笔下所描绘出来的是一个神圣的世界，上帝怎么造人，耶稣怎么样诞生，神圣家族，等等，从另外一方面看它又是具有神圣性的。这种分裂为二的现实性是不变东西的形态。不变的东西，上帝，自己把自己分裂为二，耶稣基督就是分裂为二的，一方面他是肉体，凡人，另一方面他是上帝，这就是他的形态。所以你真要相信上帝的话，你就要学耶稣基督那样，在你的内心也要有这种分裂为二的现实性。耶稣基督就是分裂为二的现实性，他代表现实的上帝。上帝本来不是现实的，高高在上，而在耶稣基督身上他体现为现实的上帝。但是你也不要把耶稣基督就看成一个凡人，他一方面是凡人，但是他同时又不是凡人，所以你要用神圣的眼光去看他，你要从分裂为二的眼光来看他，一方面他是凡人，另一方面他具有神圣性。那么我们每个人也是这样，每个人也是分裂为二的，一半是天使，一半是野兽。"因为不变的东西自在地获得了个别性"，不变的东西在自身中赋予了它的个别性的形式，道成肉身就是这样，不变的东西，它自己获得了个别性。"并且由于它作为不变的东西是普遍的东西"，从神的眼光来看，它是普遍的。耶稣基督是一个个别的人，但是这个个别的人是一种普遍的个别，耶稣基督既是这样一个个别的人，他又是一切人，是一切人的人性。作为神来说，他是普遍的，"它的一般个别性就具有了一切现实性的含义"。他的个别性是一般个别性，耶稣基督，当然他是一个个别性，有名有姓，圣母玛利亚的儿子；但是，他带有一般个别性。耶稣基督作为一个个人降生人间，是为了拯救一切人，把一切个别人都拯救了，因此他具有了一切现实性的含义,他拯救了一切现实性,他拯救了整个世界,整个世俗生活。包括我们每天吃的面包都是上帝的肉,我们每天喝的酒都是上帝的血,我们每天的饮食都是上帝给我们的,所以上帝的肉和上帝的血是普遍的,它是吃不完的,它也是喝不完的,它是我们每天都在吃都在喝的。这种神性就具有了"一切现实性的含义"。在文艺复兴的人眼睛里,上帝已经使整个世俗世界神圣化了。所以,一方面他是世俗的眼光,文艺复兴肯定是世俗的眼光,只是对于这种世俗生活仍有一种忏悔,有一种心存疑虑,不要太过于放纵了,太过于放纵要遭报应的,等等;但是另一方面,对于现实的东西,它又找到了一种辩护,获得了一种眼光,就是在感性的东西上我们可以看到神圣性。文艺复兴的感性的形象,特别在那些绘画雕塑上面所体现出来的感性的形象,人们如此大胆地用这样一种形象来表现神圣的东西,在以前是不可想象的。中世纪的那些绘画都是非常呆板的,都是刻意地把感性的东西抽象掉了,把它变成一种形式化的东西,一种程式化的东西。而文艺复兴把它变得活生生的了,为什么能够把它变得活生生的呢?他们具有一种性情,就是说,这些东西,经过耶稣基督以后,都已经获得了拯救,人的感性已经获得了拯救,问题是你用什么样的眼光去看它。你要用一种神圣的眼光去看它,它们就是神圣的,你用一种世俗的眼光去看它,那当然它也是世俗的。这是第二种关系,它的这种结构。

假如意识是自为的独立的意识,而现实性对它是自在自为地虚无的,那么它就会在劳动和享受中达到它自身的独立性之情感,从而它自身就会是扬弃这现实性的东西了。

这里讲的是假如,用的是虚拟式。"假如意识是自为的独立的意识",这里是讲的前面的斯多葛主义。假如是斯多葛主义的话,那么意识是自为的独立的意识,斯多葛主义偏重于主人意识,我们前面讲了,怀疑主义偏重于奴隶意识,斯多葛主义偏重于主人意识,它推崇个人的独立。假如意识是斯多葛派那样自为的独立的意识，"而现实性对它是自在自为地虚无的"，现实性本身，客观上是没有什么意义的，在斯多葛主义的眼里是没有意义的，怀疑主义其实也是这样，现实的东西都是值得怀疑的，都是虚无的。"那么它就会在劳动和享受中达到它自身的独立性之情感"，这种意识，斯多葛主义和怀疑主义，就会在劳动和享受中达到自身独立性的情感，就是说劳动也好，享受也好，都无损于它自身的独立性，不但是无损于自身的独立性，而且是对它自身独立性的一种考验，甚至于是一种塑造。我在劳动和享受中，通过我把这些东西看作是虚无的，而凸显了我自身的独立性，达到我自身的独立性之情感，也就是不动心。对于世俗的生活我完全可以忍受，完全可以不动心，假如意识是这样一种自为的独立的意识，假如没有基督教上帝的信仰，斯多葛主义和怀疑主义都是没有信仰的，那么这样一种独立的意识就可以在劳动和享受中达到它自身的独立性的情感，"从而它自身就会是扬弃这现实性的东西了"。就是说，斯多葛主义和怀疑主义，它靠它本身就可以来扬弃现实的东西，不管是劳动也好还是享受也好，它都可以把它们扬弃掉，保持自己的不动心，保持这种独立性和自由。这是说假如的话，假如还是那样一种思想基础的话，那么你自己就可以把现实性扬弃掉了，你可以把它看作无所谓了，你就把它拒之于门外了，这种现实的劳动和享受、这种现实性对你来说是虚假的，是虚无的。

　　不过，由于这种现实性对意识来说是不变的东西的形态，意识就不能通过它自身来扬弃这种现实性。

　　现在情况不同了，"由于这种现实性对意识来说是不变的东西的形态"，在不幸的意识这里，这种现实性是不变东西的形态，是上帝的形态，是上帝的化身。这个现实性，现在跟斯多葛派和怀疑派眼睛里面的现实性完全不同了，已经有了上帝，它是上帝的化身，是不变的东西的形态。所以，"意识就不能通过它自身来扬弃这种现实性"，当然在上帝面前，你也可以把它当作是微不足道；但是另一方面，这种现实的东西仍然是来自于上帝的，这个时候你就不能随便把它弃置于门外，就好像我可以不受它的干扰就够了，不是的。对于基督徒来说，不仅仅是要不受它的干扰，而且要看出这些现实的东西，它们是来自于上帝的，它们是上帝的恩赐，是上帝赐给你的。你要感谢上帝赐给我们每天的面包，你要想到上帝，不是说那个面包你忍饥挨饿就可以不吃它，像斯多葛派就是把禁欲当作考验，通过苦行，通过禁欲，我能够饿三天，另外一个说我能够饿四天，那我就比你更独立了。他们就是完全把吃饭这些事情当作是一种虚无的东西，来考验自己的独立性。基督徒就不搞这一套，基督徒就不比赛哪个能够饿得更久，哪个能够更加忍受痛苦，因为每天的面包是上帝赐给你的，它本身就具有神圣性。你吃了上帝的肉，喝了上帝的血，你就能够接受耶稣基督的神性。所以你不能够通过自己，单凭你自己就来扬弃这种现实性，这个时代已经一去不复返了。这是在基督教以前的一种心态，通过禁欲、通过克己来标榜自己的独立性，这个时代已经过去了。这个时代，按基督徒的眼光来看，这些做法都是太骄傲了，以为单凭自身你就可以达到神性的境界，但是你是人啊，你是凡人，你要达到神性的境界，你必须要借助于上帝，你必须要借助上帝在世俗生活中给你安排的使命。你过你的生活是上帝给你安排的使命，所以你不能自杀的。斯多葛派动不动就自杀，皮浪也多次试图自杀，他们以为自己可以支配自己的生命，因为生命只是自己的财产，不具有神圣性，他们为了去追求神圣的东西，就可以去上吊，就可以去绝食。斯多葛派的创始人芝诺就是绝食而死，另外一个斯多葛派的著名代表就是上吊而死的，活得不耐烦了，就可以去死，但是基督徒是不主张这个的，你弃绝了上帝给你的使命，你将来是要下地狱的，凡是自杀的人都上不了天堂，因为你没有完成上帝的使命，你在世俗中的生活是上帝给你安排的，它本身就具有神圣性，你怎么能够根据自己的意志去弃绝它呢？所以意识不能通过自身来扬弃这种现实性。

反之，由于意识虽然做到了消灭这现实性并加以享受，那么对它来

442

说 , 这件事的发生本质上却是因为那不变的东西自己**奉献**了它的形态 , **听凭**意识去享受。

这个说得很明确了。"反之 , 由于意识虽然做到了消灭这现实性并加以享受" , 你在吃面包的时候 , 你把面包消灭了 , 享受了它 , 消灭了这个现实性并且享受了这个现实性 , "那么对它来说 , 这件事的发生本质上却是因为那不变的东西自己**奉献**了它的形态 , **听凭**意识去享受"。你吃的是耶稣的肉 , 喝的是耶稣的血 , 是耶稣基督牺牲了他自己的肉体 , 奉献出了他的形态 , 让你去享受 , 听凭意识去享受。是他让你去享受的 , 不是说你愿意享受就享受 , 你不愿意享受你就可以不享受 , 享受也带上了神圣的意味。基督徒眼里吃面包叫作圣餐 , 在做弥撒的时候 , 神父要分发圣餐 , 每人象征性地给一片很薄很薄的面包 , 说这就是耶稣的肉 , 这就具有了神圣性。把这样一种关系带到我们的日常生活中来 , 我们每餐饭之前都要祈祷。这是因为不变的东西自己奉献出了它的形态 , 耶稣把自己的肉和血奉献给人去享受。

——在这里 , 意识在它那方面**同样**作为现实的东西而出场 , 但同样又是内在断裂了的东西 , 而这种分裂在它的劳动和享受中体现出来 , 即断裂为一个**对现实性的关系**或**自为存在**和一个**自在存在**。

"在这里 , 意识在它那方面**同样**作为现实的东西而出场" , 意识在它那方面 , 就是意识就自己而言 , 在自己这一方面来说 , 意识对意识自己来说 , 同样是作为现实的东西而出场的 , 在你吃面包的时候 , 喝酒的时候 , 这样一种意识对于意识而言 , 是作为现实的东西而出现的。你实实在在地吃饱了喝足了 , 这是很现实的 , 你没吃饱 , 那你还想吃 , 现实的东西 , 就是说你现实地吃饱了喝足了。"但同样又是内在断裂了的东西" , 另一方面它又是一种内在断裂了的现实的东西 , 就是说不仅仅是你吃饱了喝足了 , 而且还有一个现实的方面 , 就是说 , 你把它当作是耶稣基督的血和肉在享受 , 这同样是现实的东西 , 是作为内在断裂了的现实的东西而出场的。它是内在断裂的 , 内在断裂是怎么断裂 ? 下面讲了 : "而这种分裂在它的劳动和享受中体现出来,即断裂为一个**对现实性的关系**或**自为存在**和一个**自在存在**"。断裂成两方面,哪两方面呢? 在劳动和享受中体现为一个是对现实性的关系或自为存在,另一个是自在存在。自为存在就是你为自己有一个对现实性的关系,你为了自己,你要吃要喝,这是一方面。自在存在的方面,就是说耶稣基督,他的肉和血才是你所吃的面包和酒的自在存在。面包和酒对你来说是一种很现实的东西,它可以吃饱肚子,但是,另一方面,它又是自在的存在,就是它是耶稣基督的血和肉。那么这两方面合起来才成为现实的东西,这个现实的东西就跟以前的现实的东西不一样了,跟斯多葛派的现实的东西不一样了。斯多葛派的现实的东西只有一面,那就是它能吃饱肚子,即算它能吃饱肚子,我也可以放弃它,因为我的本质不在于吃饱肚子,我的本质更高,我是一种精神的本质、非现实的本质,那么我就可以放弃它。但是现在,这种现实感已经不同了,基督徒的现实感跟斯多葛派的现实感已经不同了,基督徒的现实感都是双重的了。耶稣基督的血肉也是现实的,当年也是血淋淋的,耶稣基督被钉上了十字架,这是一件非常现实的事,那么我在享受每天的面包和酒的时候,我的现实感就是双重的了。一方面我吃的是面包和酒,另一方面我吃的是耶稣基督的血和肉,自在地来说它是基督的血和肉,而自为地来说,对我自己来说,它当然就是普通的面包,它就是自为的现实,我的肚子能够填饱,这样一种关系。所以它就断裂成了一个是自在,一个是自为,自为就是我主观上,我的享受,自在就是说我的享受它所具有的意义,那就不仅仅是我的填饱肚子这一方面的意义了,而具有神圣的意义了,整个现实世界都被神圣化了。

前一种对现实性的关系是**改变**或**行为**,是一种属于**个别**意识本身的自为存在。但是在这里它也是**自在的**:这个方面属于不变的彼岸;它们就是那些能力和力,是不变的东西同样托付给意识来使用的一种外来的恩赐。

"前一种对现实性的关系",或者说对待现实性的态度,前面讲它分裂为二嘛,分裂为一个对现实性的自为存在和一个自在存在,那么在前一方面对现实性的态度就是"**改变或行为**"。劳动和享受都是改变事物,劳动是改变事物的形式,享受是改变事物的质料,我把它变成我的一部分,我把它吃掉,吃进去。或行为,行为也就是有意识的行动。那么前一种对现实性的态度就是改变或行动,是劳动和享受这样一种行为,"是一种属于**个别**意识本身的自为存在"。它是属于个别意识的,个别打了着重号,就是作为每个个人来说,他的劳动,他的享受都是他自己自身的,自为的,跟别人没有关系,他就是为了自己填饱肚子,他为了自己去行动,他自己有目的地行动。这就是属于个别意识本身的自为存在。"但是在这里它也是**自在的**:这个方面属于不变的彼岸;它们就是那些能力和力,是不变的东西同样托付给意识来使用的一种外来的恩赐",也就是从自为的方面来说它是属于个别的意识的,但是在这里它也是自在的。自在的表现在什么地方呢? 打了一个冒号,这个方面属于不变的彼岸,它属于上帝,在自在的方面,它是属于上帝的。圣餐也好,劳动也好,就自在地方面而言,它是上帝所给予的,是上帝的命令。它们就是那些能力和力,它们,也就是前面讲的劳动和享受,就是那些能力和力,你的劳动的能力,劳动中你要用力,你的享受的能力,这些都是不变的东西托付给意识来使用的一种外来的恩赐。不变的东西就是上帝,上帝托付给人来使用,这是一种外来的恩赐。文艺复兴的那些天才,那些作家,那些画家,那些艺术家,他们的那些创造的能力,都是上帝托付给他们的。我们称之为天纵之才,天才是上帝赋予他们的,所以他们在创造他们的作品时有一种使命感。像米开朗基罗在西斯廷大教堂上画那个天顶画的时候,上帝创世画得栩栩如生,虽然画得那么感性,但是,他认为他是做一件神圣的事情,是上帝赋予了他这样的天才,否则的话完不成的。我们今天去参观的时候也可以有这样一种感慨,一个人怎么可以在那个天顶上创作出这么大的一幅栩栩如生的油画,几乎是凡人做不到的,米开朗基罗可能自己也认为是凡人做不到的,但是是上帝赐给他的力量,这个力量不是他的，我自己哪有这个力量，这肯定是上帝给我的，上帝给我贯注了力量，这是一种外来的恩赐，是上帝托付给他来使用的。享受也是，享受能力和创造力都是上帝赐予的，所以要感谢上帝。看下一段。

据此，意识在它的行为里首先就处于对两端的关系中；它作为能动的此岸而站在一方，与它相对立的是那被动的现实性；两者处于相互联系中，但是两者又都返回到不变的东西，并坚持其自身。

据此，也就是根据上面所讲的，上面所讲的就是现实性具有断裂的这样一种特点，它是断裂的现实性。断裂的现实性就是说一方面对于人来说它是自为的，是自为的现实性；另一方面它又是自在的，是从上帝那里来的。上帝使得人的现实性也神圣化了，具有了双重性，这跟斯多葛派已经不一样了，现实性在斯多葛派那里是单面的，它没有双重性，而在基督徒这里，它具有双重性，具有断裂的这样一种特点。那么根据这一点，"意识在它的行为里首先就处于对两端的关系中"。意识在它的行为里，不论是劳动也好，享乐也好，欲求也好，在意识的种种行为里，首先它处于对两端的关系之中。两端，可以说这又构成了一个推论，这个两端是推论的两端，意识处于这种关系中。"它作为能动的此岸而站在一方，与它相对立的是那被动的现实性"，享受和劳动和欲望都具有了这样一种关系，具有这样一种结构，一方面是能动的此岸，人的意识主体，是他去劳动，是他去享受，是他去追求。与他相对立的是一个被动的现实性，是他劳动和享受的对象。在人的活动中都有能动和被动这两端。那个对象是被动的，虽然它采取了一种独立事物的形式，但是你可以把它据为己有，你是能动的，东西是死的人是活的，你可以去跟它发生一种能动的关系，你可以支配它。所以"两者处于相互联系中，但是两者又都返回到不变的东西，并坚持其自身"，两者处于相互联系中，主体和客体，能动和被动，都相互联系；但是，两者又都返回到不变的东西并坚持其自身，坚持其自身也就是坚持它作为自在的不变的东西。两者都返回到不变的东西，一方面从能动的此岸，从主动性这一方面来看，一切创造者，一切享受者，他们都要感谢外来的恩赐，要返回到不变的东西，返回到上帝，它的能力，它的力量都来自于上帝，都是上帝赐给它的。那么从被动的现实性来说，也是上帝安排的。被动的现实性，能够让你去劳动去争取去享受的东西，也是上帝提供的，也是上帝安排好的，上帝化身为人，耶稣基督牺牲了他自己的肉体来拯救人类，那么他就通过他的肉体的牺牲或奉献，使得一切现实的、世俗的事物都神圣化了，都提高到神圣的这样一个层次上，它自在地就是神的身体，就是耶稣基督的血和肉。被动的现实性它自在地来说也具有了神圣性并坚持其自身，它的本质是不变的。那么所有这两端都来自上帝，意识处于这两端的关系中，本质上就是处于与上帝的关系中。

因此从两方面都只是分离出了一个针对另一方展开运动转换的表面的部分而互相反对。——现实性这一端被能动的那一端所扬弃；但是现实性这一端之所以能够被扬弃，只是由于它的不变的本质自己把它扬弃了，自行排斥了自己，并把那排斥掉的东西奉献给了能动性。

"因此从两方面"，从哪两方面？一个是主动的方面，一个是被动的方面，从两方面"都只是分离出了一个针对另一方展开运动转换的表面的部分而互相反对"。从两方面，这两方面它们都是回到不变的东西以坚持自身，一个从主体方面，上帝赐给我这样一种天才，这样一种享乐的能力；一个是从这个被动的现实性方面，也是上帝提供的，提供了我的享乐的条件，我的劳动的对象。那么从两方面都只是分离出了一个针对另一方作运动转换的表面的部分。为什么叫表面的部分，就是说，实质的部分都是来自于上帝，那是不变的；但是，两个不变的本质双方各自都分离出了一个表面的东西。从主动方面来说是艺术家的天才，我们说艺术家的天才好像就是艺术家本身固有的，表面上看起来是这样，当然实际上是上帝给他的，但是表面上是艺术家自己的天才，自然的产物，大自然几百年才产生一个，偶然的，好像这是艺术家自己的天才，但这是表面的东西。从被动的现实性方面来说,面包和酒是表面的东西,肉和血也是分离出来的表面的东西,耶稣基督从本质上来看他是精神,他化身为人的血肉之躯,对于神来说是表面的东西。所以你享受现实的这种恩惠,以现实形态出现的上帝给你提供的恩惠,这其实是表面的东西,你要从这表面的东西里面去体会其中的神圣的含义,那才是合乎基督教的人生态度。你不要沉溺于这些表面的东西里面,你要体会上帝对你的恩赐,对你的关怀,上帝的慈悲;当你在发挥你自己的天才的时候,你也要感谢上帝给了你天才,你不要太骄傲了,你以为你就是上帝啊,你以为你画了上帝创造世界就是你创造世界了啊,你只是画出了上帝赋予你的那种灵感。那种灵感不是你能够想得出来的,打破脑袋你也想不出来,但是如果有上帝的启示,那一切就是驾轻就熟,就非常容易了。所以这些东西都是表面的东西,从双方分裂出来的。一个是从主体方面,一个是从客体方面。每一方分离出了一个针对另一方展开运动转换的表面的部分。主观的方面针对客观的方面,针对被动的现实性,作运动转换,把它转换为自己的一部分,把它据为己有,把客观的东西自在的东西变成为我的东西,变成我的作品。那么从现实性这一方面来说,它能够让你享受它,能够让你创造它,那么同样也是,它让你在创造和享受的时候把它所代表的神圣的东西吸收到自己身上来,把你神圣化了。你的这样一种主体能动性转换为了一种被动的吸收,你被你所吃的面包和酒渗透了精神;而你的能动性,你的天才,好像是你的主动性了,但是艺术家没有灵感的时候为什么要等待呢? 要等待灵感,他不能够自己创造出灵感来,他要等待上帝赐给他灵感。所以艺术家也是被动的,你不要以为他就是完全主动的,想怎么样就怎么样,不行的,有时候没有灵感,情绪不好的时候,他就必须要等待,他就必须要有神助,他才能够完得成。所以这两方是互相针对另一方作运动转换的表面的部分,这样来互相反对,主体和客体,主动性和被动性都是在互相反对中互相转化的。"——现实性这一端被能动的那一端所扬弃",这前面有个破折号,也就是对前一句话的解释。"现实性这一端被能动的那一段所扬弃",我们刚才讲了,能动的一端把现实性据为己有,就把它扬弃掉了,现实的面包和酒把它吃掉了喝掉了,现实的材料把它改造成了我的作品。"但是现实性这一端之所以能够被扬弃,只是由于它的不变的本质自己把它扬弃了",现实性这一端之所以能够被扬弃,之所以能够被你吃掉被你喝掉,只是由于它的不变的本质自己把它扬弃了,是由于耶稣基督把自己的肉体牺牲了,把它扬弃了。它"自行排斥了自己,并把那排斥掉的东西奉献给了能动性",他把自己的肉体和感性的东西牺牲掉了,并且把这牺牲掉的东西奉献给了你的能动性,他让你去享受,他给你去创造,他赋予你灵感。所以现实性这一端之所以能够被扬弃,也不是你的功劳,你还是要归到上帝,要感谢上帝。不管你是吃了一顿美餐也好,还是你创作了一件得意的作品也好,你都得感谢上帝,是上帝让你做到这一步的,是不变的本质自己把自己扬弃了。不变的本质,首先他道成肉身化身为人,然后他牺牲了自己的肉体升天而去,他把自己的肉体扬弃了,他把自己从肉体提升到了精神,那么他也就把整个现实世界、把所有人的肉体都提升到了精神。上帝自行排斥自己,并且把那排斥掉的东西奉献给了能动性,交给你们,让你们去享受,让你们去创造。

　　这能动的力就作为现实性由以解体的**威力**显现出来了;但由于这样,这种威力当它在能动性中出场时,对这个把**自在**或本质看作与自己不同的他者的意识而言,就是它自己的彼岸。 {128}

[148]

　　"这能动的力就作为现实性由以解体的**威力**显现出来了",能动的力就是人的创造性,人在劳动中的创造性,人在饮食中,在享受中的能动性,你可以把面包和酒吃下去,毫不犹豫地把它化为己有,这样一种能动的力量,就作为现实性由以解体的威力而显现出来了,威力打了着重号。就是现实性在你面前被扬弃了,被瓦解了,被你吃掉了,或者被你改造成作品了,这个现实性由以解体的威力就显现出来了。就是这种能动的力就作为现实性由以解体的威力,就是你解构现实性的这种威力,就是你

449

的能动性。这个威力也可以翻译成权力，Macht，尼采的权力意志，Wille zur Macht，就是这样一种威力，这种能动的力就是这样一种威力。"但由于这样，这种威力当它在能动性中出场时，对这个把**自在**或本质看作与自己不同的他者的意识而言，就是它自己的彼岸"，这种威力是现实性由以解体的威力，这种力量实际上是要超越现实性、宰制现实性的威力，通过劳动和享受、享乐，把这种现实性加以消解和解构。那么在解构的时候它就有双重性，一方面在这时你得到了享受，另一方面在这种享受中你体会到一种威力。那么这种威力，当它在能动性中出场时，对于意识而言就是它自己的彼岸，因为这个意识把自在或本质看作与自己不同的他者，把上帝看作高高在上的异己的存在。所以这种威力，当它出场的时候，对意识而言就是它的彼岸，就是说它是来自于彼岸的。我为什么会有这种力量，是由于来自彼岸的威力，来自上帝的威力。比如说我的天才，它就是来自于上帝的威力，人自己哪有这样一种天才？人根本做不到。如果没有上帝的帮助，人根本做不出来，这是人间奇迹啊！文艺复兴的那些大师们都是创造奇迹的人物，他们的作品都是奇迹，你现在要再去创造，你会发现不行。为什么不行，因为他们是有上帝在帮忙，体现了神的威力。当然这是对于这个把自在和本质看作与自己不同的他者的意识而言，才是它自己的彼岸，也就是对于信上帝的人而言，对于把自在和本质看作高于自己的人而言。我是自为，上帝是自在，上帝是我的本质啊，但是对于信上帝的人而言，自己的本质是在彼岸，人的本质是在彼岸，不是在此岸。在世俗生活中，人过的都是一种非本质的生活，之所以我能够体现出这种威力，就是因为这种威力是来自于彼岸的，来自于上帝，我才有这种威力。所以对于基督徒的意识而言，就是把自在或本质看作与自己不同的他者，看成一个与自己不同的上帝。基督徒没有人敢于说自己就代表上帝，基督徒要成为与上帝合一只有在死后，而在世俗生活中，谁也不敢说自己就代表上帝。上帝的自在和本质是与自己不同的他者，那就是彼岸的东西，就是他自己的彼岸。当然对于无神论者来说,上帝无非是人的本质的一种异化,而基督徒,正因为他是这种异化,所以他把他自己的本质看作与他自己是不同的,我的真正的本质,我是把握不到的。所以你要感谢上帝啊,要感恩啊,为什么要感恩,因为这种力量是上帝赐给你的,哪怕你是天才,你也不要自以为是,你也不要骄傲,你有天才,你是了不起的人物,大家都敬仰你都佩服你,但是你不是神。你之所以是天才,是因为你借助了上帝的力量,所以人家才崇拜你。崇拜你,不是崇拜你这个人,而是崇拜你身上所体现出来的神性,当然是你的本质,但却是在神那里的本质。

因此它并没有通过意识的行为返回到自身,并对自己本身证实自己,反而把这种行为的运动反射回另一端上,从而使另一端作为纯粹普遍的东西、作为绝对的威力表现出来了,从这个威力出发,运动将会向一切方面进发,这威力就会既是那自身分化的两端的本质,如两端最初出场时那样,也会是这转化过程本身的本质。

这是我们刚才讲的,"因此它并没有通过意识的行为返回到自身",不管你是享受也好还是劳动创造也好,并没有通过这样一种行为返回到自身,你不能把这样一种功劳归于你自己。"并对自己本身证实自己",你不能在自己的作品上面证实你自己,你所证实的是上帝。当然是你的作品,米开朗基罗的,达·芬奇的,拉斐尔的,这些作品,但是它不能够在自己的作品身上证实自己,"反而把这种行为的运动反射回另一端上",也就是反射回上帝身上,反射到被动性的那一方,被动性的那一方才是真正主动性的一方,被动性的那一方是上帝提供给你的,是上帝主动提供给你的。对象看起来好像是被动的,但是,实际上你的主动性都是那个看起来被动的东西提供给你的。"从而使另一端作为纯粹普遍的东西、作为绝对的威力表现出来了",就是说上帝作为一种纯粹的普遍的东西,作为绝对的威力,在另一端上表现出来了,在被动的现实性中表现出来了。也就是说你这种主动的现实性其实还是被动的,你这种主动的创造性,你的能力,你的天才,实际上还是一种被动的东西,真正主动的东西是彼岸的东西。而彼岸的东西，在这种情况之下它是一种纯粹普遍的东西，一种绝对的威力，它在这样一种行动的运动中反映出来，反射到另一端上，使得另一端作为绝对威力表现出来。这个里面又出现了我们前面在知性那里所看到的力和力的表现的辩证关系，力和力的表现究竟哪个是主动的哪个是被动的，这是说不清的，它们是交互的，没有力的表现，力无从表现出来，没有力，也就没有力的表现。那么在这里也是这样，一种运动，它反射到另一端上，反射到它的表现上面，而表现是什么呢，表现的已经不是单纯的力了，而是赋予这种力的那种纯粹普遍的东西和绝对的威力。你的天才是相对的威力，而绝对的威力，那就是上帝的威力。你的相对的威力是绝对的威力的一种表现。"从这个威力出发，运动将会向一切方面进发，这威力就会既是那自身分化的两端的本质，如两端最初出场时那样，也会是这转化过程本身的本质"，从这个威力出发，从这种绝对的威力出发，从上帝的威力出发，运动将会向一切方面进发，向一切方面，向主动的方面，向被动的方面，都来自于上帝的威力。这个威力就会既是那自身分化的两端的本质，两端，一个是主动的创造性，一个是被动的现实性，那么这个威力既是那自身分化的两端的本质，不管是你的创造性、你的能动性也好，还是现实的被动性也好，它们的本质都是上帝的威力。如两端最初出现时那样，两端最初出现的时候是分化的，是自身分化的，但是它们两端的本质都是由上帝的威力所造成的。同时也是这转化过程本身的本质，这就更提高了一个层次，不光是两端的本质，而且是这个两端互相转化的过程本身的本质。主观和客观，能动的创造性和现实性，这两端互相转化，那么这个转化双方的本质都是上帝，同时这个转化过程本身也是上帝，整个过程就是上帝的一种表现，它的本质就是那个绝对的威力，是绝对威力的表现。这个是更提高了一个层次，这就为过渡到下一个、第三个关系奠定了基础。我们先休息一下。

好，我们再继续看下面。整个前面这个小标题都是讲的我们怎么样从现实的劳动欲望和享受中体会到上帝，从文艺复兴开始我们转向了自然，转向了人，发现了自然，发现了人。人的发现实际上在更高的意义上是神的发现，我们在人身上发现了神，在人的世俗生活中发现了神的威力，当我们达到这一层的时候，我们就已经向下一个阶段过渡了，后面整个这一段就是讲这个怎样过渡。

不变的意识对自己的形态作出放弃行为并奉献出这形态，而个别的意识对此表示**感谢**，这就是说，它拒绝意识对自己**独立性**的满足，并把它出于自身的行为之本质归于彼岸，于是通过两部分**相互放弃自身给对方**的这样两个环节，当然就对意识产生了它的与不变的东西的**统一**。

首先这里有两面，有两个环节，一个是"不变的意识对自己的形态**作出放弃行为**并奉献出这形态"，我们前面讲的道成肉身，耶稣基督通过牺牲自己的肉体，奉献出这样一种形态，让人去支配；另一个是，"个别的意识对此表示**感谢**"，表示感恩，它把这个看作是上帝的恩赐，就是说，它拒绝了意识对自己独立性的满足，拒绝了像斯多葛派和怀疑派那样一种"不动心"的满足，现在它投身于劳动和享受。当他在享受的时候，他认为不是自己独立地在享乐，而是上帝赐给他享乐；当他在创造的时候，他也觉得他之所以能创造出这样的作品，还是借助于上帝的神助，所以在这两方面他都不再对自己的独立性感到满足，而是对更高的力量、更高的威力表示感谢，一种感激。"并把它出于自身的行为之本质归于彼岸"，他享乐也好，他劳动也好，本来都是出于他自身的行为，但是他把这样一种行为的本质归于彼岸，感谢上帝。"于是通过两部分**相互放弃自身给对方**的这样两个环节，当然就对意识产生了它的与不变的东西的**统一**"，这两方面互相放弃自身给对方，被动的东西放弃自身给能动的东西，能动的东西放弃自身给被动的东西，这两方面互相放弃自身给对方，这就是前面讲的，一方面不变的意识对自己的形态作出牺牲，另一方面个别的意识对此表示感谢，他们互相放弃自身给对方。通过这两个环节，当然对意识就产生了它与不变的本质的统一，人就意识到了他和上帝的统一。你什么你都归结到上帝，归结到神，那么在意识面前，它与不变的本质就达到了一种统一，就是说意识不管独立地干什么，都要归功于上帝。虽然表面看起来你是独立地干出来的，但是你不能满足于此，你要把这种满足放弃，最后你要把它归结于上帝，这就达到了人和上帝的统一。

只是这种统一同时就感染了分离，在自身中又断裂开了，并从中又产生了共相与个别的对立。因为意识显然**表面上**放弃了它的自我感的满足，但是它获得了自我感的**现实的**满足；因为**它**已经**是**欲望、劳动和享受；作为意识，**它意愿过、行动过和享受过。**

虽然达到了意识与不变的东西的统一，但是，"这种统一同时就感染了分离"。感染了，原文为 affizieren，感染、染上了，染上了疾病，或者染上了毛病，也就是这样一种统一一开始就是带有这样一种分裂的，一开始就染上了分裂症。"在自身中又断裂开了"，这种统一在自身中又断裂开了。虽然意识和不变的东西统一，我跟上帝在本质上是统一的，是一心，是同心的，但是，它自身又断裂开了，"并从中又产生了共相与个别的对立"。就是虽然我跟上帝相通，但毕竟上帝是共相，我是个别性，毕竟我是作为一种个别性来跟上帝统一的，而上帝本身是一种普遍的东西，是一种共相，所以这种统一一开始就感染了这种分裂。"因为意识显然**表面上**放弃了它的自我感的满足，但是它获得了自我感的**现实的**满足；因为**它**已经**是**欲望、劳动和享受；作为意识，**它意愿过、行动过和享受过**"，就是说意识虽然表面上放弃了它的自我感的满足，认为这些东西都要归功于上帝，不能满足于自我，不能自满自足；但另一方面他其实获得了自我感的现实的满足，因为它已经是欲望、劳动和享受，就是说这种满足是他实实在在地现实地已经获得了、已经得到了的。这个是第二层关系里面讲到的，自我意识和个别本质与现实性的关系，个别本质与现实性已经发生过关系了，这跟以前斯多葛派那个时候已经不同了，现在它是表面上放弃了它的自我感的满足，而实际上得到了这种满足。我们刚才讲到，上帝和个别的自我意识，双方都把表面的东西放弃了，都把表面的东西作为自己的中介去跟对方发生关系。上帝是道成肉身,上帝用他形态化了的肉身来跟人发生关系,而人用一种对自我感的表面上的满足的放弃来跟上帝发生关系。所以虽然表面上放弃了它的自我感的满足,但是它获得了自我感的现实的满足。在这个时候,经过文艺复兴,自我感已经获得了它的现实的满足,这个是心照不宣的,你要他说,他就会说感谢上帝,但实际上,他已经经历的正是他的现实感的满足。实际上他真正现实地感谢的还是他自己,他是感谢自己,但是他还是说要感谢上帝。所以它获得了自我感的现实的满足,因为它已经是欲望、劳动和享受,他已经欲望过了、劳动过了、享受过了,这里都是用的完成时态,这是既成事实。所以文艺复兴的那些人,他们的人格在我们今天看起来是比较健全的,那些人都是无忧无虑地在那里创造,在那里享乐,在那里发挥人全面的本质,展示人性的丰富的多样性。因为这种现实的满足着眼于它的现实的完满性,这是文艺复兴经过的阶段。作为意识,它意愿过、行动过和享受过,它已经有了这个经验,已经有了这样一种意愿、行动和享受的经验,这跟斯多葛派就不一样了,跟中世纪也不一样了。斯多葛派和中世纪都还没有这种经验,都还没有正眼看过人的现实的模样,还没有发现人的自然的本性,还没有发现大自然它的本来面目。而经过文艺复兴,人已经看到过了,已经行动过和享受过,已经意愿过追求过。这是文艺复兴的成果。当然他马上又把这些东西归之于上帝,因为基督徒嘛,他肯定是要这样的,但是他已经有了这样一种现实的经验了。

同样,当它在自己的感谢中承认另一端是本质并且扬弃自身时,这感谢本身就是它自己特有的行为,这个行为抵偿了另一端的行为,并以一种对等的行为去报答那奉献出来的善行;

"同样",什么同样呢? 就是说前面讲的,它已经工作过了,行动过了,享受过了,它已经是欲望、劳动和享受了,这是一方面;但同样,"当它在自己的**感谢**中承认另一端是本质并且扬弃自身时,这感谢本身就是它**自己特有的**行为",也就是说,一方面它获得了自我感的现实的满足,这是一方面,但是同样,当它在自己的感谢中承认另一端是它的本质,承认上帝才是它的本质时,当它要为这些现实的满足而感谢上帝,并且扬弃自己时,这感谢本身就是它自己特有的行为,"自己特有的"打了着重号。就是说,虽然它把自己的特有的行为都归之于上帝,都感谢上帝,但是这种感谢本身还是它自己特有的行为,还是它自己的一种个别性。是它在感谢上帝,它是为自己的满足而感谢上帝,那么这种感谢本身就是它自己特有的行为。"这个行为抵偿了另一端的行为",另一端的行为就是上帝给它的恩赐。那么它就用这种感谢来抵偿或者说来报答,用这种感谢来报答上帝的行为。"并以一种**对等的**行为去报答那奉献出来的善行",上帝垂顾于它,给了它享受的能力,给了它创造的能力,给了它天才,给了它每天的面包,给了它创造的材料,等等,这都是上帝给它的善行、善意,给它带来的福利,那么它用什么来报答呢?只有感谢上帝,它只有用这种感谢的行为,——感谢是一种行为,——它用这样一种感谢的行为抵偿了另一端的行为,并以一种对等的行为去报答它所蒙受的善行。"对等的"也打了着重号。为什么叫对等,为什么要打着重号呢?就是说,实际上它是按照一种契约,对等双方,一个是人,是作为一种个别性,自由意志的主体,另一方面是上帝,耶稣基督也是作为一个个别的上帝,那么两者之间订立了一种契约。旧约和新约都是契约,人在上帝面前都是对等的,都有自由意志。《圣经》里面一开始,《创世记》就讲,亚当夏娃吃了智慧之树的果子以后,他们就和上帝"平起平坐"了。旧约也好,新约也好,都是一种对等的契约。那么上帝给了你恩惠,你唯一能够报答上帝的就是这样一种感谢,就是皈依,没有别的。你献上多么大一笔财产都抵消不了,都报答不了。只有你出自内心的感谢才是平等的、对等的报答。所以这样一种感谢,它本身就是一种对等的报答,对于上帝的恩惠的一种报答。上帝给了你这种恩惠,要是一个平常的人,我们就会给他以相应的所值来报答,比如你今天送我一瓶红酒,我明天就送你一盒蛋糕,从价值上来说差不多相当的,这就是对等的。但是对上帝你不能这样，上帝给了你恩惠，你用什么来报答上帝？你只有用你的灵魂，或者说你用你的灵魂就够了，就对等了，因为上帝就是圣灵，上帝就是灵魂，上帝给你这么多好处并不是说让你为上帝辛辛苦苦再做点什么东西来还给上帝，不是这样的，他是要你交出你的心，要你感谢，要你懂得感恩，只要你懂得感恩就够了。所以这里是一种对等的行为，去报答那奉献给它的善行。

即使另外一端托付于它的是其**表面的东西**，那么意识**也还是**感谢，并由于它自己放弃了自己的行为，即它自己的本质，它在其中所做的其实比那只从自身抛出表面部分的另一端要更多些。

这是刚才讲的那个道理，就是说，"即使另外一端托付于它的是其**表面的东西**"，包括面包、酒，包括赋予人天才，赋予人能力，赋予它支配现实的威力，这些东西对于上帝来说都是表面的东西，上帝不在意这些物质性的东西，上帝之所以要抛出这些表面的东西是为了引导人们提升到上帝的本质。上帝的本质是什么呢，不是这些物质性的东西，而是纯精神。所以如果另外一端托付于它的只是其表面的东西，"那么意识**也还是**感谢"，因为意识由此而被提升到了精神。"并由于它自己放弃了自己的行为，即它自己的本质，它在其中所做的其实比那只从自身抛出表面部分的另一端要更多些"，就是说上帝给了我这么多恩惠，但是这些恩惠对上帝来说都是表面的东西；但即使这样，意识也还是感谢。对意识这一方面来说，我感谢就够了，我不需要说上帝给了我这么多东西，那么我也就献祭给上帝，上帝让你发财，那你又把发财的一部分献给上帝，又买一些祭品供到庙里面去，上帝不指望你这个，这都是表面的东西，你懂得感恩就够了。"并由于它自己放弃了自己的行为，即它自己的本质"，它放弃了自己的行为、自己的本质，就是说这些行为这些本质都不是我的，它不敢凭借它自己的行为有半点骄傲，它把所有这些行为都归之于上帝，都感谢上帝。而由于这一点，"它在其中所做的其实比那只从自身抛出表面部分的另一端要更多些"，什么叫更多些，就是说如果你懂得感恩，你懂得感谢上帝，那么你就已经超出上帝给你的了。上帝其实要的就是这个，上帝抛出他那些表面的东西，那些物质的东西，那些天才，让你去享受，等等，他的目的不在于得到回报，不是要在这些方面得到回报。他要求的是你在精神上面放弃你的自傲，放弃你的自以为是，不要把你的那些行为都归于你自己，你要把这些行为，把你自己的本质放弃，要跟着我来。上帝才是你的本质，你的那些行为都不是你的本质，或者说你应该把你的那些行为，你的那些被你当作本质的行为在上帝面前放弃掉。你要把你的本质看作是彼岸的东西，此岸的一切东西都不是你的本质，虽然是你在做，虽然是你在满足，你在创造，但是所有这些东西你都要感谢上帝。那么当你这样做的时候，其实，比上帝对你所做的那些表面的东西要更多一些。上帝赋予你那么多的恩惠，但是那些恩惠都是上帝所抛出来的表面的部分，而你现在已经深入到了本质的部分，你对上帝的感恩已经进入到了一种纯精神的本质的部分，那当然就要更多一些了。那些表面的部分算不了什么，对上帝来说更加算不了什么，上帝举手之劳，但是上帝通过这个东西让你去皈依他，这就不容易了。有些人感恩，有些人还不懂得感恩，还不懂得报答，有些人的报答仅仅停留在物质的方面：我是一个富翁，那么我当然可以捐出我的一部分财产甚至一大部分财产给神庙，献祭，给教会。这都是一些表面功夫，真正的还在于你的信仰，你的感恩之心。你要做到这一方面，那就比上帝对你所做的那些表面的部分要更多一些。当然上帝对你所做的那些本质的部分，那就谈不上多和少的问题了，那就是上帝的目的，上帝的表面的东西最终要达到的就是你能够懂得感恩，你能够皈依上帝，这就是上帝的全部目的，至于表面的东西，只是一小部分而已，只是表面的部分而已。

所以整个运动不仅在现实的欲求、劳动和享受之中，而且甚至在对立面似乎借以发生的那个感谢中都反思到了**个别性那一端**。

这句话是转折性的、关键性的了。"所以整个运动"，包括你在现实的欲求、劳动和享受中，以及感恩之中，"而且甚至在对立面似乎借以发生的那个感谢中都反思到了**个别性那一端**"。就是在现实的欲求、劳动和享受中，你反思到个别性那一端，你反思到这些东西都是你的个别性，是你的本质，你已经现实地满足了，但是这是低层次的。你不但在这样一些现实的欲求劳动和享受中，而且甚至在对立面似乎借以发生的那个感谢中，——我们简化一下就是，不仅在欲求和劳动中，而且在感谢中，都反思到了个别性那一端。在感谢中都反思到了自己的感谢是一种个别的感谢，是一种自己特有的行为，前面讲了，这感谢本身就是它自己特有的行为，当你反思到这一方面的时候，你就提升到了一种更高的个别性。前面的个别性，你的劳动、你的欲求、你的享受，这是现实的个别性，你在里面可以得到你的满足；但是这种个别性在上帝面前是微不足道的，上帝是普遍的，而人是个别的，个别和普遍，个别和共相之间的对立，在你的人和上帝的统一中仍然存在着。人和上帝不能够最终达到统一，虽然你时时刻刻想着上帝，但是上帝是共相，而你是个别。所以在现实的欲求、劳动和享受中，你始终做不到人和上帝的真正的统一。但是，甚至在感谢之中，这个时候你反思到了个别性，这个个别性就是一种更高的个别性，通过信仰所建立起来，通过感恩所建立起来的一种个别性。那么这种感谢为什么是"对立面似乎借以发生的那个感谢"？就是说，对立面，也就是上帝，似乎是借助于这种感谢得以发生作用的。你意识到上帝，这是通过你的感恩，上帝似乎是作为你感恩的对立面，才借以产生出来，才在你的意识中产生出来的。你意识到上帝，是借助这样一种感谢的过程，你才意识到上帝。上帝无形无相，你只有通过上帝给你恩惠，然后你对这种恩惠加以感谢，才意识到上帝。感谢谁？你不知恩惠从何而来，然后你想到，既然在现实世俗生活中，任何人都不值得感谢，那么值得你感谢的只能是一个彼岸的对象。所以对于你的感谢来说，好像这个对立面是通过你的感谢才发生出来的，似乎在你感谢之前这个对立面还没有。我们讲信则有不信则无，通过你的感恩，通过你的信仰，这个对立面似乎才借以发生，但那种感谢还是你的主体的个别性，你主体愿意相信。信则有，那么这个上帝对你来说就有，如果你不相信，好像就没有。那么重要的是，通过这种感谢，你反思到了这种感谢也是你的个别性，是一种更高的个别性。本来你是把你的个别性放弃了，你在劳动、享受、欲求中的那种现实的满足，你把它都放弃了，但是，在更高的一种个别性中，你又坚持了你的个别性，那是你的信仰，那是你的感恩，由于这种感恩，这个对立面似乎才产生出来。这整个运动就回到了、反思到了个别性那一端。

在这里面意识感觉到自己是这种个别的东西，并且不让自己为它已做了放弃这个表面映象所欺骗，因为它的自身放弃的真理即在于它并没有交出自己；已发生的情况只是向两端的双重的反思，其结果就是重新分裂为对**不变东西**的相反的意识，以及与之**对立着的**意愿、实行、享受和对自我做了放弃的意识，或对一般**自为存在着的个别性**的意识。

[149]

"在这里面意识感觉到自己是这种个别的东西"，意识是个别的东西，这个个别的东西有丰富的内容，一方面，它在自己的现实的欲求、劳动和享受中，它具有现实的个别性，另一方面它又有一种更高的个别性，就是感谢，就是感恩。所以在这里面意识感觉到自己是这种个别的东西，"并且不让自己为它已做了放弃这个表面映象所欺骗"，表面映象，Schein，我们前面把它翻译成映象，这个地方我们也把它翻译成映象，这个词也可以翻译成假相，但是严格说起来在黑格尔这里，它是映照出来的意思，并不直接是假相的意思。不过在这里它又有一种假相的意思，他讲了被这种映象所"欺骗"嘛，所以我把它译作"表面映象"。什么样的表面映象呢？就是好像它已经做了放弃，它已经放弃了自己的个别性，它放弃了自己的劳动和享受这种现实的个别性。但是它并不让自己为它已做了放弃这个表面映象所欺骗。就是它好像放弃了自己的个别性，但这是有欺骗性的，如果完全放弃了，那就像斯多葛派那样了，但是你又不是斯多葛派，你还是有一个高高在上的上帝，你要对他感恩。你要对所有这一切你所放弃的东西感恩，向谁感恩？向上帝感恩，那么这种感恩还是你的个别性。你不要以为你就放弃了个别性，你就可以无所顾忌了，你就可以任凭命运来随意地支配你了，不是的。你并没有把你自己完全交出去，你还是在支配你的命运，你的信仰，你的感恩，就是你的一种自由意志。你愿意相信上帝，你选择了相信上帝，你对上帝给你的恩惠用你的感谢来报答。所以它放弃了自己的这种个别性，却并没有受到假相的欺骗，以为自己就完全没有个别性了。由于它感觉到自己的这样一种完整的个别性，不单是现实的个别性的放弃，而且有一种更高层次的个别性，所以它就不会为自己放弃个别性而受欺骗。"因为它的自身放弃的真理即在于它并没有交出自己"，这个"交出"（aufgeben）也可以翻译成放弃，放弃有好几个词，但是我们还是把它区分开来。因为它的自身放弃真正地说来，就在于它并没有交出自己，并没有完全放弃自己，或者说它放弃自己也是主动放弃的，也是为了要感恩才放弃的，而感恩恰好是它自己的一种个别性。这是一种更高的个别性，一种更高的执着。所以它不会为它的放弃自己而受到欺骗，不会误入歧途，以为它放弃自己了就没有任何自由意志了。文艺复兴的那些神学家们，他们就比较强调个人的自由意志，就是说信仰也是一种自由意志，你可以自己愿意。就像皮科·米兰多拉在一篇著名的讲演《论人的尊严》里面讲到的，人从上帝那里获得了他的全部的本性，他可以堕落如动物，也可以纯洁如天使，全在于他的自由意志，他要相信上帝，也是他的自由意志。信仰本身也是一种自由意志，也是他的个别性，也是他的一种选择。所以它并没有交出它自己，虽然放弃了它的一切世俗生活的独立性，但是，它把它解释成这些东西都要感谢上帝，为了上帝，这些东西都可以牺牲。它放弃了这些个别性，但是，实际上它树立了一种真正的个别性。"已发生的情况只是向两端的双重的反思"，已发生的情况，就是文艺复兴，前面讲的，这是整个这一段现在已经发生了的、已经获得了的一种经验。当然黑格尔并不着眼于在时间上、在历史上已经发生了的情况，他只是借用这样一种历史的经验来说事，来说意识本身它的经验过程，它的层次结构。那么基于前面已经发生的情况,是什么情况呢? 只是向两端的双重的反思,就是说从主体方面,我可以反思到它的真正的本质是在彼岸,从客体方面,从现实性,对象方面,我们也可以把它反思到彼岸。就是说主体也好,客体也好,它们都来自于彼岸,都来自于上帝,都要感谢上帝。向两端的双重的反思,这是已经发生的情况,我们虽然发现了自然,发现了人,但是人是来自于神的,自然也是来自于神的,在人和自然里面我们都反思到它的真正的本质都是在彼岸。那么,"其结果就是重新分裂为对**不变东西**的相反的意识,以及与之**对立着的**意愿、实行、享受和对自我做了放弃的意识,或对一般**自为存在着的个别性**的意识",其结果是什么呢? 重新分裂,分裂为一方面对不变的东西的相反意识,对于上帝,对于神,对这个不变的意识的相反的意识,就是说他是在彼岸的,你的意识是与他相反的,但你从相反的方面意识到了他;以及另一方面,与之对立着的意愿、实行、享受和对自我做了放弃的意识。意愿就是意志,就是欲望,实行就是劳动,加上享受,欲望劳动和享受,他用了不同的词。和对自我做了放弃的意识,对自我做了放弃的意识是什么意识呢? 就是感恩的意识。意愿的意识,实行的意识,享受的意识和对自我做了放弃的感恩意识,前面三个都是现实的,都是现实水平上面的自为的个别意识,后面这个对自我做了放弃的意识,这是更高层次的自为的个别意识,所有这四个都可以统称之为"对一般**自为存在着的个别性**的意识"。这是另一方面。就是说,一方面是上帝,高高在上,我从相反的方面意识到他;另一方面,我们作为世俗的凡人,与之对立、也就是与这个上帝对立的意识就是意愿、实行、享受和自我放弃。这些意识跟上帝的意识相互之间重新分裂了。文艺复兴的结果就是这样,文艺复兴重新发现了人,发现了自然,那么在人和自然的后面又追溯到上帝,通过感恩又反思到上帝,好像把人和上帝统一了,但是,又重新分裂了。这样一个过程是人的这种不幸的意识把现实重新纳入自身的过程。不幸的意识最开始是排斥现实的,而在文艺复兴中,不幸的意识开始把现实纳入自身,但是纳入到自身还是分裂的，现实跟上帝的意识还是分裂的，还是对立的。一方面上帝高高在上，另一方面我们在人世间，欲望、工作、劳动和享受，并且对自己加以放弃，渴望得到上帝的拯救，对上帝感恩，这是我们在世俗生活中所能做的。这两方面仍然是对立的，上帝是上帝，人间是人间，不能够互相沟通。但是有一个最后的成果，就是对自我做了放弃的意识，它实际上突出了一般自为存在者的个别性。这个个别性的意识再也不是仅仅深陷于世俗生活中、深陷于我的劳动和享受之中的那种个别性了，而是一般自为存在的个别性，这种意识是文艺复兴的整个过程所最后造成的一个结果。我们回到前面看看，我们在这次课开头的时候就提到了，第 146 页第 4 行，就是上次讲的最后一段的最后一句话："只有这样它才能够找到真正的或普遍的个别性。"只有怎么样才能找到真正的个别性呢？首先应该放弃现实性，但不是完全放弃，而是要提高现实性的层次。所以我们这次课一开始就接着上次课讲道："但是首先必须要做的是，**心情要返回到自身**，使得它自身作为个别的东西具有**现实性**。"经过文艺复兴，这一点已经做到了。我们在这里接上了上一次的最后一句话，就是找到了真正的普遍的个别性，即对一般自为存在着的个别性的意识，经过文艺复兴做到了这一点。原先的那些个别性都是非常具体的，非常现实的，我劳动，我享受，我吃面包喝酒，我创造艺术作品，都是每个人的感觉、每个人的天才、每个人的能力的个别性；但是现在，我们通过对自身做了放弃，意识到这一点，我就上升到对一般存在着的个别性的意识。在劳动的时候，在享受的时候，我是意识不到这点的，我的个别性就是个别性，我这一次享受了，我就有一种满足感。但是通过对这些满足感加以放弃，这种放弃本身就提升到一种更高的个别性，那就是普遍的个别性。所以上次讲的这最后一句话，要"找到真正的或普遍的个别性"，什么是普遍的个别性？就是这种对一切个别性加以放弃的个别性，对我的一切个别性加以放弃、加以感恩，我把它归结为一个更高的上帝，这样一种个别性是普遍的。它已经把里面的那种感性的东西都超越了，它是一种纯精神的个别性。这种个别性是普遍的，它就是圣灵，圣灵无所不在，每个人的心里都有圣灵。信上帝，这是每个人都有可能的，只是他信不信的问题，他愿不愿意信的问题，这种个别性是普遍的。这就进入到了第三个标题了，第三个标题的开端跟第一个标题的结尾就接上了，也就是否定之否定了。第一个标题已经预示了第三个标题，但是中间还要经过一个现实性的环节，劳动、享受和欲望，如果这个环节还没经历过的话，那个更高的个别性是出不来的。更高的个别性就是通过扬弃现实性的环节而提升起来的。

[（3）自我意识达到了理性]

这是第三个小标题，一旦提升起来，自我意识就达到了理性。达到了圣灵就是达到了理性，达到了一种普遍的个别性，理性就是一种普遍的个别性。这个小标题主要讲的是马丁·路德以来宗教改革的精神，正是在宗教改革对普遍圣灵的高扬中，自我意识达到了理性。

　　于是这就进入到了这种意识的运动的**第三种关系**，这个意识是从第二种关系中作为这样一种通过它的意愿和实行已验证了自己在真理中是独立的意识而走上前台的。

"于是这就进入到了这种意识的运动的**第三种关系**"，这个不需要解释了，三种关系前面已经讲了两种，第一种是纯粹的意识，第二种是个别的本质与现实性，即把现实性加入进来，考察个别的本质和现实性的关系，第三种是作为"对自己的自为存在的意识"，这是第143页倒数第3行讲的，这三种都是预先策划好的。那么现在我们已经进入到了第三种关系，就是随着前面讲的，对一般自为存在的个别性有了意识，这个时候，我们就进入到第三种关系了。"这个意识是从第二种关系中作为这样一种通过它的意愿和实行已验证了自己在真理中是独立的意识而走上前台的"，我们把句子简化一下：这个意识是作为真正独立的意识而走上前台的。在什么意义上是独立的呢？通过它的意愿和实行，意愿可以理解为欲望，实行可以理解为劳动，通过它的欲望和劳动，通过它的现实性，验证了自己在真理中是独立的。验证了，这是用的过去时，已验证了自己在真理中是独立的意识。就是说，通过它的意愿和实行的考验，证明了自己真正是独立的。并不是说它的意愿是独立的或者说它的实行、它的劳动是独立的，而是说对于意愿和实行的满足加以放弃，对自我做了放弃，这种放弃是独立的。所以它是在真理中独立的，不是说直接地，这个东西是我享受了，这个作品是我创造的，我满足了就是真理了，这种满足还不是真理。在真理中是独立的，就是说你把它归结为是上帝的恩赐，是由一个对象给你的，而不是你主观的，不是你的满足感，不是你的幸福指数，而是一种客观的、由上帝给你带来的独立性。你对上帝感恩，这本身就是一种独立性，就是一种自为性，这是我的一种自由意志的选择。所以在真理中是独立的意识，也就是真正独立的意识，即真正普遍的个别性。伴随着作为这样一种在真理中是独立的意识，就出现了第三种关系。这种意识的第三种关系是从第二种关系里面产生出来的。第二种关系发展到它的最后，它最后所达到的成果，就是这样一种意识。

它在第一种关系中曾经只是现实意识的**概念**，或者是在行为和享受方面还不是现实的**内在心情**；**第二种**关系就是这种心情作为外部行为和享受的实现过程；但是由此返回，它就是这样一种意识，这个意识**经验到**自己是现实的并起着作用的意识，或者对这种意识来说它**真正地**就是**自在自为地**存在的。　　{129}

这又是回顾，在第一种关系中，在第一种纯粹意识的关系中，它，这种意识，"曾经只是现实意识的**概念**"，一个抽象的概念，它还不是现实的。中世纪的那样一种抽象的纯粹意识，那种不幸的意识，它还不是真正地现实的，而是现实意识的概念。当然它已经有现实的意识了，它不像斯多葛派，完全不看现实，它已经有现实意识了；但是这种现实的意识是什么意识呢，就是不幸的意识。整个现实生活充满了不幸，所以我们还不如退回到内心去过一种信仰生活，进行一种音乐式的思维。现实的事物都是不值得思维的，只有上帝值得思维，这是第一种情况。在第一种关系中，曾经只是现实意识的概念，"或者是在行为和享受方面还不是现实的**内在心情**"。中世纪的那种基督教的信仰是一种内在的心情，是一种非常主观的心情，在行为和享受方面还不是现实的。行为和享受都是被排斥的，都是被逃避的，整个恺撒的世界都是邪恶的，都充满了罪恶。所以它只是一种内在的心情。"**第二种**关系就是这种心情作为外部行为和享受的实现过程"，第二种关系就是这种内在心情作为外部的行为和享受的实现过程。文艺复兴已经把这种内在的心情作为外部的行为和享受的行动，劳动和享受，把它实现出来了，已经具有现实性了。这是回顾，第一种关系只是一种没有实现的内部心情，第二种关系就是这种心情作为外部行为和享受而实现出来了。"但是由此返回，它就是这样一种意识"，由此返回，就是说，你进入到外部了，但是从外部你又返回到自身。这就是前面讲的，它是断裂的，它是双重的，一方面把这种内部心情作为外部行动和享受实现出来了，但是由此返回，它就是这样一种意识，什么意识？"这个意识**经验到**自己是现实的并起着作用的意识"。就是进入到外部世界了，但是又从外部世界返回来，返回到什么地方，返回到这样一种意识，它经验到自己是现实的并起着作用的，"经验到"打了着重号，经验到了外部的行为和享受。在现实生活中享受也好，劳动也好，都是现实的，并且是起着作用的。起着作用，这个作用不光是一种满足，而且是一种放弃的作用，这个前面已经讲到了，它最高的层次就是放弃，就是感谢，就是感恩。那么这种放弃也是在起着作用的，是现实的并且起作用的，这都是第二重关系的一种经验。"或者对这种意识来说它**真正**地就是**自在自为**地存在的"，对这种意识来说，这个意识已经真正地自在自为地存在了，因为它有了自在自为地存在的经验了。它是自为的，自为的就是说现实地追求自己的满足；但是它又是自在的，自在的是什么呢？就是它这种满足是来自于一个自在的彼岸的上帝。它意识到并经验到这一点，那么它的这种意识对它来说就已经真正是自在自为的了。它已经现实地经验到自己的自在自为了。所以它真正地就是自在自为地存在着的。

但是在这里敌人现在就以它最独特的形态被发现了。在心情的斗争里，个别意识只是作为音乐式的抽象的环节；在劳动和享受里它只是作为这种无本质的存在之实现，它可以直接忘掉**自身**，并且在这种现实性中，这种被意识到的**独特性**通过感恩的承认而被消除了。

但是在这里，当它意识到这一点的时候，敌人就以它最独特的形态被发现了。前面都出现了敌人，但是在这里，它的敌人是以一种特别的、一种独特的形态被发现的。"在心情的斗争里，个别意识只是作为音乐式的抽象的环节"，这又是回顾第一种关系；"在劳动和享受里它只是作为这种无本质的存在之实现，它可以直接忘掉**自身**"。这里讲到敌人，那么又可以回忆一下，就是在心情的斗争里，在第一个阶段，个别的意识就是作为音乐式的抽象环节，与此不同的都是敌人，必须展开对敌斗争。中世纪人的信仰，否定一切，否定现实的生活，带有一种对现实的虚无主义，但是唯一执着于它的音乐式的抽象环节，没有任何内容。那么执着于这样一个抽象环节，它的敌人是很多的。而在第二个阶段，在劳动和享受里，它只是作为这种无本质的存在之实现，它可以直接忘掉自身。在劳动和享受里，个别意识只是作为这种无本质的存在之实现，但是它是非本质的，我可以去享受，也可以去创造，但是这些享受和创造本身都不是本质。本质在什么地方？本质在彼岸。我要把它们的本质都归于彼岸，它本身是没有本质的，这种现实的劳动和享受都是无本质的存在的实现，它可以直接忘掉自身。直接，就是说，就在它的劳动和享受中，它就把它忘掉了，它就把它归结为上帝的恩赐。当然因为它是直接的，所以它还有，并没有把劳动和享受完全排斥掉，但是在劳动和享受里面，它直接地忘记了它自身，它忘记了这一切都是它创造出来的，而把一切都归结于为上帝的功劳。"并且在这种现实性中，这种被意识到的**独特性**通过感恩的承认而被消除了"，在这种现实性中被意识到的独特性，就是说它的天才，它的自我感，通过感恩性的承认而被消除了。通过感谢性的承认，所有这些独特性都要感谢上帝，所以它的独特性又被消除了，这种独特性其实都没有意义，唯一有意义的就是我的感谢，我为此而感谢上帝，这种感谢才是有意义的。感谢性的承认，承认在这里又出来了。承认在前面主奴意识里面已经出现过，现在是我感谢上帝，我承认上帝。执着于这一点，就是一种新形态的对敌斗争，它在更高层次上返回到早期基督教的心情的斗争，把人在劳动和享受中的自我感当作敌人。宗教改革最早就是要回到基督教的原教旨，反对人在现实中的自傲和自大，反对文艺复兴那种过分沉溺于人对自己独特性的自信，主张虔诚的信仰，这就达到了第三阶段的否定之否定。

　　但是这种消除在真理中乃是意识之返回到自己本身，也就是作为在它看来真实的现实性而返回到自身。

　　刚才讲通过感谢来消除它的这种独特性，消除它的这种骄傲的自以为是，通过感谢上帝把这些东西消除了。"但是这种消除在真理中"，黑格尔凡是讲到"在真理中"，都是指的在对象那里，或者是具有对象的，因为真理是观念与对象的符合，不是一种单纯的确定性。确定性是主观的，真理性是客观的。那么这种消除在真理中，"乃是意识之返回到自己本身"，实际上意识通过这种感谢，消除了它的这样一种自傲，但恰好因此表明是意识返回到了它自己本身，返回到了它的早期纯粹意识的本质。那种自傲的、过于骄傲的人，其实是没有意识到自己的本质，没有自知之明的，他没有意识到自己的本质实际上在上帝那里，而不在他这里。所以他骄傲，他以为这些都是自己的功劳，跟上帝没关系，甚至于可以跟上帝比一比。这就是撒旦了，撒旦自以为自己可以跟上帝比一比，那就堕落了。但是作为人来说，消除自己的这种骄傲，消除自己的这种独特性，恰好在真理中乃是意识之返回到自己本身，"也就是作为在它看来真实的现实性而返回到自身"。在它看来是真实的现实性，为什么是真实的现实性？就是说现实性本身还不是真实的，只有当你取消这个现实性，消除这个现实性，那才是真实的，消除现实性的现实性才是真正的现实性，所以他讲，也就是作为在它看来真正的现实性而返回到自身。这就是既回到了第一阶段的纯粹意识，又是带着真正的现实性回来的，克服了第一阶段缺乏现实性的毛病。一般认为，你把真实的这种独特性都消除了，那还有什么现实性呢？那就没有现实性了；但是恰好相反，因为你所消除的就是这种现实性，所以这种消除本身就是真正的现实性，不是你想当然就可以消除的，你要费很大的力气，你要下很大的决心。那么这样一种决心，就是真实的现实性，因为它遇到了阻力。人总是想在享乐中，在劳动中，在创造中来表现自己，但是与此同时，有一种更高的个别性和独特性，就是我是作为一种精神的东西，我是上帝的信徒，那么从这个眼光来看，我的这些创造性、我的独特性都微不足道，都不是由我自己决定的，都归功于上帝。要做到这一步也是不容易的，所以这样一种信仰的个别性本身就是一种真实的现实性，而返回到了自身，这才是你的本质。你在劳动中和享受中都体会到了的那种人性、人的发现，还不是你真正的本质，人的发现，发现的是表面的东西。当然以前把它全部抛弃了也不对，现在我们重新发现了，但是你不要走到另外一个极端，以为人就是动物了，人就是这种莫名其妙的自然的产物了。你要把它归结到上帝，是上帝的威力使得你能够享受生活，能够创造生活，那么这才是回到了你的本质，回到了你自身。这样一种个别性就是一种普遍的个别性，一般的个别性。这是重复了一遍由文艺复兴这个第二阶段所经历过的这样一个过程，最后回到第一阶段，归结到了普遍个别性，这也就构成了第三阶段的开端。那么下面这一小段就是讲的第三种立场了。我们看下面这一小段。

这种真实的现实性在其中成为一端的这第三种关系，就是这种现实性作为虚无性而对于普遍本质的**联系**；对于这种联系的运动，还应加以考察。

　　这一段就是一句话了。"这种真实的现实性",前面讲了真实的现实性,前面最后一句话讲的,作为在它看来真实的现实性而返回到自身,那么这就接上来了。"这种真实的现实性在其中成为一端的这第三种关系,就是这种现实性作为虚无性而对于普遍本质的**联系**",这种真实的现实性作为第二个层次、第二种关系的结果、成果,成为第三种关系的一个环节、一个开端。所以他讲,这种真实的现实性在其中成为一端,——成为一端也就是成为开端了——成为一端的这第三种关系,现在我们讲第三种关系了。前面两个都是回顾第一种和第二种关系,那么这一小段就是总结性的,就是既然从第一种、第二种最后得出了那样一个真实的现实性这样一个成果,那么这个成果作为一个环节就处在第三种关系之中,作为一端处在第三种关系之中。那么什么是第三种关系? 第三种关系就是这种现实性作为虚无性而对于普遍本质的联系。作为虚无性,Nichtig-keit,本来是现实性,它是一个环节,但是,在这种联系中,它是作为虚无性而与普遍的本质相联系的。这种真实的现实性,包括信仰,包括你的感恩,包括你皈依上帝追随上帝感谢上帝,这种现实性是真实的现实性,但是,对于普遍的本质来说,它是作为虚无性而发生联系的。作为虚无性,就是你也不要把你的这种信仰看得太实了,文艺复兴那些理论家,他们的最高层次就是把人的自由意志当作是最真实的一种信仰,或者把信仰当作最真实的自由意志,所以文艺复兴的大师们,他们通常都是鼓吹人的自由意志。那么第三种关系就进入到宗教改革了,宗教改革在黑格尔看来要比文艺复兴更高一个层次,就是说对这种信仰的真实性,他不否认,但是,当作一个环节,还需要加以推敲,还需要加以提升。怎么提升? 你重新要把它当作虚无性,就是说你的信仰,你的这样一种决定,你决定信上帝,你感谢上帝,这些也不是你自己可以决定的,也是上帝早就已经安排好的。你今天之所以皈依上帝,遇到了一个什么偶然的机遇,一种启示,你皈依上帝了,但是,其实这种启示也好,这种皈依也好,都是上帝安排好的。所以你毋宁说,你在信上帝的时候,你连这样一种骄傲都要放弃。你不光是放弃你的天才，放弃你的幸运，你觉得自己运气好，你觉得你可以骄傲，这些要放弃，而且就是你皈依上帝的这样一种感谢，这样一种信仰，你也不要骄傲。你不要以为你自己就可以决定自己信或者不信，信或者不信不是你能够决定的，你要意识到你的信或者不信，作为你的个别性来说，仍然是虚无的，仍然具有虚无性。你不要向所有人宣布："我信上帝"，当你这样宣布的时候，在新教徒眼睛里面看来，你是不信的。你只能说什么呢？只能说："我希望上帝赐给我信仰"。这是新教徒的观点，跟天主教徒相比，他就没有那么样地自信，而是把自己完全交给上帝给他规定好的命运，宿命论。宗教改革以后，新教徒就是完全的放弃，包括自己的信仰的意志，他都要放弃，要等待上帝给他恩赐的信仰，这种等待才是真信仰。你不要以为我宣布自己信上帝，我就信仰了，不是的。当你热切地等待上帝赐给你信仰的时候，你才是真信仰。因为人是有限的，人不可能掌握自己，人一辈子直到死，他都不可能完全支配自己，都要靠上帝来支配，包括他的信仰。所以真正的信仰不在于说我决定我今天就信了，不是的，还早着呢！就是你今天为什么能够决定，也是上帝给你的启示，上帝激发了你，不是你口头上说信就信的，而是要等待一种宗教的机遇。所以一个人信上帝或者不信上帝，不是由自己就能决定的。在中国人看起来，信则有不信则无，只要你信了就是信了。天主教徒其实也有这个问题，就是说，他们也认为信仰完全是自由意志的问题，我愿意信，我就是信徒，我不愿意信，那谁也拉不转。但是宗教改革以后，新教徒把这一点也打破了，也加以质疑。你说自己信了就信了？信仰是一辈子的事，不是一瞬间的事，你要不断地精进，不断地去揣测，不断地去忏悔，去接近上帝，最后你在快死的时候，在死之前，你才能评价自己究竟信到哪一个层次。它是一件终生的事业，它不是一个身份，我信基督了，我入了基督教了，我就有一个身份。信仰不是一个身份，它是不断接近的一个历程。当然这里还没有展开，只是提了一下。这种现实性作为虚无性对于普遍本质的联系究竟是什么关系，如何把这种真正的现实性也作为虚无性来跟普遍的本质、跟上帝发生关系。我们下一次课再讲。

*   *   *

我们今天要讲的这一段跟基督教的新教有关,基督教新教大家知道是马丁·路德的宗教概念,路德建立了路德派的教义。再一个是稍后兴起的加尔文派。加尔文派的教义比路德派的教义更加成系统,在理论上更加有一整套的教义。所以我们在读黑格尔的这一段的时候,特别是从文艺复兴到宗教改革的中间这一段的时候,有必要了解一下这个背景。这个背景我从网上下载下来了,大家也可以去看一下加尔文主义,从百度百科上面讲到加尔文主义的主张。我先给大家说一说,加尔文主义的思想主要是"救赎预定论"和"救恩独作说"。救赎预定论就是预定论,我们通常也叫作宿命论。就是说救赎这个东西是上帝预定的,不是说你通过一种什么样的方式你就可以赚得的,这跟天主教很不一样的。当时路德反对天主教、反对罗马教会一个很重要的原因就是所谓的买赎罪券,就是说罗马教会为了赚钱,跟今天有点儿类似了,为了赚钱于是在信徒里面出售赎罪券。就是说不管你做了什么坏事,只要你拿出钱来,你就可以买赎罪券,你买的越多就越有可能上天堂。所以你可以自己赎罪,通过牺牲自己的财产,通过放弃自己的财产来贿赂上帝。上帝收了你的财产以后他就可以让你进天堂,这是罗马教会当时做的一件非常不光彩的事情。后来马丁·路德拍案而起,说这根本是要不得的,这是对教义的一种篡改。那么他提出什么呢?就是救赎不是说你通过自己的努力或者说你通过自己做一件好事,捐献一点什么钱财,做一点慈善,给教会一些什么好处就可以买到的,而是一开始就预定了的。没有人可以更改,也没有人可以猜测上帝为什么要救你,或者上帝为什么不救你,这个都没有什么可猜测的,这都是预定的。救恩独作说也是这样,就是救赎是由上帝独自作出来的,由上帝,神,祂的意志,就凭祂的意志，没有任何其他的前提条件，你是个好人还是个不好的人，这些东西都没法知道的。反正上帝要救谁不救谁，旁人无法猜测。而且加尔文支持马丁·路德的"因信称义"说，主张人类不能通过正义的行为来获得救赎，通过正义的行为或者善行，你通过做一件事情就能够获得救赎，这个是不对的，而是因信称义，就是你信上帝，你才称得上是义，只要你信上帝，你就称得上义，所以问题只在于信或不信。他恢复被天主教所遗弃了的奥古斯丁学说，反对成为天主教神学主流的神人合作说，神人合作，就是说上帝要救你，你自己也得努力。你的得救，一方面是上帝的恩典，另一方面也是你自己努力的结果，所以你跟上帝是合作达成的救赎，这是天主教神学的主流观点。但是马丁·路德和加尔文他们是反对这些理论的，要恢复到奥古斯丁的救恩独作、全凭上帝，人无能为力。在这一点上，他们认为他们恢复到了奥古斯丁的正统，所以加尔文教它的名称也叫作"归正宗"。归正，奥古斯丁是正，后来的都是走歪了，这是拨乱反正。他们的神学叫作归正神学。他的教义有这么几条，一个是人完全无能为力，人的自由意志是不存在的。最初有，上帝创造亚当和夏娃的那个时候还有自由意志，但是由于亚当、夏娃堕落了，所以他们的自由意志就不存在了。凡是他想凭自由意志做出的事情都是被魔鬼所掌握，所以你只有放弃你的自由意志，一切依赖于上帝。对自由意志的问题，新教和天主教有很多的争论，新教就是反对自由意志的，否定人有自由意志；再一个是无条件的选择，就是上帝对于义人或罪人的选择是无条件的，他要拯救谁，并不是因为那个人在道德上有什么优点，也不是因为上帝预见这个人将来会有善行，会信上帝，所以要拯救他，而是无条件的，他没有理由、没根据，不能说明，因为上帝做的事情，人怎么能猜测呢？再就是不可抗拒的恩典。上帝拯救人不是因为人的原因，人既不能取得也不能拒绝。在政治上加尔文对教会实行了一种改造，就是由长老来治理教会，长老是由教徒选出来的。这个很重要，加尔文派的教会称为长老会，长老是选出来的，民主选举。牧师是由长老聘任的，而长老是由广大教民选出来的。核心的信条有这样一些：罪人的意志不是自由的，罪人必须要有圣灵的扶助才会来到基督的跟前；信心并不是自己对救恩有贡献，而是神所赐予人的救恩的一部分。这就是我们上堂课讲到的，就是你信上帝并不是说你用这个信心来和上帝交换救赎，好像你的信心对于你得救作出了贡献。不是的。信心本身就是神赐给你的一种恩惠，一种恩典，一种救赎，不是你的自由意志所能选择的，你只能期待上帝赐予你信心。信心和忏悔是神的选择的结果，而不是原因。你有信心那是因为神看中你，但是不是因为你有信心神才看中你，这个要搞清楚。你做好事、你的品德、你的善行，不是神选择你的条件，不是神要拯救你的条件。相反，神选择了你，你就会表现出品德和善行。所以品德和善行是你被神所选择了的一个证明，你去做好事，是要证明自己是被神所选择的，而不是要做好事来讨得神的选择。这个关系要倒过来。所以他讲，你们得救是本着恩，也因着信，但是这并不是属于自己，而是神所赐。这个是因信称义，但是这个信并不是你的自由意志的选择，而是神赐给你。所以新教认为圣灵的功效，圣灵的工作，是不靠人的合作的。人不要太自信，你以为你想干什么你就能通过种种手段，通过贿赂、通过一种欺骗就可以达到你的目的。人必须只靠信心来生活，被称义之人通过外在严格的道德与公益行为来行善，来表达自己的信仰。你不能通过行善来得救，但是你能通过道德和公益行为和行善来表达自己的幸福，表示自己是为上帝所拯救的，证明自己是为上帝所拯救的。这个是加尔文主义的一些信条。

　　当然后来有所弱化，特别是在20世纪以来。17世纪就有圣约神学。有一些新教徒、加尔文派的教徒在加尔文主义里加进了一些圣约的教义。我们前面也讲了，新约、旧约都是契约，既然讲契约，为什么没有合作呢？人肯定还要起作用。你把人讲得那么样的无能为力好像也不对，于是他们加入了恩典之约。两个约，一个是与亚当制定的行为之约，那就是旧约；一个是与耶稣基督和选民所制定的恩典之约，这就叫圣约神学。那就回复到了《圣经》本来的意思，就是说它还有契约的意思在里头。人跟上帝之间还是有一种契约关系，不能完全是被决定的。所以承认人类在得救过程中还是有一种合作性，弱化了预定论的教义。到了 20 世纪的时候，加尔文派的教会大大地修改了预定论、不可抗拒的恩典这样一些教义。这就是后话了。但是最早，初期的加尔文教，他就是走的这样一条路，看起来非常被动的这样一种教义。那么加尔文派的这样一些教义也包括路德派，路德派不是很成系统，有一些闪光的思想，一大堆这个教义、那个教义，没有像加尔文这样的把它合理化、逻辑化。新教徒对于近代以来一直到现代、当代的西方社会产生了巨大的影响。我们可以看得出来，新教徒所涉及的地方，比如说英国、瑞士、荷兰、德国、澳大利亚、美国、加拿大，这些地方都是非常发达的国家，而天主教的地方则往往还发展不起来，当然有的国家是天主教和新教都有，但是新教徒在里面起的作用更重要。像美洲，北美就是新教的国家，美国和加拿大；而南美就是天主教国家，所以南美总是发展不起来。你说地理条件的话，南美的地理条件比北美好得多。当初南美是最适合于人类居住的，而北美是一片荒蛮之地，特别是加拿大，美国的北部、西部，那是很难适合于人居住的，但是它居然就发展起来了。现在美国成为世界第一强国。就是说新教流布的地方通常都是比较发达的地方。按照马克斯·韦伯的观点，新教伦理和资本主义的发展有密切的关系。这首先就在于教徒他们的信仰，以及由这种信仰所建立起来的一套体制。我们刚刚讲了长老会，就带有民主共和国的这样一种形式，相当于我们今天所讲的"党内民主制"。加尔文所建立的瑞士共和国当时就是民主共和国，它就是这一套体制，影响深远。这个上面也讲到，由归正宗所掌权的国家，一般教徒更重视经济、民主制度、公众教育。但是也有一个毛病就是多数人暴政，就是太一律化了，少数人的权利得不到保障，当然后来有修正，有些改进。（这是加尔文教的一些资料，我从网上下载的，做了一点整理，大家也可以自己去琢磨，自己去看。）我们现在看今天要讲的这一段。

　　上次已经讲到了第三种关系。第一种关系是在文艺复兴以前，中世纪的那种信仰模式；那么文艺复兴时代发现了人、发现了自然，对于享受劳动和欲望更加重视，这是第二个阶段。第三个阶段，自我意识达到了理性，建立了第三种关系。我们上次课已经讲到，第三种关系已经跟宗教改革的精神相吻合了。这是一路讲过来的，但是这种联系，它的运动过程还要加以考察。上次讲到了这里，就是说还有待于考察，那么下面我们就来考察。

　　首先就意识的对立的联系而论，在这种联系中对意识而言它的**实在性直接地**就是**虚无的东西**，因而它的现实的行为就成了出自虚无的行为，它的享受则成为自己不幸的情感。

　　"首先就意识的对立的联系而论"，在意识中有一种对立的联系，前面讲到了这种真实的现实性成为一端的第三种关系，就是这种现实性作为虚无性而对于普遍本质的联系。一方面是现实性，在意识里面有现实性，劳动、欲望、享受这些东西都是现实性。但是这些现实性作为虚无性与普遍的本质发生关系，也就是与上帝发生关系。在上帝面前，这些东西都是虚无的。对人来说它们是现实的，非常现实，你要吃饭，你要工作，你要活着，你要享受，这些都很现实，但是在上帝面前这些都是虚无的。所以他讲，"在这种联系中对意识而言它的**实在性直接地**就是**虚无的东西**"，人的世俗生活都是虚的，在上帝面前都是虚的。"因而它的现实的行为就成了出自虚无的行为"，你的现实的行为、你的劳动、你的享受，你的欲望，它是出自虚无的，它是没有根据的，虚无缥缈的。"它的享受则成为自己不幸的情感"，我哪怕在享受中，也是一种对于自己不幸的情感。我们前面讲了，基督徒在享乐的时候总是心存疑虑，忧心忡忡，总不能放开、痛痛快快地享乐，总在后面有一层威胁。总有一个声音在背后说："你这样下去，要下地狱的。"这在文艺复兴的时候就有，但是到了宗教改革这样一个阶段，把享受变成一种不幸的感觉，一种不幸的情感，那就不是在背后隐隐约约地发出威胁了，而是浮现到人的情感中来了，代替了人的享受的情感。文艺复兴的人在表面上他们还是痛痛快快地享受生活，虽然背后隐隐约约地有一种威胁，但是他们还是沉浸于感性生活的快乐之中的；那么新教徒就不一样了，新教徒在他们的感性生活中就已经带上了一种不幸的情感，就是他们公然拒绝这样一些享乐，主张苦行、禁欲、节制、严峻，这是他们的特点。清教徒为什么叫清教徒？清心寡欲，自我克制，他们认为这才是正当的生活，不要像那些文艺复兴的人一样，沉溺于感官，追逐感官的享乐。所以新教徒可以用马克思的一句话说，"他们把俗人变成了僧侣"。俗人，世俗的人，个个都像僧侣一样生活，就像神父一样，像牧师一样。天主教的牧师是不能结婚的，新教牧师可以；但是新教徒尽管也是俗人，但是每一个俗人都变成了僧侣，他们把结婚都当成义务，没有浪漫，索然无味。他们对自己的世俗生活有一种不幸的意识，有一种不幸感，有一种抛弃这样一种虚幻生活的愿望。

　　这样一来，行为和享受就失掉了一切**普遍的内容和含义**，因为否则它们就会具有某种自在和自为的存在了，而这两者都退回到了意识一心要加以扬弃的个别性。

　　"这样一来，行为和享受就失掉了一切**普遍的内容和含义**"，这就是我们刚才讲的，你的世俗生活都失去了普遍的内容和含义，都是过眼烟云。这后面就是虚拟式了，"因为否则它们就会具有某种自在和自为的存在了"，如果它们不是过眼烟云的话，假如它们还没有失掉某种普遍的内容和含义的话，那么它们就会具有某种自在自为的存在了。当然这是不可能的了，现在已经一去不返了，它们已经不可能有自在自为的存在了。"而这两者都退回到了意识一心要加以扬弃的个别性"，也就是说它们失掉了一切普遍的内容和意义，那么它们当然就退回到了个别性，而个别性是意识一心要加以扬弃的。意识本来就是要扬弃个别性，达到和上帝的合一，那么现在你的行为和享受失掉了一切普遍的内容和含义，它们就回到了个别性，那只是你的个别性，个别性都是过眼烟云，不具有普遍性的。这种情况是意识本来一心要加以扬弃的，所以这时有一种意识之内的对立,一种矛盾或者说一种对敌斗争。前面讲到了对敌斗争,讲敌人现在以最独特的形态出现了,这就是这样的形态。

意识在这些动物性的机能中把自己的个别性作为**这种现实的个别东西**来意识。这些动物性的机能并没有轻轻松松地作为某种自在自为地虚无的、不能为精神获得什么重要性和本质性的东西来发挥作用,因为它们就是敌人在其中以其特有的形态显示出来的东西,所以它们反倒是努力笃行的对象,并且恰好成了最重要的东西。

[150]

"意识在这些动物性的机能中把自己的个别性作为**这种现实的个别东西**来意识",也就是说,劳动也好,欲望也好,享乐也好,都是一些动物性的机能。意识它有一种内在的对立,那么在它这些动物性机能中意识到了它的个别性就是这种现实的个别东西,也就是它的这种动物性的机能是属于它的现实的个别性这一方面,而不是属于普遍性那一方面,它和普遍性那一方是完全不相干的。但是这种动物性机能是现实的个别性,人的欲望、人的享乐、人的工作这样一些机能,经过了文艺复兴以后,是作为一种现实的个别性而被意识到的。它们不再像文艺复兴以前,人们完全可以无视它们,完全可以把它们不当作现实的东西,只有一种音乐式的思维,一种沉思默祷,只在自己内心中生活。那是在文艺复兴以前的基督徒的崇拜方式是这样的,经过了文艺复兴以后,他们已经意识到了自己有动物性的机能,而且动物性的机能是具有现实性的,有这个意识在里头。但到了宗教改革中,这个已经通过否定之否定,已经跟以前又不一样了。他们虽然说要回到奥古斯丁,但是他们已经超越了奥古斯丁时代那样一种沉思默祷,那样一种音乐式的思维,他们已经有一种思维的结构建立起来了。这样一种结构就是一种对立的结构,一方面有现实的个别性,另一方面还有彼岸的普遍性。那么在这一方面他们意识到了这些称之为现实的个别东西的个别性。这就是马克思讲过的另外一句话,就是路德新教不但把俗人变成了僧侣,"而且把僧侣变成了俗人"。僧侣他也有现实的个别性,问题不在于你是僧侣还是俗人,而在于你有没有现实的个别性。僧侣也摆脱不了他的动物性机能，你必须承认经过了文艺复兴以后，已经发现了人、发现了自然，这个你否定不了，你还得接受。人是有限的，人是很渺小的，你为什么要寄托于上帝的救恩，寄托于上帝的全能，一切由上帝决定，就是因为你意识到自己的渺小，意识到你的动物性。所以这些动物性的机能就是你内心的敌人。你内心的敌人就是你自己。"这些动物性的机能并没有轻轻松松地作为某种自在自为地虚无的、不能为精神获得什么重要性和本质性的东西来发挥作用"，这些动物性的机能并没有轻轻松松地发挥作用，unbefangen，意思是无拘无束地，也就是作为某种自在自为地虚无的、不能为精神获得什么重要性和本质性的东西发挥作用，言下之意就是说它们实际上是作为一种并非自在自为地虚无的、并非不能为精神获得重要性和本质性的东西发挥作用。也就是说实际上它们恰好是作为一种本身并非虚无的东西，而且它们的确可以为精神获得重要性和本质性。它们的作用并不是无拘无束、轻松自如的，而是带着枷锁、严肃沉重的，因此它们的作用不是本身虚无的，也不是没有精神上的重要性和本质性的，它们的作用是有重要意义的。动物性的机能，虽然仅仅被看作是个别性，但是它们是有不可缺少的作用的，就是我们刚刚讲的，经过了文艺复兴以后，我们必须承认人的动物性的欲望、享乐、劳动这些东西都有它们的重要意义，虽然它们本身的这种现实性是作为虚无性而与普遍本质相联系、而与上帝相联系的，但是恰好在这种联系中它们并不是没有意义的，这种联系使得它们带上了意义，对精神获得了一种重要性和本质性。当然这个意义是反面的，我们看下面接下来就明白了，他说，"因为它们就是敌人在其中以其特有的形态显示出来的东西，所以它们反倒是努力笃行的对象，并且恰好成了最重要的东西"，就是动物性的机能恰好是意识的敌人，敌人在其中以其特有的形态显示出来，所以在动物性的机能里面我们发现了意识的最重要的敌人，我们必须对它们进行一场严肃的对敌斗争。所以它们反倒是努力笃行的对象，就是说你要信上帝，你就要跟内心的现实的欲望冲动作斗争,把它们当作敌人,那么这个敌人对你来说恰好是最重要的。没有与这样一个东西作斗争,你怎么和上帝联系起来呢?当然你要和上帝联系起来,你就必须要把它们撇开,就要克服自己的内心的欲望、自己的享受,抛开世俗生活的一切,所以它们是被你当作虚无的东西来对待的;但是,恰好因为你只有通过对它们作斗争,才能证明你和上帝的联系,所以它们成了你最重要的敌人,不但缺少不了,而且还必须努力笃行,使这场斗争达到高潮。只有最热衷于感性生活、工作、享受和欲望的人,才能在与这些机能作激烈争战时提升到对上帝的虔诚信仰,没有这样一个重要的、有分量的敌人,你就达不到跟上帝的联系。所以僧侣也变成了俗人,僧侣并不是高高在上,僧侣也是有世俗的欲望的,也是个凡人,而且越是高僧大德,越是有强烈的世俗欲望。僧侣也有七情六欲,但是僧侣和自己的七情六欲作斗争,拼命地压抑它,拼命地忏悔,拼命地打击它,斗争越激烈,才越是能证明他对上帝的虔诚。那么人的七情六欲在这个过程中就变得很重要了,甚至变成最重要的东西了。你信上帝的方式无非就是压抑自己的七情六欲,除此之外没有了。你口头说我信上帝,那不作数的,你信上帝就在于你强烈地排斥世俗生活,就像《巴黎圣母院》里面的富娄罗神父,我们上次提到的,拼命压抑自己的情欲,越是压抑就越是说明你信上帝。但最后压抑不了,崩溃了,你毕竟还是一个俗人,而一旦崩溃,你就变成了俗人中最邪恶的俗人。这是对敌斗争,这个敌人不是别人,就是你自己的感性机能和世俗生活。

　　但是由于这个敌人是在它被打败时产生出来的,而意识在对自身确立敌人时反而不能摆脱敌人,而总是逗留在敌人那里,总是看到自己被玷污,同时由于它力图争取的这一内容并非本质性的东西,而是最卑贱的东西,并非普遍性的东西,而是最个别的东西,所以我们看到的只是这样一种人格性,它局限于自身及其琐屑的行为,忧心忡忡,既不幸又可怜。

　　这一段话可以用我们刚才讲的《巴黎圣母院》里面那个富娄罗神父这样一个例子来说明,用这样一个例子来印证这一描述是非常到位的。

"但是由于这个敌人是在它被打败时产生出来的"，就是说它本来不是敌人，在文艺复兴的人那里它甚至是我的朋友，它就是我自然而然的本性，人的本性就是要工作、要享乐、要追求。但是在新教徒那里，一开始就把它当作必须打败的敌人，一开始这个敌人就被信仰打败了，甚至正是在它被打败的时候它才产生出来了。产生了一个敌人，或者说从朋友变成了敌人，我先把它打败，先以上帝和信仰的名义把它否定了，然后我面前就出现了一个敌人，它并不因为你否定它、你闭眼不看它，它就不存在了，它恰好是在你否定它的时候它就出现在你面前了。这就跟中世纪不一样，中世纪完全就是闭眼不看世俗生活，一心向上帝，奥古斯丁就是这样，把一切世俗的东西都撇开，一旦撇开他就不需要跟它作斗争了。奥古斯丁原来是异教徒，沉迷于感性生活和艺术的美；但他一旦皈依了上帝，就一心向上帝，世俗的那些美、那些诱惑对于他来说都如过眼烟云，都不存在了，他心中只有上帝。但现在不同了，经过了文艺复兴以后，当这个敌人被打败的时候，它恰好就产生出来，站在你面前了，是你所摆脱不了的。"而意识在对自身确立敌人时反而不能摆脱敌人，而总是逗留在敌人那里，总是看到自己被玷污"，你把它否定，你那么轻巧一句话就能把它否定了啊？文艺复兴的所有那些成果你都不能视而不见。文艺复兴发现了人，发现了自然，创造了灿烂辉煌的文艺作品，这个成果你不能视而不见。那些人不是异教徒，他们也是正宗的基督教徒，你不能像奥古斯丁一样，说我现在不是异教徒了，异教徒的那样一些兴趣我都不具有了，我都可以撇开了，不是这样。现在基督徒自己发展出来的这样一些东西，经过文艺复兴发展出来的这样一套东西，站在你面前，作为你的敌人，那么你得认真对付。而且你越是认真对付，你越是摆脱不了它，你总是逗留在敌人那里，总是看到自己被对方所玷污。你在跟敌人作斗争的时候，你就被敌人玷污了。不像奥古斯丁，奥古斯丁其实还没有跟敌人作斗争，奥古斯丁只是跟自己内心的不信仰作斗争。信还是不信呢？一定要信！但是一定要信的时候，又时刻面临着不信的危险，所以他要祈求上帝，奥古斯丁是这样的。而新教徒不是这样。新教徒不光是信和不信。新教徒信，这个要靠上帝的恩赐，但是面对的敌人就是你自己的现实生活，你要跟它作斗争；但是你既然要跟它作斗争，你就陷入到里面去了，你不能闭眼不看，一句话轻轻巧巧就把它撇开了。因为你是俗人，你在世俗地生活，你不能像奥古斯丁那样成为圣人。"同时由于它力图争取的这一内容并非本质性的东西，而是最卑贱的东西，并非普遍性的东西，而是最个别的东西"，它力图争取的这一内容，什么内容呢？就是前面讲的动物性机能，它们是它"努力笃行的对象"。一方面它要摆脱它的敌人，要击败它的敌人，另一方面这又是它力图要争取的对象，它又不断地受到这个敌人的玷污，这样一个内容并非本质性的东西，而是最卑贱的东西，使它的人格性也被拉下水了。就是说人的个别性非常卑贱，你把人的世俗生活当作敌人，那你就已经把它贬为最卑贱的一种生活了，贬为动物性的机能了；但是你拼命地跟这个动物性的机能作斗争，那岂不是你自己也很卑贱了吗？你发现这种最卑贱的动物性的机能不断地从你心里冒出来，来跟你相对抗，你要花这么大的力气去清除它们，那说明你自己也很卑贱了。如果是真正的圣人，他根本就用不着费力，恰好是因为人很卑贱，所以他对付自己内心的这样一种卑贱的机能要花那么大的全副精力去对付它，去忏悔。所以忏悔使人变得卑贱，越是忏悔，人越是觉得自己卑贱。你每次做了什么不好的事情你都要为自己忏悔，在这个低层次上面不断地跟自己去作斗争，所以你要争取的这个内容并非本质性的东西，反而是最卑贱的东西，并非普遍性的东西，而是最个别的东西。你作为一个最个别的东西，最有限的存在者，作为一个具有动物性机能的存在者，你才需要忏悔。所以这种忏悔它不是普遍性的，而是最个别的。每个人都为自己的罪而忏悔，为自己的最卑贱的欲望、念头忏悔。"所以我们看到的只是这样一种人格性，它局限于自身及其琐屑的行为，忧心忡忡，既不幸又可怜"，在富娄罗神父忏悔的时候，一个人躲在屋子里面痛苦不堪的时候，我们就看到了这样一个非常可怜的、不幸的人格，他局限于自身及其琐屑的行为，局限于自身和它的个别性，它的渺小的个别性，它的卑劣的行为，忧心忡忡，为自己的行为不断地忏悔不断地自责，不断地否定自己，不断地骂自己，说自己卑贱，说自己不可救药，等等，既不幸，又可怜。这是第一段，把新教徒的人格描绘出来了。一方面它使得俗人变成了僧侣，每一个俗人都变成僧侣，变得那么高尚，在天主教那里不是的，天主教的俗人是俗人，僧侣是僧侣，俗人在享受的时候肆无忌惮，享受完了以后就到僧侣那里去忏悔，天主教就是这样的。意大利人、佛罗伦萨人在享受的时候肆无忌惮，充满浪漫，沉浸于享乐之中，享受完了之后心里又不安，惴惴地跑到神父那里去忏悔。"我今天又没想到上帝，又做了些什么错事，甚至干了些什么坏事"，忏悔完了以后，心里得到舒畅以后，第二天照样又去干坏事，天主教徒是这样的。因为他不是僧侣，我就是一介俗人，我何必时刻都要想到上帝呢？我要成为僧侣的话，那我连结婚都不行，我必须禁欲，但我显然做不到。所以在天主教那里僧侣和俗人是两拨人。他们的生活也是这样，忏悔的时候和享乐的时候是两个时段。为什么在新教徒这里就不一样了呢？新教徒时时刻刻都在忏悔，他时时刻刻有一种不幸的意识，他在享乐的时候都有一种不幸的意识，使得他不能够痛痛快快地享乐，有一种有罪感。所以新教徒都是非常严肃的，我们看到清教徒，严峻主义者，对待生活要严肃不要轻佻。新教徒和天主教徒在这里面区别很明显的，新教徒是比较严肃的，不苟言笑，不随便开玩笑，缺乏浪漫。这是俗人变成了僧侣。但另一方面，僧侣又变成了俗人。哪怕是僧侣，像富娄罗神父，他有很高的学问，他仍然是俗人，他也意识到自己是俗人。连神父也得每天为自己忏悔，别人做了什么事情向神父忏悔，那么神父有什么念头，他向谁忏悔？他就只有在自己内心里忏悔，他纠缠在他的这种琐屑的行为之中，不能自拔。这个是新教徒的人格。当然《巴黎圣母院》里的神父还是天主教的僧侣，但他是意识到自己毕竟是俗人的僧侣，这里面已经有新教精神的影子了。

　　但是在这两者身上, 在对意识的不幸的情感及其行为的可怜巴巴之上, 也同样联接着两者与不变的东西相统一的意识。

　　前面讲了意识在对敌斗争中"忧心忡忡, 既不幸, 又可怜", 那么在这两者身上, 在它的不幸和可怜之上, ——不幸是对情感而言的, 可怜是对行为而言的——在这两方面, 在内心的情感和外在的行为方面, "也同样联接着两者与不变的东西相统一的意识"。虽然内心感到不幸, 行动上又很琐屑很可怜, 但是这两方面都联接着与不变的东西相统一的意识。不幸, 为什么不幸呢? 是因为他与上帝相联系, 与不变的东西相联系; 行为很可怜, 为什么可怜呢? 也是因为与上帝的行为相对立。有上帝你就感到自己不幸, 有上帝的对比你就感到自己的行动非常的猥琐, 非常的可怜, 非常的无谓, 所以这两者都同样联接着与不变的东西相统一的意识, 都是跟上帝相统一的。新教徒在他们的世俗生活中时时刻刻想着上帝, 于是对世俗生活便会感到不幸和可怜。

　　因为试图直接取消两者的现实存在是以对不变的东西的思想**为中介**的, 而且是在与这种中介的**联系**中才发生的。

　　"因为", 就是解释上面那句话, "试图直接取消两者的现实存在是以对不变的东西的思想**为中介**的", 你想要取消这两者的现实存在, 这两者已经现实存在了, 你内心有一种不幸的意识, 你的行动是非常琐屑的非常可怜的行动。那么你想要直接取消它们, 这是以对不变的思想为中介的。你怎么取消它? 必须有个中介, 对不变东西的思想的中介。你要时时刻刻想到上帝, 那么想到上帝这就会有个中介, 它使你觉得自己的现实存在其实很不幸、很可怜, 想要取消它。"而且是在与这种中介的联系中才发生的", 要在与上帝的思想这样一种中介的联系中才能取消。这个中介, 我们可以理解为上帝思想, 但是到后面我们发现, 它们也可以表现为现实的中介, 那就是教会, 那就是神职人员, 神父, 牧师。当然他是上帝思想的代表, 他是中介, 你要取消自己的现实性, 你就向神父去忏悔,你就向神父坦白，也就是向上帝的思想坦白。但是在向神父忏悔之前你内心已经要有个中介，也就是意识到自己需要忏悔，意识到有上帝，你自己需要找个地方忏悔一下。当然现实中是到神父那里去忏悔一下，教堂里面有个忏悔室，你到那个忏悔室里面去，神父会听你的忏悔。在现实中这个中介是这样的，但是在你内心里面预先应该有个中介，也就是说你的世俗生活与上帝之间有一个中介，那就是你的忏悔之心，因为你想到了上帝。所以他讲是以"对不变的东西的思想"为中介的，这个中介就是对不变的东西的忏悔，这样一个忏悔之心，是在这样一种中介的联系中，才能取消两者的现实存在。

这个中介性的联系构成意识针对自己的个别性之否定运动的本质，但是它的个别性作为**自在的联系**同样是肯定的，并且将为它自身实现它的这种**统一**。

"这个**中介性的**联系"，"中介性的"打了着重号，"构成意识针对自己的个别性之否定运动的本质"，意识要否定自己的个别性，那么这种针对自己个别性的否定运动，它的本质就是中介，这种否定运动我们可以理解为忏悔，否定自己的个别性那就是忏悔。那么这个忏悔的运动它的本质就是对这个中介的联系。你为什么要忏悔呢？无非就是要通过在上帝面前否定自己的个别性，以回到上帝的怀抱。所以这个忏悔就是这个中介性的联系，这种中介联系构成了你忏悔活动的本质，你忏悔本质上就是要跟上帝之间达成一种联系，想要通过忏悔回到上帝的怀抱。"但是它的个别性作为**自在的联系**同样是肯定的，并且将为它自身实现它的这种**统一**"，你要达到你的个别性和上帝的统一，靠什么？就靠你的这种中介联系的个别性，这种个别性作为自在的联系，也就是客观上来看，它同样是肯定的。主观上来说是否定的，你要否定自己的个别性；但否定个别性也是一种个别性，你的忏悔也是一种个别性。当你在忏悔中，你没有意识到这一点，你在忏悔中你意识到的是你自己把自己的个别性否定了，你只意识到自己否定了自己的个别性，但是从客观上来说你对自己的个别性的这种否定本身也是一种个别性，而且是一种肯定的个别性。你的忏悔也是你自己做出来的，也是一种个别性，但是这个别性作为自在的联系同样是肯定的。作为自为的联系它当然是否定的，你自己意识到你要为自己而忏悔，所以在自己眼中你的这种忏悔是否定的，只具有否定的意义，你要否定自己的个别性。但是在客观上自在地来说，从我们旁观者的眼光来看，你的这种个别性同时也是肯定的，并且将为它自己实现它的这种统一。这种自在的个别性，它有一种很重要的作用，它将会为它自己实现它的这种统一。就是说这种忏悔的个别性，它可以使你自己达到你的个别性跟普遍性的统一，跟上帝的统一。这就为后面埋下了伏笔。为什么东西埋下了伏笔呢？就是它把自身变成了一种普遍的个别性，自身的个别性变成了一种普遍的个别性。你没有这种普遍的个别性作为中介，你是达不到统一的，个别和普遍相距有天壤之别，你怎么能达到这种统一呢？你实际上还是靠这种个别性来达到统一的，但是就你自己的意识来说不是的，你的个别性没有任何作为，你只有靠上帝、靠上帝的恩典、靠上帝的拯救，全靠上帝。这就是我们刚才念的加尔文主义的这样一个预定论，神恩独作论，一切凭上帝独自来决定，我没办法参与其中，就它的自为的意识来说，它是这样来意识到的。但是客观上它恰好强调了人的这种个别性。这个是后话，所以他这里用的是将来时，"并且将为它自身实现它的这种**统一**"，统一打了着重号，这种统一就是个别性跟普遍的东西相统一，个别性成了普遍的个别性，那就会过渡到下一个阶段，那就是过渡到理性了。个别性成为一种普遍的个别性，那就是理性，但这里还没有到那个阶段。

因此这个中介的联系是一个推论，在这个推论里，那最初作为与**自在**相对立的东西确立起来的个别性，只有通过一个第三项才与另外这一{130}端结合起来。

"因此这个中介的联系是一个推论"，我们刚才讲到了中介，我们把

486

这个中介从主观上理解为忏悔，忏悔是人的世俗生活跟上帝之间达到沟通的一个中介，你首先要有忏悔之心。所以忏悔就是一个中介，一个推论的中项。什么推论？比如说这个推论："凡是信上帝者都忏悔；我信上帝；所以我忏悔"。或者是："凡是忏悔者都信上帝；我忏悔；所以我信上帝"，等等。"在这个推论里，那最初作为与**自在**相对立的东西确立起来的个别性，只有通过一个第三项才与另外这一端结合起来"，另外这一端就是上帝，而那最初作为与自在相对立的东西确立起来的个别性，那就是我的世俗生活。世俗生活不是自在的，它是自为的，是我自己要做的，它是与自在相对立的东西，它只有通过一个第三项，即一个中介、中项，才与另外这一端结合起来。

通过这个中项，不变的意识那一端是为非本质的意识而存在，同时在非本质的意识中也是这样，它同样只有通过这个中项才会为不变的意识而存在。于是这个中项就会是这样，它把两端互相介绍给对方，并且是每一方在另一方那里相互交涉的服务员。

这里把第三项独立起来了，原来我们讲，作为忏悔来说，中介还是在内心里面的，但是当它形成一个推论的时候，那么这个中项我们就把它理解为教会。第三项可以把它理解为教会，教会充当了中介的作用。虽然中介最初是在忏悔中体现出来的，但是真正要实现出来、要能够沟通第一项和第二项，那么必须要有一个第三项，就是作为教会，作为神职人员，作为教士，作为僧侣，你去向他忏悔。你没地方忏悔，谁听你呢？你想跟上帝沟通，上帝又不在你心中，不是你想要沟通就能沟通的，你就必须要到神父那里去跟上帝打交道。当然新教徒、路德教徒已经不同了，他们认为上帝在你心中，那么每个人在这种意义上都可以成为神父，都可以成为僧侣；但是从客观的意义上来说你必须要通过僧侣，你把自己当僧侣也可以，但是你毕竟还是要通过教会，通过一种团契，大家团结在一起形成一种团契，而和上帝打交道，这就是第三项。上面讲"只有通过一个第三项才与另外这一端结合起来"，这里讲，"通过这个中项，不变的意识那一端是为非本质的意识而存在",不变的那一端就是上帝那一端,它是为非本质的意识而存在的。非本质的意识就是人的个别的意识,人的个别的意识是非本质的,但是上帝是为非本质的意识而存在的,上帝就是为了拯救人。在这个推论里面两端是互相依赖的,一方面上帝是为了人而存在的,另一方面,"同时在非本质的意识中也是这样,它同样只有通过这个中项才会为不变的意识而存在",在人的意识中也是这样的,他只有通过教会才会为不变的意识而存在,才为上帝而存在,通过加入教会去信仰上帝。所以这两端是相互依赖的,上帝为了人,人也为了上帝,那么这两端都要通过这个中项,中项就是中介,都要通过教会这个中介才能够达到沟通。"于是这个中项就会是这样,它把两端互相介绍给对方,并且是每一方在另一方那里相互交涉的服务员",僧侣是服务员,教会是服务员,教会的那些教士都是服务员,它把两端相互介绍给对方,把上帝介绍给俗人,并且把俗人提升到上帝,相互介绍。它是每一方在另一方那里相互交涉的服务员。服务员,我们在前面讲到主奴关系的时候也讲到了这个词,服务(Diener),奴隶的意识是服务的意识,为主人服务。那么这里讲到这个服务员,也可以翻译成奴仆,服务员就是奴仆,因为僧侣都自称为上帝的奴仆,上帝是他的主人,那么神父、教士、僧侣就是上帝的奴仆。但是这个奴仆干的什么事呢?他的服务在什么地方呢?他的服务不是在跟大自然作斗争,不像一般的奴隶,受主人的命令跟大自然作斗争,为主人服务,而是跟人的灵魂做工作,跟人的精神做工作,把人的心灵都带向上帝,他是做这个服务的。他所面对的不是大自然,而是人的灵魂,而是老百姓、群众,他们的精神生活,他在这方面服务,也在这方面为上帝服务,完成上帝的目标,就是要拯救世人,把所有的人的灵魂都带向上帝。所以服务员这个词用在这里看起来很古怪的,但是实际上它是有来头的,不是随便用的,它就是从主奴关系引申来的。我们前面讲了所谓不幸的意识就是把主奴关系纳入到同一个意识里面来,同一个人既是主人也是奴隶,那么他就感到不幸,为什么感到不幸,因为他心中有主人那就是上帝，他又意识到自己是奴隶，所以他不幸。那么这个不幸，现在有人出来解救他，那就是服务员，通过他的服务，使得这两端互相能够交通。

　　这个中项本身就是一个意识到了的本质，因为它是一个对意识本身起中介作用的行为；这个行为的内容是意识对自己的个别性所采取的清除行动。

　　"这个中项本身就是一个意识到了的本质"，就是中项作为教会来说它肯定是外在的，但是这个中项在每个人心中都存在，它只不过是一个意识到了的本质，它是每一个信徒内心意识到了的本质，每一个信徒其实都是一个中项，俗人变成了僧侣就是在这个意义上面讲的。每个俗人心里都有一个僧侣在，那是他的本质。"因为它是一个对意识本身起中介作用的行为"，忏悔是一个对意识本身起中介作用的行为，"这个行为的内容是意识对自己的个别性所采取的清除行动"，这就是忏悔的行动了。意识对自己的个别性加以清除，把所有的欲望、享乐、成就，世俗的这些功名财富，你都要把它清除出去，为之而忏悔，这就是这个行为的内容。所以这个服务员从外面来说他还是体现为外在的僧侣，教会，教会体制，一套制度，但实际上在每个人的内心里面，忏悔才是它的本质，才是这个中项的本质，外在的服务员实际上本质是内心的服务员。每个人都是上帝的服务员，都是上帝的奴仆，不光那些教士是上帝的奴仆，每一个世俗的人都是上帝的奴仆。当你意识到这一点的时候，你就会主动地为上帝服务。怎么服务？就是忏悔。上帝希望你把内心的那些俗念都抛弃，都清除掉，当你意识到这一点的时候你就会努力清除自己的个别性。

　　因此在中项里意识就从作为**它自己的东西**的行为和享受中摆脱出来；它从自己作为**自为**存在着的一端中排除了它的**意志**的本质，并且把它的独特性和做决定的自由、从而也就把自己行为的**罪责**抛给了中项或服务员。 [151]

489

　　"因此在中项里意识就从作为**它自己的东西**的行为和享受中摆脱出来"，在中项里我们可以理解为在神父那里，也可以理解为在自己的忏悔中，意识就从作为它自己的东西的行为和享受中摆脱出来，作为"它自己的东西"还打了着重号。为什么要说得这么麻烦呢？它的行为和享受当然是它自己的了，从作为它自己的东西的行为和享受里面摆脱出来，他这是有意思的，就是说它真正能够摆脱的仅仅是作为它自己的行为和享受的那种行为和享受，但是实际上它并不能够摆脱它的行为和享受。也就是说它要摆脱这种行为和享受，作为它自己的活动它是能够摆脱的，但是客观上、实际上它又摆脱不了，它要生活就要劳动，就要享受，就有欲望，它怎么能摆脱呢？它又不能自杀，那么你既不允许它自杀，要它活下去，又不让它行动和享受，那做得到吗？既然你让我活下去那就要行动和享受。但是它可以不是作为它自己的行为和享受，你可以不把它看作自己的行为和享受，也就是说你把你在行为和享受中的自由意志加以取消，你不是自己要去行动和享受的，你从这个自由意志中摆脱出来那就够了。虽然你还在行动和享受，但是你已经不把你的自由意志注入其中，那不是你的意愿，你活在世上是没办法，上帝要你活在世上，但是你不要把自己的意志加入进去，活着就活着了，你不要去执着，不要执着于你的行动和享受。所以他这个话说得这么麻烦有这么个意思，就是说你对你的行为享受你不要执着，你要从这种执着中摆脱出来。虽然你还在行动和享受，但是你已经不执着了。"它从自己作为**自为**存在着的一端中排除了它的**意志**的本质，并且把它的独特性和做决定的自由、从而也就把自己行为的**罪责**抛给了中项或服务员"，这句话就说得比较明确了。这里自为、意志和罪责三个词都打了着重号，都是强调从行动中排除自由意志。它从自己作为自为存在着的一端中排除了它的意志的本质，它是作为自为存在着的一端，另外一端是自在存在着的一端，那就是上帝。它自己作为自为存在着的一端，当然就是有自己的自由意志的，它自为，它为自己，但是它从自己作为自为存在着的一端中排除掉了它的意志的本质。它虽然是自为存在的一端,但是它从这一端中去掉了它的意志的本质,它取消了它的自为,它的自为性,取消了它的意志的本质。"并且把它的独特性和做决定的自由、从而也把自己行为的**罪责**抛给了中项或服务员",取消了自己的自由意志,那么当然就把自己的独特性和做决定的自由抛给了中项或服务员,或者交给了中项或服务员。它的自由意志,它在它的劳动和享受中已经把它清除掉了,那么它的自由意志到哪儿去了呢?它交给了中项和服务员,交给了神父,交给了教会。从而也把自己行为的罪责抛给了中项和服务员。罪责,有自由意志就会有罪责,就要负责,那么你的行为、你的劳动和享受,你现在把它的自由意志取消掉了,那你就不必为它负责了,我只是为了执行上帝的意旨而活着,而劳动和享受。应该为它负责的是什么呢?是使得你抛弃你的自由意志的那个中项或服务员。你为什么抛弃你的自由意志,是因为你信上帝,是因为你向神父忏悔,那么神父就在上帝面前为你免罪。耶稣基督在上十字架的时候,临死之前也说过这样的话,说"上帝啊,饶恕他们吧,因为他们所做的他们不晓得。"他们对他们自己所做的并不知道,或者他们自己所做的事情不是出于他们的自由意志。耶稣基督为那些罪人在上帝面前请求免罪,免除他们的罪责。当然这些人是不自觉的,而基督徒在这方面要有一些自觉,就是说你所做的事情,你把你的自由意志从里面抽出来,交给上帝,那么为此负责的就是上帝而不是你了。忏悔就是起到这样一种作用,就是从我真正的自由意志、我的本心来说是不想干这些事情的,这才是我的自由意志,我之所以干了这件事情那是没办法,因为我的有限性,我为我的有限性而忏悔。但是我的有限性是谁造成的呢,那不就是上帝吗?人不就是上帝的造物吗?上帝从亚当、夏娃开始就造出了有限的人类,所以有限的人类所做的事情最后又归结到上帝来,当然不是要上帝负责,上帝造出有限的人类,同时上帝给了人自由意志,那么人就要好好地运用,所以人真正地好好地运用他的自由意志,就是为自己的有限性而忏悔。这就是人真正的自由意志,那么一旦人达到了这样一种真正的自由意志，人真正地忏悔了，他就免罪了。做坏事是免不了的，只要认罪了就好，上帝就可以饶恕他。当然基督教又说上帝饶恕他并不意味着他没有罪，而是因为他被宽恕了，人的有限性是摆脱不了的，人想成为上帝那是不可能的，所以人始终是有罪的。并不是说通过忏悔他就抵消了他的罪孽，不是的，忏悔是抵消不了罪孽的。忏悔只能够请求饶恕，请求宽恕，请求免责。那么中项和服务员就起这样一个作用，"就把自己行为的**罪责**抛给了中项或服务员"，由中项和服务员到上帝那里去请求宽恕。因为我现在已经忏悔了，这才是我的自由意志，我当时所做的那些事情我都不晓得，我现在意识到了，我现在为自己的行为忏悔。那么通过这种忏悔，尤其是通过教会、通过服务员、通过神父，向上帝忏悔，神父代为转告，因为神父是专门跟上帝打交道的，通过神父的转告，那么在上帝面前我可以涤罪。但是宗教上的涤罪还不等于法律上的涤罪，这有个层次的区别。宗教上的罪和法律上的罪不一样的，在法律上完全无罪的，在宗教上也看作是罪，比如说行为和享乐，劳动、享乐、多劳多得，这个在法律上是完全正当的，但是在宗教上它是罪。它表明了人的有限性。反过来，在宗教上饶恕你的罪，在法律上不一定饶恕你。你犯了罪你就要受惩罚，甚至要判死刑。所以西方的这些死刑犯经常在处死之前，有神父到监狱里面去为他涤罪，为他做临终忏悔。为什么要这样？忏悔了就没罪了么？既然他涤罪了那就把他放出来呀？那是两码事。哪怕他临终忏悔，哪怕他涤罪了，但是他在世俗生活中犯的罪那还是罪。那是法律上的罪过，要受到惩罚。但是在上帝面前他可以涤罪，那是另外一回事。所以世俗的罪，在宗教上可以免罪，但是在世俗中不一定能免罪。反过来在世俗中不是罪的东西在宗教上可能是罪。所以我们讲到原罪，我们中国人很难理解，没有这样两个层次的观念。给你讲原罪你就会很反感，人怎么会有原罪呢？一个小孩子生下来就有罪？那说不通的。我又没干什么坏事，我不过每天穿衣吃饭，挣我的口粮，难道就有罪吗？我为什么要像罪人一样生活在世界上？这是中国人不能理解的，以为西方人天生的就是贱，就是要由罪压着自己他才能过日子，我们通常这样理解。我们不是那样来考虑人生的，所以我们中国人缺乏罪感。我只要没有做坏事，我无愧于天地，无愧于父母，无愧于列祖列宗。所以在享乐的时候我就非常地自在，没有什么约束了。但是在西方的宗教意识里面这一点是非常严重的事情，就是你要怎么看你的人生，你要结合你死后来看自己的人生。你死后是进地狱还是进天堂，这是他们考虑的一个非常重要的事情。在世俗生活中当然有法律管着，但是死后呢？死后有上帝管着。所以你要为死后的生活做准备。他们有这一层，所以他们活得不痛快。西方人有罪感意识，他们不像中国人这么怡然自得。

　　这个中介者，作为和不变的本质有直接的联系者，便在服务中关于正当的事情提出自己的**规劝**。

　　"这个中介者"，这里又是讲教会了，这个教会，"作为和不变的本质有直接的联系者，便在服务中关于正当的事情提出自己的**规劝**"。不但指明什么是正当的事情，而且规劝，你应当做正当的事情。在教会的服务中，在教会的工作中，我们讲做人的思想工作，其实教会就是专门做人的思想工作的。做什么思想工作呢？就是劝导人做正当的事情，劝导你要做好事不要做坏事。有点像我们的团委书记、街道办主任做的工作。

　　由听从他人决定所作出的这一行动，按照其行为或**意志**方面来说，便不再是它自己的行动了。

　　"由听从他人决定所作出的这一行动"，听从他人的决定，神父说的，你应该做这件事情，那么神父代表上帝的意思了，神父传达上帝的意志，只要上帝命令我做的，我就听从，就照着去做。但实际上在现实中我是听从神父的意见，是听从一个异己者的决定。而这一行动"按照其行为和**意志**方面来说，便不再是它自己的行动了"，按照其行为和意志方面，意志打了着重号，也就是从主观方面来说的。注意行动和行为这里是区别开来的，这是两个词，行动，Handlung，它更多的是从客观方面来讲的，做出一个行动；而行为，Tun，这个词带有一种主观性，我们通常译作行为。行为肯定要负责，而行动则不一定要负责，它也许是被迫的。所以他讲，这个"行动"按照其"行为或意志"方面来说，意志当然是主观的了，行为是带有意志的，行动它可以是被动的，这个行动按照行为意志方面说可以不再是我自己的行动，就是可以不再是行为了。这就是《圣经》中保罗对罗马人说："我所愿意的善，我反不做；我所不愿意的恶，我倒去做。若我去做所不愿意做的，就不是我做的，乃是住在我里头的罪做的。"所以我们把这两个词分别翻译成行动和行为，要区别开来。当然有的人把它们倒过来，把 Handlung 翻译成行为，把 Tun 翻译成行动，我觉得这样不妥。我们通常讲这个人的行为怎么样，那肯定是包含他的主动性；说这个人的行动怎么样，那更多是从客观方面来考察的。我可以不为我的行动负责，但是我必须为我的行为负责，因为我的行动可能是无意识的，但是我的行为肯定是有意识的，行为是有自由意志的，行动有可能不是自由意志的，有可能不是自由意志决定的。或者我是在无意识状态中，或者我喝醉了酒，或者是梦游，或者是精神失常，这都可以有行动，但是不可能有行为。所以如果排除了行动中的意志，那么从客观上来说这样一个行动当然还是行动，但是主观上它已经不再是它自己的行动了，它已经不再是行为了。也就是说这样一种完全听从神父的劝告而做出的行动，已经去掉了自己的自由意志，神父说什么就是什么。所以加尔文教的教会里面神父具有很高的权力，它是一种神权政治，加尔文当时甚至把瑞士共和国建立为一个神权共和国，就是长老会具有至高无上的权力，它可以决定什么是正当的，可以要你干什么就干什么。那么人在这种情况下他的行为就停止为他自己的行为，他就成了一个被动的机械了。

　　但仍然还留下有它的**对象性**方面、即它的劳动的**成果**和**享受**给那非本质的意识。

　　"但仍然还留下有它的对象性方面、即它的劳动的**成果**和**享受**给那非本质的意识"，也就是说仍然给非本质的意识留下了它的对象性的方面。非本质的意识就是俗人，新教虽然把俗人变成了僧侣，但仍然给俗人留下了他的对象性的方面，即他的劳动的成果和享受。不像中世纪，直接就把劳动成果和享受一笔勾销就完了，在奥古斯丁那里这非常简单，你把这些东西一笔勾销。但是经过文艺复兴以后，在宗教改革中这些东西还是留下来了，劳动的成果和享受，仍然留给了那非本质的意识。连马丁·路德都说，谁不爱美酒和女人，他就是个傻瓜。但这只是在非本质的意识中。

那么，对于这些成果和享受，意识同样也拒斥于自身之外，并且正如它放弃了它的意志那样，它同样也放弃了它在劳动和享受中所获得的**现实性**；

"那么，对于这些成果和享受，意识同样也拒斥于自身之外"，就是说，为非本质的意识留下了这些对象性的东西，但却同样从里面抽掉了自己的意志，或者将它们拒斥于自己的自由意志之外。"并且正如它放弃了它的意志那样，它同样也放弃了它在劳动和享受中所获得的**现实性**"，一个是放弃自己的意志，一个是放弃自己的现实性，放弃自己的现实性首先也就是因为你放弃了自己的意志，你不认为这些事情都是你的自由意志做的，你把你的意志从里面抽出来，就可以说你已经放弃它的现实性了。你不是有意那样做的，你不是要去追求它，你不是执着于它，不是沉迷于它，那就是放了你的现实性了。或者说正因为它放弃了自己的意志，所以它才放弃了它在劳动和享乐中所获得的现实性，这两者是有关系的。为什么这样说呢？下面就从三个方面解释了。

对现实性的这种放弃**部分**是将之作为其自我意识到的**独立性**所达到的真理性而放弃的——因为它是凭借表现和说出了某种完全陌生的对它无意义的东西而运动的；

"对现实性的这种放弃"，有三个方面或三个部分，这里先看第一个部分，"是将之作为其自我意识到的**独立性**所达到的真理性而放弃的"，也就是自我意识的独立性所达到的真理性，原先是作为一种现实性，一种自由意志的现实作用而在文艺复兴中体现出来的，现在我们在新教中已经把它放弃了,认为它并没有什么现实性。我们前面讲到文艺复兴发现了人,发现了人在欲望、劳动和享乐中有他的现实的独立性,这个时候人的那种空虚性就有了他的对象性的内容,因此也有了它的真理性,在文艺复兴时期的这些基督徒们眼睛里,人的世俗生活是上帝恩赐给人的,人理所当然地应当去享乐,应当去创造,这恰好是人的独立人格的真理性。所谓真理性就是它是有对象的,它不是你想出来的,它是有对象跟它相符合的,是主观跟客观相统一的。主观的独立性,像斯多葛那样的独立性完全是主观的,它没有真理性的。那么在新教这里,这种独立性的真理就被放弃了,把文艺复兴所获得的成果又再次放弃了。为什么呢?"因为它是凭借表现和说出了某种完全陌生的对它无意义的东西而运动的",文艺复兴强调人的独立性、强调人的自由意志、强调人的创造性的劳动和享乐,而新教是对这些东西一概加以否认,首先否认的是自由意志,然后否认人的现实的创造,享乐,认为这一切都是虚无的;但否认了现实的东西以后,它又如何来运作呢? 它失去了在现实中展开运作的一切根据,就只好凭借表现和说出某种完全陌生的、对它无意义的东西来运作了。因为神父对他说的那些东西是不需要他理解的,上帝的意志,上帝要你这样做,但上帝是谁,谁也没见过,是完全陌生的。对他无意义的,就是对他的现实生活无意义的,并不有助于他的现实生活,我去忏悔并不是要获得什么对我的现实生活的指导,我要怎么样做就可以得到什么好处,相反,它在这方面是没有意义的,完全陌生的。"无意义的东西",Sinnlose,也可以译作"不理解的东西",或者荒谬、糊涂的东西。早期教父德尔图良的名言是:正因为其荒谬,我才相信。新教就是要回到这种信仰方式,相信那种异己的、陌生的、由不理解的东西所外加给自己的东西。所以在这方面来说它是将现实性作为其自我意识的独立性所达到的真理而放弃的,就是放弃人在现实性中的独立人格,你在现实性中没有独立人格,你必须放弃它,必须听从来自彼岸的话语。这是一个"部分"。

　　部分是将之作为**外在的财产**而放弃的——因为它是对它通过劳动挣

得的财物有所舍弃；

这是第二个"部分"，第一个"部分"是意识的独立性的真理，放弃了；第二个"部分"是把它作为外在的财产而放弃了。这都是很现实的东西，意识把它通过劳动挣得的财产舍弃掉，奉献给上帝，交给教会来做慈善。他发了财，那么最终这些所发的财，他自己留着没用，他又不重视现实生活，那么他用来干什么呢？把它舍弃掉，捐献出来做慈善。比尔·盖茨做慈善，比尔·盖茨是全球第一首富，他为什么留下那么一点点，把绝大部分都捐出来做慈善事业？做慈善在他心目中就是捐给上帝了，虽然不一定是捐献给教会，但是捐献给上帝了。做慈善就是捐献给上帝，因为他把世俗生活看得微不足道，看作虚无。世俗的现实生活，享乐无所谓，他是清教徒，他的家庭的财富他都不留，他只给自己的儿子留一百万，一百万算什么，其他的全部捐出来。最近还搞了个全球富翁的慈善基金会，号召所有的这些重量级的大富翁们把自己的至少一半以上的资产都捐出来，做慈善事业，在中国好像没有人响应，因为中国人把世俗生活看得很重。在新教徒那里他们把世俗生活看得非常没有意义，当然他是通过劳动挣得的财产，比尔·盖茨的财产是通过劳动挣得的，每一分钱都是通过劳动、通过血汗，通过他的能力挣得的，他不是巧取豪夺，不是不正当手段，是诚实劳动所得的，所以没人嫉妒比尔·盖茨。哪怕中国人这么仇富，也不嫉妒比尔·盖茨，人家那是正当劳动所得，再富也是他的。这是另一个方面，一个是放弃独立意志，一个是放弃财产。最后，

部分是作为所拥有的**享受**而放弃的——因为它通过斋戒和苦行再次弃绝了这种享受。

再次弃绝这种享受，就是禁欲，通过斋戒和苦行，斋戒，翻译成绝食也可以。但是这种绝食不是一般的绝食，是斋戒，有全套的仪式，每年中有一段时间基督教要斋戒，要饿肚子。苦行，就是要折磨自己，在斋戒和苦行中再次弃绝了这种享受。现在好像没有绝食的了，基督徒不知道现在有没有绝食的？[某同学回答：有。每周一小斋，小斋就是不准吃

特定的一些食品；一年两次大斋，就是一天只准吃饱一次。] 反正是要斋戒绝食和苦行，斋戒也是一种苦行，就是你不能够过分享乐。那么再次弃绝这种享受，他本来可以享受，正当劳动所得，为什么不能享受呢？但是现实的这种正当性，在基督徒眼睛里面看起来微不足道，本身是没有什么意义的，他把它看作是虚无的，在上帝面前现实性本身就是虚无的。总之，必须要听从他人的决定，来放弃意志、放弃财产、放弃享受，这些东西可以说成就了新教伦理和资本主义精神。新教伦理和资本主义精神有一种内在的联系。马克思批评资本家的资本主义道德也是这样的，要少吃少喝少生孩子，多赚钱多积累，每一分钱财都要把它积攒下来。所以那些早期的资本家都是吝啬鬼，都舍不得花一个钱的。现在其实也是，比尔·盖茨那么有钱，他也舍不得钱，连停车都要找个费用便宜的地方去停。这就是比尔·盖茨的新教道德，从早期的资本家就是这样，这种新教徒的传统在美国一直延续下来，所以美国人的道德比欧洲大陆人要更加严谨。新教伦理与资本主义精神的发展有内在的联系。你那么样的勤俭那么样的勤奋，又那么样地节俭，拼命地积累，当然大富翁就多了。整个社会的积累越多它的社会就越发达了，它的经济实力就很雄厚了。你月光族，每个月都吃光了都用光了，那还发展什么呢，那就醉生梦死就够了，过把瘾就死就够了。但是你把它积攒下来，尽管你一辈子辛辛苦苦，你也没享受过什么东西，但是你留下了大笔的财产，即便不是留给你的子女，也是留给了社会，对社会作了贡献。当然这种行为、这种伦理在道德上是有它的缺陷的，后来就要启蒙，康德就是要启蒙，每个人要运用自己的理性。你老是听从人家，由医生决定你吃什么、由神父决定你做什么，那不行的，你要有勇气运用自己的理性，走出自己的未成年状态，走出自己的受监护状态。从康德以来一直有这样一种倾向，但是启蒙不是完全要清除基督教的这些东西，而是要提升它。康德以来的西方理性精神其实本身就是在基督教传统中生长起来的，它以更高的形式巩固了基督伦理的原则。所以基督教的这种新教伦理一直到今天仍然是他们保持下来的一个精神财富。

通过这几个环节，即放弃独自作决定，然后放弃财产和享受，最后通过那个肯定的环节，即推动去做一件不理解的事，意识就在真理性中完全使自己失去了自己对内在自由和外在自由的意识，失去了自己对作为它的**自为存在**的那个现实性的意识；

我们先看这半句，"通过这几个环节"，哪几个环节？"即放弃独自作决定"，这就是刚才讲的放弃人的自由意志的独立性了；"然后放弃财产和享受"，部分是放弃劳动所挣得的财产，部分是放弃他所应得的享受，这三个环节都是否定性的。"最后通过那个肯定的环节，即推动去做一件不理解的事"，这个肯定的环节前面没讲，但是完全可以推出来，就是你把这些现实性、这些可理解的事都放弃了，但又还要做一件事，那就是一件不理解的事。这里有三个环节，一个是放弃自由意志，一个是放弃现实生活，劳动、财产和享受，最后，肯定的环节，那就不是放弃什么了，而是推动一桩不理解的事，就是由上帝命令他做的事情，通过神父的劝导告诉他你应该做什么。用一句套话来说，这叫作"理解的要执行，不理解的也要执行，在执行中加深理解。"这个前面一段中其实也提到了："听从他人的决定所作出的这一行动，按照其行为和**意志**方面来说，便不再是它自己的行动了"[贺、王译本第 151 页第 5 行]。总而言之是从事一桩不理解的事情，陌生的事情，前面也讲了"表现和说出了某种完全陌生的对它无意义的东西"。但这是一个肯定的步骤，就是说你不需要运用理性去推理，去思索，信仰就是信仰，你既然信仰你就要言听计从，你就要听牧师的话，牧师传达了上帝的话，你就应该跟着去做，那就够了，那就是信仰，信仰不需要理解。在经院哲学里面，老是试图用理解把握信仰，甚至可以在某种情况下先理解后信仰；但是在新教徒那里他们要回到奥古斯丁，就是不理解的东西也要信仰，不理解的事也要去做。圣经上面说的，你要一下子理解很难，但是它说了怎么做你就得怎么做。信仰就是要从事不理解的事情，真的理解了还有什么信仰呢，那就是功利了，那就是明智了，那就是认识和算计了，正因为你还不理解你就去做，才说明你是有信仰。《旧约》里面讲，上帝命令亚伯拉罕杀掉自己的独生子，上帝说你要把自己最宝贵的儿子拿来献祭，亚伯拉罕就把他儿子捆起来，正准备杀的时候，一刀下去，上帝就把他的儿子偷换了，换成了一只羊，他杀死的是一只羊，而他的儿子保全了性命。但是他事先并没有预见到上帝会把他儿子偷换掉，他杀以扫的时候真的就是准备把他杀死的。当然这个命令非常荒谬，为什么要把自己的儿子杀死呢？他没有去想，既然是上帝让他做的他就做，他不理解的事情也要去做。这才说明他有信仰，他是真正有信仰。如果他还要考虑一下，上帝这样说有没有道理，是不是应该这样做，那恰好说明他没有真信仰。新教徒在这方面走得比较远，就是说只要是上帝命令的，不理解的事情也要去做，你如果有信仰的话，哪怕你一时想不通的事情你也要去做。所以，"意识就在真理性中完全使自己失去了自己对内在自由和外在自由的意识，失去了自己对作为它的**自为存在**的那个现实性的意识"，这里是客观地陈述基督教新教、尤其是加尔文教他们所主张的那种肯定性的方面，是很正儿八经的、不带讽刺性的。就是说，意识就在真理性中完全使自己失去了自由意识，"意识就在真理性中"，也可以理解为在客观性中，在他所做的事情中，主客观统一就是真理性。意识就在他所做的事情中完全失去了自己对内在的和外在的自由的意识，内在的自由就是自由意志，外在的自由就是做出一件事情，通过自由意志做出一件事情。内在自由和外在自由的这种意识他完全丧失了，这就失去了"自己对作为它的**自为存在**的那个现实性的意识"，作为它的自为存在，也就是它的自由意志，自为存在在这里就是自由意志；它的自为存在的现实性，它的行为不再有自为存在的现实性的意识了，它的现实性不再是它的自由意志所导致的了，虽然有现实性，但是这个现实性是虚的、是微不足道的，不能体现它的自由意志。在上帝面前这些东西都是虚无的，自由意志也好，理智也好，在上帝面前这些你都不要讲,在上帝面前既不要讲理智也不要讲意志,这些东西你都要把它放弃,都要把它去掉。所以它这里有两个"失去了",一个是失去了对于内在的和外在的自由的意识,自由的意识就是自由意志,你把它放弃了;一个是失去了它对作为它的自为存在的现实性的意识。作为自为存在的现实性,就是这样一种自由意志的现实性,是自由意志在现实中的体现,你把它放弃了。下面这半句:

意识拥有了这样的确定性,即确信它在它的**自我**的真理性中外在化了自身,并把它自己直接的自我意识造就成一个**事物**、一个对象性的存在。

"意识拥有了这样的确定性",确定性也就是确信了,你翻译成确信也可以,但是"确定性"我们要把它强调出来,它和"真理性"是相对的。既然上面讲意识在它的真理性中放弃了这样一些自由意志的意识,那么意识就拥有了一种确定性。什么确定性呢? "即确信它在它的**自我**的真理性中外在化了自身",这一点是有确定性的了。意识确信它在它的自我的真理性中外在化了自身,通过信仰,它相信那个外在的东西、陌生的东西才是它的自我的真理。前面讲意识在真理性中完全丧失了它的自由意识和对自为存在的现实性的意识,但它不能光是失去而没有所得;那么这里就讲到了意识拥有了这样的确定性,即确信在它在它的自我的真理性中外在化了自身。它的自我的真理性,"自我"打了着重号,就是它的真正的自我,它的现实性都是非真理的,都是虚无的,而在它的自我的真理性中、在真正的自我中,自我把它自己外在化了,自我外在化了它自己。就是说这个自我再也不是单纯属于它自己的了,不再只是它自为的了,不再仅仅是自为的现实性了。在它的自我的真理性中外在化了自身。就是说真正的自我是一种外在化的自我,这个外在化不是说外在化到现实性里面去,而是外在化到彼岸去,外在化到上帝那里去。上帝是自我的外在化,或者说异化;我只有在上帝那里,在我自身之外,才能找到我自己。我在现实性中反而不是外在化,在现实性中我受我的自由意志所支配,那是我的内在的东西,是所谓的自为的现实性。但在这一方面我已经丧失掉了,作为它的自为存在的现实性的意识,已经失去了。就是说在我的现实的劳动、欲望和享乐当中,这种现实性是自为存在的,那是我的内在的东西,是我做出来的东西;但真正的自我本身,现在我已经把它在它的真理性中外在化了,外在化为一个对象了。所以他说这是"把它自己直接的自我意识造就成一个**事物**、一个对象性的存在"。直接的自我意识变成了一个对象性的存在,变成了我所追求的一个事物、一个对象,这就是一种完全的异化了,我放弃了自己的自由意志、放弃了自己的独立人格、放弃了财产、放弃了享受,所有的现实性我都放弃了。那么我的真正的自我在它的真理性中外在化了,变成了一个对象,变成了一个有待观察、有待去追求的陌生对象,一个对象性的存在。那个熟悉的、感性的大自然现在陌生化了,不再是直接享受的对象,而是研究的对象、观察的对象,这个实际上已经涉及下一步,要向"观察的理性"过渡了。我把我的自我已经异化成了一个对象,一个事物,那么你要追求自己,你就只有到客观世界里面去追求自己,而不能在自己的劳动欲望享受中追求自己。你必须把它当作一个跟你完全对立的一个对象,也就是必须把你自己当作一个完全对立的对象来追求。最初是放在上帝那里,到后来淡化了上帝的色彩以后,就变成了对整个自然界、对整个宇宙、对整个对象世界的追求。这就开始向后面讲的理性过渡了。可见真正的理性是在文艺复兴以后,经过宗教改革的否定,而达到的一个否定之否定,不是那么单纯的。文艺复兴也讲理性,但那只是感性的理性,而不是纯粹的理性。新教的理性才有可能提升到纯粹理性,或者说,近代的理性是由新教伦理奠定了它的精神形态模式的。

　　——意识只有通过这种**现实的**牺牲,才能证明对它自身的放弃;因为只有在这一牺牲中,那包含于借本心、意念和口头加以感谢的**内心**承认中的**欺骗**才会消失,

　　"意识只有通过这种**现实的**牺牲",或者说意识只有通过牺牲掉现

实，"才能证明它对自身的放弃"。我要放弃自身，通过什么来证明我放弃自身呢？通过我对我的现实性加以牺牲，我的现实的自由意志，我的现实的财产，我的现实的享乐，所有这些现实性我都要把它放弃，这样我才能够证明我对自身的放弃。你口头上说是对自身的放弃，那是不可信的，你要证明你现在完全放弃自身了，放弃自己的执着了，那么你就要做出现实的牺牲。"因为只有在这一牺牲中，那包含于借本心、意念和口头加以感谢的**内心**承认中的**欺骗**才会消失"，只有在这一牺牲中，那包含于内心承认中的欺骗才会消失，什么样的内心承认呢？以本心，Herz，就是德文里面的心脏，我们把它翻译成本心，还有意念，Gesinnung，和口头，Mund，以这三种方式表示感谢的内心承认。而这种内心承认是包含有欺骗的。内心承认表现为出自本心的感谢，出自 Herz 的感谢，也就是 herzlichen Dank，衷心的感谢；以及出于意念，Gesinnung，意念或意向，自发地感谢，再就是表现于口头，Mund，说出来了的感谢，这些感谢都是出自内心的承认。前面讲承认，主奴关系的互相承认，这里讲意识对上帝的内在的承认，如果没有现实的牺牲的话，新教这种出自内心的对上帝的感恩和承认就会是欺骗了。这就是虔敬主义或者虔诚派的信仰所要求的，他们主张这些现实的东西都应当牺牲掉，否则内心的虔诚就只不过是一种口头承诺或者内心的意向，实际上带有欺骗性。这种欺骗可能是自欺，也可能是欺人，本心和意念就是自欺，口头就是欺人。所以只有在这一牺牲中那在以本心、意念和口头加以感谢的内心承认中的欺骗才会消失，本心也好、意念也好、口头也好，毕竟只是内心的承认，还不是现实的牺牲，你内心的承认，如何证明呢，必须要有现实的牺牲，要兑现，要来真格的。你口说你牺牲，口说把一切都献给上帝了，但是你自己固执地执着于你的大批的财产，一毛不拔，然后执着于你的自由意志，沉溺于你的享乐，那谁信呢？不管你说得多么真诚，都是有一种自欺欺人。所以只有通过这样一种现实的牺牲，这样一种自欺欺人才会消失。你已经把现实都牺牲了，这个就能说明问题了，这就不是欺骗了。

　　这样一种承认，虽然把自为存在的一切权力都转交了，并且把这些权力都归之于上天的恩赐，但是在这种转交本身中，那**外在的**独特性就在它所没有交出的财物中，把自己保留下来了，而**内在的**独特性则是在[152]　它自己所做出的决定的意识中，以及在它由自身规定而尚未兑换成异己内容的、无意义地充斥自身的那个内容的意识中，把自己保留下来了。

　　这还是接着上半句，解释"承认"这个词的。"这样一种承认"，就是说这样一种包含有欺骗的内心承认，这种欺骗是什么样的欺骗呢？内心虽然这样承认了，但是它有欺骗性，为什么呢？下面就来解释。他说：这样一种承认，"虽然把自为存在的一切权力都转交了"，这个"权力"不是那个"权利"，这个权力是力量的力，Macht，翻译为"力量"也可以，但是这里最好翻译成自为存在的一切权力。这权力是由上帝给的，我承认上帝，我信仰上帝，我把自为存在的一切权力都归之于上帝，都转交给上帝了。"并且把这些权力都归之于上天的恩赐"，不是我自己固有的，而是上天赐给我的权力。"但是在这种转交本身中，那**外在的**独特性就在它所没有交出的财物中，把自己保留下来了"，那外在的独特性也就是外在的个别性，也可以理解为外在的自由，虽然你口头上或者你内心里承认上帝的绝对权力，上帝的至高无上，上帝的权威，你把自己的一切决定权都转交给上帝，并且把这些权力都归之于上帝的恩赐；但是在这种转交本身中，你的外在的独特性就在你所没有放弃的财产中，把自己保留下来了。你既然不放弃财产，那么在这个财产中就体现了你的外在的独特性，你的外在的自由。"而**内在的**独特性则是在它自己所做出的决定的意识中，以及在它由自身规定而尚未兑换成异己内容的、无意义地充斥自身的那个内容的意识中，把自己保留下来了"，外在的自由在外在的财产中保留下来了，那么内在的自由也保留下来了，在哪里保留下来了？一个是在它自己所做出的决定的意识中。信仰，我决定信仰，这是我自己做出的决定，决定放弃自己的意志难道不也是一种意志吗？在这里面就保留了我内在的自由、内在的独特性。另一个是在它由自身规定而尚

504

未兑换成异己内容的、无意义地充斥自身的那个内容的意识中，就是说内在的独特性作出了一些自身规定，但这些规定的内容尚未兑换成异己的内容，还没有被异化到彼岸去，还是自己内心中所熟悉的内容，那就在这种意识中还保留了你的内在的独特性或内在的自由。这就是我们刚才讲的，新教主张人在信仰问题上的完全的无能力，你只能完全依靠上帝的无条件的拣选。加尔文的教义里面特别强调这一点，特别强调你无法自救，就是说你的自由意志完全是虚假的，哪怕你的信仰本身的自由意志，也是虚假的，你不能由自己决定去信仰就信仰。哪怕你现在自己想要信仰，但是你这个"想"仍然是上帝的一种选择，仍然要归之于上帝的恩典，你不能把它归之于自己的自由意志。所以你在由自身规定而尚未兑换成异己的内容的意识中，还不是真正无条件地信赖上帝。兑换成什么异己内容？兑换成上帝的恩典。你之所以能够信仰，虽然是一瞬间突然你就信上帝了，好像是你的自由意志的自发性，好像你想要信上帝你就可以信上帝；其实你反过来想，你之所以突然在那个特定的时刻想到你要信上帝，难道不是上帝对你的恩典吗？你要把它兑换成这种异己的内容，你信上帝仍然是异己的内容，不是你能够决定的，你信不信上帝不是你能够决定的。很多人把自己信上帝归结为一次启示，某一次启示，在某个场景中，突然一下，我感动得热泪盈眶，从此以后就信上帝了。不是的，你之所以会有这个启示，是上帝选中了你，上帝为什么选中你，这没有道理可讲，不是你能够想清楚的。人间的道理都不足以说明上帝为什么选中你，上帝自有他的理由，你也不要去琢磨上帝为什么选中你，不要去琢磨，你没有那个能力，你所有的琢磨都是错的。你归结为自己的自由意志的一次突发奇想更是错的，你之所以能信上帝，你要把它兑换成异己的内容，那就是上帝的没有任何理由的恩典。但如果你不这样想，不把这种自身规定兑换成异己的内容，而是满足于你自己内心中无意义地充斥自身的那个内容的话，你就还没有达到完全转交自己的一切权力的境界，而是在意识中保留下来了你自己的内在的自由，它的内容对你自身来说是毫无意义地充斥自身的，只是你的自我的内在独特性而已。这里有两种独特性，一种是外在的独特性，一种是内在的独特性，这跟前面讲的内在的自由和外在的自由相对应，都是新教主张要放弃掉的。否则的话，这样一种对上帝的信仰是没有经过彻底异化的信仰，它异化得不彻底，它还保留有现实此岸的人的某种真理性，那是在文艺复兴阶段我们已经树立起来的自我意识的那种真理性，在现实性中我给自己建立了一种真理性。而在新教那里就把这些东西全部异化了，兑换成了异己的东西，就是兑换成了上帝的中介，包括你的自由意志，你要把这些东西都把它转换为上帝对你的一种眷顾。那就是一种彻底的异化，你什么也没有了，你的财产是没有意义的，你必须放弃。你的享乐更加是没有意义的，你的自由意志也要归之于上帝。你还有什么？什么也没有剩下来，全都交给了上帝。所以上帝越富有，人就越贫穷、越空虚。青年黑格尔派、包括早期马克思对于基督教的批判、对宗教的批判就是这样批判的，人把一切东西交给了上帝，上帝固然是什么都有了，但是人却什么也不是，什么也没有。如果还有一点什么东西，比如说你的财产，或者说你还保留了你的自由意志，或者说你觉得你的信仰总还是你自由地愿意信仰的，那么你就在这里还保留了你的一点点不属于上帝的东西，那你就还没有达到彻底的信仰，即彻底的异化。而新教的一个很重要的特点，就在于它的彻底异化，它的这种异化的彻底性是达到极致的，特别在加尔文教那里达到了极致，就是没有任何一种宗教异化能够达到像加尔文教、基督教新教这样一种彻底性，完全把自己异化出去了。当然这是它的一方面，但是另一方面，下面一段讲，不幸的意识也正因此而得到了扬弃。

{131}　　　但在这种现实地实现出来了的牺牲里，正如意识已把**行为**作为它自己的行为而扬弃了一样，它的**不幸**也就**自在地**放过它了。

　　就是说，前面是讲新教信仰把自己彻底异化，将自己的现实性彻底地放弃；正当它把所有的东西都放弃了时，"但在这种现实地实现出来了的牺牲里"，只要这是现实地实现出来的牺牲，而不是欺骗，不是自欺，不是说口头上牺牲或有牺牲的意念，但在现实中却死死抓住现实中的一切享乐、财富和一切现实的东西，那么在这种牺牲里，"正如意识已把**行为**作为它自己的行为而扬弃了一样，它的**不幸**也就**自在地**放过它了"。意识把它的行为作为它自己的而扬弃了，也就是说它的行为已经不是作为它自己的行为了，包括它的自由意志也不是它的自由意志，而是上帝的恩典，它没有自由意志。新教神父如马丁·路德跟那些文艺复兴的天主教神父们争吵的一个很重要的问题就是自由意志问题，罗马教会那些神父们都坚持人是有自由意志的，而马丁·路德是否定人有自由意志的，就是你要把自由意志放弃，你要它归之于上帝的恩典，不是你的功劳，是上帝的，要把你的行为作为自己的行为而扬弃掉。当你做到了这一点，那么"它的**不幸**也就**自在地**放过它了"，它的不幸也就不再纠缠它了，也就是它的不幸意识也就此消除了。但是我们要注意，这里"自在地"打了着重号，自在地不再纠缠了，它的不幸的意识客观上已经被它所扬弃了，但是在主观上还有不幸的意识，还保留着不幸的意识的这种说法。但是实际上已经没有了，这种说法已经没有那种根本性的震撼力了，只是一个说法而已。人生的不幸这种说法已经没有以前的那种根本性的震撼力了，它自在地客观上已经不再纠缠自我意识了，或者说，自我意识自在地其实已经走出了不幸的意识，但它还没有自觉到这一点，还没有把这一点变成自为的。

　　然而这种放手自在地发生了，这却是这个推论中的另一端的行为，即那个自在存在着的本质的行为。但是同时非本质的一端的那种牺牲却不曾是一个单方面的行为，而是包含着另一方的行为于自身内的。

　　"然而这种放手**自在地**发生了，这却是这个推论中的另一端的行为，即那个**自在存在着**的本质的行为"，前面讲了，不幸的意识自在地放过了意识，这样一种放手是自在地发生的，自我意识不再受到不幸意识的纠缠，并不是它自觉地摆脱不幸意识的结果，而是因为客观中有上帝的拯

救,上帝就是推论中的另一端,即自在存在着的本质的一端。在上帝的
拯救行为中,我不再感到自己的不幸,所以是上帝让你信了上帝,上帝使
你脱离了不幸的苦海,走出了不幸的意识。"但是同时非本质的一端的
那种牺牲却不曾是一个单方面的行为,而是包含着另一方的行为于自身
内的",就是另一方面,这个推论中的非本质的那一端、也就是自我意识
一端的那种牺牲,虽然是由它现实地实现出来的牺牲,却不曾是单方面
的行为,不是非本质的这一方、人主观这一方单方面的行为,而是包含了
对方的行为于自身内,包含了上帝的行为在内的。这里用的是过去时,
即当初你之所以放弃,你之所以牺牲你的现实性,也是上帝在里面起了
作用的,不是你单方面的行为就可以决定的。你决定我现在放弃自己的
一切去信上帝,好像是你的自由意志,但实际上是上帝一开始就在你身
上实现着他的意图,是包含了你的对方的行为于自身,你的这样一种放
弃现实生活的行为本身里面就加进了上帝的行为,就包含了上帝的行为。
所以你对现实生活的那种牺牲,可以把它理解为你的"天职"。你放弃了
享乐,你积攒钱财,积攒钱财不是世俗的一般意义上的劳动,而是为上帝
增添荣耀,你兢兢业业地从事你的职业,不仅仅是为了你养家糊口,而是
你的天职,体现了你神圣的职责,具有神圣性。这就是新教伦理在现实
生活中所起的作用,马克斯·韦伯对此讲得很多。我们通常讲一个人节
俭、敛财,总是为了现实的利益,不是为了他自身能够以防万一,防老防
病防灾,就是为了他的子孙后代兴旺发达,光宗耀祖,一般是这样认为的。
但是在基督教新教那里,他的这种节俭也好,他的这种放弃也好,都是服
从他的天职,放弃享乐也是出于他的天职。所以他的行为是双重的,它
不是单方面的行为,而是包括了对方的行为于自身。那么这样一来他的
苦恼、他的不幸的意识从自在的方面看就不应该有了,因为他的一举一
动都包含着神的意志在里头,他之所以苦恼、之所以感到不幸,就是因为
他达不到神,他觉得自己有限、有罪,所以他感到不幸。现在他既然在自
己的行为中,在自己的天职中,已经达到了上帝,已经实现了上帝的意志,

已经感到上帝就在他心中，就在他的放弃现实的行为中，那他还有什么遗憾的呢？还有什么不幸的呢？那不是一种幸福吗？所以说这个不幸的意识自在地来说就已经不再纠缠他了。下面，

因为交出自己的意志只是就一方面说是消极的，但是按照它的概念说或者就**自在地**说，同时又是积极的，这就是把意志建立为一个**他者**，并把意志规定为一个不是个别的而是普遍的意志。

"因为交出自己的意志只是就一方面说是消极的"，就是我放弃了我的意志，当时是消极的，否定我的意志，就这一方面是消极的；"但是按照它的**概念**说"，交出是一个什么概念？交出是一个主动的概念，"或者就**自在的**说"，就这个交出、放弃行为自在地说，也就是客观上来看，它"同时又是积极的"。你能够放弃，这同时又是一个积极的举动，"这就是把意志建立为一个**他者**"，把你的意志建立为一个他者，把你的意志当成一个他者来把握。意志本来是你自己的意志，现在你把这个意志建立为一个他者，把它交出来，使它服从上帝的普遍本质，使它成为一个他者，于是就"把意志规定为一个不是个别的而是普遍的意志"了。就是说个别的意志是你主观的，但是客观上来说、自在地来说它被规定为一个普遍的意志，它体现着上帝的意志。你的所有主观的意志，背后自在地来说都是由上帝的意志支配的，都是上帝的恩典，上帝让你怎么做，你不知道，你以为是你在放弃自己的意志，实际上是上帝意志的一种体现。放弃意志也是一种意志，但是这种意志不再是你的了，而是上帝的意志，所以个别的意志就提升到了一个普遍的意志，就把意志规定为不是个别的，而是普遍的意志了。这就是人的境界的一种提高了。如果你把放弃意志的意志，也还是当作自己个人的意志，自己的自由意志，我要信仰上帝，我因为信仰上帝所以放弃了很多东西，压抑了自己的意志，那么你这种信仰的意志还是个别的。但是如果你把你的信仰的这种意志看作是上帝的意志、上帝的恩典，那么这种意志就不是你个别的、你个人的，而是一种普遍意志了。下面，

对这一意识而言,那消极建立起来的个别意志的这种积极含义就是另外一端的意志,这个意志由于它正是意识的他者,它就不是通过自身,而是通过第三者、中介人,才形成为对个别意志的规劝的。

"对这一意识而言",你的意识现在已经提高到这样一种意识了,就是把你的意志建立为一个他者,建立为一个普遍的意志,普遍的意志对于你来说是一个他者,是一个另外的东西、另一端,上帝的意志是一个另外的意志,但是它是普遍的,它不是上帝的个别性,而是一种普遍意志。那么当你意识到这一点的时候,对于这一意识而言,"那消极建立起来的个别意志的这种积极含义就是另外一端的意志",消极建立起来的意志,就是我放弃我的意志、交出我的意志,这是消极建立起来的个别意志,但是它具有一种积极含义,从客观上来说它是积极的,它本身也是一种意志;但是它是"另外一端的意志",它就是上帝的意志。"这个意志由于它正是意识的他者,它就不是通过自身,而是通过第三者、中介人,才形成为对个别意志的规劝的",另一端的意志,上帝处于另一端、处于彼岸,由于它正是意识的他者,"正是",意思是说前面讲意识把意志建立为一个他者,而上帝恰好就是这个他者,对于个别意识来说,他是一个他者,他是从彼岸来的;那么他就不是通过自身,而是通过第三者、中介者,才形成为对个别意志的规劝。既然上帝他在彼岸,他又怎么到达了我这个此岸的个别人心中的呢?那肯定是有个中介了,肯定有一个跨越此岸和彼岸的中介人了,那他就不是通过自身,而是通过第三者、中介人,而形成了对个别意志的规劝。这个中介人就是我们刚才讲的神职人员,神职人员是第三者、中介人,他介于凡人和上帝之间,他充当中介。有的人如果认为这个第三者应该解释为耶稣基督,当然也可以,耶稣在世时也的确充当了第三者的角色;但是耶稣基督现在已经死了,已经升天了,已经不在世俗人间了,那么他的这种工作就由神职人员来承担了。所以我更倾向于解释为神职人员,就是教会,教会是"基督的身体",它在耶稣死后代表上帝和人间的中介。上帝不是通过自身、而是通过第三者、中介者,通过教会来形成对个别意志的规劝，劝说个别意志，你应该怎么怎么样。以前是由耶稣基督来劝说，现在由神职人员来劝说，更早是由摩西来劝说，最早是摩西十诫，劝说你们应该怎么做，不应该怎么做，形成一种对个别意志的规劝。这些都是属于第三者，中介者。

因此**对意识**来说，它的意志的确成为了一种普遍的和**自在地**存在着的意志，但是**它自己本身并不**是这种**自在**；对它自己的作为**个别的**意志加以放弃，这按照概念对它来说并不是普遍意志的积极因素。

"因此**对意识**来说"，"对意识"打了着重号，这就是反过来说了，前面说了另一端的意志，那么意识这一端呢，"它的意志的确成为了一种普遍的和**自在地**存在着的意志，但是**它自己本身**不是这种**自在**"，这就是说，尽管它的意志成为了一种普遍的和自在地存在着的意志，成了上帝的意志，但是它本身，也就是意识本身，它并不是那种自在。意识本身在这个三段论中间它是作为自为的这一端，它还不是作为自在的那一端，它并不是这种自在，它并不是上帝的意志。你不要太狂妄，就认为你就代表上帝了，它自己还不是自在。"对它自己的作为**个别的**意志加以放弃，这按照概念对它来说并不是普遍意志的积极因素"，对它自己的意志作为个别的意志加以放弃，"个别的"打了着重号，按照个别的意志的概念，这种放弃对它来说还并不是普遍意志的积极因素，因为它是个别的意志。个别的意志是消极的，是要否定掉的，而作为普遍的意志当然是积极的，但是个别的意志并不是普遍的意志，并不直接等同于普遍的意志，虽然它的确成为了普遍的和自在存在着的意志，但是它自己本身并不是自在。我们要特别注意他的着重号，表明他特别强调的地方，他的语气。我们经常忽视他的语气，我们就很难读得懂了，不知道他要强调的是什么。如果把着重号删掉，他的很多话是自相矛盾的。它的意志的确成为了普遍的和自在地存在着的意志，但是它"自己本身"并不是这种自在，只是它的意志成为了自在，成为了自在的意志已经不是它本身了。对它自己的作为"个别的"意志加以放弃，这按照概念对它来说并不是普遍意志的积极因素。按照概念，就是从这个个别意志概念本身来说，它的概念还是个别的，这个概念和概念的具体内容还不一样，按照概念它是我自己的个别意志，而按照它的内容却可以成为另外一端的普遍意志。但按照概念对它来说并不是普遍意志的积极因素，而只是上帝意志的消极因素，只有否定了它自己才是积极因素。这都是反过来说了，前面说我们的一切意志其实都是上帝的意志，但是反过来说，我们的个别意志就其本身来说，还不是上帝的意志。下面，

同样它对财物和享受的放弃也只有同一个消极的含义，并且，由此而对它形成的那种共相在它看来也不是它自己**特有的行为**。

前面讲了意识的个别意志就其自在地来说，还不是它的意志，而是它必须放弃的意志，虽然我们可以把它看作普遍意志，比如我个人的信仰，我把它看作是上帝的恩典，但是我的这种个别性它本身还不是上帝的恩典，否则的话，难道你自己是上帝吗？这是不可能的。那么在意志方面是这样的：“同样它对财物和享受的放弃也只有同一个消极的含义”，对财物和享受的放弃也是这样，这种放弃虽然是主动放弃，但我们可以把它归之于上帝的指示，或者听到了旁人的规劝，而不是我自动地放弃，所以这种放弃也只有同一个消极的含义。“并且，由此而对它形成的那种共相在它看来也不是它自己**特有的行为**”，放弃了财产、放弃了享受而提升到了共相，《圣经》里面讲，你要放弃人世的财产，在天上给你准备了双倍的报酬，你的财产存在天上，小偷偷不走、虫也蛀不烂的，那是永恒的财产。当然这是一种象征的说法，无非是把你的财产从一种现实的个别性提升到一种普遍性，提升到一种共相。这种共相在它看来也不是它自己特有的行为，他只是听从了劝导，听从了《圣经》上面的话，或者是耶稣基督或者是神职人员的劝导。由他自己他是提升不到那种共相的，他是依靠上帝，而就他自己来说，这种共相不是他自己特有的行为。所以他的消极性、他的个别性仍然存在，而且作为一端是不可取消的，如果你要想把它取消，那你就回到中世纪了。经过文艺复兴以后，宗教改

革不是回到中世纪，虽然他们鼓吹要回到奥古斯丁，归正宗，归正，要拨乱反正，要回到奥古斯丁，但是它实际上已经不同了，它的基础已经不同了。下面，

对象性东西和自为存在的这种**统一**，存在于行为的**概念**之中，并因此而形成为意识的本质和**对象**，——正如对意识来说这种统一并不是其行为的概念一样，它对意识来说也不是直接地或通过意识本身就成为了**意识的**对象，

我们把这半句先打住，"对象性东西和自为存在的这种**统一**"，对象性的东西就是一种异己的东西，它和自为存在的统一，我们在放弃自己的意志的时候就是在服从一个外来的意志，那么我放弃我的意志、放弃我的自为存在，这本身也是一种自为存在，也是一种自为的行动，那么这种自为的行动它是和对象性的东西统一的，是和自在的存在、和对象性的东西是统一的。那么这种统一，它"存在于行为的概念之中，并因此而形成为意识的本质和**对象**"，这种统一是存在于行为的概念之中的，我的行为，我的放弃意志的意志行为，是和一个外来的意志统一的，这种统一存在于行为的概念之中，在行为的概念中已经有这种统一了。因为行为本身就是主观和客观的统一，我在我的行为中，我有主观的意志，同时我也把它做出来了，它同时也是一种客观的意志，一种对象性的东西。因此这种统一就成了意识的本质和对象，意识在这个阶段，它已经意识到了它的本质和它的对象，它的本质和它的对象是什么呢？就是对象性的活动和自为存在的统一，它把这种对象性和自为存在的统一当作了自己的对象。因为这种统一存在于行为的概念之中，我已经意识到了这一点，在行为的概念中我已经意识到，我自己的行为同时也是上帝的恩典，对象性的东西和自为存在是统一的，这种统一就成为了意识的本质和对象。这个"对象"打了着重号，就是真正的对象不是离开意识远在天边的对象，而就是这个意识的本质，就是意识和对象的统一。下面破折号，"正如对意识来说这种统一并不是其行为的概念一样"，这种统一存在于行

为的概念中，但是对意识来说它又并不是其行为的概念，这里面好像有一种矛盾。这种统一是存在于行为的概念中的，但这种统一"对意识来说"还并不是其行为的概念，我们可以把这种行为的概念理解为仅仅是主观的、对意识而言的，统一是存在于行为的概念之中的，但是它本身不是概念，虽然它是主观意识到的，但是它本身不是主观意识，而是一种客观的对象性的存在。也就是说我们在我们的主观概念中已经意识到这样一种客观的、对象性的存在了，但这个对象性的存在并不仅仅是我们主观的概念。所以它对意识来说并不是其行为的概念，并不仅仅是停留在我对我的行为的一种概念，这里其实并没有什么矛盾。在概念里面当然就已经包含着意识到的对象性了，但是这个对象性和自为存在的统一本身并不是行为的概念，或者说并不局限于我的主观概念之中。同样，正如它对意识来说并不是其行为的概念一样，"它对意识来说也不是直接地或通过意识本身就成为了**意识的**对象"，这里"意识的"三个字打了着重号，"**意识的**对象"，这跟前面着重号打在"对象"上的"意识的本质和**对象**"的表述是相对照的，都是意识的对象，一个强调对象，一个强调意识。这个统一形成了意识的**对象**，但它并不是直接就由意识形成了**意识的**对象，不是直接地或通过它本身、通过意识本身就成为了意识的对象，或者说并不仅仅成为了主观的在意识之中的对象。如果是这样的话，那这个意识的对象还是主观的，那它还是由意识自己的意志所决定的，那上帝就还是没有什么作用，上帝的作用就体现不出来了。所以它不是这样，它对意识来说也不是直接的和通过意识本身就成为了意识的对象，它不是在意识中的对象，不是由意识自己决定的、通过它本身就成为了意识的对象的，它并不是其行为的概念，这里实际上讲的是一个意思。那么是什么呢？下面就讲了，

　　而是意识让那起中介作用的服务员对它说出了这样一种本身还断断续续的确信，即仅**就自在的而言**，它的不幸就是那颠倒的东西，也就是在它的行为中自我满足的行为，或享受天福，而它的可怜的行为同样也**自**

在地是颠倒的东西，亦即绝对的行为，而按照概念来说，这行为只有作为一般个别者的行为才是行为。　　　　　　　　　　　　　　　[153]

　　"而是意识让那起中介作用的服务员对它说出了这样一种本身还断断续续的确信"，也就是说它已经不是意识直接通过它本身就能够决定的一种主观意识的对象，不是停留在我的主观意识中、由我自己本身就可以决定的，不是这样的一个对象；而是意识让那起中介作用的服务员，就是神父或牧师，意识让神父对自己说出了这种本身还断断续续的确信。它的确信本身是断断续续的，是动摇的，它已经有确信了了，有时候信，有时候又中断了，有时候又接上了。为什么经常要去神父那里忏悔，要去听神父讲道，就是中断了，总是要把它接上，断断续续地有一种确信。什么确信呢？"即仅就**自在的**而言，它的不幸就是那颠倒的东西，也就是在它的行为中自我满足的行为，或享受天福"，仅就自在的而言，自在的，也就是客观上的，也就相当于说在上帝那里，就是只有上帝才能看出事情自在的本质。我们整天都陷在迷乱之中，那么仅就自在地而言，它的不幸正是那颠倒的东西，它的不幸就是它的幸，颠倒的东西就是幸，就是幸福。不幸的颠倒就是幸福，自在地来说它的不幸就是它的幸福。这就是它的一种确信，相信我的不幸实际上、客观上就是我的幸福，你不要太执着于不幸，你要把它看作你的幸福，要颠倒过来看。颠倒的东西是什么呢？也就是在它的行为中自我满足的行为，它在它的自我放弃自我取消中获得了自我满足，这是放弃满足的满足，在上帝那里找到了满足。或享受天福，seliger Genuß，不是一般的幸福（Glück），而是天福（Seligkeit）。一般的幸福是超越不了不幸（Unglück）的意识的，只有上升到天福才能做到这一点。seliger 是形容词，它的名词 Seligkeit 就是天福，有的时候翻译成至福、永福，这是和一般的幸福不一样的。一般的 Glück 就是幸运、幸福、福分，都可以说，但是 Seligkeit 这个是特属一种天福，一种永福状态，就是在上帝那里永远的幸福，它不是一种幸运。Glück 是一种幸运，机遇，是一次性的，幸而你有了这样一份福气，这是人世间世俗

515

的;seliger 是彼岸的、带有神圣性的。所以你的不幸实际上自在的来说是一种天福的享受,你搞错了,你以为你不幸,你的不幸的另一面,自在的那一面,恰好是你的自我满足,或者是你的福分,是享受天福。"而它的可怜的行为同样也**自在地**是颠倒的东西,亦即绝对的行为",你的可怜的行为,你的微不足道的、卑贱的行为,你的让人瞧不起的行为,实际上自在地是什么呢,同样也是颠倒的东西,即绝对的行为。你的忏悔,你的自轻白贱,你的谦让,你的在上帝面前的那种无限的谦卑,其实是一种绝对的行为,就是上帝让你这样干的,是你领受了天福的一种表现。这正好证明上帝在你身上起作用了,所以它是一种绝对的行为。"按照概念来说,这行为只有作为一般个别者的行为才是行为",按照概念来说,前面讲的是不按照概念,而按照客观的内容,那就是绝对的行为;但按照概念来说,这行为只有作为一般个别者的行为才是行为。望文生义的话,行为就是行为,就是个别者的行为嘛,任何行为都是个别者的行为,从概念上来说,它不能包含双重含义。你要解释什么是行为,从概念上我们就只能解释为它是个别性的。但是如果你在面对服务员、面对神父忏悔的时候,你必须拥有这样一种哪怕还是断断续续的确信,你就是确信这个行为背后还有一种含义,确信你这个个别的行为后面有一种普遍性,这个就不是从概念的含义上说的,而是从客观的意义上说的,不是从主观的意识来理解,而是从客观的存在来理解了。下面,

但是**对意识**自身来说,这行为和它的现实的行为仍然是一种可怜的行为,它的享受仍然是一种痛苦,而这痛苦在积极的含义上的被扬弃,却仍然是一个**彼岸**。

前面讲了,自在地来看,它的这些行为,其实恰好是它的反面,是它的颠倒,你的个别的东西恰好是你的不变的东西,你的不幸恰好是你的万幸,你的可怜的行为恰好是绝对的行为。所以按照概念来说,行为只能是个别的,但是你把它颠倒过来了,你在面对中介和服务员的时候,你就把它颠倒过来了。"但是对意识自身来说,这行为和它的现实的行为

仍然是一种可怜的行为"，就是说，虽然你把它颠倒过来了，但是对意识自身来说，或者就主观地来看，如果你不看那个客观的方面、不看那个上帝的彼岸，那么这行为和它的现实的行为仍然是一种不幸，"它的享受仍然是一种痛苦，而这痛苦在积极的含义上的被扬弃，却仍然是一个**彼岸**"。就意识自身来说，意识先在神父面前忏悔，它已经有一种断断续续的确信，确信它的意识自身的后面还有另一重含义，但是就这个意识自身来说，它仍然是原封未动，它没有触动现实的一根毫毛。为什么说宗教是人民的鸦片？它使你觉得暂时好受一点，但是好受过以后，它还是它，对意识自身来说，这行为和它的现实的行为仍然是一种可怜的行为。当然黑格尔没有说宗教是人民的鸦片，这是马克思说的，但是它这个里头也说明这样一种情况，你忏悔过后，现实原封未动。对意识自身来说，这行为和它的现实的行为仍然是一种可怜的行为，它的享受仍然是一种痛苦，仍然有一种不幸的意识在里面，使他不能正当地享受。而这种痛苦要想在积极的含义上被扬弃，则仍然还是一个彼岸的事情，你要把这种消极的行为变成积极的，变成它的颠倒，仍然只有在彼岸才做得到。虽然它确信有一个彼岸，但是它并没有达到这个彼岸，或者说这个彼岸对意识自身来说仍然是达不到的。

　　但是在这个对象里，对它来说，作为这样一种**个别**意识的它的行为和存在，就是**自在的**存在和行为，在其中**理性**这一表象就对它形成了，这就是意识的确定性的表象，即确信在它的个别性里它绝对**自在地**存在着，或它就是一切实在性。

　　最后这一句话是向理性的过渡了。"但是在这个对象里，对它来说"，这个对象也就是彼岸的那个对象、它追求不到的那个对象，即彼岸；对它来说，即对意识来说，这个它还是意识，对意识来说，"作为这样一种个别意识的它的行为和存在，就是**自在的**存在和行为"。对意识来说，作为这种个别意识的它的行为和存在，在这个对象里面，就是自在的存在和行为，"行为和存在"与"存在和行为"在这个地方倒了个个，也就隐含有颠倒的意思。作为这种个别意识的它的行为就是自在的存在,而个别意识的存在,在上帝那里就是自在的行为,是上帝的自由意志。主观的行为实际上是来自于上帝的客观存在,而主观的存在,它的享乐、它的财产,实际上就是上帝的行为。行为变成存在,存在变成行为,这双方是颠倒的,但又是统一的,在这个对象里对意识来说,作为这种个别意识的它的行为和存在,就是自在的存在和行为。"在其中**理性**这一表象就对它形成了","理性"打了着重号,这里第一次出现"理性",是关键词,这就是向后面一章"理性"过渡了,为了向后面过渡,这个结尾肯定要出现理性。理性"这一表象",注意这个地方用的是表象,Vorstellung,理性在这个时候还是一个表象。在新教里面理性作为一种表象已经对意识形成了,意识已经对理性有了表象了。什么样的表象呢? "这就是意识的确定性的表象",理性的表象就是意识的确定性的表象,意识的什么确定性呢? "即确信在它的个别性里它绝对**自在地**存在着,或它就是一切实在性"。理性有这样一种确信,就是确信在它的个别性里,它就是绝对的自在存在。当然是以颠倒的方式,我们前面讲了,它的行为其实就是绝对的行为,那就是一切实在性,它的个别性就是一切实在性,但是要颠倒过来看。颠倒过来你就会确信,——确信还只是信仰,这种确定性还没有证实,证实了就是真理性了,但是它只是一种确定性——什么确定性呢?它绝对自在地存在,它的个别性,个别性当然是相对的、有限的了,但是在它的个别性里,它相信它绝对自在地存在着,或它就是一切实在性。理性自己推出来的东西,它相信就是客观实在的东西。从这个地方我们可以看到近代西方的所谓理性精神实际上是由宗教精神中引出来的,有它的宗教根源。当然古希腊也有理性,也有理性精神,但是近代的理性精神是有深厚的宗教根源的,它不是简简单单的一个逻辑或者一个实证精神就可以概括的,它实际上是一种世界观。理性精神是一种宗教意识所带来的,从基督新教里面带来了近代的理性意识,因为这个理性跟这个绝对的自在存在和一切实在性是分不开的。人们甚至常常认为理性、科学本身也是一种信仰。由此我们也可以看出，为什么在新教占统治地位的国家，理性发展得最为完备，最为进步，我们今天讲的最完善的国家体制，或者经济、政治、科技各方面发展得最完备的就是新教的国家，就是因为它的理性。理性在新教的意识背景、宗教背景上，它形成得最完备。当然天主教也有，也有理性，甚至于伊斯兰教也有，恐怖分子好像是非理性的，但是那是被伊斯兰教所排斥的，伊斯兰教其实也讲理性，但是在新教里面发展最完备。因此我们在理解西方的理性精神的时候，我们不要太表面地理解它，而要从它的整个的发展历程来理解它。它是经过这样一个历程发展出来的，从基督教产生以来的历史里有宗教精神在里面，而正因为有了这种宗教精神，新教国家对理性的追求是把它当作一个彼岸来追求的，当作一种信仰来追求的，具有一种超越世俗的独立性。因此他们可以毫无功利目的地发展科学，科学一旦自由地发展起来，它自然就会发展出实业，可以征服大自然，让它为自己服务，达到更大的功利。但在他们看来，科学和实业都不是为了世俗的目的，而是为了上帝。为什么他们征服大自然无穷无尽，全面地征服，因为它已经超越整个大自然，已经站在上帝的立场上来看这个世界，它的理性是跟上帝相通的，而不是一种世俗的工具、一种手段，它不是一种仅仅临时运用的手段。那么既然要凌驾于整个自然界之上征服自然界，就必须要从自然的整体方面去探求它的规律。所以新教国家对自然科学的发展的理论方面是最为重视的，得诺贝尔科学奖的也最多。这是一种理性精神，超越于具体的功利和情感。所以在这里我们虽然谈的是自我意识的宗教、不幸的意识，但是我们要心里面有数，这些东西都是为西方近代以来的理性精神做铺垫的。我们要理解西方精神不能够太单纯，"哦，就是一个科学与民主，德先生和赛先生"，我们五四以来引进德先生和赛先生好像很简单啊，德先生就是开大会嘛，赛先生就是发展科技办实业嘛。所以鲁迅先生当年非常反对这种所谓的改革，他认为完全是肤浅化了，而且里面藏污纳垢，办实业就是里面很多不规范的，开会就是贿选，里面搞得乌烟瘴气，而且是多数人的暴政。但是你不能说鲁迅反对德先生和赛先生，鲁迅是比较深刻的，他看出这后面其实有它的根基，我们把它拿过来，马上就变质了，就把它变成了为我所用的东西，就歪曲了。为了不要重蹈覆辙，我们必须要把西方精神的来龙去脉都把握住，了然于心。读这个《精神现象学》我就感到，它是全面了解西方精神的一本非常好的教科书。当然黑格尔写这本书的初衷、本意并不是这样，但是我们来读它的时候，我们可以从中了解到很多一般中国人不了解的东西。肤浅的了解，"拿来"就是了，哪一点我看着中意，我把它取过来就是，它后面连带的整个东西你都没搞清楚，肯定是逾淮则为枳，肯定是歪曲的。今天就到这里吧。

德汉术语索引

(所标页码均为德文《黑格尔全集》考订版第9卷页码，即本书边码中大括号里的数字；凡有两种译法的词均以"/"号隔开，并以此分段隔开页码；原文中出现太多的词不标页码，只将字体加粗)

Z

Zeit 时间／时代 105, 124／9, 10, 12, 14,

18, 22, 49

Zufälligkeit 偶然性 120, 121, 124

Zweck 目的 117

汉德词汇对照表

（按照汉语拼音字母顺序排列；凡有两个译名的分别在两处重现并带上另一译名。）

B

本心 Herz

本性 Natur

本质 Wesen

彼岸 jenseitig

必然性 Notwendigkeit

变化 Veränderung

辩证法，辩证的 Dialektik, dialektisch

表象 Vorstellung

不安息 Unruhe

不动心 Ataraxie

不幸的 unglücklich

C

差别 Verschiedenheit

超感官世界 übersinnliche Welt

承认 Anerkennen

成为一 Einssein

持存 Bestehen

抽象 Abstrahieren, Abstraktion

出场 Auftreten

此岸 Diesseitige

存在 Sein

存在者 Seiende

D

单纯，单纯性 einfach, Einfachheit

担忧 Angst

颠倒 Verkehrte

定在 Dasein

斗争 Kampf

独特性 Eigenheit

端 Exrteme

对象 Gegenstand

F

反思 Reflexion
分裂为二 Entzweien
否定 Negation, negativ
服务 Dienst
赋形 Formierung

G

概念 Begriff
感性的 sinnlich
个别 Einzeln
个体 Individuum
根据 Grund
共相 Allgemeine
构形 Gestalten
关系 Verhältnis
规定性 Bestimmtheit

H

怀疑主义 Skeptizismus
环节 Moment

J

假象 Schein
坚实性 Gediegenhet
教化 Ausbildung
教养，教化 Bilden
经验 Erfahrung

经验性的 Empirische
精神 Geist
具体的 konkret
绝对 Absolute

K

科学 Wissenschaft
肯定的 Positiv
空间 Raum
空虚 Leere
恐惧 Furcht
劳动 Arbeit

L

类 Gattung
理性 Vernunft
力 Kraft
力量 Macht
联系 Beziehung
连续性 Kontinuität
流动性 Flüssigkeit

M

满足 Befriedigung
矛盾 Widerspruch
媒介 Medium
默想 Andacht
目的 Zweck

N

内在的东西 Inneres
奴隶 Knecht

O

偶然性 Zufälligkeit

P

普遍，普遍性 Allgemein, Allgemeinheit

Q

权力 Macht
确定性 Gewißheit

R

认识 Erkennen
认知 Wissen

S

神圣的 göttlich
生存 Existenz
生命 Leben
时间，时代 Zeit
实存 Existenz
实体 Substanz
实在性 Realität

事物 Ding
事物性 Dingheit
斯多葛主义 Stoizismus
思维 Denken
思想 Gedanke

T

他在 Anderssein
他者 Anderes
特征，特性 Charakter
调解 Versöhnung
同义反复的 tautologisch
同一性 Gleichheit
统一性 Einheit
推论 Schließen

W

威力 Macht
我 Ich
我们 Wir
无机的 Unorganisch
无限 Unendliche
无限性 Unendlichkeit
物 Ding
物性 Dingheit

X

现成的，在手的 vorhanden
现实的，现实性 wirklich, Wirklichkeit

现象 Erscheinung

相同性 Gleichheit

心情 Gemüt

行为 Tun

行为业绩 Tat

形式 Form

形态 Gestalt

虚浮 Eitelkeit

虚无 Nichts

Y

意谓 Meinung

映像 Schein

欲求 Begehren

欲望 Begierde

元素 Element

原则 Prinzip

Z

运动 Bewegung

招认 bekennen

这一个 Dieses

真实的东西，真实 Wahre

真理 Wahrheit

整体 Ganze

肢节 Glieder

知觉 Wahrnehmung

知性 Verstand

智慧 Weisheit

直观 Anschauung

中介 Vermittelung

中项 Mitte

主人 Herr, Herrschaft

转化 Wechsel

自然 Natur

自为 für sich

自我 Ich

自我等同性 Sichselbstgleichheit

自我感 Selbstgefühl

自我意识 Selbstbewußtsein

自由，自由的 Freiheit, freie

自在 an sich

作为特例显示 herausfallen

后　记

　　本卷是自我意识章，是黑格尔《精神现象学》的重头戏，历来也最为研究者所重视，解读也是最多的。其他那些章节，要么是为自我意识作准备的，要么是由自我意识发展、派生出来的，甚至在某种意义上可以说，《精神现象学》其实只有一个主题，就是自我意识的哲学。但自我意识如何解读？大部分人都把注意力集中在"主奴关系"上，特别是奴隶如何争取"承认"，然后反败为胜，翻身做主人。这些解读，大都离开了黑格尔的原意，更多地迎合了左派革命意识形态的口味。其实，自我意识章的核心内容是自由意识的确立，以及由此展开的不幸的意识的痛苦历程，这也为后来的整个精神世界的发展奠定了基础。本句读力图紧紧跟随黑格尔的论述，还原黑格尔思想的完整的原貌，并深入到文字背后的西方文化和宗教的背景。这些内容，我觉得对于当前中国的读者来说，具有特别重要的意义。

　　这一卷的录音整理者有彭超（4 讲）、焦黎明（3 讲）、刘维龙（2 讲）、周雪峰和卓洪峰（各 1 讲），在此我特向各位整理者致以衷心的感谢！在初稿的基础上，我又作了全面的修改和订正，有些地方甚至是重新改写。本来还想将第 4 卷的内容拿一部分进来，以减轻后面这卷的字数压力，但考虑再三，觉得还是让自我意识章独立成卷比较恰当。因此这个第 3 卷的定稿几乎和第 4 卷同时，是在第 4 卷已经完成之后，再权衡字数而确定的。

　　本研究为国家社会科学基金重大项目"德国古典哲学与德意志文化深度研究"中期成果之一，批准号（12&ZD126）。

邓晓芒

2015 年 1 月 31 日